D. Goldschmidt (Hg.)
Leiden an der Unerlöstheit der Welt

Leiden an der Unerlöstheit der Welt

Robert Raphael Geis 1906–1972

Briefe, Reden, Aufsätze

Herausgegeben von
Dietrich Goldschmidt
in Zusammenarbeit
mit Ingrid Ueberschär

Chr. Kaiser

CIP-Kurztitelaufnahme der deutschen Bibliothek

Geis, Robert Raphael:
Leiden an der Unerlöstheit der Welt : Briefe, Reden,
Aufsätze / Robert Raphael Geis. Hrsg. von Dietrich
Goldschmidt in Zusammenarbeit mit Ingrid Ueberschär. –

– München: Kaiser, 1984.
ISBN 3-459-01568-3

Inhalt

Vorwort

Lebenszeugnisse von Robert Raphael Geis festgehalten, zugänglich, veröffentlicht zu sehen, war schon zu seinen Lebzeiten der Wunsch der Freunde. Er hatte sie als Vortragender in seinen Bann geschlagen, als leidenschaftlicher Diskussionsredner herausgefordert und als Erzähler eigenen Erlebens an Vergangenem so teilnehmen lassen, daß es wie Gegenwart erschien. Geis hatte immer mit dem Tod gerechnet; als dieser 1972 plötzlich eintrat, überraschte er dennoch.

Bald danach versuchte ich, namens jüdischer und christlicher Freunde, einen Band zu seinem Gedächtnis zusammenzustellen. Es boten sich dafür Predigten, Reden, die Dokumente des sogenannten Purim-Streits um Bedingungen eines erneuten Versuchs jüdisch-christlichen Gesprächs und Nachrufe an. Doch es erwies sich nicht nur als schwierig, den Purim-Streit von 1963/64 angemessen zu rekonstruieren. Auch darüber hinaus wäre es eine Veröffentlichung mehr für den »inneren Kreis« derer, die Geis und seine Frau Susanne persönlich kannten, als für eine breitere Öffentlichkeit geworden – nicht zu reden von denen, die ihn nicht mehr kennen lernen konnten.

Weitere Dokumente fanden sich nur allmählich. Der Nachlaß war wenig geordnet; es stellte sich heraus, daß Geis im Sommer 1971 zur Vereinfachung des Umzugs von Düsseldorf nach Baden-Baden den größten Teil seiner umfangreichen Korrespondenz vernichtet hatte. So begannen Susanne Geis und ich eine breit gestreute Suche nach Briefen, Reden und Veröffentlichungen. Das Sammeln von Material zur Erstellung einer Biographie in Dokumenten zog sich über Jahre hin, doch viele Lücken ließen sich nicht schließen. Trotzdem ist erheblicher Gewinn zu verzeichnen. Die facettenreichen Konturen des Menschen Geis zeichnen sich so deutlich ab, daß es nunmehr dem Leser überlassen bleiben kann, sich sein Bild von Geis zu machen. Was jetzt vor dem Leser ersteht, läßt ein Leben in seiner ständigen Auseinandersetzung zwischen psychischer Disposition und Umwelt, in seinem unverwechselbaren Gang durch die jüngste Geschichte erkennen: Ein Mann, der so wenig eine Spaltung des Lebens in »Welt« und »Reich Gottes« kannte, wie er auch nicht versuchte, je die Umwelt, in der er groß geworden war, zu verleugnen. Ein Rabbiner, der nicht theologisierte, sondern seinen Glauben lebte und Theopolitik betrieb. In jeder Faser seiner Person bejahte er, Jude und Deutscher zu sein und litt zugleich am Judesein wie am Deutschsein. Wie die Lehrer des Talmud war er »davon überzeugt, daß Gott mit Israel, aber auch Israel mit Gott an der Unerlöstheit der Welt leide« (Geis' Besprechung von Rolf Hochhuths *Stellvertreter*, siehe V. 5)

Zwölf Jahre nach dem Tod von Robert Raphael Geis liegt nun – so meine ich – ein Band vor, der über den »inneren Kreis« hinaus Menschen betroffen machen sollte, die sich mit den Problemen des Judesein in Deutschland und des jüdisch-christlichen Gesprächs nach Auschwitz beschäftigen.

Das verfügbare Material aus der Zeit von Geis' frühesten Äußerungen bis zu seiner Rückkehr von Palästina über Zwischenstationen nach Deutschland im Jahre 1952 – Kapitel I bis III – ist vielschichtig in Gestalt eigener Erinnerungen wie derer von Freunden, in Reden und Briefen. Es veranschaulicht Geis' Biographie unter der Wirkung der Zeitereignisse bis zu seinem 47. Lebensjahr und erhellt so den Hintergrund für Geis' Äußerungen aller Art in den umfangreicheren Kapiteln IV bis VIII. Sie umspannen die vergleichsweise knappe Zeit vom 47. bis zum 66. Lebensjahr. Wir geben aus diesen Jahren die wichtigsten Aufsätze sowie ausgeschriebenen Predigten und Reden wieder, die sich finden ließen. Wir verzichten jedoch in der Regel auf eine erneute Veröffentlichung, wenn die Arbeiten schon anderenorts in Buchform – also vor allem in der Aufsatzsammlung »Gottes Minorität« – vorliegen.

Die Briefe legten eine Auswahl nahe, die sich in Ergänzung von Predigten, Reden und Aufsätzen im wesentlichen auf intellektuelle und geistliche Aussagen in der Geis eigenen unverwechselbaren Lebensnähe und Pointierung konzentrieren. So wenig die Familie – die Eltern, vor allem aber Susanne Geis mit den Kindern Jael und Gabriel – aus Geis' Leben wegzudenken ist, so taucht sie hier im ganzen doch nur am Rande auf. Die Sammlung wirft in diesem Teil auf den persönlichen Bereich nur so viel Licht, wie es zum Verständnis der Person in ihrem Wirken auf andere Menschen und in der Öffentlichkeit unerläßlich ist.

Bei der zur Publikation notwendigen Redaktion ist wie folgt verfahren:

Predigten, Reden, Aufsätze blieben prinzipiell ungekürzt; nur in Ausnahmefällen und bei Berichten Dritter ist Unwesentliches oder Privates ohne weitere Hinweise fortgelassen. Ein Autorenname ist nur bei Berichten Dritter angegeben. Vorträge und Aufsätze, die ohne Anmerkung genannt werden, liegen als Text nicht vor bzw. lassen sich bibliographisch nicht nachweisen.

8

Hinsichtlich der Korrespondenz ist zu wiederholen, daß Geis fast durchweg nur noch Teile seiner Ablage aufbewahrt hatte. Sehr dankbar sei deshalb die Hilfe vieler Briefpartner von Geis vermerkt. Sie stellten sowohl dessen Briefe als auch zur Erhellung des Sachzusammenhangs eigene Äußerungen in großem Umfang zur Verfügung. Schon aus Raumgründen, aber auch um der inhaltlichen Konzentration willen mußten allerdings viele Briefe entfallen beziehungsweise können nur in ihren wesentlichen Teilen veröffentlicht werden. Wir hoffen auf gütiges Verständnis, daß wir deshalb manches bereitwillig überlassene Material nicht aufnehmen konnten. Auf Bezeichnung von Auslassungen in den Briefen haben wir weitgehend verzichtet. Gleichfalls werden Äußerungen ausgelassen, die wohl einen inhaltlich interessanten Sachbezug haben mögen, zugleich aber sehr lockere, aus der Stimmung des Augenblicks heraus entstandene kritische Charakterisierungen von Personen darstellen. Wo nicht anders vermerkt, werden Zitate entsprechend dem Wortlaut der Quellen wiedergegeben.

Detailliertere Inhaltsverzeichnisse am Anfang jedes Kapitels sollen ebenso wie die Anhänge die Orientierung erleichtern. Außerdem wird versucht, durch kapitelweise Einführungen und Anmerkungen die Bezüge sonst schwer verständlicher Äußerungen herzustellen. So weit Namen, Organisationen, Orte und hebräische Begriffe besonderer Erklärung bedürftig erscheinen, sind sie bei nur einmaliger Nennung innerhalb der Dokumente in eckigen Klammern oder als Fußnoten erläutert. Kommen sie mehrfach vor, so sind sie in das Personenregister beziehungsweise das Glossar aufgenommen. Bei Briefen von Geis wird in der Überschrift nur der Adressat genannt, in allen anderen Fällen sind Schreiber und Adressat aufgeführt. In den Dokumenten finden sich unterschiedliche Schreibweisen vor allem hebräischer Ausdrücke, sie wurden nicht vereinheitlicht. Querverweise in Text und Anmerkungen sind durch Nummer von Kapitel und Dokument vorgenommen.

Aufs wärmste sei aller Freunde gedacht, die bei der Suche nach weiteren Dokumenten, zum Teil auch durch eigene Darstellungen und endlich bei den notwendigen Annotierungen großzügig geholfen haben. Von ihnen sei zuerst genannt die verehrte Seniorin der Arbeitsgemeinschaft Juden und Christen beim Deutschen Evangelischen Kirchentag, Dr. Eva Reichmann, die mit Engagement dazu beigetragen hat, daß ihre Korrespondenz mit Robert Raphael Geis in großem Umfang einbezogen werden konnte.

Herzlicher Dank gebührt ferner D. Helmut Gollwitzer, dem besonderen Promotor der Arbeitsgemeinschaft. Sein Vortrag auf dem Münchner Kirchentag 1959 »Wir Deutsche und die Juden« hatte geholfen, den Weg für deren Gründung in Berlin 1961 zu bahnen. Ihm gegenüber brach der besondere Zorn von Geis über die Bereitschaft christlicher Partner aus, das Problem der Judenmission zu verhandeln. Gollwitzer hat nunmehr die Dokumente dieses sogenannten Purim-Streits und seiner Beilegung, in dem Geis und er die Hauptstreiter gewesen sind, in enger Kooperation mit Pastorin Ulrike Berger zusammengetragen. Seine verbindenden Texte lassen die Dokumentation nahezu zu einer Gesamtdarstellung werden, obwohl umfangreiche Korrespondenz, die nicht Geis zum Schreiber oder Empfänger hatte, fast ganz entfallen mußte.

Die Anmerkungen sind solche der Herausgeber, doch schulden sie hilfreichen Freunden großen Dank für ihre Unterstützung. Besonders genannt seien: Edna Brocke, M. A., Moers; Dr. Hans-Joachim Fliedner, Offenburg; Albert H. Friedlander, Ph. D., London; Ulrich K. Goldsmith, Ph.D., Boulder; Dr. Fred Grubel, Leo Baeck Institute, New York; Dr. N. Peter Levinson, Heidelberg; Dr. E. G. Lowenthal, Berlin; Dr. Friedrich-Wilhelm Marquardt, Berlin; Dr. Hermann Meier-Cronemeyer, Berlin; Ricklef Münnich, Berlin; Dr. Peter von der Osten-Sacken, Berlin; Wolfgang Prinz, Kassel; Chanoch Rinott, Ph.D., Jerusalem; Stadtarchiv Mannheim. – Für sorgfältige Unterstützung in den technischen Arbeiten danke ich unter anderen den Damen und Herren in Sekretariat, Vervielfältigung und Dokumentation des Max Planck Instituts für Bildungsforschung in Berlin.

Daß die Publikation dieses lang geplanten Buches nun wirklich geschieht, ist auch der Förderung durch jüdische und christliche Institutionen – so durch den Otto-Herz-Fonds des europäischen B'nai B'rith, Riehen/Schweiz, den Verein der Freunde des Leo Baeck Instituts, Frankfurt/Main, die Evangelische Kirche in Deutschland, mehrere Landeskirchen und deren Studienkreise – wie wiederum der Hilfe vieler Freunde zu verdanken; unter Einschaltung des Koordinierungsrats der Gesellschaften für christlich-jüdische Zusammenarbeit haben sie es dem Chr. Kaiser Verlag ermöglicht, den Band – noch dazu in so ansehnlicher Form – herauszubringen.

All dies konnte nur geschehen, weil Susanne Geis durch Teilnahme an allen Arbeiten unermüdlich geholfen hat. Schließlich ist ihr und mir das besondere Glück widerfahren, daß der Chr. Kaiser Verlag das Lektorat in die Hände von Ingrid Ueberschär gelegt hatte. Sie hat sich weit über die Aufgaben einer Lektorin hinaus so sehr engagiert, Anregungen zur Gestaltung des Buches gemacht und die editorische Arbeit mit uns geteilt, daß es eine große Freude ist, das Ergebnis mit ihr gemeinsam vorlegen zu können.

Berlin, im März 1984   Dietrich Goldschmidt

Einführungen

DIETRICH GOLDSCHMIDT

Robert Raphael Geis – ein deutscher Jude*

Robert Raphael Geis ist in der Bundesrepublik Deutschland vor allem als ein bedeutender Rabbiner und Lehrer des Judentums bekannt geworden, der nach 1945 sein Tätigkeitsfeld bewußt wieder in Deutschland gesucht hatte, um hier möglichst im Geiste des von ihm hoch verehrten Leo Baeck zu wirken. Seinen christlichen Freunden war er ein oft unbequemer Lehrer, der sie mit der Unerbittlichkeit eines Propheten zu der ihnen zunächst befremdlichen, höchst unorthodoxen Einsicht trieb, daß die Eigenständigkeit des Judentums legitim und als die eines ökumenischen Partners nicht nur zu respektieren, sondern sogar notwendig ist. Und nicht minder unerbittlich forderte er von Juden und Christen immer wieder, daß sie die Welt in ihrer Gottferne entlarvten und im Vollzug von »Theopolitik« (Buber) gemeinsam an einer gerechteren Ordnung arbeiteten.

Hier sei in erster Linie einem anderen Zug in Geis' Persönlichkeit anhand seiner Biographie etwas eingehender nachgespürt, der sich schon an der inneren Verpflichtung zu Leo Baeck erkennen läßt: Mit Robert Raphael Geis hat das deutsche Judentum, wie es bis 1933 gelebt und gewirkt hatte, einen seiner letzten bedeutenden Zeugen verloren. Es sei erlaubt, aus seinem Leben dabei auch einiges Anekdotische zu berichten, zumal es – über das Einzelschicksal hinaus – einige bezeichnende, heute leicht übersehene, charakteristische Züge des deutschen Judentums ins Licht zu rücken vermag. Ich versuche damit Robert Raphael Geis selbst zu folgen, der sich als ein Meister der Erzählung des Bezeichnenden im Einzelgeschehen erwiesen hat und in diesem Sinne mehr biblischer als moderner wissenschaftlich-rationaler Methode verhaftet war.

Robert Raphael Geis wurde am 4. Juli 1906 in Frankfurt a.M. als Kind einer sich emanzipierenden und assimilierenden jüdischen Familie geboren. Sein Vater war relativ jung zu Vermögen gekommen und

11

führte dort das Leben eines Rentiers. Er war Herr in seinem Haus, seiner Frau um vierzehn Lebensjahre voraus, ein strenger Vater, der zwar die liberale Frankfurter Zeitung las, aber natürlich seinem Kaiser die Treue hielt. Es war ihm eigentlich peinlich, Jude zu sein; doch an Jom Kippur besuchte er die Synagoge. Es entsprach seiner kaufmännischen Welt, daß er den Weg des Sohnes bis zum Abitur und dann gar zum Studium tief mißbilligte. Was sollte das einbringen? Seinen Vorstellungen nach hätte sich nach dem sog. Einjährigen eine solide Banklehre gehört. Und nach dem Abitur bot er dem Sohn eine einjährige Weltreise, wenn er den Plan, zu studieren, aufgebe.

Doch der Sohn hatte schon als Kind den Großvater – Vaters Vater, einen frommen Juden – besuchen und in die Synagoge begleiten dürfen [s. I.1: Aus einer Kindheit]. Indem er – dadurch angeregt – »Rabbiner spielte«, fand er seine Lebensmöglichkeit und schlug damit früh den Weg zu seiner späteren Bestimmung ein. Um den Verfügungen des Vaters zu entgehen, floh er mehrfach in den Taunus; doch als er sich schließlich 1925 das Studium ertrotzt hatte und möglichst unbemerkt morgens den Zug von Frankfurt nach Berlin nehmen wollte, erschien die ganze Familie zu großem Abschied auf dem Bahnhof, der Vater überreichte einen Briefumschlag mit dem zum Leben Notwendigen. Der Inhalt wurde zunächst verschmäht und dann später doch gebraucht.

Scharfe Spannung in enger Bindung blieb im Verhältnis zwischen Sohn und Vater so bestimmend, daß der Vater noch 1952 schrieb, sein Sohn habe noch nie in seinem Leben eine richtige Entscheidung für sich getroffen. Robert Raphael Geis ist nicht zuletzt durch diese lebenslange Auseinandersetzung mit seinem leiblichen Überich zu jenem eigenwilligen, strengen und wiederum dominierenden Lehrer, doch toleranten Vater und höchst sensiblen, einfühlsamen, hilfreichen Freund, kurzum zu »Aba Geis« geworden, als den ihn alle verehrten, denen er nach seiner Rückkehr nach Deutschland sein Vertrauen schenkte, darunter Juden und Christen, Gläubige und Religionslose, ehemalige Nationalsozialisten, aufrechte Demokraten und rebellierende Studenten.

Von 1925 bis 1932 hat Geis an der Hochschule für die Wissenschaft des Judentums in Berlin und zeitweilig auch am Jüdisch-Theologischen Seminar in Breslau studiert. Nächst Leo Baeck zählten zu seinen Lehrern Ismar Elbogen, Julius Guttmann und Harry Torczyner, auch stand er in Beziehung zu Martin Buber, Franz Rosenzweig und ihrem Kreis.

Doch Geis gewann seine Identität nicht nur durch die bewußte Annahme des jüdischen Erbes und der rabbinischen Aufgabe, sondern auch durch die volle Aufnahme »deutschen Geistes«, wie ihn die Uni-

12

versitäten – vor allem in ihren Philosophischen Fakultäten – den Söhnen der Bürger vermittelten. Parallel zu seiner theologischen Ausbildung studierte er neueste deutsche Geschichte. Von seinen Berliner Professoren nannte er später Friedrich Meinecke, aus Breslau Johannes Ziekursch, dem er nach Köln folgte, um bei ihm 1930 mit einer Dissertation *Der Sturz des Reichskanzlers Caprivi*, des Nachfolgers Bismarcks, zu promovieren. Er wechselte bewußt von der kaufmännischen Existenzgrundlage der Eltern zur akademischen Lebensbasis für sich selbst, die er später sogar in den knappsten Jahren der Emigration nicht einmal zeitweilig zu suspendieren bereit war. Als Geis 1932 Jugendrabbiner in München wird, haben die wirtschaftliche und die politische Krise ihren Höhepunkt erreicht. Geis ergreift Partei gegen Inhumanität und nationalistische Hybris. Da er sich zur SPD hält, zieht er sich den Zorn seines »bayerisch-weiß-blauen Gemeindevorstandes« zu, nach dessen Überzeugung »alles Unglück von den Sozialisten kommt« und der von ihm verlangt, daß er die von Gefolgsleuten des NS-Regimes anderenorts exhumierten Urnen der bayerischen Revolutionäre Kurt Eisner und Gustav Landauer möglichst unauffällig, ohne die Gräber zu bezeichnen, an der Mauer des jüdischen Friedhofs verscharre.[1] Kardinal Faulhaber andererseits lädt 1933 bei Gelegenheit einer seiner Adventspredigten gegen den Antisemitismus den jungen Rabbiner ein, mit ihm offiziell in die Kirche einzuziehen, und vermittelt ihm so eine erste förmliche Begegnung mit Christen.

Alles, was später folgte, fügt sich in das eher bekannte, häufig anzutreffende Geschehen von Verfolgung, Emigration und Rückkehr ein. Nach einer Zwischenstation in Mannheim als zweiter Stadtrabbiner dient Geis von 1937 bis 1938 als Landrabbiner in Kassel. Er betreut dort u.a. ein Lager polnischer Juden. Am 9. November 1938 wird er selbst wie alle greifbaren Männer seiner Gemeinde in das Konzentrationslager Buchenwald verbracht, von wo er nach Vorlage von Ausreisepapieren für Palästina am 7. Dezember entlassen wird. Im Februar 1939 trifft er dort ein. Er selbst berichtete später, daß er in seinem Zionismus bereits erschüttert, ja, daß es zu einem traumatischen Erlebnis für ihn wurde, als er – Anwalt der Schwachen und eben selbst dem KZ entronnen – daran gehindert wurde, während blutiger Auseinandersetzungen zwischen Juden und Arabern Verletzten in unmittelbarer Nähe des Hauses, in dem er bei Freunden wohnte, zu Hilfe zu eilen. Sein Leben in Palästina gestaltete sich insgesamt sehr schwierig, wie Benjamin Maoz (II.25) im einzelnen darstellt.

Was Geis 1958 über seinen verstorbenen Freund Sigbert Feuchtwanger aus München schrieb, gilt für ihn selbst: »Der im Westen und seiner Kultur Beheimatete empfand natürlich stark, daß der in Israel neu wurzelnde Jude unter einem Lebensgesetz stand, das nicht mehr ganz das seine werden konnte« (I.12). Er fand keinen Weg, seinem eigenen zionistischen Ideal in der rauhen Wirklichkeit Palästinas zu folgen.

Im Juni 1946 kehrte Geis nach Europa zurück in der Annahme, er könne in Deutschland bei der Betreuung überlebender Juden, besonders auch solcher aus Osteuropa, die aus KZ's befreit waren, ein soziales Arbeitsfeld finden. Doch im zerstörten und besetzten Deutschland während der unmittelbaren Nachkriegszeit als Ehepaar eine derartige Tätigkeit oder später als Rabbiner eine Anstellung – womöglich in Verbindung mit akademischem Wirken – zu finden, erwies sich als illusorisch beziehungsweise als außerordentlich mühsam. Erst nach schwierigen Zwischenaufenthalten in England, der Schweiz und Holland gelang es Geis 1952, einen Platz als Landesrabbiner von Baden in Karlsruhe zu erhalten. Die dortige Tätigkeit dauerte nur vier Jahre. Die Mühsal täglicher Kleinarbeit in der verstreuten, sich nur äußerlich restituierenden Gemeinde und die geforderte Unterordnung unter deren Vorstand waren seinem Temperament, aus dem heraus er kompromißlos auf eine Erneuerung seiner Gemeinden wie des restaurativen Westdeutschlands drängte, unerträglich. Zudem verstand er das Rabbinat – frommer Tradition gemäß – in erster Linie eben doch als Auftrag zu lehren, wie eine Aufzeichnung bereits aus der Zeit des Jugendrabbinats in München zeigt (s. I. 4); er sträubte sich gegen das Überhandnehmen von Kasualien und sozialen Verpflichtungen.

Im Blick auf seinen Wunsch, ehemalige jüdische KZ-Häftlinge zu betreuen, mußte er erkennen, daß er sich großenteils Illusionen gemacht hatte. Wer die Brutalität und existentielle Bedrohung von Lageraufenthalten überlebt hatte, zeigte in der Regel wenig Neigung, seinerseits im Verhalten zu Mitmenschen, besonders zu seiner überwiegend deutschen Umgebung, Menschlichkeit oder mindestens Korrektheit zu praktizieren. Brutalität hatte viele der ehemaligen Insassen gelehrt, nunmehr ihrerseits ohne moralische Hemmungen brutal und rückhaltlos das Ihre zu suchen, wie dies beispielsweise im Ohrenstein-Auerbach-Prozeß deutlich wurde (vgl. III. 21).

Im Juni 1956, unmittelbar vor seinem 50. Geburtstag, befreite sich Geis – ungeachtet einer zunächst nur schwachen materiellen Basis – von allen Fesseln eines festen Amtes. Ende 1958, nach dem Tode seiner Mutter, konnte er sich dank des elterlichen Erbes vollends zu jenem Verkünder des Judentums und Praeceptor Germaniae entwickkeln, als der er nunmehr dem intellektuell wachen, politisch bewußten Teil der westdeutschen Öffentlichkeit und besonders ihrer Kirchen im Gedächtnis bleibt. 1959 zieht er mit seiner Familie nach dem zentraler gelegenen Düsseldorf. 1961 erscheint von ihm die Einführung *Vom unbekannten Judentum*. Das Buch bietet nicht einfach eine der Darstellungen jüdischer Religion, wie sie damals gängig wurden, sondern es stellt eine umsichtige Einführung in die Vielfalt und Fülle der Tradition und der Botschaft des Judentums mit literarischen Belegen von den Anfängen seiner Geschichte bis in die Gegenwart dar.

Geis entfaltete eine über rabbinische Themen im engeren Sinne weit hinausreichende, umfangreiche Vortragstätigkeit, in der er durch die Unmittelbarkeit seiner theopolitischen Lehre, durch die Unbestechlichkeit seiner kritischen Analyse unseres gesellschaftlichen Zustands und durch seine konstruktiven Forderungen seine Hörer immer erregte und gewöhnlich gewann. Er war wiederholt Mitglied der Deutschen UNESCO-Kommission. 1967 bis 1971 gehörte er dem Programmbeirat des Westdeutschen Rundfunks an. Auch ist er in den Gesellschaften für christlich-jüdische Zusammenarbeit tätig gewesen und wurde schließlich zum tragenden jüdischen Partner in der Arbeitsgemeinschaft Juden und Christen beim Deutschen Evangelischen Kirchentag. Im Frühjahr 1970 wurde er für seine vielfältige Tätigkeit durch Verleihung der Buber-Rosenzweig-Medaille geehrt. Dies alles brachte Geis dennoch nicht die ersehnte Erfüllung. »Man kann nicht auf Lebenszeit von Vortrag zu Vortrag hetzen«, schrieb er 1963 in einem Brief an mich. »Es ist nicht nur anstrengend, es wird auch sinnlos, weil ja zu jeder pädagogischen Aufgabe die Dauer gehört. Man muß überprüfen können, ob man's richtig macht, ob man im Lebendigen steht. Das ist bei einem Star-Dasein unmöglich. Da sich in all den Jahren keine Möglichkeit bot, als Lehrer oder Dozent anzukommen, möchte ich versuchen, noch einmal weiterzuwandern.« Die späten Berufungen zum Honorarprofessor für Judaistik 1969 an die Pädagogische Hochschule Duisburg und 1971 an die Universität Göttingen – überfällig im Blick auf Geis' Leistung in Deutschland – waren daher mehr als beliebige weitere Ehrungen. Sie bedeuteten das Erreichen eines früh gesetzten, aber zunächst durch die Zeitereignisse, dann durch die Verständnislosigkeit der wissenschaftlichen Zunft immer wieder hinausgerückten Ziels.

Ob Geis wirklich noch einmal außerhalb Deutschlands – dies war gemeint – hätte Fuß fassen können? Man kann es sich schwer vorstellen. Lag es ihm doch gar nicht, sich fremde Sprachen anzueignen – einschließlich des Hebräischen als Umgangssprache. Zu sehr war seine Existenz durch die Bindung an Judentum und Deutschtum wie durch die Spannung zwischen diesen beiden Brennpunkten seiner Lebensellipse bestimmt. Der Sammelband Geis'scher Vorträge und Aufsätze *Gottes Minorität* läßt dies erkennen: »Bund und Geschichte«, »Juden in Deutschland«, »Juden und Christen« sind seine großen

Themen. In ihnen hatte sich die einzigartige Verbindung tiefen und doch weltoffenen jüdischen Wissens und breiter historischer und literarischer deutscher Bildung niedergeschlagen, die Geis in so hohem Maße eigen war. Hier fand sich auch ein Aufsatz von 1957, der ursprünglich den bezeichnenden Titel trug: *Warum wurde Deutschland von den Juden geliebt?* Aus der »Ausbildung ihrer (der Deutschen) Nationalität« (Heine) und der gleichzeitigen Emanzipation der Juden war jene Symbiose entstanden, der Geis selbst in seiner vielfach scharfen, unvoreingenommenen Kritik zugehörte – sei es, daß sie sich gegen die Restauration in der Bundesrepublik, sei es gegen nationalistische oder militaristische Züge des jungen Staates Israel wandte. In seiner Zusammenarbeit mit Christen hat sich Geis auf christliche Theologie – H. J. Iwand, K. Barth, H.-J. Kraus – so intensiv wie wenige Juden aus der Einsicht eingelassen, daß nächst den Christen, die sich auf ihre jüdischen Wurzeln besinnen müßten, auch die Juden zu ihrer Existenz als Volk Gottes der christlichen Herausforderung bedürften. *Juden und Christen vor der Bergpredigt* [s. Gottes Minorität, S. 220 ff] wurde daher zu Thema und These seines letzten größeren Vortrags. Hier hatte Geis seine tiefste Wurzel. Er zog seine Kraft aus der Weisung, aus der Tora, »Streiter für das Königreich Gottes auf dieser Erde« zu sein, um beizutragen zu einer radikalen Veränderung der Gesellschaft angesichts von »Schutthaufen betrogenen, gequälten, gestorbenen Lebens«. In seiner Dankrede für die Buber-Rosenzweig-Medaille beklagte er »die Praxis der Konfessionen, die gesellschaftlichen Dimensionen der biblischen Botschaft heimlich oder offen (zu) negieren«, und schloß mit der Feststellung: »Politik als Prüfstein für die Ernsthaftigkeit unseres gläubigen Tuns, einen anderen Weg vermögen wir nicht zu sehen« (VII. 35). Allerdings: Die Weisung war ihm genug. Er verzichtete darauf, die »Frage nach dem Sinn des Lebens« zu stellen, die seinen Freund Helmut Gollwitzer in dem Buch *Krummes Holz – Aufrechter Gang* [München 1970] so beschäftigte und die dieser mit ihm noch hatte diskutieren wollen. Als ich ihn kurz vor seinem Tode das letzte Mal traf, las er statt dessen in dem Buch von Adolf Holl *Jesus in schlechter Gesellschaft* [Stuttgart 1971]. Wie der Jude Jesus nahm Robert Raphael Geis für die Ohnmächtigen Partei und fühlte sich den Zornigen verbunden.

* Überarbeitete Fassung einer Rede beim Gedenk-Treffen im Freundeskreis von R. R. Geis am 25. Juni 1972 in Berlin-Dahlem.
1 Lt. Schreiben des Vorsitzenden Dr. Neumeyer der Israelitischen Kultusgemeinde an den Stadtrat München vom 27. 6. 1933 erklärte man sich auf den tel. Anruf, die Urnen zu übernehmen, bereit – um keine Schwierigkeiten zu schaffen –, die Urnen entgegenzunehmen, wenngleich nicht festzustellen war, ob die Genannten dem israelitischen Bekenntnis angehört hatten. (Vgl. H. Lamm (Hg.), Vergangene Tage. Jüdische Kultur in München, München 1982, S. 432).

FRIEDRICH-WILHELM MARQUARDT

Ein Lehrer aus Israel*

Wenige Wochen vor seinem Tod am 18. Mai 1972 war Robert Raphael Geis um einen Beitrag für eine Festschrift gebeten worden, aber zur Niederschrift eines Artikels spürte Geis weder Kraft noch Lust. Er erklärte sich jedoch spontan zu einer schon lang ersehnten Fahrt nach Berlin bereit, um mit mir einen Dialog zu führen, dessen Veröffentlichung er dann gerne genehmigt hätte. Dazu ist es nicht mehr gekommen. Am 8. Mai formulierte Geis noch in einem Brief an den Herausgeber des Bandes, Pfarrer Rudolf Weckerling, Stichworte zu dem geplanten Gespräch, an die ich mich nun halten möchte. Er schlug folgenden Gesprächsgang vor:
»1. Christlich-jüdisches Gespräch als Abschlagszahlung der Schuld bei den Älteren, Interesse bei den Jüngeren. 2. Da kein wirklicher Durchbruch zu neuem biblischem Verstehen erfolgte, bei den Alten ein Klübchen, oft orientiert an der politischen Rechten – Jüngere seit Vietnam- und Israelkrieg hellhörig und skeptisch. Der jungen Linken kann man mit der Judenfrage nur kommen, wenn man eingesteht, daß es in dieser Welt heute viele Judenschicksale gibt, und man bereit ist, sich für alle unterdrückten Minoritäten einzusetzen. Daß dem Staat Israel kein Sonderstatus zugebilligt wird. Israels Napalmbomben sind nicht humaner als amerikanische. – In den Kirchen gibt es eine Minorität, die im Sinn einer Theologie der Revolution tätig wird. Hier gibt es ein Rückerinnern auf die biblische Botschaft, die in Jesus einen Höhepunkt erreicht hatte. Glaube in der Welt, Bewährung auf dieser Erde könnte Juden und Christen zusammenführen. Die jüdische Seite ist immer noch gelähmt durch Hitler. Juden mußten erkennen, daß es nach Hitler jüdisches Schicksal weltweit gibt, sich dem öffnen und von einer verhängnisvollen Nabelschau wegkommen. – So ungefähr.«
Daß es nach der nationalsozialistischen Vernichtungsepoche in Deutschland überhaupt je wieder zu einer jüdisch-christlichen Begegnung würde kommen können, war von vornherein unwahrscheinlich. Unser Volk und unser Land standen unter jüdischem Tabu. Geis aber drängte schon vor dem Kriegsende von Palästina aus zurück. Er entdeckte »plötzlich bis in seine Träume ein unausrottbares deutsches Heimatgefühl«[1] – das freilich etwas anderes gewesen ist als die (an sich gar nicht verächtliche) Sentimentalität sächsischer Kaffeekränzchen in Tel Aviv, von denen man manchmal in israelischen Zeitungen lesen konnte. Bei Geis war der Rückkehrwille geistige Entscheidung,

Ergebnis einer den ganzen Menschen ergreifenden Trauerarbeit. Dabei ist es nicht nur Sublimation des Hasses und die Selbstbejahung eines Überlebenwollens, die ihn zur Rückkehr befreien. Er gehorcht jüdischer Sendung und der Härte ihrer Anforderung, wenn er sich nicht mit der allzu leichten Unterscheidung des »bösen« vom »anderen« Deutschland begnügt, sondern versucht, selbst Hitler mit Glauben ins Gesicht zu sehen. »Der Jude hat gelernt, im Feind den Vollstrecker göttlichen Gerichtes zu lieben, das, weil er es auf sich nimmt, zu seinem eigenen wird.«[2] »Hitler, der dem Gewissen, ›dieser jüdischen Erfindung‹, den Kampf ansagt, hat im dämonischsten Dunkel aufleuchten lassen, daß dieses jüdische Gewissen letztlich auch das christliche Gewissen ist, ja daß Juden und Christen – was so lange vergessen wurde – aus derselben Wurzel leben.«[3] Die Sonne Satans wirkt noch in der Zerstörung, die über Israel kommt, einen Segen. »Bedrohung und Gefährdung, Marter und grausamen Tod hat es für viele von uns seit 1933 gegeben. Von dieser einen Nacht, der Kristallnacht, war Todesdrohung über uns allen deutlich, die dann zur fürchterlichen Wirklichkeit werden sollte. Aber bei aller Trauer, allem Leid, dürfen wir nicht vergessen, wie gnadenvoll wir von dem Satanischen, in das die Menschen hineingezwungen wurden, ausgeschlossen blieben. Eine spätere Zeit mag darin – besser als wir es können – Gottesfügung erkennen, eine neue Bestätigung der Gottesnähe, die oft wie ein Fluch erscheint und doch immer nur Segen ist.«[4] Und: »Spätere mögen klar erkennen, wie es noch im grausigsten Sterben ein Sieg war, zu den Geschlagenen zu gehören und nicht zu den Schlägern, zu den Opfern und nicht zu den Mördern.«[4a] Über das Böse hinwegzusehen war auch von daher nicht erlaubt. Rückkehr nach Deutschland konnte von Anfang an nur in kritischer Hoffnung geschehen. Aber Gnade erlaubt, hindurchzusehen durch das Böse auf den Grund aller Hoffnung.

Geis blieb illusionslos in seiner Hoffnung, oft gequält von der Frage, ob sie getrogen hätte. Aber der Zielwille, den er mit seiner Rückkehr verbindet, bleibt unermüdet angespannt. Weder sich noch anderen Juden gönnt er die Flucht ins Leid; uns Christen und Deutschen aber widersteht er, wenn wir uns ins Versagen flüchten wollen oder ins »jämmerliche Selbstbedauern«.

Er kehrt zurück, um neuen gesellschaftlichen Minoritäten, vor allem den Linken und den Intellektuellen, solidarisch und seelsorgerlich »etwas von der gläubigen Geduld«[5] zu vermitteln, die ein verfolgungsgewohnter Jude gelernt hat. Kampferfahrungen will er verbreiten. Und er sucht bei den Christen »eine ganz neue Chance des Verstehens« und »Hilfe aneinander, die früheren Generationen schlechterdings verschlossen blieb«[6]. Hierbei denkt er nicht an theologische

18

Kontroversen. »Über gelebten, erlittenen und erkämpften Glauben läßt sich nicht streiten, nur konfessioneller Hochmut kann das übersehen, mag er auch mit einem zu nichts verpflichtenden Bekennermut sich verbrämen.«[7] Aber so weit sind die Christen in Deutschland noch lange nicht. Für den Empfang eines solchen Judentums in Deutschland kommen nur Mitglieder der Bekennenden Kirche in Frage. Doch nach Stil und Selbstverständnis sind gerade sie »konfessionell« geprägt, einfach mental vom »Bekennermut« gezeichnet. Und sie sind durch und durch »vertheologisiert«. In der Gestalt theologischer Sätze war die Entscheidung gefallen, Hitler zu widerstehen.[8] Und auch jetzt wieder suchten die Empfindungen christlicher Scham und Trauer Ausdruck nicht in spontaner Klage, schon gar nicht in umstürzendem Handeln, sondern in der Formulierung von Sätzen – über das Judentum.

Dabei war es schon ein Fortschritt, als, entgegen dem Schweigen der Barmer Theologischen Erklärung (1934) und des Stuttgarter Schuldbekenntnisses (1945) zur Schuld an den Juden, in einem besonderen Darmstädter Wort des Reichsbruderrats der Evangelischen Kirche in Deutschland vom 8. April 1948 eine neue Israel-Theologie angestrebt und den christlichen Gemeinden zugemutet wurde.[9] Aber wie unkommunikativ war das alles! Hier wurde über jüdisches Selbstverständnis einfach hinwegtheologisiert, Israels »Schicksal« darum nur als »stumme« Predigt vernommen, in der noch arg viel von Verwerfung, Gericht, vom Übergang der Erwählung Israels auf die Kirche die Rede war. Die praktische Absicht lag unverhohlen in der judenmissionarischen Lösung der Judenfrage.

Von halboffizieller kirchlicher Seite war damit schon das Maximum einer Beschäftigung mit der »Judenfrage« nach dem Krieg erreicht. Offiziell gab es nur die Zurückweisung neuer antijüdischer Vorfälle in Westdeutschland 1950 und wieder 1960 und höchst zaghafte Aufforderungen zum Gebet vor dem Junikrieg 1967.[10] Von einer kirchlichen »Abschlagszahlung der Schuld« konnte in Deutschland auch da noch nicht die Rede sein, von einer theologischen, wie Geis ganz richtig feststellte, auch nicht: Es erfolgte noch »kein wirklicher Durchbruch zu neuem biblischen Verstehen«. In der Tat blieb die Angelegenheit in den Kirchen sehr lange Sache einer Minorität, in den Kreisen der judenmissionarischen »Dienste an Israel«, einiger auf wissenschaftliche Aufklärung ausgehender Instituta Judaica und der Arbeitsgruppe Juden und Christen beim Deutschen Evangelischen Kirchentag, zu deren Mitgründern Geis gehörte. Erst mit der Studie des Rates der EKD *Christen und Juden* von 1975 und dann vor allem mit dem Beschluß der Rheinischen Landessynode »Zur Erneuerung des Verhältnisses von Christen und Juden« im Jahre 1980 beginnt sich dieses Blatt zu wenden[11]: freilich nach wie vor gegen erheblichen Widerstand der akademischen Theologie.

´ So wird man aufs Ganze gesehen auch heute noch feststellen müssen, daß ein Jude wie Geis lernbegieriger die christliche Theologie ausgekauft hat, als es umgekehrt je geschah. Vor allem hat er von der historisch-kritischen Bibelexegese profitiert, wiewohl er sie für eine dem Judentum im Grunde nach wie vor unannehmbare Auslegungsmethode hielt. Das Oberrabbinat in Jerusalem verhindere nach seiner Überzeugung die Rezeption dieser Methode an der Hebräischen Universität – mit der bezeichnenden Ausnahme der neutestamentlichen Professur David Flussers. Allenfalls käme man jüdisch-korrekt bis zur Textkritik, die nur die Buchstaben beträfe, von Sachkritik könne keine Rede sein. Ich kann dieses Urteil nicht bestätigen. Es steht aber ganz unter dem Eindruck jener Bibelinterpretation, die Geis vor allem bei Hans-Joachim Kraus kennengelernt hat. Mehrmals erzählte er von einer Begegnung zwischen dem Kopenhagener Rabbiner Melchior und Kraus im Geisschen Hause, wo Kraus eine Exegese von Jesaja 49 vortrug. Sie sei ohne jeden Eindruck auf Melchior geblieben. Dagegen habe bei anderer Gelegenheit eine Exegese von Kraus auf Rabbiner Holtzer aus London einen tiefen Eindruck gemacht. Er sei völlig überrascht gewesen, daß ein Christ einem Juden das Alte Testament so lebendig machen könne. Er habe die Christen auf dem Stand der Wellhausenschen Erkenntnisse gewähnt[12] und keine Ahnung davon gehabt, wie es inzwischen weitergegangen sei. Verblüfft habe er Geis beiseitegenommen mit der Frage: »Wissen Sie das eigentlich schon lange?«

Ich berichte diese Episode hier wegen ihrer typischen Bedeutung. Geis und Kraus haben gemeinsam in einem Band *Versuche des Verstehens* Dokumente jüdisch-christlicher Begegnungen zwischen 1918 und 1933 ediert.[13] Von beiden Seiten her waren Versuche des Aufeinanderzugehens nur als Ausnahmen zu belegen, während gegenseitige Unkenntnis und Beziehungslosigkeit eher die Regel waren. Auch im Kirchlich-Theologischen bestätigt sich die These Gershom Scholems, wonach die jüdisch-deutsche »Symbiose« doch eher Mythos als Realität gewesen sei.[14]

Geis kam mit dem Willen nach Deutschland zurück, diesen Bann zu brechen, und er versuchte es mit einem durch und durch jüdischen Lern-Eifer, für den es christlich kaum etwas Vergleichbares gibt. Dabei verarbeitete er keineswegs nur die von Gerhard von Rad und Martin Noth und ihren Schülern vorangetriebene alttestamentliche Wissenschaft, sondern auch das Neutestamentliche, das er vor allem bei Otto Michel und dessen Tübinger Schülerkreis erfuhr, und sogar die einem Juden so besonders fremde und beschwerliche systematische Theologie Barths, Iwands, Miskottes, Gollwitzers, selbst Luthers und einiger Kirchenväter. All dies hat sich befruchtend seinem Denken eingeprägt und ist in zahlreichen Zitaten gegenwärtig. Aber sein Lernen wirkte nur auf wenige bei uns ansteckend, es entstand kaum ein rückwirkender Lernprozeß. Die antijüdischen Stereotypen des Christentums, die nicht nur locker in seinen Dogmen, sondern hartnäckig zäh in seinen theologischen Methoden festsitzen, beherrschen bis heute die Sinne.

Am allerwenigsten wurde das christliche Verhältnis zum Judentum von dem urjüdischen Methoden-Grundsatz berührt, den Geis einmal so formulierte: »Juden werden … nie auf einer anderen Ebene als der historischen, die zum Heilsgeschichtlichen unabdingbar dazu gehört, sich mit Christen treffen können.«[15] Weder Geis noch sonst irgendein Jude meinen damit die Theorien des historischen Relativismus, die in der christlichen Überzeugung von Israels Enterbung und Christus, dem Ende des Gesetzes, Dogma und Methode geworden sind. Das »unabdingbar Historische«, an das man jüdisch zu denken hat, ist das politische Handeln. »Das Politische kann davon nicht ausgeklammert werden. Das sollte ganz deutlich sein.«[16] Und der theologische Rückschluß aus solchem politisch-praktischem Verständnis des Historischen lautet denn auch konsequent: »Vielleicht ist christlicher Judenhaß nicht zum wenigsten ein Haß gegen die jüdische Bibel, die jeder allegorischen Behandlung zum Trotz ihr Mahnendes behalten hat, die unüberhörbare Frage nach dem Tun des Menschen, seinem Einstehen für das Heil.«[17]

Praxis in der Polis ist das Kriterium von Konfession und Theologie, und umgekehrt kann das theologische Kriterium nur praktisch sein, an mich selbst, nicht an andere sich richtend. »Juden werden … nie verstehen, wie Glaubenseifer nicht allein ein Mahnendes und Forderndes an eben den Glaubenden bedeuten soll.« Und von da aus wird die Linie ins Dogmatische gezogen: »Ob jüdische und christliche Gnade wirklich so weit auseinander sind, wie die Theologen auf beiden Seiten gern behaupten? Auch die christliche Gnade will von ihrem Ursprung her ganz sicherlich keinen Fluchtbogen um diese unsere Welt ziehen.«[18]

Diese politisch-praktische Bibel, Gnade und Confessio sind echt jüdische Auswahlkriterien des Geis'schen »Lernens« gewesen. Und da Lernen für ihn Lebensvollzug war, hat er sich danach auch seine theologischen Freundschaften ausgesucht.

Hans Joachim Iwand hat er als einen »Kameraden aus anderem Glaubensbereich« gesehen und sein Gedächtnis in einer bewegenden Predigt zum jüdischen Pfingstfest 1960 gefeiert: »… er war wirklich und wahrhaftig mit uns in dem Kampf um das Königtum Gottes ge-

21

eint, für ihn gab es nie eine Scheidung von Glaube und Tat; Politik bedeutete ihm immer Theopolitik. Es stimmt uns traurig, weil das doch immer genügte, um ihm ein Judenschicksal zu bereiten. Geschieden von uns in seinem Glauben, war er uns zutiefst verbunden in dem Ringen um die Planverwirklichung Gottes in dieser geschändeten und geliebten Welt, Zeichen einer Einheit, die weit über das hinausgeht, was christlich-jüdische Verständigung bis heute meint und vermag.«[19] Um so schmerzlicher litt Geis darunter, als im Iwandschen Nachlaß – auch dort! – frühe judenkritische Überzeugungen sichtbar wurden[20], die das Gemeinsame des Kampfes um Gottes Reich in Frage stellten.

Auch Karl Barths theologisch-politische Ambivalenz hat er gespürt:»Karl Barth unterstreicht ... den Gnadenbegriff etwas verwirrend stark«, und der Satz aus der Kirchlichen Dogmatik vom »hellen Wahnsinn, die Imperative der Bergpredigt dahin zu verstehen, daß wir uns bemühen sollten, diese Bilder zu verwirklichen«, rückt ihn für Geis in die Nähe eines »faulen Kompromißglaubens«. Aber schließlich hat er bei seinen »christlichen Freunden und Wegbegleitern ... lernen dürfen, wie die Rechtfertigung aus der Gnade nach den Werken des Glaubens ruft«. Und so lernt er Barth als den »freien Menschen der Wandlungsfähigkeit« aus seinen historisch-politischen Kontexten verstehen und hält sich von daher lieber an den Fanfarenstoß:»Die Gnade will gelebt sein, sonst ist sie nicht Gnade.«»Was an Kampf und tapferem Widerstand aus der Gnade werden kann, wer hätte das deutlicher gezeigt als Karl Barth.«[21]

Schließlich die Freundschaft mit Helmut Gollwitzer: Man konnte hier immer wieder das intim und spezifisch Jüdische seiner Reaktionen spüren. Gollwitzers Buch über die Sinnfrage[22], über das Geis in Kraus' Seminar in Göttingen mitdiskutiert hat, empfand er als heidenchristlich, die Sinnfrage als solche wohl als zu spekulativ gestellt.[23] Und allen, die es miterlebt haben, ist sein aggressiver Ausbruch unvergeßlich, als während einer Arnoldshainer Zusammenkunft im Januar 1964 der Kirchentagsarbeitsgemeinschaft sich die Frage stellte, ob wir zu einem Austausch und zu einer Kooperation mit judenmissionarischen Kräften bereit sein sollten, um den tiefen, bis heute klaffenden innerkirchlichen Riß in der »Judenfrage« überbrücken zu helfen. Das führte uns in eine Grundsatzdebatte zum Problem der Judenmission, und es stellte sich heraus, wie ungeklärt viele auch von uns in dieser Frage noch waren. Gollwitzer machte sich da zum Befürworter eines Vorhabens, das Geis nur als Verrat an unseren vermeintlich gemeinsamen theologischen Überzeugungen auffassen konnte. Um so mehr fühlte er sich verletzt, je mehr gerade Gollwitzer als Anwalt jener älteren, gängigen christlichen, judenkritischen Überzeugungen sprach, die er wohl selbst längst nicht mehr teilte, die er aber in unserem Kreis nicht diskussionslos als erledigt angesehen wissen wollte. Dem in der Arbeitsgemeinschaft ausgebrochenen Streit konnte sich niemand von uns entziehen.

In dem Mann Robert Raphael Geis personifizierte sich uns das wahre Ausmaß des Problems, und er setzte seine Menschengestalt, sein Fleisch und Blut, seinen Zorn und seine Liebe zu einem unvergeßlichen Maß der theologischen Wahrheit. Theologische Erkenntnis verschmolz hier in eins mit menschlicher Untreue oder Treue. In einem zornesbitteren Purimartikel in der Jüdischen Allgemeinen Wochenzeitung versuchte Geis das neue Leid unserer Untreue zu ersäufen, und die Briefwechsel, die in jenen Monaten hin und her gingen, dokumentieren die Schmerzen eines christlichen »Lernens«, das theologische Überzeugungen an jüdischem Selbstverständnis, älteste christliche Sätze an realem Menschsein scheitern lassen mußte.[24]

Das alles ist nun schon 20 Jahre her. Wer es miterlebt, sich dem ausgesetzt hat, dem ist es zur Wandlung geworden, zur einschneidenden und unrevidierbaren Kritik seiner Theologie. Jüdische Selbstbehauptung erscheint ihm nun als ein theologischer Tatbestand allerersten Ranges. Und mit jüdischer Selbstbehauptung tauchen alle die im Wahrnehmungsbereich der Theologie auf, die wie die Juden selbst Judenkampf kämpfen, Judenwiderstand leisten gegen alle Gestalten politischer Macht und religiöser Herrschaft und die darum auch heute noch, wie Geis es nennt, »Judenschicksal« erfahren. Da war dann auch endlich wieder die Brücke des Verstehens zu Gollwitzer und uns anderen: im »gemeinsamen Streit für das Kommen des Gottesreiches auf Erden«, in jener »Glaubenserfüllung«, die – an aller Theologie vorbei – sich »in der Zeit ... durch einen Kampf politischer Natur durchsetzen muß.«[24a] Und männliche, zärtlich-besorgte Liebe verband Geis gerade mit solchen, die in unserer Gesellschaft frei heraustraten aus der Deckung durch die politischen und geistigen Herrschaftsmächte, wie es der Briefwechsel deutlich zeigt.

Ganz besonders nahe war ihm die linke Jugend seit der Mitte der sechziger Jahre. Seine eigenen Kinder gehörten dazu, und durch sie war er beteiligt an Entwicklungen, die er im tiefsten wie das Brodeln im Ursprung einer neuen Religion empfand, als »Chaos eines neuen Anfangs«[25]. Anders wollte er sich die rigorose Disziplin einiger linker Gruppen, die in vielem irrationale, gläubige Überzeugtheit, den Opferwillen ohne Selbstschonung, die Preisgabe der bürgerlichen Zukunft, die geschichtliche Rücksichtslosigkeit und Blindheit gegen Traditionen, vor allem aber ihren Willen zur Verwirklichung nicht erklären. »Sie reden Spruchbänder«, fand er manchmal, aber als archetypisches Modell zur Veranschaulichung diente ihm immer das

Bild, das er vom frühen Urchristentum hatte: so rigoros, irrational, opferbereit, historisch rücksichtslos, spruchprägend und tatbereit stellte er sich die ersten Christen im Kreise des Judentums vor; und für ihn war das mehr als nur gedankliche Parallele, hier investierte er den Reichtum seiner Hoffnung.

Niemand wird von außen urteilen wollen, wieviel Irrationales an dem prophetischen Geist dieses Mannes wirkte; Emotion und Rationalität waren bei ihm, wie bei vielen aus der Fülle lebenden Menschen, untrennbar eins. Er erfuhr täglich selbst, je älter er wurde, die »Gnade des Jungbleibens und Neuwerdens«, die er an Hermann Cohen gerühmt hatte[26] – kein Schwur zu »ewiger Jugend« übrigens, den er sich selbst gegenüber geleistet hätte. Er entzog sich den Plagen des Alters nicht. Aber in seiner Neigung zur Linken war – ein typisch jüdischer Vorgang – Geschichtserfahrung zum ethischen Gebot umgeschmolzen.

Ihm ist unvergeßlich: »Nicht wir allein haben Opfer gebracht, die Vertreter der Linksparteien, die Anhänger der Demokratie, die wahrhaft gläubigen Christen, sie alle gehören zu den Opfern, die wir beklagen …«[27] – eine Wahrheit, von der heute noch manches jüdische Bewußtsein empfindlich getroffen werden kann und die ein schmerzender Nerv zum Beispiel im Verhältnis der Polen zu den Israelis ist, wer mehr gelitten habe: Verzweiflung klammert sich an die Einzigartigkeit der Leiden. Predigend und handelnd bemüht der Rabbiner Geis sich, der Daseinsform des Verfolgtseins ihre schreckliche aber verheißungsvolle Weite zu geben und ein elitäres oder nur quantitatives Minoritätsverständnis von einer »jüdischen Minderheit« umzuqualifizieren: »Gottes Minorität«, die Gemeinschaft aller für Wahrheit und Gottesreich Kämpfenden und Leidenden. Ausgerechnet Hitlers Wort »Der Jude sitzt immer in uns« wird ihm Mittel zur prophetischen Grenzüberschreitung aus der Enge der eigenen Schicksalsgemeinschaft heraus, und »der Jude« erschien ihm je länger je mehr ein Allgemeines, in dem alle Mühseligen und Beladenen sich wiedererkennen sollten.[28] Mittlerweile sind »Menschen der Bekennenden Kirche, soweit sie es wirklich blieben, Linkskatholiken, Intellektuelle zu einer Art Judenersatz in der Bundesrepublik«[29] abgestempelt, und »Judenschicksale« sieht Geis überall sich vollziehen.

Es ist klar, daß ein solcher Prophet nicht viel gilt in seinem Vaterlande, wohl auch nicht gelten will, schicksalhaft nicht gelten kann. Nach Palästina kommt er im Februar 1939, wunderbar entlassen aus dem Buchenwalder KZ.

Alle Weichen stehen auf Rückkehr und von nun an auf eine Kritik an Israel, die nicht aufs Grundsätzliche geht, aber gegen alles Abirren vom Grundsätzlichen protestiert. Weil die Propheten wissen, »was

Auserwähltsein bedeutet«, darum erscheint ihnen »gerade dies frag-
·würdige Land Palästina legitim, das nicht mehr als eine Länderbrücke
ist, zitternd gespannt zwischen zwei Großmächten. Es bietet in Wirklichkeit nie die Ausgangsposition zur Macht, es gibt auf lange Sicht
immer nur die Chance für ein Leben jenseits der Mächtigen, für den
König aller Könige. Die gesteigerte Liebe gilt diesem Land, weil gerade aus ihm die Forderungen nach der Einung des Lebens, der gläubigen Tat, aufsteigt, aufsteigen muß.«[30] »In jedem anderen Land wären diese Gottesmänner Phantasten, was sie in Israel und Juda zu den
großen Realisten macht, ist der Boden, der diesem Volk gegeben, ...
gefährdet von den Zeiten der Bibel bis zum heutigen Tag. Wenn die
Propheten mit ihrer unliebsamen Forderung vom Königtum Gottes in
die Politik eingreifen, hat das nur einen Sinn, weil wirklich auf diesem
winzigen Landstreifen am östlichen Ufer des Mittelmeers ... auf die
Dauer gar nicht zu leben ist.«[31]

Das ist Martin Bubers Position.[32] Sie führt bei Geis zu immer neuer, aber immer konkret differenzierender Kritik, in der viel mehr
Sorge um das Gelingen und die Durchsetzungskraft des Israelexperi-
ments sich äußert als reine Ablehnung.»Sollte uns das kleinwinzige
Zipfelchen Macht, das man uns gab und das man uns schon wieder
streitig macht, nicht bekommen?« Militärische Selbstbehauptung
droht einen neuen Ghettogeist zu verhärten.»Warum beteiligen wir
uns an der Arroganz des Schweigens, wenn es heute um die Entrechteten von vier Kontinenten geht, wenn Millionen von Menschen
durch Krieg und Hunger in unsagbarer Tortur, in der Verknechtung
primitivster Freiheit nicht nur im Osten, auch im Westen ein beispiel-
loses Judenschicksal erleiden? Wir sind ja gar nicht mehr die einzigen
Getretenen und Verachteten dieser Erde. Ist das noch immer nicht
klar? ... Was den Staat Israel angeht, so möchte ich nur eines erwähnen, weil Innerdeutsches mitbetroffen ist: Wie kann das jüdische Jerusalem sich durch erhebliche Spenden von einem Axel Springer bestechen lassen, ihn als freiheitlichen Demokraten feiern, weil er vordergründig philosemitisch auftritt und mit seinem sehr unwürdigen
Wohltätertum verdeckt, daß er in seiner Presse gegen die Neue Linke
hetzt wie einst die Nazipresse gegen die Juden?«[33]

Theodor Herzl irrte sicher mit seiner Vorstellung von Normalisierung für alle Juden. Die Araber irren sicher mit ihrer »erschreckend
emotionalen Übersteigerung« der Israelfeindschaft, »sie scheinen das
für lange noch nötig zu haben«.»Gar nicht fragwürdig hingegen ist
das Normalsein der Israelis, die im Lande aufgewachsen sind. Sie haben ein Recht, auf ihre Leistungen stolz zu sein, die Unfreiheit früherer Judengenerationen ist von ihnen abgefallen, sie können unmöglich verstehen, daß man sich schlagen lassen kann, ohne zurückzu-

schlagen.«Aber:»Es ist wert darüber nachzudenken, ob diese Unbefangenheit und Problemlosigkeit der Israelis der jüdischen Gesamtheit außerhalb des Staates Israel nicht gerade die Bürde des Andersseins besonders nachdrücklich aufzwingt, eine Majorität des kleinen Landes den Minoritätencharakter der Juden in der Welt unterstreicht und auf Umwegen zu Urjüdischem führt.«»Eines steht fest, auf dieses Neue Israel können wir nicht mehr verzichten, es bewahrt uns vor einem stetigen Abbröckeln in der modernen Welt.«[34]

Der Tod von Geis bedeutete für das christlich-jüdische Verhältnis in Deutschland abermals eine Zäsur. Der in ihm verkörperte jüdische Widerstand gegen alle oberflächliche Toleranz fehlt uns, und wir christlichen Theologen müssen nun erst recht aufpassen, daß wir nicht die harte jüdische Gegenständlichkeit verlieren, wenn wir weiter an jüdisch-christlichen Fragen arbeiten wollen. Mit ihm ist uns ein Lehrer in Israel entrissen worden, der uns das unbekannte Judentum lehren, aber auch durch sich selbst veranschaulichen und gegen uns behaupten konnte. Er hat uns aus unseren Reden und aus unserem christlichen Behaupten ins Lernen gezwungen und uns damit eine Wohltat erwiesen, die wir nun entbehren. Mit ihm bricht unter uns die Sukzession Leo Baecks ab, dessen Vermächtnis er wahren wollte.

»Leo Baeck hat nach Beendigung des Zweiten Weltkriegs große Hoffnung auf das christlich-jüdische Religionsgespräch in Deutschland gesetzt. Seine Begründung ist bemerkenswert. ›Nun haben auch Christen wieder ihre Märtyrer.‹ Nur die Gemeinschaft der Märtyrer bei Juden und Christen gibt den Versuchen des Verstehens eine neue Chance. Nach Baeck kann das Judentum von den ›erfolgreichen Bekenntnissen‹ gar nicht verstanden werden, weil ihnen die Erfahrung des Martyriums abhanden gekommen ist. An die Stelle des Blutzeugentums war in der christlichen Welt schon gar zu lange das Zeugnisablegen der Rede getreten.«[35] Geis hat einige von uns in diesem verbalen»Zeugnisablegen«unsicher gemacht und hat in unsere Theologie die heilige Scheu eingetrieben in Gestalt des von dem»pessimistischen Optimisten«Heinrich Heine so oft gebrauchten»Hoffnungswortes«:»vielleicht«.[36]»Das Wort des Glaubens in unserer Zeit kann und will nicht mehr pompös-deklamatorisch sein, es ist das ›vielleicht‹ eines zaghaften Hoffens. Doch auch das Wort von Gottes erbarmender Liebe heißt: vielleicht. Vielleicht? ... Vielleicht.«[37]

---

* Überarbeitete Fassung einer Rede beim Gedenk-Treffen im Freundeskreis von R. R. Geis am 25. Juni 1972 in Berlin-Dahlem.
1 Siehe III. 1, Erläuterungen.
2 Siehe III. 1, Erläuterungen.
3 R. R. Geis, Einleitung zu: Versuche des Verstehens. Dokumente jüdisch-christlicher Begegnung aus den Jahren 1918–1933. Herausgegeben und eingeleitet von

Robert Raphael Geis und Hans-Joachim Kraus. ThB 33, München 1966, S. 36f. – Vgl. H. Rauschning, Gespräche mit Hitler, Wien-Zürich-New York 1940, S. 210.

4 Siehe IV. 1.

4a R. R. Geis, Religionsgeschichte des nachbiblischen Judentums, in: Gottes Minorität, S. 52.

5 Siehe III. 1, Erläuterungen.

6 Siehe III. 1, Erläuterungen.

7 R. R. Geis, Einleitung zu: Versuche des Verstehens, S. 36.

8 Z. B. in der Theologischen Erklärung von Barmen 1934.

9 Der Reichsbruderrat der Evangelischen Kirche in Deutschland, Darmstadt 8. 4. 1948: Ein Wort zur Judenfrage, in: D. Goldschmidt/H. J. Kraus (Hg.), Der ungekündigte Bund. Neue Begegnung von Juden und christlicher Gemeinde, Stuttgart 1962, S. 251 ff.

10 Vgl. Die Synode der Evangelischen Kirche in Deutschland, Berlin-Weißensee 27. 4. 1950, a.a.O., S. 256 f. – Entschließung der Synode der Evangelischen Kirche in Deutschland, Berlin-Spandau 26. 2. 1960, a.a.O., S. 261 f.

11 Christen und Juden. Eine Studie des Rates der Evangelischen Kirche in Deutschland, Gütersloh 1975. – B. Klappert/H. Starck (Hg.), Umkehr und Erneuerung. Erläuterungen zum Synodalbeschluß der Rheinischen Landessynode 1980 »Zur Erneuerung des Verhältnisses von Christen und Juden«, Neukirchen 1980, S. 267–281.

12 J. Wellhausen (1844–1918), Bibelwissenschaftler und Orientalist.

13 Siehe Anm. 3.

14 G. Scholem (1897–1982), Wider den Mythos vom deutsch-jüdischen Gespräch, in: Judaica II, Frankfurt 1970, S. 7 ff.; S. 12 ff.

15 R. R. Geis, Einleitung zu: Versuche des Verstehens, S. 36.

16 Ebd.

17 Ebd.

18 Ebd.

19 Ders., Bauleute Gottes. Predigt zum jüdischen Pfingstfest 1960. In Memoriam Hans Joachim Iwand, in: Gottes Minorität. Beiträge zur jüdischen Theologie und zur Geschichte der Juden in Deutschland, München 1971, S. 196 ff.

20 Vgl. H.-J. Iwands Vorlesungen über Gesetz und Evangelium von 1937, in: Nachgelassene Werke 4. Band, München 1964. Besonders erschüttert zeigte sich Geis von einer Stelle in einem Brief Iwands an seinen Lehrer R. Herrmann: »Es ist als ob das ganze Volk verblendet wäre und nicht sehen wollte, daß der Unglaube der Juden ein schlimmeres Gift ist als ihre rassischen Eigenschaften. Denn er ist eben nicht an Rassen und Völker gebunden« (Brief vom 12. 5. 1934, in: Nachgelassene Werke 6. Band, München 1964, S. 263).

21 R. R. Geis, Juden und Christen vor der Bergpredigt, in: Gottes Minorität, S. 235 f.

22 H. Gollwitzer, Krummes Holz – aufrechter Gang. Zur Frage nach dem Sinn des Lebens, München 1970.

23 Vgl. VIII. 63, Brief v. 27. 1. 72.

24 Vgl. VI. 12.

24a Siehe III. 1, Erläuterungen.

25 R. R. Geis, Der biblische Friedensauftrag, in: Gottes Minorität, S. 215.

26 Ders., Hermann Cohen und die deutsche Reformation, in: Gottes Minorität, S. 124.

27 Ders., Gedenkrede für die jüdischen Opfer des Nationalsozialismus in Kassel (1950), in: Gottes Minorität, S. 160 f.

28 A.a.O., S. 160. Zitat aus: Rauschning, Gespräche mit Hitler (s. Anm. 3), S. 223.

29 Vgl. III. 1, Erläuterungen.

27

30 R. R. Geis, Zur Religionsgeschichte des nachbiblischen Judentums, in: Gottes Minorität, S. 35.
31 Ders., Bund und Erwählung im Judentum, in: Gottes Minorität, S. 19 f.
32 Vgl. z. B. M. Buber, Israel und Palästina. Zur Geschichte einer Idee, Zürich 1950.
33 R. R. Geis, Juden und Christen vor der Bergpredigt, a.a.O., S. 229 f.
34 Ders., Der biblische Friedensauftrag, a.a.O., S. 213 f.
35 Ders., Geschichte des christlich-jüdischen Religionsgesprächs, in: Gottes Minorität, S. 165.
36 Ders., Heinrich Heine – Die jüdische Bestimmung eines deutschen Dichters, in: Gottes Minorität, S. 135.
37 Ders., Der biblische Friedensauftrag, a.a.O., S. 219.

I. Jugendrabbiner in München (1932–1934)

Zum Thema

Aus Elternhaus und Schule liegen keine im vorliegenden Zusammenhang bemerkenswerten Dokumente vor. 1934 hat Geis für seine Schüler in Mannheim eine autobiographische Skizze »Aus einer Kindheit« (I,1) geschrieben. Sie schildert zunächst den Besuch Roberts bei seinem Großvater, dem Kaufmann Isaak Geis und dessen Frau Lina in Kassel und zeigt dann, wie – ausgelöst durch die dortigen Eindrücke – Geis' lebenslanger Konflikt mit seinem Vater einsetzt. Dieser tritt auch viele Jahre später noch in einem Brief von Moritz Geis an seinen Sohn zutage: Gelegentlich der Schwierigkeiten, die Robert sowohl mit seiner Gemeinde in Amsterdam als auch in mühsam sich hinschleppenden Vertragsverhandlungen mit Karlsruhe hatte, schreibt er am 31. 3. 1952: »Jeder Mensch macht Fehler, aber Du hast, seit Du in Deiner Jugend dickköpfig darauf bestandest, Rabbiner zu werden, nur Fehler gemacht. – Nun bleibt uns nichts anderes übrig, als den Tatsachen ins Auge zu sehen. ... Fanget jetzt wenigstens an zu sparen, wo Ihr nur könnt – auch bei den Kindern –, denn Ihr seid in schlechten Verhältnissen.« Zweifellos hat der Konflikt mit dem Vater den Charakter von Robert Geis mitgeprägt.

Die weiteren Dokumente vermitteln einen Eindruck von Geis' Tätigkeit als Jugendrabbiner und von allgemeinen Erfahrungen in München während der Jahre 1932 bis 1934. Von dem intensiven, im wesentlichen lebens- und berufspraktischen Fragen gewidmeten Briefwechsel zwischen Geis und seinem Lehrer, ja, väterlichen Freund Ismar Elbogen sind fast nur Briefe des letzteren erhalten. Die Korrespondenz hatte bereits in den zwanziger Jahren eingesetzt und währte – soweit es die Kriegsumstände zuließen – bis zu Elbogens Tod 1943.

I.1 Aus einer Kindheit

Eine wahre Geschichte*

Es war einmal eine Zeit, da ging es den Juden gut. Sie wurden nicht aus ihren Häusern vertrieben, ihre Kinder konnten in Frieden spielen, sie konnten lernen, was sie wollten, und wenn sie richtig fleißig waren, konnten sie den Beruf und die Arbeit sich wählen, die ihnen am meisten Spaß machten. Da es den Juden so gut ging, meinten viele, sie müßten nun gar keine Juden mehr sein, und manch jüdisches Kind wuchs auf, ohne zu wissen, daß es ein Jude ist. Wer fragte schon danach? Die Eltern aber erzählten nicht von der alten Geschichte des jüdischen Volkes.

So ging es auch einem kleinen Jungen. Eines Tages sollte er nun die erste Reise seines Lebens machen. Eine Eisenbahn hatte er zwar schon von weitem gesehen, aber sich reinsetzen und losfahren, das war doch eine andere Sache. Ihr könnt euch vorstellen, wie aufgeregt er war, und daß er es kaum erwarten konnte, bis die Fahrt losging. Endlich ging es los, wie groß war da die Freude. Als er sich etwas an das Zugfahren gewöhnt hatte, fiel ihm erst ein, daß er zu seinen Großeltern fahren dürfe, und da freute er sich noch mehr.

Die Großeltern erwarteten den kleinen Jungen an der Bahn. Zuerst war er ein wenig scheu, es war doch alles recht fremd für ihn, aber das war nur ganz am Anfang. Die Großeltern waren so lieb und hatten ihm gleich einen ganz großen Bären mitgebracht, nein, er hatte keine Angst. Er legte sein Händchen in die feste Hand des Großvaters, und so gingen sie durch die fremde Stadt. Unterwegs sah sich der kleine Junge seine Großeltern mal genauer an, sie sahen beide so lieb aus. Die Großmutter war eine kleine Frau, und das Kind dachte, bald werde ich größer als die Großmutter sein. Der Großvater war sehr groß, man fühlte sich bei ihm so geborgen, aber das Schönste am Großvater war ein großer, weißer Bart, so was hatte der kleine Junge noch nie von der Nähe gesehen, sein Vater trug keinen Bart. »Großpapa, darf ich auch einmal Deinen Bart anfassen«, fragte der Junge. Und sofort beugte sich der alte Mann zu dem Kind, und der kleine Junge streichelte ganz vorsichtig den Bart. Damit waren sie schon rechte Freunde geworden.

Ein Tag bei den Großeltern wurde immer schöner als der vergangene, immer gab es was Neues zu sehen, immer gab es neue Freuden und Überraschungen. Eines Tages fragte der Großvater: »Mein Kind, möchtest Du heute mit mir in die Synagoge gehen?« »Oh ja – sagte der Junge – mit Dir ist es überall schön.« Was aber eine Synagoge ist,

31

das wußte er nicht, denn seine Eltern hatten es ihm nie erzählt, und sein Vater ging wohl auch nicht in eine Synagoge. So gingen die beiden also in die Synagoge. Es war ein großes, wunderschönes Haus mit vielen großen Lampen, die hell strahlten. Vorne war ein Vorhang so groß wie eine ganze Wand. Und der Vorhang war herrlich rot, und es blinkte nur so von bunten Steinen auf ihm. Gar zu gern hätte der Junge wieder mal angefaßt, aber da getraute er sich doch nicht zu fragen, es waren ja auch so schrecklich viele Menschen in der Synagoge. Auf einmal wurde es ganz still, von hoch oben kam Gesang, erst ganz leise und dann so stark und zuversichtlich, am liebsten hätte der kleine Junge gleich mitgesungen. Dann erschienen zwei Männer, die hatten lange Röcke an, aber Männer waren es bestimmt, denn sie hatten Bärte, fast so schön wie der Bart vom Großvater. Gar zu gerne hätte der Junge gewußt, warum denn die Männer Röcke trugen, aber der Großvater hatte den kleinen Jungen ganz vergessen, er hatte sich in ein langes weißes Tuch gewickelt, ein Buch aufgeschlagen und las. Es mußte wohl eine sehr interessante Geschichte sein, sonst hätte der Großvater bestimmt seinen kleinen Liebling nicht so vergessen. Doch der Junge war gar nicht so unglücklich, es gab ja so viel zu sehen, und je mehr er sich umsah, desto größer wurde sein Staunen. Nein, ein so großes Zimmer hatte er noch nie gesehen und ein so schönes erst recht nicht. Und so schöne Lieder hatte er noch nie gehört, ach wie schön sang der eine Mann im schwarzen Rock. Dann stieg der andere Mann viele, viele Stufen hinauf, und auf einmal stand er ganz hoch oben, was er dort wohl tun wollte? War es vielleicht ein Turner, aber ein Turner in einem so langen, schwarzen Rock, nein das war doch nicht möglich. Wieder wurde es besonders still, und der Mann erzählte eine Geschichte. Der kleine Junge verstand zwar die Geschichte nicht so recht, immer wieder kam das Wort »Jude« darin vor. Die Juden mußten wohl ein sehr altes Volk sein, viel, viel älter als der Großvater und die Großmutter zusammen – und die waren doch auch schon schrecklich alt. Und der liebe Gott mußte die Juden ganz besonders lieb haben, und die Leute in der Synagoge mußten wohl Juden sein. Da bekam es der kleine Junge mit der Angst zu tun, vielleicht durften in diesem schönen Haus nur Juden sein, und vielleicht wußte der Großvater gar nicht, daß er kein Jude war. Er sah zum Großvater auf, der beugte sich zu ihm herab und fragte: »Gefällt es Dir, mein liebes, liebes Kind?« Da mußte der Junge weinen. »Ach Großvater, mir hat noch nie etwas so gut gefallen, nicht mal Dein Bär, aber all das Schöne ist doch wohl nur für die Juden, die der liebe Gott so lieb hat – und ich bin doch kein Jude.« Da mußte der Großvater aber lachen und er sagte zu dem kleinen Jungen: »Sei ruhig mein Kind, auch Du bist ein Jude, ich weiß es ganz genau und ich hoffe zu Gott, daß Du mal ein guter Jude werden wirst.« Da mußte der Junge nicht mehr weinen, er war so froh, weil auch er ein Jude war.

Da gingen auf einmal ganz viele Männer, die sich auch in weiße Tücher gehüllt hatten, zu dem großen Vorhang, der Vorhang verschwand und man sah viele, viele – ja waren es Puppen oder Kästen? – nein Rollen, erklärte der Großvater –. Also Rollen in bunten Mäntelchen, rot und blau und grün, so etwas Schönes hatte der Junge noch nie, nie gesehen. Über den Mäntelchen aus Seide und Samt trugen sie goldene und silberne Schilder, und manche war noch mit einer goldenen Krone geschmückt. Oh, das war ja wie an einem richtigen Königshof! Die Männer nahmen die Rollen in den Arm, der Gesang wurde ganz lustig, und mit den Thorarollen im Arm tanzten die Männer durch die Synagoge. Als der Zug sich der Stelle näherte, wo der Großvater stand, hob der seinen kleinen Liebling in die Höhe, und der Junge durfte die Rollen anfassen und streicheln, so wurde selbst sein sehnlichster Wunsch erfüllt. Aber all die anderen Kinder in der Synagoge streichelten auch die Thorarollen, und alle waren so glücklich wie der kleine Junge. Und am Schluß bekam noch jedes Kind Schokolade und Bonbons geschenkt, so als ob sie bei den Thorarollen oder dem lieben Gott eingeladen gewesen wären. Der Junge hatte Schokolade furchtbar gern, am liebsten hätte er immer nur Schokolade gegessen. Bekam er aber mal Schokolade geschenkt, war sie so schnell in seinem Bäuchlein verschwunden, es war ganz merkwürdig, wie viel schneller man Schokolade als Gemüse essen konnte. Die Schokolade vom Synagogenfest aber hütete er, nur ganz manchmal aß er ein ganz kleines Stückchen, nie wieder konnte er später mit Schokolade so sparsam sein.

Wenige Tage später mußte der Junge wieder zu seinen Eltern, er wäre so gern noch geblieben, er hatte so gehofft, nochmals in die Synagoge gehen zu dürfen. Nun freute er sich auf die Eisenbahnfahrt. Die Eltern holten ihren Jungen ab. Er erzählte nie viel, das wußten die Eltern schon, aber er schien so besonders schweigsam. Kaum waren sie alle wieder zu Hause, fragte der Junge:»Mutti, darf ich den alten Geigenkasten haben, der da auf dem Schrank steht?« Die Mutter gab ihn herab, und der Junge verschwand damit in seinem Spielzimmer. Nach einer Weile hörten die Eltern ihren Sohn so komisch singen, nicht die Lieder, die ihnen bekannt waren, nein es klang beinahe wie in der Synagoge, sagte der Vater ganz entsetzt. Sie öffneten die Tür ganz leise, da stand der kleine Mann in Muttis Schlafrock, ein Tischtuch um die Schultern gelegt, hielt den Geigenkasten im Arm, der auch in ein buntes Tuch eingewickelt war, und sang die Lieder, die die Eltern einst in ihrer Kindheit auch gehört hatten und seitdem nie wieder.»Was machst Du denn da«, fragte der Vater.»Ich bin in der

Synagoge« antwortete das Kind. »Ihr dürft mich nicht stören. Ich bin nämlich Jude, Großvater selbst hat es mir gesagt.« Die Eltern waren gar nicht froh darüber; was mußte das Kind wissen, daß es jüdisch ist? Aber da war nichts zu machen. Täglich spielte der Junge Synagoge, allen Leuten erzählte er, daß er ein Jude sei, und je weniger die Eltern davon begeistert waren, um so mehr Freude schien es dem Kind zu machen.

Im Sommer durfte der Junge zum ersten Mal mit seinen Eltern verreisen, sie wohnten in einem ganz großen Haus, und aus welchem Fenster man sah, wohin man immer ging, man sah Berge, so hoch, man konnte gar nicht recht glauben, daß es etwas so Hohes gab, aber es stimmte doch, und es gab Leute, die auf diese Berge stiegen. Es waren wunderschöne Ferien. Eines Abends war ein großes Fest, der kleine Junge durfte auch aufbleiben – wie die Erwachsenen. Als es schon ganz dunkel war, trat man ins Freie, und von allen hohen Bergen leuchteten große Feuer. Da rief einer »Hoch lebe die Schweiz«, ein anderer »Hoch lebe England«, und so ging es weiter, alle Länder ließ man hoch leben, am Schluß aber rief ein Kinderstimmchen: »Hoch leben wir Juden.« Das war natürlich der kleine Junge. Alle lachten, nur die Eltern des kleinen Jungen nicht, denn denen war es gar nicht recht, sie wollten doch keine Juden sein und hatten es verschwiegen und waren froh gewesen, weil keiner sie für Juden gehalten hatte. Damit war's nun aus und mit den schönen Ferien auch, denn am anderen Morgen reisten die Eltern mit dem kleinen Jungen ab, weil sie sich so schämten, weil jetzt alle Leute im Hotel wußten, daß sie Juden waren.

Jahre vergingen. Der kleine Junge war nicht mehr ganz so klein. Er spielte nicht mehr Synagoge, aber er hatte entdeckt, wo die Synagoge war, und heimlich ging er dorthin, so oft er nur konnte. Immer neue Lieder lernte er dort kennen, und die Synagoge war ihm vertrauter als sein Elternhaus. Noch wußte er wenig von der Geschichte des jüdischen Volkes, aber aus all den Liedern sprach die Vergangenheit seines Volkes, und er verstand sie. Einmal hörte er ein besonders schönes und trauriges Lied, da wußte er gleich, daß sein Volk nicht nur eine lange und große, sondern auch eine traurige Geschichte hatte. Aber das erschreckte ihn nicht, eigentlich liebte er die Juden von diesem Tag an noch mehr, weil sie doch sehr unglücklich sein mußten und dennoch immer wieder neben den traurigen Melodien frohe Lieder sangen.

Als man ihn in der Schule fragte, was er später einmal werden wolle, antwortete er: »König der Juden«. Die Kinder lachten ihn aus, der Lehrer aber erzählte ihm, daß die Juden schon lange keinen König mehr hätten und die Führer der Juden seien ihre Lehrer. Dann will ich so ein Lehrer werden, dachte der Junge. So ein Lehrer ist er auch geworden, und viele Jahre später war er schließlich am Ziel, als Rabbiner in der Synagoge, in die sein Großvater ihn mitgenommen hatte.

(1934)

* Für die Schüler der jüdischen Gemeinde Mannheim.

I.2 HARRY MAOR

Wie ich Robert Raphael Geis kennenlernte

Als Robert Raphael Geis zu Beginn der 30er Jahre in München seine erste Rabbinerstellung antrat, ahnten wohl die wenigsten der Gemeindepatrizier, daß sie sich in ihm einen »Gegenrabbiner«, einen frühen Vorläufer einer jüdischen »Gegenkultur« erwählt hatten. Robert selbst hätte die dann von ihm gespielte Rolle natürlich auch nicht klar durchschaut. Das geschah erst in einem späteren Abschnitt seines ereignisreichen Lebens, von dem hier nicht die Rede sein soll. Ich kann meine ersten Eindrücke nur in meiner damaligen Diktion – ich war 18, Robert 26 – wiedergeben: Ein zwieschlächtiger geborener Monsignore, wie Anatole France oder auch Heinrich Heine sie in köstlichen Vignetten verewigt haben. Dazu ein Rabbiner, der trefflich mit »Marx- und Engelszungen« zu reden verstand und dessen Machsor mit einem Rilke- oder auch Nietzsche-Band leicht vertauschbar schien. Nur von der Psychoanalyse hielt er nicht viel. Jüdisch war er von Franz Rosenzweig (den er persönlich kannte und von dem er uns viel erzählte) beeindruckt. Was den damals noch recht heftigen Streit um eine jüdische Symbolik im Sinn von Butterbrot mit oder ohne Wurst betraf, so lag er für Robert unter jeder ehrlichen Kritik. Uns Jüngeren war das sehr recht. Wenn ich sein Bild aus jener Zeit heraufbeschwöre, sehe ich seine zarte Figur vor mir, einen übermütigen Jungen, ein bißchen zu dandyhaft gekleidet, aber doch ein überzeugender zorniger junger Mann, mit dem wir uns, Rabbiner hin, Rabbiner her, alle duzten. Er wohnte damals in der Ludwigstraße, ich meinte, das sei das vornehmste Haus dort gewesen. Ich erinnere mich, daß ich ihn dort einmal kurz vor dem Freitagabendgottesdienst besuchte (um mir schnell zehn Mark zu leihen) und bewunderte die Geduld, mit der er seine Krawatte band. Er scheute den Spiegel nicht.

In der Synagoge hörte ich ihn einige Male; da predigte er unserer Ansicht nach phantastisch (und wie sein vorgesetzter Rabbiner Leo

35

Baerwald meinte, Phantastisches). Ich habe Robert in einigen Münchner Weinstuben erlebt, wo er aristokratische Zigarren rauchte und viel munteren Blödsinn trieb. »Es war eine Hetz', mit ihm zu sein,« sagten wir alle, eine echte und sehr befriedigende »Gaudi«.

Ernster wurde es im Jüdischen Jugendheim in der Herzog-Rudolf-straße, wo sich manche von uns als linke, manche als rechte Revolutionäre versammelten, und wo Robert, der ja als »Jugendrabbiner« amtierte, uns in Geschichte, jüdischer Geschichte Kurse gab. An einem von ihm inspirierten »Marxismuszirkel« nahm auch Georg Josephsthal teil (später Arbeitsminister in Israel), der als angehender Politiker sich auf Gemeindepolitik erheblich besser verstand als Robert, der tatsächlich so engagiert war, daß er die vielen Gegner, die er sich bald schuf, auch noch liebte, weil er eine Vorliebe fürs Raufen, aber auch fürs Florett (übertragen) besaß. Er kam sehr bald in die Mühlen der Gemeindeintrigen, er war dazu schon damals prädestiniert, seine würdevoll wirkende Respektlosigkeit war zu provokant.

Schlägt man heute den Sitzungsbericht der Gemeindevertretung der Israelitischen Kultusgemeinde München vom 19. November 1931 (Bayerische Israelitische Gemeindezeitung Nr. 23, VII. Jahrgang, München 1. 12. 31) nach, in dem die Gemeindevertretung zur Frage der Anstellung eines zweiten liberalen Rabbiners Stellung nahm, so glaubt man, in der eiskalten Rechenhaftigkeit, mit der hier die »Rabbinerfrage« erörtert wurde, die ganze Haltlosigkeit und Unhaltbarkeit einer bedeutenden deutsch-jüdischen Gemeinde zu erkennen. Ich habe in den folgenden Nummern der genannten Zeitschrift vergeblich nach auch nur einem Willkommensgruß für den »Jugendrabbiner« gesucht. Das Münchner jüdische Pflaster war steinig, und die Gemeindevertretung war öde. Oberstlandesgerichtsrat Dr. Alfred Neumeyer (damals Gemeindepräsident) führte aus, daß die Anstellung einer rabbinischen Hilfskraft nach der Pensionierung des Herrn Rabbiners Dr. Israel Finkelscherer unbedingt nötig sei, gleichwohl könne die Anstellung bei der heutigen Notlage der Gemeinde nur dann verantwortet werden, wenn sie wirtschaftlich tragbar sei. »In geheimer Sitzung wurde alsdann Herr Dr. Robert Raphael Geis aus Frankfurt a. M., derzeit an der Hochschule für die Wissenschaft des Judentums in Berlin, als zweiter Rabbiner einstimmig gewählt. Dr. Geis hat inzwischen die auf ihn gefallene Wahl angenommen.«

So kam der 26jährige Robert zu den 10000 Juden Münchens, der Amtsantritt erfolgte nach denselben Quellen am 7. April 1932. Bei einer so sparsamen Gemeinde (und die Münchner Gemeinde war eine reiche Gemeinde) fiel eine gewisse Aufwendigkeit des jungen Rabbiners natürlich auf und wurde beredet. Ich war zu jung, um die Hintergründe der Gemeindekämpfe, die sehr bald um den Liebling der jüdischen Jugend Münchens ausbrachen, verstehen zu können. Wir begriffen nur, daß er zwar nicht der Gemeinde die silbernen Löffel oder Kidduschbecher, dafür aber dem rabbinischen Jupiter der Gemeinde den Blitz gestohlen hatte. Im Nachhinein kann man von einer Tragödie im Leben Roberts sprechen, für uns war der Streit um Geis einfach ein Skandal, und wir begehrten auch auf. Aber Sit-ins in Synagogen waren noch nicht üblich, und die neue Generation, die zwar verstand, daß mit Gemeindebilanzen kein Judentum zu gewinnen sei, war nach einem Jahr bereits drauf und dran, aus München fortzugehen. Robert mit ihnen.

Das meinem Verständnis nach traumatische Erlebnis mit dem Gemeindevorstand Münchens hat Robert, ganz abgesehen von vielen äußeren Zwängen, die ihn wie so viele seiner Generation zu Nomaden machten, auf seinem Lebensweg als Rabbiner sicherlich negativ beeinflußt, beirrt und vielleicht auch im Innersten gebrochen, auch wenn Robert, der »Antipsychoanalytiker« gut verstand, daß er den Weg eines Unzünftigen und Draußenstehenden bis ans Ende gehen müßte. Aus Roberts Unzünftigkeit erklärt sich auch die geradezu charismatische Wirkung, die er damals wie später auf Menschen ausübte. Seine Religionsstunden handelten von Biro-Bidschan, Zionismus, Atheismus, Hermann Cohen, Martin Buber, Kabbala und Sozialismus und waren Religion. Er, der mir schon in jungen Jahren öfter des Trostes bedürftig schien, war ein begnadeter Tröster, ein Künstler der Seelsorge. Seine eigene große Empfänglichkeit für das Neue (bei seinem eher konservativen Lebensstil ein trächtiger Widerspruch), der Geist der Prüfung gegenüber Ideen, die anderen über jede Prüfung erhaben sind, ein Radikalismus auf vielen Gebieten, ein Mangel an Ehrfurcht gegenüber abgestorbenen Traditionen haben ihn damals in München zur Zielscheibe von Angriffen und ihn seither der rabbinischen Gilde und Innung immer verdächtig gemacht. Das bedeutete aber, daß er sich von den geschichtlichen Schranken des Gemeindejudentums leichter lösen konnte als seine Umgebung, um sich dann freilich dem Judentum in der Tat und im Gemüt viel intensiver hinzugeben. Er durfte, als er von München fortging, seinen Stolz haben. Münchens Juden brauchten ihn, der von außen so vieles sah, was damals noch von innen unsichtbar blieb. Seinen jüngeren Freunden und Schülern half er in diesem Vorunglücksjahr des deutschen Judentums, die Kräfte, die in sie gelegt waren, so zu entfalten, daß sie sie verwirklichen konnten. Und sicherlich gab er uns den Wunsch auf unsern Weg mit, der mehr war als sein persönlicher Wunsch: daß wir glauben könnten wie die Propheten, ohne Hochmut, unserer Unzulänglichkeit nur allzu schmerzlich bewußt.

(etwa 1975)

I.3 Robert Raphael Geis mit Humor erlebt

Maors Schilderung läßt die »Anstößigkeit« Geis'schen Verhaltens nach der ernsten wie nach der heiteren Seite bereits erkennen. Deutlich wird letztere – sie gehört untrennbar zur Erinnerung an Robert Raphael Geis – in dem nachfolgenden Auszug aus einem Brief von Erich Hirschberg, einem ehemaligen Schüler von Geis (datiert Madison USA, 3. 8. 47), aus einer lustigen Skizze von Gabriele Rosenthal (Dez. 1932) und – undatiert, aber wohl aus späterer Zeit – einem anonymen Gedicht.

»Es war wohl im Jahre 1932 in München, daß wir Sie kennenlernten. Ich hatte Religionsunterricht bei Ihnen im Ludwigsgymnasium, und wir wurden bald gute Freunde. Die Erinnerung an Sie ist immer frisch geblieben, und ich wollte immer schon nach Palästina schreiben, aber so Vieles bleibt irgendwie ungetan. Wir würden gern von Ihnen hören, wie es Ihnen geht und was Sie jetzt tun, nachdem ein sogenannter Friede herrscht, sollte es doch möglich sein, die Verbindung wieder zu erneuern. Und nun steht es bei Ihnen, den Faden wieder aufzunehmen. Erinnern Sie sich noch an Ihre Religionsstunden bei Kaffee und Schlagsahne, und an die große Aufregung der Münchner Bonzen, wie Sie die Jugendpredigten auf Deutsch anstatt auf Hebräisch hielten? Solche Sorgen hat ihnen Hitler vielleicht ausgetrieben, obwohl die noch am Leben sich befindenden Herren hier ebenso rückblickend und engstirnig sind wie anno dazumal. Uns jungen Menschen haben Sie viel mehr Kraft und Leitung gegeben als alle Bonzen zusammen.«

I. Seht gemartert und geschunden
Herz und Geist beim Glockenklang!
Oh wie schleichen öd die Stunden,
Und der Tag ist grau und lang.
Da gehet die Tür auf,
es kugelt herein,
schon füllt sich die Bude
mit Sonnenschein.

II. Bis zum Mittwoch schleicht das Leben
stets im gleichen Trott dahin,
und der Mühsal Schatten schweben
um den ausgelaugten Sinn.
Da teilt sich die Woche,
das Dunkel wird licht,
es lächelt ermunternd
ein freundlich Gesicht.

III. Und schon lenken sich die Schritte,
zaghaft und vom Wandern müd,
zu der neugewonn'nen Mitte,
wo das Lächeln aufgeblüht.
Da drängt sich die Menge
zu fröhlichem Kreis,
neu quillet das Leben,
den Hof hält Herr Geis.

I.4 Die Stellung des Rabbiners in der Gemeinde[1]

Haben die letzten Jahre das Gesicht unserer Gemeinde ganz wesentlich verändert, stärker noch macht sich der Wandel der Zeit beim Rabbiner, seinen Aufgaben und seiner Stellung in der Gemeinde bemerkbar. Wie weit ist doch der Weg vom alten Raw, der als Richter und Lehrer sein Amt versah, über den »Kauscherwächter«[2] der jüdischen Aufklärungszeit und den am christlichen Theologen orientierten jüdischen Geistlichen bis zum Rabbiner unserer Tage, wieviel Hoffnung auf Anpassung und Angleichung, Glaube an das Ende alten Judenschicksals wirkten da bestimmend mit und erwiesen sich als »trügerische Hoffnung«?

Der Rabbiner steht heute mitten im Gemeindeleben. Einmal wohl, weil man alles Leid, das einem widerfahren ist, als jüdisches Leid empfindet, die vielen Fragen, die sich einem aufdrängen und für die man keine Lösung weiß, als jüdische Fragen einem bewußt werden, und man in dem Rabbiner *den* jüdischen Menschen sucht – oft eine schwere Belastungsprobe für den Träger dieses Amtes. Zum andern, weil keiner heute Zeit für seine Mitmenschen hat, jeder mit seinen Nöten vollauf beschäftigt ist, und man einen Menschen sucht, der sich nicht versagt, der bereit ist zum Hören, und das ist so selten geworden, daß es häufig von Menschen schon verwechselt wird mit Helfen. So gibt es kein Gebiet des Lebens mehr, auf dem nicht der Rabbiner beratend oder entscheidend zum Eingreifen veranlaßt wird: Handle es sich um Auswanderung oder Berufswahl, um Wirtschaftsberatung oder Schiedsgerichte, um rein menschliche Dinge oder um Fragen, die an das Gebiet des Nervenarztes grenzen. Es versteht sich von selbst, dem Rabbiner fehlen sehr häufig die notwendigen wissensmäßigen Voraussetzungen, er muß also in ständiger Fühlung mit den Leitern der Wohlfahrtsarbeit, mit Wirtschaftsberatern, Juristen und Ärzten sein. Bei einer so weitreichenden Ausdehnung der Arbeitsgebiete wird natürlich der Rabbiner als Prediger und Kasualredner mehr in den Hintergrund treten. Aber das bleibt gar nicht allein eine Frage des Zeitmangels, sondern der gewichtigeren Frage nach dem Sinn der predigthaften Rede. Die Zeiten, da der Rabbiner als Prediger den letzten meist höchst notdürftigen Zusammenhalt zwischen jüdischen Menschen und jüdischer Gemeinschaft herstellte, sind vorbei. Das alte Judenschicksal, das wieder über uns gekommen ist, hat da mehr vermocht als die besten Kanzelreden. Und das Reden des Rabbiners ist heute nur noch insoweit sinnvoll, als es zum Lernen bereit macht oder schon wieder Lernen ist. Freilich verspüren wir gerade hier die Schwere der Rückkehr und, wie problematisch das Lernen von entwurzelten und sorgenvollen Menschen ist. Trotzdem verliert die Forderung nach Lernvorträgen und Schrifterklärungen anstelle von Predigten nicht an Bedeutung, und sie wird wohl am ehesten verstanden werden und müßte eigentlich gestützt werden durch junge Menschen. Damit berühren wir aber das problematischste Arbeitsgebiet des Rabbiners: die Jugendarbeit. Man hat das Schlagwort des Jugendrabbiners zu einer Zeit geprägt, da das Fiasko in der Jugendarbeit schon deutlich für den, der sehen wollte, zu erkennen war. Schuld daran trägt nicht nur die areligiöse Haltung der Mehrheit unserer Jugend, bestimmt wird die höchst dürftige Beziehung von Rabbiner und Jugend durch die Tatsache, daß alles menschliche Mühen und Wirken nicht mehr von Mensch zu Mensch geht, sondern eine Angelegenheit von Kollektiven geworden ist, und die Jugend-Bünde eine kollektivistische Gemeinschaft darstellen, die mit der Gemeinde, deren Vertreter der Rabbiner bis heute geblieben ist, sehr wenig gemein hat. Eine Annäherung ist nicht möglich durch jugendliches Sichgebärden des Rabbiners, sondern allein auf der Ebene gemeinsamen Lernens, wozu die jüdische Schule neue Möglichkeiten bieten könnte. Freilich dürfte der Rabbiner dann über den vielen Aufgaben, die ihm gestellt werden, die wichtigste Forderung, die auch heute noch für ihn gilt, nicht vergessen: das Lernen. Nur aus dem Lernen kann ihm jene Sicherheit und Autorität werden, deren er für die ständige menschliche Inanspruchnahme bedarf, nur durch intensives Sichversenken in vergangene Zeiten unserer Geschichte die Geduld zum gläubigen Warten in der Wirrnis unseres Judenlebens; nur so kann er auf die Dauer seiner wichtigsten und schwierigsten Aufgabe gerecht werden: Lehrer zu sein.

Die Stellung des Rabbiners in der Gemeinde ist wieder so umfassend geworden, daß man versucht wäre, von dem Wiedererwachen einer neuen jüdischen Einheit, die keinen Lebensbezirk außer acht läßt, alles und alle umfaßt, zu sprechen. Wir dürfen uns nicht täuschen. Auch hier – wie bei so vielem – haben wir es nicht mit einer wirklichen Umkehr, sondern mit einer menschlichen Not und Ausweglosigkeit zu tun. Es liegt nicht nur an dem Rabbiner, aber doch gerade angesichts der Gemeinden in Deutschland recht entscheidend bei ihm, ob aus Not wirkliche Gemeinschaft werde, aus einer Flucht in die jüdische Gemeinde ein Neuaufbau alter jüdischer Werte.

(nachgelassenes Manuskript, um 1932)

---

1 Die halachischen Aufgaben des Rabbiners sind hier nicht berücksichtigt.
2 Der Ausdruck »Kauscherwächter« geht wohl auf die um 1800 verbreitete korrumpierte Aussprache des Wortes koscher zurück.

I.5 An Ismar Elbogen

München, 27. 5. 1932

Mein lieber Herr Professor,

ich habe mich über Ihren Brief so sehr gefreut, aber die letzte Woche war allzu stürmisch, so blieb zum Antworten keine Zeit. Meine Predigt am Shabat Bahar ging – wie Sie ja auch schon annahmen – über Sozialismus und hat große Erregung hervorgerufen, Beschwerde beim Vorstand ist nur von Herrn Baerwald eingelaufen, der sich in seinen politischen Gefühlen und in seiner Stellung zur katholischen Kirche getroffen fühlte. Meine Position hier habe ich mir damit sicherlich nur erschwert, ich sehe langsam ein, wie wenig man mit dem Kopf durch die Wand kann und wie wenig angebracht es ist, am Anfang schon die einem wesentlichen Fragen anzurühren, der Endeffekt ist nur die eigene Erschütterung, die ja auch einmal unerträglich werden könnte. Nun geht es mir wie den kleinen Kindern, die ruhig werden, wenn sie genug getobt und geweint haben. Ich will es also auch auf ruhigere Art nochmals versuchen und zu den »letzten Dingen« erst wieder zurückkehren, wenn ich für die Gemeinde schon Gestalt geworden bin und mir selbst klarer über meine Einstellung zu diesem sonderbaren Beruf geworden bin. Und inzwischen möchte ich mit dem Arbeiten für mich anfangen, das ist ja im Augenblick sicherlich die beste Art des Lebens.

Ich möchte gern über die Anfänge des Liberalismus in Deutschland und seine Abhängigkeit vom Politischen arbeiten. Halten Sie das für zweckmäßig, was soll ich da lesen (außer den bekannten, ungenügenden Geschichten des Liberalismus)? Was denken Sie über einen Aufsatz »Jüdische Geschichtsauffassung und Geschichtsdeutung«, in dem dann etwa die Einstellung der Juden zu ihrer eigenen Geschichte behandelt werden sollte?

Und nun lieber, lieber Herr Professor noch recht, recht herzliche Grüße, Shabat Shalom

Ihr dankbarer Schüler Robert

I.6 An den Vorstand der Israelitischen Kultusgemeinde München

9. 1. 1933

Zur Vorbereitung der bevorstehenden Vertragsverhandlungen erlauben Sie mir auf folgende Punkte hinzuweisen, die meiner Meinung nach einer Klärung bedürfen.

Es haben sich im Laufe dieses Jahres Meinungsverschiedenheiten über die Auslegung meines Vertrages ergeben. Ich habe die Bestimmungen meines Vertrages folgendermaßen aufgefaßt: Ich bin als zweiter Rabbiner mit einer bestimmten Beteiligung an den rabbinischen Obliegenheiten verpflichtet, weiter bin ich zur Vertretung des Herrn Gemeinderabbiners und zur Erteilung von Schulunterricht bestellt. Außerdem ist mir aber als selbständiges Arbeitsgebiet die Jugendarbeit im weitesten Sinne mit den Funktionen eines Jugendrabbiners übertragen. Daraus ergibt sich wohl, daß ich in allen die Jugend betreffenden Fragen gehört werden und ein direktes Antragsrecht an den Vorstand haben muß. Demgegenüber wird die Meinung geltend gemacht, daß mir lediglich die Vertretung des Herrn Gemeinderabbiners zustehe und ich zu keinerlei selbständiger Arbeit und direkter Initiative berechtigt sei. Neben dieser prinzipiellen Frage, die doch, um gedeihliches Arbeiten zu ermöglichen, geklärt werden muß, besteht für mich hauptsächlich noch das praktische Problem der Gestaltung meiner Unterrichtstätigkeit. Ich habe bisher an einer Volksschule unterrichtet, deren Unterricht kennen zu lernen, durchaus wichtig für mich war, die aber im Übrigen nicht meiner Ausbildung entspricht und für die geeignetere Kräfte Ihnen zur Verfügung stehen. Weiter unterrichte ich in einem Privatlyzeum, das der Zahl und dem geistigen Stand der Schülerinnen nach keines akademischen Lehrers bedarf. Es blieb also vor allem der Unterricht in den Mittelschulklassen. Ich kann wohl sagen, daß ich es hier verstanden habe, die Schüler weitgehend am Unterrichtsstoff und darüber hinaus am Judentum zu interessieren. Ich möchte Sie deshalb bitten, mich in Zukunft allein hier zu verwenden und zwar so, daß ich 5 Gymnasialklassen übernehme. Es wäre dann aber auch unbedingte Notwendigkeit, mich die Klassen später weiter bis zur Abschlußprüfung führen zu lassen, schon allein, um den Schülern und mir einmal die Möglichkeit zu geben, zu zeigen, was wir in unserem Unterricht erreichen können, darüber hinaus aber bitte ich Sie zu bedenken, wie bei den Schwierigkeiten, mit denen wir im Unterricht zu kämpfen haben (unjüdisches Elternhaus, unjüdisches Milieu, wenig Unterrichtsstunden), allein eine konsequente Arbeit aus der genauen Kenntnis der Schüler und unter Berücksichtigung ihrer subjektiven Entwicklung Erfolg verspricht. Diese Arbeit muß durch einen Wechsel der Lehrkräfte gestört werden, um so mehr, als ich ja meine eigene Anschauung über den Aufbau des Unterrichtes habe, eine organischere Eingliederung des Hebräischen für möglich halte, und bei einer bedeutend stärkeren Heranziehung der Bibel und einem intensiven Geschichts- und Literaturunterricht auf eine jüdische Dogmatik und besondere Behandlung der Ethik verzichten zu können glaube, da ich die Bedeutsamkeit unserer Geschichte so hoch einschätze und in unsere Jugend das Vertrauen setze, sich allein aus einem tiefen Wissen zu guten Juden zu entwik- keln. Weiter müßte der Barmizwa-Unterricht, der den jungen Men- schen zu einem bewußten Juden miterziehen soll, der also auf keinen Fall weiter ein technischer Unterricht allein bleiben darf, vom Ju- gendrabbiner gegeben werden.

Es entfielen auf mich damit etwa 14 Pflichtstunden; mit dieser Stundenzahl bitte ich Sie, sich zu begnügen, da ich ja noch für die wei- tere Jugendarbeit, mit dem Endziel der Schaffung einer Jugendge- meinde, Zeit brauche und gerade ein Mensch, dem die Jugend anver- traut ist, eine intensive Weiterarbeit doppelt nötig hat, wozu ich bei der augenblicklichen Einteilung überhaupt nicht kommen kann, wenn Sie meine starke seelsorgerische Tätigkeit in Betracht ziehen.

Bei dem großen Verständnis, das Sie von Anfang an meiner Arbeit entgegengebracht haben, bitte ich Sie, auch in dieser Frage mir Ihre Unterstützung nicht zu versagen.

I.7 Ismar Elbogen an Geis

Berlin, 20. 5. 1933

Lieber Freund,

Sie hatten nun die herrlichen Tage im Gebirge, das war ja in diesem Jahr ein besonderes Gnadengeschenk, diese klare Sonne, und noch dazu ohne empfindliche Hitze. Und Sie wollten schon an der Ver- wirklichung verzweifeln! Aber so wird es immer im Leben gehen, ganz ohne Kampf fällt einem nichts in den Schoß. Sie können nicht erwarten, daß Sie sich in 6 Wochen [nach Erneuerung des ersten Jah- resvertrages] durchsetzen, und je weniger tragisch Sie es nehmen, wenn Sie nicht sofort vollen Erfolg haben, desto eher werden Sie sich durchsetzen. Nicht nur die Menschen, auch die Verhältnisse sind ge- genüber allem Neuen träge, aber das Leben würde ja gar keine Freude machen, wenn man alles ohne Mühe erreichte. Darum muß man aber auch nicht sofort verzweifeln, wenn man nicht auf den ersten Anhieb durchdringt. Machen Sie in Ruhe und Ernst Ihre Arbeit und gucken Sie vorläufig gar nicht, was daraus wird.

Nun tritt wohl Mannheim an Sie heran – ob Sie sich darauf einlas- sen sollen? Ich würde Nein sagen, wenn Mannheim Ihnen nicht Zeit läßt Ihr Jahr abzudienen, denn Sie können nicht nach 2 Monaten in München kündigen. Überdies kennen Sie die Unannehmlichkeiten von München vom Sehen; welche Schattenseiten Mannheim hat, weiß niemand. Wir denken an Sie. Shabat Shalom

wie immer Ihr Elbogen

I.8 An Ismar Elbogen

München, 16. 10. 1933

Mein geliebter Herr Professor,
von mir erzähle ich ungern, denn es muß immer wieder wie ein Hilfeschrei klingen, mich von hier zu erlösen. Zwar stehe ich zum ersten Mal mit Baerwald friedlich, aber das habe ich mit einem sehr weitgehenden Verzicht erkauft. Wohl lasse ich mir in Unterricht und Predigt – trotz häufiger Beschwerden – nicht hineinreden, aber von jeder weitergehenden Einwirkung auf die Gemeinde halte ich mich fern, sei das nun in der Frage der jüdischen Schule oder anderen wichtigen Erörterungen. Ich stehe heute absolut allein, denn die Zionisten sind gar zu blöd – und von den Liberalen kann man ja nichts erwarten, und einen so aussichtslosen Kampf ausfechten? nein! Aber wie scheußlich ich mir dabei vorkomme, und daß meine Jugend es nicht begreifen kann, werden Sie verstehen. Aus der Jugend holen mein einziger Mitarbeiter – Josephsthal – und ich das Menschenmögliche heraus, wir arbeiten sicher nicht schlechter als in anderen Gemeinden, es fehlt halt überall an Menschen. Ich wäre froh, wenn wir Ehrenkranz bekommen könnten, aber es ist fast aussichtslos, die Polizei erlaubt es nicht.

Ende der Woche beginnt wieder meine Dienst- und Leidenszeit, danach – Mitte November – will ich meine Eltern in Paris für einige Tage besuchen und mich dort mal umsehen, da mir hier doch keine Möglichkeiten mehr gegeben zu sein scheinen.

Was macht die Hochschule und wüßten Sie – wenn wir noch mal so weit kommen sollten – tüchtige Volksschullehrer? Die Schwierigkeit eines preußischen Examens lassen sich vielleicht überwinden.

Die allerherzlichsten Grüße für Sie und Ihre Frau

von Ihrem Robert

I.9 Inhaltsangabe der Predigt vom 30. 12. 1933 und Erklärung zu Beschwerden

»Jakob berief seine Söhne und sprach zu ihnen: Versammelt Euch, so sage ich Euch an, was Euch begegnet am Ende der Tage« [Gen 49,1]. Zu dieser Stelle unseres Wochenabschnitts sagt Raschi:»Er wollte die Zukunft offenbaren, doch die göttliche Eingebung verließ ihn und er begann von anderen Dingen zu reden.«

Was veranlaßt Raschi, diese Äußerung über den Stammvater zu machen und zu erklären, daß die Schechina ihn im Augenblick der

Verkündung der Endzeit verlassen habe. Raschi hat eben in einer Zeit, die weit vom biblischen Judentum entfernt war, gelebt, und für ihn hatte die Endzeit eine wesensmäßige andere Bedeutung als für das biblische Judentum. Die Thora zeichnet sich gerade darin besonders aus, daß sie eine noch ungebrochene Einheit von Gott und Mensch, Welt und Überwelt darstellt. Sie hat noch nichts von der unerfüllten Sehnsucht späterer Zeiten, von der Gespaltenheit des Lebens, die den Menschen sein Leben nur ertragen lassen kann, wenn er auf einen Himmel, auf einen Lohn in einem Jenseits warten darf. Diese Geschlossenheit jüdisch biblischer Anschauung hat wohl viel Ähnlichkeit mit anderen alten Stammesreligionen, in denen das Leben auch noch direkt unter der Wirkung der Macht, der Liebe des jeweiligen Gottes steht. Freilich ist das Judentum weit über diese alten Stammesreligionen hinausgewachsen. Schon sein geschichtliches Schicksal, das es aus seinem Land in die Welt vertrieb, veranlaßt eine Erweiterung des Gottesbegriffs zum Weltengott. Aber wenn auch das Judentum sowohl in seinen sittlichen wie göttlichen Ideen weit über das Altertum hinauswuchs, so verblieb ihm – und hier könnte man geradezu von einem Wunder jüdischen Schicksals sprechen – doch die Geschlossenheit des Weltbildes, die Erfülltheit des Lebens, die es sich aus seinen Urzeiten immer erhalten hat. Und so hat das Judentum einen wesensmäßig anderen Charakter als spätere Religionsbildungen, die aus einer Gespaltenheit des Lebens und einer Verzweiflung am Dasein entstanden sind. Das jüdische Volk hat sich widersprechende Vorstellungen zu eigen gemacht, zu Zeiten ein Jenseits abgelehnt, zu anderen es in den Mittelpunkt seiner religiösen Betrachtung gestellt, manchmal die Welt mit Engeln und Geisterwesen erfüllt, in anderen wieder sie verworfen; hat sich bemüht, eine Weltreligion zu werden und hat sich begnügt mit seiner volkhaft gebundenen Religiosität. Die Juden sind allen Strömungen der Zeiten nachgegangen. Sie haben sich an Griechenland assimiliert und haben spanische Sitten nachgeäfft. Wenn eines in der jüdischen Entwicklung aber immer bestehen blieb, so die Einheit des jüdischen Gottes mit seinem Volk, das immer wieder neu versucht, das gelebte Leben mit der ersehnten Zukunft und Hoffnung zu vereinen. »Siehe ein Volk, einsam wohnt es, unter die Völker rechnet sich's nicht.« Die Welt draußen feierte in diesen Tagen ihr höchstes Fest. Wir haben heute weniger denn je Veranlassung, uns um das Geschehen einer Welt, die von uns nichts wissen will, zu kümmern. Aber das eine muß doch wohl gesagt werden: Daß die Heilswahrheiten, die vielen Generationen das Leben auf dieser Erde ermöglicht haben, daß diese Heilswahrheiten dem Menschen von heute über die Nöte seines Lebens nicht mehr hinweghelfen können. Und es hat ein ungeheures Ringen eingesetzt um eine neue Sinngebung dieser Welt, um eine Neugestaltung des Lebens. Man bemüht sich, Ideal und Wirklichkeit zu vereinen, Himmel und Erde zu versöhnen, die unendliche Kluft zwischen einem weit entfernten Göttlichen und ratlos Menschlichen zu überbrücken. Wir sehen bei diesem Geschehen unserer Tage immer nur das Leid, das uns widerfährt. Wir spüren nur, daß wir ausgestoßen sind. Und es hat sich in all diesen Monaten bei uns der Blick nicht geöffnet der Tatsache, daß die, unter denen wir leiden, auch leiden. Wir sehnen uns immer noch zurück in die Welt der Vergangenheit, ihrer Ruhe und Beschaulichkeit. Wir hoffen auf eine Rückkehr vergangener Zeiten und haben uns noch nicht aufgemacht, mit dem Leben zu kämpfen, wie unsere Umwelt das heute tut. Doppelt betrüblich, weil das, worum diese Welt da draußen sich müht, in einer unendlich langen Entwicklung jüdischer Geschichte erfüllt war. »Siehe ein Volk, einsam wohnt es, unter die Völker rechnet sich's nicht.«

Gewiß, diese Bemühungen sind schwer. Ob wir zu dieser jüdischen Lebenshaltung zurückfinden würden, ist ungewiß. Aber man kann doch nicht in einer Zeit unendlicher menschlicher Anstrengung für sich allein den Anspruch erheben, in Ruhe und Frieden leben zu dürfen. Man kann doch nicht in einer Zeit, in der alles fraglich geworden ist, sich einem gewagten Versuch, der Zurückeroberung jüdischen Lebensideals, verschließen, nur weil dieser Versuch schwierig und sein Ausgang noch ungewiß ist.

Ein kluger Mann dieser Gemeinde hat einmal gesagt, daß diese Gemeinde ihrer soziologischen Struktur nach dazu bestimmt sei, hinter der Entwicklung zurückzubleiben und erst in letzter Stunde sich auf einen neuen Weg zu machen.

Wenn schon das deutsche Judentum als Gesamtheit sich schwer zu einer neuen Art seiner Lebensgestaltung verstehen kann, so noch um vieles schwerer diese Gemeinde. Man meint, die letzten 10 Monate seien spurlos an uns vorübergegangen. Ein Frieden herrscht hier, der einer Friedhofsstille ähnlich ist. Muß das sein? Müssen wir wirklich warten bis zur letzten Stunde? Es handelt sich doch heute nicht mehr um irgendeine theologische Frage oder religiöse Form, sondern um unsere Lebensexistenz und die Existenz unserer Kinder. Denn mit den Vorstellungen der Vergangenheit werden wir das Leben dieser Gegenwart nicht ertragen können. Wollen wir nicht versuchen, uns auf den Weg zu machen? Mag er schwierig sein und mag das Ziel so weit entfernt sein, daß wir es noch nicht schauen können, wenn wir doch das eine wissen können, daß es überhaupt nur noch eine Sicherheit für uns geben kann, die unseres Judentums.

Jehuda Halevi sagt in seinem philosophischen Werk Kusari: »Wer da weissagte, tat es nur in dem Land oder in Beziehung auf das

Land.« Die Außenwelt hat uns zu Juden gestempelt. Und aus unserem Volk sind Neubelebung und Neuaufbau Palästinas entstanden. Mag Palästina den einen die Erfüllung jüdischen Seins bedeuten, den anderen eine Zufluchtstätte in Zeiten der Not. Palästina ist für uns eines: ein sichtbares Zeichen unseres Judeseins – und das heißt, anders sein als andere Völker – ein Zeichen, das wir nicht wegwischen können, selbst wenn wir es wollten, das uns für die Zukunft die Möglichkeit nimmt, unserem jüdischen Schicksal zu entfliehen, wo immer wir leben. Das ist der Gang jüdischer Geschichte in dieser Gegenwart. Wir können uns ihm noch versagen, aber wir können ihn hier nicht hindern und ändern. Judentum in seiner Besonderheit ist wieder erkannt und erstanden. Ob wir in dieser Gemeinde den Weg zu ihm zurückfinden, ist die Frage dieser Stunde.

Zu den vor den Vorstand gelangten Beschwerden, die Herr Oberstlandesgerichtsrat Dr. Neumeyer mir vorzulesen die Freundlichkeit hatte, habe ich zu erklären:

Gesagt habe ich:
1. Man verzeihe mir eine persönliche Äußerung. Ich komme mir wie ein Hampelmann vor, wenn ich auf die Kanzel trete. Man kann sagen, was man will, keine Antwort, nichts als Schweigen, Ablehnung, Resignation. Nicht um meine Person handelt es sich dabei; aber was hat alles Versuchen in einer Zeit, da eine Neugestaltung und Neubelebung unseres jüdischen Lebens bitter Not wäre, für einen Sinn, wenn alles beim Alten bleibt?
2. Ein kluger Mann dieser Gemeinde hat einmal gesagt, daß diese Gemeinde ihrer soziologischen Struktur usf. (siehe oben).
3. Wir tun immer so, als ob Meinungsverschiedenheiten der religiösen Auffassungen das einzig Wesentliche unseres Judentums bedeuten. Wir können uns darüber aufregen, wenn man am Sabbat einen Schirm trägt, oder wir können uns entrüsten über einen, der noch mit einem Käppchen bedeckt in der Schule sitzt.

Nicht gesagt habe ich:
1. Daß die Thora unzeitgemäß sei und alle mir in den Mund gelegten Äußerungen über die Orthodoxie;
2. daß die Gemeindeverwaltung gehen müsse, sie sei unfähig, sie mache mich zu einem Hampelmann etc. Ich habe zur versammelten Gemeinde von der Gemeinde gesprochen, alle waren gemeint, und so ist es auch wohl von nicht Übelwollenden verstanden worden.
3. Meine Äußerungen über Palästina (s. o.). Den Vorwurf der politischen Rede weise ich als völlig unberechtigt zurück.

48

I.10 An Ismar Elbogen

München, 19. 3. 1934

Mein geliebter Herr Professor,
Ihre liebe Karte fand ich bei meiner Rückkehr von der Rundreise Mannheim – Nürnberg vor. Am Freitag habe ich in Mannheim gepredigt, ob daraus nun etwas wird, muß sich ja bald entscheiden, ich ging so gern hin. Gestern sprach ich in Nürnberg über Diesseitsgläubigkeit in der Bibel, es war besonders schön, und ich bin richtig froh, daß ich mit Freudenthal so gut stehe, er ist ganz prachtvoll, leider geht es ihm körperlich so sehr, sehr schlecht. Nun will ich versuchen, Mitte nächster Woche aus München zu verschwinden. Hoffentlich gelingt's, jeder Tag ist jetzt eine Qual, hauptsächlich das Traurigsein meiner Jungens setzt mir furchtbar zu, ich wage mich kaum mehr in ein Klassenzimmer. Wohin ich dann gehe, weiß ich noch nicht, aber die Tage außerhalb Münchens haben mir doch Mut gemacht und wieder etwas Selbstvertrauen gegeben.

Ihr dankbarer Robert

I.11 An Ismar Elbogen

Frankfurt, 8. 4. 1934

Mein geliebter Herr Professor,
haben Sie vielen Dank für Ihre herzliche Karte. Und nun wollen Sie einen »vernünftigen« Brief von mir, das ist in meiner Verfassung gar nicht so leicht, denn wenn ich auch die Ungewißheit meiner Lage recht ruhig hinnehme, je mehr Distanz ich zu München bekomme, umso negativer muß ich diese zwei Jahre eigentlich bewerten. An äußeren Erfolgen hat's ja nicht gefehlt, aber was bedeutet das Bravorufen der Menge? Und was darüber hinausging, ist's nicht nur aus dem völligen Mangel an Menschen in dieser Gemeinde zu verstehen, eben daß ich einfach der einzige Mensch war, der ahnte, um was es ging? Und dann die ungeheure Sprechstunde, die ich hatte, was habe ich helfen können? Ich bin doch eigentlich daran fast zu Grunde gegangen, weil ich im Letzten ja selbst so hilflos und ratlos bin – und darum haben mich all das Vertrauen und alle freundschaftliche Haltung wohl nur noch einsamer gemacht. Als Rabbiner bin ich doch eigentlich ein Versager; wie weit durch ein fundiertes Wissen, ein wirkliches Heimischsein im jüdischen Schrifttum diese Schwierigkeiten behoben wären, kann ich nicht sagen. Sie werden sicher nun denken: »Ja, arbeite halt, Mensch!!« Aber mit wem und wieviel Zeit hat man denn, wenn man im praktischen Beruf steht? Und das talmudische

Schrifttum, mehr noch das talmudische Denken wird mir wohl immer fremd bleiben. Sollte ich nicht besser mich mit der Lehrertätigkeit begnügen? Da fühle ich mich doch viel sicherer – und da bin ich wirklich recht am Platz, das darf ich wohl doch sagen.

In Mannheim würde ich es mit der Rabbinerei nochmals versuchen, dort sind Menschen, bei denen ich lernen kann, dort würde ich nicht zum großen Mann aufgeblasen, dort könnte ich mich vielleicht langsam einleben – aber wenn daraus nichts werden sollte, eine andere Rabbinerstelle möchte ich nicht mehr haben. Wann das entschieden wird? Nicht vor Ende des Monats. Grünewald meint, meine Aussichten seien gut, alle Vernünftigen wollten mich, na!

In München hat die Aktion, die mein Bleiben durchsetzen wollte, nur eine sofortige feindliche Stellung Baerwalds zur Folge gehabt, ich hab das ruhig hingenommen, gehe überhaupt stillschweigend über alles hinweg, denn ich will keinen Krach mehr, Baerwald tut mir nur leid, er ist ein so hoffnungslos resignierter, armer Mensch, er kann einfach nicht anders reagieren. Als der Vorstand mich nochmals zur Weiterarbeit in München überreden wollte, habe ich darum alle freundschaftlichen Formulierungsversuche abgelehnt, weil sie doch nicht helfen und erklärt: Entweder ich bekomme endlich Arbeits- und Meinungsfreiheit oder ich gehe. Darauf mußten die Herren mich freigeben; denn das zu erreichen, war unmöglich, Baerwald hätte nie freiwillig dem zugestimmt – und wer kann es heute auf einen Prozeß ankommen lassen? Ich soll nun bis zur Klärung der Nachfolgefrage noch im Amt bleiben; d.h. ich fahre Mitte dieser Woche nach München zurück und bleibe bis Ende Mai, die Heuschnupfenperiode muß ich in diesem Jahr in reiner Luft verbringen, denn das hielte ich jetzt nicht aus, wenn es mir im Augenblick auch garnicht schlecht geht.

Und nun seien Sie und Ihre Frau herzlichst gegrüßt. Wenn ich nur mal wissen dürfte, wie es Ihnen geht. Ihr Robert

I.12 Drei Freunden*

Nach der wechselvollen Geschichte des Mittelalters ist die jüdische Gemeinde München erst in der zweiten Hälfte des 18. Jahrhunderts wieder erstanden, verglichen etwa mit Worms und Frankfurt eine junge Gemeinde. Ihre Menschen kamen aus kleinen Städten, die ein Eigenes an geistiger Bekanntheit und Vertrautheit besaßen, eine Andacht zum Kleinen und den Hang zur Individualität. Ihre Menschen kamen – was es in Deutschland nicht allzu oft gab – vom Land und aus dem Dorf, ihrem Wesen und Denken waren damit eigene Züge gegeben: eine gesunde, zähe Kraft, die konservative Art, die Treue gegen die überlieferte Form und die Hinneigung zum Brauch. Ihre Menschen kamen schließlich von überall her, Akademiker zumal, die sich von dieser bezaubernd-verzaubernden Stadt ihres Studiums nicht trennen konnten, nicht trennen wollten von ihrer Weltoffenheit und Weltfreudigkeit – und vielleicht die besten Münchner wurden. All das zusammen machte die Gemeinde München zu einer der interessantesten, menschlich lebendigsten innerhalb der jüdischen Gemeinden Deutschlands. Dreier Freunde sei hier gedacht aus der großen Zahl liebenswerter Menschen, die ich kurz vor dem Anbruch des Dritten Reiches und dem Untergang des deutschen Judentums dort finden durfte.

Dr. Ernst Wilmersdörffer, vor meiner Zeit 1. Vorsitzender der Gemeinde-Repräsentanz, war von seiner Jugend her vom Liberalismus geprägt, dessen großes Verdienst es gewesen, ein Europa der Gebildeten, eine Gemeinschaft der Bildung geschaffen zu haben. Juden hatten an diesem Prozeß leidenschaftlichen Anteil, einmal weil der starke Drang nach dem Geistigen ihnen seit altem ein Erbe war, zum anderen aus dem sicheren Bewußtsein, daß der Besitz dieses Gutes Heimatrecht in Deutschland und Europa verlieh. Das Gefährliche und Bedenkliche dieses Bildungsliberalismus lag im Ästhetischen, das den Tag umgibt, doch nicht das Leben zu erfüllen vermag, den Menschen zu begleiten, nicht aber zu führen imstande ist. Diese Gefahr hat es in dem so kurzen Leben von Ernst Wilmersdörffer gegeben, aus dieser Gefahr konnte er sich wieder und wieder durch seine ganz ungewöhnliche Vitalität befreien. Es mag so mancher in München gewesen sein, den das Übermaß an Vitalität bei Wilmersdörffer schockiert, aber gerade diese Vitalität hat es verhindert, daß er nur ein Mensch seiner Zeit, ein alltäglicher Mensch wurde. Ein Jungenhaftes, ein immer Suchendes zeichnete ihn aus, nicht in dem Sinn eines Dumpfen und Quälenden, sondern in der ganzen Freude des Schöpferischen, dem Strahlen des Siegesgewohnten. Was war diesem begabten Anwalt nicht alles nah und vertraut? Welche Kenntnisse auf dem Gebiet der Philosophie, Geschichte, Literatur- und Kunstgeschichte besaß er, zusammengehalten, harmonisch geeint kraft seiner Individualität. Er musizierte gleich einem Künstler, das bayerische Barock hatte in ihm einen großen Kenner und als Übersetzer des italienischen Historikers Benedetto Croce wurde er über den weiten Kreis seiner Freunde hinaus bekannt. Das Gnadengeschenk echter Freundschaft, eine der seltensten Gaben, war ihm gegeben, den ein plötzlicher Tod kurz vor Hitlers Machtergreifung dahinraffte. Rückschauend mag noch sein Sterben um die Wende der Zeiten wie ein letztes Stück seines Lebenskünstlertums erscheinen. An seinem Grab vereinte sich zum letzten Mal das geistige München aus Christen und Juden.

Zu den Vorfahren von Justizrat Dr. Elias Straus gehörten so erlauchte Namen wie der des großen Bibel- und Talmudkommentators Raschi, des Kabbalisten Elia Loans und des Baal-Schem von Michelstadt. Was anderen vielleicht ein Erbe und nur ein Erbe gewesen wäre, in ihm fand es lebendige Gestaltung. Seine Ahnen waren groß im Geist und offen in ihrer Frömmigkeit, noch er war behütet vor jeder kleinbürgerlichen Enge westlichen Konfessionalismus. Die Schätze jüdischer Weisheit und abendländischer Kultur standen ihm gleichermaßen zur Verfügung, einander ergänzend, nie ausschließend. Von der Gequältheit und Zerrissenheit, die so viele Juden als Kainszeichen seit der Emanzipation trugen, hatte er nichts. In der Weite seines Geistes und der unvorstellbaren Güte seines Herzens lagen die Möglichkeiten einer einmaligen Symbiose. Eli Straus, der religiös konservative Jude, gehörte der ersten Zionistengeneration Deutschlands an, was vor gar nicht langer Zeit genügte, um einen der angesehensten Juden Münchens nicht in die B'ne-Briss-Loge aufzunehmen. Ein Faktum, heute kaum mehr zu verstehen, das aber selbst damals nicht verhindern konnte, daß Eli Straus und das jüdische München eins waren. Als Zionist konnte er aus Gründen der Partei-Arithmetik immer nur an zweiter Stelle stehen, er tat das in seiner uneitlen Art gern. Was aber in kultureller Beziehung in der großen Einheitsgemeinde München und in dem Verband der Israelitischen Gemeinden Bayerns geschaffen wurde, war zum überwiegenden Teil sein Werk. Sein überwaches Empfinden für alle Bedrückten machte ihn darüber hinaus zum Vater der jüdischen Sozialarbeit, die er von der Willkür privaten Mitleids befreite und für die er die besten Mitarbeiter zu gewinnen verstand. Widerstände aus menschlicher Enge oder religiöser Indifferenz, an denen es nicht fehlte, zerbrachen an seiner Weisheit und seinem Sinn für Humor. Die Arbeit, die dieser gesuchte Anwalt im Interesse von Deutschlands Juden leistete, ging eigentlich über die Kräfte eines einzelnen Menschen hinaus. Freunde fragten sich oft, ob der Erfolg überhaupt in einem Verhältnis zu den Anstrengungen stehen könne, ob es für ihn nicht sinnvollere Aufgaben gäbe. Eli Straus stellte sich diese Frage nie. Er fühlte sich gerufen, konnte mit sich nicht geizen. Seine Frömmigkeit hieß zutiefst Demut. Als vom Tode Gezeichneter erlebte er noch den Beginn des Dritten Reiches, das zusammen mit seinen körperlichen Schmerzen ihm unvorstellbare Qualen bereitete. Gleich dem Gottesknecht aus den späten Kapiteln des Jesajabuches ging er seinen Weg, die Güte seines Herzens überstrahlte bis zuletzt die Trägheit und Roheit der Herzen in dürftig fürchterlicher Zeit.

Verwandt mit Eli Straus, in Kanzleigemeinschaft mit ihm und sein Nachfolger im Vorstand der Jüdischen Gemeinde war Dr. Sigbert Feuchtwanger. Er entstammte der bekannten Familie, aus der neben begabten Bankiers auch der Schriftsteller Lion Feuchtwanger und der Polyhistor Dr. Ludwig Feuchtwanger hervorgegangen sind. Sein Interesse galt von je wissenschaftlichen Fragen. Dafür zeugen neben vielen Aufsätzen die Werke »Staatliche Submissionspolitik in Bayern« (1910), »Die Judenfrage als wissenschaftliches und politisches Problem« (1916), »Die freien Berufe, im besonderen die Anwaltschaft. Versuch einer Kulturwirtschaftslehre« (1922). In seiner stillen, aristokratischen Art gehörte er zu den angesehensten Anwälten Münchens, den gerade rechtsstehende Kreise als ihren Vertreter in die Anwaltkammer wählten, ihn, den Juden und Zionisten. Er hat als 2. Vorsitzender der Gemeinde die schweren Tage des Niedergangs der deutschen Juden mitgemacht und seinen Standpunkt mit Würde und Ritterlichkeit vertreten. Spät kam er nach Israel. Dem dort schnell neu aufblühenden Bankinstitut seiner Familie (J. L. Feuchtwanger, gegründet München 1857) gehörte er als Syndikus an. Für jede nur praktische Aufgabe nicht recht begabt, hat er unter manch geistigem Verzicht die Forderung des neuen und so sehr veränderten Tages erfüllt und damit Wertvolles im Sinne der Privatbank geleistet. Sigbert Feuchtwanger hat die Tradition seines streng konservativen Vaterhauses immer bewahrt, ohne für sich den Anspruch zu erheben, ein religiöser Jude zu sein. Er litt unter dieser Spannung und wollte nicht einsehen, wie zukunftweisend er als ein Mann war, der zwischen denen stand, die glaubten, Religion sei ein fester Besitz, und denen, die meinten, auf Religion verzichten zu dürfen. Was ihm Unruhe und Unbehagen bereitete, ist schließlich der einzige Weg, die Chance für eine religiöse Erneuerung des jüdischen Glaubensvolkes. Der im Westen und seiner Kultur Beheimatete empfand natürlich stark, daß der in Israel neu wurzelnde Jude unter einem Lebensgesetz stand, das nicht mehr ganz das seine werden konnte. In einer Weise, die tief bewegte, mühte er sich um Gerechtigkeit gegenüber Gedanken, die ihm fremd waren, um Objektivierung in einer Epoche sehr subjektiver Impulse und nationaler Wallungen. Bei aller Scheu und Zurückhaltung seines Wesens verspürte man dabei stark seine Verletzlichkeit und Melancholie. Doch gab er dem nicht nach, hielt seine Person für völlig unwichtig und bewährte sich damit in einem letzten Sinn eben als religiöser Mensch. Ein plötzlicher Tod überraschte den beinahe Siebzigjährigen, führte ihn leicht und schmerzlos aus einer Welt, die ihm schwer und schmerzensreich erschien – und die er dennoch geliebt und bejaht hatte.

Drei Münchner Juden – drei Männer, so verschieden und doch ein

jeder bezeichnend für eine Epoche jüdischer Geschichte, die verheißungsvoll begann und grausig-blutig endete. Jahrhunderte waren am
Werk gewesen, um diese menschliche Vollendung zu gestalten. Wie
lange mag es dauern, bis ähnliche geistige Erfülltheit wieder möglich
sein wird? Ihre Seele sei eingebunden in den Bund der Lebenden.

(1958)

* Aus: H. Lamm (Hg.), Vergangene Tage – Jüdische Kultur in München, München
1982, S. 273–275. Mit freundlicher Zustimmung des Herausgebers.

II. Von Mannheim bis Palästina
(1934–1946)

Zum Thema

Das Kapitel »Von Mannheim bis Palästina (1934 bis 1946)« ist nach fünf Themengruppen gegliedert:
- Rabbinat in Mannheim (Juni 1934 bis Mai 1937)
- Erkundungen wegen möglicher Emigration nach Palästina (etwa Juli 1933 bis Ende 1936)
- Rabbinat in Kassel (Juni 1936 bis Januar 1939)
- Briefe von Geis' Schwester Ilse und ihrem Mann Albert Feldmeier, Paris
- Benjamin Maoz' Erinnerungen an Geis von 1937 bis 1953.

Geis hatte München enttäuscht den Rücken gekehrt; mit großen Hoffnungen begann er einen neuen Dienst in Mannheim als Nachfolger von Rabbiner Lemle. Erster Rabbiner war dort Dr. Max Grünewald, dessen Erinnerungen an Geis dem Brief II.16 angefügt sind. Die Dokumente lassen die innere Zerrissenheit auch dieser Gemeinde erkennen; erneut kam Geis in Konflikte mit konservativen Kräften. So endete seine dortige Tätigkeit im Mai 1937. Aus dieser Zeit selbst liegen keine relevanten Aufzeichnungen von Geis vor, wohl aber ein Rückblick vom 6. März 1967, nachdem ihm Dr. Fliedner, s. Zt. Leiter des Archivs der Stadt Mannheim, einige Fotokopien aus dem Israelitischen Gemeindeblatt von 1934 und 1935 geschickt hatte. Den Dokumenten jener Zeit ist daher der Brief vom 6. 3. 1967 vorangestellt.

Geis hatte sich frühzeitig zum Zionismus bekannt. Angesichts der politischen Entwicklung in Deutschland lag es nahe, daß er von 1933 an wiederholt Erkundungen über die Möglichkeit der Auswanderung nach Palästina einzog. Im Mai 1935 reiste er für mehrere Wochen in das verheißene Land. Die Dokumente zeigen einerseits seine erste Kritik am dortigen Aufbau, andererseits beleuchten sie schlaglichtartig allgemeine praktische und ideologische Probleme der Auswanderung. Zu den in ihnen genannten Organisationen, Orten und Personen in Palästina sei auf das Glossar jüdischer Begriffe und das Personenregister hingewiesen.

Als sich eine Auswanderung nach Palästina (noch) nicht bewerkstelligen ließ, führten mehrere Bewerbungen zu Geis' Berufung als Landrabbiner nach Kassel. Soweit sich feststellen läßt, dürfte die Tätigkeit in Kassel für den hier allein amtierenden Geis befriedigender gewesen sein als in den vorhergegangenen Stationen. Er verstand sich mit seinem Vorstand ausgezeichnet und konnte sich entfalten. Wie er Freunde gefunden hat, geht aus einem Brief vom 26. 9. 1937 hervor, den aus der Gemeinde Frau Cläre Goldschmidt an ihre bereits nach Schweden ausgewanderte Tochter in dem Bestreben schrieb, durch positive Nachrichten deren Unruhe zu dämpfen. Es heißt darin über einen Besuch von Geis:

»Ich war so lustig und gesprächig den Abend, ich hatte ein Schlückchen Wein getrunken. G. stellte das Glas weg, weil ich es so schlecht vertragen könnte und mein armer Mann müßt' es dann am nächsten Tag ausbaden. ... Er ist überhaupt so klug und schlagfertig, daß ich mir, um ihm gewachsen zu sein, immer heimlich in der Speisekammer mit einem Gläschen Likör Mut antrinke, wenn er kommt. Den Abend ging es aber gut, weil Frau N. N. soviel Mist verzapfte, daß ich mir sehr intel-

ligent vorkam. G. regt sich bei seinen Reden vorher immer so auf, daß er hinterher erledigt ist. Aber inhaltlich sind sie so fabelhaft, daß er die ganze Kille [Gemeinde] durcheinanderbringt, er richtet einen immer ein wenig auf und gibt einem Mut, und wir, die wir nicht verwöhnt waren, sind dankbar für jede Anregung.«

Am 9. November 1938 wurde Geis verhaftet und in das KZ Buchenwald verbracht. Nach Erhalt der Zusicherung eines Visums für Palästina wurde er am 7. Dezember wieder entlassen. Über die Schrecken dieser Wochen äußerte sich Geis nur selten; doch ist auf Berichte in P. und R. Chotjewitz' Reisejournal (s. Anm. zu II.25) und des ehemaligen Lehrers an der jüdischen Staatsschule in Kassel und Kantors an der Hauptsynagoge William (früher Willy) Katz (emigriert nach Australien) über die Verbringung der Kasseler jüdischen Männer hinzuweisen (Ein jüdisch-deutsches Leben 1904–1939–1978. Tübingen 1980, S. 122–156). Anfang Februar 1939 wanderte Geis über Paris, wo er Schwester und Schwager, Ilse und Albert Feldmeier, besuchte, nach Palästina aus. Den dortigen Anfang zeigen ein Brief von Elbogen vom 3. 4. 1939 und einer von Geis vom 19. 12. 1939. Im übrigen war 1938 bereits vor der Pogrom-Woche der Weg auch nach USA gebahnt, doch hatte Geis den Gedanken, dorthin zu gehen, weit von sich gewiesen.

Das Ehepaar Feldmeier war bald nach Hitlers Machtergreifung ausgewandert. Zwischen Ilse und Robert bestanden warmherzige geschwisterliche Beziehungen. Aus ihrem Briefwechsel sind nur einige Briefe von Ilse – nach ihrer Heirat mit Zusätzen von Albert – erhalten. Waren die Briefe vor 1933 jugendlich heiter und locker, so wurden sie nach der Auswanderung immer ernster und sorgenvoller, zugleich zeigen sie eine wachsende Rückbesinnung auf die Bedeutung des Judeseins. Die beiden hier abgedruckten Briefe vom 26. 12. 1935 und 21. 6. 1940 sind unter diesen Gesichtspunkten ausgewählt. Dem letztgenannten Brief folgen im Nachlaß nur noch kurze Lebenszeichen in französischer Sprache, die nach wenigen Monaten abbrechen. Ermittlungsversuche seitens Robert Geis über das Rote Kreuz bleiben erfolglos. Erst am 21. 11. 1945 kann der Service d'Evacuation et de Regroupement des Enfants et Familles Juives, Paris, Robert Geis mitteilen: »Nous savons que Mr. Albert Feldmeier a été déporté de Drancy le 22. 6. 1942, sa femme et son enfant ont été déporté le 14 septembre 1942 à Auschwitz, également par Drancy.«

Nach späteren Mitteilungen ist Albert Feldmeier am 27. 8. 1942 in Auschwitz umgebracht worden, seine Frau und ihr Sohn André, genannt Dédé, (geb. 20. 10. 1936) wurden am 22. 8. 1942 nach Drancy und von dort am 14. 9. 1942 nach Auschwitz deportiert. Ihr Leben endete am 19. 9. 1942.

Im Winter 1983/84 war der Psychiater Prof. Benjamin Maoz (früher Mosbacher) aus Beer Sheva zu Gast an der Rijksuniversiteit Limburg in Maastricht und nutzte die Gelegenheit zu einem Besuch bei Susanne Geis. Durch diese Intensivierung alter Beziehungen fügte es sich, daß Maoz zum Diktat seiner Erinnerungen an Geis auf Band gewonnen werden konnte. Er hat damit wesentliche Lücken unserer »Biographie in Dokumenten« – so vor allem über die Zeit in Palästina – gefüllt.

II.1 An Hans-Joachim Fliedner

Düsseldorf, 6. 3. 1967

Nie hätte ich mich darauf besinnen können, daß ich jemals in der Mannheimer Jüdischen Gemeindezeitung zu Wort gekommen wäre. Man kann also seinem Gedächtnis sehr wenig trauen. Die Kindergottesdienste habe ich freilich noch in schönster Erinnerung, werde gelegentlich jetzt noch darauf angesprochen. Die Synagoge war allwöchentlich übervoll, der Gottesdienst, in dem die Kinder die Funktionen übernahmen, heiter. Ich konnte meine Erzählerlust jeweils im Anschluß an die Perikope spazierengehen lassen. Es war vielleicht in der dunklen Zeit die einzig unbelastete Stunde der Woche. Die ältere Jugend nahm an keinem der Gottesdienste in größerer Zahl teil, weder am Hauptgottesdienst … noch am Jugendgottesdienst. Aber ich kann mich der Verkehrsstockung in der Synagoge noch wohl erinnern, wenn ich im Hauptgottesdienst auf der Kanzel erschien. Ein gut Teil der Synagogenbesucher verließ aus Protest das Gotteshaus, die Jugend – unreligiös in ihrer Mehrheit – strömte zur Predigt. Woraus Sie entnehmen können, was für ein sonderbarer Rabbiner ich immer war, aber das hat mit dem Dritten Reich nichts zu tun. Die Jugendarbeit war und blieb wohl immer unerfreulich. Grund war, daß die Gruppeninteressen zu stark waren, nicht daß die Jugend areligiös oder atheistisch war. Ich mußte also – von wenigen Ausnahmen abgesehen – meine Arbeit innerhalb der einzelnen Gruppen leisten, das war nie genug, weil mir in der damaligen Zeit einfach zu viele Aufgaben neben der Jugendarbeit gegeben waren.

II.2 Der schulfreie Schabbat[1]

Der neue Staat gab uns die Möglichkeit, unsere Kinder am Schabbat vom Unterricht zu befreien. Nur wenige Eltern haben bis jetzt diese Chance wahrgenommen. Teils befürchtete man schulische Schwierigkeiten, teils verschanzte man sich hinter der eigenen Unfähigkeit einer Schabbatgestaltung.

Mit dem schulfreien Samstag haben wir jedoch noch nicht die Möglichkeit einer Schabbat-Gestaltung, denn die Umstellung unserer Eltern kann ja nicht so schnell erfolgen, wie die Gesetzgebung des neuen Staates. Hieraus jedoch die Konsequenz zu ziehen, unserer jüdischen Jugend diesen Tag zur freien Verfügung zu überlassen, wäre jedoch grundfalsch. Seinem Judesein wird keiner von uns mehr ausweichen können, und es geht auf die Dauer unmöglich,»Ja zu sagen« zum Judesein, ohne dieses Judesein mit Inhalten zu füllen. Da die Generation der Eltern nur in seltenen Fällen den sich ergebenden Forderungen gewachsen sein wird, ist es Pflicht der Gemeinde, diese Aufgabe zu übernehmen, um den Anforderungen einer neuen, jüdischen Epoche gerecht zu werden. Uns diese Aufgabe aber nicht zu erschweren, ist Pflicht der Eltern. Die Zurückgewinnung des Schabbat für unsere Jugend soll auf folgende Weise versucht werden:

Am Morgengottesdienst der Gemeinde sollen die Mittleren unserer Bünde – selbstverständlich gilt dies auch für nicht bündisch Erfaßte – teilnehmen. Ihnen gehört eine kurze Lehrstunde nach der Thoravorlesung, die, falsche Aktualisierung meidend, das Schrifttum der Bibel wieder nahebringen will. Daß jede Gestaltung unseres Judeseins von der Bibel allein ausgehen kann, müßte eigentlich jedem selbstverständlich sein, und die unserer Jugend dabei gestellte Aufgabe wäre, diese Beziehung zu den Gestalten und Gedanken des biblischen Judentums wieder zu finden.

Der Jugendgottesdienst in der bisherigen Form kommt ja nur noch für die Kleineren in Frage und wird im Anschluß an den Morgengottesdienst – also etwa um 11 Uhr – stattfinden. Hier kann der ganze Reichtum des erzählenden Schrifttums zur Bibel neue Gestaltung gewinnen, wie es dem Verständnis des Kindes entspricht und seiner stärkeren religiöseren Aufgeschlossenheit gemäß ist. Damit haben wir zugleich die Schwierigkeiten des bisherigen Jugendgottesdienstes überwunden, der sich an Menschen verschiedener Altersstufen gewandt hat und deshalb beiden Teilen – den Jüngeren und Älteren – zugleich nicht gerecht werden konnte.

Der Samstagnachmittag ist für die Bundesarbeit frei. Eine Stunde vor Schabbat-Ausgang finden wir uns dann alle zu einem gemeinsamen »Oneg« zusammen. Neben Hawdoloh und jüdischen Liedern steht auch hier das Lernen im Mittelpunkt. Über die Art dieses Lernens schon Endgültiges auszusagen, geht nicht an, weil man zu einer wirklich lebendigen Gestaltung des Oneg ja doch von den menschlichen Gegebenheiten wird ausgehen müssen. Aber soviel kann wohl heute schon gesagt werden, daß die Menschen unserer Bünde es dankbar begrüßen müßten, eine solche Gelegenheit intensiven Lernens zu erhalten. Bei ehrlicher Selbstprüfung müßten sie zugeben, wie unter dem Mangel jüdischen Wissens ihre Bundesarbeit leidet, wie die Leere sich lähmend auf das ganze Bundesleben auswirkt, wie viele Führer der einzelnen Gruppen der daraus sich ergebenden allzustarken Belastung weder geistig noch seelisch gewachsen sind.

Bei diesem gemeinsamen jüdischen Lernen, das im Laufe der Zeit an sämtliche Epochen der jüdischen Geschichte, an deren Gestalten und Fragen heranführen soll, käme vielleicht doch auch das Gemeinsame, das uns als junge jüdische Menschen verbindet, stärker zur Geltung als im bisherigen Bundesbetrieb.

Wenn wir damit auch noch nicht die religiöse Form des Schabbat zurückerobert haben, so könnte doch der Schabbat-Friede hier für die Menschen unserer Bünde Wirklichkeit werden, der zusammen mit einem fundierten jüdischen Wissen die Voraussetzung darstellt für einen wirklich erfüllten Schabbat, wie ihn stärker in jüdischer Tradition lebende Generationen vor uns gehabt haben.

1 Aus: Israelitisches Gemeindeblatt, Ludwigshafen, Jg. 12 (1934), Nr. 15/23. 8. 1934, S. 5 f.

II.3 Jugendarbeit*

Wenn man die Einwirkungen der letzten zwei Jahre auf die jüdische Jugend betrachtet, so könnte man meinen, wir hätten eine starke Positivierung jüdischen Lebens erreicht. Die Zahl der bündischen Menschen hat sich stark vermehrt, jüdische Grußformen, jüdische Lieder lassen auf eine jüdische Kultur schließen. Wenn man aber tiefer sieht, so muß man doch sagen, diese Art der jüdischen Erneuerung ist bis jetzt recht oberflächlich. Die hebräisch verkleideten, bündischen Lebensformen sind allzustark abhängig von den bündischen Formen unserer Umwelt, und das jüdische Sein wird von den bündischen Menschen mehr oder weniger parteiprogrammäßig in kurzen Schlagworten zum Ausdruck gebracht, denen tieferer Sinn und Erfülltheit fehlen. Das soll nicht als Vorwurf gesagt werden, denn es wäre ja sonderbar, wenn nach einer so langen Zeit der Assimilation an die nichtjüdische Umwelt wenige Monate genügten, um eine wirkliche Erneuerung jüdischen Lebens zu erreichen. Man darf auch nicht vergessen, daß den Menschen, die heute in unseren Bünden führend sind, das Erlebnis des Jahres 1933 einen Chock versetzt hat, von dem sie sich noch nicht erholt haben, weil mehr oder weniger ihre Vorstellungswelt zusammenbrach und aus der sich hieraus ergebenden Unsicherheit ein voreiliges Beziehen einer neuen Lebensposition zu erklären ist. Weiter sind die rein praktischen Fragen der Berufsausbildung und -Umschichtung und die wirtschaftliche Not so brennend, daß tiefer liegende Probleme gar nicht berührt oder gar in Angriff genommen werden konnten. Und letztlich darf man nicht übersehen, wie gerade unsere Menschen in einer an und für sich bildungsfeindlichen

60

Zeit durch das Herausreißen aus Schul- und Studiumsbetrieb die Bindung zu klassischer und deutscher Kultur verloren haben, ohne zu jüdischer Kultur schon Beziehung zu haben. Man muß den Mut haben, diese Tatsachen hinzunehmen, in der Hoffnung, daß diese Menschen später in Palästina zu wirklichen Juden werden und für die Zeit ihres Hierbleibens sich mit dem begnügen, was möglich ist. – Auch die, die zurückbleiben, werden ja nur dann als Juden existieren können, wenn sie sich an Palästina als jüdischem Lebens- und Kraftzentrum orientieren. – Darum ist es wohl nicht angebracht gerade für diese Menschen z.B. einen Jugendgottesdienst zu veranstalten, weil sie als Generation kaum Beziehung zu religiösen Werten haben und man gerade aus dem Gefühl eines tiefen Mangels, der hier vorliegt, nichts darstellen soll, was noch nicht Wirklichkeit geworden ist. Soweit man sich an diese Menschen in unseren Gottesdiensten wendet, muß auch an dieser Stelle das Lernen im Vordergrund stehen, es wird Aufgabe eines schulfreien Sabbat werden, hier neugestaltend einzugreifen.

* Einleitung zu einer Erörterung praktischer Möglichkeiten der Jugendarbeit, aus: Israelitisches Gemeindeblatt, Ludwigshafen, Jg. 12 (1934), Nr. 17/21. 9. 1934, S. 5 f.

II.4 Die religiöse Lage der jüdischen Jugend in unserer Gegenwart

Fragen und Probleme der Jugend standen im Winter 1934 im Mittelpunkt einer Vortragsreihe der jüdisch-religiösliberalen Vereinigung Mannheims. Robert Raphael Geis hielt an einem der Abende zum Thema »Die religiöse Lage der jüdischen Jugend in unserer Gegenwart« einen Vortrag. Der Text dieses Referates ist nicht mehr vorhanden, jedoch der Bericht über die Veranstaltung im Israelitischen Gemeindeblatt (vom 4. 12. 1934).

Rabbiner Dr. Geis betonte einleitend u. a., daß es ein schweres Unterfangen sei, über die Situation unserer Jugend zu sprechen, weil wir uns in einer besonderen Lage befänden. Und da man über die religiöse Lage unserer jüdischen Jugend nicht sprechen könne, wenn man die Betonung nur auf das Heute lege, warf der Vortragende zunächst einen fesselnden Rückblick auf das, was das Judentum vor der modernen Epoche unter Religion verstanden hat. Wie jüdisches Frommsein früher von der Gemeinschaft ausging und erst mit der Emanzipation, mit dem Liberalismus Sache des Einzelnen wurde, wie es aber immer das Verdienst des jüdischen Liberalismus bleiben wer-

61

de, das Auffangbecken beim religiösen Zusammenbruch gewesen zu sein. Und wenn auch über die ersten großen Liberalen, die eine Synthese zwischen der neuen Welt und dem alten Judentum suchten, die Entwicklung schnell hinweg gegangen ist, so war das nicht ihre Schuld, sondern die Zeit war stärker als sie.

Diese Zeit, so betonte Dr. Geis u. a., haben wir noch immer vor uns, wenn wir von religiöser Erneuerung sprechen. Und wenn man sich der Frage unserer jüdischen Jugend zuwende, habe es keinen Sinn, sich über Tatsachen hinweg zu täuschen und so zu tun, als ob eine religiöse Erneuerung schon Platz gegriffen hätte. Wir kommen nicht darüber hinweg, daß wir hier etwas religiös nennen, was es noch nicht ist. Und wenn man sich unsere jüdische Jugend von heute als *Gesamtheit*, von einzelnen Ausnahmen abgesehen, betrachtet, so müsse man sagen, daß sie mit wirklich religiösem Judesein so gut wie nichts zu tun habe. Daran ändern auch Dinge wie Freitag-Abendfeiern usw. nichts, die Formen sind, die unsere Jugend mittut, ohne wirklich innere Beziehung zu ihnen zu haben. Und wenn man die gesamte jüdische Jugendbewegung betrachte, stellt man fest, daß furchtbar viel Schlagworte und Formen da sind: man nennt sich jüdisch, begrüßt sich jüdisch und kommandiert sich jüdisch. Das ist eine neue Assimilationsbewegung gegenüber der Umwelt von heute, und wenn man nachforscht, findet man dahinter ein Minimum von jüdischem Wissen. Neben dieser Betriebsamkeit gibt es vereinzelte Menschen, die die Hohlheit hinter den Worten empfinden und die aus dem Zaghaften, ihr Leben nicht mehr gestalten zu können, Fragen haben, die wir vielleicht berechtigt sind, religiös zu nennen.

Dr. Geis betonte dann, daß er all das oben gesagte Negative nicht ausgeführt hätte, wenn es das Letzte wäre. Aber es gebe noch eine andere Seite unseres Judenschicksals, das sei das *Gemeinschaftsgefühl*, wie es aus dem Zionismus spreche. In ihm wirke eine jüdische Kraft, die nötig sei, um das zu erreichen, was zu einer religiösen Erneuerung erforderlich ist. Es sei das Verdienst des Zionismus, daß er die große Lebenskraft unseres Volkes weckte, daß es sich zusammenfindet in einem Erlebnis der Gesamtheit des jüdischen Volkes. So ist auch in unserer Jugend, die Ernst macht mit ihrer Berufsumschichtung, die sich wieder ganz als Juden fühlt, die sich zusammenfindet in ihren Bünden doch mehr als etwas Assimilatorisches: hier sind Anfänge eines jüdischen Willens, die notwendige Voraussetzung für jedes jüdisch Religiöse sind. Er glaube, daß die jüdische *Volksgemeinschaft* die Voraussetzung der religiösen Erneuerung sei und daß diese Menschen mit ihrer Tapferkeit und ihrer Anspruchslosigkeit die ersten Pfadfinder auf dem Wege zu dem seien, was jüdische Einheit des Lebens und des Glaubens ist. Alles braucht freilich seine Zeit. Und man würde unserem Judesein unrecht tun und seine Bedeutung verkennen, wenn man glaube in zwei Jahren lasse sich aufbauen, was in zwei bis drei Generationen verloren ging. Man müsse den Mut aufbringen neu anzufangen und mit der Jugend zu gehen, weil dies der Weg in unsere Zukunft ist, und weil auch eine religiöse Kraft dazu gehört, diesen Weg, der keine Sicherheiten gibt, zu gehen. Nur ein Volk wie das unsere hätte die Kraft, diesen Weg zu gehen, weil wir eben doch noch Söhne des alten Glaubensvolkes sind.

In seinem Schlußwort nach der Diskussion betonte Geis noch einmal, daß er den Weg der religiösen Erneuerung nur über den Weg der Volkwerdung sehe. (K.S.)

II.5 Tod und Auferstehung im biblischen Judentum*

Franz Rosenzweig beginnt sein Werk: »Der Stern der Erlösung« mit den Worten: »Vom Tode, von der Furcht des Todes, hebt alles Erkennen des All an, alles Sterbliche lebt in dieser Angst des Todes, jede neue Geburt mehrt die Angst um einen neuen Grund, denn sie mehrt das Sterbliche.«[1] Wie spiegelt sich die Angst vor dem Tode im Menschen des biblischen Judentums?

Wenn wir die Lebensgeschichte unserer Großen in unserer Bibel lesen, so ist sie an und für sich schon äußerst knapp gehalten, wenn sie Persönliches berichten soll. Kommt sie aber auf den Tod zu sprechen, so bleibt in dem Bericht nur ein einziges Wort, »er starb«. Nicht mehr weiß die Bibel vom Tode auszusagen als die einzige Feststellung, daß er eintritt. Nur manchmal finden wir einen Ausdruck, der hinzugefügt wird »er wurde eingesammelt zu seinen Vätern«[2]. Das kann aber nicht, wie manche Bibelerklärer es deuten, heißen, daß dieses Eingesammeltwerden zu den Vätern etwa bedeute ein Eingehen in einen Himmel, sondern dieser Ausdruck findet sich vor allem da, wo es sich um die Beisetzung in einem Erbbegräbnis handelt, also etwa in der Höhle Machpela[3] und meint also nichts anderes als ein Zusammenliegen von Generationen an derselben Stätte ewiger Ruhe.

Freilich kennt die Bibel auch noch andere Berichte des Sterbens, die ein Übernatürliches bedeuten. So finden wir gleich auf den ersten Seiten der Thora von Chanoch erzählt, »es ging Chanoch mit Gott um, da war er nicht mehr, denn Gott hatte ihn genommen«[4]. Und die spätere nachbiblische, jüdische Literatur hat aus diesem einen Satz ein ganzes Buch der Himmelfahrt Chanochs gemacht.[5] Was die Bibel mit diesem einen Satz wirklich meint, muß dunkel bleiben, weil diese wenigen Worte doch wohl nur den Rest eines längeren Textes darstellen. Aber es ist nicht die einzige Geschichte einer Himmelfahrt. Die andere, bekanntere, ist die der Himmelfahrt des Propheten Elia.[6] Aber gerade bei der Geschichte der Himmelfahrt Elias wird uns so ganz deutlich, wie wenig der biblische Mensch mit einem so Übernatürlichen, wie einer Himmelfahrt, anzufangen wußte.

Elia geht mit seinem Jünger Elischa vor die Tore der Stadt Jericho, verabschiedet sich von ihm und gibt seinem Jünger den Auftrag, in seinem Namen weiter zu lehren, dann verschwindet er »und Elijahu stieg im Sturm zum Himmel«[7]. Der Jünger geht zurück und wird von den anderen Schülern gefragt: »Wo ist der Meister«? und antwortet sehr knapp: »Er ist nicht mehr da.« Die Jünger verstehen das nicht, weder den Ausdruck, noch die äußere Ruhe des Lieblingsschülers Elischa[8] und dringen in ihn, er möge sie Elia suchen lassen, und die Bibel läßt sie sprechen: »... dürften die doch ausgehen und deinen Herrn suchen, es möchte etwa sein Geistbraus ihn davongetragen und ihn auf einen der Berge oder in eine der Schluchten geworfen haben«[9]. Die Schüler erklären sich also das Verschwinden ihres Meisters durch einen Ruach Haschem, was Geist Gottes und auch Wind heißen kann. Sie nehmen unzweifelhaft an, ein Wind habe den Meister genommen, davongetragen und in irgend eine Schlucht oder auf einen Berg geworfen. Wer die Naturgewalten im Orient kennt, versteht diese Auffassung. Darauf antwortet Elischa, der ja weiß, daß es nicht so ist: »Ihr braucht nicht zu schicken. Als sie ihn aber bis zum Schämen bedrängten, sprach er: so schickt schon.«[10]

In dieser Auseinandersetzung zwischen dem Lieblingsjünger und der Menge der Schüler glauben die Schüler an eine Naturkatastrophe und können nicht verstehen, daß nicht nach dem Meister gesucht wird. Der Nachfolger Elias aber scheint nicht erzählen zu wollen, was er zur Klärung vorbringen könnte. Die Nachforschung selbst bleibt natürlich ergebnislos.

Wie auch immer diese an und für sich schwierige Geschichte des biblischen Textes erklärt werden soll, eines geht klar daraus hervor: Die Schüler denken nicht an ein Wunder, sonst wäre die ganze Erzählung nicht zu verstehen.

Aus der Zeit dieser Propheten aber, sowohl des Elia wie seines Nachfolgers Elischa, finden wir noch mehr Wundergeschichten. Die Bibel erzählt diese Geschichten in einem eindeutigen Parallelismus. Die Erweckungen des Sohnes der Witwe von Zarpat durch Elia, des Kindes der Schunemiterin durch Elischa[11] sind für unsere Betrachtungen von geringem Ertrag, weil sie einer Art der Prophetie angehören, die mit dem, was wir unter Prophetie verstehen, und mit ihren großen Gestalten Jesaia, Jeremia und Amos nichts zu tun hat. Die

Tatsache, daß diese Propheten Schüler ausbilden, Schüler, die dem Orakel näher stehen als der wahren Prophetie, läßt erkennen, daß es sich hier um eine andere Art von Prophetie handelt, die wir auch aus dem kananäisch-phönizischen Adoniskult kennen, der auf das Jüdische seinen Einfluß geltend gemacht hat. Wir müssen abschließend sagen, es gibt Darstellungen einer Himmelfahrt. Mit diesen Darstellungen aber können wir nicht viel beginnen, weil entweder die Menschen des biblischen Zeitalters sie selbst nicht verstanden haben, oder weil der Bericht von ihnen uns zu knapp erhalten ist, als daß wir Folgerungen daraus ziehen könnten.

Für unsere Betrachtung aber ist ja nicht nur von Bedeutung, was die Bibel vom Tode selbst berichtet, sondern vor allem, was sie über Segen und Fluch aussagt. Denn nirgendwo kann besser erkannt werden, ob ein Glaube eine starke Jenseitsrichtung aufweist, als gerade dort, wo er über Lohn und Strafe spricht, denn hier wird er am deutlichsten in seiner Einstellung zu Welt und Überwelt. Wir wissen, daß andere Religionen an eine Wirklichkeit des Jenseits glauben. Wenn wir unseren biblischen Bericht darauf prüfen, kommen wir zu einer anderen Auffassung. Wenn Gott Abraham segnet, heißt es:»Mehren will ich, mehren deinen Samen wie die Sterne des Himmels und den Sand am Ufer des Meeres. Besetzen soll dein Samen das Hochtor seiner Feinde. Segnen sollen sich mit deinem Samen alle Völker der Erde.«[12] Wenn Isaak seinen Sohn segnet, dann mit den Worten::»So gebe dir Gott vom Tau des Himmels und von den Fetten der Erde, Korns und Mosts die Fülle.«[13] Wenn Jakob seine Söhne segnet, so verspricht er dem einen Kraft, den anderen Gewalt, bäuerlichen Reichtum oder irgendein irdisches Gut. Aber in allen diesen Segnungen findet sich auch nicht ein einziges Wort, das hinweist auf ein Jenseits, das den Segen vollendet nach dem Scheiden von dieser Welt.[14]

Die späteren Erklärer unseres heiligen Schrifttums, die in einer anderen Zeit mit anderen Vorstellungen aufgewachsen sind, verstanden das so wenig, daß Raschi[15] zu dem Einleitungssatz des Jakobsegens:»Jakob rief seine Söhne und sprach: Versammelt euch und ich will euch sagen, was euch begegnet in der Späte der Tage«[16], erklärt:»Er wollte das Ende offenbar machen, da verließ ihn die Gottesglorie und er begann von anderen Dingen zu sprechen«[17], und den Beginn der Agonie glaubt feststellen zu können. Aber aller Stammvätersegen ist ein Segen für Menschen auf dieser Welt; und wenn in den späteren biblischen Epochen von Mose angefangen, nicht mehr Einzelne gesegnet werden, sondern das jüdische Volk, so ist der Inhalt dieses Segens dem Stammvätersegen gleich:»damit lange seien die Tage deines Lebens auf der Erde, die der Ewige, Dein Gott dir gibt ...«[18]
Auch in den Fluchpartien der Bibel wird nicht etwa gesagt: wenn

du das und das nicht tust, wenn du die und die Gebote nicht hältst, so bringst du dich um dein himmlisch Anteil; sondern es heißt:»Verflucht du in der Stadt, verflucht du auf dem Feld, verflucht deine Mulde und dein Backtrog, verflucht die Frucht deines Leibes, die Frucht deiner Scholle, der Wurf deiner Rinder, die Brünste deiner Schafe …«[19] Fluch heißt also ein Absterben, ein Zerbrochenwerden in der Welt; und der Jude empfindet ja auch als schlimmsten Fluch die Strafe der Kinderlosigkeit. Denn dem Menschen schwindet der Sinn des Lebens in dem Augenblick, in dem er kinderlos bleibt oder wird, weil ihm mit dem Verlust der Nachkommenschaft die Ewigkeit genommen wird, an die er glaubt: Die ewige Dauer seines Volkes. Wie ganz anders spricht das neue Testament von irdischen Gütern, wenn es z.B. im Evangelium Matthäus heißt:»Ihr sollt euch nicht Schätze sammeln auf Erden, da sie die Motten und der Rost fressen und da die Diebe nachgraben und stehlen. Sammelt euch aber Schätze im Himmel, da sie weder Motten noch Rost fressen und da die Diebe nicht nachgraben noch stehlen.«[20]

Was bei uns höchster Wert ist, ist dort wertloses Gut, und es wird vielleicht am allerdeutlichsten, wie es zu dieser Auffassung kommen kann, wenn man eine an und für sich wieder sehr unklare Stelle des ersten Buches Samuel hinzuzieht. Bekanntlich hat der König Saul vor der Schlacht, die seinen und seiner Söhne Tod zur Folge hat, den Weg zu einer Wahrsagerin nicht gescheut. Er, der die Wahrsager vertrieben hatte, ging zur Wahrsagerin von En-dor, um sich den Geist Samuels heraufbeschwören zu lassen.[21] Der Bericht spricht darüber folgendermaßen: Der König sprach zu der Frau:»Fürchte Dich nicht, was siehst Du?«»Gott sehe ich, heraufsteigend aus der Erde.«[22] Das ist vielleicht der Schlüssel für unsere Betrachtung. Der biblische Mensch erkennt Gott in dieser Welt, sieht das Leben so sehr bis zum Rande angefüllt mit Gott, daß, wenn immer er auch weiß, Gott findet seine Grenzen nicht mit den Grenzen der Welt, die Fragen über dieses Leben hinaus sich ihm gar nicht ergeben. Gott füllt die Erde: Was sollen also Fragen nach einem späteren Leben, wenn dieses Leben von Gott so angefüllt ist? Das scheidet die jüdische Auffassung von jeder anderen. In jedem Glauben lebt etwas von Fragen und Zweifeln, ist der Bruch, der durch alles Irdische geht, deutlich zu erkennen. Der biblische Jude ist frei davon, sein Glaube ist deshalb auch nicht Inhalt irgend eines Bekenntnisses. Der als Jude Geborene bezeugt seinen Glauben, indem er für die Dauer des jüdischen Volkes in dieser Welt Sorge trägt. Und doch wäre ja das Leben wohl nicht vollständig, wenn sich nicht zu diesen Zeiten einer völlig ungebrochenen, ganz erfüllten, auch ganz primitiven Gläubigkeit andere Zeiten mit anderen Gedanken gesellten. Hermann Cohen hat in einem Aufsatz »Lyrik der Psalmen« darauf hingewiesen, das Buch der Psalmen sei das erste jüdische Buch, in dem der jüdische Mensch als Einzelpersönlichkeit uns entgegentritt.[23] So wundert es uns nicht, wenn wir in den Psalmen dem Menschen in seiner eigenen Not begegnen, wenn nicht nur angerufen wird der Gott der Väter, sondern es auch heißen kann: »Mein Gott, mein Gott, warum hast Du mich verlassen?«[24] Dort finden wir zum ersten Male den Menschen mit seiner persönlichsten Not nicht mehr fertig werden; dort finden wir Fragen, die hinausragen über diese Welt, hinweg in die Unendlichkeit des All. Aber auch dann hält man noch fest an der alten Erkenntnis: »Wirst Du denn unter Toten Wunder tun oder werden Abgeschiedene aufstehen, Dich zu loben? Wird man im Grabe Deine Güte erzählen?«[25] In der Entwicklung der Geschichte kommt aber zu dem Fragen des Einzelnen auch das Fragen der Gesamtheit. Denn Israel lebt nicht mehr in der sicheren Abgeschiedenheit früherer Zeiten. Politische Katastrophen lassen die Frage verständlich werden; können wir bestehen, oder kommt eines Tages das Ende, wie wir es auch bei anderen Völkern sehen, die ihren Höhepunkt überschreiten und dem Tode zueilen? Und wie diese Frage immer brennender wird, lassen sich die Propheten hören »Leben mögen deine Toten, meine Leichen auferstehen! Wachet, jubelt, Staubbewohner! Denn Dein Tau ist ein Tau der Lichtkräfte: aufs Land der Abgeschiedenen lasse ihn niederfallen!«[26] Oder die bekannte Vision des Propheten Ezechiel spricht von den toten Gebeinen, die auferstehen. Es wäre falsch anzunehmen, daß diese Sätze dasselbe meinen[27], was wir, von christlichen Gedanken beeinflußt, unter der Auferstehung verstehen; es handelt sich hier um die Frage: wie soll bei der Fortdauer der Abschwächung der nationalen Kraft das Glaubensvolk Gottes weiter existieren; und die Propheten verheißen dann ein Wunder, indem die Abgeschiedenen die Lücken füllen und die Front schließen. Aber mit diesen Fragen haben wir schon die Brücke zu einer wesentlich veränderten Zeit überschritten. Je stärker die Not des Volkes, umso größer die Not des Einzelnen. Je näher wir den letzten Büchern der Bibel kommen, umso klarer und eindringlicher wird die Frage nach dem Sinn des Lebens überhaupt gestellt.

Im Buche Hiob heißt es: »Denn für den Baum gibt's zwar ein Hoffen, wird er abgehauen, so treibt er neue Sprossen und sein Schößling bleibt nicht aus ... Doch stirbt ein Mann, so liegt er hingestreckt, verscheidet ein Mensch – wo ist er dann? Wie die Gewässer schwinden aus dem See, der Strom versiegt und vertrocknet, so legt der Mensch sich nieder und steht nicht mehr auf ...«[28] und Kohelet spricht: »Denn die Lebenden wissen, daß sie sterben werden, die Toten aber wissen gar nichts und haben weiter keinen Lohn, denn vergessen wird ihr Gedächtnis ... Sowohl ihr Lieben als ihr Hassen und ihr Eifern ist längst dahin, und sie haben nie mehr Teil an irgend etwas, was unter der Sonne geschieht ...«²⁹

Hier kommen aus anderen Zeiten und anderen Verhältnissen Menschen auf, die den Tod nicht einfach hinnehmen, weil sie wie die früheren biblischen Gestalten erfüllt sind vom Leben, sondern hier reden Menschen, die den Tod sehr wohl ins Auge fassen und unter allen Sinnlosigkeiten auf dieser Welt ihn als die größte Sinnlosigkeit empfinden, weil er mit einem Schlag alles zu einem Nichts verdammt. Wenn aber Menschen so weit sind, in der Verzweiflung und im Verzweifeln den Tod als letztes Glied einer Kette von Sinnlosigkeiten zu sehen, dann ist natürlich auch die Zeit gekommen, wo Menschen aus ihren Zweifeln nach einem neuen Sinn suchen, und den finden sie dann eben in dem, was wir unter Himmel und jenseitiger Hoffnung verstehen. Die erste und zugleich letzte Stelle unseres biblischen Schrifttums, die von diesem Glauben an eine Auferstehung spricht, finden wir im Buche Daniel:»... es wird eine Zeit der Bedrängnis sein, wie es bis auf diese Zeit keine gegeben hat, seitdem Völker bestehen. Zu jener Zeit werden in deinem Volk alle gerettet werden, die sich im Buche aufgeschrieben finden. Und viele von denen, die im Erdenstaub schlafen, werden erwachen, die einen zum ewigen Leben, die anderen zu Schmach und zu ewigem Abscheu ...«³⁰

Daß wir uns hier erst in einer Entwicklung zu einer Jenseitsgläubigkeit befinden, geht schon aus den gebrauchten Worten hervor: denn wäre es schon ein feststehender Glaube, dann müßte er alle umfassen, und der einschränkende Ausdruck »viele« wäre nicht zu verstehen. Im zweiten Makkabäerbuch finden wir dazu noch eine sehr bezeichnende Stelle. Bei den Gefallenen einer Schlacht werden Zaubermittel von einem Götzen aus Jamnia gefunden, und Juda läßt 2000 Drachmen Silber für Sühnopfer im Tempel zu Jerusalem sammeln. Es heißt da:»und er tat sehr wohl und vortrefflich daran, indem er auf die Auferstehung Bedacht nahm. Denn hätte er nicht erwartet, daß die in der Schlacht Gefallenen auferstehen würden, so wäre es überflüssig und eine Torheit gewesen, für Tote zu beten«³¹. Aus dieser Stelle ersieht man, wie man in der damaligen Zeit noch darüber stritt, ob es Sinn habe, für Tote ein Opfer zu bringen, und sie entspricht der Anschauung jener, die an ein Jenseits glauben.

Da die letzten Jahrhunderte der jüdischen Staatsgeschichte, also die Zeit, die außerhalb des biblischen Judentums steht, eine Zeit voller Unruhe und Sorge war, und die Menschen sich fragen mußten: was hat dieses Leben für einen Sinn, wenn die Frevler im Glück leben und die Frommen leiden; was hat es für einen Sinn, daß wir geknechtet werden; was hat es für einen Sinn, daß wir uns um den Tempel scharen, wenn der König ihn an Fremde ausliefert? So ist es natürlich, wenn der Jenseitsglaube Fuß faßt. Der Jenseitsglaube mit seinem Himmel und seiner Hölle, seinen Engeln und seinen Teufeln kommt zu uns und weiter von uns zum Christentum, über den Parsismus; und da mit einem Male glauben Menschen, aber nicht eigentlich aus Glauben, sondern aus Zweifel glauben sie an ein Jenseits.

Während im biblischen Judentum Maloch sowohl einen irdischen Boten wie eine einmalige Engelserscheinung meint, wird es nunmehr für einen feststehenden Engelsbegriff gebraucht. Die Abgeschiedenen, Rephaïm, werden zu den Wiederzuerweckenden, Sch'ol, die Gruft, zum Aufenthaltsort für die Wiederzuerweckenden, Acharith hajamim, das Ende der Tage, haolam haba, die kommende Welt, Ausdrücke für die messianische Hoffnung auf dieser Erde zum Jenseits. Und weil das biblische Schrifttum ein Wort für das uns aufgepfropfte »Hölle« nicht kennt, nennt es die Hölle Gehinnom. Dieses Tal des Sohnes Hinnoms, ursprünglich eine harmlose Ortsbezeichnung, dann eine Stätte des Kinderopfers, wurde durch den großen religiösen Reformator König Josia entweiht[32] und zu einem Tal des Grauens. Als das Judentum nach einem Bild für die Hölle mit ihren furchtbaren Qualen sucht, bedient er sich dieser sehr irdischen Bezeichnung.

So geht die Entwicklung von einer ganz diesseitsgläubigen Haltung des frühbiblischen Judentums zu der Jenseitshoffnung des verzweifelten Menschen. Die nachbiblische Zeit war davon überzeugt, daß der Jenseitsglaube zu den Fundamentalsätzen jüdischen Glaubens gehört, und die Rabbinen erhoben den Jenseitsglauben zu einem der wichtigsten Glaubenssätze, und unsere Gebete künden uns ja heute noch von dieser Hoffnung auf eine Auferstehung. In dem religions-philosophischen Schrifttum des Mittelalters finden wir noch eher Anklänge an die frühere Diesseitsgläubigkeit. Maimonides hat diesen Jenseitsglauben dermaßen vergeistigt, daß er mit einem Auferstehungsglauben – trotz der 13 Glaubenssätze[33] – wenig mehr zu tun hat und Jehuda Halevi schreibt in seinem Kusari: ... »aber unsere Verheißungen bestehen in dem prophetischen Hangen am Gottesgeist, darum heißt es in der Thora nicht: wenn ihr dieses Gebot befolgt, werde ich euch nach dem Tod in Gärten und luftige Räume versetzen, sondern es heißt: ihr werdet mir zum Volk sein und ich werde euch zum Gott sein.«[34]

Wie auch der einzelne Jude sich zu dieser Frage stellt, das eine ist unserem Volke als tiefe religiöse Überzeugung aus jenen Zeiten eines ungebrochenen biblischen Glaubens geblieben: der Glaube an die Welt und an das Leben. Selbst *der* Jude, der ein Jenseits erhofft und erwartet, der nicht mit diesem Leben auch das letzte Kapitel seines Seins zu sehen im Stande ist, glaubt doch vor allem an das Leben und somit an die Erfüllung in dieser Welt. Was Goethe in dem Wort gesagt hat: »Ich sah die Welt mit liebevollen Blicken, die Welt und ich wir schwelgten in Entzücken«[35] ist im Letzten immer Ausdruck des jüdischen Weltbildes geblieben.

Wunderbar, daß ein Glaube an diese Welt von urfernen Zeiten sich fortpflanzen kann über Jahrtausende bis zu uns, wunderbarer aber noch, daß ein Volk, das so wenig Freude in dieser Welt empfangen hat, trotzdem glaubt an die Erfüllung auf dieser Erde und nicht müde wird im Jasagen, und dessen letztes Bekenntnis doch immer bleibt: »nicht die Gruft kann danken Dir, noch der Tod lobpreisen Dir, wer lebt, wer lebt, der danket Dir«[36].

* Sonderdruck um 1937 ohne Nachweis der Veröffentlichung. Im Dezember 1935 hatte Geis einen Vortrag »Diesseitsgläubigkeit der Bibel« im jüdischen Lehrhaus Mannheim gehalten. Ein Bericht im Israelitischen Gemeindeblatt, Ludwigshafen, 5. 12. 1935, legt es nahe, daß dem Vortrag der hier wiedergegebene Text zugrunde lag.

1 Fr. Rosenzweig, Der Stern der Erlösung. Erster Teil. Einleitung. Über die Möglichkeit das Alte zu erkennen, Frankfurt/Main 1930[2], S. 7.

2 Z. B. Gen 25,8; 49,29.

3 Gen 23.

4 Gen 5,24.

5 Sog. Slavisches Henochbuch, im Grundbestand vielleicht vor 70 n. Chr. in jüdischen Diasporakreisen Ägyptens entstanden, zu Beginn des frühen Mittelalters im Zusammenhang einer christlichen Rezeption ins Slavische übertragen. Auch im älteren sog. Äthiopischen Henochbuch, einer apokalyptischen Schrift, deren Hauptteile in den beiden Jahrhunderten v. Chr. entstanden sein können, findet sich Kap. 70–71 ein Anhang von der Entrückung Henochs.

6 2Kön 2.

7 2Kön 2,11.

8 Sehr freie Wiedergabe von 2Kön 2, 14–15.

9 2Kön 2,16.

10 2Kön 2,17.

11 1Kön 17,10–24 vgl. mit 2Kön 4,18–37.

12 Gen 22,17–18.

13 Gen 27,18.

14 Gen 48 und 49.

15 Rabbi Schelomo Jizchaki (1040–1105).

16 Gen 49,1.

17 Pentateuch with Targum Onkelos, Haphtaroth and Raschi's Commentary, ed. M. Rosenbaum and A. M. Silbermann. Genesis. New York o. J., S. 243.

18 Dtn 5,16. 30; 6,3.18.

19 Dtn 28,16–18.

20 Mt 6,19–20.

21 1Sam 28,7–25.

22 1Sam 28,13.

23 H. Cohen, Jüdische Schriften. Erster Band, Berlin 1924, S. 237 ff.

24 Ps 22,2.

25 Ps 88,11–12.

26 Jes 26,19.

27 Ez 37.
28 Hiob 14,7.16.
29 Pred 9,5–6.
30 Dan 12,1–2.
31 2Makk 12,43.
32 2Kön 23,6.
33 Moses Maimonides, Mischne Tora, Traktat Sanhedrin X.1.
34 Jehuda Halevi, Kusari I, 109.
35 J. W. Goethe, Zu meinen Handzeichnungen. Einsamste Wildnis, Jubiläumsausgabe, zweiter Band, Gedichte, 2. Teil, Stuttgart-Berlin o.J., S. 120.
36 Jes 38,18–19.

II.6 The Jewish Junior and Children's Farm
Ben-Shemen[1], Siegfried Lehmann, an Geis

10. 8. 1933

Frau Gertrude Weil, London, hat mir Ihr Schreiben vom 16. 7. cr. mit
der Bitte übergeben, Ihnen Bescheid zukommen zu lassen.
Es tut mir außerordentlich leid, daß ich ihnen keine positive Antwort geben kann. Wir haben angesichts des bevorstehenden Beginns
eines neuen Schuljahres unsern Lehrkörper bereits vollständig eingerichtet. Auch für eine andre Beschäftigung bei uns sehe ich zu meinem
Bedauern keinen Weg mehr, da wir auch hier alle verfügbaren Stellen
bereits vergeben haben. Es wird auch nicht leicht sein, ohne völlige
Beherrschung der hebräischen Sprache ein Tätigkeitsfeld im Zusammenhang mit der palästinensischen Jugend zu finden. Auch der körperliche Zustand ist recht wichtig, denn die klimatischen Verhältnisse
bringen für Neulinge anfänglich mancherlei Schwierigkeiten.
Wenn Sie auf jeden Fall ins Land zu kommen beabsichtigen, erwä-
gen Sie vielleicht, ob Sie nicht etwas wagen sollten, vorausgesetzt daß
Sie irgendwie einige Zeit aushalten können. Es wird kaum eine Anstalt in Palästina geben, die eine Einstellung vornimmt, solange sich
der Bewerber im Auslande befindet und mit ihr nicht persönliche
Fühlung an Ort und Stelle genommen hat.
Ich wünsche Ihnen für Ihre Bemühungen vielen Erfolg.

1 In diesem und einigen folgenden Briefen wird die Frage einer Auswanderung nach
Palästina erwogen. Die Korrespondenz wirft ein Schlaglicht auf praktische und ideologische Probleme der Jugendalijah (in Deutschland auch: Jüdische Jugendhilfe)
während der Jahre der deutschen Judenverfolgung.

II.7 An Ismar Elbogen

Mannheim, 30. 10. 1934

Mein geliebter Herr Professor,

am Freitag war ich in München und habe Siegfried Lehmann von Ben-Shemen[1] getroffen, der mich telefonisch hinbestellte, er möchte in Ben-Shemen den Versuch machen, dem religiösen Judentum Raum zu geben und hat mich dafür ausersehen. Seine Gründe: er sieht, daß in Palästina in Politik und Erziehung vieles schlecht bestellt ist, führt das als alter Rationalist auf den Mangel an Ethik zurück und setzt Ethik = Religion; II. scheint man ihm Schwierigkeiten wegen der antireligiösen Führung von Ben-Shemen zu machen, davon aber sprach er kaum. Also ein Ba'al Teschuva ist er wirklich nicht, ein Zusammenarbeiten wäre sicher schwierig, immerhin würde er mir für den Anfang ein Haus (40 Kinder) voll übertragen, während ich in der großen Gemeinschaft natürlich nur ein Lehrer unter anderen blieb, bis etwa mein Einfluß wachsen würde, also eine ganz gesunde Einstellung. Bis ich genügend Hebräisch könnte, dürfte ich Gast von Ben-Shemen sein, davon würde ich aber nur für ganz kurze Zeit Gebrauch machen und lieber in Jerusalem bei Rahel Straus[2] im Haus lernen. Eine Zusage habe ich natürlich noch nicht geben können, und auch Lehmann ist mir gegenüber noch frei. Was sagen Sie dazu? Ausführlicher kann ich jetzt nicht schreiben, ich ersticke fast in Arbeit.

Die allerherzlichsten Grüße

Ihr dankbarer Schüler Robert

1 Nachdem Geis 1933 eine Absage von Ben-Shemen bekommen hatte (s. II.6), war nun Siegfried Lehmann auf Geis zugekommen wegen einer evtl. Mitarbeit.
2 Geis kannte Dr. Rahel Straus noch aus München. Sie war die Frau von Rechtsanwalt Eli Straus (vgl. Dokument I.12) und lebte nach dem frühen Tod ihres Mannes in Jerusalem.

II.8 An Ismar Elbogen

Mannheim, 25. 11. [1934]

Mein lieber Herr Professor,

Ihr Brief kam in eine recht veränderte Situation. Am letzten Sonntag hielt ich einen Vortrag bei den Liberalen über »Die religiöse Situation der jüdischen Jugend von heute« [s. Dokument II.4], der Vortrag war wirklich sehr gut aber – zionistisch, darum haben die Liberalen, die ja ständig empört sind, sich am Donnerstag in der Gemeindesitzung geweigert, meinen Vertrag, dessen Unterzeichnung jetzt erst auf der Tagesordnung stand, zu unterzeichnen! Man kann mich also jeden Tag wegschicken, freilich – und ich weiß nicht, ob das zu umgehen ist – kann es zu einem erbitterten Kampf zwischen Liberalen und der ganzen Front: G. – Zionisten – Mittelpartei – Orthodoxie kommen. Den Kampf werde ich also noch mitmachen müssen, nicht um meinetwillen, aber man darf ja diesen Assimilanten und Stänkerern nicht einfach das Feld überlassen. Aber es ist doch recht bezeichnend für den Weg, den diese Gemeinde hier gehen wird, und die Konsequenzen werde ich schließlich auf jeden Fall ziehen. Grünewald vielleicht auch.

Für mich steht heute fest: 1) zionistisch eingestellte Rabbiner werden in Deutschland keine Stelle mehr finden, 2) die Konzessionen und Kompromisse, die von einem Rabbiner verlangt werden, kann und will ich nie machen, ergo: hören wir am besten mit diesem Beruf auf. Ob ich Erez Israel aushalte und ob mich das Land vertragen und brauchen könnte, müßte erst ausprobiert werden, zu einer Erkundungsreise aber fehlt mir das Geld, darum will ich versuchen, erst noch in deutsch-zionistische Arbeit hineinzukommen, um über diesen Umweg mich drüben umsehen zu können. Ob mir das gelingt, ist natürlich noch unbestimmt, aber irgendeine Arbeit, die mich für lange Zeit in Deutschland festhalten würde, möchte ich nicht mehr übernehmen. Sollte die zionistische Sache gelingen, dann wäre ich ja wohl wieder in Berlin, was herrlich schön wäre.

Der Gedanke vom Rabbinerberuf loszukommen, ist schon erfrischend und ermunternd.

Seien Sie und Ihre Frau herzlichst gegrüßt

von Ihrem dankbaren Schüler Robert

II.8a Max Grünewald an Ismar Elbogen

Mannheim, 25. 7. 1935

Sehr verehrter Herr Professor!

Ich habe die Frage Geis noch einmal zur Diskussion gestellt – trotz der bereits ausgesprochenen Kündigung. Ich selbst würde mich sehr freuen, wenn es gelingen würde, ihn hier zu behalten. Sein Konnex mit der Gemeinde ist auch ein besserer geworden. Es wird vor allem gegen ihn geltend gemacht, daß er nach etlichen Jahren seiner Amtstätigkeit sein Examen noch nicht beendet hat, und es wird die Befürchtung ausgesprochen, daß er in gesundheitlicher Beziehung keine volle Kraft darstellt. Ich war bemüht, diese Einwände zu widerlegen. Auch danach bleiben noch Differenzen bestehen zwischen ihm und den Hauptpersonen der religiös-liberalen Vereinigung. Ich weiß nicht, ob ich diese Differenzen werde beheben können. Geis widerstrebt jede Art von gemachter Religion und künstlichem Religionsbetrieb. Er ist z.B. gegen die Inszenierung von Freitag-Abenden. Der gute alte Liberalismus, richtiger der »schlechte« alte Liberalismus will davon nicht lassen. Darin kann ich nun auf Geis nicht einwirken, weil ich selbst mit Erfolg mich diesen Methoden immer entzogen habe. Im Augenblick finden Beratungen zwischen den liberalen Synagogenräten und ihrer Fraktion statt. Ich versuche sie zum Guten zu lenken; aber ich muß peinlichst vermeiden, den Liberalen jemand aufzuoktroyieren. Ein spezifischer Jugendrabbiner in der Art von Lemle ist er übrigens nicht, und auch das wird ihm vorgeworfen, daß er in der Betreuung der Jugend zu wenig Initiative hat. Sollte der Kampf um Geis einen negativen Ausgang haben, dann bitte ich Sie, mir zu erlauben, mit Ihnen wieder in Verbindung zu treten. Denn mich beschäftigt auch sein späteres Ergehen ungemein. Für diesen Fall habe ich daran gedacht, ob er nicht hauptamtlicher Mitarbeiter in der Mittelstelle für Erwachsenenbildung werden könnte. Denn die Tätigkeit in den Kursen liegt ihm sehr und hält ihn im Zusammenhang mit den Gegenständen, die ihm am Herzen liegen.

Ich danke Ihnen nochmals für Ihren Brief und bin mit den ergebensten Grüßen

Ihr Grünewald

II.9 An Ismar Elbogen

Zwischen Cypern und Rhodos, 23. 5. 1935

Geliebter Herr Professor,
haben Sie vielen Dank für Ihre liebe Karte, nun auf dem Schiff komme ich endlich zum Schreiben, in Palästina war das völlig unmöglich.

Ich habe viel gesehen, nicht genug, um in diesem Land stärkster Gegensätze zu irgendeinem Urteil berechtigt zu sein. Umgesehen habe ich mich hauptsächlich in den Hauptquartieren der Jugendalijah, ein Mitarbeiten wäre mir bei der augenblicklichen Lage absolut unmöglich. Dazu müßte ich meine religiöse Überzeugung opfern und auf jeden mir wesentlichen Einfluß verzichten, es bliebe allein der Wissensvermittler übrig. Die Führer der einzelnen Gruppen spielen – bei immerhin beträchtlichen Abstufungen – kaum eine Rolle, für die Kinder sind die Menschen der Kibbuzim die Neuen, die Helden, und der Kibbuz läßt natürlich keine Gelegenheit ungenutzt, um diese Jugend zu guten Chawerim [Kameraden] nach ihrer Art zu machen. Nun mag zweifelsohne auch für den größten Teil unserer Jugend diese Lebenshaltung passen, immerhin kommt ein Teil geistig und seelisch zu kurz, so z. b. der Junge, den ich im Herbst bei Ihnen kennenlernte – Walter Samuel hieß er wohl – und die müssen sich entweder einfinden oder nach Rodges gehen, das andere Schwierigkeiten hat, oder vor die Hunde gehen. Für Menschen einer Zwischenschicht – nicht orthodox und nicht antireligiös – ist bei der Jugendalijah so wenig Platz wie irgendwo im Lande. Miss Szold, mit der ich darüber sprach, wünschte einen solchen Versuch sehr, nicht in, sondern neben der Jugendalijah, meint aber, daß die Initiative in jeder Beziehung von Deutschland auszugehen habe. Der Versuch könnte nur bei räumlicher Entfernung von einem Kibbuz, vielleicht in der Nähe einer Moshawah glücken, mit deren Hilfe eine handwerkliche Ausbildung auch bestimmt besser ausfallen würde als jetzt. Zumindest kann man nicht ruhig mitzusehen, wie die wenigen religiös Gestimmten unter unserer Jugend auch noch geopfert werden, und Neues schaffen ist besser als Kritik in Worten. Damit habe ich Ihnen auch schon die wesentlichsten Schwierigkeiten von Ucko genannt, den ich in einem sehr schlechten Zustand antraf, der aber durch große Dummheiten, Taktlosigkeiten etc. seine Lage über das Notwendige erschwert hat.

Überall traf ich Bekannte und Freunde, alle haben sich stark verändert, merkwürdigerweise bekommen in Palästina die Menschen ganz andere Gesichter, alte Zionisten finden sich nicht zurecht und werden Hauptvertreter des Central-Vereins[1], Märzgefallene[2] leben sich gut ein, in den Städten oft eine abstoßende Geschäftlichkeit und Egoismus – wohl oft aus Angst –, in den Siedlungen manchmal ganz wunderbar reine, opferbereite Menschen.

Ich hoffe, Sie bald sprechen zu können, denn nun muß doch endlich mal eine Entscheidung fallen.

Ihnen und Ihrer Frau die allerherzlichsten Grüße

Ihr dankbarer Schüler Robert G.

1 Central-Verein deutscher Staatsbürger jüdischen Glaubens (Berlin), gegründet 1893, lt. Satzung zur Wahrung der Gleichstellung jüdischer Staatsbürger und Stärkung unbeirrbarer Pflege deutscher Gesinnung.
2 »Volksgenossen«, die nach Erlaß des Ermächtigungsgesetzes vom 21. 3. 1933 in die NSDAP eintraten, wurden im Volksmund »Märzgefallene« genannt. Geis verwendet die Bezeichnung für Juden, die nach dem 21. 3. 33 in Palästina einwanderten.

II.10 Jüdische Jugendhilfe e. V.[1], Georg Josephsthal, an Geis

Lieber Robert! Berlin, 17. 6. 1935

Herzlichen Dank für Deinen Brief vom 3. Juni, auf den ich durch längere Abwesenheit von Berlin nicht gleich antworten konnte. Du gingst, wie ich glaube, von falschen Voraussetzungen bei der Beurteilung der Jugend-Alijah aus. Niemals wurde von uns behauptet, daß für die erzieherische Aufgabe der Leiter der Jugend-Alijah allein verantwortlich ist, und Du siehst die ganze Sache unter dem Aspekt Ucko und unter dem Aspekt, wie Du Dir evtl. Deine Funktionen im Rahmen der Jugend-Alijah vorstellst. Ich habe von beiden Seiten im Falle Ucko Berichte bekommen und ich bin der Ansicht, daß bei Ucko die größeren Fehler gemacht worden sind.

Der Kibbuz wird immer das Erziehungsmilieu gestalten und der Führer kann nur im Rahmen des Kibbuz, nicht gegen den Kibbuz, arbeiten. Die Entscheidung zur Jugend-Alijah ist die Entscheidung für die Erziehung im Kibbuz, vielleicht nicht immer für das Bleiben im Kibbuz. Aber das erste muß feststehen und wird von uns immer betont.

Besonders in der Frage des Religiösen war Ucko der Einzige, der Vertrauen zu Giwath Brenner hatte. Ich habe ihm immer gesagt, daß ich nicht an eine Einfluß-Möglichkeit von ihm glaube und habe es deshalb abgelehnt, religiöse Jugendliche in seine Gruppe zu geben. Religiöse Jugendliche können heute zum Misrachi gehen oder in eine halbreligiöse Anstalt wie die Ahawah oder Schefeja, aber nicht in den Kibbuz. Wenn wir oft gegen den Willen der Eltern die Kinder in nichtreligiöse Kibbuzim geben, so nur dann, wenn die Kinder ausgesprochen nichtreligiös sind und wenn wir die Entscheidung der Kinder höher stellen als die der Eltern. Wir werden niemals Eltern religiöse Zusicherungen geben. Ich habe in einem einzigen Falle die Zusicherung der Möglichkeit des Koscher-Essens gegeben, nachdem mir Sereni versichert hat, daß die Kinder an der Küche der Älteren teilnehmen können.

Du schreibst, daß wir unter falscher Flagge segeln und das ist der schlimmste Vorwurf, den man uns machen kann, aber ich sehe den Tatbestand nicht. Nach den Menschen, die uns das Geld geben, haben wir uns nicht zu richten, und was Propaganda an Übertreibungen mit sich bringt, verpflichtet uns in der Tendenz nicht.

Diese ganze Erörterungen zwischen uns beziehen sich jetzt nur auf Deinen Brief. Eine wirkliche Klärung dessen, was wir wollen, könnten wir, wie immer, nur mündlich herbeiführen. Ich muß mich heute auf die Andeutung beschränken, daß ich in 5 Wochen Berlin verlasse, um auf Hachscharah zu gehen, und bestimmt hoffe, noch einmal nach Mannheim zu kommen, um mit Dir über alles zu sprechen. Aber noch schöner wäre es, wenn Du wieder nach Berlin kämest.

Wir sind durch viele Dinge in eine unfundierte Spannung gekommen, die mir aufrichtig leid tut, und wenn es Dir irgendwie möglich ist, so bitte ich Dich herzlich, bald nach Berlin zu kommen.

Für heute ein herzliches Schalom und viele Grüße

Dein Georg

1 § 1 der Satzung des Vereins – auf dem Briefkopf zitiert – lautet:»Zweck des Vereins ist die Förderung der Berufsausbildung und Berufsunterbringung in Deutschland befindlicher arbeitsloser jüdischer Jugendlicher in Palästina.« Der Verein ist der deutsche Zweig der Jugend-Alijah.

II.11 An Georg Josephsthal

Mannheim, 24. 6. 1935

Lieber Georg!

Dein Brief vom 17. Juni hat mich in noch größeres Erstaunen versetzt und in keiner Weise befriedigt und beruhigt.

Ich glaube, wir müssen 2 Dinge gesondert betrachten: Die Stellung, die Du mir innerhalb der Jugendalijah zugedacht hattest, und die Verpflanzung der allgemeinen Jugendalijah in den Kibbuz.

Und da muß ich sagen: Du hast mir am 14. Dezember in Berlin, als ich meine Bedenken in religiöser Beziehung äußerte und Dich nach Ucko in diesem Zusammenhang fragte, ausdrücklich erklärt, ich könne jeden Einfluß nehmen, den ich für richtig halte, und gerade das erscheine Dir als pädagogisch so überaus lockend. Du hast mir später dann den Vorschlag gemacht, nach Tel Chai zu gehen. Solltest Du etwa nicht wissen, wie wenig der Kibbuz Kfar Giladi bereit ist, irgend einen religiösen Einfluß zu dulden, genauso wenig wie Giwath Brenner oder irgend eine andere Kwuzah? Was Du offiziell als Gesinnungsgrundlage für die Jugendalijah angibst, weiß ich im einzelnen nicht. Persönlich werde ich das Gefühl des Betrogenseins nicht mehr los.

Aber das ist nur das Persönliche und es hat vor dem Allgemeinen zurückzustehen. Hoffentlich hast Du Dir hier wenigstens noch die Offenheit für rein menschliche Dinge bewahrt trotz Deines Überarbeitetseins und der damit verbundenen Gefahren des Bonzentums. Du warst in Erez. Du weißt also, daß der Kibbuz eine ausgesprochen aktiv-antireligiöse Einstellung hat und sich nicht mit dem Nicht-Koscher-Essen begnügt. Du weißt, wie die augenblickliche Situation des

Kibbuz eine fanatische Betonung der körperlichen Arbeit verlangt, so daß geistige Dinge jeder Art zu kurz kommen müssen. Wenn erwachsene Menschen sich für diese Form des Lebens entscheiden, so haben sie zumeist eine menschliche Entwicklung hinter sich, die ihnen sagt: Hier ist mein Platz, und nur deshalb können die Menschen so Erstaunliches leisten. Aber als Erziehungsmilieu für Menschen im Entwicklungsalter ist deswegen der Kibbuz noch lange nicht zu begrüßen. Ich habe nicht nur Klagen über antireligiöse Beeinflussung gehört, häufiger wird über den Mangel geistiger Weiterarbeit von einzelnen Jugendlichen geklagt, und es dürfte Dir als Leiter der Jugendalijah immerhin bekannt sein, daß fast alle Führer der Jugendalijah – und darum gibt es eben keinen Fall Ucko, der Euch allzu gelegen käme – Randfiguren des Kibbuz sind. Meist steht doch der Führer recht allein. Die Kinder sehen im Menschen des Kibbuz den Helden, zu dem sie hinlaufen, ohne im Grunde vor irgendeine Entscheidung wirklich noch gestellt zu sein, um so erzogen zu werden. Darum erscheint mir Deine Prägung »Kibbuz als Erziehungsmilieu« phrasenhaft und sehr revisionsbedürftig. Aber zugegeben: trotz aller Mängel wird der Kibbuz für viele der Jüngeren die Form palästinensischen Lebens sein, die ihnen noch am ehesten entspricht. Zugegeben, daß wir uns den Luxus einer stark differenzierenden geistigen Bildung vorerst kaum erlauben können, zugegeben, daß ein gut Teil unserer Jugend aus Deutschland von sich aus schon antireligiös eingestellt ist, bleibt immer noch ein Rest, für den das nicht zutrifft. Wohin mit ihm? Deine Antwort, die auf die orthodoxen Siedlungen hinweist, ist keine Antwort. Eigentlich müßtest Du ja wissen, welche Schwierigkeiten aus dieser Einstellung gerade Rodges erwachsen, das heute Menschen aufnehmen muß, die gar nicht orthodox sind und dorthin kommen, weil es einfach die einzige Möglichkeit religiösen Lebens ist. Man tut damit Rodges nichts Gutes, das sein Gesicht zu wahren hat, und man hilft auch den Menschen, die von außen her kommen nicht, denn *diese* Form jüdischen Lebens muß entweder milieumäßig selbstverständlich sein oder wirklich vom einzelnen erkämpft. Sonst richtet sie nur Unheil an. Wie stellst Du Dir vor, daß ein Mensch, der im religiösen Judentum noch nicht lange zu Hause ist, sich mit Fragen, wie z. B. wie weit er am Schabbath gehen darf oder drgl. beschäftigen soll? Das kann ihm doch unmöglich weiterhelfen. Aber vielleicht wollt Ihr das hier auch gar nicht? Nein, was fehlt, ist eine religiös-konservative Form der Jugendalijah, die ohne Bindung an das augenblickliche Weltbild des Kibbuz und noch frei von den letzten Bindungen des »Jochs des Gesetzes« die Menschen erzieht. Dorthin gehören die, die heute die Außenseiter im Kibbuz und bei der Orthodoxie sind, und über die man hinwegzugehen kein Recht hat. Die

Form eines Jugenddorfes wäre hier wohl am Platz, weil dadurch Einfluß von außen am besten ferngehalten werden könnte. Das kostet nun Geld, mehr Geld, als sonst für eine Gruppe der Jugendalijah zur Verfügung steht. Und hier komme ich noch einmal auf die Geldgeber zu sprechen, von denen Du zwar behauptest: »nach den Menschen, die uns das Geld geben, haben wir uns nicht zu richten«. Auch da bin ich anderer Meinung. Zwar kann man aus Geldspenden kein Recht auf internen Erziehungseinfluß geltend machen. Aber man ist immerhin berechtigt zu wissen, was mit dem Gelde angefangen wird und in welchem Sinn es Verwendung findet. Ich muß nochmals betonen, so leid mir das tut, Ihr seid hier nicht ehrlich, und wenn Ihr vielleicht auch keine direkten Versprechungen nach der religiösen Richtung hin macht, so sprecht und schreibt Ihr (siehe z.B. nur die letzte Nummer der Jüdischen Rundschau mit ihrem frisierten Bericht über die Tel Chai-Gruppe) doch so viel von religiösen Fragen, Schabbat-Gestaltung etc., daß kein Mensch auf den Gedanken kommen kann, der allein der richtige wäre: Die Kinder werden antireligiös erzogen. Würde das bekannt, ich glaube die Jugendalijah in Deutschland käme in die größten finanziellen Schwierigkeiten. Es ist nicht mehr als ein Akt der primitivsten Anständigkeit und Wahrung der Parität, wenn man wenigstens religiöse Bedürfnisse neben denen des Kibbuz mitberücksichtigt. Was die Jugendalijah auf diesem Gebiet bis jetzt geleistet hat, genügt nicht. – Ich erwarte Antwort. Als Leiter der Jugendalijah hast Du hier eine Verpflichtung, der Du Dich nicht entziehen kannst. Ich will noch einmal alle Kraft zum Vertrauen zusammennehmen. Sollte ich getäuscht werden, würde ich einen ersten Angriff auf Euch bei der diesjährigen Tagung der Jewish Agency veranlassen und mit allen mir zur Verfügung stehenden Mitteln und Institutionen gegen Euch vorgehen. Schließlich können wir genauso für die Verwirklichung unserer Überzeugung kämpfen wie Ihr. Bei gutem Willen ginge das reibungslos nebeneinander. Es wäre für mich sehr hart, wenn dieser Wille fehlen sollte, und ich mich gegen eine wichtige Organisation zionistischer Aufbauarbeit öffentlich wenden müßte.

II.12 Jüdische Jugendhilfe e.V., Georg Josephsthal an Geis

Berlin, 28. 6. 1935

Lieber Robert!

Deinen Brief vom 24. Juni habe ich bekommen. Ich möchte auf den etwas gereizten Ton nicht eingehen, besonders da ich der Absendung des Briefes durch Eilboten entnehme, daß Du Dich in einem Erregungszustand befunden hast.

Ich möchte Punkt für Punkt auf Deinen Brief eingehen. Ich habe Dir gesagt, daß jeder Führer den Einfluß nehmen kann, den er für richtig hält. Dazu stehe ich auch heute noch. Es ist klar, daß damit nicht gemeint sein kann, daß Dinge, die sich langsam entwickeln können und zu denen man nur langsam erziehen kann, durch das Bild, das der Führer vom Endziel seiner Erziehung hat, forciert werden dürfen und das scheint mir besonders mit der religiösen Gesinnung der Fall zu sein. Es ist klar, daß man sich die Kinder in dieser Beziehung genauso erschließen muß, wie in anderer Beziehung. Ich kenne den Kibbuz Kfar Gileadi, wie ich glaube, gut, und er unterscheidet sich von Giwath-Brenner dadurch, daß er einen festeren Erziehungsrahmen hat als Giwath-Brenner, bei dem mindestens teilweise die Möglichkeit jedweder Beeinflussung gegeben ist. Die natürlichen Grenzen, die die Arbeiterbewegung in religiösen Fragen sich notwendigerweise gesteckt hat, sind vielleicht enger, als Du erwartet hast. Besonders alle formalen Dinge der Gesetzes-Erfüllung werden dort kaum einen Platz haben. Das, was aber Ucko geglaubt hat, nämlich eine religiöse Grundeinstellung finden zu können, die mehr mit der Natur, als mit dem Gesetz zu tun hat, das war in Giwath-Brenner so möglich, wie in Kfar Gileadi. Gegen Schabbath-Lichter, gegen Tenach-Lernen [Bibel-Lernen] und gegen Koscheressen richtet man sich nicht. Die politische Richtung gegen die religiösen Vertreter Palästinas liegt auf einem ganz anderen Gebiet. Wenn Du schreibst, daß Du Dich betrogen fühlst, so muß ich Dir scharf entgegnen, daß für Illusionen, die in Dir durch Palästina zerstört worden sind, besonders für Illusionen über Deine äußeren Lebensmöglichkeiten, ich nicht verantwortlich bin.

Es ist mir klar, daß die Jugendalijah eine Bewegung der chaluzischen Jugend ist, die zu körperlicher Arbeit als der Grundlage des palästinensischen Wirtschaftslebens erzieht. Jedem Jungen, den wir aufnehmen, ist dies klar.

Du schreibst, daß die Führer der Jugendalijah Randfiguren des Kibbuz sind: Chanoch Reinhold in Ein Charod, Boris Eisenstädt in Tel Yosef, Erich Rosenblüth in Rodges, Anni Veilchenfeld in Deganja Alef, Rudi Michel im Kibbuz Kinnereth, von niemandem wird behauptet, daß sie Randfiguren sind und gerade aus Deiner Feststellung, daß die Kinder im Menschen des Kibbuz den Helden sehen, zu dem sie hinlaufen und den Führer allein stehen lassen, sehe ich, daß Du eben Ucko und nur Ucko gesehen hast.

Die Jugendalijah ist keine Lösung für Menschen, die einem geistigen Beruf zustreben. Sie ist keine Lösung für Menschen, deren religiöse Gesinnung mit dem religiös-liberalen Judentum etwas gemein hat. Es könnte gewiß noch eine andere religiöse Form geben als in Rodges, nämlich die, die in der Ahawah gepflegt wird. Aber wir fühlen von hier aus, daß wir ein solches Milieu nicht gestalten können, das bisher in Palästina keinen Platz gefunden hat; und die Zerrissenheit der Ahawah ebenso wie die von Schefeja zeigen uns in gleicher Weise, daß eben für das, was Du Dir unter religiösem Leben vorstellst, in Palästina keine Möglichkeit besteht. Wir haben bei vielen Aussprachen hier, besonders auch mit Ernst Simon, diese Feststellung treffen müssen. Wenn Du ein Jugenddorf schaffen willst, das keinem Einfluß von außen ausgesetzt ist, so müssen wir Dir sagen, daß wir die Eingliederung in das palästinensische Leben, zwar nicht in jeder Form, aber in der grundsätzlichen Einstellung zu Arbeit, Bildung und den meisten anderen Lebensgebieten, begrüßen, und darum haben wir uns gegen ein deutsches Jugenddorf, das wir schon geldlich nicht schaffen können, gesträubt. Du wirfst uns vor, daß wir die Geldgeber hintergehen. Ich behaupte, daß die religiösen Verhältnisse Palästinas so bekannt sind und leicht erkundbar, daß dieser Vorwurf auch nicht annähernd richtig sein kann. Der Bericht in der Jüdischen Rundschau stammt von einem Reporter und nicht von uns.

Ich habe selten einen Brief von Dir bekommen, in dem soviel dogmatisch-rabbinisches war. Die Drohungen am Schluß sind so, daß ich mir jedwedes Eingehen darauf erspare. Du kannst Dir denken, daß wir nicht durch derartige Methoden von unserer Tendenz abgehen. Der Gedanke der Jugendalijah ist stark genug, um mit Menschen fertig zu werden, die die Jugendalijah nicht mehr wünschen.

Schalom   Georg

II.12a An Georg Josephsthal[1]

Mannheim, 1. 7. 1935

Einen Aufklärungsunterricht über den Palästinaaufbau hättest Du Dir sparen können! Daß das Palästina des Arbeiters heute so aussehen muß, wie es aussieht, braucht man mir nicht zu sagen. Fraglich ist nur, ob es auf alle Zeiten so bleiben soll und ob man erzieherischen Einfluß nicht auch in anderer Richtung geltend machen muß. Hierin gehen unsere Meinungen auseinander, aber das ändert nun doch nicht meine Einstellung zu Palästina. Denn Palästina hat mich nicht enttäuscht, noch soll meine Kritik die Angst vor den äußeren Lebensmöglichkeiten verkleiden; das zu behaupten ist eine Unverschämtheit von Dir. Enttäuscht bin ich nur von Dir und wie Du jede Kritik von vornherein ablehnst und irgendeine andere Gestaltungsmöglichkeit überhaupt nicht zugeben willst. Ich wußte aber auch nicht, daß Du weiter ein so bedeutender Am-Ha-arez [unwissender Laie] geblieben bist – der nicht verstehen kann, wie bei einem jüdisch-religiösen Aufbau es nicht so sehr auf die Gesinnung und den Glauben des Einzelnen im Anfang ankommt als vielmehr auf das jüdische Milieu; gerade weil religiöser Liberalismus bei uns Juden keinen Raum hat, ist hier ein langsames Hinentwickeln einfach nicht möglich.

Aber machen wir Schluß, freilich ist die Beendigung dieses Briefwechsels zugleich Ende einer Freundschaft. Ich werde eben andere Stellen für das gewinnen müssen, was heute viele für eine Notwendigkeit halten.   Geis

1 Handschriftlicher Entwurf aus dem Nachlaß. Ob ein entsprechender Brief abgesandt
   wurde, ist nicht bekannt.

II.13 Zionistische Vereinigung für Deutschland, Rechtsanwalt Benno Cohn an Geis

Berlin, 30. 7. 1936

Aus Ihrem Schreiben entnehme ich nur ungern, daß Sie die Absicht haben, schon jetzt nach Palästina zu gehen. Ich hörte, daß Sie bereits drüben gewesen sind. Gewiß haben Sie den Eindruck gewonnen, daß in diesem Augenblick Ihre Kraft, wie auch die der meisten unserer aktiven Mitarbeiter, wesentlich dringender hier gebraucht wird als drüben. Sie kennen die außerordentliche Armut an Menschen und an geistigen Kräften. Wir beklagen insbesondere ein Mißverhältnis zwischen »Erziehern und Organisatoren«, wie das kürzlich treffend ausgedrückt worden ist. Sie gehören zu den wenigen Erziehern, die wir nicht entbehren können. In aller Form bitte ich Sie daher namens der ZVfD dringend, Ihre Absicht, schon jetzt nach Erez Israel zu gehen, einer eingehenden Nachprüfung zu unterziehen. Ich glaube, daß Sie wirklich noch sehr viel für unsere Arbeit bedeuten können und uns in diesen wenigen Jahren, die uns für die Bewältigung der wichtigsten

Aufgaben vielleicht nur noch beschieden sind, zur Verfügung stehen sollten. Ungeachtet dessen wollen wir Ihnen aber selbstverständlich, wenn Ihr Entschluß nicht abänderlich ist, bei der Vorbereitung der Alijah dienlich sein.

II.14 An Rechtsanwalt Benno Cohn

Mannheim, 3. 8. 1936

Ich danke Ihnen sehr für die Herzlichkeit Ihres Briefes. Sie dürfen mir glauben, daß mein Entschluß nicht leicht für mich war. Nicht nur aus den Gründen, die Sie mir ins Gedächtnis rufen, sondern was ja – wenn man ehrlich ist – immer noch ausschlaggebender als alle sachlichen Bedenken ist, die persönlichen, und ich bin mir darüber nach meiner Palästinareise vollkommen klar, daß meine Alijah auf jeden Fall ein großes Risiko für mich bedeutet und die Gefahr des Versagens sehr groß ist, aber es kommt einmal die Stunde, da man sich bewähren muß und ernst machen muß mit dem, was man gelehrt und gepredigt hat und wo ein längeres Verbleiben nur noch Feigheit bedeutet, die es einem auch unmöglich machen würde, hier weiter sinnvolle Arbeit zu leisten. Ich glaube Sie werden mich verstehen. Hoffentlich machen die widrigen Umstände der augenblicklichen Politik mir keinen Strich durch die Rechnung.

II.15 Zionistische Vereinigung für Deutschland, Rechtsanwalt Benno Cohn an Geis

Berlin, 4. 8. 1936

Sie sprechen von der Stunde, da man sich bewähren und ernst machen muß mit dem, was man gelehrt und gepredigt hat. Ich weiß, daß es sich hier um Dinge handelt, die letztlich der eigenen persönlichen Beurteilung unterliegen, trotzdem glaube ich aber sagen zu können, daß heute das deutsche Judentum in der furchtbaren Verfassung, in der es sich befindet, das Feld der persönlichen Bewährung für Sie und

83

eine Reihe von anderen Menschen Ihrer Art sein muß. In Palästina werden Sie einer von sehr vielen sein, die sich ein neues Tätigkeitsfeld erschließen wollen. Im deutschen Judentum herrscht ein furchtbarer Mangel an geistigen Menschen, die dem allgemeinen Niedergang entgegenwirken und richtunggebend in dem Verwandlungsprozeß sein können, den das deutsche Judentum durchmacht.

Nun zur Einwanderungstechnik: Das Einwanderungsgesetz sieht in der Kategorie B II vor, daß Personen, die einen religiösen Beruf haben und deren Lebensunterhalt gesichert ist, von der Palästinaregierung Zertifikate erhalten können. In der Praxis sind folgende Voraussetzungen zu erfüllen:

1. Nachweis der Befähigung zum Rabbinerberuf,
2. Nachweis der Anstellung als Rabbiner durch eine jüdische Körperschaft in Palästina,
3. daß das festgesetzte Einkommen zur Bestreitung des angemessenen Unterhalts für den Antragsteller und seine Familie ausreicht.

Anträge sind unmittelbar an das Immigrations-Department der Palästina-Regierung zu richten.

Daraus geht hervor, daß es keine Schwierigkeit gibt, auch an einen liberalen Rabbiner ein solches Zertifikat zu erteilen. Er müßte nur die oben angeführten Voraussetzungen erfüllen, insbesondere die Anstellung durch eine jüdische Körperschaft in Palästina nachweisen. Dies wird naturgemäß große Schwierigkeiten machen. Ich kann nicht beurteilen, ob Sie drüben bereits Beziehungen dieser Art angeknüpft haben.

II.16 Ismar Elbogen an Geis

Datum unleserlich, wahrscheinlich Ende 1936

Lieber Geis,

weit ernster erscheint mir Ihr Auswanderungsproblem. Ich kann mir nicht helfen, der kluge Grünewald hat eine bodenlose Dummheit gemacht.[1] Hier braucht man Sie, und niemand braucht Sie dringender als er, der ständig unterwegs ist. Wenn er Sie schon ziehen lassen wollte, hätte er Sie rechtzeitig nach Freiburg empfehlen können. Haben Sie denn für Kassel gar kein Interesse? Ich hatte gedacht, daß die Heimat des Geschlechtes und der konservative Zug der Gemeinde Sie reizen würden ...

Während also hier stärkste Nachfrage nach Rabbinern besteht, sind sie in Palästina überflüssig. Zwar besuchte mich gestern Frau Z.

aus Haifa und erzählte, wie überlastet Elk ist und wie glänzend sich seine Gemeinde entwickelt – aber Geld ist dort nicht vorhanden, selbst Elk lebt nur davon, daß er soundso viele Stunden Hebräisch täglich unterrichtet. Hier sehe ich die eine große Schwierigkeit: es ist viel Zeit erforderlich, damit Sie so Ivrit sprechen lernen, um in der dortigen Umgebung als Lehrer bestehen zu können. In einer Zeit der prosperity würde es gehen, denn da würden Sie vielleicht genug andere Stunden (Deutsch, Literatur usw.) finden, aber in einer Krisenzeit erwarte ich nicht viel. Meine zweite Besorgnis bezieht sich auf das Klima – nicht nur auf die Hitze, sondern auch auf Ernährung, Verdauung, Heuschnupfen bei den zahlreichen starken Blüten. Sie müßten mit zuverlässigen Ärzten die verschiedenen Probleme durchsprechen, ehe Sie einen so schwerwiegenden Entschluß fassen. Sie versäumen wahrscheinlich nicht viel, wenn Sie nicht jetzt nach Erez Israel wandern, geben aber recht viel auf, wenn Sie es tun, und das ist neben den Tränen der Mutter zu beachten.

Wir bleiben da also in enger Verbindung – ganz gleich ob wir uns sehen können oder nicht.

Wie immer   Ihr Elbogen

---

1 Auf Bitte des Herausgebers hat Dr. Max Grünewald, jetzt Präsident des Leo Baeck Institute, New York, sich zu den in den Briefen II.8 a und II.16 genannten Vorgängen geäußert. Er schrieb am 15. 3. 84:
»Ich weiß nicht mehr den unmittelbaren Anlaß meines Schreibens an Professor Elbogen (25. 7. 35). Vielleicht hatte er für Geis plädiert. Wenn er von der Dummheit meiner Aktion schreibt, setzt er voraus, daß ich, als Präsident der Gemeinde, sein Gehen bzw. die Kündigung hätte verhindern können. Ich bezweifle aber, daß meine Autorität so weit ging ... Mit Geis selber war ich auf freundschaftlichem Fuße. Wir haben viele Samstagabende zusammen verbracht. In Palästina aber hat er mich nicht erkannt. Das hat mich befremdet. Die assimilatorische Tendenz in Mannheim war noch stark während der ersten Jahre der Naziregierung. Die Tatsache, daß eine Gemeindevereinigung ins Leben gerufen wurde – und ich war an der Gründung beteiligt – spricht deutlich davon.
Was es mit dem Examen auf sich hat, weiß ich nicht mehr ... Seine Person steht klar vor meinen Augen. Seine Begabung lag vor allem auf dem Gebiet der Geschichte. Er war mehr an Kursen dieser Art interessiert als am Jugendrabbinat. Er hatte auch eine besondere Gabe für Freundschaft. Er konnte sich in Menschen hineindichten. Er sah aber auch manchmal Geheimnisse und Verschwörungen und Konflikte, wo keine waren oder jedenfalls nicht in dem von ihm gemutmaßten Ausmaß. Das Wichtigste aber: Er hatte kein Talent für Beruf, keinen Sinn für Einordnung in einen Beruf. Berufung, aber nicht Beruf, menschliche Bindung und doch Unabhängigkeit. So sehe ich ihn noch heute.«

II.17 Ismar Elbogen an Geis

Berlin, 9. 3. 1937

Lieber Geis,

kühles Wasser auf eine müde Seele – Das war eine wirkliche Shabbat-Freude, als Ihr lieber Brief kam. Sie sehen also, daß Sie noch zu etwas zu brauchen sind und kamen sogar in eine Stelle, die in meiner Jugend zu den angesehensten in Deutschland gehört hat, schon darum, weil die Wahl direkt vom König von Preußen bestätigt werden mußte. Das ist vorbei, aber es bleibt dort noch ein großes und wichtiges Arbeitsfeld. Wir wünschen Ihnen von Herzen Erfolg. Nun werden Sie endlich nach Ihrer Art arbeiten können. Wann gehen Sie hin?
Alles Gute   Ihre Elbogens

II.18 Die Einführung des neuen Landrabbiners Dr. Geis[1]

Die Einführung des neuen Landrabbiners Herrn Dr. Geis am Freitag, den 18. Juni in der Hauptsynagoge gestaltete sich zu einem erhebenden Festakt, welcher allen Teilnehmern weit mehr bedeutete, als das mit der Wiederbesetzung des Landrabbinats verbundene Zeremoniell. Die Begriffe Kehillah und Raw prägten sich bei dieser ersten feierlichen Begegnung von Gemeinde und Rabbiner den so zahlreich Erschienenen aufs neue ein, und auch die Gemeindeverwaltung gab sich zu erkennen als die Vertreter der großen und heiligen Ziele einer schwer ringenden Gemeinschaft – eine Fülle von Lebenskräften im Bezirk des jüdischen Lebens. Wie dringend notwendig ist ihre Nutzbarmachung in unserer Zeit! Wie unsagbar wichtig ist ihre Einstellung und Einstimmung auf einander. Das hohe Gefühl, das dem schlichten Juden aus der Gemeinde am letzten Freitag-Abend deutlich machte den Wetteifer zwischen der Fürsorge seiner Gemeindevertretung und der Liebe seines Rabbiners und der ihm bewußt werdenden Erkenntnis, daß die Treue des Einzelnen die Kehillah schafft, dieses eindringliche Erlebnis enthält die Lehre von den Pflichten für Kehillah, Raw und Gemeindevertretung. Der Einführungsakt am Freitag-Abend ließ deutlich die freudige Bereitschaft aller Kreise der Gemeinde erkennen, diesen Abend zu einem Festabend für Gemeinde und Rabbiner zu gestalten.

Herr Rabbiner Dr. Geis dankte den Vertretern des Vorsteheramtes und den Gemeindeältesten für die herzlichen Begrüßungsworte und das Vertrauen, das die beiden Gremien von Anfang an ihm entgegengebracht haben. Für ihn bedeute dieser Amtsantritt einen gewissen Abschluß in seinem Werdegang. In dieser Synagoge habe er als Kind, kaum wissend von seinem Judentum, die ersten jüdischen Eindrücke erhalten, die sich in seinem Leben so verstärkten, daß sie seinen Weg entscheidend bestimmten. Damals habe er wie so viele Juden, die abseits ihres Judentums aufwuchsen, der Stimme des Blutes, die in ihnen wieder laut wurde, gerne gelauscht und sei ihr gefolgt. Erst später haben wir alle erkennen müssen, daß die Stimmen, die an ein altes Volkstum wieder erinnerten, auch Bedrohliches und Zerstörendes in sich tragen konnten. Dem jüdischen Volk aber erstehe gerade daraus vielleicht noch einmal eine einzigartig große Aufgabe. Es habe nie aufgehört, an seinem nationalen Gedanken festzuhalten. Das Land seiner Väter sei immer auch das Land seiner Sehnsucht geblieben. Die alte Einheit von Gottes Volk und Gott sei nie wirklich zerstört worden, und doch sei dieses Volk weit über die Grenzen seines Landes räumlich und geistig hinausgewachsen und habe die Weite der Welt immer gesucht und trotz allen Leides und aller Enttäuschungen gefunden. In einer vergangenen Epoche hätten wir Juden einmal geglaubt, als Missionsprediger die Welt beglücken zu müssen; wie sehr das eine Täuschung war, haben wir einsehen gelernt. Die Zeit, die wir heute erleben, ruft uns aber auf, die Einheit des jüdischen Lebens neu aus unseren Taten erwachsen zu lassen und der Welt zu zeigen, wie bei allem Festhalten am Eigenen und Nationalen man verstehend hinauswachsen kann zur Menschheit. Das gäbe dann einen neuen Sinn unserem Leben und darin könne aufgehen und fruchtbar werden all unser Weh und unser Leid.

Als der Landrabbiner seine auf hohen Gedanken aufgebaute Predigt mit den Worten des alten Olenu-Gebetes[2] beschloß, das seine Ausführungen von der Einzigartigkeit des jüdischen Volkes mit den würdigsten Worten noch einmal hervorhob, fühlte die Gemeinde, wie aus der Tiefe der Vergangenheit die alte jüdische Tradition aufwuchs, an welche Anschluß zu finden – unter neuer wegekundiger Führung – sie sich ehrlich bemühen will.

1 Aus: Jüdische Wochenzeitung für Kassel, Hessen und Waldeck, 5. Jg. Nr. 25, Kassel 25. 6. 1937, S. 1 f.
2 Siehe IV.19.

II.19 »Zwiazek Obywatell Polskich« – Verband Polnischer Staatsbürger, Ortsgruppe Kassel, an Geis

Kassel, 10. 1. 1939
17. Teweth 5699

Lieber Herr Doktor Geis!

Auch wir, Kassels Ostjuden, wollen uns von Ihnen verabschieden.

Wir werden es Ihnen nie vergessen, wie Sie in ernster Stunde für uns eintraten, nach außen und vor allem auch überzeugend und mitreißend nach innen gegenüber den vielen Juden, die noch heute sich nicht als Einheit mit uns fühlen wollen.

Begeistert und begeisternd haben Sie sich eingesetzt für unseres Volkes Zions-Idee und für die Einheit und Gleichberechtigung aller Teile unseres Volkes, auch der vorurteilsverfolgten Ostjuden, die Sie deshalb liebten wie einen der Ihrigen.

Aufrichtig und unkonventionell, so wirkten Sie, so eroberten Sie die Herzen der Armen, und damit erfüllten Sie Ihr Werk.

Vergessen Sie uns, Kassels Ostjuden, nicht, wie auch wir, wohin wir auch versprengt werden, Sie nicht vergessen werden.

Wir drücken Ihnen zum Abschied fest die Hand und wünschen Ihnen und unserer Sache noch viele Jahre erfolgreichen Wirkens.

In ausgezeichneter Hochachtung

[Zwei unleserliche Unterschriften]

II.20 Zeugnis

Jüdischer Kultusverband Niederhessen,
Verein des bürgerlichen Rechts in Kassel,
(früher Provinzial-Vorsteheramt der Israeliten zu Kassel)

Herr Rabbiner Dr. Robert Rafael Geis war vom 15. Juni 1937 ab
a) als Landrabbiner für den Bereich des ehemaligen Kurfürstentums Hessen
b) als Provinzial-Rabbiner für den Bezirk der ehemaligen Provinz Niederhessen, einschließlich des Kreises Schaumburg
c) als Gemeinde-Rabbiner der Israelitischen Gemeinde Kassel
bestellt und hat die ihm übertragenen Funktionen bis zu seiner Auswanderung nach Palästina – 14. Januar 1939 – ausgeübt.

Herr Rabbiner Dr. Geis war kraft seiner Stellung als Provinzialrabbiner und auf Grund besonderer Ernennung Mitglied des Provinzialvorsteheramts der Israeliten zu Kassel.

In seiner Tätigkeit als Landrabbiner, Provinzialrabbiner und Gemeinderabbiner hat Herr Dr. Geis sich in sehr schwieriger Zeit außerordentlich bewährt. – Herr Dr. Geis hat es verstanden, sehr schnell in vertrauensvolle Beziehung zu den Mitgliedern der von ihm betreuten jüdischen Gemeinschaft zu kommen, sodaß er als ein echter Seelsorger von den Betreuten in allen schwierigen Fragen zu Rate gezogen wurde.

Seine Predigten waren wissenschaftlich gut durchdachte, leidenschaft-durchglühte Auseinandersetzungen über Sinn und Ziel des jüdischen Lebens, denen die Teilnehmer in tiefster Ergriffenheit folgten. Besondere Anerkennung verdient die Art, wie Herr Dr. Geis sich um die geistige Wohlfahrt der ihm anvertrauten jüdischen Jugend bemühte, sowohl innerhalb als auch außerhalb der Schule.

Auch bei der Verwaltungsarbeit innerhalb des Provinzialvorsteheramts der Israeliten zu Kassel hat Dr. Geis wertvollste Mithilfe geleistet.

Das frühere Provinzialvorsteheramt sieht mit Bedauern Herrn Dr. Geis aus seinem bisherigen Wirkungskreis ausscheiden und hofft, daß Herrn Dr. Geis künftighin die Möglichkeit gegeben wird, seine hohe Begabung und seine reichen Fähigkeiten in einem ähnlichen Wirkungskreis zum Segen der jüdischen Gemeinschaft zu entfalten.

Kassel, den 14. Januar 1939.

gezeichnet: Dr. Leopold Israel Oppenheim, Vorsitzender
Dr. Ernst Israel Stern

II.21 Ismar Elbogen an Geis

New York, 3. 4. 1939

Lieber Geis,

ich hätte Ihnen längst geschrieben und Sie in Erez Israel willkommen geheißen, wenn ich nicht die Adresse verlegt hätte. Wir freuen uns aufrichtig, daß Sie dort sind und sich nun ein neues Leben zimmern können. Die Reaktion auf das KZ, die bei Ihnen nachgekommen zu sein scheint, wird vorbeigehen, und Sie werden sich in die Arbeit finden. Was für eine, ist weder von hier noch von dort aus zu sagen, dazu sind die Verhältnisse im Moment zu schwierig und zu unsicher, aber wenn Sie ein Jahr Zeit haben, kann sich vieles ändern. Können nicht die hiesigen Verwandten, die Sie hierher nehmen wollten, einen kleinen Zuschuß leisten, damit Sie Ihr Geld wenigstens über den Sommer 1940 strecken können? Schreiben Sie bald wieder, wozu Sie sich entschlossen haben.

Ihre Elbogens

II.22 An Ismar Elbogen[1]

Tel Aviv, 19. 12. 1939

Mein lieber, verehrter Herr Professor,
seit dem Sommer habe ich nichts mehr von Ihnen gehört, die räumliche Entfernung macht sich doch aufs Unangenehmste bemerkbar, oder …? »Wenn ich Gnade in Ihren Augen gefunden habe« möchte ich sehr, sehr um einen Brief bitten.

Ich bin seit ein paar Wochen hier in Tel Aviv, weil ich bei meinen Freunden nicht zahlen muß und ich sonst allzubald mit meinem Geld fertig wäre, aber angenehm ist dieses Bettlerdasein keineswegs für mich. Ich versuche jetzt mit Stunden und Kursen – abseits von Beth Israel Wegen[2] – etwas zu verdienen, aber auch dabei wird wenig herauskommen. Ich bin zu spät gekommen – oder viel zu früh, denn – wenn überhaupt – wird es jetzt wieder Jahre dauern, bis man uns Theologen der verschiedensten Art wird auf- und gebrauchen können. Die Freunde von einst sind ja auch nicht gerade begeistert über unser Kommen, Ucko z. B. wehrt sich sehr gegen meinen Eintritt bei der »Ahava«, nur Prof. Guttmann's sind wirklich freundschaftlich, aber Stellen hat er ja schließlich nicht zu vergeben. Auch sonst muß man die Kraft zum: Ha'Maámin lo jachisch [der Glaubende fürchtet nicht] haben, um nicht an diesem Land und uns Juden zu verzweifeln, aber die gläubige Distanz hilft ja wenig, wenn man sich den Luxus des Zusehens und Abwartens nicht erlauben kann.

Da einige Menschen – darunter ein Mitglied unseres Kasseler Vorstandes – mich in Chile haben möchten, versuche ich dorthin zu kommen. Das Visum könnte ich haben, nach meiner Fahrt ins Blau-Weiße aber kann ich mir nicht noch mal eine Fahrt ins Blaue erlauben …[3]

1 Dem Brief von Elbogen aus New York (II.21) und dem folgenden von Geis aus Palästina lassen sich zwei Briefe von Leo Baeck aus Berlin an Geis an die Seite stellen. Am 2. 3. 1939 schreibt er u. a.: »Trotz Kampf und Mord, die das Land noch heimsuchen, sind Sie im Guten. Sie können beginnen und versuchen und um sich blicken. Die Zukunft liegt unmittelbar vor Ihnen. Wie immer die Entscheidung in London fallen wird [gemeint sind wohl Entscheidungen aufgrund des Peel-Berichts], sie wird einen Raum für die Menschen drinnen im Lande und für manche, die hineinkommen wollen, öffnen«. Und am 21. 1. 1940 heißt es: »Es ist mir schmerzlich, daß ich von

hieraus gar nicht helfen und nützen kann. Wie viel würde es mir bedeuten und geben, wenn ich irgendwie könnte. Sie sind in allen den Mühen und Sorgen der Pioniere und dazu der Individualisten inmitten einer zum Collektivistischen neigenden Umgebung. Aber ich weiß, daß Sie, lieber Kollege Geis, den Weg gehen werden.«
Die Korrespondenz Leo Baecks mit Geis, des verehrten Meisters mit dem geliebten Schüler, hatte, wie der Briefwechsel Elbogen – Geis, schon zu Studienzeiten eingesetzt. Die hier zitierten sind die frühesten aus einer umfangreichen Sammlung erhaltener Briefe von Baeck. (Vgl. zu dem Briefwechsel Baeck – Geis auch die Anm. zu VIII.11.)

2 D.h. abseits des Berufs als Rabbiner oder als Lehrer.
3 Weitere Seiten des Briefes waren nicht auffindbar.

II.23 Ilse Feldmeier an Geis

Paris, 26. 12. 1935

Mein lieber Robert!

Es ist doch wenigstens etwas, wenn man auf Familie positiv reagiert; denn erlaube mir die bescheidene Frage: auf was reagierst Du positiv? Wenn wir uns auch schweigend sehr gut verstehen, so weiß ich doch nicht so schrecklich viel von Dir und kann mir auf diese Frage keine Antwort geben. Daß zu allen Erschwerungen Deines Lebens auch noch die Unlust kommt, viel mit Menschen zu verkehren, macht mich sehr traurig; gerade Dein Beruf ist doch einer von den wenigen, der einen Menschen ausfüllen kann, nein muß. Und die Menschen gehören so zu Deinem Beruf wie zu unserem die Handtaschen. Die Fehler der Taschen[1] sind natürlich weniger aufregend als die der Menschen, aber dafür läßt einen der Taschenkram auch so kalt. Was würdest Du in einem Beruf anfangen, der auch nicht eine ideelle Seite aufweisen würde?

Hier wird nur ein Tag Weihnachten gefeiert, deshalb ist heute schon wieder Werktag für uns. Gestern waren wir bei deutschjüdischen Emigranten eingeladen, und siehe da, die beinahe 5jährige Tochter hatte einen Weihnachtstisch da stehen, mit Silberflitter, der Baum fehlte allerdings (nach heftigen Auseinandersetzungen der Ehegatten. Hier ist der Baum garnicht so allgemein Sitte wie in Deutschland) und die Kleine sprach andauernd vom »père Noël«. Ich konnte es natürlich nicht bei mir behalten, für wie falsch ich das halte, und besagter Papa fragte mich, was ich an seiner Stelle tun würde. »Wenn ich ein Kind hätte« fing ich an, aber das interessierte ihn nicht – und zwar mit Recht –, denn er kann ja Geschehenes nicht ungeschehen machen und so von vorne anfangen. Also: Das Kind ist nur mit christlichen Franzosenkindern zusammen, kennt überhaupt keinen Unterschied. In den Schulen wird kein Religionsunterricht erteilt werden. Wenn man jetzt mit ihm kein Weihnachten gefeiert hätte und ihm gesagt hätte, es sei jüdisch und die Juden hätten kein Weihnachten, hätte es z.B. im Kindergarten alle deshalb befragt und wer weiß was erzählt, und die harmlose Bevölkerung erst auf den Unterschied gebracht, und wäre selbst daran schuld, wenn es eine Sonderstellung einnehmen würde danach (dabei ist wohl ihr Deutschsein weit aufregender für die anderen als die Religion). Das sind die Entschuldigungen der Eltern, die ihr Kind vor lauter Angst, daß es Minderwertigkeitskomplexe kriegt, so lange unaufgeklärt lassen wollen, bis es mal selbst mit diesem Problem zu seinen Eltern kommt.

Ich finde die Leute sollten dem Kind zuliebe alle Feiertage halten, und die Frau könnte ihm biblische Geschichten erzählen und all die Geschichten, die zu jedem Feiertag gehören, Ostern halten und nur Matzen essen, und in einem Jahr wäre es so weit, daß es begeistert Chanukka feiern würde. Eine einfachere Lösung weiß ich nicht, aber Du vielleicht. Denn das würden sie nie durchführen. Diese Probleme sind in der Emigration natürlich viel schwieriger zu lösen. Aber ich frage mich, würden viele an ihrer Stelle so handeln? Ist das nur ein »mit der Herde laufen« in Deutschland? Oder sind die meisten durch die Ereignisse klüger geworden und haben sich wirklich zu einer Anschauung durchgerungen, die ja weiß Gott Lebensbedingung geworden ist? Wenn ich heute noch in Deutschland wäre, dann hätte ich in dieser Beziehung Boden unter den Füßen. Aber hier weiß ich nicht, was ich tun müßte. Und die ganze antijüdische Einstellung meiner Umgebung macht mich Energie-lose so lahm.

Auch ein Grund, warum Familie positiv auf mich wirkt: Gesinnungsgleichheit.

Schufte Dich nur nicht so ab.

Viele herzliche Grüße und Küsse   Deine Ilse

Im Anschluß daran schreibt der Schwager, Albert Feldmeier:

Lieber Robert!

Ilse hat ganz recht: so logisch es sein müßte für unsereinen, wie wir uns nach den eigenen Erfahrungen zu jüdischen Fragen einzustellen hätten, so schwer ist die Stellungnahme in Wirklichkeit in einem Land, in dem man von Antisemitismus nichts hört und sieht. Immer die alte Frage: Betonung der Rasseeigenschaften und -eigenheiten oder Assimilierung? Ich kann mir nicht helfen, ich bin nach wie vor für letztere, obwohl ich genau weiß, daß man darin eine Vollkommenheit, die allein die ganzen Bemühungen rechtfertigen würde, nur in Ausnahmefällen erlangen kann. Dennoch: wenn wir erst mal Kin-

der haben, sollen sie unbedingt als Juden heranwachsen, um später
von sich aus diese Frage entscheiden zu können, was mir, der ich fast
nie mit jüdischen Dingen in Beziehung gekommen war, garnicht möglich gewesen ist.

Viele herzliche Grüße   Dein Albert

1 Das Ehepaar Feldmeier war im Lederhandel tätig.

II.24 Ilse Feldmeier an Geis

Paris, 21. 6. 1940[1]

Mein lieber Robert!
Im Augenblick sitze ich mit Dédé auf dem place d'Anvers. Ich habe
das Gefühl, allein in Frankreich zurückgeblieben zu sein. Männer und
Frauen sind interniert, und ich habe das zweifelhafte Glück, weil
André noch so klein ist, in Paris (aber auch nur da) bleiben zu dürfen.
Von Albert fehlt jede Nachricht. Mein Schwiegervater ist erst 2 Tage
weg. Alle Bekannte deutschen Ursprungs sind interniert, sogar Leni,
und die wenigen anderen verlassen Paris. Für Leni habe ich Hoffnung, daß sie wieder raus kommt. – Alle Verantwortung für alles lastet jetzt auf mir. Und ich weiß schon, daß die Hauptpflicht, die ich
habe, Dédé vergnügt und furchtlos zu erziehen, schon gescheitert ist.
– Ich allein zu Hause genüge ihm nicht, er fragt andauernd, wann der
Papa und der Opa zurückkommen. Unterwegs fehlen ihm die Spielge-
fährten, und außerdem hat er angstvolle Augen, wenn er die recht
häufigen Kanonenschüsse der Fliegerabwehr hört. –
Das Gefühl, das zweite Mal zu den schwarzen Schafen zu gehören,
dieses Mal ist es nicht das Judesein, jetzt ist es die deutsche Abstam-
mung, ist nicht gerade erfreulich. Und ich habe das bestimmte Gefühl, daß, wie der Krieg auch ausgehen mag, wir leiden werden.
Schreib mir bald und viel. Viele tausend Küsse

Deine Ilse

1 Die Deutschen waren am 10. Mai 1940 in Frankreich einmarschiert.

II.25 BENJAMIN MAOZ

Robert Raphael Geis – ein Mann in seinem Widerspruch

Erinnerungen 1936–1953*

Ich habe Robert Raphael Geis, glaube ich, 1936 kennengelernt. Meine Mutter fuhr von Kassel aus zu einer Konferenz einer zionistischen Organisation nach Mannheim. Dort traf sie Robert Geis. Ich nehme an, daß er damals in Mannheim Vorträge für diese Konferenz oder für diese Damen gehalten hatte. Jedenfalls kam sie ganz begeistert von dem jungen Mann zurück und erzählte mir über diesen Robert oder – wie wir ihn genannt haben – Rabbi Robbi, daß er ein junger Rabbiner und begabter Lehrer sei. Sie hatte ihm auch von mir erzählt. Er hatte ihr daraufhin ein Geschenk für mich mitgegeben: ein Rasierzeug aus Schokolade. Nun mußte ich mich dafür bedanken; ich ging damals gerade in die erste Klasse und konnte schon schreiben. Trotzdem war der Dankesbrief für mich Sechsjährigen [geb. 1929] ein großes Problem, denn ich wußte überhaupt nicht, wie ich anfangen sollte. Sollte ich schreiben:»Lieber Robert« oder»Lieber Herr Dr. Geis« oder wie sonst? Ich kannte ihn doch gar nicht! Schließlich habe ich geschrieben:»Herr Dr. Geis! Ich bedanke mich schön!« Später hat er mir erzählt, wie er darüber gelacht habe.

Eines Tages kam dieser nette junge Rabbiner, der damals schon über 30 war, zu uns nach Kassel zu Besuch. Mein Bruder, Ernst Mosbacher (später Eliahu Maoz), der auch liberaler Rabbiner werden wollte und der Robert schon kannte, hatte mir einiges über ihn erzählt. So wußte ich u. a. bereits, daß er als junger Rabbiner schon in München gewesen war.

Bei seinem Besuch unterhielten wir uns auch über den Unterricht in biblischer Geschichte, den ich zu der Zeit gerade besuchte. Da erzählte Rabbi Robbi ein Erlebnis, das mir unvergeßlich blieb:

Robert hatte mit den Kindern während des Religionsunterrichts in München biblische Geschichte gespielt: Er war der Riese Goliath und die Kinder David. Einer schlug den Riesen nieder, der fiel auf den Boden, und alle Kinder fielen auf ihn und schlugen ihn nun tot. Da ging die Tür auf, jemand vom Sekretariat der Schule kam herein – oder gar der Direktor selbst. Darauf wurde Geis später in das Büro des Direktors gerufen. Dieser habe gesagt:»Ja, Herr Rabbiner, wenn Sie mal wieder solche Schwierigkeiten mit den Kindern haben, dann rufen Sie mich doch!« Alle haben darüber sehr gelacht.

Robert Geis konnte eben einen wunderbar anschaulichen Unterricht geben. Er hat mir auch öfters davon erzählt, daß er seine Münchner Schüler zum Schokoladenpuddingessen zu sich nach Hause eingeladen hätte; das muß wohl jedesmal ein großes Fest gewesen sein.

Nach dem Rabbinat in Mannheim, über das er mir nur wenig erzählt hatte, kam für ihn die große Chance, als Rabbiner nach Kassel zu kommen. Wir hatten dort in meiner Kindheit einen Rabbiner, dessen langweilige Predigten mit immer wieder denselben blöden Phrasen mir noch heute manchmal im Kopf herumspuken. Die Gemeinde in Kassel war eine Einheitsgemeinde, zu der etwa 3000 Juden gehörten. Die meisten von ihnen gingen – wenn sie überhaupt gingen – in die Großsynagoge. Hier hatte auch der Rabbiner seinen Sitz. Daneben gab es noch eine Zweitsynagoge: die Synagoge in der Rosenstraße, bei der auch die Schule war. Dort fand orthodoxer Gottesdienst statt ohne Orgel. Einmal im Monat mußte der Rabbiner auch dorthin kommen. Daneben gab es noch kleinere Minjamin [Gemeinden mit mind. 10 Männern] von Ostjuden, von denen ich aber nichts wußte.

Als Rabbiner ist er gerne in die Rosenstraße gegangen. Weil er zugleich Landrabbiner war, besuchte er auch die Dörfer in der Gegend. In Rhina[1], wo die Familie Geis herstammt, wurde er richtig als Rebbe empfangen – wie ein Fürst auf einem Stuhl getragen. Man lernte mit ihm in der Synagoge: er mußte »vorlernen«, nicht nur predigen. Er wurde als erster zum Thora-Lesen aufgerufen und bekam ein Mi-Sheberach [Segensspruch]. Es gab oft einen Kiddusch mit anschließendem guten Essen. Er hat später sehr gern erzählt, wie die Leute auf den Dörfern in dem Landrabbiner ihren geistigen Führer sahen.

Zu der Zeit, als man in Kassel einen neuen Rabbiner suchte, war man dort sehr aktiv auf den Gebieten der Kultur, des Theaters und der Musik. Es war die Zeit des Kulturbundes, Vorträge waren deshalb auch stets gut besucht. Einer der ersten Vorträge war von Robert Geis. Meine Eltern waren sehr begeistert davon. Sie verglichen ihn mit anderen Leuten – etwa mit Ernst Simon oder Joachim Prinz, die bereits Vorträge in Kassel gehalten hatten. Sie fanden ihn zwar pathetisch, andererseits auch sehr nett. Was er sagte, hatte Hand und Fuß, er spielte keine falschen Sachen vor. Er hat die Probepredigt sehr gut gehalten. Man war in der Synagoge begeistert von ihm. Etwas Besonderes war es sicher, daß Robert Geis sich mit dem Gemeindevorstand vertrug. Das dürfte gar nicht so einfach gewesen sein.

Rabbi Robbi bezog im Haus meines Onkels, Fritz Mosbacher, dem Bruder meines Vaters, in der Querallee 21 ein Zimmer. Heute ist in diesem Haus das Sozialamt der Stadt Kassel untergebracht. Tante Änne, die Frau von Onkel Fritz, war Fotografin und hatte in dem Haus auch ihr Atelier. – Eine Geschichte aus dieser Zeit ist mir in Erinnerung geblieben, wirft sie doch ein Licht auf die in den Rabbiner verliebte Tante.

In Roberts Zimmer stand ein großes Aquarium mit Fischen, das stank jedoch. Wiederholt beschwerte sich Robert darüber bei Tante Änne:»Ich warne Sie! Wenn Sie das nicht sauber machen, dann nehme ich das ganze Aquarium und schmeiße es mit Inhalt zum Fenster raus.« Tante Änne hat natürlich nicht sauber gemacht. Eines Tages hat er sie noch einmal gewarnt. Doch es geschah wieder nichts. Da hat er in ihrem Beisein alle Kräfte zusammengenommen – er war nicht sehr kräftig – und hat das Aquarium mitsamt den Fischen zum Fenster hinausgeworfen. Tante Änne stand hinter ihm und sagte: »Ha, wunderbar!«

Ich erinnere mich auch an Jugendgottesdienste aus dieser Zeit, die phantastisch waren. Rabbi Robbi hat aus dem Midrasch-Bereschit [Midrasch zur Genesis] und aus anderen Quellen herrliche Geschichten rund um den biblischen Bericht erzählt. So machte er uns den Gottesdienst wirklich ganz fabelhaft schmackhaft.

Auch andere Kinder und Jugendliche waren von ihm begeistert. Mein fünf Jahre älterer Vetter, Heinz Peter (später: Benjamin) Wallach, sollte bei Robert Hebräisch lernen. Wir bereiteten uns damals für die Emigration nach Palästina vor. Doch Heinz Peter hatte wenig Lust, Hebräisch zu lernen. Deshalb diskutierte er mit seinem Lehrer über Politik. Sie haben zusammen Palästina geteilt, denn es war die Zeit der Peel-Kommission (1937). Diese Beschäftigung war wohl für beide interessanter als das Hebräische. Das war so typisch für Geis: Er ging mit dem Jugendlichen, hat den Jugendlichen verstanden. Er war selbst ein großes und – wie ich später gemerkt habe – anspruchsvolles, nach Liebe verlangendes Kind.

In dieser Zeit begann eine tiefe Freundschaft zwischen Robert Geis und meiner Mutter, die auch Änne hieß. Meine Mutter war sicher verliebt in den Geis; es war ein sehr tiefes Verhältnis. Geis gehörte zu den allerbesten Freunden, ja zur Familie – zu den Wahlverwandtschaften. Während wir uns auf die Emigration vorbereiteten, wurde Robert so ein bißchen ein zweiter Vater für mich. Als wir im August 1937 aus Kassel weggingen, hat er sich noch bei uns persönlich an der Bahn verabschiedet und noch was gebracht. Er gehörte wirklich zu den treuesten Freunden.

Wir begegneten uns dann in Palästina wieder, nachdem er aus dem KZ Buchenwald entlassen worden war und das Nazi-Deutschland verlassen hatte. Anfang Februar 1939 kam Robert mit einem französischen Schiff in Haifa an. Ich habe mich natürlich riesig gefreut, ihn wiederzusehen und war entsetzt, wie er aussah: Man hatte ihn in Buchenwald kahlgeschoren und – ja – er war nicht mehr derselbe optimistische, strahlende Geis von früher. Er kam, ich glaube, mit zweihundert Mark an, war also fast ohne Geld und wußte nicht, was er mit sich selbst machen sollte.

Erst viel später hat uns Robert erzählt, daß das Ausreisevisum damals für ihn die einzige Möglichkeit war, relativ rasch wieder aus dem KZ herauszukommen. Er bekam das Zertifikat und wurde, nachdem er zusammen mit allen Männern der Kasseler jüdischen Gemeinde am 9. November verhaftet worden war, Anfang Dezember 1938 wieder freigelassen. Von Buchenwald hatte ihn eine seiner Freundinnen mit dem Auto abgeholt – die Damen waren immer sehr begeistert gewesen vom Charme und von den Augen von Robert. Sie hat ihm damals sehr geholfen. Auf ganz andere Weise tat es überraschenderweise ein Gestapo-Mann: Zwei Tage nach Rückkehr aus Buchenwald kam er zu Geis' Schrecken nachts in dessen Wohnung. Er kam mit der inständigen Bitte, Geis möge ihm verzeihen, daß er ihn im November habe verhaften müssen. Er müsse – zumal Krieg kommen werde – sein Gewissen erleichtern. Geis möge einen Wunsch äußern, den er ihm erfüllen wolle. Geis ließ sich erweichen und bat um die Übersendung seiner Bücher. Der Gestapo-Mann sorgte tatsächlich für den an sich unzulässigen Versand der umfangreichen Bibliothek nach Palästina.

Robert kam also in Palästina an, nachdem er noch seine Schwester Ilse, den Schwager und seinen Neffen in Paris besucht hatte. Und da fängt ein neues Kapitel an. Es begann 1939 und endete 1946: Das Leben von Geis in Palästina. Geis hatte kein Geld, keine Bleibe außer den Zimmern, die ihm Freunde überließen. Er hatte einen Beruf: liberaler Rabbiner, und das war damals in Palästina und ist heute in Israel kein Beruf. Dort kann nur ein orthodoxer Rabbiner arbeiten. Es gab zwar einzelne liberale Rabbiner, die eine Synagoge und eine Gemeinde aufgebaut hatten, wie etwa Max Meir Elk und Paul Pinchas Lazarus in Haifa oder Kurt Wilhelm in Jerusalem. Doch die meisten liberalen Rabbiner gingen damals in die Erziehung. So baute etwa Elk zunächst einen Kindergarten auf und gründete dann die spätere Leo-Baeck-Schule in Haifa. Einige liberale Rabbiner lebten auch in Kibbuzim. In dem Kibbuz Hasorea gab es seinerzeit, ich glaube, fünf oder sechs liberale Rabbiner, die alle Schafhirten waren. Mein Vater sagte immer: »Statt als Landrabbiner Hirten ihrer über das Land verstreuten Gemeinden zu werden, sind sie nun zu Rabbinern der Schafe geworden.« Doch das war nur eine kleine Gruppe. Die meisten wurden eben Lehrer oder Erzieher, gingen in ein Kinderdorf oder nahmen eine Stelle bei der Jugendalijah an. Robert Geis konnte oder wollte das nicht machen. Ganz scharf gesagt, war er meines Erachtens dazu zu faul, zu bequem, zu verwöhnt. Er träumte davon, daß seine früheren Lehrer ihm eine Stelle an der Hebrew University einräumen würden. Ähnlich, wie es bei Ernst Simon gewesen war. Doch das scheiterte an den knappen Mitteln beziehungsweise – wie Geis meinte – an politischen Intrigen nationalistisch eingestellter Leute. Was blieb Geis da noch übrig? Er wohnte bei den verschiedensten Leuten und, ja, schrieb Briefe, las Bücher, arbeitete für sich.

Sehr oft lebte er vier, fünf, sechs Monate bei uns. Ich mußte dann mein Zimmer räumen, das bekam er. Dadurch wurde es noch enger: Wir hatten nur drei Zimmer – im ersten wohnten meine Großeltern, im zweiten meine Eltern, das war gleichzeitig ihr Schlafzimmer und das allgemeine Eßzimmer, und im dritten Zimmer wohnte ich, das war auch eine Art Bügel- und Wäschezimmer. Wenn nun Robert zu uns zog, wurde dieses Zimmer meistens mehr oder weniger geräumt, manchmal hatten wir's auch zusammen. Dort saß der Geis – wochenlang, monatelang; niemand wußte, wie lange er bleiben würde. Meine Mutter hatte ihn eingeladen; er konnte bei uns wohnen, so lange er wollte. Manchmal wechselte er die Adresse, so zu anderen Freunden in Tel Aviv; dann kam er wieder zu uns. 1942 verdiente er als freier wissenschaftlicher Mitarbeiter der Hebräischen Universität etwas Geld. Er mietete ein Zimmer in Jerusalem und arbeitete dort weiter vor sich hin. Hier brachte er seine Bibliothek unter und schrieb seine Arbeit über den Begriff des Patriotismus bei Hermann Cohen.

Dieser so hoffnungslos und trostlos scheinende Zustand schien sich zu ändern, als wir hörten, Robert würde heiraten. Grete Kitzinger und er kannten sich schon aus der Münchner Zeit. Sie hatte dort mit Georg Josephsthal in einer zionistischen Bewegung zusammengearbeitet. Dann war sie nach Palästina in den Kibbuz Galed gegangen, wo sie weiterhin Georg Josephsthal in seinen verschiedenen wichtigen Arbeiten geholfen hat. Sie war eine sehr patente und tüchtige Frau; sie war bereit, ihren Kibbuz zu verlassen, um den Geis zu heiraten. Sie hatte ihn so weit gekriegt, daß sie begannen, eine Stelle in einem Jugenddorf zu suchen: Sie als Leiterin oder Hausmutter, er als Lehrer oder Erzieher. Sie war eine schöne und kluge Person; in ihr sahen wir die letzte Chance, daß Robert noch in Palästina Fuß fassen oder gar Wurzeln schlagen würde.

Im September 1943 haben Robert und Grete in Tel Aviv geheiratet; meine Eltern waren natürlich dabei. Auf der Hochzeitsreise sind sie zu uns gekommen. Diesmal hatten wir ihnen ein Zimmer gemietet, denn wir fanden es besser, daß sie bei dieser Gelegenheit ein eigenes Zimmer haben sollten. Während der Reise wurde eine gynäkologische Untersuchung bei Grete dringend nötig. Man stellte Krebs fest und mußte gleich operieren. Wir haben sie ins Krankenhaus begleitet, noch Decken gebracht und versucht, Robert zu beruhigen. Kurz darauf ging Robert hin und wollte hören, was los wäre. Da sagte man ihm, daß seine Frau während der Operation gestorben sei. Das war eine ganz schlimme Sache und eine fürchterliche Enttäuschung – auch für alle, die gehofft hatten, Robert würde noch für das Erziehungswesen Palästinas, später Israels gewonnen werden können. Die kräftige organisatorische Hand, die ihn dazu hätte lenken können, war nun für ewig weg. Dieser Tod war ein furchtbarer Schlag für Robert. Er konnte sich kaum zusammennehmen, jammerte laut wie ein Kind und konnte quasi nicht mehr gehen. Er mußte das Gehen wieder richtig üben. Sein Schmerz und seine Trauer schienen unendlich groß zu sein. Nach einigen Wochen hatte er sich getröstet.

Für mich war dies die Zeit meiner Pubertät. Ich wollte sehr viel mit Geis über meine Probleme reden; es war aber sehr schwierig, er hatte nicht viel Zeit, nicht viel innerliche Zeit für mich. Zudem wurde Robert Geis zu dieser Zeit zunehmend kritischer gegenüber dem Zionismus in Palästina. Ich war zwar auch sehr kritisch und voller Sorgen, was werden würde; doch ich war dabei. Ich gehörte zur israelischen Jugend, zur Haganah und mußte in irgendeiner Weise Stellung nehmen. Dabei half mir Robert überhaupt nicht. Im Gegenteil: Er fand die nationalistischen Reden, die damals gehalten wurden, die Demonstrationen und die Aufhetzerei vom Volk und vor allem die Terrorakte so fürchterlich, daß er eigentlich mit dieser ganzen Sache nichts mehr zu tun haben wollte. Es gab zwischen uns Schreiereien über Politisches. Ich mußte feststellen, daß der zweite Vater mir in dieser schweren Situation nicht helfen konnte, daß er selber manchmal etwas hysterisch war. Er hat – offen gesagt – mein Leben in dieser schwierigen Zeit negativ beeinflußt.

Geis zog dann wieder nach Jerusalem. Er hatte eine Stelle als Sprecher bei einem Sender bekommen, der deutschsprachige Nachrichten in den Mittelmeer-Raum ausstrahlte. Siegfried Landshut war dort auch beschäftigt; so lernte er dessen Tochter Susanne Herzberg kennen. Wir waren sehr entzückt von Susanne und froh, daß Robert wieder jemanden gefunden hatte. Diesmal sah es doch wohl ein bißchen optimistischer aus. Nachdem sie im Februar 1945 in Jerusalem geheiratet hatten, hatte ich nur gewünscht, daß ich mal zu ihnen, in ihre Wohnung in Nachlat Achim kommen könnte, einem Armenviertel von Jerusalem. Als ich fragte: »Wie komme ich denn dahin?«, hat Robert geantwortet: »Du gehst nach Jerusalem, dann rümpfst Du die Nase, und dort, wo's am meisten stinkt, dort wohnen wir.« Dazu kam es nicht mehr. Als der Sender nach dem Kriege seine deutschsprachigen Sendungen beendete, verlor Robert seine Stelle und fand keine andere mehr. Sie gaben ihre Wohnung auf. Nachdem andere

Bewerbungen in Europa zu nichts geführt hatten, entschlossen sich beide, durch die World Union of Progressive Judaism nach Deutschland zurückzugehen. Geis wollte in den Lagern für Befreite aus Konzentrations- und anderen Lagern (Displaced Persons) arbeiten. Bis alle Ausreiseformalitäten erledigt waren, wollten sie vorübergehend bei uns in Haifa wohnen.

So zogen Robert und Susanne bei uns ein. Ich räumte wieder mein Zimmer und mußte monatelang auf einer Matratze im Schlafzimmer meiner Eltern schlafen. Doch die nötigen Papiere zu bekommen, war höchst mühsam. Susanne arbeitete als Putzfrau, um zum Haushalt beitragen zu können. Ich war erleichtert, als sie endlich losgeflogen sind und erst einmal nach England reisen konnten. Daß sie gerade die positive Entwicklung Palästinas in den Jahren 1947 bis 49 nicht mitgemacht haben, hat mir immer sehr, sehr leid getan. Das war eine sehr schwere, aber optimistische Zeit, eine Zeit des Aufbruchs, eines schlimmen Krieges und der Vereinigung aller positiven Kräfte.

Ich hielt den Kontakt aufrecht; ich studierte später in Holland und habe eine Zeit lang bei Geis' gewohnt. Das tragische Ende unserer Beziehung war eigentlich, daß Geis nach Deutschland ging und ich in Holland blieb. Wir haben uns nie wieder gesehen. Er hat auch nicht versucht, sich mit meiner Mutter zu treffen, als diese 1953 nach Holland kam, aber ohne Visum für die Bundesrepublik. Das war furchtbar schmerzhaft für sie. Mein Vater hatte merkwürdigerweise noch so einen gewissen Kontakt mit Geis bis zu dessen Tod, der ihn doch sehr aufregte.

Indem ich erwachsener geworden war, sah ich die Figur von Geis immer mehr mit kritischen Augen. Er war verwöhnt, auch gerade von meiner Mutter. Er konnte sehr hysterisch sein, sehr dramatisierend, sehr beherrschend, mitunter geradezu ein Hypochonder, oft auch unglücklich und depressiv. Aber andererseits war er ein charmanter Mensch, hochintelligent mit einem sehr tiefen, kolossalen Wissen, ein Mensch, der sich in andere reinknien konnte. Er konnte phantastisch mit Kindern umgehen. An Dingen, die er sich vorgenommen hatte, hat er ernsthaft gearbeitet, gelesen und geschrieben. Er hat wirklich sehr große Qualitäten gehabt – dieser Mann in seinem Widerspruch!

---

* Von den Herausgebern mit Zustimmung des Autors redigiert nach einem 1984 auf Tonband gesprochenen Text.

1 Dorf in der hessischen Vorderrhön, s.Zt. der einzige Ort in Preußen mit jüdischer Bevölkerungsmehrheit: 1905–282 Christen, 305 Juden. Juni 1933: 172, Oktober 1938: 87 Juden. Zum Schicksal der Juden aus Rhina vgl.: Peter und Renate Chotjewitz, Die mit Tränen säen. Israelisches Reisejournal, Verlag Autoren-Edition 1980.

2 Kulturbund, jüd., Mai 1933 in Berlin gegründet als Folge des Ausschlusses jüd. Künstler aus dem deutschen Kulturleben, entfaltete umfangreiche Tätigkeit, Sept. 1941 durch staatliche Anordnung aufgelöst.

III. Stationen der Rückkehr von Palästina: London – Zürich – Amsterdam (1946–1952)

Zum Thema

Deutschland war für Geis getreu seiner inneren Bindung Lebensbereich und Wirkungsfeld, einmal bis 1939 und dann ab 1952. Die Zeit in Palästina kam ebenso einem Wartestand gleich wie die anschließenden Wanderjahre mit den Stationen London, Zürich und Amsterdam. Im Gegensatz zu Geis' Leben in Palästina, das Maoz' Bericht (II.25) veranschaulicht, liegt über die Aufenthalte an den drei nachfolgenden Orten kein Material von Bedeutung vor. Zehn Monate in London wurden zu einer qualvollen Wartezeit. Robert Geis war ohne Arbeit, Susanne Geis war als Helferin in einem Heim für Kinder tätig, die aus Konzentrations- und ähnlichen Lagern gerettet waren und nun in einem Landhaus in der Nähe Londons lebten, das der Eigentümer zur Verfügung gestellt hatte. Noch immer ließ sich kein Weg nach Deutschland bahnen. 1947 fand Geis wenigstens in der Gemeinde Zürich eine Tätigkeit als Lehrer und Vorbeter. Von dort bot sich ihm 1949 die Möglichkeit, Rabbiner einer liberalen Emigrantengemeinde in Amsterdam zu werden.

Die erhaltene Korrespondenz wie auch der Artikel »Geistige Wiedergutmachung« haben überwiegend das Verlangen der Rückkehr nach Deutschland, nach einem Rabbinat in Verbindung mit der ersehnten akademischen Tätigkeit zum Gegenstand. In Zürich wie Amsterdam entwickelten sich Konflikte. In Zürich war die Gemeinde bürgerlich-konservativ, der Gemeindevorstand war wenig religiös; man erwartete jedoch – entgegen dem eigentlichen jüdischen Gemeindeverständnis –, daß die Rabbiner stellvertretend religiöse Pflichten wahrnahmen, wie das Reiseverbot am Sabbat u.a. In Amsterdam diente Geis einer Gemeinde, die gleichfalls traditionell-bürgerliche Lebenshaltung pflegte. Wenngleich der Gemeindevorstand wie üblich aus Laien bestand, versuchte er dennoch, in die Gestaltung von Gottesdiensten, Unterricht, Kasualien u.ä. nach eigenen Vorstellungen einzugreifen. Geis seinerseits war nach Ablauf einer vereinbarten Frist nicht in der Lage, sich in seiner Gemeindetätigkeit der holländischen Sprache zu bedienen.

An beiden Orten fand er auch geistesverwandte Freunde, so in Amsterdam aus seiner Gemeinde Abel Herzberg und Otto Frank (s. VIII. 43), unter Christen die reformierten Pastoren K. A. Kroon und H. de Nie, in deren Nachruf [in: Tenach en evangelie, H. 7/8, 1972] es heißt:

»Seine Predigten, deren unsereiner sich (ebenso wie der vielen damals mit ihm geführten Gespräche) noch lebendig erinnert, waren von ergreifender Kraft und Tiefe. Aber doch sagte er uns im vergangenen Jahr über diese Zeit in Amsterdam: ›Es war nur gut, daß ich fortging: bei meinem Weggang waren nur noch ungefähr 60 Gemeindeglieder übrig geblieben! Wäre ich länger geblieben, dann wären sie vielleicht allesamt davongelaufen‹. Das sagte er mit demselben weisen Lächeln, das er auf den Lippen hatte, als er in den Amsterdamer Jahren einmal auf die Frage antwortete, warum er nicht die Aufrichtung des Staates Israel abgewartet hatte: ›Mein lieber Junge, jeder Chauvinismus ist unerträglich, aber jüdischer Chauvinismus ist das schlimmste von allem auf der Welt‹.«

III.1 Briefwechsel mit Karl Barth

Erläuterungen durch Geis[1]

Ein deutscher Jude, ein jüdischer Theologe, wird nach seiner Inhaftierung in einem Konzentrationslager wenige Monate vor Kriegsbeginn aus Deutschland wahrlich »gnadenhaft« ausgewiesen und geht nach Israel, dem er sich seit Jugendtagen verbunden fühlt. Eine Rückkehr nach dem Land der Geburt scheint ihm für immer undenkbar. Das Erlebte war schlimm, grauenhafter noch soll das Ende nächster Angehöriger werden. Aber anders als der »herrschende« Christ erfährt der unterdrückte, verachtete Jude das Liebesgebot. Der Jude hat gelernt, im Feind den Vollstrecker göttlichen Gerichtes zu lieben, das, weil er es auf sich nimmt, zu seinem eigenen wird. Das hat er, soweit er religiös war, sogar noch unter größter Anstrengung bei einem der mächtigsten Judenfeinde aller Epochen versucht. Wie auch sollte er sich wehren, ihm allein ist es ja nicht gegeben, alle Schuld bequem auf »die Juden« abzuschieben. Langsam schwindet der Haß, die Vitalkräfte wenden sich gegen dies lebenszerstörende Element, das den physisch knapp Entkommenen geistig nur zu einem nachträglich-zusätzlichen Opfer Hitlers gemacht hätte. Da die Distanz und alte Judenerfahrung den Haß abbauen, entdeckt er plötzlich bis in seine Träume ein unausrottbares deutsches Heimatgefühl, erinnert sich aus den Jahren 1933–39 stärker der helfenden Menschen als der verfolgenden, so klein die Zahl derer war, die einem Juden als Hoffnung und Verheißung begegnen konnten, insbesondere des Pfarrers Hermann Maas, nach dessen Ergehen auch sein Brief an Barth fragt. Dieses Treue- und Heimatgefühl mögen nicht wenige Juden behalten haben, obwohl sie deutschen Boden niemals mehr betreten wollen. Es gibt eine still-leidende Verbundenheit, die vielleicht tiefer greift als die lauten Stimmen aus dem Lager der Vertriebenenverbände. Er entschließt sich also bereits vor Kriegsende zur Rückkehr nach Deutschland. Da alle Beziehungen gerissen, Briefe der ersten Nachkriegszeit ins Leere fallen, wendet er sich an den ihm persönlich unbekannten Karl Barth, dessen Name aus den Tagen des deutschen Kirchenkampfes tröstend zu ihm hinüberleuchtete.

Barths Antwort vom 15. Februar 1946 spricht überraschend und erschreckend deutlich schon wieder voller Sorge von Deutschland, von der Reaktion, die vielfach aufs Neue Feld gewonnen hat. Diese Sorge klingt in Barths Stuttgarter Vortrag vom 2. November 1945 »Ein Wort an die Deutschen« nur leise an, sie ist da fast ganz überdeckt durch seine christliche Liebe und seine seelsorgerliche Hilfestellung gegenüber dem geschlagenen Volk. Sind diese Worte der Besorgnis jedoch nicht sehr hellsichtig? Hat diese Feststellung nicht atemberaubend schnell ihre Bestätigung gefunden in dem leichtfertigen Abstand zu einem fürchterlichen, selbstverschuldeten Krieg in der schnell wieder anwachsenden Abneigung gegen fremd empfundene Kollektive, in einem jämmerlichen Selbstbedauern, in den schmutzigen Bildern des Herzens von Macht und Größe? Man kann ohne ängstliche Übertreibung zu der Überzeugung kommen, die Rückkehr nach Deutschland sei eine trügerische Hoffnung gewesen. Es ist wahrlich kein Trost, wenn man mittlerweile Menschen der Bekennenden Kirche, soweit sie es wirklich blieben, Linkskatholiken, Intellektuelle zu einer Art Judenersatz in der Bundesrepublik abstempelt, sie als Menschen zweiter Klasse ansieht und danach behandelt. Man möchte diesen Kämpfenden, oft Verzweifelten gerne etwas von der gläubigen Geduld vermitteln, die dem Rest Israels in einer langen Leidensgeschichte anerzogen wurde. Dennoch soll die Gewichtigkeit dessen nicht übersehen werden, daß mit einem Mal eine Minorität der Christen und die klassische Minorität der Juden zu einem gemeinsamen Streit für das Kommen des Gottesreiches auf Erden aufgerufen sind, gegen jedwede Form von Nationalismus, von kriegerischem Denken und religiöser Restauration. Bedroht wie das neue Israel kann sich die Bundesrepublik doch im Ernst kaum fühlen. Im Alten Testament ist es deutlich, wie die Glaubenserfüllung in der Zeit sich durch einen Kampf politischer Natur durchsetzen muß. Es gilt letztlich auch für das Neue Testament und den Christen, natürlich nicht für den bloßen Namenschristen. Beide, Christentum und Judentum, scheinen nach langer Trennung und vielem Mißverständnis zu der einen Nachfolge aus dem Glauben im Leben und im Sterben bestimmt. Damit zeichnet sich eine ganz neue Chance des Verstehens ab, eine Hilfe aneinander, die früheren Generationen schlechterdings verschlossen blieb. Man dürfte das gegenüber theologischen Kontroversen der beiden Glaubensvölker heute ruhig in den Vordergrund rükken, es wäre gewichtig genug und bedeutsamer als das gewohnte, zu nichts verpflichtende Zerreden. Oder ist selbst die Minorität unter den Christen der Worte noch immer nicht müde?

In seiner Dogmatik (III/3, S. 247) spricht Barth von den Juden: »Ein Volk, das *kein* Volk und gerade so *das* Volk, das Volk Gottes ist, mit einer Geschichte, die *keine* Geschichte und gerade so, gerade in ihrer weltgeschichtlichen Problematik, *die* wirklich menschliche Geschichte, die Geschichte des Menschen mit Gott ist.« Uns erscheint gerade darin die christliche Zukunft mitbeschlossen, für die Karl Barth als kämpfender Mahner im Dritten Reich, während und nach dem Krieg, immer wieder eintrat. Wenn Barths Gestaltwandel von der Geschichtslosigkeit zu einer allseitigen Geschichtsverbundenheit führt, so besagt das wohl doch auch, es müsse im Christentum wie im Judentum ein gläubiges »Nein« zu vielem in der Welt geben, um das große »Ja« zu dem Einen Gott überhaupt sprechen zu können.

An Karl Barth[2]   Haifa, 6.11.1945

Sehr geehrter Herr Professor,
    seitdem ich Ihre Schilderung über das Deutschland nach Beendigung des Krieges gelesen habe, überlege ich mir, ob ich Sie mit einem Brief belästigen darf. Wenn ich meine Hemmung überwinde, so nur weil ich glaube, daß schließlich aus Persönlichstem Überpersönliches hervorgehen kann – und muß. Ich war von 1932 bis 1939 als deutscher Rabbiner tätig, zuerst als Jugendrabbiner in München, dann als Stadtrabbiner in Mannheim, endlich als Landrabbiner in Kassel. Meine Amtszeit fiel also fast ausschließlich in die Zeit des Hitlerregimes. Wir Rabbiner hatten es in unserer Amtsführung zweifelsohne leichter als unsere Kollegen von der Bekenntniskirche, zumeist kümmerte man sich nicht um unsere Stellungnahme zur deutschen Politik. Ich bin darum auch erst 1938 in's Konzentrationslager gekommen, um nach meiner Freilassung aus Deutschland ausgewiesen zu werden. Ich ging nach Palästina. Während meiner Tätigkeit im Deutschland Hitlers trug mich die Überzeugung, daß der Nationalsozialismus eine einmalige Krankheitserscheinung ist. Hier, in Palästina aber habe ich einsehen müssen, daß selbst Juden – Hauptopfer doch – vom Faschismus angesteckt werden können. Was für das deutsche Volk der Versailler Vertrag war, für die Judenheit Palästinas ist es das Weißbuch der englischen Regierung. Was ich zuerst bei den Deutschen, dann bei den Juden sah, es ist eine Zeiterkrankung von unvorstellbarem Ausmaß. Den Schuldspruch gegen das deutsche Volk als Gesamtheit konnte ich danach nicht mehr aufrechterhalten. Ich möchte heute bezweifeln, daß irgend ein europäisches Volk wirklich und wahrhaft immun gegen das Gift des Nationalismus ist, wenn die nationale Situation ein Besinnen auf die geistigen Güter der Nation verlangte. Damit entschuldige ich nichts; ich bemühe mich nur zu verstehen, zu verzeihen und aus Mit-leiden den Weg aus der Verirrung mitzugehen. Ich habe in meinem Amt zu vielen Malen an den plombierten Särgen von KZ-Opfern gestanden, ich war in den Gefängnissen und Zuchthäusern bei schuldlos Verurteilten, in Irrenhäusern bei wahnsinnig Gewordenen. Meine Schwester ist mit ihrer Familie i.J. 1942 aus Paris verschleppt worden, ich habe nie mehr von ihr gehört. Ich weiß, was ein KZ ist, wenn ich die Gaskammern auch nicht mehr gesehen habe. Und dennoch, ich kann nicht hassen. Wer sehenden

Auges durch diese Zeit gegangen ist, hat eine neue Realität von Welt und Mensch erfahren, sie ist fürchterlich, so fürchterlich, daß es nur noch eine Reaktion geben kann – Erbarmen. Als die World Union for Progressive Judaism in London unter der Leitung von The Hon. Lily Montagu mich aufforderte, nach Deutschland zurückzukehren, um mit dem Wiederaufbau jüdischer Gemeinden zu beginnen, war ich dankbar für eine Aufgabe, die wie nichts mich mit der Vergangenheit versöhnen konnte. Für eine religiöse Gemeinschaft darf es keinen »entweihten Boden« geben. Große Teile des deutschen Volkes sind wahrscheinlich auch tiefer erschüttert als die Siegernationen. Meine jüdische Arbeit müßte notwendigerweise zugleich eine Arbeit für das deutsche Volk werden. In 6 Monaten hat die World Union die Einreiseerlaubnis für meine Frau und mich nicht erhalten können. Nun möchte ich Sie fragen, ob Sie vielleicht Stellen in Deutschland kennen, englische u. amerikanische Militärämter und deutsche Behörden, die man interessieren könnte. Ich habe auch die Befähigung für die Fächer Geschichte und Deutsch, außerdem eine langjährige Sozialarbeitertätigkeit.

Und dann noch eine persönliche Frage: haben Sie meinen Freund Stadtpfarrer Maas/Heidelberg wiedergesehen?

Mit vorzüglicher Hochachtung   Ihr ergebener Dr. Geis

Karl Barth an Geis

Basel, 15.2.1946

Sehr geehrter Herr Dr.!

Es tut mir leid, daß Sie auf Ihren guten Brief vom 6. November 1945 bis jetzt keine Antwort erhalten haben.

Mir war es eine große und tröstliche Freude ihn zu lesen. Sie lassen deutlich genug durchblicken, daß Sie mit Ihrer Stellung zu Deutschland nicht viele unter Ihren Glaubensgenossen zur Seite haben. Und wie gut versteht man diese andern! Ich selbst habe einmal auch öffentlich gesagt, daß man es von einem Juden heute nicht verlangen könne, den Deutschen anders als von Grund aus ablehnend gegenüber zu stehen. Und eben heute steht in unsern Zeitungen eine zahlenmäßige Zusammenstellung über die furchtbaren Verheerungen, die seit 1933 in Ihrem Volk angerichtet worden sind. Umso erquickender ist es, von einem Juden zu hören, daß er durch Alles hindurchsieht, Gleiches nicht mit Gleichem vergelten und einfach nach Deutschland zurückgehen und ausgerechnet dort aufs Neue seines Glaubens leben will. Lassen Sie mich Ihnen sagen, daß ich vor dieser Ihrer Gesinnung nicht nur die größte Hochachtung habe, sondern daß ich darin, daß Sie mir auch nur in einem einzigen Juden begegnet, eine Verheißung sehe, die über das künftige Verhältnis von Juden und Deutschen weit hinausgeht. Und nun wollte ich nur, daß ich Ihnen auch praktisch helfen könnte. Aber die alliierten Militärbehörden sind mit der Erteilung von Einreise (auch Ausreise!) erlaubnissen überaus zurückhaltend. Ich kenne kaum einen Fall (hinüber und herüber), wo nicht irgendwie und oft sehr lang hätte gekämpft werden müssen, bis die Sache in Ordnung kam. Vielleicht sind Sie, seit Sie mir schrieben, bereits einen Schritt weitergekommen. Wenn das nicht der Fall sein sollte, so würde ich Sie bitten, mir möglichst genaue Daten über Ihre Person und die Ihrer Gattin, Ihre früheren Aufenthaltsorte und bes. über das Ziel Ihrer Reise nach Deutschland mitzuteilen, da jede Zone unter besondern Bedingungen steht. Am Besten wäre es, wenn eine jüdische Gemeinde in Deutschland Sie anfordern würde. Mit solchen Papieren in der Hand könnte ich dann wohl versuchen, irgendwo Druck hinter Ihr Gesuch zu setzen.

Pfarrer Maas habe ich noch nicht persönlich wiedergesehen. Ich höre aber von allen Seiten Gutes über ihn. Er scheint sich in der ganzen Hitler-Kriegszeit gerade in der Judensache ganz ausgezeichnet verhalten zu haben. Im Übrigen hört und liest man aus Deutschland leider Vieles, was Grund zur Sorge gibt. Die Alliierten haben dort bis jetzt keine sehr weise Politik getrieben und das Resultat ist, daß die Reaktion vielfach aufs Neue Feld gewonnen hat. Ich selber bin eingeladen, im kommenden Sommer ein Gastsemester in Bonn zuzubringen. Aber die dort regierenden Engländer machen Schwierigkeiten. Der Horizont ist auch sonst richtig bewölkt. Wer weiß, ob es nicht eine gute Bewahrung sein könnte, wenn Sie hinsichtlich der Erfüllung Ihres so anerkennenswerten Wunsches noch eine Weile Geduld haben müssen.

Mit freundlichem Gruß!   Ihr Karl Barth

1 Die Erläuterungen zum Brief von Karl Barth vom 15. 2. 1946 hat Geis zusammen mit jenem Brief zuerst veröffentlicht in: Stimme der Gemeinde, Mai 1966, unter dem Titel: Karl Barths Brief an einen Juden.
2 Dieser Brief wurde freundlicherweise vom Leiter des Karl-Barth-Archivs, Dr. H. Stoevesandt, zur Verfügung gestellt.

III.2 An Hugo Samuel Bergmann

Zürich, 17. 9. 1947

Hochverehrter Herr Professor Bergmann,
Ich wäre wohl kaum Rabbiner geworden, wenn ich nicht gerade in einem völlig assimilierten Milieu groß geworden wäre. Der Schrecken

über den Religionsbetrieb, in den ich gezwungen werden sollte, als ich meine erste Stelle antrat, ist mir noch sehr gegenwärtig. Dennoch gab es in Deutschland neben dem offiziellen Judentum ja ein durchaus lebendiges Judentum. Dann kam das Jahr 1933, und von diesem Zeitpunkt erlebte ich es immer häufiger, wie echte Judengesinnung aus scheinbar Totem erwuchs, bis hin zu dem ersten Freitagabend in Buchenwald: wir waren zum Abendappell angetreten und hörten, wie ein Jude zu Tode geschlagen wurde. Da plötzlich sagten Tausende und Abertausende das Sch'ma, und es schien mir, als ob ich einer der wenigen sei, der es nicht sagen konnte. In dieser Stunde erkannte ich unsere einzigartige Glaubenskraft, die sich gerade dann bewährt, wenn man sich »normalerweise« aufgeben und untergehen würde. Ich fragte mich damals, und die Frage bewegt mich heute noch, ob nicht eine viel größere Glaubenskraft in den Golahjuden schlummert, als man so allgemein annimmt. Es bleibt eine Frage, der ich keine romantisch verzeichnete Antwort folgen lassen möchte. Und dann kam ich »alter Zionist« nach Palästina. Die Abstinenz der Jungen, der Menschen des Kibbuz hat mich nicht verzweifeln lassen, weil sie in ihrer Ehrlichkeit Chancen für eine vielleicht sehr späte Zukunft offen ließ. Eine Jugend, die vordringlich nach neuen Formen der Gesellschaft sucht und dabei die Familie preisgibt, hätte die alt-jüdischen Formen, die von der Familie oder besser noch vom Familientisch nicht zu trennen sind, ja gar nicht übernehmen können, selbst wenn sie es gewollt hätte. Was mich störte, ich muß es Ihnen wohl kaum sagen, war die mangelnde Reaktion im Ethischen der sogenannt religiösen Kreise, und ich fand, daß in dem Michawort (6,8) vorerst und dringlichst sich religiöse Haltung zu manifestieren habe. Aus dieser Einstellung ist die Cohen-Arbeit[1] entstanden. Die notwendige Korrektur ging mir erst in der Golah wieder auf. In London hatte ich während 10 Monaten genügend Zeit und Gelegenheit, um einzusehen, wie fast alles noch Lebendige unseres Volkes mit dem Zionismus verknüpft ist und ohne ihn nicht existieren könnte, wobei die ostjüdische Abkunft der Mehrzahl der englischen Juden deutlich in Erscheinung tritt. Seit fünf Monaten bin ich nun Religionslehrer in Zürich. Meine Schuljugend ist ebenso nett wie jüdisch ungebildet. Man könnte etwas erreichen, wenn man nicht abhängig wäre und die Direktiven für die Arbeit von Menschen empfing, deren Judentum starr und verlogen ist. Es macht ganz den Eindruck, als ob der Hitlerschock die jüdische Krise hier nur verschärft hätte. Wäre aber meine Bewerbung um die Stockholmer Stelle berücksichtigt worden[2], so hätte ich vielleicht auch in Schweden keine andere Erfahrung gemacht als die, daß man Geduld, viel Geduld aufbringen muß, um zu hoffen, daß in Erez Israel der Tag kommen wird, da wir von den

Krankheiten der Welt genesen, um in neuer Form zur Wirklichkeit der Bibel zurückzufinden. Ohne diese Entwicklung kann eine fortbestehende Golah jedenfalls die nötigen Lebensimpulse nicht mehr erhalten.

Mit ergebenen Grüßen   Ihr sehr dankbarer R. Geis

1 Der Begriff des Patriotismus bei Hermann Cohen. Zu H. Cohens 100. Geburtstag, Jerusalem 1942 (unveröffentlicht).
2 Geis hatte sich um die Stelle bei der Gemeinde in Stockholm beworben, die bald danach dem Rabbiner Kurt Wilhelm übertragen wurde.

III.3 An Hugo Samuel Bergmann

Zürich, 16. 11. 1947

Hochverehrter Herr Professor Bergmann,
Herr Dr. [H. L.] Goldschmidt hat mir seine Unterhaltung mit Ihnen mitgeteilt, wonach ich für die Stockholmer Gemeinde zu liberal wäre. Ich habe es ja eigentlich immer in Ordnung gefunden, wenn ich den Liberalen zu orthodox, den Orthodoxen zu liberal war. Ich kann mir einfach nicht vorstellen, wie ein lebendiges Judentum sich mit diesen Begriffen einer bestimmten Epoche unserer Vergangenheit noch vertragen kann. Aber schmerzlich bleibt diese Verurteilung für mich nicht weniger, als wenn man etwa meinen Zionismus bezweifeln wollte, nur weil ich mit keiner politischen Partei konform gehe. Vielleicht ist es töricht von mir zu glauben, das Judentum ließe sich aus dem Bestehenden, und das sind ja in der Golah die Gemeinden, erneuern, wenn ich mir das auch einmal als Aufgabe gestellt hatte. Denn ich bin der Meinung, man solle Bestehendes nicht einfach einreißen, um eines fernen Neuen willen. Man solle vielmehr in Alten das Kommende und Zukünftige vorbereiten, mag es schwer sein und oft im Kampf gegen die Starrheit des Bestehenden Energie anscheinend vertan werden. Es scheint mir dennoch sicherer und produktiver als ein Bemühen unter den Trümmern des Zerstörten.

Mit ergebenen Grüßen   Ihr sehr dankbarer R. Geis

III.4 Leo Baeck an Geis

London, 14. 12. 1947

Lieber Herr Kollege Geis,
es war für mich eine besondere Freude, daß mein Schwiegersohn mir von Ihrem und Ihrer Gattin Ergehen berichten konnte. Haben Sie auch von mir wieder Dank für Ihre Liebenswürdigkeit gegen ihn ...

109

In der Frage des hebräischen Unterrichtes stehe ich ganz auf Ihrer Seite. Es ist der Standpunkt, den ich seit Jahrzehnten in der Theorie vertrete und so lange ich unterrichtete in der Praxis durchzuführen suchte. Das Gebetbuch hatte ich als Lesebuch den Schülern nahezubringen mich bemüht, bis sie die wichtigeren Gebete, fast von selbst, auswendig konnten, und sie verstanden sie, auch wenn sie nur weniges von ihnen übersetzen konnten. Konservative Kollegen haben meine Theorie und meine Methode, in der ich auch den Unterricht zu verbinden suchte, oft und nicht selten auch entschieden, abgelehnt. Begreiflicherweise. Das Gegenteil wäre befremdlich ...

Was das Käppchen schließlich anlangt, so haben Sie wiederum recht getan, als Sie es sich auch im Religionsunterricht aufsetzten. Wie schön, wenn man auf so leichte Weise anderen eine Freude machen und Gegenliebe bewähren kann.

Darum schließlich mein alter Rat: Mensch, ärgere Dich nicht.

Herzliche Grüße an Sie beide und alle guten Wünsche, auch von den Meinen   Ihr Leo Baeck

III.5 Leo Baeck an Geis

London, 4. 5. 1949

Lieber Kollege Geis,

haben Sie vielen Dank für Ihren Brief vom 17. April, er ist mir von Cincinnati hierher nachgereist. Ich habe mich herzlich gefreut, Gutes von Ihnen zu hören.

Der Brief hat den doppelten Weg schnell zurückgelegt, und ich hätte Ihnen schon früher antworten können. Ich wollte vorher Auskünfte über Amsterdam einholen, um ein klareres Bild zu gewinnen.

Soweit ich sehen kann, bietet Amsterdam sowohl Möglichkeiten wie Schwierigkeiten. Unter den ersteren steht vorn die große Möglichkeit aufzubauen. Ein Mann wie Sie wird dort Menschen gewinnen und wird ihnen viel geben, Menschen drinnen und auch draußen. Auch das ist eine Möglichkeit, Brücken zu schlagen; zu der Orthodoxie im jüdischen Holland und zur Theologie im christlichen Holland. Das Land hat zudem seine Reize, und die Menschen dort ebenso: sie haben, wie ein alter Freund einmal zu mir sagte, wenig Grazie, aber viel Charakter. Es ist ein Volk mit seiner eigenen Geschichte.

Die Schwierigkeit ist die finanzielle Basis und danach die Starrheit der Orthodoxie. Was die erstere anlangt, so hängt alles davon ab, wie groß die Opferwilligkeit ist – Juden aus Deutschland haben darin allerdings eine gute Tradition ...

Mit allem, was ich Ihnen schrieb, habe ich Ihnen sicherlich nichts

Neues gesagt und Ihnen die Qual der Wahl kaum erleichtert. Aber es war mir ein Bedürfnis, mit Ihnen zu denken und Ihnen zu zeigen, daß ich mit meinen herzlichen Wünschen bei Ihnen bin.
Seien Sie alle herzlichst gegrüßt   Ihr L. Baeck

III.6 Leo Baeck an Geis

Cincinnati, 31. 10. 1949

Lieber Kollege Geis,
vielen Dank für Ihren lieben Brief, ich beeile mich, ihn zu beantworten.
Ihr Prinzip, betr. Aufnahme ins Judentum, ist, soweit ich urteilen darf, das richtige.[1] Es ist umso ratsamer auch, diesem Prinzip zu folgen, da unser altes Religionsgesetz hier im wesentlichen sehr liberal ist. Die bedauerliche Praxis der meisten orthodoxen Rabbiner, die Tore einfach zu schließen, grenzt sehr nahe an das, was juristisch Rechtsbeugung und moralisch Verweigerung der Nothilfe genannt wird. Proselyten haben uns oft wertvolles Menschentum und wertvolle Nachkommenschaft gebracht.
Nun die andere Frage. Hier stehen zwei Erwägungen einander gegenüber. Auf der einen Seite ist die Gleichberechtigung der Frau die größte und bedeutungsreichste Revolution des letzten Jahrhunderts. Wir können dessen nicht enthoben sein, dieser Revolution die religiöse Anerkennung zu gewähren. Aber auf der anderen Seite gehören Sitten und Formen zu den Dingen, die eine nützliche Bremse in revolutionären Zeiten sind. Die Trennung der Geschlechter im Gottesdienst, die sich übrigens hier und dort auch im calvinistischen Gebiete findet, gibt dem Gottesdienst eine ganz eigene Würde auch – vorausgesetzt natürlich, daß der Dialog der Menschen mit Gott nicht durch den Dialog der Menschen miteinander ersetzt oder beeinträchtigt wird. Mein Rat würde dahin gehen – und ich setze voraus, daß die Verbannung der Frau nach der Galerie nicht in Frage steht –, in dem einen Synagogenraum, und wo eine Galerie ist, auch auf dieser, die eine Hälfte den Männern und die andere den Frauen zuzuteilen. Ich würde der Minorität dahin entgegenkommen, daß, wenn Mann und Frau Wert darauf legen, nebeneinander zu sitzen, dies verstattet werden sollte. Alle diese Dinge regulieren sich nach einiger Zeit von selbst.
Herzliche Grüße und alle guten Wünsche für Sie und die Ihren
                                                                        Ihr L. Baeck

1 Der Hintergrund für die Ausführung wird durch den Brief an Kurt Wilhelm vom 4. 11. 1949 verständlich (s. III.8).

III.7 Leo Baeck an Geis

Lieber Kollege Geis,

Jetzt, wo in Ihrer Gemeinde Amsterdam der erwähnte Beschluß gefaßt ist, darf ich Ihnen verraten, daß, wenn ich dort gewesen wäre, ich vermutlich in gleicher Weise gestimmt hätte, nachdem einmal die itio in partes [Geschlechterteilung in der Gemeinde] vorher aufgehoben war. Immer wieder, wenn ich die Geschichte der letzten drei Generationen überdenke, steht die Gleichberechtigung der Frau als eine entscheidende Revolution vor mir. Meine Frau hatte mich oft daran erinnert, daß, als sie um die Wende des Jahrhunderts mir aus der Zeitung vorlas, daß in Preußen Gymnasium und Universität für die jungen Mädchen geöffnet würden, ich ihr gesagt hatte: »Nun hat die Revolution begonnen.« Wir sollten dies in jeder Beziehung anerkennen. Mit jeder Form des Gottesdienstes will ich einverstanden sein, wenn nur das Hebräische in ihm einen Platz behält. Jede Richtung bin ich bereit anzuerkennen, wenn nur das Wort »Judentum« das Substantiv bleibt, und die Worte »liberal«, »konservativ«, »orthodox« etc. nicht mehr als Adjektive sein wollen. Wenn eine Gemeinde einen anständigen, gebildeten Rabbiner hat, der außerdem noch ein guter Prediger und ein guter Lehrer ist, dann wird sie gedeihen und eine Keimzelle lebendigen Judentums sein.

Darum lassen Sie sich von keinem erzählen, was Tal sagt oder schreibt, geschweige, daß Sie letzteres lesen – wie Dante sagte: »Geh deinen geraden Weg und laß die Leute reden«; auch das ist ein Stück des Genies, das ein jeder haben kann und soll, des Genies der Geduld. Ich weiß es, daß Ihre Arbeit in Amsterdam zum Segen sein wird.

Herzliche Grüße an Sie und Ihre Frau und für Ihr Kind

Ihr L. Baeck

III.8 An Kurt Wilhelm

Lieber Wilhelm,

habe vielen Dank für Deinen Brief vom 8. September und verzeih, wenn ich Dich schon wieder belästige. Die Arbeit ist hier reichlich schwer. Mit der Feindschaft der agudistisch geführten Hauptgemeinde habe ich gerechnet, weniger damit, daß meine Gemeinde unter diesen Angriffen sich mehr und mehr zu einer Reformgemeinde amerikanischen Stils entwickeln will. Es ist schon so, ich scheine überall fehl am Platz, für Zürich war ich zu liberal, für Amsterdam bin ich zu konservativ – und Du würdest wohl hinzufügen: für Israel nicht zionistisch genug. Dennoch, meine einzigen Helfer sind die Zionisten, darunter auch der sehr nette Israel-Konsul Nassi mit seiner entzückenden Frau. Zu den Anomalitäten der hiesigen Existenz gehört weniger, daß jeder Mann mit schlechtem Anzug Geld will, als daß jeder Gutangezogene in Mischehe lebt und von mir die Aufnahme seiner Frau ins Judentum verlangt. Nun bin ich zwar recht großzügig. Es widerstrebt mir aber, Entscheidungen zu treffen, die direkt gegen den Din [religionsgesetzliche Vorschrift] sind. Würdest Du den Übertritt einer Frau verweigern, wenn diese Frau während des Krieges mit einem SS-Offizier verheiratet war? Ich möchte in diesem Fall ablehnen, wenn die Frau mich auch zu überzeugen versucht, daß die neuerliche Ehe mit einem Juden für sie spricht.

Dein Robert Geis

III.9 Hermann Maas an Geis

Heidelberg, 30. 12. 1949

Lieber, verehrter Herr Dr. Geis!

Ich antworte erst heute auf Ihren lieben Brief, weil mir Ihre Frage sehr zu schaffen macht[1]. Sie ist wahnsinnig schwer zu beantworten. Auf der einen Seite halte ich das, was Sie hier tun wollen, für so außerordentlich wichtig. Wir müssen anfangen Zeugnis abzulegen von unseren tiefsten Überzeugungen, weil dadurch allein eine wirkliche Vereinigung entstehen kann. Es ist doch ein Fluch, der nicht ewig weiter geschleppt werden darf, daß wir auseinander gerissen worden sind, trotzdem wir so eng zusammengehören durch das eine Buch und die eine große Wahrheit und den einen ewigen Gott.

Nun ist die zweite Frage die, an welcher Universität Sie sich um den Ruf bewerben würden. Ich denke, Sie haben diese Frage schon irgendwie erwogen. Ob Ihr früherer Aufenthalt in München Sie dorthin zieht oder wohin Sie sonst gehen möchten. Es käme hinzu, daß Sie wohl, um Ihre Existenzgrundlage zu sichern, mit Ihrem Beruf als Hochschullehrer auch ein Rabbinat verbinden müßten. Aber wo ist die Gemeinde, die groß genug ist, um Sie zu tragen? Ich selber meine, daß es dringend nötig wäre, daß in Deutschland da und dort jüdische Gemeinden entstehen, die denjenigen, die zurückkommen wollen und müssen, eine ganze Heimat bieten. Die Gemeinden, die etwa wie die hiesige, heute sich hier vorfinden, sind ja alles Gemeinden auf Abruf. Sie bestehen zum allergrößten Teil aus ostjüdischen Menschen, die nicht in Deutschland bleiben wollen, sondern zum allergrößten Teil nach den Staaten oder auch zu einem kleineren Teil nach Palästina weiter wollen. Auch sie hätten schon einen Rabbiner dringend nötig, aber da sie zusammenschmelzen, so werden sie ihn wohl nicht tragen können. Die Frage ist nur die, ob der Wunsch, nach Deutschland, und das Wagnis, nach Deutschland zurückzukehren, noch in einer großen Zahl von Menschen lebendig wird und dann Gemeinden geschaffen würden, die ein ganz anderes Gesicht tragen als die heutigen.

Wer will aber ein endgültiges Urteil abgeben über die Möglichkeit, als Jude in Deutschland zu leben? Hier gehen die Meinungen vom radikalsten »Nein« bis zu einem temperierten »Ja«. Es gibt solche, die glauben, daß Deutsche und Juden niemals mehr irgendwie sich berühren dürfen und daß die Kluft eine ewige bleiben muß. Ich verstehe die Motive. Sie sind wirklich begreiflich in den Herzen der Menschen, die Furchtbares erlitten haben und für deren liebste Angehörige Deutschland der Mörder geworden ist. Es liegt darin auch die Angst vor dem, was kommen könnte.

Aber da gerade halte ich ein absolutes Urteil nicht für möglich. Wir haben einen Bundespräsidenten Dr. Heuss, der in gewissem Sinne eine Garantie dafür bietet, daß Deutschland nicht die Stätte eines wilden Antisemitismus wird. Die Dinge, die geschehen, sind wirklich zum großen Teil Bubenstreiche, die überwunden werden. Etwas anderes ist es um jenen verborgenen Antisemitismus, den ich den Antisemitismus der trägen Herzen nennen möchte. Es sind diejenigen, die über der eigenen Not, über dem Jammer des Flüchtlingslebens, über den Sorgen um das Ausgebombtsein usw. vergessen, daß das alles nicht zu vergleichen ist mit dem Abtransport nach Osten in versiegelten Viehwagen in technisch fein organisierte Gaskammern. Und es sind die trägen Herzen, die nicht wissen, daß mit den Ausdrücken Antisemitismus und Philosemitismus nun endgültig ein Ende gemacht werden muß und daß an diese Stelle klare Bilder treten müssen im positiven Sinn, Ehrfurcht und Liebe gegenüber dem jüdischen Volk als dem am unfaßbaren Ozean der Erwählung Gottes Stehenden. Doch das fordert eben Ihre Arbeit und unsere Arbeit, und hoffentlich sind es nicht bloß Menschen, die bald sterben müssen, die solche Bereitschaft vertreten und verkündigen können, sondern auch solche, die ein langes, leidenschaftliches Leben vor sich haben.

Mit den herzlichsten Grüßen in Gedenken an die früheren Begegnungen   Ihr getreuer H. Maas

---

1 Die Frage einer Rückkehr nach Deutschland zur Erfüllung von Aufgaben, die Geis vor sich sah, hat ihn vom Ende des Krieges an immer wieder bewegt; sie findet sich wohl am prägnantesten im Briefwechsel mit Karl Barth (s. III.1).

III.10 An Theodor Heuss

[Amsterdam], 24. 1. 1950

Sehr geehrter Herr Bundespräsident,

Ich war im November 1949 nach fast 11 Jahren zum ersten Mal wieder für eine Woche in Deutschland. Die Gespräche, die ich führen durfte, die Geistigkeit der Menschen, mit denen ich zusammen war, die geliebte und nie zu vergessende deutsche Landschaft, all das hat mich sehr bewegt. Und das unbeschadet der Tatsache, daß mich natürlich manches Gesicht peinlich an die Jahre der Verfolgung erinnerte und bei der Anonymität, in der die Verbrechen verübt wurden, ich mich manchmal schwer der Frage erwehren konnte: ist das nicht der Mörder deiner Schwester und ihres kleinen Jungen?

Die Begegnung mit der spezifisch deutschen Art des Geistigen war für mich besonders beglückend, denn bei den Wanderungen durch viele Länder bin ich ihr nie begegnet. Aber diese Geistigkeit des Deutschen steht zugleich oft unter der einen Gefahr, daß sie esoterisch bleibt und ihr eine Wirkung in die Breite, wie das bei vielleicht minderer Geistigkeit anderer Völker der Fall ist, versagt bleibt.

Und aus dieser Erwägung beschäftigt mich eine Frage. Es ist ausgeschlossen, daß in absehbarer Zeit Juden in nennenswerter Zahl nach Deutschland zurückkehren. Die Alten, mögen sie heimwehkrank oder haßerfüllt sein, sind zerbrochene Menschen. Die jüdische Jugend hat anderenorts und vor allem in Israel Wurzel geschlagen. Eine Konfrontation des deutschen mit dem jüdischen Menschen scheint darum fast unmöglich. Könnte dieses Vacuum nicht etwa dadurch seine Unversöhnlichkeit verlieren, daß man an deutsche Universitäten jüdische Gelehrte für jüdische Religions- und Geistesgeschichte berufe, damit das Wissen um jüdisches Sein in Deutschland nicht völlig verloren geht und eine spätere Auseinandersetzung sinnvoll vorbereitet wird? Ich weiß um den materiellen Notstand der deutschen Hochschulen, ich weiß auch um die Schwierigkeiten, geeignete jüdische Kräfte für diese Aufgabe zu gewinnen, dennoch. Schwierigkeiten müssen ja nicht immer ein entscheidendes Argument sein. Sie, hochverehrter Herr Bundespräsident, haben Ihre Wiesbadener Ansprache mit einem Hinweis auf Lessing begonnen.[1] Darf ich im Sinn eines Versuches des etwa Möglichen mit dem Wort Lessings schließen? »Geh deinen unmerklichen Schritt, ewige Vorsehung! Nur laß mich dieser Unmerklichkeit wegen an dir nicht verzweifeln! – Laß mich an dir nicht verzweifeln, wenn selbst deine Schritte mir scheinen sollten zurückzugehen.«[2]

Ihr sehr ergebener R. Geis

---

1 Th. Heuss, Mut zur Liebe. Rede bei einer Feierstunde der Gesellschaft für christlich-jüdische Zusammenarbeit am 7. 12. 1949. Mit einem Bekenntnis zur »Kollektiv-

scham« der Deutschen versuchte Heuss, die Unbefangenheit im Verhältnis Mensch zu Mensch zurückzugewinnen. In: ders., Die großen Reden. Der Staatsmann, Tübingen 1965, S. 99 ff.
2 G. E. Lessing, Die Erziehung des Menschengeschlechts, § 91.

III.11 Leo Baeck an Geis

Cincinnati, 22. 2. 1950

Vielmals danke ich Ihnen, lieber Kollege Geis, für die sorgsame Mühe, die Heuss'sche Ansprache abzuschreiben. Der Eindruck, den ich von der Rede empfing, ist ein zwiespältiger.

Einerseits spricht aus ihr der Wunsch, anständig zu sein – in den Lehren der Böswilligkeit ringsumher hatten manche Deutsche diesen Wunsch, und sie flüchteten gern in dieses Wunschland, und manche meinten damit dem Gewissen Genüge getan zu haben. Ich habe, ich glaube etwa 1937, Dr. Heuss und seine Frau kennengelernt, sie ist die Tochter des bekannten Straßburger Nationalökonomen Georg Friedrich Knapp. Sie habe ich in Erinnerung als eine frische, offene, freimütige Frau, ihn als einen ängstlich behutsamen Menschen, der sich gerne viel Zeit läßt und nicht gerne Entschlüsse faßt. Für diese Rede hat er sich in der Tat 4 1/2 Jahre Zeit gelassen – wie viel hätte sie bedeutet, wenn sie am 7. 6. 1945, 16 Uhr gehalten worden, oder einiges aus ihr in der ersten Woche seiner Präsidentschaft[1] ausgesprochen worden wäre – bei der Rede eines Politikers ist das »wann« oft ein Entscheidendes. Aber es ist eine anständige Rede, davon darf nichts abgezogen werden, und das Wort von der Kollektivscham ist ein rechtschaffenes. Aber auf der anderen Seite war ich bedrückt, als ich die Rede las. Von dem, warum wir Juden in Deutschland uns deutsche Juden nannten, was dort wuchs mit tiefen Wurzeln und die starken Stämme hatte, was dort die Ringe der Jahrhunderte angesetzt hatte, was dort sein Leben, seinen Ausblick und seine Zuversicht hatte, dort, wo jetzt der schwarze Abgrund gähnt, davon weiß oder sagt diese Rede nichts. Mit all dem Guten, was diese Rede will, wird sie doch zum Zeugnis dessen, wie einsam wir Juden unter allen den Menschen im deutschen Lande waren, und wir selber ahnten es kaum. Nur einige wenige hatten wir ringsumher. ...
Herzliche Grüße   Ihr L. Baeck

1 Präsidentschaft von Heuss: 12. 9. 1949 bis 8. 9. 1959. Heuss hatte die zitierte Rede am 7. 12. 1949 um 16.00 Uhr gehalten.

III.12 An Kurt Wilhelm

[Amsterdam], 26. 4. 1950

Lieber Wilhelm,

Vor kurzem verlangte mein Vorsitzender von mir radikale Änderung in 4 Punkten, anderenfalls ich für die Gemeinde untragbar wäre: 1. Natürlich in der zionistischen Organisation bleiben, aber intern unsere Menschen damit nicht zu belästigen. 2. Die Bemühung zur Gewinnung der zionistischen Jugend einstellen, die ja gottlos sei. 3. Eingehen auf die Wünsche der »guten Familien«; das sind die in der Emigration reich Gewordenen. 4. Begeisterte liberale Predigten, aber weder Ansprachen eines Gelehrten, noch eine Belastung der Zuhörer mit Hagadah etc.

Ich lehnte kühl ab und da man das merkwürdigerweise nicht erwartet hatte, behandelt man mich z. Zt. wie ein rohes Ei. Es ändert nichts an der Tatsache, daß auch Amsterdam nur eine Zwischenstation ist – und es würde Zeit, mit diesem Ahasvertum aufzuhören, wenn nicht für mich, dann wenigstens für Frau und Kinder. Wahrscheinlich aber habe ich keine Begabung für diesen Beruf, denn es kann doch nicht immer allein an den Vorständen liegen, es muß doch wohl in meiner Person auch begründet sein. Du z.B. kommst nach Stockholm und bist am rechten Platz, ich wandere nach Zürich und dann nach Amsterdam, und es sind immer wieder Fehlentscheidungen.

Dir und den Deinen recht herzliche Grüße von uns beiden

Dein Robert Geis

III.13 An Franz Böhm

[Amsterdam], 19. 5. 1950

Sehr geehrter Herr Professor,

... Die Gründe meiner Ablehnung sind allein sachlicher Natur.[1] Ihnen aber, der Sie wie ich innerhalb der christlich-jüdischen Arbeitsgemeinschaft tätig sind, darf ich vielleicht meine Beweggründe nochmals erklären: Es ist eine Schein-Parität, wenn man sich bei der Errichtung einer jüdischen Dozentur an die jüdische Gemeinde in Frankfurt wendet, wie man sich an die Kirchen bei Dozenturen für christlich-theologische Belange wendet. Bei aller Verfolgung der Kirchen durch Hitler ist die Situation nicht mit der der jüdischen Glaubensgemeinschaft zu vergleichen. Wiedergutmachung ist zweifelsohne eine problematische Angelegenheit, die Vorsorge für eine haßlose Erziehung einer deutschen Jugend aber scheint mir eine christliche Aufgabe, zu der jüdische pekuniäre Hilfe schlechterdings nicht

117

verlangt werden sollte. Ich bin sicher, daß die jüdische Gemeinde in Frankfurt gern ihren Rabbiner für Vorlesungen über Jüdische Religionsgeschichte zur Verfügung stellt, nur fürchte ich einmal, daß ein praktischer Theologe jüdischen Glaubens sich schwerlich immer von den Ressentiments seiner jüdischen Umgebung frei halten kann – vielleicht darf er das gar nicht? – und damit ist er in seiner Dozentenarbeit schon gehemmt, zum anderen aber dürfte eine solche Dozentur gar nicht allein in den Universitätsbetrieb eingebaut werden. Ein Dozent für Jüdische Religionsgeschichte in Deutschland hätte nicht nur eine Erziehungsaufgabe gegenüber der akademischen Jugend, er müßte auch wahrhaft und wirklich für ein Religionsgespräch im weitesten Umfang zur Verfügung stehen, von keinen anderen Aufgaben in Anspruch genommen werden. Aus allen Gesprächen, allen schriftlichen Auseinandersetzungen, an denen es in den letzten Monaten nicht gefehlt hat, entnehme ich nur das eine: daß eine nicht zu späte Zukunft sich auf diese Notwendigkeit besinnt.

Mit den besten Grüßen   Ihr sehr ergebener R. Geis

1 Nähere Umstände sind nicht bekannt. Mutmaßlich war seitens Böhm, der sich um die Beschlüsse zu materieller Wiedergutmachung große Verdienste erworben hat, versucht worden, Geis eine Dozentur an der jüdischen Gemeinde in Verbindung mit der Universität zu vermitteln, die indirekt aus Wiedergutmachungszahlungen zu finanzieren gewesen wäre.

III.14 Heinz Kappes an Geis

Karlsruhe, 8. 7. 1950

Mein lieber Freund Geis,

… Ich möchte Dir aber das Folgende zu bedenken geben: Du *mußt* von Anfang an eine Doppelstellung haben, die eines Rabbiners und die eines Dozenten! Als Rabbiner der badischen Gemeinden bist Du *die* offizielle Persönlichkeit, die überall mit Autorität auftreten kann. Dadurch bist Du der Universität gegenüber mehr als nur ein Dozent. Du brauchst diese Rückendeckung, damit Du dort immer jenseits der akademischen Intrigen stehen kannst, die sich wohl überall, aber besonders an deutschen Universitäten finden. – Andererseits kannst Du diese akademische Position immer verwenden, um den jüdischen Gemeinden gegenüber Dich behaupten zu können. Bedenke, daß es sich nicht nur um Heidelberg und Karlsruhe handelt, sondern auch um Mannheim. Ja, da in Südbaden auch kein Rabbiner ist, auch um Freiburg, auch wenn dieser Ort vielleicht nicht so sehr in Dein engeres Arbeitsfeld gehören sollte. Gerade in der Doppelseitigkeit Deiner

Stellung besteht ihre Stärke, während die eine Seite allein, die akademische oder die seelsorgerliche, nur eine schwache Position darstellen würde.

Ich verstehe sehr gut, wie sehr Du unter der sozialen, geistigen und seelisch-religiösen Dürftigkeit des hier verbliebenen »Rests« von Israel leiden mußt. Ich glaube aber, daß Du diese Ressentiments und Schwierigkeiten als *Seelsorger,* der nur helfen und dienen will, und der dadurch jenseits von allem allzu-Menschlichen seiner Gemeindekinder steht, leicht überwinden kannst. Es gibt in allen Gemeinden auch außer den durch ihre schweren Schicksale wunderlich Gewordenen sehr positive Menschen; wenn sie einen inneren Rückhalt haben, und wenn sie ihre äußerlich gewordene Religion lebendig gemacht bekommen, dann werden sie gerne mitarbeiten und Dich in der Seelsorge unterstützen. Du besitzt die innere Autorität, um solche Spannungen auszugleichen und zu überwinden, bevor daraus ein Zwiespalt entsteht. Und: an Maas und an mir wirst Du immer Freunde haben, die Dir helfen können, selbst innerhalb Deiner eigenen Kreise.

Nun sei mit Deiner lieben Frau aufs Herzlichste gegrüßt von uns beiden,

Dein getreuer Heinz Kappes

III.15 Leo Baeck an Geis

London, 28. 9. 1951

Lieber Kollege Geis!

Oft einmal sind mein Gedanken voller Herzlichkeit zu Ihnen und den Ihren hingezogen, aber immer seltener komme ich dazu, einen Brief zu schreiben. Ich frage mich oft, woran es liegt. Ob es eine Müdigkeit ist, die sich bisweilen einstellt? Oder die Beanspruchung meiner Tage? – Nach Amerika waren die Vortragswochen in Israel, dann die Wochen der Vorbereitung für die Konferenz der World Union [for Progressive Judaism] dazwischen und danach Vorlesungen und Vorträge hier, und die Reise nach Deutschland. Aber vielleicht liegt es daran, daß ich immer mehr in Gedanken lebe, d. h. an die, die mit mir verbunden sind, fast mehr noch als früher denke, aber seltener, noch seltener schreibe. So habe ich auch an Sie viel gedacht und wenig geschrieben.

Doch heute fügt sich an die Gedanken der Brief. Er soll Ihnen und den Ihren meine innigen Wünsche für das Jahr bringen. »Zu einem guten Jahr möget Ihr eingeschrieben sein.« Mich dünkt es oft, als werde dieses Jahr einen Wandel in unserer Erdensphäre bringen und die Völker ein wenig Atem holen lassen. Möchte es so beschieden

119

sein, und jedem sein kleiner Anteil daran geschenkt werden! Aber Ihnen gilt mein besonderer Wunsch, daß das neue Jahr Ihnen eine Erfüllung Ihres Lebens, eine Festigung Ihrer Aufgaben bringen möge! Mir selbst würde dies ein Stück Glückes bedeuten. Sie wissen es, wie sehr ich Sie in mein Leben hineingenommen habe.

Wie konnten Sie nur denken, daß ich Ihnen irgendwie oder irgendwo zürne. Wäre es so, so hätte ich Ihnen, im Widerspruch zu aller Gewohnheit, noch am gleichen Tage geschrieben. Zürnen gehört zu den Dingen, die sofort ausgegeben werden müssen, und nicht aufgespart noch aufgehoben werden dürfen.

Nach drei Wochen Ferien am Thurnersee, in dezidiertem Nichtstun, war ich eine Woche in Deutschland, in dezidierter Tätigkeit. Ich hörte dort von einer ausgezeichneten Rede, die Sie in Karlsruhe gehalten haben.[1]

Mit mir senden die Meinen Ihnen und den Ihren herzliche Wünsche zu Rosh Hashanah.

Beste Grüße an Sie und Ihre Frau wie an die Kinder

stets Ihr L. Baeck

1 Vermutlich Bezug auf Vortrag vom 6. 9. 1951 »Jüdischer Glaube in dieser Zeit« in der Technischen Hochschule Karlsruhe oder Rede am 7. 9. 1951 im renovierten Betsaal der jüdischen Gemeinde Karlsruhe.

III.16 Leo Baeck an Geis

London, 14. 10. 1951

Lieber College Geis,

herzlich danke ich Ihnen für Ihren lieben Brief. Er hat mich durch das, was er mir mitteilte[1] – es war mir noch nicht bekannt – sehr wehmütig gestimmt und zugleich doch ein ganz anderes, bisweilen allerdings verwandtes Empfinden in mir geweckt: ich habe es wieder so stark empfunden, wie tief, wie ins Persönliche hinein alles, was Sie trifft, mich auch trifft.

Herzlich danke ich Ihnen, daß Sie mir den Zeitungsaufsatz zusandten; ich lege ihn bei. Er hat mir wieder, und so innig, zum Bewußtsein gebracht, wie groß und wie besonders Ihre Gaben sind. Ein Teil unseres Lebens wird uns mitgegeben, durch die gütigen Feen, von denen das Märchen erzählt; es sind diese Gaben. Und einen Teil, einen complementären – von den ersteren, wenn diese ihren Platz finden und behalten sollen, ist er nicht loszulösen – müssen wir uns mühsam in unserem menschlichen Dasein bereiten. Das ist das Leben: uns das notwendige Complement zu unseren Gaben zu schaffen. Im Falle R.

R. G. ist es: die zeitliche Geduld mit den Dingen und die liebevolle
Geduld mit den Menschen und der Tropfen Humor, ohne den der
Motor »Geduld« – er ist ein Motor – nicht recht läuft.

Ich glaube, daß sich Ihnen jetzt für Gabe und Aufgabe eine sehr
gute Chance öffnet: Frankfurt und Karlsruhe, oder auch beides zusammen, als ein beides zusammenfassendes Landesrabbinat. Mit ihm
läßt sich eine Universitätsaufgabe verbinden, mit der venia legendi
[Lehrbefugnis] als erstem Schritt. Daß eine Universität nicht alsbald
eine Professur anbieten kann, ist selbstverständlich. Wenn mich mein
Gedächtnis nicht täuscht, hatte ich Ihnen dies in Amsterdam gesagt,
als Sie Berlin erwähnten. Frankfurt als junge Universität ist vielleicht
entschlossener als das adelsstolze Heidelberg. Es ist ein gutes Ding:
eine gute Chance – und nur die Chancen, nicht die fertigen Dinge
schickt der Himmel – vor sich zu sehen.

Von Herzen wünsche ich Ihnen alles Gute.   Ihr L. Baeck

1 Es ist nicht mit Sicherheit auszumachen, worauf sich die Mitteilung bezieht. Geis
war in der dem Brief vorausgehenden Zeit gekündigt worden.

III.17 An Franz Krause

Amsterdam, 18. 10. 1951

Sehr geehrter Herr Krause,

haben Sie aufrichtigen Dank für Ihren ausführlichen Bericht[1], der
mich sehr interessiert hat, obwohl ich durch häufige Vortragsreisen in
Deutschland und die Lektüre deutscher Zeitungen einigermaßen
orientiert bin.

Sie schreiben: »Was gewesen und einst geschehen ist, ist vorbei.«
So absolut richtig das auch sein mag, das Wort sollte aus keines Deutschen Munde kommen. Es ist, so will mir scheinen, ein Mangel an
Phantasie, wenn man auf diese Weise gegenüber Menschen argumen-
tiert, deren Angehörige vergast worden sind. Es ist ein gewaltiger Unterschied, ob ein naher Mensch im Krieg gefallen, ja selbst ob er in
Gefangenschaft gestorben ist – oder ob er zu den Millionen gehört
hat, die wie das Vieh zur Schlachtbank geführt wurden. Letzteres verletzt in einem ganz anderen Sinn die Menschenwürde. Sie schreiben:
»... daß das deutsche Volk mit Ausnahme weniger ... nicht die Kraft
zur offenen Auflehnung fand, ist menschlich ohne weiteres zu verstehen.« Wirklich??? Ich gestehe Ihnen, ich verstehe es nicht! Selbstverständlich konnte nach einigen Jahren Hitlerherrschaft eine Veränderung nur schwer und unter größten Opfern stattfinden. Für die erste
Zeit von Hitlers Macht gilt das mitnichten. Ich lebe seit zwei Jahren

in Holland. Die Bewohner dieses Landes haben sich zu großer Zahl gegen das Unmenschentum des Dritten Reiches erhoben, sie sind selbst für ihre Juden in den Tod gegangen. Es läßt sich leider nicht leugnen, in dem so sehr ordentlichen Deutschland war etwas sehr wesentliches nicht in Ordnung, sonst hätte man 1933 nicht er- und geduldet. Sieht man aber nach anderen totalitären Systemen aus – ich gebe zu, sie sind leicht zu finden –, dann schwächt man für eine höchst fragwürdige Entschuldigung nur und schon wieder positive Kräfte ...

Ein Briefwechsel zwischen jüdischer und deutscher Jugend scheint mir aus den verschiedensten Gründen kaum möglich. Die jüdischen Kinder, die aus dem Hitlerdeutschland gerettet werden konnten, haben keinerlei Beziehung zu Deutschland mehr, sie haben andernorts eine Heimat gefunden. Das ist kein deutsch-jüdisches Problem, es ist eine Tatsache jeder Massenauswanderung, verschärft allein durch die eine Tatsache, daß sonst bei Emigrationen Angehörige in der alten Heimat zurückbleiben, in unserem Falle nicht. Wer von jungen jüdischen Menschen kann überhaupt noch die deutsche Sprache sprechen? die wenigsten; sie sprechen in Israel Hebräisch, in Nordamerika, England, Australien Englisch, in Südamerika Spanisch oder Portugiesisch.

Ich sah in der Aktion Lüth eine erste politische Tat. Aus meiner Liebe für Deutschland – trotz allem – hoffe ich, daß es nicht bei dieser einen Tat bleibt. Sollten deutsche Menschen und vor allem junge Menschen in Deutschland über Judentum informiert werden wollen, sollten sie Beziehung zu einem jüdischen Menschen suchen, so stehe ich im Rahmen meiner Kräfte und meiner Zeit zur Verfügung, mehr wollte ich nicht.

Und was ich Ihnen hier schrieb, ist allein diktiert von der einen großen Sorge, der Mangel an politischer Begabung könne noch einmal die vielen Guten in Deutschland Opfer des Bösen werden lassen. Ich habe hohe Regierungsbeamte, die Sozialisten sind, gesprochen, die ahnungslos Schrittmacher für jede Reaktion sind.

Mit freundlichen Grüßen

Ihr ergebener Dr. Geis
Rabbiner der Liberalen Gemeinde Amsterdam

1 Auf Anregung von Erich Lüth hatte am 14. 10. 1951 Herr Franz Krause aus Frankfurt an Geis ausführlich geschrieben, um zu helfen, ein deutsch-jüdisches Gespräch in Gang zu bringen. Da Krause offensichtlich guten Willens war, trat Geis in einen längeren Briefwechsel mit ihm ein. Daraus wird jedoch nur die erste Äußerung von Geis auszugsweise wiedergegeben. Erich Lüth war Direktor der Staatlichen Pressestelle der Hansestadt Hamburg und langjähriger Vorsitzender der dortigen Gesellschaft für christlich-jüdische Zusammenarbeit. Er hat sich um die Anbahnung von

Beziehungen mit dem Staat Israel große Verdienste erworben. Er war der Gründer einer Aktion »Friede mit Israel« und trat auch für die Aufnahme von Verbindungen zwischen deutschen und jüdischen Jugendlichen ein.

III.18 Heinz Kappes an Adolf Freudenberg

[Karlsruhe], 24. 11. 1951

Lieber Bruder Freudenberg!

Hierdurch unterbreite ich Dir ein Anliegen, durch dessen Erfüllung die Evangelische Kirche in Deutschland einen wirklichen und außergewöhnlichen »Dienst an Israel« leisten könnte, welcher ihr selbst zum Segen gereichen würde.

Es handelt sich um die Bitte, einen jüdischen Rabbiner in die Pensionskasse einer deutschen evangelischen Kirche aufzunehmen.[1] ... Seit 1949 ist er der Rabbiner der liberalen Gemeinde in Amsterdam. Erst von Holland aus bekam er die Möglichkeit, ab und zu nach Deutschland zu kommen. Er hat einen Israelipaß. Er weihte z.B. 1950 das Denkmal, das an die Opfer seiner einstigen Gemeinde in Kassel erinnert.[2] Als in Karlsruhe im Sommer 1951 der renovierte Betsaal der jüdischen Gemeinde geweiht wurde, hielt er den Gottesdienst. Unser Landesbischof D. Bender nahm an dieser Feier teil und machte durch seine ergreifende Botschaft einen tiefen Eindruck auf die Juden aus zahlreichen Orten Süddeutschlands. Dabei konnten Geis und LB Bender ein längeres Gespräch miteinander führen.

Unsere Gesellschaft veranstaltete am Vorabend einen Vortrag von Geis im größten Hörsaal der Technischen Hochschule über »Jüdischer Glaube in dieser Zeit«; es waren über 500 Leute anwesend, und noch heute werde ich von Christen auf dies erschütternde Zeugnis jüdischen Glaubens angesprochen.

Hermann Maas hatte schon seit über einem Jahr dahin gewirkt, daß die Heidelberger Universität die Frage prüfen möge, ob nicht dort ein Lehrstuhl für einen Honorarprofessor für nachbiblisches Judentum errichtet werden könne. Darum veranstaltete Maas für Geis einen Vortrag vor einem akademischen Gremium über »Das Geschichtsbild der Tannaiten«[3]; der Rektor der Universität hatte dies Thema aus 7 vorgeschlagenen ausgewählt. Eine Entscheidung über die Berufung von Dr. Geis ist noch nicht gefällt ... Seitdem die jüdischen Gemeinden in Karlsruhe, Mannheim und Heidelberg Dr. Geis kennen, drängen sie darauf, daß er als Landesrabbiner nach Nordbaden kommen solle. In Karlsruhe und Heidelberg mögen etwa 150 Juden leben, in Mannheim etwa 200, und einzelne sind noch in Pforzheim und anderen Orten verstreut. Ich kenne den hiesigen Gottes-

dienst, der in seiner Weise rührend ist; es fehlt ihm aber die geistliche
Führung und Vertiefung, und seitdem die Gemeindeglieder wieder
Predigten von Dr. Geis gehört haben, ist ihnen ihre Armut erst recht
zum Bewußtsein gekommen.

Trotz der großen Belastung mit Fürsorgeleistungen ist der Oberrat
bereit, Dr. Geis durch Vertrag auf 10 Jahre das Gehalt zu garantieren,
welches dem eines Pfarrers in entsprechender Stellung vergleichbar
ist. ... Er muß also auf eine dauernde Sicherung der Existenz für sich
und seine Familie bedacht sein.

Seine Lage ist dann eine grundsätzlich andere als die der übrigen
Rabbiner in Westdeutschland. Keiner von ihnen hat die Absicht, sich
in Deutschland zu verwurzeln; darum streben die jüngeren nach Ab-
solvierung eines kurzfristigen Dienstes nach den USA, und die älteren
Herren kehren nach einem ebenso kurzfristigen Dienst wieder nach
Israel oder England zurück.

Dies ist die Gelegenheit, daß wir Evangelische einen wirklichen
Dienst an Israel tun können. Darum wende ich mich an Dich mit der
Bitte, daß Du Dich zum Anwalt dieses Anliegens im Ausschuß
»Dienst an Israel«, und durch diesen im Rat der EKD machst.

Niemand weiß besser als Du, wie sehr wir Christen daran interessiert sind, daß das Gespräch mit einem hervorragenden jüdischen
Geistlichen kontinuierlich geführt wird. Du weißt selbst, daß es – jeden einzelnen jüdischen Vertreter in Ehren! – bisher nicht befriedigen
konnte. In Deutschland brauchen weniger die Juden diesen Austausch mit Christen im Glauben und in der Verantwortlichkeit vor
Gott als umgekehrt! Anders können wir unsern seelsorgerlichen
Dienst am schuldbeladenen Gewissen unseres Volkes nicht erfüllen.
Dr. Geis weiß genau, daß, wenn er nach Deutschland kommt, er fast
mehr für Dienste an Christen hierher kommen wird als für Dienste an
Juden. Er steht seit längerer Zeit wieder in Korrespondenz mit christlichen Deutschen und hat sich z.B. Dr. Erich Lüth angeboten mit solchen Deutschen zu korrespondieren, welche nur von einem Juden
eine Antwort auf ihre Gewissensnöte erhalten können; und diese
briefliche Verbindung wächst dauernd.

Dr. Geis hat mir ausdrücklich versichert, daß er zu allen Funktionen gegenüber dem »Ausschuß Dienst an Israel«[4] oder in der »Gesellschaft für christlich-jüdische Zusammenarbeit« bereit ist, welche er
leisten kann. Ich bin davon überzeugt, daß er, wenn er einmal bekannt geworden ist, eine große Fülle von Arbeit im christlichen Bereich bekommen wird. Ich bin davon überzeugt, daß, wenn der Welt-
frieden erhalten bleibt, sich das jüdische Leben in Deutschland stabi-
lisieren wird oder sich sogar weiter ausdehnt.

Mein unmittelbares Gefühl sagt mir, daß hier eine außerordentliche Gelegenheit für einen »Dienst an Israel« besteht. Ich werde einen Durchschlag dieses Briefs an Herrn Landesbischof D. Bender geben. Es liegt in der Hand der Evangelischen Kirche, ob die Juden in Nordbaden einen Rabbiner, und ob wir Christen einen aufrichtigen jüdischen Freund bekommen.

Mit herzlichen Grüßen   Dein Heinz Kappes

1 Biographische Angaben über Geis und die Würdigung seiner Person in dem Brief sind weitgehend ausgelassen.
2 Gedenkrede für die jüdischen Opfer des Nationalsozialismus in Kassel 1950. In: Gottes Minorität, S. 158 ff.
3 Der Vortrag blieb unveröffentlicht.
4 Deutscher evangelischer Ausschuß für Dienst an Israel, Münster.

III.19 Leo Baeck an Geis

Cincinnati, 1. 2. 1952

Lieber College Geis,

vor einer Stunde erhielt ich Ihren Brief[1] – ich war eben im Begriff, von meinem Zimmer in das Klassengebäude hinüberzugehen, und las ihn rasch, und einer der College-Collegen, den ich traf, meinte, ich sähe so vergnügt aus. Ihr Brief hat mir in der Tat eine große Freude gebracht. Ich kann es kaum sagen, wie dankbar ich bin; wir brauchen einen Rabbiner wie Sie in Deutschland. Eine große Aufgabe liegt vor Ihnen, und ich weiß, Sie sind der rechte Mann für sie. Meine innigen Wünsche ziehen zu Ihnen hin.

Hoffentlich wird die Wohnungsfrage bald gut gelöst sein, damit Sie recht bald Ihr Amt antreten können.

Nochmals meine herzlichsten Wünsche. Viel Grüße an Sie alle,

stets Ihr L. Baeck

1 Mitteilung von der Übernahme des Rabbinats in Karlsruhe.

III.20 Geistige Wiedergutmachung[1]

Neben den Stimmen der Neonazis und Genossen sind in Deutschland auch Äußerungen der Humanität zu hören, sie kommen oft von hoher und höchster Stelle, von Bundespräsident und Bundeskanzler, von geistlichen Würdenträgern und Universitätsprofessoren. Keiner wird die Echtheit der Gesinnung bezweifeln, und dennoch bleibt unser Mißtrauen wach. Warum? Nur weil wir Juden unsere schreckliche Vergangenheit nicht vergessen können? Auch das wäre zu verstehen, aber es ist nicht der einzige Grund, denn auf der anderen Seite halten wir ständig Ausschau nach einem neuen Morgenrot der Menschheitsgeschichte, weil wir gerade als Juden nicht ohne diese Hoffnung leben können. Wir sind nicht so töricht, zu glauben, die gründliche Beeinflussung und sogenannte Erziehung der Hitlerzeit sei ohne Schwierigkeit auszurotten, und wir sind darum eigentlich auch nur überrascht über das Versagen der Wohlmeinenden, deren Erklärungen uns aufhorchen ließen. Denn einmal fällt auf, wie lange ein Bekenntnis, wie das von der Kollektivscham des deutschen Volkes, auf sich warten ließ, das Befreiende der Spontaneität mußte daran schmerzlich vermißt werden. Zum anderen sieht es ganz so aus, als ob man der Meinung wäre, mit diesen sehr schönen Worten einem besseren Deutschland schon den Weg gebahnt zu haben. Zweifelsohne handelt es sich dabei nicht um mangelnden guten Willen, sondern um eine Gefährdung, der die deutsche Geistigkeit so oft erlegen, und die an mancher tragischen Entwicklung des deutschen Volkes mit schuld ist. Denn wenn man von dem Einfluß der deutschen Universitäten in der ersten Hälfte des 19. Jahrhunderts absieht, hat der deutsche Geist es nie verstanden, in die Breite des Volkes zu wirken. Die wirklichen Erzieher waren zumeist die Verführer des Volkes, die die Mittel der Propaganda zu nutzen verstanden. Der Geist blieb »akademisch«. Mit welchem Erfolg er es blieb, hat die letzte Vergangenheit deutlich genug gezeigt.

So scheint es auch jetzt wieder zu sein. Anders ist es doch kaum zu erklären, wenn man sich Jahre nach Hitlers Sturz von dieser Schmach distanziert, vom Mut zur Liebe spricht und ernstlich meint, damit habe man seine Aufgabe erfüllt, damit habe man eine Wiederholung der kalten Grausamkeit unmöglich gemacht. Es leben nur noch wenig Juden in Deutschland, und es ist wohl kaum damit zu rechnen, daß die Zahl in Zukunft größer wird. Im Gegenteil. Aber die Judenfrage bestände für das deutsche Volk moralisch und geistig auch dann, wenn Hitler die vollkommene Liquidation erreicht hätte. Kenntnisse sind noch immer ein gutes Mittel gegen voreiliges Urteilen und Verurteilen gewesen. Wer soll in Zukunft jungen deutschen Menschen, insbesondere den zukünftigen Lehrern und Journalisten, Richtern und allen anderen, die durch ihren Beruf Einfluß auszuüben haben, Kenntnisse vom Judentum vermitteln? Die Forderung nach einer jüdischen Fakultät im Rahmen der deutschen Universität haben die Väter der Wissenschaft des Judentums im 19. Jahrhundert ohne Erfolg gestellt. Erst nach dem ersten Weltkrieg wurde ein einziger Lehrauftrag dieser Art in Frankfurt a. M. vergeben, an der Universität, die ihr

126

Entstehen nicht zum geringen Teil der Gebefreudigkeit ihrer jüdischen Mitbürger verdankt. Heute, nach Geschehnissen, die fast zur völligen Vernichtung des deutschen Judentums geführt haben, in einer Zeit, da man in Deutschland die Juden kaum mehr kennen lernen kann, wären Lehrstühle für jüdische Geistesgeschichte nötiger denn je. Es genügt nicht, sich von einer Vergangenheit zu distanzieren. Was not tut, ist die Durchsetzung in einer sehr harten Wirklichkeit: die Arbeit gegen den Haß und für ein Verstehen. Es ist bei den augenblicklichen Gegebenheiten dazu kein anderer Weg offen als der des Lehrens und Lernens der Geschichte, der Inhalte, der Probleme dieses haßverfolgten Glaubensvolkes. Die Errichtung von Lehrstühlen ist nicht Sache der Bundesregierung, sondern der Landesregierungen. Die Regierungen der Länder haben kein Geld. Aber das wäre eine Gelegenheit zur Wiedergutmachung aus *eigener* Initiative, trotz der pekuniären Not hier ein so Zwingendes zu sehen wie beispielsweise die Wiederbesetzung eines Lehrstuhles für Kinderheilkunde innerhalb der medizinischen, für Römisches Recht innerhalb der juristischen Fakultät.

Eine andere Frage ist die Besetzung solcher Lehrstühle, auf die nur überzeugte Juden, die den Anforderungen eines akademischen Lehrers gewachsen sind, berufen werden sollten. Möglich, daß sich nur wenige solcher Kräfte finden ließen, denkbar, daß sich nur zögernd und langsam Juden für diese Aufgabe zur Verfügung stellen würden. Dennoch müßte eine Erziehungsmöglichkeit in dieser Richtung gerade von den Wohlmeinenden und Verantwortlichen in Deutschland gesucht werden, wenn ihre Erklärungen, so gut sie gemeint sein mögen, nicht mehr Schaden als Nutzen anrichten sollen.   (erge)

1 Aus: Allgemeine Wochenzeitung der Juden in Deutschland, 31. 3. 1950. Im ersten Teil setzt sich Geis kritisch mit der Rede von Bundespräsident Th. Heuss vom 7. 12. 1949 (s. III.10) auseinander. Heuss schloß seine Rede mit einem Aufruf »Mut zur Liebe«.

III.21 Es gibt keine Entschuldigung

Wenige Jahre nach Gründung der Bundesrepublik Deutschland begann ein jahrelanges Strafverfahren wegen Betrugs in Wiedergutmachungsangelegenheiten gegen den ehemaligen bayerischen Landesrabbiner Dr. Ohrenstein und gegen den ehemaligen Präsidenten des bayerischen Landesentschädigungsamts, Auerbach. Hierüber brachten die »Badischen Neuesten Nachrichten« am 2. 7. 1952 einen längeren Artikel, der u.a. törichte Verallgemeinerungen und – als solche bezeichnet – Gerüchte enthielt, die sich rasch als irrig erwiesen. Entsprechende Entschuldigungen seitens der Redaktion genügten Geis nicht. Der Vorgang als solcher ist hier ohne Belang, wohl aber die grundsätzlichen Ausführungen von Geis im Rahmen einer Predigt, die die Allgemeine Wochenzeitung der Juden in Deutschland am 25. 7. 1952 veröffentlichte.

Die Zeitung behauptet natürlich, nicht antisemitisch zu sein, und ein jeder der Beteiligten erzählt, wie gut er sich während der 1000 Jahre des Hitlerreiches benommen hat.

Schämen sich diese Herrschaften eigentlich gar nicht, von ihrem bißchen Menschentum zu erzählen im Angesicht der wirklich Großen des deutschen Volkes in dieser traurigen Zeit? Etwa eines Bonhoeffer, um ein Opfer zu nennen, eines Pfarrers Maas, einer Frau Dr. Luckner, um nur zwei Menschen zu nennen, die uns erhalten blieben? Und sollte es wirklich so schwer sein, einzusehen, daß jeder verantwortungsbewußte Mensch in diesem Lande sich sehr genau überlegen sollte, was er über Juden schreibt, und alles vermeiden müßte, was unter Umständen die alte Krankheit des deutschen Volkes, den Antisemitismus, wieder aufflackern lassen könnte? Darauf wird nun geantwortet: Was wir schreiben, ist ja im ureigensten Interesse der jüdischen Gemeinschaft in Deutschland. Wir wollen ja nur warnen, damit solch fragwürdige Gestalten euch das Leben nicht unnötig erschweren, damit auch nicht der leiseste Anlaß zum Antisemitismus gegeben werde. Nun, was das betrifft, so sind wir sehr skeptisch. Das deutsche Judentum stellte einmal einen Extremfall an Anständigkeit dar. Deutsche Juden lebten während des ersten Weltkrieges von ihren Rationen zu einer Zeit, da das deutsche Volk – sehr verständlicherweise – schon lange hamsterte; deutsche Juden zeichneten Kriegsanleihe zu einer Zeit, da die Judenzählung im deutschen Heer durchgeführt wurde.[1] Deutsche Juden waren in ihrer Mehrheit nicht einmal imstande, Hitler und seine Bande zu verstehen und sich und ihr Vermögen rechtzeitig in Sicherheit zu bringen. Vor dem blutigsten Antisemitismus aller Zeiten hat das die Juden Deutschlands nicht bewahrt, weil nämlich der Antisemitismus unabhängig von Gründen ist, die Gründe immer nur vorgeschoben sind und das Wesentliche eine tief sitzende Abneigung ist, geboren aus einer Unfreiheit, die jedes fremd Wirkende ablehnen und verfolgen muß.

Auf der anderen Seite ist es leider nicht zu leugnen, daß es unter den wenigen Juden, die heute noch in Deutschland leben, einige Menschen gibt, die man nicht anders als den extremen Gegenpol zu den einstigen deutschen Juden bezeichnen kann. Dafür gibt es nun freilich Gründe genug. Ein Zusammenbruch mit seiner seelischen und körperlichen Not bessert die Menschen nicht, ganz gleich, ob es nun Christen oder Juden sind. Schwarzhändler gibt es nur, wenn es auch

128

Menschen gibt, die bei ihnen kaufen. Führt der gerade Weg zum Hungertod, wird man immer krumme Wege zu gehen versuchen. Außerdem verdanken wir es, neben dem Zufall, dem Ausrottungssystem des Dritten Reiches selbst, wenn gerade die Robustesten – und in der Wahl ihrer Methoden nicht Gehemmten – die Hölle überdauert haben. Schließlich muß man sogar verstehen können, daß es unter uns Juden Menschen gibt, die die Auffassung vertreten, alles Schlechte, was sie in ihrem Leben noch tun könnten, reiche nicht an das Teuflische heran, das man ihnen, ihren Eltern und Kindern angetan habe.

Bei allem psychologischen Verständnis, das wir da aufzubringen in der Lage sind, wenden wir uns aber mit der größten Entschiedenheit gegen eine solche Auffassung, die vielleicht noch den Helden herauskehrt und dabei doch nur an den eigensten und schmutzigsten Nutzen denkt. Eine legitime Ablehnung von Deutschland, gepaart mit echtem Heldentum, mag es vielleicht in Israel geben, hierzulande nicht. Nicht so sehr um des deutschen Volkes willen sagen wir erbittertsten Kampf all diesen Auswüchsen an, wenden wir uns mit Entschiedenheit gegen alles Verworrene und Verworfene, allein um unseretwillen, im Gedächtnis an unsere sechs Millionen Opfer, sagen wir »Nein« zu jedem Verbrechertum in unseren Reihen. Wir Überlebenden wollen nicht nur leben, wir hoffen, zu einem sinnvollen Leben – trotz Schändung und Mord – uns durchringen zu können. Das aber gibt es nur, kann es nur geben, wenn wir Hitler in uns überwinden, und dazu gehört auch die Ausrottung all der Schäden, deren Augenzeugen wir in den letzten Jahren sein mußten. Wir müssen leider nach zwei Richtungen kämpfen, wir bekämpfen die Schädlinge in unserer Mitte und diejenigen Deutschen, die den traurigen Mut aufbringen, sich schon wieder »nichts dabei zu denken«, wenn sie in ihrer verantwortungslosen Art Handlanger des Antisemitismus werden.

1 Sobald nach Ausbruch des ersten Weltkrieges der erste Rausch kriegerischer Euphorie verflogen war und die Kriegsnöte anstiegen, trat der Antisemitismus wieder offen zutage und breitete sich verschärft aus. Die Juden wurden verdächtigt, ihren Kriegsdienst nicht entsprechend ihrem Bevölkerungsanteil zu leisten. Das Kriegsministerium ordnete daher im Oktober 1916 eine Zählung der Juden im Heer an. Das Ergebnis ist erst 1922 veröffentlicht worden. Die Verdächtigung erwies sich als haltlos. Vgl. Jochmann, W., »Die Ausbreitung des Antisemitismus«, in: Mosse, W. E. (Hrsg.), Deutsches Judentum in Krieg und Revolution, 1916–1923, Tübingen 1971 (Wissenschaftliche Abhandlungen des Leo Baeck Instituts, Band 25), S. 421 ff.

IV. Der Prediger

Zum Thema

Das Kapitel »Predigten« wird eingeleitet durch eine Rundfunkansprache von Geis »Die Synagoge«. Sie wurde anläßlich einer jüdischen Feier zum Gedenken des 9. November 1938 gehalten. Die der Synagoge zugrunde liegenden religiösen und sozialen Vorstellungen zu kennen, ist hilfreich für das Verstehen der Predigten. Den Abschluß des Kapitels bilden das Sch'ma Jissrael und das Alenu-Gebet. Beide sind wichtige Elemente jüdischen Gottesdienstes; sie werden in den Predigten wie auch in einzelnen anderen Dokumenten wiederholt zitiert. Für das Verständnis des Hintergrundes der Predigten, speziell auch der zitierten Quellen wird auf den Aufsatz »Das Geschichtsbild des Talmud« (V.2) verwiesen. So weit liturgische Stücke zitiert werden, sei auf das Gebetbuch Sidur Sefat Emet (V. Goldschmidt Verlag, Basel 1972) hingewiesen.

Den Kern des Kapitels bildet eine Auswahl von Predigten zum Zyklus der Feste im Verlauf des jüdischen Jahres. Sie sind während der Jahre 1952 bis 1967 gehalten worden. In allen sind der Schrecken der Jahre 1933 bis 1945 und der Schmerz um die Gemordeten gegenwärtig. Indem die Predigten über die Feste und über die von Gott gegebene Lebensordnung anhand der Tora und der Vielzahl ihrer Auslegungen in der Tradition belehren, sollen sie zugleich die Gemeinden der den Holocaust Überlebenden trösten, sie in ihrer Zugehörigkeit zu Gottes Volk stärken und sie zum Tun für das kommende Königreich Gottes aufrufen.

Dem nichtjüdischen Leser mag die Verwandtschaft wesentlicher christlicher Feste mit älteren jüdischen Festen auffallen. Er sei aber auch auf die Eigenart jüdischer im Vergleich zu christlicher Predigt hingewiesen. Im Gottesdienst der Synagoge verbinden sich Anbetung und Lehre. Der Rabbiner ist in erster Linie Lehrer, er lehrt die Tora und legt ihre Weisung für Verhalten und Handeln aus, dagegen scheut er Aussagen über Gott. In Geis' Predigten wird deutlich, daß gerade er sich als Lehrer verstand, der die Geschichte seines Volkes erzählend weitergab und in ihr dem Handeln Gottes nachspürte, sie so als Geschehen erkannte, das sich in der Partnerschaft von Volk und Gott zuträgt – ein Gedanke, der sich durch viele seiner Äußerungen zieht, ausführlich beispielsweise in V.5. In unserer technisch so vollkommenen Welt beklagt er die Eindimensionalität des Menschen, die diese Partnerschaft vergessen läßt: »Es fehlt die Dimension des ... Sinnes, die den Menschen vergangener Zeiten in all seiner Hilf- und Machtlosigkeit erhöhte« (Predigt zu Jom Kippur, 4. 10. 1957, IV.5).

Doch das Volk Gottes muß sich in seinen Gottesdiensten betend immer wieder jener Worte erinnern, die Moses es lehrte und die in ihrer »typischen Verbindung von Bekennen und Tatforderung den Charakter des Glaubensbekenntnisses erhalten«: Das Sch'ma Jissrael: »Höre Jissrael: ER unser Gott, ER Einer!« (5. Mose 6,4ff):

Immer wieder spricht Geis auch vom Königtum Gottes und zitiert das Alenu-Gebet (vgl. V.8), die Hymne am Schluß der täglichen Gebete, über die er selbst schreibt:

»Der Gottesdienst der Synagoge ... hat stärkste Impulse aus den Situationen erhalten, die eine Normalgeschichte nur negativ empfinden könnte. ... Wie wenig dabei ein passives Erdulden oder ein gottseliges Bekennen das Bewegende – und Erregende – ist, erhellt die Tatsache, daß der Genius des Glaubensvolkes um 1300, in einer Zeit tiefster Erniedrigung und Gefährdung, gerade ein Gebet, das Hohn, Verdächtigung und Verfolgung mehren mußte, aus der Liturgie der hohen Feste zum Abschluß des tagtäglichen und festtäglichen Gottesdienstes herübergeholt hat.«

Aus dem Alenu-Gebet spricht in letzter Klarheit Vertrauen und Sehnsucht Israels:»An uns ist es, den Herrn des Alls zu preisen« (Zitate nach: Vom unbekannten Judentum, S. 18 u. 20).

IV.1 Die Synagoge[1]

Jüdische Gedenkfeier anläßlich des 9. November

Am Querhaus des Straßburger Münsters stehen zwei wundersam schöne Frauengestalten: die Kirche mit den Zeichen des Sieges und die Synagoge mit zerbrochenem Stab, die Binde vor den Augen. So hat die mittelalterliche, religiös-kirchlich gestimmte Welt bestenfalls die Synagoge, das Judentum, gesehen. Aber immerhin, die Synagoge stand und Synagogenzerstörungen sind relativ selten vorgekommen, denn Israel blieb bei allem Haß, bei jeder Verfolgung: der negative Zeuge.

Für den Juden war und ist die Synagoge selbstverständlich ein anderes: Raum des Gebetes, des frommen Lernens, Ort der Versammlung, zu dem man sich aus der Welt der Feindschaft, des Nichtverstehens, ja Nichtverstehenkönnens rettet.»Die liebe, die heilige Schul«, so nannte der Jude sein Gotteshaus, welche Zärtlichkeit spricht aus dem Wort. Wann immer wir die Synagoge betreten, singen wir das Wort aus dem unfreiwilligen Segen des zum Fluche ansetzenden Propheten aus nichtjüdischem Stamm, das Wort Bileams:»Wie schön sind deine Zelte Jakobs, deine Wohnungen Israels.«[2]

Der Gottesdienst der Synagoge ist ein besonders klar geprägtes Gegenüberstehen von Gott und Mensch. Kein Mittler, kein Helfer, kein Heiliger kann angerufen werden. Kein Priester kann die Situation erleichtern, den Weg zu Gott bereiten. Allein Gott gegenüberstehend muß der Mensch seine menschliche, seine kreatürliche Unzulänglichkeit vor dem Ewigen und Heiligen erleiden. Nur ein einziges großes DU steht ihm gegenüber, das den streng und ferne regierenden Königgott und den liebenden und verzeihenden Vatergott umschließt.

Zweimal am Werktag, dreimal am Schabbat und Festtag, für fast

24 Stunden am Versöhnungsfest versammelt sich die Gemeinde zum Gebet, das die jeweilige Gegenwart in ihrer Bedingtheit und Begrenztheit zwischen glorienüberstrahlter Vergangenheit und heilserleuchteter Zukunft erscheinen läßt. Der Forderung des Tages kann immer nur gerecht werden, wer den Tag nicht zu wichtig nimmt.

Neben den Gebeten steht als ein Bestimmendes, Charakterisierendes die Verlesung aus den Büchern der Bibel, insbesondere die Vorlesung aus der Thora, den fünf Büchern Moses; auf pergamentenen Rollen heute noch geschrieben, geschmückt mit allen Zeichen der Liebe, bewahrt im heiligen Schrein. Ausheben und Einheben der Thorarolle ist von zentraler Bedeutung. »Ein Baum des Lebens« wird die Thora genannt.[3] Und das ist sie wahrlich der Gemeinde Israels immer gewesen und geblieben. »Ihre Wege sind Friedenswege« für uns, die man so selten in Frieden hat leben lassen.[4] Wann immer die pergamentene Rolle in den Schrein zurückgestellt wird, bitten wir in unserer Gotteskindschaft: »Führe uns zu Dir zurück, o Gott, wir wollen heimkehren, erneuere unsere Tage wie ehedem.« So sagen und singen wir von der Gesetzeslehre, die im außerjüdischen Bezirk oft mißverstanden wird. Die Bürde des Gesetzes, der Fluch des Gesetzes, sind Prägungen des Nichtverstehens, für uns sind sie bedeutungslos. Uns ist die Gesetzeslehre Pfand des Gottesbundes mit Israel, »das gelernte und gelebte, zerdachte und umsungene, all- und todestägliche, kleinliche und erhabene, nüchterne und sagenschwere, hauskerzen- und scheiterhaufenflammenumstrahlte Gesetz«.[5]

Freude und Leid zusammen machen erst das ganze Menschenleben aus, von Leid und Freude singt die Synagoge. Wenn klagende Töne vielleicht überwiegen mögen, dann nicht weil wir unerlöste Gesetzesmenschen sind, sondern weil uns im Laufe der längsten Märtyrergeschichte der Menschheit so viel Schmerz zugefügt wurde. Im Jahres-Kaddisch [Jahrzeit-Gebet] klingen alle Melodien der Synagoge an, die frohen und die traurigen, die sehnsüchtigen und die von Gewißheit erfüllten.

Im November 1938 wurden unsere Synagogen zerstört, die Thorarollen beschmutzt und zerrissen, Thoraschmuck, Kelche und Leuchter geraubt. Mag vieles in den Jahren 1933 bis 1945 geschehen sein, ohne daß eine breitere Öffentlichkeit Kenntnis davon erhielt, die ausgeplünderten und zerstörten Synagogen hat ein jeder gesehen. Von dem katholischen Dichter Reinhold Schneider stammt das Wort: »Am Tage des Synagogensturmes hätte die Kirche schwesterlich neben der Synagoge erscheinen müssen. Es ist entscheidend, daß das nicht geschah.«[5a]

Bedrohung und Gefährdung, Marter und grausamen Tod hat es für viele von uns seit 1933 gegeben. Von dieser einen Nacht, der Kristallnacht, war Todesdrohung über uns allen deutlich, die dann zur fürchterlichen Wirklichkeit werden sollte. Aber bei aller Trauer, allem Leid, dürfen wir nicht vergessen, wie gnadenvoll wir von dem Satanischen, in das die Menschen hineingezwungen wurden, ausgeschlossen blieben. Eine spätere Zeit mag darin – besser als wir es können – Gottesfügung erkennen, eine neue Bestätigung der Gottesnähe, die oft wie ein Fluch erscheint und doch immer nur Segen ist.

Wir gingen in den Tod, die Gläubigen und die Lauen, mit dem Bekenntnis Israels, das ein jeder Jude in seiner letzten Stunde spricht. Einmal im Jahr wird es in der gleichen Form in der Synagoge mit aller Kraft der Seele und des Geistes in der Abschiedsstunde des Versöhnungsfestes gebetet. Dieses Bekenntnis hat uns über alle Zeiten der Verfolgung getragen, uns Aufrichtung und Ausrichtung gewährt. Uns, den aus Todesschatten Auferstandenen, dem Überrest Israels, ist es aufgegeben, es weiterzutragen hin zu dem Tag, von dem das tägliche Gebet spricht:»Und Gott wird König sein über alle Erde an jenem Tag wird Gott Einer sein und sein Name Einziger.«[6]

Das Bekenntnis aber heißt:

»Höre Israel, Gott ist unser Gott, Gott ist Einer.

Gelobt sei der glorreiche Name seiner Herrlichkeit

für Zeit und Ewigkeit.

Er ist Gott, Er ist Gott, Er ist Gott.«

1 Ansprache im Südwestfunk, Abteilung Kirchenfunk; Sendung: 9. November 1955.
2 4. Mose 24,5.   3 Sprüche 3,18.   4 Sprüche 3,17.
5 F. Rosenzweig, Die Bauleute (1923), in: ders., Kleinere Schriften, Berlin 1937, S. 110.
5 a R. Schneider, Anfang des Tages, in: ders., Verhüllter Tag, Köln 1954, S. 155. S. auch Personenregister.
6 Sach 14,9.

IV.2 Rosch Haschana*

An jedem Neujahrsfest bitten wir Juden um Leben, unsere Gebete sind voll von diesem Ruf nach Leben. Zwar hat es nach dem Willen unserer rabbinischen Lehrer nicht so sein sollen. Sie hatten beabsichtigt, in den Mittelpunkt unserer Festgebete die Bitte um eine bessere menschliche Gemeinschaft zu stellen. Wer aber würde heute nicht verstehen, daß bei uns, den immer wieder in Todesschatten Verstoßenen, die Bitte um Leben alles andere übertönt?

Jeder, der in unserem Festgebet die aus mittelalterlichem Erleiden

135

entstandenen bangen Fragen liest:»Wer durch Feuer und wer durch Wasser, wer durch Erwürgen und wer durch Steinigen«[1] sterben wird, muß ein Gefühl dafür bekommen, wie wenig uns Juden Leben zur natürlichen Selbstverständlichkeit werden durfte. Aber gerade deshalb bedeutet uns Leben auch immer mehr als die bloße Existenz. Leben ist für uns mit der Kategorie des Guten unlösbar verbunden. Auf diesem schmerzensreichen Umweg haben die Schöpfer und Ordner unseres Gottesdienstes schließlich doch recht behalten, unsere Bitte um Leben ist zugleich ein Flehen um eine bessere menschliche Gemeinschaft, um eine endlich menschliche Gemeinschaft.

Im Talmud[2] wird einmal von einem Schwerkranken erzählt, der, aus einem todesähnlichen Schlaf erwachend, von seinem Vater gefragt wird, was er in jenen Grenzbezirken zwischen Leben und Tod gesehen habe. Er antwortet:»Ich habe eine verkehrte Welt gesehen, die Oberen waren unten, die Unteren oben.« Darauf entgegnet ihm der Vater:»Mein Sohn, du hast eine geläuterte Welt gesehen.« An diese lautere Welt einer göttlichen Ordnung sind wir Juden zutiefst gebunden, müssen wir, die wir dem Tod immer wieder so gefährlich nahe kommen, glauben, wenn wir den Boden nicht unter den Füßen verlieren sollen, wenn wir bestehen wollen. »Erfolge« sollten ihr Betörendes für uns eigentlich längst verloren haben. Als Prototyp aller Minoritäten stehen wir nicht mehr auf der Seite der Macht und der Mächtigen, wenn wir uns auch immer wieder einmal auf dieses Gebiet verlaufen. Da uns die unermeßliche Gnade der Machtlosigkeit verliehen wurde, können wir Macht allein noch als ein Lehen verstehen, mit dem der Anspruch Gottes auf des Menschen Tun und Lassen unabdingbar verbunden bleibt.

Spricht aus all dem nicht ein illusorischer Optimismus, der menschliches Vermögen maßlos überschätzt? Vom nur Kreatürlichen her gesehen, bestimmt ja, von Gott aus nein. Wie ein Mittel gegen die Summe negativer Erfahrungen, die ein jeder in seinem Leben dauernd macht, erscheint Rosch Haschana. Der Gerichtstag über menschliches Versagen bleibt beim Juden nicht bis »zum Ende der Tage« aufgehoben, es gibt gar nicht erst die Anhäufung von Verirrung, Verfehlung und Schuld, bis zu dem Punkt, da die Erinnerung an die Paradiessünde das ernste fordernde Wort von der Gottesebenbildlichkeit des Menschen auslöscht. Einmal im Jahr ist der Gerichtstag unmittelbare Gegenwart. Das Jahr steht stellvertretend für die Ewigkeit. Es gibt kein Warten, und es gibt kein Verstecken. Nicht eine ferne Zukunft entscheidet über Recht und Unrecht, Sinn und Sinnlosigkeit, der jährlich wiederkehrende Gerichtstag des Neujahrsfestes tut es. Kein trägfaules Warten auf ein Wunder, das es einem leicht macht, nichts zu tun. Keine Gnadenübersteigerung, in deren Schatten Pflicht und Verpflichtung verdämmern können, keine Spiritualisierung des Gotteswortes, die sich so gern als »fromme« Dämpfung von Gottes fordernder Stimme auswirkt.

Diesen unübersehbaren Tatcharakter, der neben manch anderem seinen Platz im Judentum hat, bezeichneten unsere Väter und Großväter, die begeistert im Gleichschritt einer bürgerlich beruhigten Zeit mitgingen, gern etwas leichtsinnig als jüdischen Optimismus. Übersehen wurde dabei, wie weitab von religiösen Erfahrungen die Hochgestimmtheit jener Epoche lag, und daß die Bibel ein sehr viel realeres und darum auch düstereres Bild vom Menschen gibt, was einmal anfordernd und aufrüttelnd zugleich wirken konnte. Im täglichen Morgengebet heißt es[3]: »Was sind wir, was unser Leben, was unser Lieben, was unsere Gerechtigkeit, was unser Heil, was unsere Kraft, was unsere Macht? Der Vorzug des Menschen vorm Vieh ist nichts, denn alles ist ein Hauch.« Optimistisch klingt das nun doch wahrlich nicht. Freilich folgt darauf sofort das »Und dennoch«: »Aber wir sind dein Volk, Kinder deines Bundes. Heil uns! wie gut ist unser Teil, wie lieblich unser Los, wie schön unser Erbe!« Das »Ja« zu Gottes Welt scheint unlösbar mit der Gnade der Erwähltheit Israels verbunden, mit ihrer Bürde und ihrer Erhöhung. Aber damit kann man sich nicht brüsten und darauf darf man nicht pochen. Der Tag des Gerichtes soll ein Tag der Umkehr sein. Am Tag des Neujahrsfestes kehrt die Welt in ihren Urzustand zurück, von dem aus sich Neubeginn oder Verfall entscheiden. Die Entscheidung liegt bei der Umkehr und die Umkehr bei uns Menschen. Es gibt nichts Unjüdischeres als das monotone »Was kann ich schon tun?«, das zu unserem modernsten Seufzer geworden ist. Die gläubige Antwort des Menschen an Gott liegt nicht zum wenigsten in der Tat. Nicht was wir vollenden können, ist dabei ausschlaggebend, wohl aber unser Anfangen, der stetige Neubeginn. Wenn die Rabbinen die Umkehr älter als die Welt sein lassen[4], so doch nur, weil durch das Tun die Welt wieder und wieder dem Tod entgeht und allein dadurch die Möglichkeit der Wiedergeburt erfährt. Das ist nun wahrlich kein seichter Optimismus, viel eher ein Heroismus. Ohne diesen Heroismus hätten wir die Jahrhunderte nicht überstanden, ohne diesen Heroismus wird es für uns keine Zukunft geben. Preisen wir die Helden des Warschauer Ghettos, rühmen die Kämpfer des Neuen Israel und glauben, damit genug getan zu haben, dann treiben wir die zu nichts verpflichtende Heldenverehrung, die wir früher mit Recht bei anderen verachteten. Was soll ein stellvertretendes Heldentum, das wir uns von Israel liefern lassen, nachdem wir merkwürdigerweise schon ein stellvertretendes Frommsein ausgebildet haben, für das neuerdings unsere Rabbiner da sind? Was hat das alles noch mit der vielgerühmten »Jüdischkeit« zu tun, die doch – so möchten wir meinen – unabdingbar an eine Nachfolge im Rahmen des jeweils Aufgegebenen gebunden bleibt? Natürlich ist die Aufgabe unserer Generation besonders schwer. Zuviel wurde zerstört, darum hockt die Zerstörung in einem jeden von uns und lauert, und wir fürchten uns. Der Ruf nach Leben scheint wie das letzte Einende der Juden, er sei nicht unterschätzt. Vergessen wir aber nicht, die Bitte um Leben hat einen Adressaten, der Schrei nach Leben ist rein animalisches Aufstöhnen. Rosch Haschana meint die Bitte und nicht das Stöhnen. Das allein kann die Intention unserer Lehrer gewesen sein, wenn sie für Generationen und Generationen leidender Menschen zum Gebet bestimmten:»Gedenke unser zum Leben, König der du Wohlgefallen hast am Leben.«[5]

---

* Aus dem Nachlaß, o. J.

1 Vgl. das»Unser Vater, unser König«, in: Sidur Sefat Emet. Mit deutscher Übersetzung v. S. Bamberger, Nachdruck Basel 1978, 237.

2 Baba Batra 10b; vgl. Der babylonische Talmud. Neu übertr. durch L. Goldschmidt, Königstein/Ts. 1981[3], VIII, 39.

3 Sidur, 6f.

4 Vgl. Bereschit Rabba 1,4.

5 Aus der 1. Bitte des Achtzehngebets, wie es am Neujahrsfest und in den darauffolgenden 10 Bußtagen gebetet wird; Sidur, 40.227.

IV.3 Rosch Haschana*

In der Abendstunde dieses Tages beginnt für uns Juden Rosch Haschana, Neujahr. Es ist kein Fest ausgelassener Freude, wohl aber tiefen Ernstes, denn wir begehen diesen Tag als Jom Hadin, als Tag des Gerichtes, an dem Gott zu Gericht sitzt über alle Menschenkinder.

Wie verstehen wir diesen Gerichtstag? Wir sind verpflichtet, alle Vergehen, die wir an Mitmenschen begangen haben, zu sühnen; die zu versöhnen, die wir beleidigt haben, *bevor* wir uns dem göttlichen Gericht stellen. Denn die Versöhnung, um die wir in den 10 Tagen der Rückkehr ringen, die mit dem Rosch Haschana, dem Neujahrsfest beginnen und dem Jom ha-Kippurim, dem Versöhnungstag enden, soll eine Versöhnung mit Gott sein, zu der wir nur imstande sind, wenn wir uns zuvor mit den Menschen ausgesöhnt haben. Und so tief verpflichtend wurde diese Aufgabe empfunden, daß vor dem jährlich wiederkehrenden Gerichtstag im Laufe vieler Jahrhunderte der Gedanke des Jüngsten Gerichtes, wie ihn unsere Propheten geprägt haben, verblaßte. Weniger die Angst vor einem endzeitlichen

138

Gericht des dies irae, dies illa beherrscht uns Juden, als die Furcht in diesen 10 Tagen nicht Frieden und Versöhnung zu finden. Die Lösung der uns bewegenden Fragen überlassen wir keiner fernen Zukunft, sondern Jahr für Jahr mühen wir uns von neuem um den Sinn unseres irdischen Daseins und schließlich suchen wir die Schuld allen menschlichen Versagens nicht bei anderen, sondern zuerst und vor allem bei uns selbst: mipne chatoenu, wegen unserer Schuld[1]. Darin sind wir etwas verschieden von mancher Völkergemeinschaft, in der nur Vereinzelte – und das sind dann zumeist die Unschuldigen – ähnliches vermögen, während die Mehrheit Schuld immer nur bei anderen sucht und Verantwortung auf die abwälzt, die nicht mehr zur Verantwortung gezogen werden können.

Gerade Israel, das in jedem Jahrhundert seiner langen Leidensgeschichte in das Chaos der Vernichtung gestoßen wird, müht sich also um heilige Ordnung, versucht wenigstens, was in seinen Kräften steht zu tun, um an der Überwindung des Unrechts auf Erden mitzuarbeiten, denn von uns wird nicht nur die rechte Gesinnung gefordert, gefordert wird auch das rechte Tun. Unser großer mittelalterlicher Kommentator, Raschi, hat dafür das Wort geprägt: durch die schreibende Hand eines jeden Menschen beschließt Gott.

Am Ende der 10 Tage der Rückkehr stehen wir am Jom ha-Kippurim in 24stündigem Fasten, gekleidet in unsere weißen Totengewänder vor Gott und bekennen unsere Sünde. Über diesem Tag liegt eine nicht zu schildernde Weihe, seine Melodien greifen buchstäblich ans Herz. Weit über unseren Kreis hinaus ist die eine Melodie des Kol Nidre bekannt, von der der Dichter Lenau einst sagte: »... ein ... Lied, über und über in Trauer gehüllt, ein lang austönender Nachtgesang bußfertiger, zerknirschter, reuestammelnder Menschenkinder. ›Kol Nidre‹ heißt dieses Schmerzensgebet; ich habe es vor Jahren in der Heimat gehört ... Ach, ich wünschte wohl, daß es einst an meinem Totenbett von Freundesstimmen mir vorgesungen werde.«[2] – Melodie ist oft Ausdruck des Tiefsten, was in einem Menschen, einer Menschengemeinschaft lebendig ist, und meint hier eine alles und alle umfassende Versöhnung, nicht nur die Versöhnung mit dem eigenen Ich und dem Nächsten. Um uns das deutlich zu machen, ist zur Lektüre des Jom ha-Kippurim, des Schabbat der Schabbate, von den Rabbinen das Buch Jona bestimmt worden. Es erzählt von dem jüdischen Propheten, der höchst unwillig den Auftrag zur Bußrede an das ferne Volk übernimmt und von dem Volk der Sünder und Missetäter, das in Gesinnung und Tat sich zu Gott bekehrt. Es handelt sich in dieser Geschichte nicht um Juden, *nur* um Menschen, über die Gott seine Liebe ausgießt – wie über jegliche Kreatur.

Versöhnung kennt keine Grenzen. Wenn wir Juden an unserem

höchsten Feiertag darauf waren, daß Gott zu uns spricht: Salachti!, ich habe verziehen, dann wird von uns verlangt, daß auch wir uns dieses Wort abringen. Dieses Ernstmachen ist zu Zeiten für uns unsagbar schwer – manch blutiger Seufzer unserer Gebete spricht davon. Fürchterliche Bilder der Verfolgung und der Marter sind in uns eingebrannt, jeder von uns trauert um geliebte Menschen, die unter unendlichen Qualen sterben mußten. Und da wird von uns, *gerade* von uns verlangt, Zeugnis dafür abzulegen, daß es keinen noch so verworfenen Menschen und kein noch so verworfenes Volk gibt, das nicht wieder gesunden könnte, daß wir, *gerade* wir, im Kampf gegen das Böse den bösen Menschen in seiner Beschränktheit nicht überschätzen. Unserer Generation wird es wohl kaum gelingen, diese Aufgabe zu vollenden, dazu gehörten wahrlich übermenschliche Kräfte. Aber erkennen können wir die Richtung unseres Weges und wissen dürfen wir, alle Qualen unserer Geschichte haben wir nur überdauert, weil wir uns schließlich immer wieder zur Versöhnung durchgerungen haben, von unseren Toten können wir nur deshalb wie von lebenden Helfern sprechen, weil wir sie reinigten von dem Haß ihrer Verfolger.

Wir Juden begehen jetzt Rosch Haschana, den Beginn eines neuen Jahres. Allen Juden gilt unser leschana towa Gruß [Gutes Neues Jahr!], vor allem denen, die in großer Einsamkeit und Trauer in diesem Land leben. Unsere Hoffnung, von der wir nicht lassen können, aber ist, es möchte diese Welt des Hasses überwunden und die Forderung an uns Menschen verstanden werden, die aus dem Gottesruf tönt: Salachti! ich habe verziehen.

* Aus dem Nachlaß, Manuskript für eine Rundfunksendung, o.J. (zw. 1952 u. 1955).
1 Aus dem Mussafgebet für das Neujahrsfest, Sidur, 239.
2 Zu »Kol Nidre« und Lenau s. Glossar.

IV.4 Jom Kippur – Versöhnungsfest*

Das Versöhnungsfest Israels ohne das Gewicht und die Gewichtigkeit der Sünde zu verstehen, das ist unmöglich. Immer wieder von neuem bekennt an diesem langen Tag des Betens und Fastens die jüdische Gemeinde ihre menschliche Schuld vor dem allmächtigen Gott. Aber was versteht unsere Generation in ihrer Gesamtheit noch von Sünde, was bedeutet sie ihr noch?

Versuchen wir es mit einem anderen, das uns heute – nach all dem

Furchtbaren, nicht zu Vergessendem – weit näher liegt: dem Rechten mit Gott. Wer das nur wenigstens richtig könnte. Verschüttetes müßte wieder offenbar werden, Vergessenes wieder gegenwärtig. Jedenfalls hat das Rechten mit Gott seinen legalen Platz im Judentum aus dem gleichen Ernstnehmen des göttlich-menschlichen Gegenüber, von dem auch das Sündenbewußtsein bestimmt ist; von beidem sind wir Juden durch die Zeiten geprägt worden.

Einmal an einem Rüsttag zum Versöhnungsfest, so erzählt eine chassidische Geschichte, kam der Zaddik von Rozin, gesegnet sei sein Andenken, zu dem Tisch und sprach:»Herr der Welt« – und nun zitierte er den Psalmvers [119,91] – »zu Deinem Gericht stehen sie heute, denn alle sind Deine Diener« und er erklärte den Vers, Israel steht heute zu Gericht, Dich zu richten, denn alle sind Deine Diener, das heißt, alles was über sie gekommen ist von Exil und Bedrängnis, all das ist, weil sie Deine Knechte sind.

Und eine andere Geschichte weiß zu berichten:

»Einmal, an einem Rüsttag zum Versöhnungstage, sprach der Zaddik Elimelech von Lisenzk, gesegnet sei sein Andenken, zu seinen Schülern: ›Wollt Ihr wissen, wie man sich auf den Versöhnungstag vorbereitet, so geht zu dem Schneider, der am Rande der Stadt wohnt‹. Sie gingen zu ihm und standen vor dem Fenster seines Hauses, und sie sahen ihn, wie er und seine Kinder in aller Schlichtheit beteten, wie es die Schneider zu tun pflegen. Nach dem Gebet zogen sie sich ihre Sabbatkleider an, zündeten die Lichter, deckten den Tisch und setzten sich mit großer Freude zu Tisch, und der Schneider holte aus dem Schrank ein Buch, in dem waren verzeichnet alle Sünden, die er getan hatte im Laufe des Jahres vom letzten Jom Kippur bis zu diesem, und er fing an vorzulesen, alle Sünden, die er im Laufe des Jahres begangen hatte, denn sie waren alle verzeichnet in diesem Buch des Gedenkens, und nachdem er die Aufzählung beendet hatte, holte er ein Buch heraus größer und schwerer als das erste und sprach: ›Herr der Welt, jetzt habe ich aufgezählt alles, was ich getan habe, jetzt aber will ich Dir aufzählen, was Du getan hast‹; und nun zählte er alle Kümmernisse und Züchtigungen, alle Nöte und seelischen Betrübnisse, alle bösen Krankheiten und alle Schädigungen an Hab und Gut, die während des Jahres gekommen waren über ihn und sein Haus und Israel, und als er damit fertig war, sagte er: ›Herr der Welt, wenn wir nun in Wahrheit miteinander abrechnen wollen, wer ist nun tiefer in des anderen Schuld, ich in Deiner oder Du in meiner? Aber ich will mit dir nicht so genau rechten, es ist ja morgen Jom Kippur, und jeder soll sich mit seinem Nächsten versöhnen, und so verzeihen wir Dir alles, was Du uns getan hast, verzeih Du auch uns alle Sünden, die wir gegen Dich begangen haben.‹ Dann schenkte er sich einen Becher ein, sprach den Segensspruch und sprach dann mit lauter Stimme: ›Lechajim, zum Leben, Herr der Welt, wir wollen einander verzeihen, was wir gegeneinander gesündigt haben, alles sei ausgetilgt und gelöscht, als wäre es nicht gewesen.‹ Nachher aßen und tranken sie mit sehr großer Freude. Die Schüler kehrten zu ihrem Rabbi zurück, erzählten ihm, was sie gesehen und gehört hatten, und sagten, daß die Worte des Schneiders hart gewesen seien und eine übergroße Frechheit gegenüber Gott. Da sagte ihr Rabbi zu ihnen: ›Und doch müßt Ihr wissen, daß der Heilige, gelobt sei er, in all seiner Herrlichkeit mit all dem himmlischen Hofstaat gekommen ist, um die Worte des Schneiders zu hören, wie sie gesagt waren in großer Schlichtheit, und von seinen Worten ging aus Wohlgefallen und Freude in allen Welten.‹«

Man halte das nun nicht für ausschließlich chassidisch, es ist biblisch. Im Buche Hiob, das nicht von ungefähr dem Hohepriester zu Jerusalem in der Nacht des Versöhnungstages vorgelesen wurde, steht Gott auf der Seite des fragenden, rechtenden Hiob und nicht bei den frömmelnden Freunden, die nur billige religiöse Sentenzen für Hiobs Leid bereit haben. Hiob rechtet mit Gott:»O hätte ich Kenntnis doch, könnte ich zu seines Wesens Maß gelangen, darlegen wollte ich vor ihm das Recht und mir den Mund mit Streiten füllen; ich wüßte gern die Worte, die er mir erwiderte, verstünde, was er zu mir spricht.«[1]

Der rechtende Jude steht neben den sündenbekennenden und beide zusammen sind erst der ganze gottgläubige Mensch, der von Gottes Gerechtigkeit nie und nimmer lassen kann.

Kafka, der jüdische Dichter, schreibt einmal in seinen Betrachtungen:»Es gibt zwei menschliche Hauptsünden, aus welchen sich alle andern ableiten: Ungeduld und Lässigkeit. Wegen der Ungeduld sind sie aus dem Paradiese vertrieben worden, wegen der Lässigkeit kehren sie nicht zurück. Vielleicht aber gibt es nur eine Hauptsünde: die Ungeduld. Wegen der Ungeduld sind sie vertrieben worden, wegen der Ungeduld kehren sie nicht zurück.«[2]

Wenn dieses hohe Fest Israels uns nur aus unserer Ungeduld befreien könnte, es wäre schon ein echter Versöhnungstag.

Über uns klingt noch das Lied, das wir frohgemut in der Gewißheit göttlicher Liebe vor dem Sündenbekenntnis anstimmen[3]:

Wir sind Dein Volk und Du unser Gott.
Wir sind Deine Kinder und Du unser Vater.
Wir sind Deine Knechte und Du unser Herr.
Wir sind Deine Lämmer und Du unser Hirt.
Wir sind Dein Weingarten und Du unser Hüter.
Wir sind Dein Erbe und Du unser Anteil.
Wir sind die auf Dich Hoffenden und Du unser Retter.
Wir sind Dein Werk und Du unser Schöpfer.
Wir sind Deine Lieblinge und Du unser Verwandter.
Wir sind Dein Volk und Du unser König.
Wir sind Deine Geliebte und Du unser Geliebter.
Wir sind Deine Gepriesenen und Du unser Preis.

Irgendwann wird es vielleicht nicht nur über uns sondern wieder in uns sein. Vielleicht, zaghaftes und doch mächtiges Wort des Glaubens.

---

* Aus dem Nachlaß, o. J.
1 Hiob 23,3–5.
2 F. Kafka, Betrachtungen über Sünde, Leid, Hoffnung und den wahren Weg, in: Hochzeitsvorbereitungen auf dem Lande und andere Prosa aus dem Nachlaß, Lizenzausgabe New York o. J., S. 39.

3 W. Heidenheim, Gebete für den Versöhnungsabend mit deutscher Übersetzung, Rödelheim 1899, S. 120 f.

IV.5 Jom Kippur 5718*

An keinem Tag des jüdischen Jahres kann so deutlich werden, was Generationen und Generationen unserer Vorfahren ihr Judesein bedeutete, als am Versöhnungstag, der ein einziges, flammendes Ausgerichtetsein von unten nach oben war. Uns aber scheint diese Haltung fast völlig verloren gegangen zu sein. Was durchbricht noch unsere Alltäglichkeit, was richtet uns noch auf und führt uns damit über dieses immer verwirrendere Leben hinaus? Nichts! Wir leben nur in einer Dimension – und so läßt sich, ob wir es wahrhaben wollen oder nicht, sehr schwer leben, unsere Welt ist grauer Alltag, von dem sich die Feiertage, seien sie im Religiösen gegründet oder nicht, nur scheinbar unterscheiden. Es fehlt unserer technisch so vollkommenen Welt eine ganze Dimension des Daseins, die des Sinnes, die den Menschen vergangener Zeiten in all seiner Hilf- und Machtlosigkeit erhöhte.

Unsere Hohen Feste möchten uns die Fluchtmöglichkeit verstellen. Was könnte Gericht und Versöhnung sonst bedeuten? Wir aber wehren uns, wir weichen aus in den Bezirk des Sentimentalen und nennen unsere Gefühle dabei gern »Erbauung«. Wie leer wir dabei ausgehen, fällt den meisten von uns nicht einmal auf. Aber ein ganzes Jahr, ja, ein langes Leben stoßen wir uns andererseits daran, daß wir mit uns selbst so schlecht fertig werden: wir sind mißgestimmt oder wirklich traurig, fühlen uns körperlich und seelisch krank, es gehört sehr wenig dazu, um uns völlig rat- und hilflos zu machen. In dieser Beziehung sind wir Juden ganz zweifelsohne noch weit anfälliger als unsere nichtjüdische Umwelt. Denn lastet auf uns all das, was jeden Menschen unseres Jahrhunderts belastet, so ist uns darüber hinaus unsere Sonderlast als Jude aufgebürdet. Keiner von uns wird leugnen, daß wir sie spüren und sie keine Einbildung ist. Jeder von uns hat nach der fürchterlichen Vergangenheit, die nie versinken wird, der Erfahrungen genug, die von seinem Sonderdasein sprechen, die Erlebnisse, die ihn bis zur Todesstunde überschatten werden. Aber die Kraft, mit dem uns Geschickten und Aufgegebenen fertig zu werden, die unsere Väter ausgezeichnet hat und unser Dasein – ein Wunder unter den Völkern der Erde – erst erklärt, sie ist uns verloren gegangen. Uns fehlt das Ausgerichtetsein von unten nach oben, das den Alltag

143

durchstößt und allein das Oben zu unserer Menschenwelt hernieder-
zwingen kann. In unserer Bedrohtheit als Juden empfinden wir das
stark, selbst gegen unseren Willen. In der Not suchen wir nach Aus-
wegen, sei es in einer grenzenlosen Selbstbemitleidung und Selbst-
überschätzung, die uns nur vorübergehend wohl zu tun vermag, sei es
in dem Versuch, endlich »wie die anderen« zu werden, ein normales
Volk. Davon versprechen wir uns die Lösung, die Überwindung des
uralten Judenleids. Es gelingt nicht. Einmal, weil wir gar nicht über
den eigenen Schatten zu springen vermögen und ein paar Generationen von Juden unmöglich eine lange Heilsgeschichte zunichte machen
können, dann aber auch, weil die Welt nie müde werden wird, uns an
unsere Bestimmung zu erinnern, wenn wir ihr entrinnen wollen. So
sind wir in diesem Jahrhundert noch unglücklicher als unsere Umwelt.

Das will nun keineswegs eine Anklage sein. Kein Klagen über »die
böse Zeit« hat jemals die Kräfte erweckt, auf die es ankommt. Auch
wäre es vermessen, wenn irgend ein Mensch zu wissen vorgeben wollte, wo die Schuld wirklich liegt und wer im einzelnen schuldig ist. Es
geht allein darum, die Krankheit der Zeit aufzuzeigen, die uns Juden
besonders heftig angefallen hat. Und die leise Hoffnung spricht doch
wohl mit, es könne Genesung geben, wenn wir uns unserer Position
bewußt würden und daß sie falsch ist, weil sie nie und nimmer zu uns
passen wird. Die Welt und alle Menschen auf ihr werden auf die
Dauer ohne die Dimension des Sinnes nicht auskommen können. Wir
Juden aber sind ohne diese Verbindung von unten nach oben, von
oben nach unten als einzelne und als Glaubensvolk verloren.

Um Verlorenes wiederzugewinnen, bedarf es immer einer langen
Zeit. Versagen und Gelingen wechseln dabei ungezählte Male. Der
Versöhnungstag spricht von der Kraft der Umkehr, die dem Fernen
und dem Nahe zuteil werden kann. Möchten wir doch ein wenig an
unserem Versöhnungsfest von der Chance des Besinnens und Neubeginns verspüren, die jedem Mühenden geschenkt wird.

* Aus: Allgemeine Wochenzeitung der Juden in Deutschland, 4. 10. 1957.

IV.6 Sukkot – Laubhüttenfest*

Wie bunt ist doch der Teppich des letzten der drei Herbstfeste, des
Laubhüttenfestes, gewoben! Erntefest voller Dankbarkeit, die auch
in all den Jahrhunderten nicht verstummte, da der Ackerboden des
Landes Israel für den Juden des Exils nur ein Traum war. Woche, da

religiöse Pflicht es verlangt, die Wohnung des Bürgers in Erinnerung an eine ferne Wüstenwanderung mit einer leichten Laubhütte zu vertauschen. Jubelfest der Thora, die mißverstanden und mißverständlich »Gesetz« genannt wird, für den Juden aber nicht Last noch Joch, sondern hohe Freude bedeutet. Hier winkt der Feststrauß, dort gemahnen noch nachklingende Melodien an Tod und Versöhnung. Hier erheben sich die Stimmen im Chor zur Bitte um Regen für die neue Saat, dort vernimmt man die Worte des Lehrenden während einer langen, fröhlich begangenen Lernnacht. Hier erzählt man von der Festesfreude z. Z. des Tempels in all seiner Pracht, dort hört man die zeitlose Stimme des Kohelet, des Predigers, in seiner gläubigen Skepsis, wird angerührt von seiner Melancholie, die voll des Leidens an der Welt ist.

Scheinbar Unvereinbares zu einen, steht diesem Fest mit seinem Doppelklang von Wanderung und Ruhe wohl an. Zum Gedenken an die 40jährige Wanderung, die an der Grenze des Gelobten Landes zu einer Ruhe endlich führte, vereinen sich ja die Hausgenossen zum heiligen Mahl nicht in den gewohnten Räumen, sondern unter leichtem, schnell gebautem Dach, das den Himmel durchscheinen lassen muß. Da mag sich Gottes Volk immer wieder erinnern, wie das sicher dünkende Haus, das zur Stetigkeit einzuladen scheint, letztlich auch nicht mehr als ein Zelt ist, das vorübergehende Rast erlaubt auf dem langen, schier endlosen Weg durch die Zeiten. Die Ruhe ist also eine Ruhe des Ziels nur, von der das Gebet des tempelbauenden König Salomo gerade an diesem Feste spricht. Wohl gehört der Gedanke der Erlösung zum Fest der Hütten, aber doch wieder nur als Hoffnung und Gewißheit zukünftiger Erlösung. Ganz deutlich machen das die Prophetenabschnitte, die in der Synagoge zur Verlesung kommen. In dem Ezechielabschnitt werden die fürchterlichen Kämpfe von Gog und Magog geschildert, die uns vor der endzeitlichen Erlösung, dem Kommen des Messias erwarten [Ez 38 f]. Das gewaltige Schlußkapitel des Sacharia spricht von dem zukünftigen Tag des Herrn in Worten, die wir hoffend und betend in unser tägliches Gebet übernommen haben: »Und Gott wird König sein über die ganze Erde, an jenem Tag wird Gott Einer sein und sein Name: Einer« [Sach 14,9].

Vom ewigen Wandern spricht die Weisheit manchen Glaubens, aber wem ist Wandern schon so zur Schickung geworden wie dem Glaubensvolk der Juden? So unbegreiflich und unheimlich war der Jude durch die Ruhelosigkeit, zu der man selbst ihn zwang, daß man die Sage vom ewigen Juden, von Ahasver dichtete. Ein deutsch-jüdischer Dichter aber, der das Ende *einer* Ruhezeit, den Untergang des deutschen Judentums schmerzend erlitt, dichtete gläubig in den Zeiten der Finsternis[1]:

»Unsre Ruh war getränkt mit Tränen, Schweiß und Blut:
Ein jäher Blitz brach sie entzwei
In einem Schrei:
Vorbei vorbei!
Eben als mitten die Sonne schien –
Wir ziehn.
Wieder drängt Er uns,
Wieder verhängt Er uns
Seinen ewigen Fug:
Den Weiterzug,
Den Weiterzug.

Wandern als Lebensbestimmung in einer unerlösten Welt, Ruhe als letztes, messianisches Ziel, hier ist's keine Predigt, keine Poesie, hier ist's Wirklichkeit. Es gehört schon einige Geduld, Kraft gläubigen Harrens dazu, um das zu ertragen, ja dabei des Lebens noch froh werden zu können, wie das Laubhüttenfest es heischt: »und du sollst dich freuen!«

Der Wechsel vom Haus zur Laubhütte aber weist gerade auf die Kraftquelle hin, ohne die das Wunder des Dauerns und Tragens nicht möglich wäre: es ist das jüdische Haus, das immer wieder errichtet wird und den Frieden schenkt, den wir in der Welt erst beim Kommen des Messias erwarten dürfen.

* Aus dem Nachlaß, o.J.
1 K. Wolfskehl, »Wir ziehn«, in: ders., Gesammelte Werke I, Hamburg 1960, S. 160.

IV.7 Simchat Thora – Thorafreudenfest*

Am letzten Tag der herbstlichen Festeswochen singt Israel in seinen Synagogen »Wer stieg zur Höhe und brachte herab eine sichere Zuflucht?« Die Antwort lautet: »Mose stieg zur Höhe.«[1]

Aus der Fülle von Geschichten über diesen Mann Mose seien zwei hier erzählt.[1a] In der einen heißt es:

Als Moses einmal Fluch auf das sündige Volk wirft und der Zorn seine Nasenflügel bläht, spricht Gott zu ihm: Warum hast du Fluch geschleudert, mein Sohn? Alle Völker der Welt zusammen können doch meine Liebe zu Israel nicht auslöschen. Wenn ich mein Volk mehr als alle Völker heimsuche, so geschieht es, weil ich nur die Starken heimsuche. Wenn ich es mehr als alle Völker segne, dann nur, weil es mich mehr als sie alle gesucht hat. Wenn dem so ist, Herr – fragt darauf Mose – warum mußte ich deine Verzeihung für das Volk immer wieder und so unendlich schwer erringen? Und Gott antwortet: Mein Sohn, hatte ich dir nicht geboten, wenn mein Angesicht Gerechtigkeit ist, sei deines Milde? Deine Milde wollte ich ermessen, bevor ich vergab. Aber deine Milde ist vor der meinen müde geworden und deine Gerechtigkeit war strenger als die meine.

Und die zweite Geschichte weiß zu berichten: Als Israel sich mit dem goldenen Kalb versündigt, donnert Gottes Stimme in den Lüften: Geh hinab, Moses, *dein* Volk hat mich verleugnet.[2] Warum nennst du es mein Volk, war es nicht dein Volk, als du mir gebotest: geh' und führe mein Volk Israel aus Ägypten heraus?[3] Sie sind meine Söhne, wenn sie gehorchen; wenn sie nicht gehorchen, sind sie meine Söhne nicht! Wo hast du sie großgezogen, daß sie rein sein könnten? In einem Land, in dem Bilder von Stein angebetet werden, hast du sie aufwachsen lassen ... und du willst, daß sie dich verehren? Wie lange ist das her?, gestern waren sie Sklaven und heute sollen sie schon Aufrechte sein? Ich habe gesprochen, sterben soll, wer Götzen anbetet; sterben wird er. Wo hast du so gesprochen?, in deiner Lehre, dem Zehnwort? Wem hast du es gegeben, ihnen oder mir? Wußten sie denn schon, daß Tod die Strafe für Götzendienst ist? Tilge lieber mich aus deiner Lehre ... oder ich selbst will deine Lehre aus der Welt tilgen. Ich allein bin sündig, wenn ich das Zehnwort zerbreche. Und er schwang die zwei Tafeln über seinem Kopf und zerschellte sie auf der Erde. Darum beschließt die Schrift die Geschichte des Moses, in dem sie rühmend von ihm das Wort spricht, das nur dem Ewigen zum Preis sonst ausgesagt wird: »die starke Hand«. So steht in der Bibel[4]: »in all der starken Hand ... die Moses dartat den Augen von ganz Israel«. Denn Gott selbst hatte gesprochen: »Heil möge sein über der Hand, die stärker war als ich.«

Es ist der gleiche Mose, der in diesen erstaunlichen Erzählungen uns als der Zürnende und Vergebung Heischende entgegentritt und dessen Namen mit der jüdischen Lehre für alle Zeiten und bis in die spätesten Auslegungen verbunden bleibt. Dieses Fragen und Anstürmen gehört zur jüdischen Art des Frommseins, nicht nur der Propheten und Psalmisten, nein auch des einfachen Juden. Aber die Kühnheit des Ringens wäre ohne den sicheren Hort des göttlichen Gebotes nicht möglich, wie die Lehre nicht ein Baum des Lebens bleiben könnte, wenn es nicht als immerwährende Möglichkeit jene einzigartige Vertrautheit des jüdischen Menschen zu seinem Gott gäbe. Bis in die Neuzeit haben wir Juden nie das Gesetz als Joch oder Fluch empfunden. Die Lehre des Moses war das Erdreich, aus dem wir wuchsen, unser stolzester Besitz. Erst die Assimilation an eine dem Glauben entgleitende Welt hat für uns alle jene peinlichen und im Grunde nicht zu lösenden Fragen nach dem »Warum« und dem »Wieso« gebracht. Die Krisis, in die wir so geraten sind und die weit furchtbarer ist als alles, was uns Menschen haben antun können, dürfen wir nicht leugnen. Und doch können wir auf die Dauer als Juden nicht leben, wenn wir nicht wieder unter den schützenden Schatten des Gottesgesetzes gelangen, das Franz Rosenzweig, einer der ganz Großen des deutschen Judentums, einmal genannt hat »das Gesetz der Jahrtausende, das gelernte und gelebte, zerdachte und umsungene, all- und todestägliche, kleinliche und erhabene, nüchterne und sagenschwere, hauskerzen- und scheiterhaufenflammenumstrahlte Gesetz.«[5] Noch wissen wir nicht, wie wir wieder zu ihm kommen sollen. Aber wir möchten hoffen, die Sechut Awot, das Verdienst der Väter, werde uns beistehen, damit die lange Generationenfolge frommer, mit Gott vertrauter Juden stärker ist als die letzten Generationen, die ja wahrlich aus jüdischem Schicksal nicht entlassen wurden.

Sprechen aber die uralten Mosesgeschichten nicht auch schon von dem Auf und Ab der an Gott unwiderruflich Gebundenen? Hoffnung beseelt unser spätes Geschlecht in einer fragenvollen Zeit, wenn wir am Thorafreudenfest die Gesetzesrollen in den Arm nehmen und zaghaft in das alte Jubellied einstimmen:
»Wir jubeln, der Thora freuen wir uns,
denn sie ist Kraft und Licht für uns.«[6]

* Aus dem Nachlaß, 1959.
1 Zitiert nach: Vom unbekannten Judentum, S. 34.
1a Vgl. zu beiden Midraschim: L. Ginzberg, The Legends of the Jews, Philadelphia 1968[5], Bd. 3, S. 124ff. – Die zweite Geschichte wird auch von L. Baeck erzählt in: Predigt und Wahrheit, in: ders., Wege im Judentum. Aufsätze und Reden, Berlin 1933, S. 321f. Quelle ist j Taanit 68c.
2 Vgl. 2. Mose 32,7.   3 Vgl. 2. Mose 3,10.
4 5. Mose 34,12.   5 Siehe IV. 1, Anm. 5.
6 Zitiert nach: Vom unbekannten Judentum, S. 33.

IV.8 Chanukka 5714*

Chanukka, das Fest der Makkabäer, erinnert an den Heldenkampf gegen den inneren und äußeren Feind, den eine kleine Schar im zweiten vorchristlichen Jahrhundert in Palästina siegreich gewann. Durch die Makkabäer wird noch einmal für eine kurze Zeit der jüdische Staat selbständig. Die Erinnerung an diesen Kampf, die unvorstellbare Tatsache des Sieges der Wenigen gegen die Vielen wird nie mehr vergessen, sie führt die Juden im Kampf gegen Rom in den Jahren 66 bis 73 und gibt ihnen die Kraft zu einem nicht faßbaren Widerstand, bis Juda verblutend unterliegt und der Tempel ein Raub der Flammen wird, sie stärkt den Arm der jüdischen Empörer im Aufstand gegen Trajan in den Jahren 115 bis 117, der grausam niedergeschlagen wird, sie läßt bei Bar-Kochbas tollkühnem und letztlich vergeblichem Unternehmen das ganze jüdische Volk in den Jahren 132 bis 135 zu den Waffen greifen, sie gibt den Juden Galiläas noch im Jahre 351 den Mut zum Aufstand, da die Bedrohung Kaiser Konstantins durch die Perser wie eine Chance erscheint und sie bringt schließlich die Juden Galiläas gemeinsam mit den Persern zu Beginn des 7. Jahrhunderts noch einmal, wenn auch nur für kurze Zeit, in den Besitz Jerusalems.

Im Jahre 638 wird Jerusalem und das heilige Land von den Mohammedanern erobert und mit dem Einzug des Kalifen Omar endet der jüdische Widerstand – 568 Jahre nach der Zerstörung des zweiten Tempels! Aber nur davon reden, hieße Gewichtiges verschweigen: Die Pharisäer, oft geschmäht und gar nicht genug zu loben, haben die Errettung von Volk und Land begrüßt, den Machthunger des Makkabäerstaates und sein Hineinspielen in die Weltpolitik aber abgelehnt. Die Lehrer des Talmud erwähnen die Heldentaten des Befreiungskampfes gegen die Syrer überhaupt nicht, sie finden allein das Ölwunder des Berichtens wert, jene Geschichte vom letzten Krüglein reinen Öls im entweihten Tempel[1]. Und auch das kann kein Zufall sein, wenn die Rabbinen für den Schabbat Chanukka, für den Höhepunkt dieses Siegesfestes das Wort des Propheten Secharje zur alljährlichen Verlesung bestimmt haben: Nicht durch Macht und nicht durch Kraft, sondern durch meinen Geist, spricht ER, der Umscharte.[2]

Während die Männer des Schwertes in immer neuem Sichaufbäumen noch um die Freiheit der Heimat kämpften, bauten die Rabbinen – unerschütterlich wie alle Juden in der Hoffnung auf die einstige Rückkehr nach Zion – an einer anderen Welt, an einer Welt, die die endlos langen Jahrhunderte des Mittelalters überdauern sollte. Die Rabbinen des Talmud waren sich darüber im klaren, daß es auch ein Segen sein kann, von den Wendungen und Wandlungen eines Staates unabhängig zu werden. Sie wußten von der Chance, die dem ewigen Glaubensvolk gerade durch seine historische Anomalie gegeben wurde. So wurde am Judentum die der Politik ledige, die unpolitische Religion erkennbar.

Als Zeugen dieses Geistes – und keines anderen – haben Juden in fast allen Ländern der Welt gelebt und gelitten, um dieses Heldentums willen haben sie zu jeder Zeit und an jedem Ort tausendfachen Tod erduldet.

Wenn die Zahl der Märtyrer für eine Religion, ihre Tiefe und Le-

149

bendigkeit spricht – und das glauben wir –, dann dürfte die Stimme des Judentums wohl schwerlich zu überhören sein. Ungebrochenen Geistes bei zerbrochener Macht, das könnte das Motto vieler Jahrhunderte jüdischer Geschichte sein.

Erst die Neuzeit zeigt einen Juden, der nicht nur machtlos ist, nein, der auch gebrochen im Geist zu sein scheint. Aufs tiefste sich und der messianischen Hoffnung verbunden, hatte man die Weite der Welt sich zu eigen machen können und auf Politik im Vorraum der unerlösten Menschheitsgeschichte verzichtet. Nun glaubte man auf Jerusalem verzichten zu müssen, um seine Weltweite zu dokumentieren. Aber gerade diese Epoche der Erschütterung sollte das Wunder der Auferstehung des jüdischen Volkes bringen. Auf den Ruf der Chowewe Zion, d. h. Zionsfreunde des Ostens, eines Theodor Herzl im Westen begann langsam und oft nur zögernd der Weg zurück. Die grausamen Ereignisse auf dem Kontinent, von dem einmal der Humanismus ausgegangen war, ließen die Sehnsucht nach Zion in vielen, vielen wieder wach werden. Die da »mearba kanfoth haarez« [aus den vier Himmelsrichtungen] nach dem kleinen Palästina zurückkehrten, um es aufzubauen, waren Helden der Arbeit und nicht Helden des Kampfes, Männer des Pfluges und nicht des Gewehrs. Etwas anderes wollten sie nicht sein. Wenn sie Helden des Kampfes wurden, so nur gezwungen, aus Enttäuschung über nicht eingehaltene Versprechungen und aus Verzweiflung über die Millionen Opfer, die unser armes, gequältes Volk bringen mußte.

Da sie aber kämpften – welch Wunder – erwachte in ihnen der Geist der Makkabäer, und wieder, wie vor zwei Jahrtausenden, siegte eine kleine Schar gegen alle normalen Berechnungen. Das Neue Israel erstand.

Wir feiern Chanukka, das Fest der Makkabäer, und siehe, es ist nicht mehr allein eine Erinnerung, es ist gelebte Wirklichkeit.

Aber halt. Das stimmt doch nur halb. Die Makkabäer sind wieder auferstanden, die Rabbinen noch nicht. Schwerer als der Befreiungskampf um Israel ist die Neuorientierung des jüdischen Geistes. Dafür gibt es vielerlei Gründe: das Erbe Europas, das wir noch tragen; die Infektionskrankheit des modernen Nationalismus, die über den Erdball rast – und daß es schließlich immer leichter ist, einzureißen als aufzubauen.

Über Eines müssen wir uns klar bleiben. Alles Heldentum unserer Tage würde vertan sein, wenn uns nicht irgendwann die Fundierung im Geistigen wieder gelingen sollte. Nicht umsonst haben die Rabbinen sich vom nur Politischen distanziert und ihm eine andere Wertwelt, die des Königtums Gottes entgegengestellt. Auch da wir unter die Nationen der Erde wieder getreten sind, gilt das noch für uns, ja gilt es mehr als seit langem. Nie wird die Welt uns Juden erlauben, was sie sich tagtäglich erlaubt. Und dazu sagen wir »Ja«. Es wäre eine verhängnisvolle Politik, wenn wir darüber hinwegsehen und darauf pochen wollten: wie die anderen zu sein. Es wäre nicht Wiedergeburt, aber sicherer Tod. Man überdauert nicht Jahrtausende, um in irgendeiner kleinen Zeitlichkeit zu versinken. Wir feiern Chanukka im Glanz der Menora. Das Wunder des Lichtes wird immer nur am Rande der Finsternis erlebt. Wir haben es fürchterlich und zugleich erhebend an uns erfahren. Wir Juden sind nicht untergegangen. Aus Todesdrohung erwuchs eines neuen Tages Morgenrot. Daß ein groß Begonnenes geduldig vollendet werden will, davon spreche zu uns die Menora heute und noch manches Jahr.

* Manuskript für eine Sendung im SWF, 2. 12. 1953.
1 Schabbat 21b; vgl. L. Goldschmidt, a.a.O., I,493.
2 Sach 4,6 (Übers. M. Buber).

IV.9 Chanukka*

Wenn der Makkabäer Juda zur ewigen Erinnerung an den Sieg über die Syrer und die Neuweihe des geschändeten Tempels zu Jerusalem im Jahre 164 das Weihefest, Chanukka, bestimmte, so tat er damit etwas, was die jüdische Geschichte bis dahin nicht gekannt hatte. Niemals war in Israel ein Fest von menschlicher Hand eingesetzt worden, alle Feiertage waren in den Büchern der Bibel vorgeschrieben; noch nicht einmal die Wiederherstellung des Heiligtums nach der Rückkehr aus dem ersten babylonischen Exil hatte Anlaß zur Festsetzung eines Gedenktages gegeben. Nun geschah es. Der nichtjüdische Brauch eines Siegesfestes wurde ins Judentum hineingenommen, wie die Makkabäer ganz allgemein viel Fremdes sich assimilierten, ohne selbst einer Assimilation an das Fremde zu verfallen. Die hellenistische Kultur der Zeit spielte damals keine geringere Rolle als die abendländische Kultur bis zu jenen kurz vergangenen Tagen, da sie, scheinbar wenigstens, in einem Meer von Blut und Tränen unterging. – Den Pharisäern war diese Aneignung von Fremdem verdachterregend. Wer gab Gewißheit, daß dies Fremde das Eigene nicht überwältigte, Heiliges Profanem nicht geopfert wurde? Es darf uns darum nicht wunder nehmen, wenn die Lehrer des Talmud den Makkabäern – und mehr noch dem aus ihnen entsprungenem Fürstengeschlecht der Hasmonäer – mit einem sehr wachen Mißtrauen begegneten. So überlieferte der Talmud vom Chanukkafest auch nur die Geschichte vom Lichtwunder, nicht aber den politischen Sieg. Ein Großteil des Historischen wäre uns Juden überhaupt nicht bekannt, wenn nicht andere, zum Teil christliche Überlieferungstreue es uns bewahrt hätte.

Als bescheidenes Lichterfest wurde Chanukka durch die Jahrhunderte in Ehren gehalten und gefeiert, mit dem strahlenden Weihnachten der christlichen Umwelt konnte, wollte es auch nicht verglichen werden. Da aber nach mehr als zwei Jahrtausenden aus dem Mut der Verzweiflung und einer überraschenden militärischen Tüchtigkeit das Neue Israel in unseren Tagen entstand, feierte das stille Chanukkafest eine nie geahnte Auferstehung. In der alt-neuen Heimat erstrahlte der Leuchter des Festes nun nicht mehr allein in der Abgeschiedenheit des jüdischen Hauses, sondern von jedem Turm und auf jeder Anhöhe des Landes. Auch den räumlich von Israel getrennten Juden wurde diese Festeswoche zum Zeichen einer neuen Verbundenheit. Des Historischen sich zu erinnern, mag gerade in diesem Jahr manche Veranlassung sein. Die Lichter leuchten wieder auf, aber ihr Glanz scheint unsere Sorge kaum verdrängen zu können.

Der Staat Israel ist seit seiner Neugründung nicht zur Ruhe gekommen. Tausende und Abertausende, die aus der vielfältigen Verfolgung in das Land der Väter drängten, verlangten Obdach und Brot. Aber Gelder, die die Wirtschaftskraft des kleinen Landes bei weitem überstiegen, mußten immer wieder für militärische Zwecke bereit gehalten werden. Keiner der anliegenden arabischen Staaten wollte mit Israel Frieden schließen, Grenzüberfälle gehörten zum Tagtäglichen. Die in sich – trotz aller Propaganda – noch lange nicht geeinten arabischen Völker schienen in der Feindschaft gegen Israel das wirksamste Bindemittel zu sehen, um zu dem Zusammenschluß zu gelangen, den sie, als die aus der Kolonialherrschaft so kurz Entlassenen, bis jetzt noch gar nicht erreichen konnten. Jedenfalls kam dem überlasteten Israel keiner zu Hilfe, wenn feindliche Aktionen friedliche Arbeit störten. Die Funktion der Beobachter der Vereinten Nationen erschöpfte sich immer wieder in einem Registrieren. Dennoch wurde dem Staat Israel, der schon so viele blutige Opfer zu beklagen hatte, recht allgemein das Recht der Selbstverteidigung abgesprochen und also auch die Möglichkeit, für die Zukunft solche Grenzüberfälle unmöglich zu machen. Was jede Nation der Erde, ob klein oder groß, als ihr selbstverständliches Recht ansieht, dem eigenen Untergang nicht untätig zuzusehen, hier sollte es nicht gelten. Nun bedarf es wahrlich nicht vieler Worte, um klarzumachen, daß man nicht der Gründung eines Staates zustimmen darf, ohne ihm wenigstens eine Lebenschance zu geben. Auch wird keiner der Staaten, der Israel anerkannt und in die UNO aufgenommen hat, behaupten wollen, das sei nur unter heilsgeschichtlichem Aspekt geschehen, so gläubig sind ja auch die christlichen Mitglieder der Vereinten Nationen nicht. Dennoch ist für den Staat Israel und die Juden, wo immer sie sich befinden mögen, nicht zu übersehen, wie die Welt reagiert und wie die Hoffnung nach einer Normalisierung auf staatlicher Ebene, so lange und innig vom Zionismus propagiert, nicht weniger Illusion ist, als es im 19. Jahrhundert die Forderung nach der Normalisierung und Assimilierung des Einzeljuden war. Man wird uns wohl nie erlauben, wie die anderen zu werden, weder als Einzelne noch als Volk. Mögen diejenigen, die Israel mit harten Worten anfallen, keinerlei Recht zu ihrem Angriff haben, die Tatsache bleibt bestehen. Normalhistorisch kann man damit gar nicht fertig werden, da wird es nur Anlaß zur berechtigten Erbitterung sein. Heilsgeschichtlich sieht es anders aus, da hat die Feindschaft der Völker der Welt eine Bedeutung, über die sie sich selbst nicht im mindesten in klaren sind. Von den biblischen Zeiten her dringt der Ruf aller Gottesmänner zu uns: Ihr dürft nicht sein wie die Nationen der Erde, ihr sollt anders sein, denn ihr seid Gottes auserwähltes Volk. Darum seid ihr in ein Land gesetzt worden, das als schmale Länderbrücke zwischen Weltreichen euch noch nicht einmal die Möglichkeit zur Machtpolitik läßt. Anders sollt ihr sein, oder – wie man dafür auch sagen könnte – heilig sollt ihr sein. Die Zeit der Propheten ist vorbei, ja selbst die Zeit gesammelten jüdischen Geistes scheint nach dem unsagbaren Blutbad der letzten Vergangenheit so bald nicht wiederzukehren. In dieser Weltstunde übernehmen die Völker, die das gar nicht wollen, die Funktion des nicht zu überhörenden Mahners: Wir lassen es nicht zu, daß ihr werdet – wie wir. Damit weisen uns die Ahnungslosen in einer der heillosesten Zeiten der Geschichte auf unsere eigene Heilsgeschichte hin. Wenn wir das Geschehen der letzten Wochen so verstehen wollten, könnte ein alter Sinn zu neuer Wirklichkeit werden. Wahrlich, wir sind nicht heimgekehrt, um unsere ureigenste Aufgabe zu vergessen, daß nämlich der Staat Israel nur dann eine Berechtigung hat, wenn er sich als Wegbereiter des Gottesstaates der Zukunft versteht, wenn er einmündet in die uralte Hoffnung des jüdischen Glaubensvolkes. Aber zur Realität kann diese Hoffnung freilich auch nur dann werden, wenn man dem heutigen Staat Israel – so vollkommen oder unvollkommen er immer sein mag – die Existenzberechtigung nicht abspricht, wenn man ihm die Möglichkeit einer geläuterten Zukunft läßt. Dem Siegesfest des Chanukka haben die Rabbinen aus ihrer Opposition das Prophetenwort entgegengestellt: »Nicht durch Macht und nicht durch Kampf, sondern durch MEINEN Geist« [Sach. 4,6]. Spürt man nicht den Atem der Ewigkeit?

Nun bilden wir uns wahrlich nicht ein, mit unserer Betrachtung an dem politischen Geschehen etwas ändern zu können. Aber das Eine möchten wir doch als möglich ansehen, daß wir *selbst,* wenn wir uns nur dem Heilsgeschichtlichen zuwenden, auf das wir hingedrängt werden, das Nur-Politische anders betrachten und da es nicht von einem Tag auf den anderen aus der Welt geschafft werden kann, mit der Geduld begegnen, die so dringend geboten und dem gläubig Ausgerichteten vielleicht doch am ehesten gegeben ist.

Die Chanukkakerzen leuchten – trotz allem! Aus der Dunkelheit erstrahlt das Licht. Laßt uns gerade in der Verfinsterung unseres Lebens darauf achten.

* Manuskript für eine Sendung im SWF, 3. 12. 1956. – Nach der Suez-Krise im Oktober 1956.

IV.10 Schabbat des Liedes*

Dieser Schabbat trägt den Namen »Schabbat des Liedes«. An ihm kommt in den Synagogen das Lied zur Verlesung, das Moses mit dem Volk Israel am Schilfmeer anstimmte, da der verfolgende, nachsetzende Pharao und sein Heer in den Wassern durch Gottes Fügung versank:

»Bis hindurchschritt
dein Volk, DU,
bis hindurchschritt
dies Volk, das du erwarbest.
Du bringst sie hinein,
du pflanzest sie ein
auf den Berg deines Eigentums,
den Grund, den dir zum Sitz
DU bereitet hast,
das Heiligtum, mein Herr, das gründeten deine Hände.
König sein wird ER
in Weltzeit und Ewigkeit.«[1]

Wie zur Unterstreichung erzählt die Prophetenperikope von einem der heiligen Kriege der Bibel und läßt das Siegeslied der Deborah aus dem Richterbuch erklingen:

»So müssen schwinden
all deine Feinde,
DU!
Aber die ihn lieben
sind, wie die Sonne ausfährt in ihrer Heldenwehr.«[2]

154

Es ist ein weiter Weg – auch in der Bibel – von dem kriegerischen Israel bis hin zur Friedensvision des Propheten Jesaia:

>»ihre Schwerter schmieden zu Pflügen sie um,
ihre Speere zu Winzermessern,
nicht hebt mehr Volk gegen Volk das Schwert,
nicht lernen sie fürder den Krieg.«[3]

Alle konfessionelle Entartung des Glaubens vergißt leicht die Friedensbotschaft, die ein An- und Aufforderndes ist und sein soll, verdeckt gern die ekelhaften Bilder unseres Menschenherzens hinter dem pompös-fromm klingenden Wort vom heiligen Krieg, der längst ohne jeden Realitätsbezug ist. So kann die Atombombe als christliches Mittel angepriesen, der schmutzige Krieg in Vietnam entschuldigt werden, so dämonisiert man politische Systeme, die abzulehnen es auch gute und saubere Gründe gäbe.

Dem wollen wir hier eine rabbinische Legende entgegensetzen, die von eben dem Pharao erzählt, der nach dem Exodus-Bericht Israel unendliches Leid angetan hat und dessen Herz von Gott verstockt wurde, eine Verstockung, ein Unabänderliches also, das manchem frommen Juden, Gott sei Dank, zu schaffen machte. In einer Predigt-Sammlung, den Pirkej Rabbi Elieser [Kap. 43] findet sich eine für die talmudische Zeit charakteristische Kurzpredigt, die manchen jüdischen und christlichen Predigthörer von heute in ihrer Knappheit vielleicht erquicken könnte. In kühner Überspringung von Zeit und Raum wird da der Pharao des Auszuges, im Meer versinkend, von einem der Erzengel für seine Schuld schwer bestraft, um dann in Anerkennung der Macht Gottes als bußfertiger König von Ninive fortzuleben.[3a] Von diesem Stadtkönig erzählt hinwiederum das kleine Buch des Propheten Jona, des Propheten, der widerstrebend und mürrisch, nur überwältigt, gezwungen zur Strafrede über Ninive sich aufmacht, weil er die Versöhnungskraft Gottes voraussieht und eigentlich meint, er könne sich die beschwerliche Reise ersparen und gleich zu Hause bleiben. Der König also, der sein Volk zur Umkehr aufruft und damit drohendes Verhängnis sprengt, sei kein anderer als der Pharao von Israels Sklavenhaft. Er, der Urböse von einst habe dann gesprochen:

>»Man soll zu Gott rufen mit Macht,
und umkehren sollen sie, jedermann von seinem argen Weg, von dem Raub, der in ihren Händen ist!
Wer weiß, umkehren würde Gott,
es möchte ihm leidsein, und er kehrt um vom Flammen seines Zorns,
und wir schwinden nicht.«[4]

Das ist alles, aber welche Überwinderkraft des Judentums steckt darin, das blutend sich durch die Jahrhunderte schleppt, von einem Pharao zum anderen, sei er gekrönt, ein Diktator oder der Führer selbst. Nur eine Gemeinschaft, die mit dem großen Rabbi Akiba alles Leid als Züchtigungen der Liebe versteht und wie Rabbi Jochanan davon überzeugt ist, daß Epochen des politischen Niedergangs der Verwirklichung der Offenbarung günstiger seien als Zeiten des Erfolges, kann sich zu diesem Versöhnenden durchringen. Es war für das jüdische Glaubensvolk ein langer und schwerer Weg, mit manchen Rückschlägen, und jede sogenannte Normalzeit mag Normalmenschliches in seiner Fragwürdigkeit wieder emporgetragen haben, bis hin zu dem neuen Staat Israel, von dem wir doch wohl zu Recht das große Atemholen der so grausam Verfolgten, um ihren Lebenssinn Betrogenen erhoffen. Aber das ist unser innerjüdisches Problem, von dem hier ausführlicher zu sprechen, fehl am Platz ist, weil wir ja nicht nur zu Juden reden.

Dürfte das Gesagte nicht auch für uns Deutsche gelten, wenigstens für seine christlichen Bekenner, die mit den Juden das Alte Testament gemeinsam haben? Neuerdings sollen die Jahre 1933—45 aus Gründen des nationalen Stolzes beiseite geschoben werden; Jahre, sicherlich oft strapaziert, mit denen man aber nie auf anständige Weise fertig geworden ist. Ohne Hitler würden wir inmitten einer ganzen Menschheit heute wohl kaum von A- und H-Bomben geängstigt, der Osten stände nicht im Westen, die blutende Wunde der Teilung peinigte nicht. Wer wollte das bezweifeln und gar über die Weltveränderung hinwegsehen, die einfach nicht mehr rückgängig zu machen ist. Carl Friedrich von Weizsäcker hat einmal gesagt:»Das Atomzeitalter nötigt uns, den Krieg abzuschaffen; anderenfalls wird der Krieg dieses Zeitalter abschaffen.« Mit dieser Aussicht scheinen uns Begriffe wie nationaler Stolz höchst fragwürdig geworden. Darüber hinaus ist doch kaum zu übersehen, daß deutsche Nationalisten – und die sitzen ja keineswegs allein in einer nationalistischen Rechtspartei – innenpolitisch viel Unheil anrichten können, außenpolitisch aber nie mehr zum Zuge kommen werden. Die Abwehr gegen die geringste»deutsche Gefahr« würde Amerika, England, Frankreich und Rußland einen, genau wie im Zweiten Weltkrieg, dieses Mal aber bestimmt rechtzeitig. Wir müßten uns schon etwas Neues einfallen lassen, um mit unserem deutschen Geschick, so schwer das sein mag, fertig zu werden. Von unserem lautstarken nationalen Selbstbedauern zum unerschütterlichen Schrittmacher für ein geeintes Europa, das wäre ein Weg. Viel Lebenstapferkeit ließe sich da noch investieren, weit besser, als in unsere verhängnisvoll deutsche Todessehnsucht. Im Mut könnten wir, denen die Zivilcourage so schnell ausgeht, uns da üben. Es gibt Situationen, da Leiderfahrung Selbstüberwindung verlangt, ein Neinsagen gegenüber jedem falschen Pathos von nationalem Stolz und nationaler Stärke. Das gilt für viele in der eng gewordenen Welt, es gilt insbesondere für Deutschland, das bei den kleinen Nationen endlich in die Schule gehen sollte. Friede sollte uns der abschließende Wunsch nach langen Zeiten eines unruhigen, abenteuerlichen, innerlich wie äußerlich bedrohten Daseins werden.

Kehren wir zum Ausgang zurück und enden mit einer anderen rabbinischen Kurzpredigt. Als Pharao und sein Heer in den Fluten versank, wollten die himmlischen Heerscharen ein Siegeslied anstimmen. Gott aber fuhr sie an: Meine Geschöpfe sterben und ihr wollt singen?! Wir fügen nur noch hinzu: Vorsicht, wenn es um Heerscharen geht, und seien es selbst die himmlischen!

* Predigt zum 20. 1. 1967; Ort und Zuhörerschaft unbekannt.
1 2. Mose 15,16–18 (nach Übersetzung Buber).
2 Ri 5,31 (Übers. M. Buber).   3 Jes 2,4.
3a Vgl. L. Ginzberg, The Legends of the Jews, Philadelphia 1968⁵, Bd. 3, S. 29 f.
4 Jona 3,8 f.

IV.11 Purim*

Schon der Schabbat vor Purim, Schabbat Sachor genannt, deutet das kommende Fest. Neben dem üblichen Wochenabschnitt werden einige Sätze verlesen, die vom Haß geprägt sind: »Denke, was dir Amalek getan ... darum vertilge das Andenken Amaleks unter dem Himmel, vergiß es nicht« (Dtn 25, 17.19). Hier wird also wirklich einmal der Haß gegen ein Volk gepredigt, unter dem das Israel der Wüstenwanderung und auch das Israel nach der Landeinnahme viel zu leiden hatte. Sehr im Gegensatz zu Ägypten, für das Israel eigentlich auch keinen Grund zu freundlichen Gefühlen hatte und von dem es doch heißt: »Du sollst den Ägypter nicht verabscheuen, denn Gast warst du in seinem Land« (Dtn 23,8).

Daß der Abschnitt Sachor gerade vor Purim zur Verlesung kommt, hat seinen Grund in der jüdischen Überlieferung, nach der Haman ein Nachkomme Amaleks ist. Und das Buch, das von Haman berichtet, die Megillah Esther, ist auch das einzige Buch der Bibel, das dem Haß freigegeben ist, dafür kommt in der Esthergeschichte der Name Gottes nicht ein einziges Mal vor, und die Aufnahme dieses Buches in die Heiligen Schriften war darum nicht wenig umstritten. Dem Estherbuch als dem Buch des Hasses entspricht dann Purim, das einzige Fest des Hasses, das das Judentum kennt. Wenn ein Volk, das so Unendliches unter dem Haß der Völker zu leiden hatte, für einen Tag das Ventil des Hasses selbst öffnet, so braucht es sich wahrlich nicht zu entschuldigen; keinesfalls vor denen, die seit zwei Jahrtausenden zwar die Liebe predigen und doch immer wieder hauptsächlich und fast ausschließlich aus niedersten Instinkten handeln. Aber ist Purim, der Tag des Hasses, wirklich zum Tag dieses feindlichen Abreagierens geworden? Im Talmudtraktat Megillah (7b) ist uns von Raba berichtet: »Der Mensch ist verpflichtet, sich an Purim zu berauschen, bis er nicht mehr unterscheidet zwischen dem verfluchten Haman und dem gesegneten Mordechai.« Das ist nun freilich die Meinung eines Einzelnen, die in der religionsgesetzlichen Praxis ohne Wert geblieben wäre, wenn nicht Maimonides in seinem Mischne Thora (Hilchoth Megillah 2,15) und der Schulchan Aruch (Orach Chajim 695 § 1) sich dieser Anschauung angeschlossen hätten. So wird der sonst so nüchterne Jude an einem Tage des Jahres zum Säufer, und wie die Judenakten aus den Ghetti beweisen, gehörte oft viel, viel Alkohol dazu, um zwischen Haman und Mordechai wirklich nicht mehr unterscheiden zu können, um seinen Haß zu ersäufen – wie die Vorschrift es will. In der Weinseligkeit dieses Tages aber wird der Typ des Judenfeindes schließlich zur Kasperfigur, und aus dem Haß wird harmloser Spott. Das hat der Jude aus dem Tag gemacht, der dem Haß freigegeben war. Im Hitlerdeutschland, freilich zu einer Zeit, die noch nicht die Vergasung von Millionen kannte, in der aber die Zahl der Opfer des Nationalsozialismus wahrlich schon schauerlich groß war, lief ein jüdischer Witz um. Zwei Juden sprechen über Hitlers Ende, der eine wünscht diesem Massenmörder einen furchtbaren Tod, der andere will nur erleben, daß er am Fenster steht, Hitler auf der Straße vorübergehen sieht und sagen kann: »nebbich, der Hitler!« Dies »nebbich, der Hitler« ist wie ein moderner Kommentar zu einer alten Vorschrift, es zeigt die gleiche Haltung, die für dieses Fest vorgeschrieben oder gewünscht wird. Wir sind leider noch nicht so weit, um dieses »nebbich, der Hitler« sprechen zu können. Einmal, weil die Schrecken der Hitlerzeit zu groß wurden, die Opfer jedes denk- und fühlbare Maß überschreitend, zum anderen aber, weil dieser jüdische Witz einen Optimismus zeigt, der bis heute nicht gerechtfertigt ist. In den Tagen, da die Gnadenlosen begnadigt werden, können wir uns das gutmütige, harmlose »nebbich« nicht erlauben. Leider bleibt uns der Witz im Halse stecken. Aber fremd ist er uns nicht. Als ich vor dem 2. Weltkrieg direkt von Buchenwald nach Palästina kam, feierte Tel Aviv »seinen« Festtag, und das ist Purim. Der große Maskenzug, der sich da durch die Hauptstraßen bewegt, heißt nach der angeführten Talmudstelle »ad lo jada«, bis man zwischen Haman und Mordechai nicht mehr unterscheiden kann. Nun, in diesem Purimszug trug man Karikaturen von Hitler und seinen Genossen – und die Bevölkerung lachte, lachte, obwohl es genügend Menschen darunter gegeben haben muß, die gerade nur ihr nacktes Leben vor Hitler retten konnten und die Angehörigen im Machtbereich dieser Bestie zurückgelassen hatten. Auch damals wußte man noch nichts von den Schrecken, die unser noch warteten. Rohheit? Nein. Aber getreu der Meinung unseres Lehrers Raba waren sich die Juden bei aller ausgestandenen Angst, bei aller Sorge, allem Leid bewußt, daß schließlich die Bösen als Träger des Bösen verschwinden müssen und verschwinden werden, daß sich am Ende all ihre Macht als Farce erweisen muß. Wir können noch nicht lachen. Vielleicht wird unsere Generation überhaupt nicht mehr so lachen können. Dennoch wissen wir, der Tag des befreienden Lachens wird, wenn nicht uns, dann unserem Volk geschenkt werden, denn erzählt Purim auch von einem der vielen Bösen auf unserem Weg durch die Geschichte, der jüdische Brauch erinnert an das notwendige Ende aller sogenannten 1000jährigen Reiche des Bösen, und der Jude weiß letztlich um die Wahrheit des Psalmwortes:»Der im Himmel Thronende lacht« (Ps 2,4).

* Aus: Allgemeine Wochenzeitung der Juden, 16. 3. 1951

IV.12 Purim*

Da feiert das kleine Glaubensvolk der Juden ein frohes Fest: Purim. In den Synagogen wird das biblische Buch»Esther« verlesen. Es erzählt von einem Judenhasser, dessen Pläne scheitern, vom eitel-aufgeblasenen Haman. Dieser Haman ist zum Typ des Judenfeindes geworden, seine Anklagerede zum Urwort für alle seine Nachfolger während einer langen und leidvollen Exilsgeschichte:»... es gibt ein Volk, zerstreut und versprengt unter den Völkern.«[1] Minoritäten erträgt man schwer, die Machtprotzen der Weltgeschichte ertragen sie schon gar nicht. Eine bewußt-gläubige Minderheit stellt die gewaltsam Mächtigen immer wieder in Frage. Der ironische Blick der Schwachen entlarvt die Hampelmänner der Macht peinlich und schnell.

Wenn Juden Hitler meinten, nannten sie ihn oft zu Beginn des Dritten Reiches»Haman«. Hitler ist wie Haman schließlich zugrunde gegangen, der Rest überlebender Juden kann dennoch des Festes nicht froh werden. Liegt das nur an der unvorstellbar großen Zahl der Opfer? Verständlich wäre das. Aber – so will uns scheinen – es bedrückt uns noch mehr. Die Atempause der Hoffnung in diesem Nachkriegsdeutschland war kurz und der bösen Zeichen gibt es schon wieder viele. Dem modisch getragenen Philosemitismus mißtrauen wir Juden mit Recht, einmal, weil er einem Antisemitismus mit umgekehrten Vorzeichen gleicht, dann aber auch, weil das emotional Sentimentale erfahrungsgemäß jäh ins Gegenteil umschlagen kann, aus fragwürdiger Liebe in handgreiflichen Haß. Wir Deutschen verstehen uns gar zu gut aufs Berauschen, meinte Nietzsche.

Und schon kommt des Erschreckenden mehr und mehr auf uns zu. Die zutage liegende Diskrepanz zwischen der offiziellen Reue und der politischen Wirklichkeit: alte Nazis in neuen Positionen; die Unzahl von begnadigten Gnadenlosen; die Streichelstrafen für Nazimörder. Unter den vielen Unmöglichkeiten während der Spannung im Nahen Osten verdient die Erklärung eines Ministers festgehalten zu werden. Ein Mann, der vorgibt, das Erbe des verehrungswürdigen Theodor Heuss zu verwalten, durfte ungerügt sagen, vor 12 Jahren hätten die Israelis keine diplomatischen Beziehungen gewünscht. Offensichtlich sind für diesen Herrn, aber wohl nicht nur für ihn, die Berge von Menschenasche, die Hekatomben Erschossener, Erschlagener, Verhungerter eine Kleinigkeit oder gar ein Nichts, über das man mühelos hinwegkommen müßte.

Was eigentlich soll aus einem Volk werden, das nur vom Ausland gelegentlich zur Räson gebracht werden kann, das Berufungen in Ämter rückgängig macht, Korrekturen an lautstark verkündeten Beschlüssen immer nur vornimmt, wenn der Druck einer empörten Welt gar zu peinlich wird? Welches Volk kann eine Dauerbevormundung ertragen, die hier – leider – geboten erscheint? Und nun gar ein Volk, dessen Selbstgefühl ständig labil ist, schwankend zwischen Selbstverachtung und Selbstlob, Selbstbemitleidung und Überheblichkeit!

Wie die Konsequenz einer neuen deutschen Legende, die von prominenter Seite in die Welt gesetzt wurde, will uns das erscheinen. Danach sind die bösen Nazis über die armen Deutschen *und* die armen Juden hergefallen, eigentlich sind also beide Opfer. Ist das nun Ersatz für die Dolchstoßlegende nach dem Ersten Weltkrieg? Menschlich anständig ist es nicht, politisch klug auch nicht. Damit werden wir nie über eine Vergangenheit hinwegkommen, die wir schwatzend dauernd »bewältigen«, denn es blockiert jeden wirklichen Neuanfang und verewigt das Mißtrauen der Welt gegen uns. Mit dieser Legende glaubt man dem Vergessen anheim geben zu können, daß es wahrscheinlich ohne einen von Millionen und Abermillionen bejubelten Hitler keine A- und H-Bomben gäbe, der Osten im Westen stände, deutsche Menschen nicht gepeinigt und vertrieben worden wären. Besiegte können sich dann wie Sieger gebärden, Schuldner mit den Mienen von Gläubigern auftreten. Das reicht schon sehr weit: vom kleinbürgerlichen Stammtisch bis zum Bonner Parkett. Ein paar in

160

Deutschland lebende Juden sind natürlich völlig uninteressant. Aber »Jud« und »Saujud« sind Schimpfworte und Drohung geblieben, heute freilich nur für Nichtjuden, für Menschen, die man als Intellektuelle verachtet, als Opposition jenseits braver Parteien verdächtigt, deren liebend gemeinte Kritik man nicht gelten lassen will, um sich einer weit weniger freundlichen Kritik des Auslandes Mal für Mal zu beugen. All das hat erstaunlicherweise Platz zwischen dem Gerede von Kollektivscham und demokratischer Ordnung. Was das alles in einer Festbetrachtung zu suchen hat? Nun, einmal meinen wir, daß gelebter Glaube nie am Leben vorbeigehen darf, sonst wird er zur Konfession im toten Gemäuer einer höchst fragwürdigen Bastion. Zum anderen ist es uns einfach nicht möglich, von Festesfreude zu sprechen, wenn uns sehr weh ums Herz ist. Es gibt nämlich noch immer ein Häuflein deutscher Juden, denen die Liebe zu diesem rätselvollen Land selbst nach den unsagbar fürchterlichen Hitlerjahren nicht erstorben ist, die zu vielen – fast immer machtlosen – Menschen hier wieder eine echte Beziehung gefunden haben. Unsere jüdische Trauer ist auch eine Trauer um Deutschland.

Vergessen wir über all dem nicht, wie schwer den Juden vieler Zeiten das Lachen am Purimfest gefallen sein mag. Wenn wir nach dem Willen des großen Talmudlehrers Raba an diesem Tag, der so leicht ein Tag der Haßreaktion gegen Judenfeinde hätte werden können, nicht zwischen dem verfluchten Haman und dem jüdischen Retter aus letzter Not, Mordechai, unterscheiden sollen, dann gehörte oft viel, viel Wein dazu, um diesem Gebot einer großartigen Humanität bis zum Ende folgen zu können. Doch die Fratze des Feindes wurde vom reinen Menschengesicht überdeckt. Weinbedingte Freude, ein liebenswertes Kuriosum des nüchternen Judenvolkes. – Ein Lächeln blieb. Wie ein Lächeln will uns schon diese Vorschrift unseres Lehrers erscheinen. Das Lächeln retteten wir uns, weil eine Vereinigung von Glauben und Humor uns prägte, die fast jeder Situation in der Annahme des Da-Seins standzuhalten vermochte.

Eines freilich ist neu in der beziehungsschweren Geschichte zwischen den Weltmächtigen und dem Judenleid: Wir sind nicht mehr allein. Gläubige Christen *und* konfessionslose Gläubige einer echten Humanitas, für die in einem sich sehr christlich gebärdenden Deutschland kein rechter Platz zu sein scheint, sind unsere Weggenossen geworden. Geistig gesehen ist das ein erschütternd Positives, mitmenschlich mag hingegen in uns oft Bangnis aufkommen. Wir können denen, die hierzulande jetzt Lückenbüßer für uns Juden sind, nur wünschen, sie möchten die Distanz des Glaubens bewahren, ohne die es kein Durchhalten und Bestehen gibt, ihnen möchte etwas von der jüdischen Leidüberwindung aus der Geduld der Leiderfahrung zuteil werden, die diese neue Minorität dringend braucht, bis eine junge Generation antritt, deren viel gelästerte Skepsis, Skepsis auch gegen falschen nationalistischen Zungenschlag, vielleicht unsere einzige Hoffnung ist. Purim, das jüdische Fest, muß nun nicht allein für Juden das Psalmwort gegen die Mächtigen wachhalten: »Wie einen Traum nach dem Erwachen, mein Herr, verlachst du, wenn du dich regst, ihr Schattengebild.«[2] Bange machen gilt nicht. Verzagen darf es nicht geben, trotz allem nicht!

* Aus dem Nachlaß. Im Frühjahr 1965 für den WDR geschrieben, doch nicht gesendet, da Geis einer geforderten Kürzung von neun Zeilen nicht zustimmte.
1 Est 3,8.
2 Ps 73,20.

IV.13 Pessach*

Wenn allüberall in der Welt heute abend Juden sich zu dem innigschönen Sedermahl setzen, dann singen sie das Loblied auf die Freiheit und danken Gott, »der uns herausgeführt hat aus Knechtschaft in die Freiheit, aus Kummer zur Freude, aus Trauer zum Festtag und aus Dunkel zum Licht.«[1]

Vor wenigen Jahren waren wir noch überzeugt, unsere Dankbarkeit kenne keine Grenzen, wenn einmal die Nacht des Dritten Reiches von einem neuen Morgen abgelöst werde ... und dennoch will uns das frohe Lied nicht so recht von den Lippen. Woran liegt das?

Kein Mensch kann auf die Dauer die Höhe halten, auf die ihn die Errettung aus Todesangst und Todesgefahr geführt hat. Kein Mensch ahnte in den Tagen, da Durchhalten höchstes, lebenserhaltendes Prinzip war, das Ausmaß der Zerstörung an Leib und Seele, das uns getroffen hatte. Kein Mensch wußte, auf wie schwachen Füßen der Frieden, den wir alle ersehnten, zu stehen kommen würde. Kein Mensch machte sich so recht klar, daß die fürchterliche Aussaat des Bösen, hier und in fast allen Ländern der Welt, nur in Generationen ausgerottet werden kann. Aber liegt es nur daran?

Man wird schwerlich behaupten können, viele Geschlechter von Juden hätten ein friedliches Leben führen dürfen. Das Büchlein, das wir heute abend wieder lesen, die Haggada, läßt so manche Leidensgeschichte unseres leiderfahrenen Volkes anklingen: »Zu allen Zeiten erheben sie sich gegen uns, uns zu vernichten«, um dann fortzufahren: »Gott aber errettet uns vor ihnen.«[2]

Fehlt es uns also an der Emuna schel mamasch, dem echten Glauben, der Gott auch noch unter Tränen preist? Man sollte in der Anwendung des Wortes von der Säkularisation bei uns Juden vorsichtig sein. Jahrtausende religiöser Innigkeit und Glaubenskraft lassen sich nicht einfach in wenigen Jahrhunderten zerstören. Wenn wir das Lied der Befreiung nicht so recht singen können, dann scheint uns letzter Grund eine Müdigkeit, die daher rührt, daß wir innerlich an die Vergangenheit als die Epoche eines gesicherten Bürgertums fixiert sind und meinen, diese Zeit müsse nochmals wiederkehren.

Dem Aufruf der Auszugsgeschichte aus Ägypten: »eure Lenden gegürtet, eure Schuhe an euren Füßen und euren Stab in eurer Hand«[3] sind unzählige Generationen von Juden Jahr für Jahr am Pessachfeste gefolgt, und wir verstehen erst heute wieder, wie wenig es sich bei dieser Nachahmung um eine fromme Maskerade gehandelt hat, sondern wie Juden durch die Jahrtausende dem Ruf zur ewigen Wanderschaft wahrhaft und wirklich zu folgen bereit blieben, wann immer der Ruf an sie ergehen sollte. Wir erst scheinen diese Fähigkeit verloren zu haben, und gerade uns wurde ein Wandern von unvorstellbarem Ausmaß aufgebürdet. Wir haben uns liebend verloren. Wir haben dieses Land, das uns die fürchterlichste Wunde schlagen sollte, bis zur Selbstaufgabe geliebt. Wir haben diese Zeit, die der Vermassung und Technisierung den Weg ebnete, als Zeit des Fortschrittes mit Jubel begrüßt. Wir sahen zumeist nur, daß wir in dieser kurzen Zeit einmal ruhen durften, vorsorgen konnten für unsere Kinder. Unsicherheit und Angst schienen auf dieser Erde endgültig isoliert und in absehbarer Zeit ganz ausschaltbar. Wir sahen aber nicht, wie alle Keime des Verhängnisses und des Unterganges gerade in dem Zeitalter gelegt wurden, das uns so human, so verheißungsvoll und sicher schien. Mit diesen Feststellungen wollen wir keineswegs entwerten, was an Positivem diese Vergangenheit doch auch – und insbesondere für uns Juden – gehabt hat. Aber die negativen Merkmale, die eigentlich deutlich genug sprechen, sollten uns bedenklich gegen eine allzu starke Identifizierung mit dieser Epoche bürgerlicher Lebenshaltung und Weltbetrachtung stimmen. Bürgertum *kann* seine großen Werte haben, Kleinbürgertum des Geistes und der Seele ist immer gefährlich, denn es versperrt dem Menschen sein Wesentliches: Sein Gestern und Ehedem wie sein Morgen und Fernes.

Wir Juden, die Geschlagensten unter den Millionen von Leidenden dieses 20. Jahrhunderts, können überhaupt nur dauern, wenn wir den Blick wieder frei bekommen für die Vergangenheit unserer Geschichte mit ihrem Stärkenden und für die Zukunft unseres Glaubensvolkes mit ihrem Verheißung Bestrahlendem. Wir lösen uns nur von den Ruinen unserer Erinnerung, wenn wir dem Tag mit seiner

Aufgabe sein Recht lassen und zugleich keinen Tag der Weltgeschichte als endgültig nehmen und empfinden.

Das Fest, das wir jetzt wieder begrüßen, nennen wir »Zeit unserer Freiheit«. Freiheit wird nie und nimmer geschenkt. Jede Freiheit will erkämpft und errungen werden. Die Freiheit aber, die uns Juden heute und hier not tut, heißt: Distance.

Vielleicht heißt das zu viel verlangt von unseren zum größten Teil alten, kranken und seelisch gebrochenen Menschen, wenn die Belastung aus dem Verharren auch nicht hoch genug angeschlagen werden kann. Sollte es aber wirklich für Euch, meine Freunde, zu schwer sein, dann bedenkt wenigstens manchmal, welcher Mut des Neubeginns dazu gehörte in Deutschland, auf dem geschändeten Boden stolzester jüdischer Tradition noch einmal unsere kleinen jüdischen Gemeinden aufzurichten, dann wendet Euren Blick hin zu dem neuerstandenen Israel, das an einer neuen Zukunft baut und das Lied der Freiheit singt. Und dann werdet Ihr verstehen, daß unsere Gemeinschaft als ganze die Kraft aufbringt, die so unendlich viele Einzelne unter uns nicht aufzubringen vermögen. Der einzelne Jude mag schwach sein, wir als Volk sind nicht schwach. Der einzelne Jude – und nur er – mag klagen wie ein Kind, wir als Volk verstehen zu tragen, ohne zu zerbrechen. Darum stimmt das Wort von der Müdigkeit eben nur auf den Einzelnen gesehen, als Glaubensvolk sind wir in Wahrheit mit unserem Tod und Teufel trotzendem »und dennoch« schon wieder auf dem Weg, ausgerichtet auf eine neue Zukunft, eine Zukunft, Freunde, in die Euer dumpfer Schmerz – wenn er denn wirklich nicht mehr zu überwinden ist – eingehen, aber in der er nicht untergehen soll.

Das wenigstens wollen wir festhalten, und es scheint uns ein echter Trost zu sein.

Der Tag aber wird wieder kommen, da aus Glauben und Verzweifeln, aus dem Leid unserer Alten und dem Aufbauwillen unserer Jungen das Wort der Deutung wieder verstanden wird, das uns von Rabbi Nathan zur Auszugsgeschichte überliefert ist: »Viele, gefährliche Wellen zogen über Israel hin, Gott aber brachte ihnen Hilfe.« Juden, wir heißen Euch hoffen.

---

* Aus dem Nachlaß, o. J., vermutlich Rundfunkpredigt.
1 Aus der Pessach-Haggada, bearb. von R. R. Geis, Düsseldorf 1954, S. 40.
2 A.a.O., S. 25.
3 2. Mose 12,11.

164

IV.14 Pessach*

Synagoge und Haus geben erst zusammen Zeugnis ab für die Glaubenswirklichkeit Israels. Ja, der festlich gedeckte Tisch, der so charakteristisch für eine wahrhaft jüdische Familie ist, will uns geradezu wie die Urzelle Israels erscheinen. Dem Grau des Lebens und dem Blutrot nie endenwollender Verfolgungen widersteht der winzige weiße Fleck, den der Tisch des jüdischen Hauses darstellt. Er spricht sein unüberhörbares »und dennoch« gegen alles Niederziehende, gegen alle Verzweiflung. Er kündet mit einfachen Worten und schlichten Liedern von der Fülle der Hoffnung, auf die Israel zu warten nicht müde wird. Erhalten schon die Mahlzeiten der Werktage ihre Weihe durch Gebet, so steigert sich die Innigkeit mit jedem Schabbath und Feiertag. Den Höhepunkt häuslichen Feierns aber erreicht das Judentum zu Pessach, dem Osterfest, mit seinen Sederabenden, die von der Befreiung aus der ersten und darum Urknechtschaft Ägyptens erzählen. Kein anderes Fest zeigt in solcher Vollkommenheit die jüdische Seele, ihr Frohsein und ihren Ernst, ihr Harren und ihr Hoffen. Der Tisch wird aufs festlichste geschmückt, warmer Kerzenschein steht über den Leuchtern, Becher schmücken die Plätze der zum Mahl Versammelten. Der schönste Becher ist dem Messiasboten, dem Propheten Elijahu, bereitet. Vor dem väterlichen Platz steht die Sederschüssel mit ihren symbolischen Speisen. Das Mahl, zu dem der Vater am Tisch die Seinen und möglichst viele Gäste vereint, ist unter den vielen weihevollen Mahlzeiten des jüdischen Jahres das Mahl schlechthin. Das Wort der Freiheit steht über ihm, sowohl über den Tischsitten, die dem Jüngsten die Rolle des Fragenden anvertrauen, wie über der ganzen Liturgie des Abends, die aus der mit Bildern geschmückten Haggada verlesen wird. In dieser Haggada sind, auch wenn man einmal von den biblischen Texten absieht, noch zwei Jahrtausende jüdischer Geschichte eingefangen. Und doch ist das Wunder der Freiheit aus der Frühzeit unserer Geschichte wirklichkeitsnah genug, um wieder und wieder das Verheißungswort von der messianischen Erlösung greifbar nahe erscheinen zu lassen. Alles Judenleid, das ja stellvertretend für das Leiden des Menschen am Menschen schlechthin ist, scheint schon überwunden, der ewig Ringende am Ziel, wenn der Vater, den Becher hoch erhoben, bekennt: »Denn nicht einer allein hat sich gegen uns erhoben, sondern zu allen Zeiten erheben sie sich gegen uns, uns zu vernichten – Gott aber errettet uns vor ihnen.«[1] Welche Kraft zum Dauern, welcher Mut zum Glauben von dieser Überzeugung ausgeht, wir haben es in den noch nicht weit zurückliegenden Jahren des Grauens wieder einmal ganz deutlich erfahren. Der

deutscheste unter den vielen Dichtern einer deutsch-jüdischen Symbiose, Karl Wolfskehl, sang nach 1933 in einem seiner Sederlieder[2]:
»Immer wieder doch, und immer wieder
Steigen auf zum Himmel eure Lieder,
Immer wieder such Ich das zerstreute
Israel, nie wirds der Andern Beute!«
Von den Kämpfern des Warschauer Ghetto im Jahre 1943, die als eine kleine Zahl eingesperrter, kranker, hungernder Juden sich gegen die Übermacht der deutschen Naziheere zur Wehr setzten und vor ihrem sicheren Ende noch einmal den Sederabend begingen, wissen wir, welche Stärkung und Tröstung von dem kleinen Buch der Haggada ausging.

Wir verstehen darum heute auch wieder ganz tief, warum in den Tischliedern und Lobgesängen des 2. Teiles der Haggada die Gemeinschaft der beim Mahl Vereinten scherzend und geheimnisvoll zugleich vom Ende der Zeiten singen und sagen kann. In diesen beiden Nächten, die wir Nächte der Bewahrung nennen, dringt unser Lied innig und stürmisch zugleich zu Gott empor. Die immer Geduldigen, immer Wartenden, hier erhoffen sie das baldige Kommen des Messiaskönigs, des Erlösers: Bald, bald in unseren Tagen in aller Nähe.

Kein Jude, mag er noch so sehr in die Ferne und Fremde gegangen sein, kann an diesen Abenden das Heimweh zum Schweigen bringen. Dem überzeugten Juden aber offenbart sich in diesen Wundernächten an der häuslichen Tafel die tränenschwere und zugleich selig lächelnde Erkenntnis: Denn stark wie der Tod ist die Liebe, die Liebe zu Gott.

* Sendung im SWF, 27. 3. 1956.
1 Pessach-Haggadah, a.a.O., S. 25.
2 K. Wolfskehl, Ges. Werke I, Hamburg 1960, S. 138.

IV.15 Lag Baomer*

Die sieben Wochen zwischen Pessach, dem Fest des Auszuges aus Ägypten, und Schawuot, der Erinnerung an die sinaitische Offenbarung, werden Tag für Tag vom frommen Juden gezählt, wie ein Kind die Tage bis zu seinem Geburtstag oder den Schulferien zählt. So versteht es auch die Erklärung des größten jüdischen Religionsphilosophen des Mittelalters, Maimonides: »Schawuot ist das Fest der Übergabe der Thora. Um diesen Tag zu erhöhen, zählt man die Tage von

Pessach an bis zu ihm, wie wenn der treueste Freund jemanden erwartet und die Tage und Stunden bis zu seiner Ankunft zählt.« Dennoch ist die Zeit zwischen den beiden Festen, die ja zugleich auch noch die Vorfreude auf die neue Ernte widerspiegeln sollte, zu einer Trauerzeit geworden. Der babylonische Talmud verlegt in diese Zeitspanne ein großes Sterben der Schüler des Rabbi Akiba. Möglich aber auch, daß die Judenverfolgungen des ersten Kreuzzuges in Deutschland im Jahre 1096, die zwischen Pessach und Schawuot stattfanden, den ernsten Charakter dieser Wochen mitprägten. Jede Freude verbannte man aus dem jüdischen Leben. Nur der 33. Tag der sieben Wochen, der Lag baomer, ist ausgenommen, an ihm findet das menschliche Frohsein wieder sein Recht: Hochzeiten dürfen stattfinden, Kinder haben schulfrei. Zumal in Israel, in Meron bei Safed, wird er als Sterbetag des bedeutenden rabbinischen Lehrers Rabbi Schimon ben Jochai aus dem zweiten Jahrhundert, der den Verfolgungen durch die Römer entgehen konnte, aufs festlichste begangen. Man stellt Tonnen voll Öl auf hohe Masten, taucht kostbare Seidentücher in das Öl und zündet sie an. Die unübersehbare Menge, die da zusammenströmt, bringt die ganze Nacht und den Tag in Gebeten, mit frommen Gesängen, in ekstatischen Tänzen und lautem Jubel zu. Das ist zwar auf den Widerspruch späterer Rabbiner gestoßen, die die Umwandlung eines Todestages in ein Freudenfest ebenso rügten, wie die Verschwendung, die mit kostbaren Tüchern und Gewändern getrieben wurde. Aber der Lag baomer hielt sich, getreu seines mystischen Ursprungs, als Volksfest. Nach der kabbalistischen Legende nämlich verschmolz die Seele des sterbenden Schimon ben Jochai mit den himmlischen Welten, und die Schüler sahen in der Todesstunde des Meisters mit ihren geistigen Augen, daß man dem hingeschiedenen Lehrer große Flammen entfachte.

Von diesem Rabbi Schimon ben Jochai wird in einem Talmudtraktat merkwürdiges berichtet:[1] Einst saßen Rabbi Jehuda, Rabbi Josse und Rabbi Schimon ben Jochai beieinander und ein anderer Rabbi Jehuda, der Proselytensohn, saß mit ihnen. Rabbi Jehuda begann zu reden: Wie schön sind doch die Werke der Römer. Sie haben Märkte errichtet, Brücken gebaut, Bäder angelegt. Rabbi Josse schwieg dazu, Rabbi Schimon ben Jochai aber empörte sich: Bei allem, was die Römer geschaffen haben, dachten sie nur an ihre eigenen, egoistischen Zwecke. Märkte und Bäder dienen ihrem Vergnügen, Brücken bringen Zolleinnahmen. Jehuda, der Proselytensohn, ging, erzählte hier und da von dieser Unterhaltung, schließlich kam es der römischen Obrigkeit zu Ohren, und sie reagierte in dem Land, dessen Widerstand sie stets fürchtete, schnell. Die Römer bestimmten, Jehuda, der die Römer gelobt, sollte erhoben; Josse, der geschwiegen, sollte nach

Sephoris verbannt; Schimon, der geschmäht, sollte getötet werden. Da gingen er und sein Sohn und hielten sich im Lehrhaus verborgen. Als die Römer ihre Verfügung aber noch verschärften, mußte er fürchten, doch noch verraten und entdeckt zu werden, und flüchtete in eine Höhle. Ein Wunder geschah. Für sie beide wuchs ein Johannisbrotbaum und eine Wasserquelle öffnete sich. Ihre Kleider pflegten sie abzulegen, bis zum Hals im Sand zu sitzen und den ganzen Tag in den heiligen Schriften zu lernen. Für die Stunden des Gebetes bekleideten sie sich und beteten; dann legten sie ihre Kleider wieder ab, damit sie nicht verdarben. Zwölf Jahre saßen sie so in der Höhle. Da erschien ihnen der Vorbote des Messias, der Prophet Elijahu, trat in die Öffnung der Höhle und sprach: Wer meldet es dem Sohne Jochais, daß der römische Kaiser gestorben und seine Verfügung aufgehoben ist? Sie gingen hinaus, hinaus in die Freiheit. Sie sahen die Menschen pflügen und säen. Da sprach Schimon ben Jochai in heiligem Zorn: Diese lassen das Leben der Ewigkeit und sorgen für das Leben der Stunde! Und jeder Ort, auf den sie ihren Blick richteten, ging in Flammen auf. Da fuhr eine himmlische Stimme zur Erde hernieder und herrschte sie an: Seid ihr befreit worden, um meine irdische Welt zu vernichten? Und die himmlische Stimme verwies sie in die Höhle zurück. Folgsam dem Geheiß, gingen sie an den Ort ihres Versteckes, saßen dort nochmals zwölf Monate, ein lange werdendes Jahr. Danach ertönte nochmals die himmlische Stimme und meldete ihnen: Verlaßt jetzt die Höhle. Da gingen sie ohne Rückkehr und der große Rabbi und Eiferer sprach: Es ist ein Wunder geschehen, darum will ich hingehen und eine gute Einrichtung treffen. Die einen meinen, er habe eine Münze eingerichtet, die anderen sprechen von der Errichtung von Straßen und wieder andere, es habe sich um den Bau von Bädern gehandelt.

Auf das Wunder der Bewahrung und Errettung, aber auch auf die Belehrung über den hohen Sinn der irdischen Welt, die – was immer geschieht – Gottes Welt ist und bleibt, reagiert der große Rabbi also mit der Einrichtung öffentlich nützlicher Anstalten, die er vor langen Jahren bei dem Gespräch über die Römer rügte. Was er lernen mußte, nun hatte er es begriffen. Gottes Welt darf durch übertriebene Forderungen nicht entwertet werden, das gerade gibt dem Bösen Raum für sein schändliches Tun. Der Blick des Frommen darf niemals Schöpfung und Geschöpf verbrennen. Größer als das Jenseitswunder ist das Diesseitswunder. Hier auf dieser Erde gilt es sich zu bewähren. Hier soll das Königreich Gottes errichtet werden und nicht in einem fernen, zu nichts verpflichtenden Himmel. Das ist auch die Lehre Jesu, wenn man seiner Sprache und nicht der griechischen Übersetzung folgt.

Ist es ein Zufall, wenn der Ehrentag des Rabbi Schimon ben Jochai, der Lag baomer, die sieben Trauerwochen unterbricht, wegweist von dem Sterben der Schüler des Befreierrabbis und Kämpfers Akiba, wegweist von den scheußlichen Bluttaten, mit denen vor fast 900 Jahren die Tragödie der Juden in Deutschland begann? Wohl kaum. Wir möchten vielmehr meinen, daß gerade hier das Geheimnis der Dauer des jüdischen Glaubensvolkes ganz wesentlich sich offenbart. Eine Gemeinschaft, die als gläubige Minorität durch alle Generationen verfolgt, an der Menschenwelt verzweifeln könnte: Der Mensch zeigt dem Juden fast immer nur seine widerlichste Fratze. Dennoch vergißt der Jude nie, wie hinter allem Unrecht, aller Gewalt, Gottes reine Welt sich verbirgt und erlöst werden will. Um das »Ja« zu Gott sprechen zu können, trägt er Leid in Hoffnung. In der Nacht des Befreiungsfestes dankt Israel Gott, der es wieder und wieder aus der Knechtschaft in die Freiheit, aus Kummer zur Freude, aus Trauer zu Festeszeiten führt. Am Offenbarungsfest – wie an jedem Feiertag – singt die Gemeinde:

»ich sterbe nicht, nein,
ich darf leben und seine Taten erzählen.
... Ein Wunder ist das vor unseren Augen.«[2]

Davon will der Lag Baomer erzählen, heute wie ehedem.

* Aus dem Nachlaß, o. J.
1 Schabbat 336; vgl. L. Goldschmidt, a.a.O., 532 ff.
2 Ps 118,17.23.

IV.16 Schawuot*

Wir Juden feiern das Fest der Offenbarung am Sinai, das Zehnwort kündet sein unüberhörbares »Du sollst!« Der Talmud überliefert eine Predigt des palästinensischen Rabbinen Jehoschua ben Levi vom Beginn des 3. Jahrhunderts[1], darin heißt es: »Zu der Stunde, da Mose auf die Höhe des Berges hinaufgestiegen war, sprachen die diensttuenden Engel vor dem Heiligen, gepriesen sei Er: Herr der Welt, der vom Weib Geborene ... was soll denn der unter uns? – Gott antwortete: Die Lehre zu empfangen, ist er gekommen. – Da riefen die Engel: Dein herrliches Kleinod, geborgen von den sechs Schöpfungstagen her, das willst Du einem Wesen von Fleisch und Blut weggeben? Was ist der Mensch, daß Du sein gedenkst, des Menschen Kind, daß Du Dich sein annimmst?![2] – Und Gott sprach: Mose, rede du! – Da nahm Mose all seine Kraft zusammen und erwiderte den Heerscharen des Himmels, er sprach: Es heißt in den zehn Geboten: Ich bin dein Gott! Kennt ihr denn aber einen anderen Gott? – Es heißt: Ehre Vater und Mutter! Wißt ihr überhaupt, was Vater und Mutter sind? – Es steht geschrieben: du sollst nicht begehren! Wißt ihr denn, was begehren heißt? – Da pflichteten die Dienstengel dem Heiligen, gepriesen sei Er, bei, wie geschrieben steht: Du, unser Herr, wie herrlich ist Dein Name in allem Erdland!«[3]

Der Mensch wird hier aufgerufen als Mitarbeiter an Gottes Welt. Seine Tat wird nicht nur wichtig genommen, sie gehört in den Heilsplan Gottes. Wahrlich nicht so, als ob das Tun des Menschen allein ausschlaggebend und kein Raum für göttliche Gnade sei. Schon das Geschenk des Zehnwortes ist Gnade, die Auserwählung eines Volkes zum Schrittmacher Gottes auf Erden ist Gnade, aber dem Glauben, der sich etwa mit Bekennen und Gebet genug sein läßt, wird mißtraut. Und so kann es in einer anderen rabbinischen Predigt heißen: »Da Israel vor dem Berge Sinai stand und die Worte sprach: Wir wollen tun und hören[4], erst tun, dann hören, in dieser Stunde gab es für sie keine Unvollkommenheit mehr.« Wer die Tat als Ausdruck der Lebensfrömmigkeit so ernst nimmt, dem wird das »Nein« gegen vieles abverlangt, um das große »Ja« für den Einen Gott sprechen zu können. Er wird sich wieder und wieder gegen die Macht und die Mächtigen wenden müssen, die den Heilsplan stören, und er wird damit Haß und Verfolgung, Schmach und Marter herausfordern. Diesem Volk ist nicht nur das Leben als das Gute, der Tod als das Böse vorgelegt, es ist mit dieser Wertung auf Gedeih und Verderb verbunden, so daß seine Existenz aufs gefährlichste bedroht ist, wenn die Welt diese Ordnung von Gut und Böse umkehrt.

Aber der Jude denkt am Fest der Offenbarung keineswegs allein an das Zehnwort, unlösbar dazu gehört für ihn das gesamte Gesetz der schriftlichen und der mündlichen Lehre. Diese Gesetzeslehre hat im Judentum aller Zeiten bis auf den heutigen Tag eine dominierende Rolle eingenommen; immer wieder wurde versucht, das gesamte Leben mit all seinen Gegebenheiten unter den Sinai zu stellen. Das ging beispielsweise so weit, daß eine besondere Kategorie von Gesetzen, deren Ursprung unbekannt ist, als Halacha l'Mosche mi-Sinai, als Gesetz von Moses am Sinai, ihre Würde des Alters und also auch ihre Geltung bekam. Das christliche Vorurteil von einem verknöcherten Gesetzesjudentum seit den Tagen der Pharisäer stört uns bei unserer Betrachtung gar nicht. Wir wissen heute, wie sehr die junge judenchristliche Gemeinde von einer messianischen Halacha, einem auf den Erlöser ausgerichteten Religionsgesetz bestimmt war. Wir wissen aber auch vom innersten unseres Judenlebens her, daß wir uns für ein völlig erstarrtes fossiles Gesetz wahrlich nicht durch alle Jahrhunderte des Mittelalters haben totschlagen lassen. Franz Rosenzweig hat schon recht, wenn er vom gelernten und gelebten, zerdachten und umsungenen, all- und todestäglichen, kleinlichen und erhabenen, nüchternen und sagenschweren, hauskerzen- und scheiterhaufenflammen-umstrahlten Gesetz[5] spricht.

Dennoch soll man sich gerade hier vor einer Romantisierung hüten, weil sie den Blick für das Fragwürdige unserer Gegenwart trüben könnte. Im babylonischen Talmud (b. Menachot 29b) wird eine Legende aus dem Leben des großen Lehrers Rabbi Akiba, der im zweiten nachchristlichen Jahrhundert als Märtyrer starb, erzählt.[6] In sein Lehrhaus kommt Mose, der Mose des Sinai, und setzt sich bescheiden in die letzte Reihe der Schüler. Was immer Rabbi Akiba, der gewaltige Ausleger und Gestalter des Gesetzes vorträgt, Mose versteht kein Wort. Darüber wird er traurig und verzweifelt. Schließlich fragt ein Schüler des Rabbi Akiba nach der Herkunft einer Deutung und bekommt zur Antwort, sie stamme von unserem Meister Mose am Sinai. Das tröstet Mose. Die Geschichte spricht doch wohl eindeutig von der Wandlung und Fortentwicklung des Religionsgesetzes, dessen Sinn eigentlich in jeder Generation neu erforscht und neu gestaltet werden will, das nicht alt werden darf, wenn es lebendig bleiben soll. Wir möchten bezweifeln, daß ein jüdischer Lehrer, der vor hundert Jahren gestorben ist, in irgendeinem jüdischen Lehrhaus der Welt heute ähnliche Pein durchstehen müßte wie der Mose unserer Legende. Das sollte bedenklich stimmen, denn es spricht von einer Glaubenskrise des Judentums, einer Glaubenskrise, die wir freilich mit allen westlichen Religionen nun gemein haben.

Wenn wir das Fest der Offenbarung am Sinai jetzt wieder begehen, sollten wir das nicht feig wegschieben. Was uns bitter not tut, sei mit zwei rabbinischen Erklärungen vorsichtig, aber hoffentlich doch unüberhörbar angedeutet. Ein Lehrer des Talmud setzt in die Geschichte von den zwei steinernen Tafeln des Zehnwortes für das Wort »charut«, »eingegraben« das Wort »cherut«, »Freiheit« ein.[7] Was ist aus unserer Freiheit geworden, für welche Freiheit setzen wir uns als Juden in einer Welt voller Unfreiheit noch ein? Wer immer die Frage als unwichtig wegwischt, der verleugnet die Pharisäer. Gerade sie haben das Schriftwort durch ihre Deutung in das Weltgeschehen gehoben, gerade weil ihre Auslegung letztlich dem wandlungsreichen Leben treuer war als dem unwandelbaren Text, weil sie den festen Buchstaben nur deuteten, um die strömende Wirklichkeit zu bewältigen, dienten sie Gott, der wie das Werk seiner Schöpfung so auch das seiner Offenbarung an jedem Tag erneuert. Und das zweite. Das Prophetenwort des Jesaja »und alle deine Kinder gelehrt vom Herrn und großer Friede deinen Kindern«[8], wird von den Rabbinen verändert. Sie lesen nicht »banajich«, »deine Kinder«, sondern »bonajich«, »deine Bauleute«[9]. Wissen wir überhaupt noch, daß wir nur dann Kinder Gottes sind, wenn wir auch bereit sind, seine Bauleute zu sein. Eine Wiederentdeckung prophetischer Botschaft täte uns nicht nur am Fest der Offenbarung bitter not.

* Aus dem Nachlaß, o. J.
1 Schabbat 88 b; vgl. L. Goldschmidt, a.a.O., Bd. I, S. 697.   2 Vgl. Ps 8,5.
3 Vgl. Ps 8,10.   4 Vgl. 2. Mose 24,7.
5 Vgl. Rosenzweig, a.a.O., S. 110 (s. IV.1).
6 L. Goldschmidt, a.a.O., X, S. 486 f.
7 Vgl. 2. Mose 32,16; Avot 6,2, in: Sidur, S. 169.
8 Jes 54,13.
9 Berachot 64 a; vgl. L. Goldschmidt, a.a.O., Bd. I, S. 291.

IV.17 Tischa Beaw*

Der Fasttag des 9. Aw ist der Erinnerung an den Brand des 1. und 2. Tempels [586 v. und 70 n.] geweiht. Durch eine fast immer leidvolle Geschichte ist die Trauer um Zion weit mehr als ein nationales Gedenken gewesen. Das Zusammenklingen von Land und Volk Israel gilt als eine der unabdingbaren Voraussetzungen für das Kommen des Messias. Ohne diese Hoffenskraft durch die Zeiten hätte das neue Israel nicht Wirklichkeit werden können. Aber freilich, der gelebte Alltag, die Tagespolitik in diesem jungen Staat lassen das oft schwer erkennen. Ja, es kann manchmal scheinen, als ob die Säkularisierung unserer ganzen Welt im Lande der Propheten und Psalmisten mit am deutlichsten sei. Der große Dichter des jüdischen Mittelalters, dessen Zionslied an diesem Tag in allen Synagogen erklingt, Jehuda Halevi, hat dem in seinem Hauptwerk einen hoffnungsvollen Ausdruck gegeben, wenn er Israel das Herz der Völker nennt. Wie das Herz als empfindliches Organ leicht von Krankheiten befallen werde und zugleich doch die Abwehrkräfte gegen jegliche Erkrankung mobilisiere, also Israel.

Die Welt ohne Gott ist heute kein spezifisch jüdisches Problem. Alle wahrhaft Religiösen sehen das und wissen, wie sehr gerade die Weltlosigkeit der Frommen die Welt in die Gottlosigkeit gestürzt hat. Alle Perfektion konfessioneller Apparate, alle politische Macht in kirchlichen und synagogalen Händen täuscht darüber nicht hinweg;

172

im Gegenteil, sie kann die Krankheit nur verschlimmern, die Gesundung hinauszögern. Das Judentum ist erst spät, in den Tagen seiner Emanzipation, Konfession geworden. Was bis dahin das ganze Leben auch der engen Judengasse des Ghetto gestaltet und erhöht hat, vermeinte man dann im Religionsunterricht lehren und in wenigen Stunden leben zu können. Das Judentum des Mittelalters, so sehr es von Gebot und Verbot bestimmt wurde, war von einem tötenden Ritualismus weit entfernt, es blieb messianisches Judentum. Der Jude der Neuzeit empfand vielfach die Allgegenwart des Brauchtums als Einengung des sog. »rein Geistigen« und schuf damit erst eine unlebendige Form des Religiösen. Hermann Cohen, der Gründer der Marburger Philosophenschule, träumte noch von dem religiösen Volkstum Israels, bar des Bodens, aber es war eben nur ein Traum, der weder in Marburg noch in Berlin verwirklicht wurde. Die ganz wörtlich zu nehmende Begegnung Gottes mit seinem Volk – das zentrale Thema der Bibel – wurde nur von ganz wenigen im Westen der letzten hundert Jahre vollzogen, nun, nach der Vernichtung des Ostjudentums, ist ihr der letzte echte Raum in der Diaspora genommen. Man kann manches gegen das neue Israel vorbringen und dennoch läßt sich nicht leugnen, daß es zumindest die Chance einer neuen Begegnung von Gott und Mensch offenhält. Wir möchten meinen, in dieser sehr harten Realität habe sie bessere Aussichten, als in jedweder behäbigen Lebensform und unter all den Fluchtmöglichkeiten, die sich nur dem Diasporajudentum anbieten. Vielleicht hat sich an der Situation Israels im Land der Väter gar nicht so viel geändert wie man denkt. Wir haben immer normal sein wollen »wie die Sippen des Erdbodens«, und Gott ließ uns Mal für Mal bis zum äußersten Rand gehen, um uns dann machtvoll zurückzuholen. Das ist eben, in aller Bescheidenheit und ohne jedes Pathos, Auserwähltheit. Jedenfalls müßte es an Gott liegen, wenn es nun anders werden sollte. Wenn Gott uns aber nicht losläßt und nicht entläßt, dann wäre das für die religiöse Krisis einer Welt sogar von einiger Bedeutung.

Am großen Trauer- und Fasttag für Zion erinnern wir uns der Worte des ersten Oberrabbinners im neuen Israel, Raw Kook[1]:

»Die Umkehr Israels kann nur geraten, wenn sie, in einem mit aller Herrlichkeit des Geistigen auch eine leibliche Umkehr ist. Es ist uns überliefert, daß ein geistiger Aufstand im Land Israel sein wird, da der Anbeginn der nationalen Wiedergeburt erwacht. Über den Teil des Volkes, der nach nichts anderem als nach der Wiederherstellung der nationalen Existenz Verlangen trägt, kommt dann eine fleischliche Sorglosigkeit, die dem Leben der Seele Abbruch tut und sie verkleinert. Wenn diese Hinneigung geboren wird, wird sie grimmig einherschreiten und Stürme erregen, aber was sich so kund tut, sind die Wehen des Messias. Die Erdreistung in der Zeit vor dem Kommen des Messias ist eine Minderung des Lichts, die der Erlösung der Welt dient. Die Söhne der sich Er-

173

dreistenden, die die Zäune durchbrechen, aber werden im hohen Glanz des ersten Menschen stehen.«

* Aus dem Nachlaß, 9. Aw 1960.
1 Abraham Isaac Kook, Orot Ha-Techija [Lichter der Wiederbelebung], Jerusalem 1921/1961, frei übersetzt nach §§ 44 und 50 ff. Kook (1865–1935) war in Litauen geboren; er wanderte 1904 in Palästina ein; nach Aufenthalt in England während des Ersten Weltkrieges wurde er 1921 zum ersten aschkenasischen Oberrabbiner Palästinas gewählt. Tief verwurzelt in jüdischer Mystik hielt er die Rückkehr der Juden nach Israel für den Beginn der Erlösung.

IV.18 Sch'ma Jissrael*

Höre Jissrael:
ER unser Gott, ER Einer!
So liebe denn
IHN deinen Gott
mit all deinem Herzen, mit all deiner Seele, mit all deiner Macht.
So seien diese Reden, die ich heuttags dir gebiete, auf deinem Herzen,
einschärfe sie deinen Söhnen,
rede davon,
wann du sitzest in deinem Haus und wann du gehst auf den Weg,
wann du dich legst und wann du dich erhebst,
knote sie zu einem Zeichen an deine Hand,
sie seien zu Gebind zwischen deinen Augen,
schreibe sie an die Pfosten deines Hauses und in deine Tore!

Geschehn wirds,
hört ihr, hört auf meine Gebote, die ich heuttags euch gebiete,
IHN euren Gott zu lieben und ihm mit all eurem Herzen, mit all eurer Seele
    zu dienen,
werde ich den Regen eures Landes zu seiner Frist geben,
Herbstguß und Lenzschauer,
einheimsen wirst du dein Korn, deinen Most, dein Ausbruchöl,
ich werde Kraut auf deinem Feld für dein Vieh geben,
du wirst essen und ersatten.
Wahret euch:
leicht möchte betört werden euer Herz,
daß ihr abweichet, andern Göttern dienet, ihnen euch hinwerft, –
dann flammt SEIN Zorn auf euch ein,
er sperrt den Himmel,

nicht fällt Regen mehr, der Boden gibt nicht sein Gewächs,
ihr schwindet rasch hinweg von dem guten Land, das ER euch gibt.

Legt diese meine Reden an euer Herz und an eure Seele,
knotet sie zu einem Zeichen an eure Hand,
sie seien zu einem Gebind zwischen euren Augen,
lehret sie eure Söhne, davon redend,
wann du in deinem Haus sitzest und wann du auf den Weg gehst, wann du
   dich legst und wann du dich erhebst,
schreibe sie an die Pfosten deines Hauses und in deine Tore,
damit sich mehren eure Tage und die Tage eurer Söhne auf dem Boden, den
   ER euren Vätern zuschwor, ihnen zu geben,
wie die Tage des Himmels über der Erde.

ER sprach zu Mosche, sprach:
Rede zu den Söhnen Jissraels, sprich zu ihnen,
sie sollen sich ein Geblätter machen an die Zipfel ihrer Kleider, für ihre Geschlechter,
und sollen an das Zipfelgeblätter einen hyazinthnen Faden geben,
so seis euch zu einem Blattmal:
ihr seht es an
und gedenkt all SEINER Gebote
und tut sie
und schwärmt nicht hinter eurem Herzen und hinter euren Augen, hinter denen ihr herhurt.
Damit ihr gedenket
und tuet all meine Gebote
und heilig werdet eurem Gott.
ICH bin euer Gott,
der ich euch aus dem Land Ägypten führte, euch Gott zu sein,
ICH euer Gott.

* Vom unbekannten Judentum, S. 22 f. Übersetzung Buber-Rosenzweig.

IV.19 Alenu-Gebet*

An uns ist es,
den Herrn des Alls zu preisen,
Größe zu geben
dem Bildner im Anfang,
daß er uns nicht gemacht hat
gleich den Völkern der Länder,
uns nicht hingesetzt
gleich den Sippen des Erdbodens,
daß er nicht unser Teil
dem ihren gleichgesetzt hat,
unser Los
gleich all ihrem Getümmel.
Und wir
beugen uns,
werfen uns hin,
danken
vor dem Angesichte
des Königs der Könige,
des Heiligen, gesegnet sei ER:
der ausspannt den Himmel,
gründet die Erde,
der Sitz seiner Ehre
ist im Himmel ringsoben,
die Wohnung seines Siegs
in ragenden Höhn –
Er ist unser Gott,
keiner sonst.
Wahr ist unser König,
nichts ist außer ihm,
wie geschrieben ist in seiner Thora:
»So erkenne heuttags, laß ins Herz dir einkehren,
daß ER der Gott ist,
im Himmel ringsoben,
auf Erden ringsunten,
keiner sonst.«
Darum harren wir dein,
DU unser Gott,
die Pracht deines Sieges bald zu sehen,
fortzuschaffen von der Erde die Götterklötze,
daß die Gottnichtse gerottet, ausgerottet werden;

176

die Welt zu ordnen für das Königtum des Gewaltigen,
daß alles Fleisch deinen Namen rufe,
zu dir zu wenden alle Frevler der Erde.
Merken sollen und erkennen alle Sassen des Weltkreises,
daß dir sich beugen wird alles Knie,
zuschwören alle Zunge.
Vor dir, DU, unser Gott,
werden sie sich beugen, werden hinfallen,
der Herrlichkeit deines Namens
Ehre geben.
Auf sich nehmen werden sie alle
das Joch deines Königtums,
und du wirst König sein über ihnen
bald, in Weltzeit und Ewigkeit.
Denn das Königtum,
dein ist es,
und in die Zeiten, ewig fort,
wirst du König sein in Herrlichkeit.
Wie geschrieben ist in deiner Thora:
»König bleibt ER
in Weltzeit und Ewigkeit.«
Und es ist gesagt:
»Und ER wird König sein über alle Erde,
jenes Tages
ist ER Einer
und sein Name Einer.«

* Vom unbekannten Judentum, S. 20 f. Übersetzung Glatzer-Strauss.

V. Streiter für das Königtum Gottes
Reden und Aufsätze (1952–1969)

Zum Thema

Mit der Übersiedlung in die Bundesrepublik Deutschland im Jahre 1952 begann jene theologische und theopolitische Wirksamkeit von Geis, die über die jeweiligen Tage hinaus ihre Bedeutung behält. Sichtbarster Ertrag sind der Band »Vom unbekannten Judentum« (1961) und die Aufsatzsammlung »Gottes Minorität« (1971). Darüber hinaus fanden sich im Nachlaß Reden und Aufsätze, die teils in der Presse erschienen, teils unveröffentlicht geblieben waren oder inzwischen nicht mehr zugänglich sind. Die Herausgeber haben aus diesen Reden und Aufsätzen eine Auswahl getroffen, die ihres Erachtens wert ist, nicht der Vergessenheit anheim zu fallen. Auf die Wiedergabe weniger eindrücklicher oder zu stark zeit- und personengebundener Äußerungen und Kontroversen wird dagegen verzichtet, so insbesondere auf Auseinandersetzungen um zwei Sendungen – 1967 und 1969 – im Westdeutschen Rundfunk, dessen Programmbeirat Geis damals angehörte.

Das Königtum Gottes ist durchgehendes Thema dieser letztlich auf eine neue Gemeinsamkeit von Juden und Christen zielenden Arbeiten. Einer Gedenkrede in Karlsruhe – exemplarisch für eine Reihe solcher Ansprachen – schließt sich die historische Klärung »Das Geschichtsbild des Talmud« an. Hier wird zugleich in wesentliche Auslegungstraditionen des Judentums eingeführt. Im Aufsatz »Geschichte einer Sehnsucht: Israel« wird erneut das historische Element in Werden und Bestimmung des modernen Israel betont. Die Besprechung von Hochhuths »Stellvertreter« unterstreicht wiederum die geschichtliche Dimension und weist von dort aus in die Zukunft: Auschwitz könnte vielleicht Einsicht in die Zusammengehörigkeit von Juden und Christen vermitteln. – Im folgenden Aufsatz schreibt Geis über den Bund, den Gott mit beiden geschlossen hat; aufgrund des Bundes ist Geis der Überzeugung: »Die Erde soll keine Grabstätte der Hoffnung werden.« Hierin folgt er seinem verehrten Lehrer »Leo Baeck«, von dem er schreibt: »Daß im Martyrium Judentum und Christentum sich wirklich begegnen können, war ihm ein lieber, vertrauter Gedanke, der nun [unter dem Druck der Verfolgung] auch eine Verwirklichung fand.« So proklamieren auch die Reden »Gedanken zum christlich-jüdischen Gespräch« und »Vom Königtum Gottes« die Einheit des Volkes Gottes und zielen auf Intensivierung des christlich-jüdischen Gesprächs. In der Stellungnahme »Zur Frage gemeinsamer Gottesdienste« befürwortet er diese; denn »für beide, Juden und Christen, gibt es einen gemeinsamen Kampf an vielen Fronten für das Königtum Gottes auf Erden«. (Vgl. dazu aber auch VIII. 62).

In den Reden und Aufsätzen zeigt sich die Grundlage, auf der Geis das Gespräch in der Arbeitsgemeinschaft Juden und Christen beim Deutschen Evangelischen Kirchentag geführt hat. Im einzelnen geht es um dieses Gespräch in Kapitel VI.

V.1 »Wir sind das Zeichen unter den Völkern!«

Gedenkrede anläßlich des 15. Jahrestages der Deportation nach Gurs und der Synagogenzerstörungen des Jahres 1938

Für eine Stunde des Gedenkens sind wir hier versammelt. Zu einer Stunde des Gedenkens, die – auch nachträglich noch – eine Abschiedsstunde deutscher Juden von Deutschland ist. Es hat lange gedauert, bis die deutschen Juden einsahen, was geschah. Sie fühlten sich zu sehr verwurzelt, um es rechtzeitig verstehen zu können. Ein jüdischer Dichter, dessen Familie auf fast tausend Jahre in Deutschland zurücksehen konnte, Karl Wolfskehl, dichtete in der Emigration:

»Weine, weil das Herz verwaist,
Weil ein Tausendjahr vereist.«[1]

Die erste Massendeportation von Juden ging am 22. Februar 1940 von Stettin aus. Von diesen Juden überlebte keiner, sie kamen direkt nach dem Osten. Die zweite Massendeportation war die der Juden Badens und der Pfalz vom 22. Oktober 1940; 5617 Menschen wurden von ihr betroffen. In unbeschreiblichem Zustand kamen sie nach Gurs. Von dort sind später noch 2000 in die Gasöfen des Ostens verschickt worden, ein großer Teil der Zurückbleibenden verhungert und verkommen. Aber immerhin, von den Juden Badens und der Pfalz haben doch 1000 überlebt. Verglichen mit all dem, was danach kam, ist das viel. Es gibt wenig jüdische Zeugnisse aus der Zeit der Verfolgung. Juden blieben stumm, mußten stumm bleiben, anders als die Opfer unter nichtjüdischen Bekennern, die zumeist noch Stimme bis zu ihrem Tode hatten und deren erschütterndes Zeugnis aus mancher Veröffentlichung noch zu uns spricht. Ein Gedicht aus der Zeit der jüdischen Deportationen ist uns übermittelt, in ihm heißt es:

»Ich sah heut tausend Menschen verstörten Angesichts,
Ich sah heut tausend Juden, die wanderten ins Nichts.
Im Grau des kalten Morgens zog die verfemte Schar,
Und hinter ihr verblaßte, was einst ihr Leben war.
Doch statt Verzweiflung sah ich ein tiefes, tiefes Müh'n
Um Haltung und Beherrschung aus ihren Augen glüh'n.
Ich sah heut tausend Menschen verstörten Angesichts,
Und sah im Grau des Morgens den Strahl des ew'gen Lichts.«

Erst unter den Schlägen einer fürchterlich entarteten Gesellschaft wurden viele, viele von uns wieder zu Juden geschlagen. Erst in den Jahren der Verfolgung ging altjüdisches Erbe einem gut Teil unserer Menschen als Wert wieder auf.

Und das andere Ereignis, an das wir uns heute erinnern, ist der 9. November 1938 mit der Zerstörung aller Synagogen. Es mag viele Juden in Deutschland gegeben haben, die bis zum Jahre 1933 fern der Synagoge lebten, in diesen Jahren wurde sie ihnen einziger Ort der Zuflucht und des Trostes. Die Synagogen brannten nieder. In den Tagen danach setzten sich aus allen jüdischen Gemeinden die Elendszüge in Bewegung, die Juden vom etwa 12. bis zum 90. Lebensjahr in die Konzentrationslager brachten. Auch da ist noch ein sehr großer Teil mit dem Leben davongekommen, anders als später im Osten. Für mich ist eine Stunde im Lager Buchenwald unvergessen und unvergeßlich. Da standen wir zu Tausenden und Abertausenden an diesem Tag von morgens 6 Uhr bis spät in die Nacht auf dem Appellplatz. Zur Abendstunde wurde vorn am Kommandoturm, für uns nicht sichtbar, ein Jude zu Tode geprügelt. Er rief mit immer schwächer werdender Stimme das Bekenntnis: »Höre Israel, Gott ist unser Gott, Gott ist Einer.« Juden, für die jeder Laut das Ende bedeuten konnte, beteten dennoch mit dem sterbenden Bruder: »Höre Israel, Gott ist unser Gott, Gott ist Einer«, antworteten, wie Juden gläubigerer Zeiten, bekannten sich in der Stunde, die todeserfüllt bis über den Rand war, zu dem Gott ihrer Väter. Ja, zu Juden, zu bekennenden Juden wurden wir geschlagen.

Aber noch Eines, auch das Übermaß an Leid und Opfern darf es uns nicht vergessen lassen: als Gesamtheit blieben wir gnadenvoll von dem Satanischen ausgeschlossen, in das die Menschen damals hineingezwungen wurden. Uns will das heute schon wie Gottesnähe erscheinen, die, weil dem Leid und dem Leidenden immer verbunden, so oft als Fluch empfunden wird und doch Segen ist. Spätere mögen das alles noch deutlicher sehen als wir. Aber schon jetzt kann man, wenn auch unter Tränen, Dank sagen, weil wir die Geschlagenen waren und nicht die Schläger, die Verfolgten und nicht die Verfolger. Aus dieser Situation fühlen wir Juden uns all denen aufs tiefste verbunden, die, ohne wie wir gezeichnet zu sein, sich freiwillig bekannten, sich opferten, ihr Leben hingaben, sei es für ihren christlichen Glauben, sei es – was Scheinfromme schon nicht mehr wahrhaben wollen – als sogenannte säkularisierte, ungläubige Menschen für einen lebendigen Humanismus. In dieser Stunde gilt unser innigster Dank einer Frau, die gerade hier in Baden Unvorstellbares für Juden leistete und es mit Jahren im Konzentrationslager bezahlte, unserer Gertrud Luckner, die Gast dieser Feier ist.

Solche Gedanken bewegen uns. Und nun mag es Menschen geben, jüdische Menschen, die fragen: ist das alles? Wo bleibt die Anklage? Ja, das ist alles. Eine Anklage hier und heute würde die Schuldigen doch nicht erreichen, sie sind in dieser Stunde kaum unter uns. Aber noch ein anderer Grund spricht für das Zurückhalten jeder lauten Klage. Bundespräsident Heuss hat einmal vor Jahren von der Kollektivscham des deutschen Volkes gesprochen. In einer sicherlich grotesken Umkehrung ist heute die Scham bei uns Juden und verschließt uns den Mund. Unsere Toten sind uns zu gut, um sie den schmutzigen Malereien des Herzens gegenüberzustellen, die immerhin in Deutschland schon wieder möglich sind. Wer im sogenannten »Deutschen Wunder« des Wiederaufbaus die Schrecken des Krieges und der Bombenangriffe, das unsagbare Nachkriegs- und Flüchtlingselend vergessen konnte, der sollte sich nun gerade der Juden erinnern? Wir werden das doch nicht im Ernst glauben?!

Erinnern, wahrhaftes, ehrliches Erinnern ist kein sentimentales Schmerzgefühl. Erinnern meint immer das Ausstoßen von etwas Falschem aus dem Haushalt des Innern. Machen wir Juden uns das recht deutlich. Sechs Millionen Opfer verlangen es von uns, dürfen es von uns, den Überlebenden, verlangen. Wir sind einmal in einer Zeit fürchterlichster Not aufgerufen worden und haben in unserer Todesangst und in unserem Sterben die Stimme vernommen. Hören wir zehn Jahre danach noch diese Stimme? Selbstverständlich, keiner kann es uns verübeln, wenn wir nach dem Gewesenen verwirrt sind und ratlos nach einem Lebensweg suchen. Keiner kann sich wundern, wenn wir, die aus der Todesangst Entlassenen, ermattet scheinen und auch oft ermattet sind. Aber unsere Toten können uns helfen, nichts anderes meint das rabbinische Wort vom »Verdienst der Väter«. Unsere Toten, mögen sie in ihrem Leben gläubige oder laue Juden gewesen sein, mögen sie gewesen sein, was immer Menschen sein können, in der Stunde des Endes waren sie Juden, stolze, bekennende Juden! Da wußten sie, daß unsere Gemeinschaft auf nichts und niemanden bauen kann, daß sie immer die gefährdete, immer die leidtragende ist und sehr im Gegensatz zu allen Völkern der Welt nur eine Hilfe kennt: Gott; das einzige, große »DU«, das es für uns geben kann, darin liegt unsere Auserwähltheit beschlossen.

Möchten die Menschen, die uns gut gesinnt sind, mit uns im Gedächtnis behalten, welch Sturmzeichen es bedeutet, wenn man sich gegen den Juden wendet, daß es immer ein Signal für den Aufbruch von Mächten der Finsternis ist, die fast nie beim Juden stehen bleiben. Wir als Juden aber sollen wissen, daß wir das Zeichen unter den Völkern sind, Frieden nur in ruhigen Zeiten finden, auf Fürchterliches aber gefaßt sein müssen, wenn die Welt zu brodeln beginnt. Das ist *unser* Erinnern und sonst garnichts.

Wer ist das nun, der weiterspricht, wo wir jetzt abbrechen, abbrechen müssen, wenn wir die Grenze, die unserer Generation gezogen ist, nicht überschreiten wollen? Der Prophet Jesaja sagt es uns, und

wir wollen es hören mit unserem Herzen, unserem noch so wehen
Herzen:

»Mein Knecht bist du!
Gewählt habe ich dich einst
und habe dich nie verschmäht, –
fürchte dich nimmer,
denn ich bin bei dir,
starre nimmer umher,
denn ich bin dein Gott ...
Fürchte dich nimmer,
du Jakobswürmlein.«[2]

1 Karl Wolfskehl, Gesammelte Werke I, Hamburg 1960, S. 219.
2 Jes 41, 9. 10. 14 (nach Übersetzung Buber).

V.2 Das Geschichtsbild des Talmud[*]

Das jüdische Schrifttum aller Jahrhunderte bis zum Beginn der Neuzeit versteht sich selbst überwiegend als Erklärung des Alten Testamentes, insbesondere der fünf Bücher Moses, die im Gottesdienst der
Synagoge einen zentralen Platz einnehmen. Der erste Kommentar dieser Art ist die *Mischna,* deren Namen schon »Wiederholung« bedeutet. Von den verschiedenen Mischna-Sammlungen ist die des Rabbi
Juda hanassi zur offiziellen Mischna geworden. Die in diese Mischna
nicht aufgenommenen Lehrmeinungen heißen *Barajta* (das Draußen-
stehende), mit Ausnahme der in der *Tosefta* (Hinzufügung) zusammengefaßten tannaitischen Lehrsätze und Überlieferungen. Ihren Abschluß hat unsere Mischna um 200 n. gefunden. Die Diskussion
über die Mischna in den rabbinischen Gelehrtenschulen wird *Gemara*
(Vollendung) genannt. Mischna und Gemara zusammen erst heißen
Talmud. Wir besitzen zwei Talmude, den *palästinensischen Talmud,*
auch Jeruschalmi genannt, und den weit umfangreicheren *babylonischen Talmud,* der der religionsgesetzlichen Entscheidung zugrunde
gelegt wird. Der palästinensische Talmud kam mit dem Ende des 4.
Jahrh., der babylonische im 6. Jahrh. zum Abschluß.
   Inhaltlich setzt der Talmud sich aus *Halacha* und *Haggada* zusammen. Während *Halacha* das »Wandeln« des Menschen auf dieser
Erde vor Gott in Gesetze faßt, finden wir in der »Erzählung«, der
Haggada, neben vielem auch das Glaubensgut Israels. Es mag dabei
nötig sein, darauf hinzuweisen, daß es zu einer dogmatischen Fixierung von Glaubenssätzen nicht gekommen ist, einmal weil es nach

184

der national-religiösen Katastrophe an der dazu nötigen Autorität fehlte, zum anderen weil das Glaubensvolk Israel, das, um es mit einem Wort Rilkes zu sagen,»von der Wurzel in Gott eingesetzt und eingepflanzt ist«[1a], einer dogmatischen Festlegung wohl auch entbehren konnte.

Neben den genannten Schriften muß in unserem Zusammenhang auch noch die *Midrasch*-Literatur erwähnt werden, die man vielleicht am besten als Predigtsammlungen charakterisiert. Die halachischen Midraschim, deren Name irreführend ist und die auch nur Haggada enthalten, werden oft tannaitische Midraschim genannt, gehören also überwiegend dem Zeitraum bis 200 an. Später anzusetzen sind die beiden großen Midrasch-Werke Rabba und Tanchuma, in denen die Amoräerzeit vor allem zu Wort kommt und die ihre letzte Redaktion erst im 10. Jahrh. gefunden haben mögen.

Das *Geschichtsbild des Talmud* ist weit mehr von den frühen Lehrern, den *Tannaiten* (Überlieferern, im 1. bis 3. Jh.), als von den späteren Meistern, den *Amoräern* (Erklärern), geprägt. Die Zeit der Tannaiten umfaßt ungefähr die ersten zwei Jahrhunderte der christlichen Zeitrechnung. Was sie gedacht, tritt uns einmal in den Werken entgegen, die ihr Entstehen und ihren Abschluß ihnen verdanken: Mischna, Tosefta und die halachischen Midraschim Mechilta (zu Exodus), Sifra (zu Leviticus) und Sifre (zu Numeri und Deuteronomium), dann ist es aber auch weit verstreut in den beiden Talmuden und den großen Midraschwerken Rabba und Tanchuma.[1] Ihre Epoche kann wohl ohne Übertreibung als eine der ereignisreichsten der jüdischen Geschichte bezeichnet werden. Der Untergang des zweiten jüdischen Tempels und Staates im Jahre 70, der Bar-Kochba-Aufstand von 132 bis 135, die Hadrianische Verfolgung der Jahre 135 bis 138, sie alle fallen in die Zeit der Tannaiten. Um so auffallender erscheint es, die *historischen Fakten kaum erwähnt* zu finden, und wenn sie berührt werden, dann scheinbar ohne historischen Sinn, so daß beispielsweise die Zeit von 70 mit der von 132 zusammenfließen kann.

Dabei kennen wir aus den Büchern des Alten Testamentes eine echte Geschichtsschreibung. Um nur einige Beispiele zu nennen: Die Davidsgeschichten im 2. Buch Samuel, das Königtum Abimelechs (Richter 9), Absaloms Aufstand (II Samuel 13–20) und Jehus Revolution (II Könige 9f.), sie alle verraten echten historischen Sinn. Gunkel meint, das Geheimnis dieser besonderen Leistung Israels – nämlich seiner Geschichtsschreibung – bestehe darin, daß dieses Volk in seiner besten Zeit den Despotismus und die Priesterherrschaft nicht ertragen habe.[2] Der gleiche historische Sinn ist aber auch nach der

Rückkehr aus dem babylonischen Exil bei Esra anzutreffen, von dem Schaeder mit Recht betont, wie er seine Neuordnung der Gemeinde nicht auf einem juristischen System, sondern auf Geschichte begründet.[3] Echte Geschichtsschreibung finden wir schließlich auch noch im 1. Makkabäer-Buch, das, wann immer es geschrieben, vor der hier zu behandelnden Zeit entstanden ist. *Ist die jüdische Geschichtsschreibung in den Händen der Tannaiten »aus Mangel an Kraft« erloschen,* wie von vielen Fachgelehrten behauptet wird? Das ist die eine Frage, die uns zu beschäftigen hat. Die Zeit war derart, daß jede Kraft schwinden konnte, erst recht bei einem Volk, das in dem Gedanken an die Gerechtigkeit Gottes erzogen war und nun nur noch Unrecht sah und litt. Diese Zeit der Not, die die Tannaiten durchlebten, wird vielleicht am deutlichsten, wenn wir einen kurzen Blick auf die Schilderung der pseudepigraphischen Apokalypse des IV. Esra werfen, die etwa um 90 n. entstanden ist, also zum Teil die gleichen Erschütterungen widerspiegelt. In dieser Apokalypse wird geschildert, wie Zion verwüstet ist (III, 2) und es den Anschein hat, als ob Gott die Sünder trägt, aber sein Volk vernichtet (III, 30). Dem Apokalyptiker wird es unmöglich, für diese verkehrte Welt das Heil zu schauen. Er wendet sich von der sinnzerstörten Gegenwart zu der Vergangenheit zurück, aber auch sie erscheint ihm nunmehr unter der Perspektive des Verfalls,»daß da schwankt, was gut ist, das Böse aber blieb«(III, 22). Diese negative Einstellung wird bereits in der Weltschöpfung verankert,»mit Adams Sünde war die Schöpfung schon gerichtet«(VII, 11). Folgerichtig wird aus dieser Verfallstimmung behauptet, die Schöpfung werde alt (V, 55) und der Äon eile mit Macht seinem Ende zu (IV, 26). Letzte Schlußfolgerung ist dann, Gott nehme wieder zurück, was er einst geschenkt habe (XIV, 32). Der neue Äon aber und die wenigen, die seiner in einer von allem Irdischen geschiedenen Welt teilhaftig werden, muß uns in unserem Zusammenhang nicht interessieren. Wir stellen nur fest: Der Plan Gottes erscheint dem Apokalyptiker als etwas Starres, von blinder Notwendigkeit geleitet, und Gott selbst ist nur der Verwalter dieser Notwendigkeit. Das Motiv der Güte, das die Notwendigkeit des Geschehens zur Vorsehung umgestaltet, fehlt. Dem Apokalyptiker erscheint diese Welt und das Leben auf ihr allein in der absinkenden Linie: Heil – Sünde – Untergang. Gunkel kommt zu dem Schluß: »So war auch dies früher so lebensfrohe Volk dem Pessimismus verfallen, der damals wohl schon seit Jahrhunderten durch die gealterten und geknechteten Völker des Orients zog.«[4]

Und das ist nun die zweite Frage: Stimmt diese Feststellung von Gunkel? *Tritt wirklich seit den Apokalyptikern der alte Rhythmus, der die israelitische Geschichtsschreibung bis zu Esra (siehe noch Ne-*

hemia IX, Esra IX) bestimmt hat, ganz zurück? Gibt es also von dieser Zeit ab den alttestamentlichen Rhythmus nicht mehr: Heil – Sünde – Unheil – Umkehr – Heil? Mit diesen beiden Fragen glauben wir das Wesentlichste für eine knappe Skizzierung des Geschichtsbildes des Talmud eingefangen zu haben.

Die Tannaiten stehen als Zeitgenossen der Apokalyptiker natürlich unter dem gleichen Erleben und Erleiden wie sie. Wenn Rabbi Eliezer b. Hyrkanos, der etwa von 90 bis 130 gelehrt hat, in der Mischna Sota (IX) seine Zeit schildert, dann spricht er davon, wie an den Fußspuren des Messias Frechheit haftet und Achtung schwindet, wie die Grenzbewohner von Stadt zu Stadt wandern, ohne Mitleid zu finden, die Weisheit der Gelehrten entartet, Knaben Greise beschämen, die Feinde eines Menschen seine Hausbewohner sind, und er beendet dieses Schreckensbild, das anscheinend in allen Verfallzeiten bis zum heutigen Tage das gleiche ist, mit der Feststellung, das Gesicht des Zeitalters gleiche dem Gesicht eines Hundes. Dieser Tannaite der zweiten Generation beschreibt also kein Phantasiebild, sondern schildert die geschichtliche Wirklichkeit, so wie er sie erlebt. Festgehalten aber werden muß, wie die sehr intimen Kenntnisse einer *Verfallszeit hier noch als die »Wehen des Messias«,* als notwendige Voraussetzungen der zu erwartenden Erlösung verstanden werden, keinesfalls also bar der Hoffnung sind. Um einiges düsterer erscheint uns der Ausspruch des Rabbi Jose b. Chalaphta (um 130 bis 180), der Gott selbst darüber klagen läßt, daß er sein Haus zerstört, sein Heiligtum verbrannt habe, ohne daß auf diese Klage eine Aufrichtung erfolgt (b. Ber. 3 a). Jedenfalls ist die Abkehr von der fürchterlich schweren Gegenwart bei den Tannaiten genauso zu finden wie bei den Apokalyptikern. Nur führt diese Abkehr bei den Tannaiten nicht in ein Jenseits, sondern in die Vergangenheit der eigenen Volks- und Heilsgeschichte, d. h. gerade das, was bei den Apokalyptikern von der Gegenwart her mit entwertet wird, bekommt bei den Tannaiten eine Wertsteigerung. Die Geschichte der Vergangenheit bietet Beweise für das Walten göttlicher Gerechtigkeit; in der *Aktivierung der Geschichte* dieser Vergangenheit finden darum die Tannaiten die Lösung des Problems, das sich ihnen stellt. Das historische Zeugnis dafür, daß Gott mit seinem Volke ging, und, wenn er ihm auch Leid zufügte, es doch nicht verwarf, sondern sinnvoll mit ihm verfuhr, tritt an die Stelle der fehlenden Erfahrung aus der Gegenwart. Dies ist natürlich nur möglich, wenn die scharfe *Grenze zwischen den Geschichtszeiten verwischt* wird und der gegenwärtige Mensch das Bewußtsein einer Teilnahme an der Geschichte der Vergangenheit haben kann, »als ob er selbst dabei gewesen wäre« (m Pes X, 5). Nur so konnte die Geschichte der Vergangenheit in hohem Maße Macht für und über die Gegenwart gewinnen. Darum bewegen sich auch Gestalten der verschiedensten Epochen auf ein und derselben Ebene, werden geradezu alle Großen der jüdischen Geschichte als Zeitgenossen behandelt. Über die trostreiche Feststellung des Akiba-Schülers Rabbi Eleasar b. Jacob, in jeder Weltstunde gäbe es einen Abraham oder Moses (b. Ber. r. 56), kommt man leicht zu der weiterreichenden Darstellung, in der sich etwa Moses im Lehrhaus des Rabbi Akiba befindet (b. Men. 29b), oder daß Rabbi Simon b. Jochai (um 130 bis 160) gemeinsam mit seinem Sohn und dem König Sotam ben Usia die Welt vor dem Gericht retten will (b. Sukk. 45b). Die vielen Jahrhunderte, die zwischen den einzelnen Gestalten liegen, spielen keine Rolle mehr. In diesem Zusammenhang ist es überaus interessant, welche Bedeutung die Auszugsgeschichte aus Ägypten und die Geschichte der Wüstenwanderung als Zeiten des Leids und der Erprobung für die Tannaiten gewinnt. Den Apokalyptikern erscheinen diese beiden Episoden der jüdischen Geschichte schon als Verfallserscheinung. Die Tannaiten aber stehen ganz auf der Seite der prophetischen Schau. Den Propheten und den Tannaiten sind diese Frühzeiten Epochen glücklicher Jugend, da das Volk gottwillig ist. So kann der Tannaite der vierten Generation, Rabbi Natan, von der Wüstenzeit sagen: »Viele gefährliche Wellen zogen über Israel hin, Gott aber brachte ihnen Hilfe« (Schem. r. 23). Alle Gefahren erscheinen also als Gefahren des Weges, die erst vom Ziele her ihre rechte Beurteilung bekommen. Die Tatsache des ständigen Abfalls des Volkes von seinem Gott während der Wüstenzeit wird dabei ausdrücklich betont, wenn z.B. Rabbi Simon b. Jochai sagt: »In der Wüste luden sie Verdienste auf, in der Wüste luden sie Verdienste ab« (Schir haschirim r. 3,6). Es wird also gezeigt: Auch früher gab es Notzeit und Rettung, Gottnähe und Abfall. Erwählung ohne Abfall wäre eine Annahme paradiesischer Geschichtslosigkeit. *Der Abfall stiftet Geschichte. Abfall aber ohne Wiederkehr wäre preisgegebene und planlose Geschichte.* Die Spannung zwischen Abfall und Wiederkehr, beziehungsweise zwischen Abfall und Wiederaufnahme durch Gott, läßt die Wüstenzeit zu der bedeutenden Epoche innerhalb der Geschichte der Vergangenheit werden, und zwar in einem Ausmaß, das skeptisch gegen ruhige Zeiten überhaupt macht. So kann es im Talmudtraktat Sanhedrin heißen, überall wo im biblischen Bericht von ruhigem Sitzen des Volkes die Rede ist, sei es nur zum Unglück. Das meint doch wohl noch etwas mehr als unser Sprichwort: »Rast' ich, so rost' ich.« Die Unruhe, als heilige Unruhe, als notwendig für den Gotteskämpfer Israel, wird freudig anerkannt. Was so im besonderen an der Auszugsgeschichte und der Wüstenwanderungszeit aufgezeigt wird, kann natürlich auch an jedem anderen Beispiel der altjüdischen Geschichte dargelegt werden. Als ein besonders einprägsames Beispiel möchten wir noch den Ausspruch des Rabbi Akiba (um 90 bis 130) zur Geschichte des Königs Manasse bringen. Akiba behauptet, dieser König sei nicht durch all die Plage und Mühe, die sein frommer Vater Hiskia auf ihn verwandt habe, zum Guten geführt worden, sondern allein durch das *Leid*, das ihm selbst widerfahren sei, und darum heiße das Leid »geliebt« (b. Sanhedr. 101 a). Das Übermaß an Leid, das den Menschen niederzudrücken und innerlich zu zerstören droht, wird hier also aufgenommen, bejaht und als eine notwendige Station auf dem Weg der Rückkehr zu Gott verstanden.

Erst diese Begegnung von Geschichte und religiöser Schau ist den Tannaiten bedeutsam, das Auftreffen also des außergeschichtlich Religiösen auf das historische Faktum. Wo dies in der Geschichtsdarstellung des Alten Testamentes offenkundig ist, genügt den Tannaiten ein Hinweis, wo nicht, greift die Geschichtsdeutung ein, um den *Eintritt des Ewigen in die Zeit* aufzuzeigen. Wie so verstandene Geschichte für die eigene Situation der Tannaiten aktiviert werden kann, sei an einem Beispiel noch aufgezeigt, wo die Angst um die Zukunft Israels und die Angst um das eigene Leben im Schriftwort vom göttlichen Segen und göttlichen Fluch überwunden wird. Im Sifra zu Leviticus (26, 36) erzählt ein Akiba-Schüler, Rabbi Josua b. Karcha (um 130 bis 160), der die Schreckenszeit der Hadrianischen Verfolgung erlebt, wie sie einmal zwischen Bäumen sitzen, der Wind die Blätter bewegt und sie davonlaufen, weil ihnen das Rauschen der Blätter das Nahen römischer Reiter vortäuscht; es sei aber niemand hinter ihnen her gewesen. Er schließt dann seine Schilderung mit dem Hinweis auf das Fluchwort aus dem 26. Kapitel des Leviticus: »Und ich werde Feigheit in ihre Herzen bringen ... und es wird sie das Rauschen eines verwelkten Blattes verfolgen, und niemand verfolgt.« [3. Mose 26,36]

Aus den bisherigen Ausführungen kann leicht der Eindruck entstehen, als ob mit dieser »historischen Tendenz«[5], um ein Wort Bachers zu gebrauchen, alle Schwierigkeiten des Lebens und der Leiderfahrung hinweginterpretiert und selbst der außergeschichtliche Grund aller Geschichte, von dem wir sprachen, vergessen wird. Dieser Gefahr ist sicherlich mancher Lehrer erlegen. Da aber den Tannaiten einerseits nicht der gesamte Geschichtsablauf begreiflich wurde, sondern nur die planhellen Zeiten, zum anderen das Tun des Menschen ja oft dem Plan entgegen verläuft, *greift doch auch im talmudischen Schrifttum Gott ein*, um das Maß des menschlichen Tuns zur Planerfüllung zu ergänzen. So kann der Tannaite der fünften Generation, Bar Kappara, sagen, was Gott zur menschlichen Tat hinzufüge, sei

bedeutsamer als das Bestehende, die menschliche Tat (b. Ber. r. 61).
Freilich sind die Stellen selten, da Gott trotz des vollständigen Versagens des Menschen allein und ausschließlich aus Gnade handelt. In der Regel bedeutet die göttliche Gnade, wenn sie sich nicht als Sechut Awoth, als Überschuß aus dem Verdienst der Väter, manifestiert, eine Hinzufügung zum Tun des Menschen, das als Ausgangspunkt mit voller Absicht aufrechterhalten wird.

Die wenigen Beispiele müssen genügen, um aufzuzeigen, wie wenig die Tannaiten der Art des Pessimismus verfallen sind, von der Gunkel spricht, und wie recht Volz mit seiner Feststellung hat, Vorstellungen vom Weltuntergang seien bei den Tannaiten nicht zu finden.[6] Die Tannaiten halten durchaus an dem altbiblischen Rhythmus fest: Heil – Sünde – Unheil – Umkehr – Heil. Freilich wird um der planhellen Zukunft willen die Vergangenheit durch Überbelichtung weit über den Text des Alten Testamentes hinaus planhell gemacht. Es läge also wiederum nahe, von einer Flucht in die Vergangenheit zu sprechen, die der Flucht in ein Jenseits bei den Apokalyptikern verwandt wäre. Es läßt sich nun nicht bezweifeln, daß die Gegenwart wohl als Geschichtszeit sehr zusammenschrumpft, nicht aber als privater Raum des Lebens. Die Lehrer des Talmud sind nämlich in erster Beziehung Halachisten, Männer also, die den Lebensraum des Gottesvolkes Israel abstecken und ihm seinen gesetzmäßigen Sinn geben. Haben die Tannaiten in der Haggada ihr Geschichtsbild entwickelt, so haben sie in der Halacha die praktischen Konsequenzen daraus gezogen. *Das Königtum Gottes, dessen Durchsetzung sich die Zeitgeschichte entgegenstellt, findet sein Reich eben in dem auf Geschichte verzichtenden Raum privater Existenz, nicht nur des Einzelnen, sondern des ganzen Restes Israel.* Die Halacha ist gleichsam die Verfassung dieses Bezirkes, der sich ganz und gar zum Königtum Gottes bekennt und sich selbst als die alle Zeiten überdauernde Keimzelle des messianischen Reiches versteht. Die minutiöse Tatregelung des Talmud, die fast allen Christen, nun aber auch schon vielen Juden unverständlich bleibt, ist aus dieser Auffassung allein zu verstehen. Bousset sieht durchaus richtig, wenn er vom Religionsgesetz als der »Summa der jüdischen Frömmigkeit« spricht.[7] Das gleiche gilt für den Hinweis von Moore, die Tannaiten gäben der Einheit des Tuns den Vorrang vor der Einheit der Grundidee. Es entspricht das der Gleichsetzung von Gesetzerfüllung und Planerfüllung. Auf die Welt als Ort der Bewährung wird dabei nicht verzichtet. Diese unsere Welt bleibt der Raum für das zukünftige Reich Gottes – und das kann man schwerlich Weltflucht nennen. *Verzichtet wird auf die Teilnahme an der Geschichte und damit auf Geschichtsschreibung. Der Jude bewirkt nicht mehr Geschichte, er erleidet sie.* Historisches Denken führt zu der Erkenntnis, daß es vorläufig keine jüdische Geschichte mehr gibt, sondern nur eine Geschichte der anderen, an der man zumeist passiv teilnimmt. Daraus erwächst das Desinteresse, das als »Mangel an Kraft« mißdeutet wird. Diese Distanzierung ist aber zugleich eine Bewahrung. Wenn Rabbi Jochanan b. Sakkai (um 60 bis 90) das belagerte Jerusalem verläßt und den römischen Feldherrn bittet: »gib mir Jawne und seine Gelehrten« (b. Gittin 56b), so müßte das als Hochverrat angesehen werden, wenn es eben nicht aus diesem Verzicht auf Geschichte zu verstehen wäre.[8] Dieser Verzicht allein rettet vor dem Untergang und läßt die *Chance für Geschichte in irgendeiner späteren Zeit* offen. »Das Lehrhaus bewahrt die Wurzeln des jüdischen Staates«, ohne den die Aufrichtung des messianischen Reiches nicht gedacht werden kann.

Das 3. Jhd. bringt einen Wandel in der Geschichtslehre. Als Grund dafür dürfen wir einmal die Besserung in der jüdischen Situation durch die Gewährung des römischen Reichsbürgerrechtes im Jahre 212 ansehen und die damit eintretende Beruhigung der Lage, zum anderen den immer stärker werdenden Einfluß der babylonischen Schulen, durch den die Vorstellung vom Endziel der Geschichte viel von seiner Diesseitigkeit einbüßt. Wie aber biblische Diesseitsgläubigkeit erkennbar geblieben ist, trotz aller späteren Entwicklungen, so auch das Geschichtsbild der frühen Lehrer, der Tannaiten. Der Verzicht auf Geschichte wird kein endgültiger. Was Rabbi Meir (130 bis 160) in einer Lehrdeutung über Rom sagt, ist nie aufgegeben worden: Es werde einst die Herrschaft ihrem Besitzer zurückgegeben (Koh. r. 1), zur Verwirklichung des Reiches Gottes auf dieser Welt.

---

* Aus: Saeculum VI, Heft 2 (1955), S. 119–124.

1a »Sie haben...einen der größten Götter des Weltalls in Ihrer Herkunft... Einen, dem man gehört, von Volkes wegen, weil er einen von jeher in den Vätern gemacht und gestaltet hat, so daß jeder Jude in Ihm...eingesetzt ist, unausrottbar eingepflanzt in Ihm, mit der Wurzel seiner Zunge!« R. M. Rilke an Ilse Blumenthal-Weiß, 28. 12. 1921, in: ders., Briefe aus Muzot, Leipzig 1935, S. 66.

1 Mischna wird zitiert durch Vorsetzung von m vor den Namen des Traktates, also *m Pes X 5* = Mischna des Traktates Pesachim (Passahopfer), Kapitel, Satz. Der babylonische Talmud wird zitiert: *b. Ber. 3a* = babylon. Talmud Traktat Berachoth (Segenssprüche), Blatt, Seite. Midrasch Rabba durch Hinzufügung eines r hinter das biblische Buch, also *Schem. r.* = Midrasch Rabba zum Buch Schemoth (Exodus). Das Wesentliche zu unserem Thema geben N. N. Glatzer, Untersuchungen zur Geschichtslehre der Tannaiten (Berlin 1933); ders., Geschichte der talmudischen Zeit (Berlin 1937); G. F. Moore, Judaism in the first centuries of the Christian Era (Cambridge Mass. 1945).

2 H. Gunkel, Die Israelitische Literatur, in: Die Kultur der Gegenwart, Bd. 1, S. 7, Berlin/Leipzig 1906.

3 H. H. Schaeder, Esra der Schreiber, Tübingen 1930.

4 H. Gunkel, Das 4. Buch Esra, in: E. F. Kautzsch, Die Apokryphen und Pseudepigraphen des Alten Testamentes, 2 Bde, Tübingen 1900.

5 W. Bacher, Agada der Tannaiten Bd. 1, Straßburg 1903.
6 P. Volz, Jüdische Eschatologie von Daniel bis Akiba, Tübingen u. Leipzig 1903.
7 W. Bousset, Die Religion des Judentums im späthellenist. Zeitalter, Tübingen 1926².
8 H. Bergmann, Jawne und Jerusalem, Berlin 1919.

V.3 Geschichte einer Sehnsucht: Israel*

Völker lieben es, sich von Urzeiten her eingesessen zu denken, sie wollen sich durch das Recht des Erstbesitzes den Boden sichern. Anders Israel. Die Bibel erzählt von Abraham, dem ersten Stammvater, daß er auf göttlichen Befehl aus seiner fernen Heimat allein nach Kanaan kommt, und hier ein Fremder ist und bleibt. Von dem Lande selbst gehört ihm mit Ausnahme des gekauften Erbbegräbnisses für seine Familie kein Fleckchen. Es wird ihm jedoch für seine Nachkommen verheißen, und diese Verheißung ist mit dem Gebot verbunden, ein Segen für viele Völker zu werden. So ist das Land Israel von Anfang an verheißenes, gelobtes Land, und alle seine künftigen Bewohner stehen zugleich unter der Gnade und Bürde der Auserwähltheit.

Die Nachkommen Abrahams werden auch gar nicht auf diesem Boden zum Volk, sondern im ersten der Exile, in Ägypten, und die entscheidende Ausprägung seines Wesens empfängt Israel später im zweiten Exil, in Babylonien. Immer wieder ist das Land ein verheißenes Ziel, auf das es zuzuwandern gilt, in der harten Realität erlebter Geschichte und der noch härteren der geistig-seelischen Ausrichtung. Aber selbst für die Zeiten des Seßhaftseins wird von der Bibel unterstrichen, daß Israel als Gast in seinem Lande lebt. Gott allein ist und bleibt der Herr des Bodens. In der gleichen Linie liegt es, wenn der Bauer bei der Darbringung des Erstlingsopfers nach der Ernte, zu einer Zeit der natürlichsten Freude am Besitz also, im Gebet zu bekennen hat: »Ein Nomade war mein Vater.« [5. Mose 26,5] Und nun dieses Land selbst, das verheißene und gelobte, es ist ja nicht mehr als eine Länderbrücke zwischen Weltreichen, gefährdet von den Zeiten der Bibel bis zum heutigen Tag. Und nur darum sind Israels Propheten keine Phantasten, wenn sie mit ihren unliebsamen Forderungen vom Königtum Gottes in die Politik einzugreifen suchen, weil wirklich auf diesem schmalen Landstreifen am östlichen Ufer des Mittelmeers ein normales Staatsleben mit seiner Fixierung an den Machtgedanken auf die Dauer gar nicht zu leben ist. Zur heiligen Ehe eines heiligen Volkes mit einem heiligen Land rufen darum alle Gottesmänner Israel auf, und das ist wahrlich die einzige Chance für dieses kleine Volk auf politisch höchst fragwürdigem Territorium. Das hat nichts mehr mit dem zu tun, was wir so landläufig »Glauben« nennen und die Möglichkeit des Nichtglaubens doch mitenthält. Hier handelt es sich um ein Unabdingbares, dem man nicht entfliehen kann, um die Eigengesetzlichkeit einer echten Erwählung. Gott – so meinen die Frommen – hat bei seiner Wahl zweimal gegen die Großen und Mächtigen entschieden, bei dem Volk und dem Land Israel. Daraus ergibt sich der einzigartige Auftrag für Gottes Volk, sein Schrittmacher auf dieser Erde zu werden. Früh erhält das Wort »Zion«, das ursprünglich nur einen Hügel der Jebusiterfeste bezeichnet, die David eroberte, einen zukunftweisenden, verheißungsvollen Klang und wird erst auf den Tempelberg als den Wohnsitz Gottes, dann schließlich auf das ganze Jerusalem, das ganze Land und Volk Israel übertragen. Die Identifizierung von Volk und Land mit Zion ist sehr bald gültiger Ausdruck für die Anerkennung des Anrufes und Aufrufes, der von Israel verlangt, aus dem Land und seiner Existenz im Land nur das zu machen, was Gott will und sich von der natürlichen Völkerwelt unterscheiden soll. Ein messianischer Zug beginnt damit deutlich zu werden. Er findet seine Vollendung in der Spätzeit des babylonischen Exils bei Deuterojesaja: das erlöste Zion wird zum Mittelpunkt der erlösten Völkerwelt.

Wenn das Resultat des römisch-jüdischen Krieges von 66 bis 73 n. mit Tempelzerstörung und Vernichtung des in seiner Selbständigkeit schon lange fragwürdig gewordenen jüdischen Staatswesens nicht hingenommen wird, wenn es in den Jahren 115 bis 117 zum Aufstand gegen Trajan kommt, zum Bar Kochba-Aufstand 132 bis 135, wenn man in Galiläa noch 351 zu den Waffen greift, da Konstantin von den Persern bedroht ist, wenn es noch 614 – das sind 540 Jahre nach dem eigentlichen Ende! – zu einer gemeinsamen Erhebung mit den Persern kommen kann, so spricht daraus nicht allein der unbändige Freiheitswille eines kleinen Volkes. Ganz zweifelsohne haben wir es hier mit theopolitischen Motiven zu tun, wie sie uns aus dem Glauben des großen Rabbi Akiba an Bar Kochba, den Führer im Aufstand gegen Rom, als Messias ja bekannt sind. Weit über das nur vernünftige hinaus klammern sich die Reste des Volkes Israel an das Land Israel, um in der Einheit von Land und Volk die Voraussetzungen für das Kommen des Erlösers zusammenzuhalten. Darum gilt es den Lehrern des Talmud als heilige Pflicht, auch unter wachsendem, schier unerträglichem Druck im Land der Väter auszuharren. Darum können sich Eleazar ben Schammua und Jochanan Hasandalar, Tannaiten der dritten Generation (um 130/160), im letzten Augenblick nicht zur Auswanderung entschließen und kehren an der Grenze Israels um. Darum ist der Amoräer Ulla (um 300), der von Israel nach Babylonien ging, in seiner Todesstunde noch untröstlich, weil er fern des Heiligen Landes sterben muß.

In so manchem rabbinischen Brauch spricht noch heute diese Zeit zu uns. Alle Synagogen der Welt sind nach Jerusalem gerichtet. Kann man in Israel nicht leben, kommt man zum Sterben dorthin zurück; ist auch das unmöglich, legt man wenigstens Palästina-Erde auf die Augen des Verstorbenen. Gegenüber dem Eingang einer jeden jüdischen Wohnung soll eine kahle Stelle an die nicht endende Trauer um Zion erinnern. Die Frau soll aus dem gleichen Grund ihren Schmuck unvollendet lassen, der Bräutigam bei der Hochzeit sich Asche aufs Haupt streuen u. ä.

Am deutlichsten und reinsten aber spricht die Sehnsucht aus all den Gebeten Israels, die von seinen Rabbinen verfaßt wurden. Hier ist die Rückkehr nach Zion und die Erwartung des Messias, von der und um derentwillen das Judentum lebt, zu einer unlösbaren Einheit geworden:

»Blase die große Posaune zu unserer Freiheit und erhebe das Zeichen, unsere Verbannten zu sammeln, und sammle uns alle von den vier Enden der Erde. Gepriesen seist Du, Ewiger, der da sammelt die Zerstreuten Seines Volkes Israel.

Nach Jerusalem, Deiner Stadt, kehre zurück in Erbarmen und wohne in ihrer Mitte, wie Du gesprochen. Und baue sie bald, in unseren Tagen, einen ewigen Bau, und den Thron Davids richte bald auf in ihrer Mitte. Gepriesen seist Du, Ewiger, der Jerusalem baut.

Den Sproß Davids, Deines Knechtes, laß bald ersprossen und erhebe seine Macht in Deinem Heil, denn auf Dein Heil hoffen wir jeden Tag. Gepriesen seist Du, Ewiger, der das Heil sprossen läßt.«[1]

Diese eine Stelle aus dem täglichen Hauptgebet stehe für die Vielzahl der Gebete, deren Bitten um Rückkehr als untrügliches Zeichen für den kommenden Messias mächtig erklingen.

Mit der Verleihung des römischen Bürgerrechts an die Juden im Jahre 212 wird die Stimmung der unter römischer Herrschaft lebenden Exiljuden ruhiger. Dem frühmittelalterlichen Juden mindert sich der Realitätsgehalt seiner Hoffnung, um dann aber von den Tagen des großen jüdischen Dichters und Denkers auf spanischem Boden, Jehuda Halevi (etwa 1080/1145), eine neue Steigerung zu erfahren. Für das Jahr 1068 der christlichen Ära, das als das tausendste Jahr des Exils galt, hat man die Erlösung erhofft. Der Termin ist verstrichen. Die Judenverfolgungen in Deutschland und Frankreich haben einen Höhepunkt erreicht. In Spanien treten die Juden in das kaum erahnte fürchterliche Endstadium einer der glänzendsten Zeiten ihrer Exilgeschichte ein. In dieser spannungsgeladenen Epoche lebte Jehuda Halevi. Seine Zionslieder erwecken wieder die alte Hoffnung. In seinem berühmtesten Gedicht spricht er nah und vertraut mit Zion selbst:

»Selig, wer harrt, und erlebts, und schaut, wie aufgeht dein Licht,
Des Strahlgeschosse nächtgen Schatten durchschlagen.
Deine Erwählten zu schaun im Glück, zu jubeln mit Dir,
Die neu du jugendlich prangst wie einst in Urtagen.«[2]

Dieses Lied wird heute noch am Gedenktag der Zerstörung des ersten und zweiten Tempels in allen Synagogen gesungen. Nachdichter haben es sich für ihre Zionsgesänge zum Vorbild genommen, wie das Losreißen von allem Vertrauten, die Heimkehr nach dem Lande der Väter, zu der Jehuda Halevi sich entschließt, gleich einem Signal wirken. Von Jehuda Halevi's Tagen reißt der Strom der Rückkehrer nach Israel nun nicht mehr ab, mag er zu Zeiten breit sein, in anderen wieder dürftiger fließen.

Im Jahre 1211 wandern beispielsweise mehr als 300 französische und englische Rabbiner nach Palästina aus, darunter sehr berühmte Männer. 1267 kommt der bedeutende Kommentator und Kabbalist Nachmanides nach Jerusalem. Rabbi Meir von Rothenburg, den man den Oberrabbiner Deutschlands nennen könnte, versucht mit vielen Glaubensbrüdern nach Israel zu gelangen und wird 1286 mit staatlicher Gewalt daran gehindert. Stärker noch wird die Bewegung nach der Vertreibung der Juden aus Spanien (1492), da Josef Nassi in und um Tiberias eine jüdische Kolonie plant. Im 16. Jahrhundert läßt sich der große Religionsgesetzler und Mystiker Josef Karo nach langer Wanderschaft in Safed nieder. Die Liste ließe sich bis zur Ermüdung erweitern.

Aber eines muß noch erwähnt werden: die pseudomessianischen Bewegungen, von denen die jüdische Geschichte mit Beginn des ersten Jahrhunderts bis in die zweite Hälfte des 17. Jahrhunderts vielfach zu berichten weiß. Die Verurteilung dieser Ungeduldigen, die das verheißene Ende erzwingen wollten, durch die rationalistische jüdische Geschichtsschreibung des 20. Jahrhunderts will uns heute doch der Korrektur bedürftig erscheinen. Der falsche Messias ist so alt wie die Hoffnung auf den wahren. Wer da bittet und betet: »Bald, bald, in unseren Tagen«, der muß auch die Täuschung als eine Möglichkeit einbeziehen, es sei denn, seine Bitte sei eitles Geschwätz. Wer kann sich des Eindruckes der religiösen Wucht entziehen, die aus den tragischen Berichten über den einen oder anderen Pseudomessias spricht? Etwa wie die Juden auf der Insel Kreta im 5. Jahrhundert sich auf Geheiß eines falschen Messias, der sie nach Israel zu bringen verspricht, ins Meer stürzen, das sie trockenen Fußes zu ihrem Ziel bringen soll – und ertrinken. Wie im 13. Jahrhundert sämtliche Juden Prags an ei-

nem Tag aus der Stadt auszuziehen, um sich nach dem verheißenen
Land durchzuschlagen. Wie sehr bedächtige Kaufleute bei dem Auftreten des Pseudomessias Sabbatai Zwi im 17. Jahrhundert ihren Besitz verkaufen und verschenken, um nur in jener Stunde zum Aufbruch bereit zu sein. Mag die Unterdrückung durch die Umwelt entscheidenden Anteil bei allen pseudomessianischen Bewegungen gehabt, mag Heiliges und Unheiliges sich da gemischt haben, mag der
Frevel der Endzeitberechnung, vor dem die Rabbinen aufs nach-
drücklichste warnen, in jedem Fall gegeben sein, in einem solchen
Aufflammen finden wir doch immer auch die unstillbare Liebe zum
gelobten Land und das gläubige Hoffen auf das Kommen des Messias. Die Erwartung bleibt wach, bis endlich nach einem sehr lange
hinausgezögerten Mittelalter den Juden das verspätete Geschenk der
Emanzipation wird.

Die Gleichberechtigung erhält diese eminent religiöse Gemeinschaft im Verfolg der Aufklärung und der französischen Revolution,
geistiger und politischer Bewegungen also, die dem Religiösen nicht
gerade mit besonderem Verständnis gegenüberstehen. Zudem mischen sich in diese Grundhaltung von Beginn an sehr zweckgerichtete
Einwirkungen, um von den Juden Erklärungen zu erzwingen, die sie
auf den Weg eines reinen Konfessionalismus stoßen wollen. So erklärt das von Napoleon I. einberufene große Synhedrion, die Vertretung aller Juden unter der Herrschaft des Bonaparte, bereitwillig
1807 zu Paris, es sei beschlossen und erklärt, nicht mehr eine Nation
für sich sein zu wollen. Einer der Räte schreibt bezeichnenderweise
darauf an den Kaiser: »Man muß diese Versammlung dazu bringen,
daß sie uns durch ihre Beschlüsse eine Waffe gegen sich selbst sowie
gegen den von ihnen vertretenen Stamm bieten.«[3]

Ein anderes kommt jüdischerseits hinzu. Der jüdische Mensch war
viel zu harte Wege der Geschichte gegangen, um nicht geblendet zu
sein, da das Wort von der Freiheit zum ersten Mal auch über ihm auf-
leuchtete. Man kann mit geringer Übertreibung sagen, der Jude erlebte seine Befreiung in einer Abart pseudomessianisches Rausches, er
fühlt sich nicht nur befreit, sondern erlöst. Erlöst ohne Messias und
ohne Rückkehr ins Land Israel. Kaum eine Stimme aus dem gewaltigen Chor der Befreiten versucht die Eigenart jüdischen Frommseins
aus der innigen Verschmelzung von Gottes Volk und Gottes Land zu
erklären, was früheren Jahrhunderten bei aller Treue zu den Ländern,
die Israel aufgenommen, eine Selbstverständlichkeit ist. Das schöne
Rilke-Briefwort über die Juden: »Ich habe ein unbeschreibliches Vertrauen zu jenen Völkern, die *nicht* durch Glauben an Gott geraten
sind, sondern die mittels ihres eigensten Volkstums Gott erfuhren, in
ihrem eigenen Stamme ... Ihnen ist Gott Herkunft und darum auch

Zukunft«[4], wäre den Juden des Westens in ihrer überwältigenden Mehrheit damals unverständlich geblieben. Es sei betont: den Juden des Westens! Zu dieser Zeit spaltet sich Israel selbst. Der Jude des Ostens, Polens und Rußlands, lebt unter einem anderen Gesetz, und seine Entwicklung geht in andere Richtung, die, wohin immer sie führt, doch zumeist die Grundkonzeption des jüdischen Volkes nicht preisgibt. Für den liberalen Juden der westlichen Länder hört jedenfalls die Heilserwartung auf, er meint schon am Beginn der Heilsepoche zu stehen, die nun freilich sehr anders aussieht, als Generationen über Generationen frommer Vorfahren sie sich gedacht haben. Die Gestalt des Messias verblaßt; für Zion zu beten, erscheint wie eine Lüge. So werden aus den Gebetbüchern der Reformer die darauf bezüglichen Stellen gestrichen. Die jüdische Orthodoxie widersteht aus ihrem eigensten Gesetz der Versuchung der Neuerung, aber auch sie verliegt sich und versäumt ihre Stunde in einer Zeit, da der Jude endlich die Angst vor Verfolgungen verliert und sich frei fühlen darf.

Eine alte jüdische Erzählung weiß zu berichten, daß alle jüdischen Propheten und Prophetinnen mit Gottes Volk nicht erreichen konnten, was dem König der Esthergeschichte gelingt, da er Haman, dem Judenfeind der Bibel, Gewalt über die Juden gibt [Ester 3]. Der schnell wieder anwachsende Antisemitismus bringt die Juden langsam zur Besinnung auf ihr Eigenstes. Die Synthese zwischen altem Erbe und froh bejahtem Geistesgut des Humanismus, der Klassik und des Idealismus, die sich gerade im deutschen Judentum des 20. Jahrhunderts abzuzeichnen beginnt, gehört nicht hierher. Die Einheit des doppelten Erlebens, des jüdischen und des deutschen, hat ja durch die Ereignisse seit 1933 ein blutiges vorschnelles Ende gefunden. Uns darf hier nur interessieren, daß im modernen Zionismus auf die These des Konfessionsjudentums die Antithese des Nationalen folgt. Gerade dadurch beginnt die auseinandergerissene jüdische Gemeinschaft von neuem zu einer Einheit zusammenzuwachsen. Die Forderung des Judenstaates, vom Westen ausgegangen, findet für lange Zeit ihre Resonanz im Osten, fast ausschließlich von dort strömen der nationalen Bewegung auch die religiösen Kraftquellen zu.

Die Geschichte des Zionismus, sein schwieriger Anfang, das englische Mandat, die Wiederaufrichtung des israelischen Staates, kennt beides: das antithetische Beharren eines rein national erklärten Jude-Seins *und* die messianischen Kräfte des jüdischen Glaubensvolkes. Wenn nach dem Verlust von so viel Millionen Menschen das in seinen Grundfesten erschütterte Judentum die gigantische Kraft zur Errichtung des jüdischen Staates aufbringt und nicht in Verzweiflung untergeht, will uns scheinen, als ob teils bewußt, teils unbewußt, alte messianische Vorstellungen den Wiederaufbau der altneuen Heimat mitbestimmen. Dem Besucher des Landes mag das oft durch viele säkularisierte Züge der israelischen Wirklichkeit verdeckt sein.

Den christlichen Freunden, die mit Ungeduld nach den Erlösungsmomenten im Aufbau des Staates Israel suchen, muß das Jesajawort [28,16] entgegengehalten werden: »Wer glaubt, bedrängt die Zeit nicht«. Wir Juden sind mit allen Zeitkrankheiten der Welt nach Israel zurückgekehrt. Es mag lange dauern, bis sich aus der neuen Begegnung des alten Judenvolkes mit der uralten Heimat eine neue Heilswirklichkeit abzuzeichnen beginnt. Bestenfalls stehen wir in einer prämessianischen Epoche unserer Geschichte. Die Rabbinen haben für eine solche Zeit den Ausdruck von den »Geburtswehen des Messias« geprägt[5], und sie wissen darüber viel Negatives zu berichten. Aber ob die Weltstunde, in der wir leben, überhaupt so aufzufassen ist, darüber haben wir Menschen nicht zu entscheiden.

Wann immer jedoch israelische Politik glaubt, die normalen Wege aller anderen Völker gehen zu können, werden die oft nicht gerade freundlichen Stimmen der Völker der Welt heute stellvertretend stehen für die eifernde Liebe der Propheten und Israel erinnern, daß es niemals ein Normalvolk werden kann. Von dieser außenpolitischen Realität, die zu übersehen sträflich wäre, werden im Laufe der Zeit doch wohl auch Einflüsse auf den inneren Aufbau Israels sich geltend machen und die vorhandenen Kräfte gläubigen Vertrauens stärken. Wir sehen darin etwas durchaus Legitimes.

Angesichts dessen, was im neuen Israel erstaunlicherweise erreicht ist, wäre es Lüge, wollte unsere Sehnsucht vergessen, was sie schon besitzt. Doch Tod wäre es, wollte der Besitz verlernen, sich zu sehnen. Niemals ist die unstillbare Zionssehnsucht bloß Hoffnung auf Ruhe und Sicherheit von Gejagten gewesen, sondern immer auch das Verlangen aus gemindertem nach höherem Leben. Glaube manifestiert sich in unseren Tagen, und nicht nur im jüdischen Bereich, oft allein in der Kraft der Geduld. In dieser Geduld erwarten wir, daß die Glaubenskraft frommer Ahnen durch die Jahrtausende sich am Ende stärker erweise als ein paar Generationen, die in die Irre gehen mußten. Was dem Christen im Begriff der Gnade aufleuchtet, ist dem Juden zum Teil in dem Wort von dem »Verdienst der Väter« enthalten. Diese jüdische Art der Gnade schafft mit an dem neuen Israel und der Verheißung, die über Zion ausgesprochen ist – und die immer noch gilt.

---

* Aus: Sonntagsblatt, Hamburg, 5. 8. 1956, S. 12/13.
1 10., 14. und 15. Bitte des Achtzehnbittengebetes, in: Sidur Sefat Emet, dt. Übers. S. Bamberger, Basel 1972, S. 43 f.

2 Aus »An Zion«, in: F. Rosenzweig, Sechzig Hymnen und Gedichte des Jehuda Halevi, Konstanz 1924, S. 104.
3 S. Dubnow, Weltgeschichte des jüdischen Volkes, 1928², VIII, S. 155 f.
4 R. M. Rilke an Ilse Blumenthal-Weiß, 28. 12. 1921, a.a.O., S. 66 f.
5 Vgl. Zitat Raw Kook, IV. 17.

V.4 »Wer Glauben hat, zittert nicht«*

Mag die Unsicherheit des Juden in der Welt, das übertriebene Taktgefühl der oft seelisch Verletzten oder was immer den Auftrag an den Rezensenten, Hochhuths »Stellvertreter« zu besprechen, hinausgezögert haben[1], die Besprechung kommt zu spät. Was pro und contra überhaupt gesagt werden kann, ist längst gesagt worden. Es ist fast schon eine Aufgabe geworden, zu überprüfen, was wirklich im »Stellvertreter« steht, was heraus- oder hineingelesen ist. Die Empfindlichkeit und Gereiztheit gegen Hochhuth ist mittlerweile so deutlich geworden, daß es kaum mehr möglich ist, das Stück unvoreingenommen zu besprechen. Wir können also nur noch auf einer Ebene darüber reflektieren, die wir vor Monaten keineswegs für allein adäquat angesehen hätten.

In einer der vielen und ausführlichen Szenenanweisungen, die in ihrer Dichte von gleicher Gültigkeit wie das Stück sind, heißt es: »Den folgenreichsten Ereignissen und Entdeckungen unserer Zeit ist gemeinsam, daß sie die menschliche Vorstellungskraft überfordern. Keine Phantasie reicht aus, um Auschwitz oder die Vernichtung Dresdens oder Hiroshimas oder Erkundungsflüge im Weltall ... vor Augen zu führen. Der Mensch kann nicht mehr erfassen, was er fertigbringt« [S. 178]. Hier wird also an dem Beispiel der Deportation der Juden deutlich gemacht, was weit über den Nationalsozialismus hinausgeht, das Versagen des Menschen in unserem Jahrhundert schlechthin. Das übersehen heißt, von der Weite der Verzweiflung, die Hochhuth bestimmt, keine Ahnung haben. Die jüdische Tragödie ist nicht ein letzter, sie ist der erste Akt. Quälend die Frage, ob die Fortsetzung einer ganzen Welt erspart worden wäre, wenn man den Anfängen gewehrt hätte. Quälend die Frage, ob die mannigfachen Katastrophen, die mit Hitler ihren Anfang nahmen, den Menschen die Augen öffneten. Vielleicht ist mancher Wutschrei gegen den Dichter nur Folge der peinlichen Demaskierung der sich human-bieder Gebärdenden. Was wird nicht leichtfertig alles über die »Bewältigung der Vergangenheit« geschwätzt, wie oft das Wort Demokratie sträflich mißbraucht. Hochhuth zeichnet unbeirrt die Linie von der Vergangenheit in unsere Gegenwart nach: »Herr Doktor Fritsche ... hat gesundes ›Häftlings-Material‹ beiderlei Geschlechts aus den Transporten gegen Empfangsbestätigung an die Industrie zu verteilen ... 1952 ist er Finanzfachmann einer der bedeutendsten deutschen Bausspargesellschaften, 1960 ist er Oberlandesgerichtsrat und pensionsberechtigt« [S. 185] oder »Ein Mensch, der lieber erstickt, als seinem Vorgesetzten widerspricht. Bis er 1955 in Bonn als hoher Ministerialbeamter wirkt.« Doch bei all der Empörung – und der Leser kann sogar unschwer die Beispiele aus der täglichen bundesrepublikanischen Praxis ergänzen – Hochhuth ist mit dem Wort vom zornigen jungen Mann nicht abzutun, dazu sieht er zu tief. Er unterstreicht gleich zu Anfang das Puppenhafte von Menschen in einer zerstörten Wertwelt mit der Regieangabe: »Die zu Gruppen von zwei, drei oder auch vier Personen zusammengefaßten Figuren sollten jeweils vom gleichen Schauspieler verkörpert werden – gemäß der Erfahrung, daß es im Zeitalter der allgemeinen Wehrpflicht nicht unbedingt Verdienst oder Schuld oder auch nur eine Frage des Charakters ist, ob einer in dieser oder jener Uniform steckt und ob er auf seiten der Henker oder der Opfer steht« [S. 14]. Der Feldwebel der Waffen-SS kann deshalb in der ersten Szene den harmlosen Pater spielen, in der letzten Szene den zum Helfer der Mörder erniedrigten jüdischen Kapo.

Dokumente der Fürchterlichkeiten und menschlich erschütternde Aussagen im Angesicht des Todes sind uns in großer Zahl erhalten. Wer aber vermag schon dem Grauen Gestalt zu geben? Es ist verständlich, wenn Max Frisch in seinem Stück »Andorra« [1961] in eine Fabel ausweicht, auch aus ihr dringt das Erschütternde deutlich hervor. Zweimal scheint uns bis jetzt das Höllenmaterial der Jahre 1933 bis 1945 gültig in die Höhe der Dichtung gehoben zu sein, im Schauspiel »Der Stellvertreter« von Rolf Hochhuth, im Roman »Der Letzte der Gerechten« von André Schwarz-Bart [Frankfurt 1962]. Das geht aber nun einmal nur mit dem Durchstehen einer nie zu bewältigenden Vergangenheit, dem Standhalten gegenüber dem zur Fratze erniedrigten Menschengesicht von Angesicht zu Angesicht. Wer es vermag, darf und muß reden, wer es nicht vermag, soll schweigen, ob Verfolger oder Verfolgter. Allein die büßende Kraft solchen Durchhaltens kann aus Grausamkeit und Feigheit, aus Mordlust und Todesmattheit herausführen, Botschaft für eine harrende, geschändete Menschheit werden. Schwarz-Bart, der Jude, weist auf ein Urjüdisches zurück: Die Leiderfahrung und Leidüberwindung des Judentums. Nach dem ersten Weltkrieg hat Richard Beer-Hofmann in seinem »Jaakobs Traum« [Berlin 1920; Zitat S. 149] dem bereits Ausdruck gegeben:

»Um meinen Namen magst du Un-Erhörtes dulden –
Doch, noch in Martern, fühl', daß ich – dich nie verwarf!«

200

Karl Wolfskehl läßt zu Beginn des Dritten Reiches Gott sprechen:

»Schlag' und schone, treu dem ewigen Bunde,
Ziehe immer wieder, wieder immer
Vor euch, tags Gewölk und nächtens Schimmer,
Nächtens Schimmer!« [Gesammelte Werke I, S. 138]

»Züchtigungen der Liebe« nannten es die Lehrer des Talmud, und sie waren davon überzeugt, daß Gott mit Israel, aber auch Israel mit Gott leide an der Unerlöstheit der Welt. Wie viele Juden im Dritten Reich noch so in den Tod gingen, wissen wir nicht. Der Dichter Schwarz-Bart hebt Auschwitz auf die Höhe dieses Denkens, anders könnte er als Jude damit nicht fertig werden. Noch unter furchtbarsten Qualen und in scheinbar jeden Sinn des Lebens zerstörendem Geschehen wird Gott sichtbar, der mit-leidende Gott des Märtyrervolkes, Israel als Blutzeuge für den Einen Gott, gegen den eine Welt sich sperrt. Aus der Gaskammer von Auschwitz dringt das Gebet Erni Levys, des Letzten der Gerechten: »Höre, Israel, der Ewige ist unser Gott, der Ewige ist einzig. O Herr, durch Deine Gnade nährst Du die Lebenden, und in Deiner großen Barmherzigkeit läßt Du die Toten wieder auferstehen; und Du stützest die Schwachen, heilest die Kranken, brichst die Ketten der Sklaven; und Du hältst getreulich Deine Versprechungen denen, die im Staube ruhen. Wer ist wie Du, o barmherziger Vater, und wer vermag, Dir zu gleichen?« [S. 400] Man wird es nie verstehen können – und dennoch ist es der Urgrund jüdischen Seins. So beten kann, wer in der frommen Leidensweisheit der Hoffenden beheimatet ist und auf seiten der Opfer stand. Dem Juden war keine Chance gegeben, mit dem Teufel zu paktieren, er konnte sich weder die Hände noch die Seele mit Blut beschmutzen. Wer auch nur im entferntesten etwas mit Israel gemein hatte, war von der Qual der Entscheidungen im Dritten Reich befreit. Gnade der Erwählten, die in den Tod führte, aber auch die Möglichkeit der Überwindung im Gebet offenhielt.

Ganz anders und völlig folgerichtig bei Hochhuth. Pater Riccardo, dem die katholischen Märtyrer um der Juden willen die Züge des Grams und der Verzweiflung gegeben haben, der vergeblich den Papst um Hilfe anfleht und mit Roms Juden nach Auschwitz geht, kann sein Leben mit dem Gebet der Kirche enden: »In hora mortis meae voca me.« Daneben finden wir noch ein anderes Gebet, das Gebet des »katholischen Juden« Luccani Senior, der erschütternd fleht: »Nicht im Waggon sterben, nicht vor den Augen der Enkel.« Sein Gebet auf dem letzten Weg, dem Weg zur Gaskammer, hat nichts Versöhnendes, läßt keinen Schimmer von Erlösung aufleuchten, es ist ein Hiobsgebet ohne Hiobs gläubigen Schluß im Angesicht der göttlichen Majestät [S. 180]:

201

»Laß' Dich *warnen* um Deines Namens willen:
Zeige nicht Deine Größe, indem Du Kinder
Im Angesicht ihrer Mütter verbrennst, damit
Du in den Schreien der Gequälten Deinen Namen wiederhörst.
Wer könnte im Rauch der Krematorien
Deine Weisung zur Umkehr erblicken?«

Aus diesem Schrei der Verzweiflung tritt Hochhuth selbst hervor. Was sollte er, der Erbe einer schuldbeladenen Generation, der schuldig Unschuldige, anderes tun als schreien, seinen Ekel, seine enttäuschte Liebe, sein gefährdetes, verratenes Christsein herausschreien? Der Gnadenweg des Märtyrervolkes ist ihm versagt, versagt als Nachgeborenem auch das Martyrium echter Christen und der Gläubigen eines politischen Humanismus. Nur wer diesen Schrei versteht, kann auch begreifen, warum die Schuld so weit im »Stellvertreter« gespannt ist, bis hin zu Pius XII. Schuld liegt auf fast allen Menschen in der Welt von Auschwitz, Dresden, Hiroshima; sie läßt sich nicht eingrenzen, das ist das Grauenvolle. Nur der Mut zur Liebe, der hoffende Glaube hätte eine Bresche in dieses Unentrinnbare schlagen können, sie ist während des Dritten Reiches auch vom Heiligen Vater nicht geschlagen worden, ob aus schuldhaftem Irrtum oder aus irrender Schuld ist letztlich belanglos. Es heißt sich dieser Schuld beugen, sie tragen, damit den Büßenden Vergebung werde. Schuld und Sühne sind keine fremden Begriffe für den wirklichen Gläubigen, wohl aber für den, der Unwahres und Ungutes unter dem Wort vom christlichen Abendland schon wieder zu verbergen hat.

Wir kommen zu spät mit der Besprechung des Stellvertreters in einer jüdischen Zeitung. Die Verzögerung und das Judesein berechtigen zu einem Versöhnlichen. Der Papst, den sich Hochhuth in der Zeit Hitlers gewünscht hätte, war Johannes XXIII. Kein Zweifel, unter seiner gütigen und tapferen Leitung wäre auch noch in den unmenschlichsten Jahren das reine Menschenantlitz zu erkennen gewesen. Der gleichermaßen von den Gläubigen seiner Kirche, den Andersgläubigen und selbst den Ungläubigen geliebte Papst hatte die Kraft des Herzens, die unsere Welt noch bewegen konnte. Die in Angst und Schrecken erstarrte Menschheit atmete unter ihm auf und wagte endlich einmal zu hoffen. Das war und ist also möglich, sein Leben und Sterben hat es bewiesen. Was not tut, und damals not getan hätte, sind Eigenschaften, Fähigkeiten, für die an seinem letzten irdischen Namenstag Papst Johannes XXIII. [† 3. 6. 1963] vor den Kardinälen Zeugnis ablegte:

»Wer Glauben hat, zittert nicht. Er überstürzt nicht die Ereignisse, er ist nicht pessimistisch, er verliert nicht seine Nerven. Diese Eigenschaften aus dem Charakterbild des heiligen Joseph sind Uns vertraut und flößen Uns Mut ein. Aus dieser Heiterkeit des Geistes zieht die Demut des Papstes ihre beständige Anregung. Sie kommt nicht aus der

Unkenntnis der Menschen und der Geschichte und verschließt nicht die Augen vor der Wirklichkeit. Es ist die Heiterkeit, die von Gott kommt, dem allerweisesten Lenker der menschlichen Geschichte, und so sehr in Verbindung steht zu den außerordentlichen Ereignissen des ökumenischen Konzils wie zu dem gewöhnlichen und schweren Dienst der universalen Kirchenregierung ... Die Aufforderung, die Jesus an seine Apostel gerichtet hat ›Fürchtet euch nicht!‹, hält heute im Menschen des Glaubens die Demut aufrecht. Sie bildet die Grundlage des gesunden Gleichgewichts der christlichen Gleichgültigkeit gegenüber den Urteilen der Welt.« [17. 3. 1963]²

»Heiliger Wahnsinn« wurde die Haltung des verewigten Papstes Johannes XXIII. genannt. Wenn nun aber gerade dieser heilige Wahnsinn gar kein Wahnsinn wäre, sondern die recht verstandene Liebe der frohen Botschaft des Neuen Testaments – und die einzige Rettung für eine Welt am Abgrund?! Hochhuth meint diese Liebe, und ihr, wenn auch für viele Millionen zu spät, begegnet zu sein, ist viel. Das Tröstende ist doch, daß die Menschen nicht nur dem Teufel in Uniform und Menschengestalt folgen, sondern auch auf die Erlösung durch die wahre Liebe hoffen, die Judentum und Christentum miteinander verbindet. Freilich, der Schrei der Anklage kommt damit nicht zum Verstummen. Dazu liegt die Welt gar zu sehr im Argen. Darum wird über Hochhuth weiter das Wort stehen, das er dem »Mädchen« an der Endstation Auschwitz in den Mund legt: »Liebende werden verfolgt, sind immer gefährdet.«

Für alle, die Feigen und die Bekenner, die Zögernden und die Glaubenshelden, die Verfolger und die Verfolgten gilt das Gebet eines rabbinischen Lehrers im Talmud, der den gleichen Namen wie Johannes XXIII. trägt³:

»Möge es Dein Wille sein, o Herr, unser Gott, daß Du auf unsere Schmach blickst und auf unser Elend schaust, daß Du Dich mit Deiner Barmherzigkeit bekleidest und mit deiner Macht bedeckest, Dich in Deine Liebe hüllst und mit Deiner Gnade umgürtest.«

---

* Zu: R. Hochhuth, Der Stellvertreter. Ein christliches Trauerspiel, Reinbek 1963, in: Allgemeine Wochenzeitung der Juden, 28. 6. 1963. – Zitiert wird nach rororo 997.

1 Uraufführung in Berlin und Buchpublikation im Februar 1963. Die Allgemeine Wochenzeitung der Juden nahm Geis' Besprechung nur auf erheblichen Druck auf. Am 31. 5. 63 hatte Geis an Hochhuth geschrieben:»... darf ich vielleicht doch noch sagen, wie tief mich Ihr ›Stellvertreter‹ beeindruckt hat, wie tief deprimierend ich es aber zugleich empfinde, daß Ihnen aus Angst von jüdischer Seite kein positives Echo entgegenkommt. Beispielsweise wurde eine Besprechung Ihres Buches von mir durch die Allgemeine Wochenzeitung der Juden abgelehnt«, in: F. J. Raddatz (Hg.), Summa Injuria oder Durfte der Papst schweigen. Hochhuths »Stellvertreter« in der öffentlichen Kritik, rororo 591, Reinbek 1963, S. 156.

2 Ansprache bei einer Sonderaudienz unter Teilnahme der in Rom anwesenden Kardinäle. – Johannes XXIII., Taufname Joseph, feierte seinen Namenstag am 19. März. Vgl. Petrusblatt. Katholisches Kirchenblatt für das Bistum Berlin, 31. 3. 1963, S. 3.

3 Rabbi Jochanan (um 250 n.), b. Berachot 16 b, in: L. Goldschmidt, a.a.O., I, S. 71.

V.5 Die Erde soll keine Grabstätte der Hoffnung werden[1]

Der Mensch, vornweg der bürgerliche Mensch, ist Bundesgenosse des
süß- oder bitter-schweigenden Schicksals geworden. Wehmut und
Tragik vertragen sich erstaunlich gut mit vollem Bauch und praller
Geldtasche. Wir leben – wenn man es recht bedenkt – in einer Zeit
epidemischer Schwermut. Was soll da Hoffnung? Der Prophet aber
spricht von Hoffnung:

»Denn, wohlan, ich schaffe den Himmel neu, die Erde neu, nicht gedacht wird mehr
des Früheren, nicht steigt's im Herzen mehr auf, sondern entzückt euch, jubelt fort und
fort über das, was ich schaffe! Denn, wohlan, ich schaffe aus Jerusalem einen Jubel,
aus seinem Volk ein Entzücken! Ich juble über Jerusalem, ich entzücke mich an meinem
Volk. Nicht hört man mehr darin Stimme des Weinens, Stimme der Klage ...
Sie bauen Häuser und siedeln, pflanzen Reben und essen ihre Frucht: sie bauen nicht,
daß ein anderer siedle, pflanzen nicht, daß ein anderer esse. Denn wie die Tage des
Baums sind die Tage meines Volks nun, was das Tun ihrer Hände erbringt, sollen
meine Erwählten verbrauchen. Sie sollen nicht ins Leere sich mühen, nicht zu Bestür-
zung gebären, denn sie sind das Geschlecht der Gesegneten des Herrn, und ihre Nach-
fahren mit ihnen. Geschehen wird's: eh sie rufen, antworte ich, sie reden noch, und ich
erhöre. Wolf und Lamm weiden wie eins, der Löwe frißt Häcksel wie das Rind, und die
Schlange, Staub ist nun ihr Brot: nicht übt man mehr Böses, nicht wirkt man Verderb
auf all dem Berg meines Heiligtums, hat der Herr gesprochen.«[2]

Es ist die letzte der Prophetenstimmen aus dem Buche Jesaia; ein
Prophet am Ende des babylonischen Exils redet. Die als Wunder erhoffte Befreiung aus der Gefangenschaft, die Rückkehr in die Heimat,
die zugleich heiliges Land ist, hat man wie einen Rausch erlebt. Zurückgeblieben aber ist der Bodensatz einer unüberwindlichen Müdigkeit: der Wiederaufbau des Tempels zögert sich hin. Konfliktstoff
zwischen den einzelnen Gruppen Israels häuft sich hoch. Den Schritt
von Gottseligkeit zu Gottlosigkeit trippelt die befreite Schar. Nahe,
sehr nahe liegt es, Israels Erwartungen nun endlich einmal zu vergei-
stigen, da selbst nach der als Reinigung gedachten Katastrophe sich
nichts geändert hat. Man könnte in den Himmel fliehen, weil die Erde
wieder einmal zur Grabstätte der Hoffnung wird. Man könnte endlich die Welt fallenlassen, oder wenigstens den kleinwinzigen Staat,
der doch nur das Gespött und der Spielball der großen Völker ist. –
Nichts von alledem. Das Umgekehrte ist der Fall. Die Verheißung
geht ganz in irdische Erfüllung ein: »Wohlan denn, ich schaffe den
Himmel neu, die Erde neu.« Wie wenig dieses Neuschaffen ein Jensei-
tiges meint, wird schnell deutlich: »Sie bauen Häuser und siedeln,
pflanzen Reben und essen ihre Frucht.« An eine gefallene Schöpfung
nur zu denken, ist dem Propheten unvorstellbar, denn die Welt ist
Gottes. Alle Jenseitshoffnung, aller Unsterblichkeits- und Auferste-
hungsglaube bedeuten Abfall, wenn Gedanken, die als Inbegriff des

Glaubens verstanden werden, zur Flucht aus der Welt führen. Man kann in vielen Tonarten von einer gefallenen Schöpfung sprechen, sogenannte Nihilisten und sogenannte Gläubige tun es. Nur sind die kühlen Verächter des Zeitlichen gar nicht die heißen Liebhaber des Nichts oder des Ewigen. Wer nur auf das Letzte und gar nicht auf das Vorletzte hoffen zu sollen vermeint, der sehe zu, daß er sich nicht täusche, daß ihm das erhoffte Letzte im Grunde nichts bedeute – und das nicht erhoffte Vorletzte ... alles. Es erübrigt sich, Beispiele dafür anzuführen; die Welt, der wir so gern die Robe der Schwermut umhängen, ist voll davon. Wie immer formuliert, Jenseits und Nirwana suspendieren leicht von dem Auftrag in dieser Welt. Abwehrend hat ein talmudischer Lehrer in Anlehnung an eine Jesaja-Stelle, die der unseren benachbart ist, gesagt[3]: »Alle Propheten haben nur von der messianischen Zeit geweissagt, für die zukünftige Welt aber gilt: ›kein Auge außer Dir, o Gott, hat sie gesehen‹ [Jes 64,4].«

Eschatologie, die Lehre von den letzten Dingen, kann sehr Verschiedenes zum Inhalt haben. Jüdische Eschatologie, so weit sie biblisch ist, meint fast ausschließlich ein Mobilisierendes und Revolutionierendes, das in die zu lebende Geschichte eingreift, sie verändert. »Wohlan denn, ich schaffe den Himmel neu, die Erde neu.« Himmel und Erde begleiten die Heilsgeschichte. Das Schöpfungswerk von Himmel und Erde ist der Hintergrund, vor dem Geschichte als Geschichte Gottes mit seinem Volk und allen Völkern sich abhebt. Nicht mehr. Es kann kein Zufall sein, wenn bei allen Propheten der Hinweis auf die Schöpfung als Motiv der Tröstung und Ausrichtung keine so beherrschende Stellung einnimmt wie die Erinnerung an den Auszug aus Ägypten durch den Gott der Befreiung, den Go'el Jisrael. Vom Exoduslicht eines Volkes spricht Ernst Bloch in seinem »Das Prinzip Hoffnung«[3a]. Israel zieht aus und wandert von Abrahams Tagen über Ägypten und Babylonien durch die Exile der Welt. Der Auszug aus Ägypten aber wird zum Exodus schlechthin und eine kühne talmudische Interpretation meint: »Als Gott Israel aus Ägypten erlöste, erlöste er sich selbst mit ihnen.«[4] Als Nomaden des Glaubens ziehen Juden durch die Geschichte. Ihnen ist verwehrt, aus einem Wege des Glaubens die Festung einer Konfession zu machen. Der Staub der Gewohnheit verweht immer wieder im Wüstenwind der Wanderschaft. Das Gold der Verehrung versinkt Mal für Mal im zurückbleibenden Schutt. Erstaunen: Der Laie tröste sich, auch der Theologe versteht es zumeist nicht, weil kaum einer das Alte Testament wirklich liest, und wenn er es liest, von den Gegebenheiten der Bibel zu einer religiösen Idee transponiert, deren Spiritualisierung nichts, aber gar nichts, mit der Botschaft der Bibel mehr gemein hat. Man überlege doch nur einen Augenblick, was es heißt, wenn Gott im Richterbuch dem Gideon im Kampf gegen die Midianiter nur 300 Soldaten erlaubt, damit Israel sich nicht seiner Stärke rühme, oder wenn im Buch der Könige der Prophet Micha dem König Ahab ins Gesicht sagt, daß Gott ihn verwerfe und das Volk keinen Herrscher mehr habe. All das ist Geschichte und keine Idee, aber eben nicht unserem Gutdünken freigegeben. Es ist von Gott bestimmte Geschichte, und wir möchten bezweifeln, daß eine der religiös verbrämten Parteien Lust verspüre, dem nachzueifern. Der herausführende Gott aber verlangt es von seinen Nomaden des Glaubens, und es hat – wen wundert's? – lange gedauert, bis dieses Volk Israel als Modellfall einer zukünftigen Völkerwelt die Verherrlichung der Erfolglosigkeit überhaupt begriffen hat. Eine Geschichtsauffassung, die nicht Theorie blieb, wurde davon geprägt.

Unter all den Arten, Geschichte zu betrachten, sind zwei in besonderer Weise bedeutsam; wir können sie die von oben und die von unten nennen. Für die Betrachtung »von oben« ist die Geschichte ein Handeln Gottes *durch* den Menschen. Da Gott die Allmacht ist, besteht sein Geschichtshandeln, das sich durch Menschen vollzieht, darin, daß er Menschen Macht verleiht. Diese Menschen, die »Geschichte machen«, erkämpfen sich die Macht, behaupten sie, üben sie aus. Ihre Macht ist von Gott ermächtigt, ist »Voll-Macht«. Für die Betrachtung »von unten« ist die Geschichte ein Handeln *zwischen* Gott *und* den Menschen. Gott hat seinem Geschöpf eine Eigenmächtigkeit zugeteilt; der Mensch kann sowohl auf ihn zu als von ihm ab, sowohl für als wider ihn handeln. Geschichte ist, was zwischen Gott und dem Gesprächspartner Mensch geschieht. Der Mächtige steht genau ebenso im Geschichtsdialog wie der Machtarme. Für die Betrachtung »von oben« ist die Geschichte aus Erfolgen zusammengefügt, und hinter jedem Erfolg steht Gott selber. Für die Betrachtung »von unten« ist der Erfolg kein Merkmal einer letzten Unterscheidung. Der sich nicht »Durchsetzende« mag durchaus die rechtmäßige Antwort geben und in der Verborgenheit eine unerkannt bleibende Bestätigung empfangen. Nicht die All-Macht bloß, auch das All-Leid ist Gottes. Der Betrachtung von oben gilt die autoritäre Macht als von Gott eingesetzt, der von unten erscheint die Macht nur so weit von Gott ermächtigt, als sie vom Menschen verantwortet wird. Macht wird nicht geschenkt, sie wird in Wahrheit verliehen, sie kann entzogen werden, wenn sie nicht dem Auftrag gemäß verwaltet wird. Wenn und soweit die Geschichtsbetrachtung »von unten« die des jüdischen Glaubensvolkes geworden ist, spricht aus ihr echtes Erbe des Alten Testamentes und seiner Propheten. Nicht um eine Geschichtsidee geht es hier, sondern um eine Konkretisierung des göttlichen Anrufes durch den Menschen bis hin und hinab in die Politik. Martin

Buber nennt das Theopolitik. Im Alten Testament steht nun einmal Politik nicht außerhalb der sogenannten frommen Betrachtung oder am äußersten Rand des Geschehens, sondern im Zentrum. Wie anders wäre das Auftreten aller großen Gestalten der Bibel vor den jeweils Mächtigen bis hinein in Königspalast und Tempel überhaupt zu verstehen? Seele und Leib sind nun einmal nicht getrennt. Der oft beschworene »Geist« kann, wenn er sich nicht verflüchtigen soll, nicht auf Politik als Ort seiner Bewährung verzichten. Der religiös motivierte Individualismus, der so gern als Kronzeuge eines vermeintlich höheren Glaubens bemüht wird, war immer Flucht und Verrat an der Humanität. Der Mensch ist und bleibt Empfänger und Täter der Geschichte, eben weil gerade die Erwartung der letzten Dinge dem Gang der Geschichte ewiges Gewicht verleiht. So heißt es im 57. Kapitel [V.14] unseres Propheten: »Bahnet, bahnet, räumt einen Weg« – und wer sollte das tun, wenn nicht der Mensch? Und wenig später wird das Wegbahnen verdeutlicht: Unterdrückte frei zu entlassen und jedes Joch zu sprengen. Und das, obwohl gerade dieser Prophet wirklich vom Eschaton, von den letzten Dingen kündet und den Einbruch Gottes in die Menschenwelt erwartet, so voll und ganz, daß »alles Frühere im Herzen nicht mehr aufsteigt« [Jes 65,17]. Die Erinnerung an die Paradiessünde kann und darf nicht das ernste, fordernde Wort von der Gottesebenbildlichkeit des Menschen auslöschen. Hier gilt kein trägfaules Warten auf ein Wunder, das es einem leicht macht, nichts zu tun, keine Gnadenübersteigerung, in deren Schatten Pflicht und Verpflichtung »selig« – o dieses selig! – verdämmern können. Glauben meint Hören, und Hören ist Tun. Nicht-Tun ist ein Nicht-Hören und letztlich ein Nicht-Glauben. Die wahrhaft-wirkliche Lehre meint und will die Tat, worunter wahrlich kein »Aktivismus« mit seinem Getue zu verstehen ist – davon haben wir, weiß Gott, übergenug –, sondern das Leben in der Erfüllung, das Leben, das nach dem wechselnden Vermögen seiner Stunden die Lehre, das Forderwort Gottes, eingestaltet. Dies nämlich und nicht eine dem Menschen unerreichbare Vollständigkeit und Vollkommenheit fordert allein der gebietende Herr. Ein talmudisches Wort meint: »Wer immer sagt, bei ihm gelte nichts als die Lehre, bei dem gilt auch die Lehre nichts.« Die Bibel kennt absolut keine Sanktionierung einer zweigeschossigen Existenz: oben, andächtig-verehrt die Stätte des Glaubens und des Geistes, unten die weiten Geschäftsräume des zu nichts verpflichtenden Lebens. Dabei scheint man sehr gut schlafen zu können, aber sind die Schlummerverliebten nicht zugleich auch immer wieder die Seelenfrechsten und also die Gefährlichsten? Die perfektionierten Überwinder einer noch nahen Vergangenheit in unserer Bundesrepublik geben dafür der Beispiele viele.

Der moderne Mensch hat gründlich verlernt, sich an der Geschichte zu orientieren, sich selbst als Empfänger und Täter der Geschichte zu erkennen; wie sollte er da eine besondere Geschichte, in der Gott sich dazu hergibt, sein Herr und Genosse, sein Führer und Partner zu sein, erfassen? Was ihm bleibt, ist die Resignation unter dem Bestand der Welt oder ... die Rebellion. Die Ahnung einer Neuschöpfung der Welt durch den Menschen scheidet für das europäische Bewußtsein fast ganz aus. Es wäre hoch an der Zeit, sich der Geschichtsnähe der jüdischen und der urchristlichen Botschaft zu erinnern. Die Welt als Jagdgrund nicht denen zu überlassen, die hinter höchst fragwürdigem Glaubensschild die schmutzigen Malereien ihres Herzens verbergen, und endlich wieder zu begreifen, daß das Christentum nicht anders als das Judentum eigentlich gegen jedwelche Macht anzutreten hat, die Gott in den Himmel verbannen möchte. Belohnung für braven, liebedienenden Konfessionalismus ist dann freilich nicht mehr zu erhalten.

Auch für die Kirche spricht Hoffnung aus den Worten des jüdischen Propheten: »Wolf und Lamm weiden wie eins.« Man hat sich im Dritten Reich nicht gescheut, aus Lämmern Wölfe zu machen. Sollte es da nicht gerade hier eine Verpflichtung sein, den umgekehrten Prozeß in gläubiger Tat mit zu erzwingen, damit unsere, trotz allem geliebte Erde nicht in direkter Folge des Zweiten Weltkrieges in einem Chaos versinke? Viel zu lang haben die sogenannten Gläubigen um eines Himmels willen, der zu nichts verpflichtet, die Erde preisgegeben. Man sieht es der Erde an und den Menschen auf ihr.

Hoffnung ist immer ein zaghaft-gläubiges »Vielleicht«. Ein Vielleicht des Angebots leuchtet für den Menschen auf, der die Fesseln der Melancholie sprengt und zu rechtem Tun genest, weil er dann endlich das Hindernis seiner Gegenwart nicht mehr als Hindernis seiner Ewigkeit gelten läßt. Wir können nie anders werden, wenn wir nicht erproben, anders zu sein.

1 Aus: Stimme 9/10, 17. Jg., Mai 1965, S. 281-284. – (Nachgedruckt in: Freies Christentum 8, 17. Jg., August 1965, S. 121–123).
2 Jes 65, 17–19. 21–25; frei nach Übers. Buber.
3 R. Chija bar Abba im Namen R. Jochanans, b. Sanhedrin 99 a, in: L. Goldschmidt, a.a.O., IX, S. 75.
3a E. Bloch, Das Prinzip Hoffnung, Erstausgabe Berlin 1954.
4 j Suk 54 c, in: Unbekanntes Judentum, S. 145.

V.6 Leo Baeck* – 23. 5. 1873–2. 11. 1956

Wer war der Mann, der vielleicht als einziger unter den Juden Deutschlands bis in die allerdunkelsten Tage Kontakt zu den Männern des Widerstandes, vor allem zum Adel hatte? Leo Baeck hat 1935 in einem kurzen Aufsatz sehr Wesentliches über »die Gestalt des deutschen Judentums«[1] gesagt und in seinen Formulierungen ein Stück Selbstinterpretation gegeben. Er spricht da von dem Judentum der östlichen Provinzen Deutschlands und legt dar, wie dort nicht nur der Jude, sondern auch der Christ, der aus dem alten Deutschland als Kolonist gekommen war, in einem Volk lebte, von dem er sich abgesondert fühlte. Christen und Juden waren im deutschen Osten gleicherweise Fremde, eine »Besonderheit unter Besonderheiten«. Im mittleren Deutschland gab es damals noch andersgläubige Gebiete, in den östlichen Provinzen nah auf nah den andersgläubigen Menschen. In Lissa in Posen, der Stadt des praeceptor humanitatis Comenius, ist Leo Baeck als Rabbinersohn zur Welt gekommen und mit der ganzen Unbefangenheit des Menschen herangewachsen, der sich nicht eingeengt fühlte, der nicht ständig an eine nur jüdische Besonderheit gemahnt wurde, sondern sie als ein Selbstverständliches, Natürliches empfinden konnte. Das hat einen der aristokratischsten Männer geprägt, die wir hatten. Die Harmonie, die seine deutsch-jüdische Symbiose prägte, stammt von dem Erlebnis seiner Kindheit.

Wer immer das umfangreiche Werk Leo Baecks genauer betrachtet, wird auf den tiefen Widerwillen dieses großen Juden gegen den Philister stoßen. Der sonst allem nur Emotionalen Abholde, der sich fast nie einen Ausdruck der Antipathie oder gar des Hasses erlaubte, zeigt da auf einmal eine sehr tiefe Abneigung: »Der Philister, dieser Mensch ohne morgen ... und der Parvenü, dieser Mensch ohne gestern.«[1a] Da wird von dem Bourgeois gesprochen, »dem das Gelingen in allem recht geben sollte, der, weil er den Erfolg hatte, über alles ein Urteil zu haben glaubte«[1b]. Bis zu seinen letzten Lebenstagen blieb ihm der Mensch der »Befriedigtheit und Problemlosigkeit«[1c] suspekt. Was Leo Baeck über den Kleinbürger sagt, hatte zweifelsohne vor allem eine innerjüdische Bedeutung, galt einer bürgerlichen Schicht, die den ewigen Horizont des Judentums verlor. Aber diese Heftigkeit richtete sich doch, wie wir vielleicht mit Recht sagen dürfen, auch noch gegen anderes. Die Erhebung des Nationalsozialismus ist sicher der Aufstand des Philisters gewesen. Der Kleinbürger hat Hitler auf den Schild gehoben, nicht der Arbeiter, nicht der Adel. Wir sind gerade darum – wenn ein Wort aus der Vergangenheit in die Gegenwart hinein erlaubt ist – heute manchmal so bang, weil das Wirtschaftswunder in Deutschland die Zahl der Kleinbürger ins Unermeßliche gesteigert hat. Wenn die jüdische Bourgeoisie der Jahre vor 1933 Baeck mißverstand und sich fast nie getroffen fühlte, so hatte sie freilich dafür eine Entschuldigung. Der verehrte Rabbiner war leicht in seiner großen Herzenshöflichkeit mißzuverstehen, die ihn auch da noch freundlich erscheinen ließ, wo er innerlich ganz Ablehnung war, jedes »Nein« im täglichen Umgang mit Menschen fiel ihm, dem behutsam Abwägenden, unendlich schwer. Er hätte mit Goethe sagen können: »Es war nie meine Art gegen Institute zu eifern, das schien mir stets Überhebung, und es mag sein, daß ich zu früh höflich wurde.«[1d] Leo Baeck hat es in einem sehr bezeichnenden Aufsatz »Neutralität«, der in den Blättern des Roten Kreuzes 1929 erschien, gesagt:

»im Haushalte des Geistigen ist es ein Erfordernis, daß es eine gewisse Neutralität gebe … stete Gespanntheit und stete Entschiedenheit heben schließlich sich selber auf … Nur wenn so das Geringe als gering erkannt und als gering genommen wird, dann wird dem Großen sein Raum bleiben … Alle wahre und bleibende Leistung … hängt hiervon ab.«[2]

Es wäre aber nun ein gefährlicher Trugschluß, wollte man aus Baecks Worten über die Neutralität entnehmen, sie könnten vielleicht doch auch das anfängliche Gewährenlassen gegenüber dem Nationalsozialismus erklären und entschuldigen. Bei ihm blieb allzeit »dem Großen sein Raum«, und nur um des Großen willen, für eine Entschiedenheit und Entscheidung, die auch das Leben von ihm fordern durfte, hat er sich in der Tugend wartender Milde geübt. Herzenshöflichkeit gegenüber dem Nationalsozialismus gab es für ihn nicht. Gerade aus der mit gläubiger Geduld so lange geübten Distance wuchsen ihm vielmehr die Kräfte, die nötig waren, um in der Zeit der Not und Gefahr sich zu bewähren. Das Jahr 1933 machte ihn sofort zum unerschrockenen Kämpfer, was zumindest bis 1938 auch für einen Juden nicht so selbstverständlich war, wie man heute annimmt, da man das Geschehen dieser Jahre gern verblassen läßt. Auch Juden mochten zu Beginn des Dritten Reiches sich noch trügerischen Hoffnungen hingeben, mit ihren Wünschen einen Wahn nähren. Leo Baeck nicht, er war entschieden und wäre es auch gewesen, wenn man den Juden nicht zum Staatsfeind Nr. 1 gestempelt hätte. Er war gleichermaßen entschieden als Deutscher, Europäer und Jude, er war entschieden mit seiner ganzen Glaubenskraft, die nie und nimmer den schamlos geforderten Barbarismus hinnehmen konnte. Der Entschiedene rief im März 1933 die Vorstände aller jüdischen Gemeinden in Deutschland zusammen, um ihnen klar zu machen, Hitler könne doch für geraume Zeit an der Macht bleiben, was in diesem »Heil«-losen Jahrhundert schon Stalin und Mussolini bewiesen. Er forderte energisch die Berufsumschichtung und Auswanderung der Jugend und die Stärkung des religiösen und kulturellen Lebens, das ihm allein ein aufrechtes Ausharren in der heranziehenden Sturmzeit zu garantieren schien.

Diesen Mann Leo Baeck stellte man nun an die Spitze der Notgemeinschaft, die als »Reichsvertretung der deutschen Juden« – dem Feinde zum Trotz – ein Ende großer Ehre leitete und lenkte. Mit einer unendlichen Intensität hat Baeck, von tapferen Männern und Frauen unterstützt, alles getan, um möglichst viele Menschen zu retten und diejenigen, die aus Mangel an Auswanderungsmöglichkeiten zurückbleiben mußten, wenigstens eine Welt sehen zu lassen, die jenseits dieser geschändeten Erde lag. Wir dürfen hier vielleicht eine Erklärung der Reichsvertretung aus der Feder von Leo Baeck bringen, die er im Jahre 1935 zum Sabbat des Trostes, kurz vor Verkündigung der Nürnberger Gesetze, erließ:

»›Tröstet, tröstet mein Volk‹, ruft uns der heutige Sabbat zu. Woraus kann uns in diesen Tagen, in denen wir durch eine Flut von Beschimpfungen hindurchgehen müssen, Trost erwachsen? Er erwächst aus der Antwort, die unser Glauben, die unsere Ehre, die unsere Jugend uns gibt.

Allen Schmähungen stellen wir die Hoheit unserer Religion entgegen, allen Kränkungen unser stetes Bemühen, in den Wegen unseres Judentums zu gehen, seinen Geboten nachzukommen.

Die wahre Ehre gibt sich jeder selbst, er gibt sie sich durch ein Leben, das unantastbar und rein, schlicht und aufrecht ist, durch ein Leben von jener Zurückhaltung, die das Zeichen innerer Stärke ist. Unsere Ehre ist unsere Ehre von Gott, sie allein wird bestehen.

Unsere Jugend – gibt sie uns nicht ein Beispiel der Anspruchslosigkeit und des Mutes, auf neuen Wegen dieses schwere Leben zu meistern? Lasset uns, Eltern und Lehrer, ein Geschlecht heranziehen, streng und hart gegen sich selbst, hilfsbereit gegen jeden anderen, mit starkem Körper und frischem Geist, gläubig und fest sich verwurzelnd im Judentum.

Lasset Euch nicht niederdrücken und laßt Euch nicht verbittern. Vertraut auf Den, dem die Zeiten gehören.«[3]

Worum es Baeck ging, ist klar: er wollte aufrechte Juden: Juden, denen der Schimpf der Umwelt eine Ehre war. Stolze Juden wollte er, die gar nicht »dabei« sein mochten, Juden, die das Unvermeidliche mit der gleichen Würde wie alle Geschlechter verfolgter Juden trugen. Er wollte gerade das, was der Gestapo unerträglich schien. Fünfmal wurde Baeck deshalb vor seiner Deportation verhaftet. Unberührt kehrte er immer wieder aus der Haft zurück. Selbstverständlich war Baeck nicht zu bewegen, seine Gänge in das Hauptquartier der Geheimen Staatspolizei in Berlin einzustellen, wann immer er glaubte, einem Menschen helfen, eine Bestimmung mildern zu können, obwohl man ihm mit seiner Einlieferung in das nächste Konzentrationslager bei »weiteren Belästigungen« gedroht hatte. Selbst die Gestapo zeigte einigen Respekt vor so viel Haltung. Ebensowenig konnte er auf die vielen hören, die ihn ins schützende Ausland retten wollten.

Mit einem echten Staunen erzählte er nach seinen vielen Auslandsreisen, die er als Präsident der Reichsvertretung zur Mobilisierung der Hilfe unternahm, von den jüdischen und christlichen Stimmen, die ihn vor einer Rückkehr ins Reich warnten – er hat sie wirklich nicht verstanden. Er, den man einmal für einen Kompromißler gehalten hatte, er mußte ein Beispiel geben, *das* Beispiel sein! Aus dieser Gesinnung wurde von Baeck bis in den Krieg der Vorlesungsbetrieb der »Hochschule für die Wissenschaft des Judentums« aufrecht erhalten, die Arbeiten der »Akademie für die Wissenschaft des Judentums« auch nach Verbot durch die Gestapo fortgesetzt, der bedeutenden, weltbekannten »Monatsschrift für Geschichte und Wissenschaft des Judentums« in einem letzten Band [83. Jg. 1939], von den Nationalsozialisten beschlagnahmt und bis auf wenige Exemplare eingestampft, zu einem Ende geführt, das wahrlich einen Triumph des Geistes darstellt. Man mache sich klar, all das geschah in einer Zeit des Hungers, der beginnenden Deportationen, der ersten Kunde vom Todesschicksal der nach dem Osten Verschleppten! Es war urjüdische Haltung, die Baeck mit seinem großen Geistesverwandten, Don Jitzchak Abravanel, gemeinsam hatte, der auf die Katastrophe und den Untergang des spanischen Judentums lernend, lehrend, auf die Zukunft weisend antwortete. Was Baeck mit all seinen Schriften als »Wesen des Judentums« aufgezeigt, nun war es kein Abstraktes mehr, es war wahrhaft und wirklich gelebtes Leben.

Hier muß auf das Phänomen hingewiesen werden, daß dieser Mann eines doch sehr ruhig, ja behäbig beginnenden Jahrhunderts ständig vom Martyrium schrieb. In seinem frühesten Buch »Das Wesen des Judentums« heißt es:

»Es gibt nichts ›Ungeschichtlicheres‹ als für eine Wahrheit zu sterben; denn man opfert sich nur für eine Wahrheit, die anders sein will als die bloße Geschichte ... Der Glaube an Gott gibt der Geschichte des Judentums ihre Bedeutung, ihren heroischen Sinn ... Die Konsequenz (des Zeugentums) ist das Märtyrertum ... Es ist ein Stolz des Judentums, daß Idee und Forderung des Märtyrertums von ihm geschaffen worden sind ... Das Judentum (hat) die märtyrerlosen Zeiten nicht gekannt, diese glücklich – unglücklichen Zeiten ...«

Nicht nur Schauer der Ehrfurcht spüren wir Nachlebenden, wenn wir das Wort von den *glücklich – unglücklichen Zeiten* lesen. Aber zugleich schrieb Baeck auch:

»Vor dem Martyrium im Tode steht das Martyrium im Leben, vor dem Todesmute der Gesinnung ihr Lebensmut, der oft weit schwerere ... Darum hat es hier zur steten Erbesaufgabe werden können, für die Wahrheit bedrückt und verfolgt zu werden, ... für sie den Menschen ein Tor und Narr zu dünken ..., ein unvergleichliches Zeugnis von dem Heldentum der Gewissen.«[4]

Diese Worte könnten als Motto über Baecks Leben im Dritten Reich stehen, nicht zum wenigsten über der Zeit in Theresienstadt.

Wahrlich dieser Mann besaß beides, den Todes- *und* den Lebensmut!
Anfang 1943 wurde Leo Baeck nach Theresienstadt deportiert.
Den zur Eile treibenden Schergen setzte er seine stille Würde entgegen, schrieb noch einen Abschiedsbrief, der die Tochter in London auf Umwegen erreichen sollte, und – so bezeichnend für ihn – überwies das Geld für die letzte Gas- und Elektrizitätsrechnung; dann erst folgte er den Männern der Gestapo. Mit dem ganzen Humor, der seine Gläubigkeit so glaubwürdig machte, erzählte er später gern von seiner Arbeit als »Pferd« im Lager, da man ihn zum Abtransport des Unrates mit einem holländischen Universitätsprofessor zusammenspannte und beide »Pferde« miteinander – philosophierten. Auf den Dachböden in Theresienstadt hielt Baeck dann heimlich Vorträge über die großen Denker aller Zeiten und jüdisches Denken, ließ vor den verstörten Juden, die im Schatten des Todes vegetierten, ein letztes Mal die Schätze jüdischen und europäischen Geistes aufleuchten, kündete den Menschen von einer Welt, die scheinbar in Blut und Tränen untergegangen war. Neben seiner immensen Seelsorgertätigkeit wurden gerade durch diese Ausrichtung auf die höchsten Werte reinen Menschentums Kräfte aufgerufen, die manch einem auf seinem Weg zu den Gaskammern beigestanden haben mögen. Er hat das gleiche für die katholische Minorität des Lagers getan, die sich vertrauensvoll an ihn wandte. Daß im Martyrium Judentum und Christentum sich wirklich begegnen können, war ein ihm lieber, vertrauter Gedanke, der nun auch seine Verwirklichung fand. Darüber hinaus hatte er noch die Kraft, den ersten Band seines letzten Werkes »Dieses Volk« zu schreiben, »wann immer ein leeres Blatt sich fand und eine stille Stunde sich auftat.«[5] Er hat in dem Lager, in dem der Daseinsraum durch den Sterbensraum ersetzt werden sollte und ersetzt wurde, in dem jede Gier und Selbstsucht aufwuchern sollte und aufgewuchert ist, als reiner Mensch gelebt, das Lebensmartyrium, von dem er 1902 zum erstenmal geschrieben, war Wahrheit geworden. H. G. Adler weiß in seinem Buch »Theresienstadt 1941–1945. Das Antlitz einer Zwangsgemeinschaft« [Tübingen 1955; 1960²] viel Fürchterliches über die Entmenschlichung der Häftlinge zu berichten, von Baeck aber sagt er, vor ihm, seiner Hilfsbereitschaft, seiner Reinheit sei alles Unmenschliche versunken: »Baeck hatte kaum Feinde, zumindest wagte niemand, sich als sein Feind zu erklären; unter den Gefangenen aller Herkunftsländer war er allgemein geachtet ... Nie entzog er sich dem Lager, doch in seiner Nähe schien es nicht zu bestehen, was daran liegen mochte, daß all der Schmutz rundum ihn nicht beflecken konnte. Die Würde des Alters ... vermochte Baeck zu behaupten, und das machte ihn verehrenswert, denn es verbreitete Frieden. Sanftmütig konnte er sein, doch darin hat er sich hier nicht

erfüllt, er konnte zürnen und eifern ... Er wußte sich als Zeugen dafür, daß es immer auch eine andere Welt geben müsse als dieses unheilvolle ›Ghetto‹« [S. 253 f.].

Baeck durfte die Stunde der Freiheit erleben, anders als seine Brüder im Geiste, Dietrich Bonhoeffer und Alfred Delp. Seine Errettung verdankte er freilich nur dem Umstand, daß Berlin bei der Meldung des Todes eines mährischen Rabbiners Beck in Theresienstadt fälschlich ihn aus der Liste der Lebenden gestrichen, was der Obersturmbannführer Eichmann, einer der scheußlichsten Judenschlächter, mit Erstaunen erst dann feststellte als die Russen schon heranrückten.[6] Die Befreiten bewahrte Baeck davor, Rache an ihren Peinigern zu nehmen; aus der gleichen Gesinnung fand er sehr bald bei aller judenstolzen Reserviertheit gegenüber Deutschland den Weg wieder in dieses Land, um denen zu danken, die ihm in finsteren Tagen durch schlichte, echte Menschlichkeit ein Trost gewesen, um jenen brüderlich die Hand zu reichen, die sich nicht mit unschuldigem Menschenblut beschmutzt hatten.

In seiner Person hat Leo Baeck wirklich Hitler besiegt und überwunden. Wie wenige der Überlebenden der Völker und Religionen dürfen das heute ehrlich von sich sagen? Was er als letzten Sinn des Judentums geschaut, er hat es verwirklicht: um der Welt willen in der Welt leben, um der Welt willen der Welt widersprechen. Das »Nein« gegen so vieles sagen, um das große »Ja« für den Einen Gott künden zu können. Zu jedem Anfang bereit zu sein und doch immer des »Endes der Tage« bewußt zu bleiben. Leo Baeck, das Gedenken des Frommen sei gesegnet, hat es gekonnt. Er fordert uns in recht dunkel gewordener Zeit zum rechten *Tun* auf, denn das allein scheint uns ein Wall gegen die Verzweiflung, die uns manchmal ankommen möchte.

* Aus: R. R. Geis, O. Hammelsbeck, O. Simmel SJ, Männer des Glaubens im deutschen Widerstand, Ner-Tamid-Verlag, München/Frankfurt 1961², S. 11–22. Mit freundlicher Zustimmung des Verlegers, Dr. H. Lamm.
1 Almanach des Schocken-Verlags auf das Jahr 5696 (1935/36), S. 53–63.
1a Dieser Gedanke findet sich mehrfach in dem Sammelband: L. Baeck, Wege im Judentum. Aufsätze und Reden, Berlin 1933.
1b Ders., Eugen Caspary. Über den bürgerlichen Menschen, in: a.a.O., S. 377.
1c Ders., Boden, Erde, Welt, in: a.a.O., S. 158.
1d Vgl. v. Biedermann, Goethes Gespräche, 2 Bde, Leipzig 1909², S. 523; berichtet von H. Laube nach einem unbekannten Gewährsmann zwischen 1810 und 1821.
2 L. Baeck, Wege im Judentum, Berlin 1933, S. 215–223.
3 Diesen Aufruf verdankt der Autor durch Vermittlung von Dr. Hans Lamm der Wiener Library in London. Ein weiterer Aufruf in der Erstveröffentlichung kommt aus der gleichen Quelle und dem vergriffenen Buch von E. H. Boehm, »We survived«, New Haven 1949, das auf S. 281 bis 300 wichtiges Material zum Thema enthält.

4 L. Baeck, Das Wesen des Judentums, Frankfurt 1905; 6. Aufl. Köln 1960. Zitate
nach 2. Aufl. 1922, S. 60. 158. 185–188.
5 L. Baeck, Dieses Volk. Jüdische Existenz, Frankfurt I 1955, II 1957.
6 Siehe Boehm, »We survived«, S. 296:
»Eichmann: ›Herr Baeck, Sie leben noch? Ich dachte, Sie wären tot!‹ – Baeck: ›Sie
scheinen ein zukünftiges Ereignis vorauszusagen.‹ Damit ging ich zur Tür hinaus.
Eichmann machte Platz. Den Ehering meiner Frau und den meinen gab ich einem
Freund, schrieb Abschiedsbriefe und wartete auf das Kommende.« Souveräne
Würde spricht aus dieser letzten Begegnung Baecks mit Eichmann in Theresienstadt.

V.7 Gedanken zum christlich-jüdischen Gespräch*

Aus Anlaß der Woche der Brüderlichkeit

Leo Baeck hat nach Beendigung des 2. Weltkrieges große Hoffnungen
auf das christlich-jüdische Religionsgespräch in Deutschland gesetzt.
Sein Wort dazu ist bemerkenswert: »Nun haben auch Christen wieder ihre Märtyrer.« Es ist nicht zu leugnen, nur echtes Glaubenszeug-
nis gibt den Versuchen des Verstehens zwischen Christen und Juden
eine neue Chance. Alles andere führt bestenfalls zu einer Toleranz,
die manchmal als beleidigend empfunden werden könnte. Nach
Baeck kann das Judentum von den »erfolgreichen Bekenntnissen« gar
nicht verstanden werden, weil ihnen die elementarste jüdische Erfahrung, das Blutzeugentum, fehlt. Das Zeugnisablegen der Rede, und
mag sie noch so ehrlich und ernst gemeint sein, bietet keinen Ersatz.
Für einen Glauben, der über viele Jahrhunderte mit der Macht des
Staates sich verbunden fühlte, muß eine gottgewollte Minorität des
Glaubens fremd bleiben, wenn sie nicht gar Hohn und Spott erregt.
   Die Konstantinische Reichskirche hat sicherlich unendliche Werte
geschaffen, die Kultur des Abendlandes geprägt, sogar immer wieder
reine Johannes-Gestalten einer innigen Jüngerschaft und echter
Nachfolge hervorgebracht. Dennoch will uns scheinen, daß das
Bündnis mit der Welt der Macht dem Christentum Abbruch getan hat
und aus dem Revolutionärsten der Weltgeschichte – der Bibel – ein
Konservativ-Reaktionäres werden ließ. Die Kirchengeschichte ist voll
davon, und das geht über die Schuld von einzelnen weit hinaus.
   Auf der anderen Seite ist der Auftrag Israels an die Völker nichts
anderes als das Vor-Leben eines Minoritätendaseins aus Glauben.
Juden haben sich das nicht ausgesucht, ihre »kreatürliche« Menschlichkeit hat oft genug dagegen protestiert und revoltiert, aber bis
heute jedenfalls sind die Enkel Abrahams von dieser Bestimmung

215

nicht losgekommen. Es ist kein Zufall, daß mit Hitler, der sicherlich auch dem Christentum ein Judenschicksal bereiten wollte, wenn seine satanischen Erdentage dazu ausgereicht hätten, das Ende der konstantinischen Epoche offenbar wurde. Zu dieser fürchterlichen Gottesfinsternis mußte es also kommen, um die Kirche endlich wieder als die Kirche der Wenigen in Erscheinung treten zu lassen. Das Pauluswort [1. Kor 1,27] erhielt plötzlich seine alte Leuchtkraft: »Was schwach ist vor der Welt, das hat Gott erwählt, daß er zu Schanden mache, was stark ist.« Christen durften für ihren Glauben sterben und sind gestorben, wie Juden für den ihren sterben mußten. Das Dürfen und Müssen erklärt den gewaltigen und erschütternden Unterschied in der Zahl der Blutopfer. Bonhoeffer, einer der großen Glaubenszeugen aus der Zeit des Dritten Reiches, warnte acht Monate vor seiner Ermordung nicht zufällig seine Kirche vor »den Lastern der Hybris, der Anbetung der Kraft«[1].

20 Jahre trennen uns nun schon wieder von dem Kriegsende. Die konfessionelle Restauration, auch uns Juden nicht unbekannt, möchte vielfach Zusammengebrochenes, Vergangenes zum Leben erwecken. Es wird ihr auf die Dauer kaum gelingen. Jedenfalls gibt es heute Christen, die zutiefst von ihrer Sendung als gläubige Minorität überzeugt sind, dafür leben, dafür leiden. Ein Neues bahnt sich an, das uralt ist und zu den Anfängen des Judenchristentums zurückführt. In Zukunft werden beide, Christen und Juden, Minoritäten aus dem Glauben sein, oder es lohnt nicht recht, von ihrer Gemeinsamkeit überhaupt zu sprechen. Bisher hat die jüdische Existenz immer nur dazu ausgereicht, die Götzenthrone der Welt zu erschüttern, nicht aber den einen Gottesthron für alle Menschen aufzurichten. Beide, Christen und Juden, hätten heute eine gemeinsame Aufgabe zu erfüllen. Beide hätten sich jetzt nach Jahrhunderten des Nichtverstehens unendlich viel zu sagen, beide einander brüderlich beizustehen. Was uns nun wieder zusammen abverlangt wird, ist die unbedingte Entscheidung, die den Menschen wandelt und ins Gottesreich hebt. Mit »Religion« scheint man gemächlich leben zu können, mit dem herausführenden Gott nicht. Aber gerade der Gott der ruhelosen Wanderschaft fordert uns an, uns, die wir von einer einzigen biblischen Botschaft bei allem Trennenden des Glaubens gehalten werden. Miskotte, der große holländische Theologe, schrieb einmal, daß das Schisma von Kirche und Synagoge nur dann großartig, schrecklich und fruchtbar ist, wenn beide das Alte Testament in vollem Sinn als Gotteswort anerkennen. Wie sehr das stimmt, wissen heute nur wenige Juden und Christen. Wie sehr wir uns auf Glaubenssätzen ausruhen und uns immer noch hinter ihnen verschanzen, wem ist das schon wirklich bewußt? Willig oder unwillig werden wir mit dem An-

ruf und Aufruf des Einen Gottes konfrontiert bleiben, und das ist unsere Hoffnung, auch die Hoffnung für ein sinnvolleres christlich-jüdisches Religionsgespräch der Zukunft.

Nimmt die Woche der Brüderlichkeit dieses Wesentliche wirklich ernst? Toleranz oder Philosemitismus erscheinen uns wie gefährliche Verzeichnungen. Diese groß aufgezogene Woche in der Bundesrepublik wird oft wie ein Mantel getragen, der die schmutzigen Malereien unseres Herzens von falscher Macht und Größe, einen schon wieder fehlgesteuerten Nationalismus verbergen soll. Für die fehlenden Juden hat man sich längst einen Ersatz in allen unbequemen Mahnern geschaffen: Linksintellektuelle, Linkskatholiken, Menschen der Bekennenden Kirche. Das sollte nicht vergessen werden. Wir sind von einem echten Religionsgespräch zwischen Christen und Juden noch recht weit entfernt. Bis jetzt ist es mehr Zukunftsmusik als Wirklichkeit.

* Aus: Allgemeine Wochenzeitung der Juden, März 1965.
1 D. Bonhoeffer, Widerstand und Ergebung. Briefe und Aufzeichnungen aus der Haft, NA München 1977[2], S. 416.

V.8 Vom Königtum Gottes[1]

In der Düsseldorfer Neanderkirche fand am vergangenen Wochenende unter großer Beteiligung von Christen und Juden der erste ökumenische christlich-jüdische Gottesdienst in der Landeshauptstadt von Nordrhein-Westfalen statt, der unter dem Motto stand »Juden und Christen beten gemeinsam in der Sorge um die Welt«. Für die christlichen Konfessionen sprachen Stadtsuperintendent Dr. Erich Dietrich über »Schuld – Sühne – Vergebung« und Stadtdechant Msgr. Werner Dressen über »Dank und Fürbitte«. Rabbiner Dr. Robert Raphael Geis hielt zum Thema »Vom Königtum Gottes« die folgende Ansprache:

Die Zeiten haben sich gewaltig geändert: 1703 hat König Friedrich I. von Preußen gegen das Alenu-Gebet noch die Zensurschere angesetzt, so unerträglich schien ihm wie seinen Zeitgenossen dieser jüdische Triumphruf vom Kommen des Gottesreiches, gebetet, verkündet von den Parias der Gesellschaft. Für heute erbaten beide, der Superintendent und der Stadtdechant die ungekürzte Lesung [s. IV. 19].

Verfaßt wurde dieses Gebet im dritten Jahrhundert für das Hauptgebet der Hohen Feste Israels. Geboren ist es aus der Exilsituation, die dem jüdischen Volk jeden Anteil an Weltmacht nahm, es bereitet hat zum Nonkonformisten der Weltgeschichte, was in biblischer Zeit nie gelang. Im 14. Jahrhundert wurde es zum Schlußgebet eines jeden jüdischen Gottesdienstes, zum Appellruf für die Erniedrigten und Beleidigten, die nicht aufhörten, an das Kommen des Reiches zu glauben, die unter den Blutströmen ihres Martyriums überzeugt blieben, daß Gott ein Gott der Geschichte ist – schier unfaßbar.

Das Christentum unserer Tage, wenigstens gruppenweise aufgebrochen und verstört durch das, was mit der Ermordung von Millionen Juden nur begann, ahnt das Ende der Ecclesia Triumphans, der mächtigen Kirche, weiß mit einem Mal wieder, wie hinderlich die Spiritualisierung und Individualisierung einer endzeitlichen Erwartung der konkreten Weltbezogenheit der frohen Botschaft des Neuen Testaments ist, wie gerade dadurch ein Vakuum geschaffen wird, in das satanische Mächte eindringen können. Mit einem Mal ist für eine bedeutsame Minorität der Christenheit klar, wie verheerend das Bündnis von Macht und Glaube ist. Sie versteht sich wie wir Juden als wanderndes Gottesvolk. Das frühe Christentum hat nie an etwas anderes gedacht:»Fremde und Pilger« heißt es im 1. Petrusbrief. Die vom Goldstaub eines machtvollen Christentums zugedeckte Botschaft des Neuen Testaments wird wieder sichtbar. Bei Lukas 1,52 heißt es:»Er stößt die Gewaltigen vom Stuhl und erhebt die Niedrigen.« Das ist absolut identisch mit dem nie müde werdenden Mahnruf der Propheten Israels. Warnend steht in Römer 12,2 das»und stellt euch nicht dieser Welt gleich, sondern verändert euch«. Es ist der Ruf zur Umkehr, der Teschuwa-Ruf des Alten Testaments. Wer mit dieser Welt und ihren Mächten konform sein will, der kann nie und nimmer Kraft zur Veränderung haben.

Diese Stunde möchte die Augen dafür öffnen, daß Altes und Neues Testament eine gemeinsame Botschaft haben, ausgerichtet auf das Kommen des Reiches, das nicht in ein Jenseits verlegt werden darf und nicht ausschließlich in die Erlösung der Einzelseele, die sich nicht überheben sollte. Jesus kann ohne die Propheten nicht verstanden werden, das muß den Christen klar werden. Die Botschaft der Propheten ist von Jesus bis zu der von ihm geglaubten, sehnsüchtig erwarteten Heilszeit vorgetrieben und verlangt den radikalen Wandel des Menschen. Das sollte von Juden verstanden werden. Wir werden in einem Letzten getrennt bleiben, das Schisma zwischen Judentum und Christentum besteht weiter. Aber kann ein Schisma nicht fruchtbar gemacht, kann nach vielen Jahrhunderten Kirchen- und Synagogengeschichte der gemeinsame Boden nicht endlich wieder sichtbar gemacht werden? In Zukunft werden wir zu Vielem, furchtbar Vielem in der Welt als gläubige Minoritäten Nein sagen müssen, um überhaupt das große, überwältigende Ja zu dem Einen Gott noch zu finden. Versagen wir, könnte es mit uns beiden zu Ende gehen. Heil ist verliehen, niemals erkauft. Konfession kann eine Sache der Besitzenden, der Satten sein. Glaube, lebendiger Glaube nie, ob wir uns auf Jesus oder Moses berufen. Glaube ist ein Stachel, der uns vorantreibt auf dem endlos langen Wege zum Königreich Gottes hin. Ein ökumenischer Gottesdienst ist ein Neubeginn. Die eine Botschaft beider Testamente ruft uns, auch weil wir erkennen, wie klein – um ein strapaziertes Bild zu gebrauchen – das Boot ist, in dem wir auf Gedeih und Verderb zusammen sitzen. Wir verteufeln weder Atheisten noch Kommunisten. Wir erinnern uns vielmehr, wie sehr die kleingläubigen Vertreter unserer Konfessionen die Botschaft unserer Bibel beider Testamente verfälschten. Es ist halt so bequem, mit der Religion und so unbequem mit dem lebendigen Gott zu leben. Ohne unser Versagen sähe die Welt vielleicht sehr anders aus. Wir sahen den entrechteten Arbeiter nicht, solange es Zeit war. Wir sehen, so fürchte ich, die entrechteten Menschen und Völker in Ost und West nicht, nicht die Toten, nicht die Gemarterten, nicht die Gefangenen. Wem will noch bei dem Gedanken an Auschwitz, Vietnam, Biafra, Griechenland, Tschechoslowakei, an Südamerikas Elend, an die Not der Schwarzen und Südafrikas Unmenschlichkeit das Wort von Gottes Gerechtigkeit leicht über die Zunge? Wer bekommt es schon überzeugend fertig, einzusehen, daß Gott an, mit und gegen uns Christen und Juden unablässig experimentiert? Wir hier sind nur ein Anfang. Brecht hat in der Emigration, so möchte ich schließen, einmal geschrieben [An die Nachgeborenen]:

»Die wir den Boden bereiten wollten für Freundlichkeit
Konnten selber nicht freundlich sein.
Ihr aber, wenn es so weit sein wird
Daß der Mensch dem Menschen ein Helfer ist
Gedenkt unser
Mit Nachsicht.«

1 Aus: Allgemeine unabhängige jüdische Wochenzeitung, Nr. 33, 14. Nov. 1969.

V.9 Zur Frage gemeinsamer Gottesdienste[1]

An der Frage eines gemeinsamen Gottesdienstes der drei Konfessionen scheiden sich die Geister. Ein liberaler Rabbiner meint im jüdischen Religionsgesetz Hinweise für eine positive Stellungnahme zu finden (Emuna 1969/2), ein orthodoxer Rabbiner widerspricht in der Allgemeinen unabhängigen jüdischen Wochenzeitung heftig. Können Positionen ohne Beachtung des historisch Gewordenen überhaupt bezogen werden? Es ist zu bezweifeln.

In einer Zeit, die noch gar nicht so weit zurückliegt und von der uns doch Welten des Grauens trennen, haben Vertreter der jüdischen Orthodoxie eine schier übermenschliche Toleranz des Judentums zu beweisen versucht. Es waren die Tage, da der Jude sich gegen nicht endende Angriffe des Christentums verteidigen mußte. David Hoffmann, Rektor des orthodoxen Rabbinerseminars in Berlin, veröffentlichte 1884 sein Buch *Der Schulchan Aruch und die Rabbinen über das Verhältnis der Juden zu Andersgläubigen,* Professor Michael Guttmann, Talmudist und Seminarrabbiner des Breslauer Seminars, 1927 sein *Das Judentum und seine Umwelt.* Das hohe Maß weiser Milde wirkt wohltuend gegenüber kraßlauten Stimmen der Enge, an die wir uns mittlerweile gewöhnen mußten – und zwar unabhängig davon, ob die sehr ähnlichen Standpunkte der beiden bedeutenden Vertreter rabbinischer Gelehrsamkeit der heutigen wissenschaftlichen Forschung standhalten können oder nicht.

Die jüdische Forschung hat ganz allgemein durch die Hebräische Universität in Jerusalem, durch die Gründung eines jüdischen Staates eine imponierende Freiheit bekommen. Das Schielen der Wissenschaft vom Judentum auf die Reaktion der »Anderen« hat endlich aufgehört. So ist beispielsweise die Bedeutung der jüdischen Apokalypse, der jüdischen Mystik innerhalb der jüdischen Religionsgeschichte – lange Zeit verzeichnet – durch die Arbeiten von Professor Scholem erst richtig erkannt worden. Das gilt auch für das hier anstehende Problem. Professor J. Katz von der Hebräischen Universität hat in seinem Werk *Exclusiveness and Tolerance,* zuerst in englischer Sprache 1961 erschienen, das Verhältnis des mittelalterlichen Juden zu seiner Umwelt untersucht. Er hat dabei die rabbinischen Kommentare ebenso berücksichtigt wie die Responsenliteratur, die schriftlichen Antworten großer Rabbinen auf Fragen, die von einzelnen oder Gemeinden an sie gestellt wurden. Danach waren die Juden durchaus nicht von jener christlichen Liebe geprägt, die den Christen selbst total abging. Innerlich waren diese Juden davon überzeugt, daß die Christen Götzendiener, Chovevej Avodah Zarah seien. Was anders war möglich, wenn Christen zu Tausenden und Abertausenden Juden umbrachten, ihnen die Kinder raubten, um sie taufen zu lassen, sie in den verrufenen Beruf des Geldverleihers abdrängten, ins Ghetto pferchten, entwürdigende Judentracht und Judeneid erfanden? Hier Liebe in der Breite eines gequälten Menschenlebens zu erwarten, das hieße ungefähr Hitler trotz seines millionenfachen Judenmordes lieben. Welcher Unsinn! Aber diese innere Ablehnung des Christen konnte in der Lebenspraxis, die vom jüdischen Religionsgesetz bestimmt war, nicht aufrecht erhalten werden. Es hätte faktisch den radikalsten wirtschaftlichen Zusammenbruch der ohnehin schon hochgefährdeten jüdischen Gemeinde bedeutet.

Drei Fragenkomplexe schienen von besonderer Wichtigkeit zu sein. Hätte man die Christen faktisch als Heiden betrachtet, dann wäre

1. jede geschäftliche Tätigkeit mit ihnen vor christlichen Feiertagen unmöglich gewesen, 2. Wein von Christen wäre nicht nur zum Genuß, auch zum Handel untersagt, 3. der Eid eines Christen wäre ungültig und damit jede Prozeßführung zwischen Juden und Christen in Frage gestellt. Mit dem Verkauf von Waren vor Festen hätte der Jude unter Umständen ihre Benutzung zu kirchlichen Zwecken, mit dem Weinverkauf kultische Handlung gefördert. Der Eid schließlich hätte der Entweihung des göttlichen Namens Vorschub geleistet. Kurzum, man hätte als Jude überhaupt unter Christen nicht leben können. Nur um das zu verhindern, hat man den Christen dem Heiden nicht gleichgesetzt. Man hat darum Gesetze, die auf die Mischna zurückgingen, entschärft und erklärt, Nichtjuden außerhalb des heiligen Landes seien keine Götzendiener, sondern hielten nur am Brauchtum ihrer Vorfahren fest (Rabbi Chija b. Abba im Namen Rabbi Jochanans, siehe babylon. Talmud, Traktat Chulin, Seite 13 b). Wir besitzen in den Tosafoth zum babylonischen Talmud, Avodah Zarah 57 b eine Korrespondenz aus dem zwölften Jahrhundert zwischen Rabbenu Tam und seinem Neffen Rabbi Jizchak, die deutlich macht, wie schwer Rabbinen dieser notwendige Entschluß wurde. Von dieser Seite ist für einen ökumenischen Gottesdienst bestimmt nichts zu holen. Das ist das eine, und es scheint uns natürlich.

Das andere aber ist gar nicht natürlich, sondern erstaunlich. Erstmalig ist es von einem provençalischen Juden formuliert, der kurz nach der Pariser Talmudverbrennung (1242) geboren und im Jahr der Judenvertreibung aus Frankreich (1306) gestorben ist. Die Judenverfolgungen und Metzeleien der Jahre 1254–73 und 1283–87 hat er erlebt. Rabbi Menachem Me'iri besaß – trotz der nur negativen Erfahrungen – die Kraft, das erzwungene »Ja« zum Andersgläubigen aufzunehmen und zu einem echten »Ja« zu erhöhen. Nach seinem Kommentar Beth Ha-Bechira zu Avodah Zarah (ed. A. Schreiber, 1944, pp. 39, 46, 591) gehören Christen und Mohammedaner wirklich nicht mehr zu den Götzendienern, es sind »Umoth ha-geduroth be-darekhej hadathoth«, Völker also, die sich durch die Wege des Glaubens auszeichnen. Er ist der Meinung, in der Gegenwart sei Abgötterei fast ganz verschwunden. Den Christen wie den Mohammedanern wird die Erkenntnis Gottes und der Glaube an die Existenz, Einheit und Macht Gottes zugesprochen, »auch wenn sie manches in unserem Glauben mißverstehen« (Beth Ha-Bechira zu Gittin, p. 246). Der Christ kommt damit bei Me'iri auf den Ger Toschav, den Beisaßproselyten der talmudischen Zeit heraus (Beth Ha-Bechira zu Avodah Zarah, p. 214), einen Menschen, der teilweise jüdische Lehre und jüdische Lebensweise annimmt. Dieser Gedanke ist immer wieder einmal von rabbinischen Gelehrten in der mittelalterlichen Welt

221

aufgegriffen oder sogar weitergeführt worden (Rabbi Ephraim Kohen, Rabbi Jonah Landsofer, Rabbi Moses Rivkes u. a.).

Mit diesen kurzen Hinweisen soll keinesfalls unterstellt werden, daß irgendein jüdischer Lehrer an gemeinsame Gottesdienste von Christen und Juden gedacht habe. Das ist schon deswegen völlig unmöglich, weil sich alle in einer judenfeindlichen Umwelt befanden und ein gemeinsames Beten vor den Tagen des Messias jenseits des überhaupt Denkbaren lag.

Die Zeiten haben sich geändert. Nach der fürchterlichen Notzeit des jüdischen Glaubensvolkes befinden sich nun auch die Kirchen in einer neuen Situation. Die Weltmacht »Christentum« gehört der Vergangenheit an. Die Segnungen einer gläubig-kämpferischen Minorität – Altes und Neues Testament sprechen gleichermaßen davon – werden für den Christen wieder deutlich. Das Wort vom »wandernden Gottesvolk«, unter dem wir Juden so lange allein standen, erhält plötzlich seine Geltung auch für die Christenheit. Für beide, Juden und Christen, gibt es einen gemeinsamen Kampf an vielen Fronten für das Königtum Gottes auf Erden. Ein großer jüdischer Gelehrter hat das vor nicht langer Zeit noch für völlig unmöglich gehalten. Dem katholischen Fundamentaltheologen Johann Baptist Metz, um nur ein Beispiel zu nennen, kommt es darauf an, die endzeitliche Botschaft unter den Bedingungen unserer gegenwärtigen Gesellschaft zu formulieren und von der weltlosen Entscheidung des Einzelnen wegzuführen. Dem gläubigen Juden sollte das sehr vertraut klingen. Selbstverständlich sind nur die Christen, die diese geistige Nähe zum Juden verspüren, zu einem ökumenischen Gottesdienst bereit. Die konservative Mehrheit in den Kirchen will bestimmt noch nichts davon wissen. Jüdische Orthodoxie ist also keinesfalls in der Ablehnung isoliert. Ist in einer solchen Lage, im Bereich des Suchens nach neuen Wegen, ein gemeinsames Beten, das weder den Gottesdienst der Kirchen, noch den der Synagoge ersetzen will, wirklich so ein Unding? Darf man nicht vielleicht doch, von Rabbi Menachem Me'iri ausgehend, ihn überbietend, heute noch sehr Ungewohntes zu bejahen versuchen?

Religionsgesetz des Judentums war in seinen guten Zeiten immer wandlungsfähig. Eine breite Skala vom Beharrenden zum Erneuernden ließe sich unschwer aufzeigen. Der den Mut zum Neuen aus Altem hatte, war bei uns nicht verfemt, wie andererseits der Konservative erst recht nicht verachtet wurde. Die Einteilung in orthodoxe, konservative, liberale Juden ist eigentlich recht unjüdisch, eine Ausgeburt der Neuzeit und des jüdischen Verfalles.

Das ausschließende »Wir« von Juden gegen Juden sollte völlig unmöglich sein, nachdem Hitler ungläubige, liberale, orthodoxe Juden gemeinsam in den Gastod schickte. Man will doch nicht im Ernst behaupten, die nichtgläubigen, schwachgläubigen, anders glaubenden Juden seien nicht einbezogen in das »wir« der Sterbenden des Dritten Reiches und der Auferstehenden in Israel!

»Wir Rabbiner« kann entweder meinen: die Landesrabbinerkonferenz der Bundesrepublik, zu ihr gehören aber auch liberale Rabbiner. Oder es will sagen: wir orthodoxe Rabbiner. Das ist legitim, wenn dabei nicht verschwiegen wird, daß die konservativen Rabbiner Amerikas, vom Jerusalemer Oberrabbinat anerkannt, längst hier, wie bei vielen anderen Fragen, neue Wege gegangen sind. Das muß bei allem Respekt vor jeder Überzeugung, also auch der der jüdischen Orthodoxie, zur Klärung wohl angeführt werden.

1 Aus: Emuna Nr. 5, IV. Jg., Oktober 1969, S. 342–344.

1 Hochzeit Eltern Geis

2 Robert Raphael und Ilse Geis

4 Ilse Geis, etwa 1932

3 K. ... Geis, etwa 1943

5 Eltern Geis, 1944

6 Robert Raphael und Susanne Geis, 1951

7 Familie Geis, etwa 1926

8 Seder-Feier, Waisenhaus Kassel, etwa 1937

10 R. R. Geis, Palästina 1935

9 Synagoge Mannheim, vor Nov. 1938

11 Kennkarte nach
der Entlassung aus dem
KZ Buchenwald

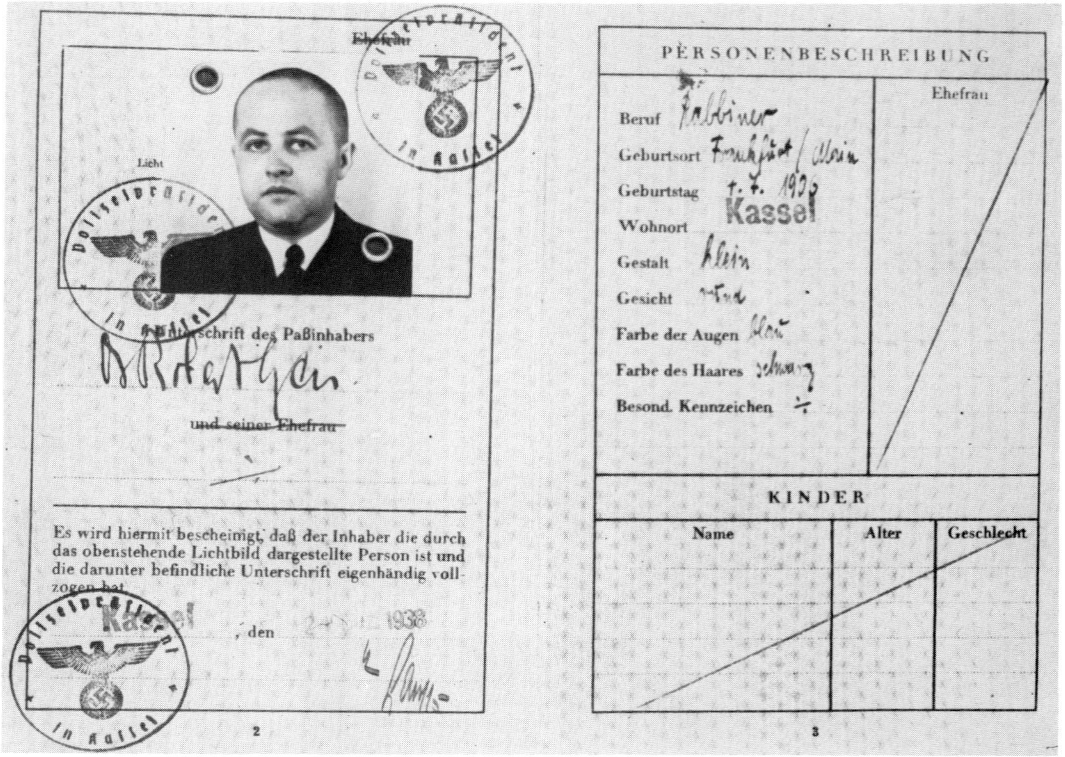

PERSONENBESCHREIBUNG

Ehefrau

Beruf

Geburtsort Frankfurt (Main)

Geburtstag

Wohnort Kassel

Gestalt klein

Gesicht oval

Farbe der Augen blau

Farbe des Haares schwarz

Besond. Kennzeichen ÷

KINDER

Name	Alter	Geschlecht

Lichtbild

Unterschrift des Paßinhabers
und seiner Ehefrau

Es wird hiermit bescheinigt, daß der Inhaber die durch
das obenstehende Lichtbild dargestellte Person ist und
die darunter befindliche Unterschrift eigenhändig vollzogen hat.

Kassel, den   1938

12 Einweihung Mahnmal Mannheim, 16. 11. 1952

13 Teilnehmer an der Einweihungsfeier, 16. 11. 1952

14 Familie Geis, etwa 1955

15 Bei der Gedenkrede für die jüdischen Opfer des Terrorregimes,
Karlsruhe, 6. 11. 1955

16 Westeuropäische Rabbinerkonferenz, Knokke/Holland, 1. 6. 1954

17 Robert Raphael Geis und Dietrich Goldschmidt, Kirchentag Hannover 1967

18 In Friedenweiler, März 1970

19 Georges Casalis und Robert Raphael Geis, Mai 1970

20 Albert Speer und Markus Barth, Mai 1970

21 David Leuner, Reinold von Thadden-Trieglaff, Robert Raphael Geis, Januar 1964

22 Abas 65. Geburtstag, mit H.-J. Kraus und H. Gollwitzer, 4. 7. 1971

24 Friedrich-Wilhelm Marquardt, etwa 1969

23 Adolf Freudenberg, 1963

26 Ismar Elbogen, o. J.

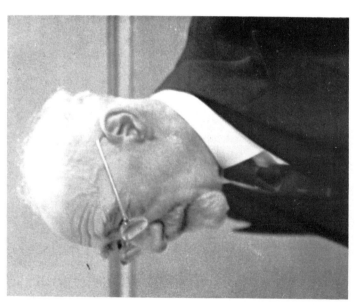

25 Leo Baeck, 1953

27 Kurt Wilhelm, o. J.

28 Ernst Simon und Robert Raphael Geis, Kirchentag Köln 1965

29 Eva Reichmann

Liebe Leser!

Wir möchten Sie und Ihre Bekannten gerne regelmäßig über unser Programm informieren. Sie können uns dabei helfen, indem Sie diese Karte mit Ihrer Adresse an uns zurückschicken oder indem Sie sie einfach weitergeben.

Vielen Dank.

CHR. KAISER VERLAG

Absender:

Vorname _____

Name _____

Beruf _____

Straße _____

Ort (PLZ) _____ Bitte deutlich schreiben

Chr. Kaiser Verlag
Isabellastraße 20
Postfach 509

8000 München 43

Ihre Bestellung richten Sie bitte an Ihre Buchhandlung
Stand 1 : 8. 1984

EBERHARD BETHGE

Bekennen und Widerstehen

Aufsätze, Reden, Gespräche

248 Seiten, Kt., ca. DM 24,–
ISBN 3-459-01565-9

Leiden an der Unerlöstheit der Welt – Robert Raphael Geis 1906–1972

Briefe, Reden, Aufsätze.
Herausgegeben von DIETRICH GOLDSCHMIDT in Zusammenarbeit mit INGRID UEBERSCHÄR.
Mit 16 Seiten Abbildungen.
ca. 400 Seiten, geb. mit Schutzumschlag, ca. DM 48,–
ISBN 3-459-01568-3

CONRAD WILLEM MÖNNICH

Bürger, Ketzer, Außenseiter

Geschichte des Protestantismus in ihren Grundzügen. Aus dem Niederländischen von ERNST ALBERT und MIEKE SCHARFFENORTH
ca. 394 Seiten, mit Abbildungen, geb. mit Schutzumschlag,
ca. DM 56,–
ISBN 3-459-01570-5

VI. Der »Purim-Streit« 1963/64
in der Arbeitsgemeinschaft Juden und Christen beim
Deutschen Evangelischen Kirchentag

HELMUT GOLLWITZER

Einleitung

Auf dem 9. Deutschen Evangelischen Kirchentag (DEKT) in München 1959 fand zum ersten Mal eine Veranstaltung unter dem Titel »Israel« statt, mit Walter Zimmerli und Helmut Gollwitzer als Rednern.[1] Der Abend war stark besucht und verlief eindrucksvoll. Er bestätigte die lang gehegte Absicht, das Verhältnis von Christen und Juden in breiterem Maße auf Kirchentagen zu erörtern. Diese Absicht wurde in der darauffolgenden Zeit bestärkt durch alarmierende Nachrichten über Hakenkreuzschmiereien und Schändungen von Synagogen und jüdischen Friedhöfen. In Vorbesprechungen für den DEKT 1961 in Berlin wurde beschlossen, dafür eine eigene Arbeitsgruppenleitung (AG VI) zusammenzurufen, die Personen umfassen sollte, die »teils durch ihren Einsatz für jüdische Menschen während der Verfolgungszeit, teils durch den Weg ihres gesamten Denkens schon seit langem intensiv mit der Frage nach dem rechten Verhältnis der Christen und ihrer Kirche zum Volk Israel beschäftigt waren«. Außerdem wurde »sofort klar, daß diese Frage unmöglich nur von den Christen unter sich erörtert werden könnte, daß vielmehr die Stimme des Judentums selbst auf dem Kirchentag laut werden müsse und daß wir der jüdischen Partner schon bei der Vorbereitung bedürften«.[2] Diese Partner waren Robert Raphael Geis (Düsseldorf), Eva Reichmann (London), Ernst Ludwig Ehrlich (Basel) und Schalom Ben Chorin (Jerusalem).

Unsere Veranstaltungen in Berlin fanden einen unvorhergesehen starken Zulauf und waren getragen von einer gefesselten, ja begeistert teilnehmenden Zuhörerschaft, die vor allem den jüdischen Rednern mit großer Liebe dankte. Die christlichen Mitglieder der Arbeitsgruppenleitung veröffentlichten zum Schluß des Kirchentages eine Erklärung in vier Thesen, deren letzte lautete:

»Gegenüber der falschen, in der Kirche jahrhundertelang verbreiteten Behauptung, Gott habe das Volk der Juden verworfen, besinnen wir uns neu auf das Apostelwort: ›Gott hat sein Volk nicht verstoßen, das er zuvor ersehen hat‹(Röm. 11,2). Eine neue Begegnung mit dem von Gott erwählten Volk wird die Einsicht bestätigen oder neu erwecken, daß Juden und Christen gemeinsam aus der Treue Gottes leben, daß sie ihn preisen und ihm im Lichte der biblischen Hoffnung überall unter den Menschen dienen.«[3]

Das starke Erlebnis dieses Teils des Berliner Kirchentages veranlaßte die Arbeitsgruppenleitung, als ständige »Arbeitsgemeinschaft Juden und Christen beim DEKT« sich zu konstituieren; sie hat sich seither auf allen Kirchentagen mit einem eigenen Programm beteiligt.[4] Außerhalb des Kirchentages stieß das Berliner Ereignis sofort auf heftige Kritik. Die Wochenzeitung »Christ und Welt« gab mit der Überschrift eines ganzseitigen Artikels »Ausverkauf der Kirchengeschichte« (28. 7. 1961) dafür das bis heute gängige Stichwort.[5] *Beim Kirchentag 1963 in Dortmund machten die Diskussionsvoten der Teilnehmer viel mehr als in Berlin kund, wie zäh in unseren Gemeinden die Stereotypen des traditionellen kirchlichen Antijudaismus, ja auch eines immer noch kräftigen Antisemitismus im Bewußtsein und Unterbewußtsein haften und wieviel also noch für eine Erneuerung des Verhältnisses zwischen Christen und Juden zu tun ist.*[6] *Unvermutet geriet aber die Zusammenarbeit in der Arbeitsgemeinschaft selbst in eine schwere Krise. Wir waren zunächst – man muß das wohl nachträglich eingestehen – in einem ziemlich euphorischen Zustand. Nicht nur die starke Resonanz bei den Kirchentagsteilnehmern, sondern auch die herzlichen, zum Teil freundschaftlichen Bande zwischen den jüdischen und christlichen Mitgliedern der Arbeitsgemeinschaft – teils schon vor ihrer Gründung bestehend, teils nun rasch entstanden – ließen uns alle, insbesondere aber die christlichen Mitglieder übersehen, daß die Schatten der Vergangenheit durch freundschaftliche Gesinnung zwischen einzelnen Personen nicht schon überwunden sind, vielmehr auch in diese Freundschaften hineinwirken. Es war ein schmerzlicher Lernprozeß, in dem wir das erkennen mußten, in dem wir aber auch erkannten, daß wir erst am Anfang einer theologischen und historischen Aufarbeitung dieser Vergangenheit standen (und stehen!), daß wir also nicht nur nach außen zur Aufklärung wirken müssen, sondern selbst noch vieler Aufklärung bedürfen und daß wir diese Aufgabe nur angreifen können, wenn wir für sie in unserer Arbeitsgemeinschaft als Juden und Christen zusammenbleiben – wurde sie doch der einzige Ort in Deutschland, an dem ein kontinuierliches Glaubensgespräch von Juden und Christen stattfindet, begünstigt durch die dafür unerläßliche Voraussetzung persönlicher Nähe und weitgehend gemeinsamer Einstellung zu Fragen der Politik und der Gesellschaft. So war die 1963 ausbrechende Krise ein reinigendes Gewitter, das die weitere Arbeit unserer nun um manche neuen jüdischen und christlichen Mitglieder vermehrten Gruppe erst ermöglichte.*

Wir dokumentieren diese Krise in dem vorliegenden Band, weil sich zeigt, daß die Tendenz, mit der wir beim Kirchentag 1961 begonnen haben und zu deren Früchten wir auch den Synodalbeschluß der Evangelischen Kirche im Rheinland »Zur Erneuerung des Verhältnisses von Christen und Juden« vom Januar 1980[7] *und dessen Wirkung in anderen Landeskirchen rechnen dürfen, weiterhin die gleiche Kritik von christlich-theologischer Seite hervorruft wie damals. Für alle, die zu unseren – für den weiteren Weg der christlichen Kirchen zentralen – Bemühungen positiv oder negativ Stellung nehmen, ist es wichtig, zu wissen, wie auch in unserer Gruppe die Fragen sich regen und ausgetragen werden, die Kritiker von außen stellen. Dazu gehört vor allem auch Kenntnis der Reaktionen auf jüdischer Seite. Als Minimum für die Bedeutung dessen, was das Wort »Auschwitz« für die christliche Theologie umfaßt, müßte erkannt werden, daß kein christlicher Satz mehr ausgesprochen werden kann ohne die Wirkung zu bedenken, die er bei einem mithörenden oder mitlesenden Juden hat – bei einem Menschen also, für den »Auschwitz« unentrinnbare Gegenwart ist und nicht mehr oder weniger verdrängte Vergangenheit. Hier lag – abgesehen*

*vom Mangel an theologischer Reflexion, wie sie nach »Auschwitz« statt-
finden muß – die Kurzsichtigkeit jener christlichen Mitglieder, die von den
Juden der Arbeitsgemeinschaft angegriffen wurden. In unseren Äußerungen haben wir uns schuldig gemacht. Auch heute stößt man überall da, wo
das christlich-jüdische Verhältnis zur Sprache kommt, auf jene Blindheit,
in der sich Herzenshärtigkeit verrät.*

*Die vorliegende Veröffentlichung enthält Dokumente, von denen die
Briefe nicht für die Öffentlichkeit geschrieben wurden. Die folgende Auswahl – teils nach Daten, teils nach Partnern geordnet[8] – ist hier fast ausschließlich auf sachlich wichtige Briefe beziehungsweise Briefauszüge kon-
zentriert, an denen R. R. Geis als Partner beteiligt ist. Auf Wiedergabe der
wenig kennzeichnenden Anreden und Grußformeln wurde verzichtet. Zudem haben wir auf solche Äußerungen verzichtet, die bereits nach dem
Kirchentag 1961 die Frage aufwarfen, wie es mit dem »Christuszeugnis«
gegenüber den Juden in der Arbeitsgemeinschaft gehalten werde. Im Anschluß an den Kirchentag in Dortmund (Juli 1963) zeigten sich bei den
Vorbereitungen seitens des Vorstandes (Freudenberg, Geis, Goldschmidt,
Harder, Kraus) für das Treffen der AG in Arnoldshain im Januar 1964
deutlicher erhebliche Differenzen bei den christlichen Mitgliedern zu diesem Problem. Dies führte zu steigenden Spannungen mit den jüdischen
Mitgliedern der AG, die in Arnoldshain auszutragen waren. Leider ist
diese Tagung nur unvollkommen protokolliert, so daß auf eine Wiedergabe des Protokolls verzichtet wird.*

*Soll der Vorgang durch seine Veröffentlichung eine exemplarische Be-
deutung bekommen, soll aus ihm gelernt werden können, so muß der Leser verfolgen können, was es bedeutet, sich auf das Risiko christlich-jüdischer Koexistenz und Proexistenz einzulassen, die nach diesen Jahrhunderten schrecklicher Verfehlung nötig sind, und die zugleich ein Wagnis bedeuten, solange die Schatten der Vergangenheit nicht gewichen sind.*

1 Dokumentarband des 9. DEKT, Stuttgart 1959, S. 705–719.
2 D. Goldschmidt/H.-J. Kraus (Hg.) Der ungekündigte Bund. Neue Begegnung von
 Juden und christlicher Gemeinde, Stuttgart 1962, S. 10. In diesem Bande sind alle
 Reden von Berlin samt den Diskussionsvoten dokumentiert. [Im folgenden zitiert:
 Bund.]
3 Goldschmidt, Bund, S. 123 ff.
4 Vgl. D. Goldschmidt, Zwanzig Jahre Arbeitsgemeinschaft Juden und Christen, in:
 Dokumentarband des 19. DEKT Hamburg 1981, Stuttgart 1981.
5 Vgl. Hansgeorg Schroth, Auseinandersetzung mit der evangelischen Pressekritik, in:
 Goldschmidt, Bund, 161–181.
6 Zu Dortmund vgl. den 2. Band der Arbeitsgruppe: H. Gollwitzer/E. Sterling (Hg.),
 Das gespaltene Gottesvolk, Stuttgart 1966.
7 In: B. Klappert/H. Starck (Hg.), Umkehr und Erneuerung. Erläuterungen zum Synodalbeschluß der Rheinischen Landessynode 1980, Neukirchen 1980,
 S. 267–281.
8 Für die einschlägige Korrespondenz zwischen R. R. Geis und E. Reichmann sei auf
 Kap. VII verwiesen.

228

1. Kritik von Judenmissionaren an der neuen AG Juden und Christen

Schon in den ersten Ankündigungen der Krise war das Thema präsent, das ihr Inhalt sein sollte: Judenmission. Durch den Kirchentag in Dortmund, Juli 1963, hatte unsere Euphorie eine gewisse Ernüchterung erfahren. Die Veranstaltungen waren nicht so unbefangen aufgenommen worden wie zwei Jahre zuvor in Berlin, erschreckende Realitäten im Bewußtsein unserer Gemeinden waren sichtbar geworden. Auch unsere eigenen Darbietungen befriedigten nicht durchgehend. Die Leitung des DEKT in Fulda hat unsere Arbeit von Anfang an unterstützt. Auf ihre Veranlassung wurde in unserem Kreis erwogen, mit Vertretern der Judenmissionsgesellschaften in Deutschland zusammenzukommen, vor allem des »Evangelisch-Lutherischen Zentralvereins für Mission unter Israel«, dessen Vorsitzender D. Karl-Heinrich Rengstorf, Professor für Neues Testament in Münster, war. Die Kritik an unserer Arbeit kam [und kommt noch heute] besonders aus lutherischen Kreisen. Einige von uns hielten sich für verpflichtet, mit den Kritikern zu sprechen, um unsere Position zu verdeutlichen und etwaige Mißverständnisse auszuräumen. Zunächst war das als ein Schritt unserer Arbeitsgruppe gedacht, deshalb bekamen die Mitglieder Veröffentlichungen des Zentralvereins zugesandt. In dessen »Handreichung«[1] war ein Aufsatz des bayrischen Kirchenrates Johannes G. Mehl enthalten. Mit seinen negativen Urteilen über jüdischen Glauben und indem er irgendeinen positiven Zusammenhang von Judentum und Christentum bestritt, überbot er alles, was man bisher von der Seite dieser Kritiker gehört hatte. Zu dem Heft hatte Professor Martin Wittenberg von der Augustana-Hochschule in Neuendettelsau mäßigend, aber auch durchaus auf der traditionellen Linie lutherischer Lehraussagen über das Judentum geantwortet.

Auf der gleichen Linie lag ein Aufsatz des Hamburgischen Oberkirchenrats Paul Reinhardt »Zur gegenwärtigen Diskussion des Verhältnisses von Kirche und Judentum«. Er vermißte bei unserer Arbeitsgruppe die »Sorge um das Heil Israels, die den Apostel Paulus umtrieb, und die uns als Kirche Jesu Christi in unserer Verantwortung für Israel umtreiben muß«[2].

Der Streit entbrannte, als von einigen christlichen Mitgliedern der AG (so Prof. Günther Harder, Berlin) vorgesehen wurde, Vertreter dieser lutherischen Position zur nächsten Tagung im Januar 1964 einzuladen.

---

1 Handreichung des Evangeliumsdienstes unter Israel durch die evangelisch-lutherische Kirche, Folge 5, Epiphanias 1963 – mit Beiträgen von J. G. Mehl, M. Wittenberg, J. J. Hecht.
2 Friede über Israel. Zeitschrift für Kirche und Judentum des Ev.-luth. Zentralvereins für Mission unter Israel, 4/63, S. 99–111; Zitat S. 103.

VI.1 Geis an Adolf Freudenberg

[Düsseldorf], 6. 9. 1963

Aber es wäre vielleicht auch ganz gut, wenn diese Sitzung ohne den Juden Geis stattfände. Wenn ich den Briefsegen nach dem Dortmunder Kirchentag überdenke, finde ich darin so manche mir peinliche Bemerkung. In Wirklichkeit haben wir alle gemeinsam das Geschehene zu verantworten, das nur negativ zu beurteilen kein Anlaß besteht. Es geht weder an, den Vorstand, noch innerhalb des Vorstandes Herrn Kraus verantwortlich zu machen. Die Bemerkung des Herrn Harder, die mit »lieber Bruder Kraus« beginnt und einem »botanischen Verein« schließt, halte ich für unangebracht, um keinen stärkeren Ausdruck zu benutzen. Alle Mitglieder der AG VI haben gewußt, was geplant wurde, jeder von uns war sich über die schwere Kost und die lange Zeit der Darreichung im klaren. Man sollte nicht nach einem Sündenbock suchen, das mag deutsch sein, christlich ist es wohl kaum. Aber bitte, machen Sie das unter sich aus, ich will mich da nicht einmischen. Nach den Erfahrungen mit Herrn Harder auf den Vorveranstaltungen in Bochum und Duisburg halte ich es für dringend geboten, sich in Arnoldsheim darüber klar zu werden, wie das christliche Bekenntnis deutlich zu machen ist, ohne daß in eines Juden Anwesenheit die Missionsschalmei strapaziert wird. Es ist weiterhin nicht zumutbar, Formulierungen anhören zu müssen, die, in ähnlicher Form von jüdischer Seite vorgetragen, kein Christ sich gefallen ließe.

VI.2 Dietrich Goldschmidt an Geis

[Berlin], 18. 9. 1963

Herzlichen Dank für Ihren gestrigen Brief, über den ich sogleich mit Gollwitzer telefoniert habe. Mein voriger Brief hat sich auch mit der Nachricht von Herrn Freudenberg gekreuzt, der mir wohl die gleiche Nachricht wie Ihnen geschickt hat. Meine Reaktion auf Freudenbergs Vorschlag ist ähnlich der Ihren. Das Gespräch mit den Lutheranern, unter denen allerdings Herr Mehl nicht als unser Gesprächspartner vorgesehen ist, ist eine Sache der Christen unter uns, und es erfordert eine große Freiheit auf seiten unserer jüdischen Teilnehmer, wenn sie ihre Zustimmung zur Teilnahme geben sollen. Die Teilnahme mag ihr Gutes haben.

Mir war bis zu dem Telefongespräch mit Gollwitzer nicht hinreichend klar, daß das Kirchentagspräsidium in Fulda von lutherischer Seite unter Druck gesetzt worden ist und daß es daher ein verständliches Interesse von dort ist, daß das Gespräch mit den Lutheranern bei uns aufgenommen wird. Dennoch, nicht ohne Vorstandsbeschluß!

VI.3 Geis an Dietrich Goldschmidt

[Düsseldorf], 23. 9. 1963

Dank für Ihren Brief. Ein Positives ist mir bei den Lutheranern aufgegangen: ich erhalte unerwartet Post von Ihnen und das ist eine ganz große Freude für mich. Ansonsten kann ich nichts finden, was mich aufhorchen ließe. Diese christliche Argumentation ist doch nicht als dernier cri anzubieten: alte Ladenhüter; und meine Reaktion finden Sie in beiliegendem Brief an Freudenberg. Was das alles soll? ich versteh' es nicht. Zwischen denen und AG VI gibt's keinen Weg, wegen der Juden nicht, aber (und das beruhigt mich) auch wegen vieler anderer Fragen nicht. Darum ist mir der sanfte Druck von Fulda nicht ganz verständlich. Nun, das haben die christlichen Mitglieder der AG zu entscheiden, *keinesfalls allein der Vorstand*. Bis zur Klärung sollten die Juden im Hintergrund bleiben, fromm geheuchelt haben wir Christen- und Judenmenschen schon genug, das sollte für ein paar Jahrhunderte reichen.

Hielten Sie es für so ein Unglück, wenn wir in Zukunft von Fulda weniger gehätschelt würden? Konnte einem ja schon geraume Zeit Angst vor zu viel Bruderliebe werden. Es stimmt doch etwas nicht, wenn wir nicht mehr in der Opposition sind.

VI.4 Geis an Adolf Freudenberg

[Düsseldorf], 24. 9. 1963

Lieber Herr Freudenberg, verehrter Freund,

mit einer Jugendlichkeit, die mir sicherlich nicht mehr gut steht, habe ich in meinem Brief vom 16. 9. einer gemeinsamen Arbeitssitzung mit den Lutheranern im Januar 1964 zugestimmt. Die von Ihnen übersandte »Handreichung des Evangeliumdienstes unter Israel durch die Evang.-Luth. Kirche, Folge 5« habe ich erst danach gelesen und muß jetzt meine Zusage zurücknehmen.

Ich verstehe, Fulda drängt auf diese Auseinandersetzung. Wie freilich ein solches Zusammenkommen fruchtbar werden soll, sehe ich nicht, aber das kann an mir liegen. Die Herren, die in dieser Handreichung zu Wort kommen – und sie stehen sicherlich stellvertretend für viele andere – nehmen ja nicht nur so böse Störenfriede wie Gollwitzer und Kraus nicht ernst, sie nehmen die ganze christlich-theologische Literatur zur Frage nicht zur Kenntnis oder höchstens, um sie bereits vor Beginn des Studiums schon mit dem Stempel »Schwärmertum« abzutun. Interessant, daß in vorsichtigen Fragesätzen sogar Augustin und Papst Johannes XXIII. unter den Sündern erscheinen.

Mir kann man wohl kaum verargen, wenn ich mit Leuten nichts zu tun haben will, die vom Gott des Judentums als »selbstkonstruiertem Götzen« sprechen, für die jede Synagoge des Teufels Synagoge geblieben ist, die erklären »es gibt heute keine christlich-jüdische Zusammenarbeit auf religiösem Gebiet, die biblisch legitim wäre. Eher könnte es da fast noch eine christlich-mohammedanische Zusammenarbeit geben«. Prompt taucht dann auch an anderer Stelle noch der schöne Ausdruck »der mohammedanische Arier« auf. Es wird da – um ja keine Unklarheit zu lassen – für untragbar gehalten, »wenn Vertreter der Kirche Christi etwa an der Einweihung von Synagogen teilnehmen«. Herr Mehl wird recht deutlich mit der Bemerkung, »das Israel nach dem Fleisch gehört dem erwählten Volke Gottes nicht mehr an, seitdem es den Messias Gottes auf dem Altar seines nationalistisch-gesetzlichen Messiastraumes geopfert, damit zugleich das wahre Israel in sich getötet hat und nun als *Fanal des göttlichen Gerichts durch die Geschichte gehen muß*.« Herr Wittenberg verstärkt den zeitgeschichtlichen und politischen Akzent noch mit den Worten: »Ich habe es immer als kindisch empfunden, wenn man beim Blick auf die Judenverfolgungen nur die Bosheit der Menschen, insonderheit der Christen, sehen wollte, *und nicht auch die Hand Gottes*.« Herr Hecht führt schließlich in einem Beitrag über den Antisemitismus in Argentinien nach Hinrichtung Eichmanns aus, was natürlich nicht fehlen durfte und ganz dem Ungeist des Herrn Bischof ... entspricht und damit weit über die jüdische Frage hinausreicht: »In der hiesigen studentischen Jugend, die zu einem Großteil aus Juden besteht, sind *kommunistenfreundliche Tendenzen* festzustellen ... Wir dürfen nicht übersehen, daß auch die Machtergreifung Hitlers i. J. 1933 teils durch eine ernsthafte Wirtschaftskrise, teils durch den Druck der Kommunisten, *teils durch Skandale in der jüdischen Finanzwelt* möglich wurde.« [Alle Zitate a.a.O., S. 6–29]

Mir ist seit geraumer Zeit klar, daß ein echtes christlich-jüdisches Religionsgespräch in Deutschland, wohlgemerkt im evangelischen Deutschland, denn die Entscheidungen der Katholischen Kirche fallen außerhalb der Bundesrepublik, sinnvoll fast ausschließlich mit der

232

Bekennenden Kirche geführt werden kann. Jenseits aller Kontroversen ist da ein Gemeinsames: die täglich neu zu erfahrende Tatsache der Minorität aus dem Glauben. Daraus ergibt sich innerhalb des Trauerspieles Bundesrepublik eine beglückende Einheit des Lebensweges bei allem Getrenntbleibenmüssen in jeder noch unerlösten Zeit. Mir genügt das, und es hat mir zu genügen.

Nach allem Gewesenen, nicht zu Vergessenden, über das nur die Juden reden, die damit Geschäfte machen wollen, bin ich wahrlich nicht nach Deutschland zurückgekehrt, um mich mit Judenmissionaren und christlichen Antisemiten an einen Tisch zu setzen. Aber es mag angebracht sein, Frau Reichmann und Herrn Ehrlich die Handreichung zu schicken. Bei den anderen jüdischen Mitgliedern der AG VI sollte man davon absehen, wenn wir die Zahl der Juden in unserem Kreis konstant halten wollen.

VI.5 Ernst Ludwig Ehrlich an Geis

Basel, 25. 9. 1963

Ihr Brief an Freudenberg ist an sich schon recht ... Es hat gar keinen Sinn, vornehm oder gar beleidigt auszuweichen, ...

Sollte unsere AG VI in ihrer Mehrzahl uns im Stiche lassen oder lau sein, so fliegt eben der ganze Laden auf, denn dann wäre es kein Schade, und bei gegebener Zeit machen wir mit unseren Freunden dann etwas Neues ... So sehe ich in der Begegnung eine große Chance; Sie haben durchaus recht, wenn Sie von den Juden nur außer uns noch die Reichmann dabei haben wollen, ich würde auch die Ellie Sterling noch hinzunehmen. Also wir 4 Juden gegen die Meute. Sie haben in sich so viele aufgestaute Aggressionen, daß ich finde, diese sollten ruhig einmal genau an der rechten Adresse abgeladen werden. Und ich gestehe, was Sie ja auch wissen, daß es bei mir nicht viel anders ist. Die Broschüre dieser Gojim ist derart monströs, daß hier endlich einmal Gelegenheit ist, diese Mordapologeten im Pfaffengewand gründlich zu erledigen ... Das wird der Test für AG VI sein: Ich wollte schon längst einmal wissen, ob der Gollwitzer seine Pan-Israel-Liebe nur aus schlechtem Gewissen wegen der Theologie strapaziert. Jetzt müssen sie alle Farbe bekennen, diese Freunde in der AG, nicht nur Freund Freudenberg. Entweder/Oder. Wir beide müssen uns dann natürlich die Rollen aufteilen. Ha, das gibt ein Fest. Halleluja.

Für Sie und auch für mich ist das doch reine Psychotherapie! Als ich am 27. Februar 1943 erlebte, wie meine Mutter in Berlin auf einen Lastwagen verladen nach Auschwitz transportiert wurde, und als ich vorgestern hier in der Hochhuth-Aufführung neben einem KZ-Insassen saß, da sagten wir uns leise, damals haben wir den Augenblick ersehnt, wann wir es denen einmal heimzahlen können. Jetzt ist der Augenblick da, und Sie wollen vornehm ausweichen!? Nein, mein Freund, das tut kein R. R. G. –

Also schreiben Sie dem Freudenberg, er solle mir die Broschüre senden, und wenn ich bereit bin teilzunehmen, würden Sie auch kommen. Und dann auf die Barrikaden. Aber bitte, es mögen dann auch vor allem die Autoren dieser Broschüre erscheinen, und nicht farblose Substituten, die erklären, sie hätten damit nichts zu tun. Das ist conditio sine qua non.

Das sind so recht Jom Kippur Gedanken.

VI.6 Adolf Freudenberg an Geis

Bad Vilbel-Heilsberg, 26. 9. 1963

Ich verstehe Ihre Empörung über die Enthüllungen der »Diskussion« Mehl-Wittenberg, aber ich war Ihnen diese Unterrichtung schuldig. So etwas gibt es eben, und wir (der christliche Freundeskreis) können solche Zustände nicht untätig hinnehmen.

Wir müssen vielmehr alle – reichlich vorhandenen – Unsicherheiten in der »gegnerischen Front« abklopfen und die Ansätze zu Gesprächsmöglichkeiten ergründen. ...

Wir müssen dringlich mit solchen Leuten sprechen und sie aus ihrer unrealistischen »lutherischen« Festung herauslocken helfen. Bei dieser Aufgabe sind begreifliche Friedenswünsche der Freunde in Fulda sekundär. Primär ist die Bekämpfung einer skandalösen Unwahrhaftigkeit unserer evangelischen Lehre und Verkündung in Sachen: Index und Christen, Kirche und Israel, AT – NT, usw.

Nun suche ich mich an Ihren Standort zu versetzen und sehe die Schwierigkeit, Ihnen eine Aufgabe irgendwelcher Art im Rahmen eines inner-evangelischen Gesprächs zuzumuten. So wertvoll Ihre Hilfe beim Zurechtrücken verkehrter Äußerungen über jüdische Dinge wäre – eigentlich ist Ihr Dabeisein unentbehrlich! –, so muß ich doch mit Situationen rechnen, die für Sie unerträglich sind. Dennoch bitte ich Sie, die Sie betreffende Entscheidung noch so lange zurückzustellen, bis wir – um den 20. 10. – in Berlin die Gestaltung von Arnoldshain [4.–6. 1. 1964] endgültig geklärt haben. Mein letzter Vorschlag der Beschränkung auf die inner-evangelische Auseinandersetzung hat noch nicht die Zustimmung Goldschmidts und Gollwitzers, und wir wollen nun nach Harders Rückkehr klar kommen.

Es ist *sehr* schade, daß wir nun wohl bei dieser Sitzung [des Vorstandes] auf Kraus und Sie werden verzichten müssen.

VI.7 Adolf Freudenberg an Geis

Bad Vilbel-Heilsberg, 13. 11. 1963

Sie haben eine Weile nichts von mir gehört, weil mir bekannt war, daß Dietrich Goldschmidt wegen der Weiterarbeit mit Ihnen in Fühlung stand und steht, so daß ich zur Vermeidung von Verwirrung nicht daneben verhandeln wollte. Selbstverständlich war und ist es meine gewisse Hoffnung, daß Sie in Arnoldshain dabei sein werden.

Sie haben gehört, daß wir inzwischen in kleinem Kreis am 28. Oktober bei Gollwitzer [Berlin] getagt und, wie mir scheint, einen vernünftigen Weg für die Weiterarbeit gefunden haben. Auch wenn es Ihnen schon mitgeteilt wurde, will ich Sie doch von der Tagungsskizze unterrichten: ...

Sie sehen aus Obigem, daß wir in Berlin zum Ergebnis gekommen sind, sobald wie möglich die Fühlung mit allen Mitgliedern der Arbeitsgemeinschaft aufzunehmen und ihnen Gelegenheit zur Zusammenkunft in Arnoldshain zu geben. Jedes andere Verfahren widerspräche den Vereinbarungen und den unerläßlichen demokratischen Spielregeln. Das ist auch der Grund, weshalb wir die »Landverheißung« entsprechend dem Dortmunder Beschluß[1] beibehalten und die Frage des Gesprächs mit unseren evangelischen Kritikern im Plenum nicht breittreten. Denn wir haben uns inzwischen selber überzeugt – und Goldschmidt's Bericht über seine Gespräche mit Ihnen hat uns darin bestärkt –, daß wir hier behutsamer und möglichst durch Kontakte in kleinem, zwanglosem Rahmen operieren müssen. Es ist uns deutlich geworden, daß bei den starken Unterschieden innerhalb unserer Arbeitsgemeinschaft eine sinnvolle Aussprache vor dem ganzen Forum untunlich und für unsere jüdischen Mitglieder, mindestens streckenweise, kaum zumutbar wäre.

Wenn Sie, wie alle anderen Mitglieder, über kurz oder lang zu der Ihnen schon vorliegenden »Handreichung des Evangeliumsdienstes« ... aus Bayern noch 2 Nummern der Zeitschrift »Friede über Israel« des Evang.-luth. Zentralvereins bekommen (durch Harder), so geschieht das rein zur Unterrichtung über die immerhin in Gang kommende Bewegung im Kreis unserer Kritiker. Zusammenfassend darf ich wirklich sagen, daß wir nach unserem Eindruck bei dem Berliner Gespräch weitergekommen sind und manche Zweifel sowie mögliche Hindernisse weggeräumt haben. Ich sehe jedenfalls nichts, was nun das freundschaftlich herzliche Verhältnis zwischen »Juden und Christen« in unserer Arbeitsgemeinschaft ungut verändern könnte.

1 Gelegentlich des Kirchentags in Dortmund Juli 1963 war beschlossen worden, bei der nächsten Zusammenkunft der AG in Arnoldshain, Januar 1964, die Landverheißungen in je einem christlichen und jüdischen Referat zu behandeln.

VI.8 Adolf Freudenberg an Dietrich Goldschmidt
Bad-Vilbel-Heilsberg, 27. 11. 1963

Ich pflege zähe an meinen Freunden zu hängen und ihnen deshalb den Rückzug aus der Freundschaft nicht leicht zu machen. So will ich auch nicht auf die Freundschaft mit Geis verzichten, die jedenfalls mir viel bedeutet, zumal sie – von mir aus gesehen – auf gemeinsamer Verpflichtung gegenüber letzten Dingen beruht.

Was soll ich nun dazu sagen, daß er wiederholt meine Anfragen, zuletzt die nach dem jüdischen Korreferat zur Landverheißung, ohne die selbstverständliche direkte Antwort läßt und ich nur über Ihre und Gollwitzers freundliche Vermittlung seine negative Reaktion erfahre? Von mir aus bleibt Geis mein Freund; aber mich bekümmert sein spürbares, ungerechtes Mißtrauen und *sachlich* die von mir atmosphärisch empfundene Sorge, daß er unserer Gemeinschaft den Rücken kehren könnte, bevor wir uns gegenseitig eine faire Chance zum gemeinsamen Anfassen der *großen* Fragen gegeben haben.

Darf ich Sie um den großen Freundesdienst bitten, Geis im Blick auf *unsere* echte und große Verantwortung, die uns in Berlin – ich glaube, von Oben her – gemeinsam zugefallen ist, wieder in unserem Kreis festmachen zu helfen.

Und da menschliches Vertrauen für sachlich fruchtbare Arbeit unentbehrlich ist, soll er erfahren, daß ich ihn nach wie vor als Freund betrachte. Könnten Sie ihn das wissen lassen? Ich halte es für klüger, wenn ich jetzt und ausnahmsweise diesen indirekten Weg wähle.

Ich danke Ihnen, daß ich mit dieser Bitte kommen durfte.

VI.9 Dietrich Goldschmidt an Geis
Berlin, 3. 12. 1963

Gestern erhielt ich den anliegenden Brief [vom 27. 11. 63] von Herrn Freudenberg, den ich einfach nur weiterschicken kann. Es mag gut sein, daß Freudenberg merkt, daß man einen Kreis wie den unseren nicht beliebig ausdehnen und belasten kann, ohne ihn der Gefahr der Sprengung auszusetzen. Andererseits möchte ich zu seinen Gunsten sagen, daß er in der Tat recht hat, wenn er sich bemüht, der unerträglichen Polemik seitens der Lutheraner zu Leibe zu rücken. Er könnte geradezu sagen, daß die Christen in der Arbeitsgemeinschaft den Juden etwas vormachen würden, wenn sie nichts täten, um im eigenen Hause voranzukommen. Ich bin mit Ihnen einer Meinung, daß dies Aktivitäten sind, die – ähnlich wie die Berliner Erklärung [1961] – nur die Christen in der Arbeitsgemeinschaft betrifft und daher nicht ohne weiteres in eine Tagung der Arbeitsgemeinschaft als ganzer gehören.

Aufs ganze, meine ich, sollten wir uns nun vor Arnoldshain nicht noch in weitere Korrespondenzen verrennen, sondern es scheint mir das tunlichste zu sein, nun einfach dem Harder'schen Programm zu folgen und zu sehen, wie man im persönlichen Gespräch gütig und gütlich wie immer miteinander zurecht kommt.

Wollen Sie Freudenberg persönlich antworteñ? Das wäre vielleicht hier der kürzeste Weg.

VI.10 Geis an Dietrich Goldschmidt

[Düsseldorf], 3. 12. 1963

Nun aber kommt das weniger Sympathische: ich gebe mir die größte Mühe und komme dennoch mit der geplanten Arbeitssitzung in Arnoldshain nicht zurande, und zwar aus den verschiedensten Gründen, die ich Ihnen noch einmal vortragen muß: In einem Brief vom 13. November schrieb mir Herr Freudenberg über die Berliner Vorstandssitzung. Darin hieß es einmal: an der Abmachung Dortmund betreffend Tagesordnung Arnoldshain muß festgehalten werden wegen der »unerläßlichen demokratischen Spielregeln« und auf der anderen Seite heißt es, »daß bei den starken Unterschieden innerhalb unserer Arbeitsgemeinschaft eine sinnvolle Aussprache vor dem ganzen Forum untunlich und für unsere jüdischen Mitglieder mindestens streckenweise kaum zumutbar wäre«. Das zweite würde ich nicht demokratisch nennen, und das Feingefühl für die jüdischen Mitglieder kommt meines Erachtens zu spät. Ich persönlich lege den größten Wert darauf zu wissen, wo denn nun die Leute eigentlich stehen, mit denen ich seit dem Berliner Kirchentag zusammenarbeite. Sollten sie in irgendeiner Form auf seiten der Judenmission stehen, ist für mich in der AG kein Platz. Erst die Hefte, die Herr Harder mit seiner Einladung geschickt hat, haben mich bei der Lektüre des Aufsatzes von Herrn Oberkirchenrat Reinhardt auf Harders Äußerungen Seite 146 des »Ungekündigten Bundes« aufmerksam gemacht. Da heißt es: »Allerdings kann dies Zeugnis in seiner Ausschließlichkeit (Apg. 4,12: ›Es ist in keinem andern – Heil‹) dem Judentum nicht einräumen, daß es als solches vollgültiger Weg zu Gott ist.« Hätte ich das früher gelesen, wäre meine Entscheidung schon längst gefallen. Wie man diesen Satz aufnehmen kann und den ganzen Band der »Ungekündigte Bund« zu nennen wagt, ist mir persönlich schleierhaft. Wenn nun Herr Harder mit der Herausgabe der »Handreichung« zögert, so habe ich das schlechte Gefühl, hier wird ein doppeltes Spiel getrieben. Wenn so viel über die Lutheraner diskutiert worden ist, dann muß auch die Sache durchgestanden werden und gerade das, so will mir scheinen, ist nicht die Absicht des Herrn Harder, dessen Darstellung seiner Diskussionsgruppe mir weiteren Anlaß zu einigem Mißtrauen gibt. Welche Unverschämtheit gehört z. B. dazu, die Diskussion über die Trinitätslehre mit dem Wort »halbgebildet« abzutun, wenn man sehr wohl weiß, daß ihr Herr Kraus in seinem bedeutsamen Bändchen[1] ein ganzes Kapitel gewidmet hat. Verstehen Sie mich bitte nicht falsch: es mag der Judenmissionare viele geben und sie stören mich gar nicht, nur habe ich nichts mit ihnen zu tun und möchte nicht zum zweiten Male auf die Herrschaften hereinfliegen, wie ich das nach meiner Rückkehr nach Deutschland bei Rengstorf tat. Es hat bis jetzt keiner von uns, ob Christ oder Jude, bezweifelt, daß wir in sehr entscheidenden Fragen uns nie einigen können, aber wir waren der Meinung, das Gemeinsame sei in unserer Weltstunde entscheidender als das Trennende, darüber hätten wir zu reden und für dieses Gemeinsame zu arbeiten. Sollte sich ein neues Brauchtum bei uns bilden und die Christen es für notwendig erachten, uns Juden gegenüber ihren totalen Heilsanspruch immer wieder deutlich zu machen, so gäbe es nur zwei Möglichkeiten, entweder die Juden verschwinden aus dem Kreis oder sie blasen in dasselbe Horn auf jüdische Weise. Ich möchte nur nicht erleben, was die Herren Harder und Genossen täten, wenn die Herren Ehrlich und Genossen in gleich taktloser Weise sich über das Christentum äußern würden.

Kurzum, ich brauche absolute Klarheit darüber, was eigentlich nun in Arnoldshain über die Bühne gehen solle, bevor ich meine Entscheidung über Kommen und Fernbleiben treffe. Ich muß darauf bestehen, daß alle Mitglieder der AG und zwar umgehend die sagenhafte Handreichung bekommen, damit sie orientiert sind.

---

1 H.-J. Kraus, Begegnung mit dem Judentum. Das Erbe Israels und die Christenheit, Hamburg 1963, S. 115 ff.

VI.11 Dietrich Goldschmidt an Adolf Freudenberg

Berlin, 6. 12. 1963

Dieser Tage bin ich in einer Mittlerstellung zu unserem Freunde *Geis*, der offensichtlich von verschiedenen Sorgen und Leiden geplagt ist, so daß er derzeit außerordentlich empfindlich reagiert. Ich habe Ihren Brief, lieber Bruder Freudenberg, ihm sofort mit einem entsprechenden Begleitschreiben zukommen lassen. Mir scheint, daß er Ihnen darauf unmittelbar geantwortet hat. Inzwischen erhielt ich von ihm einen weiteren Brief, in dem er allerlei Anstoß an Bruder Harders Einladung genommen hat. Glücklicherweise konnten Bruder Harder und ich gestern Abend gleich darüber sprechen, und ich habe heute ein entsprechend aufklärendes Schreiben an Geis geschickt. Ich hoffe zuversichtlich, daß er im Ende doch nach Arnoldshain kommt und an der Aussprache teilnimmt. Hätten wir noch andere aktive Teilnehmer außer Geis und Ehrlich von jüdischer Seite, so könnten wir vielleicht etwas weniger umständlich verfahren. So wie die Dinge liegen, *müssen* wir einfach die Verbindung mit ihm halten. Ich sehe darin aber auch menschlich eine Aufgabe, so daß ich mich bei dieser Korrespondenz nicht erpreßt sehe.

In der Sache des Gesprächs mit den Lutheranern, das *einige* von uns außerhalb einer Gesamttagung der Arbeitsgruppe führen werden, möchte ich mich ganz zurückhalten. Ich glaube, daß Sie diese Dinge am besten ohne mich entscheiden. Mir fehlt die nötige Sach- und Personenkenntnis. Allerdings dürfte es denjenigen, die dieses Gespräch führen werden, helfen, wenn sie das Gespräch in der Gesamtgruppe in Arnoldshain hinter sich haben.

HELMUT GOLLWITZER

2. Gespräch der AG mit Judenmissionaren?

Zum Verständnis der vorigen und der folgenden Briefe ist mehreres zu sagen:

    Bei Vorbereitung der Arbeitsgruppe war von einigen der Theologen, die von dem damaligen Generalsekretär des DEKT, Heinrich Giesen, angesprochen worden waren – vor allem von Adolf Freudenberg und mir –, sofort daran gedacht worden, alle evangelischen Theologen zur Mitarbeit einzuladen, von denen uns eine nähere Beschäftigung mit dem Judentum bekannt war, darunter auch Vertreter der judenmissionarischen Gruppen. Der Entschluß, auch Juden um Mitarbeit zu bitten, ging vor allem auf

Hans-Joachim Kraus zurück; er erfolgte erst im nächsten Stadium unserer Vorbereitung auf Berlin. Professor Rengstorf hat dann infolge seiner (in lutherischer Auffassung begründeten) Abneigung gegen den Kirchentag abgesagt; daraufhin unterließen wir weitere Einladungen an Vertreter der Judenmission. Es war für uns überraschend, welche Übereinstimmung sich bei der Vorbereitungsarbeit und auf dem Berliner Kirchentag ergab.

Der Gedanke der Einbeziehung sowohl von Vertretern der Judenmission wie auch von Juden ist das deutlichste Zeichen für die heute kaum mehr verständliche Naivität, mit der wir uns an die Arbeit machten, wenngleich wir schon damals Vorbehalte gegen die Judenmission hatten.

Der Band von Karl Barths »Kirchlicher Dogmatik«, in dem er sich deutlich gegen die Judenmission aussprach, war schon erschienen (IV/3, 1959, 1005ff). Es war auch Positives über diese Gruppen zu sagen: Sie waren seit langem in den christlichen Kirchen Anwälte eines besseren Verständnisses des Judentums und seiner Frömmigkeit gewesen; die Liebe vieler von ihnen zu Israel steht außer Zweifel. Der bedeutende Alttestamentler Franz Delitzsch (1813–1890), ein unermüdlicher Judenmissionar und persönlicher Freund vieler Juden, war darin ihrer aller Vorbild; sie kämpften gegen den weitverbreiteten latenten und offenen Antisemitismus in den christlichen Kirchen. In der Nazizeit waren sie diffamiert, und manche von ihnen haben sich unter Lebensgefahr an der Hilfe für verfolgte Juden beteiligt. Einige von ihnen waren Judenchristen, alle besaßen sie viel Kenntnis vom Judentum, und im Bereich der protestantischen Theologie standen sie wie Vertreter der Bekennenden Kirche im Gegensatz zu der – bei Lutheranern mehr als bei Reformierten vorhandenen – Tendenz, das Neue Testament und den christlichen Glauben möglichst abgelöst, sogar im Gegensatz zum Alten Testament und zum Judentum zu verstehen.

Ganz anders wurde die Judenmission auf jüdischer Seite gesehen: Die Bestrebungen, die Juden für das Christentum zu gewinnen, konnten nur als Ausdruck der gleichen Haltung verstanden werden, mit der ihnen die christianisierten Völker von jeher begegnet waren. Der Jude als Jude soll nicht sein. Er soll nicht anders sein als die anderen, er soll werden wie die anderen. Ob die Ausrottungspolitik der Nazis oder das Christuszeugnis der Judenmission, alles zielte auf das Verschwinden des Judentums. Die Juden hatten durch die Jahrhunderte allen Pogromen, aller Verfolgung und aller Erniedrigung zum Trotz am Judesein festgehalten. Den Judenmissionaren war nicht zu glauben, daß sie ihnen aufrichtig aus »Sorge um das Heil Israels« (Paul Reinhardt, a.a.O., S. 103) wohl wollten. Man sah nur, daß etwas genommen werden sollte: das Judesein. Zu dessen Identität gehörte – befestigt durch das Verhalten der Christen in vielen Jahrhunderten – das Nicht-Christ-Sein, die Ablehnung des umgebenden Christentums. In den Jahren der Nazi-Verfolgung hatten die Juden vergeblich auf ein anderes Christuszeugnis der Christen gewartet – auf ein Christuszeugnis gegenüber Hitler und seinen Mordgesellen, das nicht nur, wie sie bei Katholiken und Mitgliedern der Bekennenden Kirche sahen, im Eintreten für den christlichen Glauben und für die Rechte der Kirche bestand. Sie warteten auf eine ebenso entschlossene Solidarität mit den verfolgten Juden, aus der heraus Christen sich mit dem Volke Jesu von Nazareth leidensbereit identifizierten. *Die dieses Christuszeugnis unterlassen und damit das eigene Leiden vermieden hatten, wandten sich nun den Überlebenden wieder mit einem Christuszeugnis zu, das ihnen erneut das Recht ihres Judeseins bestritt. Das war des Unerträglichen zuviel.*

Wir Christen in der AG empfanden dies, haben es uns aber nur unzulänglich klar gemacht – die einen mehr, die anderen weniger. Am schwersten hatten es dabei die Theologen, die stärker als die Nicht-Theologen die Bindung an das Neue Testament und an die theologische Tradition verinnerlicht hatten. Deshalb beabsichtigten wir ohne Bedenken, der ganzen Arbeitsgruppe Gespräche mit der judenmissionarischen Seite zuzumuten. Ich korrespondierte mit den mir bekannten Theologen dieser Richtung. Von der Leitung der Vereinigten Evangelisch-Lutherischen Kirche in Deutschland (VELKD) wurde der Plan einer Aussprache über die theologischen Differenzen gefördert. Bevor es zu einer solchen Aussprache kam, traf sich unsere Arbeitsgruppe vom 4.–6. Januar 1964 in Arnoldshain. Die Diskussion über die Möglichkeit eines Zusammenkommens mit den lutherischen Vertretern der Judenmission ging rasch ins Grundsätzliche, blieb aber unprotokolliert. Übereinstimmend wurde klargestellt, daß die Arbeitsgruppe auf keinen Fall ein solches Gespräch mit den deutschen Lutheranern führen wolle und deshalb auch dazu niemanden delegieren könne. Mitglieder der Arbeitsgruppe, die aufgrund ihrer freien Überzeugung ein solches Treffen für richtig hielten, handelten in eigener Verantwortung und bänden die Arbeitsgruppe in keiner Weise.

Das Treffen zwischen Mitgliedern der Arbeitsgruppe und Vertretern der lutherischen Seite fand am 17./18. März 1964 in Hannover statt. Es brachte manche Klärung sowohl der Mißverständnisse wie auch der verbleibenden Differenzen. Trotz des Vorsatzes der Fortsetzung blieb es eine einmalige Begegnung.

3. Krise zwischen Juden und Christen zu Purim 1964

Zum vollen Ausbruch der Krise gab ein Leserbrief Anlaß, den ich an die »Berliner Kirchenbriefe«, die Zeitschrift eines konservativ-lutherischen Kreises in Berlin, geschrieben hatte. Als ich auch dort (Juni 1963, S. 28 f.) den Vorwurf fand, die Versöhnung von Christen und Juden würde in unserer Arbeitsgruppe mit der Leugnung der Glaubensunterschiede und mit dem Verzicht auf die Bezeugung des Evangeliums gegenüber den Juden bezahlt, schrieb ich dem Herausgeber, Superintendent Wulf Thiel, mit dem ich während des Kirchenkampfes viel zusammen gearbeitet hatte, er möge doch unseren Band »Der ungekündigte Bund« genau lesen, besonders auch meine Bibelarbeiten, und fragte: »Hat Günther Harder in seinem dortigen Beitrag vom Januar 1962 (S. 145–159: Das christlich-jüdische Gespräch im Verhältnis zum christlichen Zeugnis an Israel) nicht deutlich genug unsere Verpflichtung zum Evangeliumszeugnis gegenüber dem Judentum ausgesprochen? ... Wie kommt es, daß bei solchen Bewegungen neuer lebendiger Buße immer wieder gerade Kreise, die auf ihr Luthertum so Gewicht legen, grämlich und ums Ansehn der Kirche besorgt abseits stehen? ... Warum zeigt das Echo, das unsere Arbeitsgruppe aus lutherischen Kreisen bisher erhalten hat, ... daß man keine Ahnung hat von der Tiefe der Buße, zu der uns diese Schuld ruft – einer Buße, die wahrlich nicht zu einem Verschweigen des Evangeliums gegenüber Israel führt, aber ohne die es eben dieses Evangeliumszeugnis sicher nicht geben kann?« [Dez. 1963, S. 23f.].

Im Antwortbrief von Wulf Thiel hieß es: »*Darum leben Judenheit und Christenheit nicht in demselben Gottesbund von Golgatha. Darum lesen und verstehen sie auch das Alte Testament von Grund auf verschieden ... Es ist der Sache Israels, die uns wahrhaftig angeht, gerade kein Dienst damit getan, daß wir um der deutschen Schuld und Mitschuld willen von der Zuordnung und dem wesenhaften Unterschied der beiden Bünde undeutlich reden*« (Berliner Kirchenbriefe, Dezember 1963, S. 24f.).

Das Heft, das diesen Briefwechsel enthielt, schickte ich, ohne Böses zu ahnen, an die Mitglieder unserer Arbeitsgruppe. Darauf brach der Sturm los – in Gestalt eines Artikels von R. R. Geis in der »Jüdischen Allgemeinen Wochenzeitung« vom 8. März 1964:

VI.12 ROBERT RAPHAEL GEIS

Judenmission

Eine Purimbetrachtung zur »Woche der Brüderlichkeit«[1]

In diesem Jahr sind Purim, das Fest beschwingter Freudenstimmung, und die Woche der Brüderlichkeit, die nun schon so manches Jahr in unserer Bundesrepublik feierlich zelebriert wird, nahe beeinander. Kann zu Lebzeiten der von der Mordmaschinerie Verschonten auch nie mehr der Frohsinn glücklicher Tage des deutschen Judentums aufkommen, immer wieder stellt sich schmunzelndes Einverständnis ein, wenn wir an die Festanweisung des babylonischen Amoräers Rabba denken, die uns im babylonischen Talmud, Traktat Megilla 7b überliefert ist: »Der Mensch ist verpflichtet, am Purimfest soviel zu zechen, daß er nicht mehr unterscheidet zwischen dem verfluchten Haman und dem gesegneten Mordechai.« Wie weise doch – einem im buchstäblichen Sinn und in seiner Lebensbetrachtung nüchternem Glaubensvolk den Trunk weit über den Durst zu gestatten – damit die Last der Überlasteten einmal vergessen wird.

Es gibt so manches zu berichten, was einen nach dem Rezept des großen Rabba handeln lassen könnte.

Da hat der arme Rezensent ein Buch zur Besprechung bekommen. Der aufsteigenden Übelkeit täten ein paar Gläser Kognak gut. »Die

Juden und das Evangelium« ist [1963] bei Benziger in Köln erschienen und kostet 19,80 DM. Der Verfasser, Gregory Baum, ist nach Mitteilung des Verlegers »als Sohn religionsloser jüdischer Eltern« in Berlin geboren, in der Emigration zum Katholizismus konvertiert, in den Augustinerorden eingetreten und heute Dozent für Theologie in Toronto. Nicht, daß wir uns über den Religionswechsel aufregen. Leo Baeck hat ganz recht gehabt, wenn er einmal schrieb, Religionen würden ihr Gesicht verlieren, wenn sie nicht auch den Übertritt von der einen zur anderen ernstzunehmen verständen. Aber dieser Ex-Jude Baum wird nicht müde, von der Erblindung des jüdischen Volkes zu sprechen, die Verstockungstheorie noch einmal unter die altbewährte Nudelwalze zu nehmen, denn Israel muß ja partout sein Heil verscherzt haben, weil es an Jesus als den Messias nicht glauben kann, nicht kann, verehrte Christen! Der Ex-Jude, dessen theologische Kenntnisse nebenbei recht gering sind, schlachtet in wenigen Anmerkungen mit bemerkenswerter Frechheit den bedeutendsten christlichen Theologen der Neuzeit, Karl Barth, ab, auch der kürzlich verstorbene, um ein besseres Verständnis zwischen Christentum und Judentum innig bemühte Katholik Karl Thieme fällt unter dem unelegant geschwungenen Beil, weil beide einem durch Alter allein legitimiertem Vorurteil der Kirche gegenüber der Synagoge entgegengetreten sind. Sehr präzis heißt es darum in dem »Werk« des Herrn Baum: »Die im elften Kapitel des Römerbriefes aufgestellte Theologie des gefallenen Israel berechtigt nicht dazu, vom Juden als dem älteren Bruder des Christen, oder von der Synagoge als der älteren Schwester der Kirche zu sprechen. Das aber scheinen manche Moderne zu tun.« [S. 356]

Ersparen wir dem Leser alles weitere. Warum wohl der Verlag solch ein Buch zur Besprechung an eine jüdische Zeitung schickt? Genießbar, ja erbaulich ist es doch wohl nur für jene christlichen Leser, die dem Reich-Gottes-Ruf des Neuen Testaments sich aufs hartnäckigste widersetzen und ihr sehr schwach ausgebildetes christliches Gewissen beruhigen, wenn über die verstockten Juden so herrlich hergezogen wird. Aber es ist ja Purim. Einen Kognak bitte!

Da lebt in Deutschland ein sehr tapferer Theologe, ein mannhafter Streiter, dem wir nie unseren Respekt versagen werden. Von diesem Theologen stammt der Ausdruck: »Christen in Deutschland sollte das Wort von der Judenmission im Hals stecken bleiben.« Ein sehr löblicher Vorschlag. Dieser Theologe gehörte zu den Hauptstützen jenes Berliner Kirchentages des Jahres 1961, da erstmals Christen und Juden als getrennte Brüder gleichberechtigt vor einem Riesenauditorium in Erscheinung traten. Damals konnte man sich in einem romantischen Rausch, der wohl doch etwas zum deutschen Charakter gehört, gar nicht genug vorwagen. Am liebsten hätte man einem Rabbiner auch die halbgottesdienstliche Bibelarbeit übertragen. Wenn das nicht geschah, verdankt man es allein der jüdischen Seite, die besorgt und brüderlich ihr Veto einlegte. Mittlerweile sind die nicht zu unterschätzenden restaurativen Kreise der evangelischen Kirche zum Angriff gegen die Arbeitsgruppe »Juden und Christen« übergegangen. Und schon hat der gute Mann sein treffliches Wort über die Judenmission vergessen. Nun weist er einen erbosten Superintendenten beschwichtigend und entschuldigend auf das Referat eines Neutestamentlers hin, das auf dem Kirchentag gar nicht gehalten wurde und das ohne die Zustimmung der Mitglieder der Arbeitsgruppe Aufnahme in den Band »Der ungekündigte Bund« gefunden hat. Wissenschaftlich ist ein solches Verfahren unzulässig, menschlich peinlich und enttäuschend. Kein jüdischer Redner hätte wohl in Berlin bei diesen Ausführungen zur Judenmission das Wort ergriffen. Man kann uns Juden doch nicht einfach betrügen und als Aushängeschild mißbrauchen. Will man das tun, muß man sich an die geistige Halbwelt des Judentums halten, die es natürlich – wie überall – auch gibt. Die Judenmission wird jetzt mit einem Mal von diesem Systematiker der evangelischen Theologie nicht mehr so strikt abgelehnt, sie soll nur nicht »von hohem Roß« erfolgen, Infanterie ist die Buße für das Schweigen der Kirche bei der Ermordung von Millionen Juden. Es könnte einem speiübel werden. Aber es ist ja Purim. Einen Kognak bitte!

Wie sehr der taufunwillige Jude vielen Christen ein Ärgernis ist, geht aus einem Heft »Handreichung des Evangeliumsdienstes unter Israel durch die evangelisch-lutherische Kirche, Folge 5, Epiphanias 1963« hervor. Da lesen wir aus der Feder eines Kirchenrates, der Jude bete »einen selbstkonstruierten Götzen« an (S. 6). Über das Alte Testament, unsere jüdische Bibel, für die wir uns totschlagen ließen in jeder Generation, steht geschrieben: »Wir haben hier mit den Juden also in Wirklichkeit nur den toten Buchstaben und die Druckerschwärze sowie die Liebe zu diesem Buch gemein« (S. 7). Von dem Zeitpunkt, da die Hoffnung auf die unmittelbare Bekehrung Israels erlosch, ist das jüdische Gotteshaus »des Satans Synagoge« (S. 9). »Darum ist es auch geistlich m. E. völlig unmöglich, daß Vertreter der Kirche Jesu Christi etwa an der Einweihung von Synagogen teilnehmen« (S. 11). Sogar von »mohammedanischen Ariern« weiß der Aufsatz zu berichten (S. 9). Ein etwas milder gestimmter Alttestamentler versucht den Herrn Kirchenrat zu beruhigen, aber auch er meint: »Ich habe es immer als kindisch empfunden, wenn man beim Blick auf die Judenverfolgungen nur die Bosheit der Menschen, insonderheit der Christen, sehen wollte, und nicht auch die Hand Gottes« (S. 19).

244

Jammerschade, daß die Reformation die Heiligenverehrung abgeschafft hat, einen Seitenaltar hätte Adolf Hitler doch wohl verdient. Schreit nicht »Sakrileg!« liebe Christen, es ist doch nur die Konsequenz dieses Denkens, oder etwa nicht? In Deutschland gibt es eine Judenmission. Uns Juden sollte das nicht stören, jedenfalls geht es uns nichts an. Mögen Sie tun, was sie noch immer nicht lassen können. Hermann Cohen hat dazu erklärt, durch die Judenmission erhalten die Christen genau die Juden, die sie verdienen. In Deutschland gibt es Judenmissionare; wie viele, wissen wir nicht. Vor nicht allzu langer Zeit wurde durch den ersten Vorsitzenden des »Evangelisch-lutherischen Zentralvereins für Mission unter Israel« in Hamburg ein Judenmissionar in sein Amt eingeführt. Der Herr scheint nicht voll beschäftigt zu sein, also treibt er sein Handwerk auch unter armen rumänischen Juden in Paris, worüber er in der Zeitschrift dieses Vereins »Friede über Israel«, Heft 4/63, S. 114–117, berichtet. Im gleichen Heft wird dem Präsidenten der Judenmission in Deutschland zum 60. Geburtstag gratuliert und von ihm zitiert: »Das Christentum wird niemals auf das verzichten können, was das Wort ›Mission‹ einschließt, auch und gerade den Juden gegenüber nicht« (S. 121). Wenn dieser Herr Judenmissionar in einer Reihe von Gremien sitzt, die in ihrer Personalpolitik nicht von uns bestimmt werden, sich aber mit jüdischen Fragen beschäftigen, so geht uns das wieder nichts an. Drängt sich aber der Herr Präsident der evangelisch-lutherischen Judenmission in ausgesprochen jüdische Institutionen und Gesellschaften hinein, so ist das ein Skandal. Juden mögen lange diese Gegebenheiten nicht gekannt haben, merkwürdigerweise haben Judenmissionare eine sehr eigene, vom Normalen abweichende Vorstellung vom Begriff Wahrheit. Heute ist die Doppelrolle dieses Herrn bekannt. Juden in Deutschland, die es aus vielleicht begreiflichen Gründen schwer genug hatten, Anerkennung bei den Juden anderer Länder wieder zu finden, sollten das schwer errungene Kapital zögernden Vertrauens nicht leichtsinnig aufs Spiel setzen. Auch ohne Kognak kann man hier ja plötzlich nicht mehr zwischen Haman und Mordechai unterscheiden.

Das ist kein Purimscherz, sondern schlicht und einfach Schizophrenie. Wenn man noch einmal auf Purim zurückgreifen darf, in einem Gebet dieses Tages heißt es: »ER vereitelt den Plan der Völker, zerstörte die Gedanken der Listigen« aber bitte, Mordechai und Esther durften mithelfen.

Ein Prinzip unserer talmudischen Lehrer statuiert »man beginne mit dem Bösen, endige mit dem Guten«. Danach wollen wir uns nun gar in der Woche der Brüderlichkeit halten. Es mag nicht wenig Juden geben, die ganz simpel reagieren, laßt doch die andern, sie haben es noch nie gut mit uns gemeint. Die so sprechen, haben gerade den langen Atem des Glaubens nicht, der unsere Frommen ausgezeichnet hat. Es darf vielleicht daran erinnert werden, daß David Hoffmann, Dozent am orthodoxen Rabbinerseminar, 1894 ein Buch veröffentlichte »Der Schulchan-Aruch und die Rabbinen, über das Verhältnis der Juden zu Andersgläubigen«, in dem Gelehrsamkeit und menschliche Weite aufs schönste vereinigt sind. Samson Raphael Hirsch hat in seiner Frankfurter Realschule Schiller zu dessen 100. Geburtstag mit den Worten gehuldigt: »Daß hier ... dem sittlich veredelnden Schillerschen Geiste diese allgemeine Huldigung dargebracht wird, ... das würden unsere Weisen als eine Dämmerung jenes Morgenrotes begrüßt haben, wo die Menschen einst alle aufstehen werden und die Binde vollends von ihren Augen fallen wird.«[2] Bei allen unsagbaren Qualen der letzten Vergangenheit, bei aller Enttäuschung über bundesrepublikanische Alltäglichkeiten wollen und dürfen wir das nicht vergessen. Wir Juden sind immer eine Minorität gewesen und haben dennoch die Großen und Mächtigen überlebt. Die Zahl allein imponiert uns nicht. Wir sollten voller Verehrung und in brüderlicher Liebe zu dem heute noch kleinen Kreis von Christen stehen, die mit Judenmission und christlichem Antisemitismus nichts, aber wirklich gar nichts gemein haben.

Leo Baeck, um noch einmal den großen Lehrmeister des deutschen Judentums zu nennen, hat in seinem Aufsatz »Judentum in der Kirche«[3], auf zwei Entwicklungslinien im Christentum hingewiesen. Zu der einen gehört Calvin, zu der anderen Luther. Innerhalb der Entwicklung, die von Pelagius zu Calvin führt, ist das Verständnis für das Judentum wachgeblieben. Vielleicht ist darum das geniale Werk des holländischen Theologen Miskotte »Wenn die Götter schweigen. Vom Sinn des Alten Testaments« (München 1961) kein Zufall. In den Englisch sprechenden Ländern hat man sich früh um eine gerechte, wissenschaftliche Erforschung der jüdischen Religionsgeschichte bemüht und einen Vorsprung erreicht, der hierzulande nur schwer eingeholt werden kann. Aber daß auch im Luthertum außerhalb des provinziell-muffigen deutschen Zweiges die Dinge in Bewegung geraten sind, beweist der Beitrag des dänischen Lutheraners Professor Dr. K. E. Skydsgaard in der Zeitschrift »Lutherische Rundschau« vom Oktober 1963 [S. 421—428] mit dem Titel »Israel, Kirche und die Einheit des Gottesvolkes«.

Hier in Deutschland hat erst die Erschütterung des Dritten Reiches die Augen und Herzen geöffnet. Die Gefahren eines spiritualisierten Christentums, das die Kraft zum Widerstand gegen die Barbarei nicht aufbrachte, hat auf die Botschaft des Alten Testaments verwiesen, die recht verstanden Judentum und Christentum gemeinsam ist. Bon-

hoeffer hat im Angesicht des Todes in seinem »Widerstand und Ergebung« angemerkt: »Ich spüre übrigens immer wieder, wie alttestamentlich ich denke und empfinde ... wer zu schnell neutestamentlich
sein will, ist meines Erachtens kein Christ.«[4] Das ist – gottlob – nicht
mehr abgerissen, trotz der restaurativen Kräfte, die zum Endkampf
angetreten sind. Vielleicht werden bei uns viel zuviel Großveranstaltungen zur Judenfrage absolviert, wird die unpräzise Formulierung
von der Bewältigung einer Vergangenheit, die in Wirklichkeit nur ge-
und ertragen werden kann, zu viel in die Menge geworfen. Im stillen
aber, und das kann man bei dem nun üblichen Betrieb leicht vergessen, bahnt sich trotz allem ein neues Verständnis zwischen dem alten
und dem neuen Gottesvolk an. Jede kommende Verfolgung, vor der
wir bewahrt bleiben mögen, wird beide treffen, das Christentum und
das Judentum.

Die Prüfung des Ernstes dessen, was wir Glaube nennen, werden
Christen und Juden in Zukunft gemeinsam zu bestehen haben. Gegensätze des Glaubens in unserer irdischen Zeit sollen darüber weder
vergessen noch wegdiskutiert werden. Daß wir nur noch gemeinsam
aus den Verließen unserer Melancholie über die furchtbare und dennoch geliebte Welt herausfinden können, muß einmal ins Bewußtsein
gehoben werden. Eines aber muß ganz deutlich bleiben. Alles Verheißungsvolle würde verspielt, wenn Christen an dem Prinzip der Judenmission festhalten und Juden in sehr begreiflicher Reaktion einem
ehrlichen christlich-jüdischen Gespräch sich versagen. Man kann
dem Judentum seinen Zeugnischarakter ebenso wenig bestreiten wie
dem Christentum, es ist genug des Spiels, da man Juden umwirbt, be-
zirzt, als Aushängeschild mißbraucht – und letztlich nicht ernst
nimmt.

1 Zur Bedeutung von Purim vgl. IV.11.
2 S. R. Hirsch, Ges. Schriften, hrsg. v. N. Hirsch, 1912, Bd. VI, S. 316.
3 In: Aus drei Jahrtausenden, a.a.O., S. 120–140.
4 D. Bonhoefer, Widerstand und Ergebung, München 1951, S. 112; Neuausgabe
   1977, S. 175.

*Diesem Artikel folgte ein hektischer Briefwechsel, von dem der wesentli-
che Teil hier dokumentiert wird:*

VI.13 Helmut Gollwitzer an Geis

Berlin, 14. 3. 1964

Wenn einer vom Wolkenhimmel der Illusionen über sich selbst auf
den Boden der Realität unversehens versetzt wird, so ist das immer

ein ziemlich schmerzhaftes Erlebnis. Die Illusion über mich selbst, in der ich mich bis zum Lesen Ihrer Purim-Betrachtungen befunden habe, bestand darin, daß ich meinte, ich sei Ihnen ebenso sympathisch wie Sie mir, ja unser Verhältnis habe gegenseitig weit über den Respekt hinaus (den Sie mir versichern, ohne daß das Verhalten, dessen Sie mich zeihen, ihn verdienen kann!) etwas von Freundschaft an sich. Ich jedenfalls habe an Sie gedacht wie an einen Freund, und Sie haben mir durch Ihr Verhalten Anlaß gegeben, bei Ihnen das Gleiche zu vermuten. Jetzt muß ich statt dessen lesen, daß Ihnen beim Gedanken an mich speiübel wird und daß Sie mich (samt den anderen christlichen Mitgliedern unserer Arbeitsgemeinschaft) der übelsten Praktiken, des Betrugs und des Vertrauensmißbrauchs für fähig halten. Wenn man ohne jede Vorankündigung, ohne eine vorhergehende Aussprache, wie sie unter Freunden am Platze ist, von einem Freunde auf offener Bühne geohrfeigt und angespuckt wird, – was soll man da machen? So leichthin will man die Freundschaft – oder muß ich doch sagen: die Illusion der Freundschaft? – nicht aufgeben, dazu war sie zu wertvoll. Das Beleidigtsein wird gegenüber dem Bedauern, ja Erschrecken keine Rolle spielen. Man kann also nur den anderen fragen, was er sich dabei eigentlich gedacht hat, ob er das wirklich so meint, wie es dasteht, ob also alles Bisherige Illusion war und ob er will, daß es zu Ende ist.

Zur Sache will ich nichts sagen; denn ich habe nie anders gesprochen und geschrieben als in diesem Briefwechsel, bei dem Ihnen speiübel geworden ist. Ich habe deshalb diesen Briefwechsel in aller Ahnungslosigkeit, wie in Arnoldshain verabredet, als Material den Mitgliedern der Arbeitsgruppe zugehen lassen, während Sie wider alle Logik ihn zum Beweis für die Hinterhältigkeit von mir und anderen ansehen. Die Übertragung einer Bibelarbeit über Psalm 139 an einen jüdischen Theologen halte ich noch heute nicht für einen romantischen Rausch; verhindert wurde sie vor allem durch die Ablehnung des Gedankens seitens der Kirchentagsleitung. Die Aufnahme des Harderschen Aufsatzes in den »Ungekündigten Bund« wurde noch in Berlin damals vom Plenum der Arbeitsgruppe beschlossen; die Kränkung, die Sie daran anknüpfen, trifft vor allem unseren Freund Goldschmidt als Herausgeber des Bandes.

Sachlich ist mir das Ganze deshalb unverständlich, weil Sie am Schluß Ihrer Betrachtung fordern, daß dem Judentum sein Zeugnischarakter ebensowenig bestritten werde wie dem Christentum, andererseits aber darüber empört sind, daß ich jenem Superintendenten (es ist ein Mann, der sich im Kirchenkampf und in der Hilfe für verfolgte Juden ausgezeichnet bewährt hat) versichere, daß wir christlichen Mitglieder der Arbeitsgemeinschaft – entgegen dem uns von seinem Lager gemachten Vorwürfen – das christliche Zeugnis nicht aufzugeben gedächten. Wenn ich sage, anstelle des Redens vom hohen Roß herunter *zu* den Juden hätten Christen heute endlich *mit* den Juden zu sprechen, dann bezeichnen Sie das höhnisch nur als den Wechsel der Kampfesweise von der Kavallerie zur Infanterie. Wozu haben wir nun eigentlich in den letzten Jahren manchmal über die Bedeutung des schönen Wortes Gespräch für das Verhältnis von Christentum und Judentum uns Gedanken gemacht? Ich bin bisher nicht auf den Gedanken gekommen, Sie könnten für unser Zusammensein jenen Toleranzbegriff zur Grundlage machen, mit dem einst Rudolf Otto seinen Religiösen Menschheitsbund gegründet hat und der besagt, daß man sich eigentlich und ernsthaft nichts zu sagen hat, sondern nur anspruchslos die verschiedenen Glaubensweisen nebeneinander stellt. In einem so langweiligen Verein würde ich nicht mitmachen und habe unsere Arbeitsgemeinschaft nie dafür gehalten. Gleichberechtigung ist selbstverständlich, ohne sie kann nichts gedeihen; aber bei meinen Freundschaften mit Katholiken, mit Marxisten, mit atheistischen Philosophen, mit andersdenkenden Theologen hat mir noch keiner als Bedingung der Freundschaft und als Folge der Gleichberechtigung die Forderung präsentiert, ich müsse seine Überzeugungen auch als gleich wahr anerkennen, so wenig wie ich das tat; daß wir es nicht tun, daß wir miteinander um die Wahrheit ringen, daß der andere seine Erkenntnis bezeugt und ich die meine, daß unser Dialog nicht ein harmonischer, sondern ein kritischer, gegenseitig kritischer ist, das gibt unserem Zusammensein die Spannung und damit auch die Fruchtbarkeit. Martin Buber spricht einmal (in »Die Stunde der Erkenntnis« [in: Reden und Aufsätze 1933–1935, Berlin 1936, S. 21]) von dem homogenen und dem heterogenen Typ der Gemeinschaft: »Jene war eine Idylle, hell und warm, ungehemmt, in der ersten Stunde schon fast zu ihrer vollen Gestalt gediehen. Die andre war ein Drama, hart und ereignisreich. Man kostete, was das für ein Ding sei, die Anderheit des Andern, man hatte etwas auszutragen, man trug es aus, man geriet sich in die Haare, man geriet sich in die Arme.«

So habe ich unsere Arbeitsgemeinschaft angesehen und meinte damit, im Consensus mit allen zu sein. Deshalb bin ich leidenschaftlich dagegen, daß es für die Zugehörigkeit zu ihr eine andere Bedingung geben darf als die, daß neben dem Bedürfnis, dem anderen etwas zu sagen, die Bereitschaft, sich vom anderen etwas sagen zu lassen, stehen muß. So mag z. B. die von Rosenzweig und Schoeps aufgestellte Theorie der beiden gleich-geltenden Gottesoffenbarungen an Israel und an die Heidenwelt die Meinung einiger unter uns sein, sie muß unter uns erörtert werden, sie darf aber nicht zur offiziellen Lehrmeinung unseres Kreises gemacht werden. Erst recht unmöglich muß es sein, daß ein Glied unseres Kreises die Gemeinschaft mit anderen Gliedern aufkündigt, sobald ihm an deren Verhalten und Denken etwas nicht paßt. Was wir begonnen haben ist – nicht der Quantität nach, wohl aber der Qualität nach – ein großes, wichtiges, belastetes und hoffnungsvolles Unternehmen. Wir sind alle dafür verantwortlich, daß wir es miteinander aushalten, das Verhalten des anderen von seinen Voraussetzungen her zu verstehen suchen und dieses wichtige Unternehmen nicht durch Resignation oder Ultimaten scheitern lassen. Jetzt ist, entgegen den Hoffnungen, mit denen wir – oder wenigstens ich – Arnoldshain verlassen haben, ein ziemlicher Scherbenhaufen entstanden. Das muß aber nicht das Ende sein. Ich habe Sie lieb und möchte weiter Ihr Freund sein. Ist das wirklich unmöglich?

VI.14 Geis an Adolf Freudenberg

[Düsseldorf], 16. 3. 1964

Meine Frau hat in ihrer Herzenshöflichkeit bei dem gestrigen Telefongespräch mit Ihnen nicht den Mut gehabt, Ihnen zu sagen, was ich ihr aufgetragen hatte, daß ich für Sie nicht mehr zu sprechen bin.

Über die Unmöglichkeiten im Briefwechsel Gollwitzer-Thiel hatte ich zur gleichen Zeit mit Herrn Professor Dr. D. Goldschmidt Gelegenheit, ausführlich zu sprechen. Aber auch abgesehen davon kann ich das Theologische außer acht lassen, das ja nie stimmen kann, wenn das Menschliche nicht in Ordnung ist.

Sie haben in einem sehr persönlichen Brief vom 26. 9. 63 am Krankenbett Ihrer Gattin bei mir den Eindruck erwecken wollen, daß das geplante Gespräch mit den Lutheranern – wenn auch sekundär – auf »die Friedenswünsche der Freunde in Fulda« zurückgehe. Diesen Eindruck haben Sie erst mit einem hingeworfenen Wort korrigiert, als Präsident von Thadden in Arnoldshain Sie, Herrn Gollwitzer und Herrn Harder beschwor, von diesem Plan Abstand zu nehmen. Ob Sie es verstehen oder nicht, über ein solches Faktum komme ich nicht hinweg.

Nach den teils theologisch fundierten, teils menschlich bewegenden Ausführungen der Herren von Thadden, Professor Michel, Professor Ehrlich, Pfarrer Leuner und Frau Dr. Simon hat Ihr Herr Schwiegersohn [H. Gollwitzer] zum Fall Kirchenrat Mehl nicht mehr zu sagen gehabt, als daß sein eigener Vater, Pfarrer in Bayern, jedes Wort des Herrn Mehl unterschrieben hätte. Die Ausführungen des Herrn Mehl aber waren nichts anderes als eine Sanktionierung des Gewesenen und Furchtbaren, vielleicht auch eine Vorbereitung für Kommendes. Herr Gollwitzer hat damit ein Maß von Phantasielosigkeit und Herzenskälte gezeigt, das jede weitere Diskussion überflüssig macht. Ein Jude war anwesend, der Jude Geis. Der Jude Geis hat seine Schwester und deren Familie in Auschwitz verloren, hat seine Eltern halb irr vor Schmerz, Verzweiflung und Haß sterben sehen, sein eigenes Schicksal interessiert hier nicht. Auch damit wurde nun durch Herrn Gollwitzer ein Faktum geschaffen, über das hinwegzukommen über meine Kraft geht.

Ich darf danach um die einzige Freundlichkeit bitten, daß sowohl Sie wie Ihr Herr Schwiegersohn in Zukunft mir gegenüber schweigen, um mir die Möglichkeit zu geben, mit den letzten zwölf Jahren und ihrem völlig vergeblichen Einsatz fertig zu werden.

VI.15 Geis an Dietrich Goldschmidt

Düsseldorf, 16. 3. 1964

Hoffentlich ist Ihnen das Zusammensein mit mir nicht zu schlecht bekommen. Ein Trost zu wissen, daß viele Aufgaben auf Sie warten und Sie nicht – wie ich – als Gestrandeter dastehen in einem Alter, da Neubeginn schwer ist. Aber ich beklage mich nicht, das ist meine Theologie: das Hinnehmen. Von dem Zeugnisablegen im Wort habe ich noch nie viel gehalten.

Eine Durchschrift des Briefes an Freudenberg lege ich bei. Herr Gollwitzer wird wohl »umgehend« verständigt werden.

Während Sie in meinem Studio schliefen, hatte ich Zeit zum Überdenken, auch der Vormittag gab dazu noch Gelegenheit. Ich werde auf Äußerungen der Herren Freudenberg und Gollwitzer nicht mehr antworten. Meine »christliche« Liebe ist nach 32 Jahren erschöpft und meine Kraft zum christlich-jüdischen Gespräch am Ende. Mögen andere es fortsetzen.

Bitte tun Sie mir den einen Freundschaftsdienst, und kommen Sie mit keinem Wort auf diese Angelegenheit zurück. Es ist übergenug geredet, und ich kann nicht mehr. Irgendwann werden wir uns jenseits der Theologie wohl wiedersehen.

VI.16 Geis an Helmut Gollwitzer

Noch bevor Herr Goldschmidt als Ihr Freund bei mir war, haben Sie also an mich geschrieben. Wenigstens versuchen will ich, mich mit einer Antwort Ihnen zu stellen, und ich kann das nun ganz sachlich tun, da ich meiner persönlichen Enttäuschung in einem Brief an Herrn Freudenberg vom 16. März Ausdruck gegeben habe. Aber nicht wahr, danach wollen wir schweigen.

Sie werden sich bestimmt erinnern, wie die Vorbereitungen des Kirchentages 1961 erfolgten und wie überaus gründlich sie waren. Jeder von uns wußte, was der andere sagen wird. Es geht also nicht an, ein Referat als Beweis anzuführen, das überhaupt erst im Januar 62 (siehe »Ungekündigter Bund« S. 12) gehalten wurde. Das Referat Harder hätte ich für den Kirchentag nicht akzeptiert und Sie hätten dann alle zu entscheiden gehabt, ob Sie auf meine Teilnahme verzichten wollen oder nicht. Das ist ein ganz nüchterner Tatbestand, und es entspricht nebenbei normalen wissenschaftlichen Gepflogenheiten, daß man die zeitliche Folge von Veröffentlichungen respektiert. Auch der Theologie ist es m. W. nicht verboten, dieses Prinzip zu beachten.

Ich kenne leider nur teilweise Ihr weitverzweigtes Schrifttum, war aber nie der Meinung, Sie seien der Vertreter eines überholten Toleranzdenkens. Ich bin es – und das dürften Sie eigentlich wissen – auch nicht. Wenn aber das Christus-Zeugnis, in welcher Form auch immer, auf die endliche Bekehrung des Juden glaubt hinweisen zu müssen, ist die Zeugnisfunktion des Judentums damit angetastet und bezweifelt. Das ist für uns Juden hinzunehmen völlig unmöglich, was zu verstehen doch gar nicht so schwerfallen sollte. Es ginge ja auch nicht umgekehrt, daß wir Juden etwa Christen gegenüber davon sprechen, wir erwarteten ihren Verzicht auf Jesus als den Messias. Hier sind uns Grenzen gesetzt, die umso leichter hinzunehmen wären, als wir von der gemeinsamen Grundlage des Alten Testamentes ausgehend viele Mißverständnisse und Fehlentscheidungen von Kirche und Synagoge aufzuarbeiten gehabt hätten. Freilich gestehe ich gern, wie unbehaglich mir als Juden bei der ewigen Litanei vom »Zeugnisablegen« wird. Das liegt einmal daran, daß wir Juden nie auf Glaubenssätzen ausruhen konnten, zum anderen aber, daß Zeugnis, sehr geehrter Herr Gollwitzer, für uns eine höchst blutige Angelegenheit war ... und ist. Zeugnisablegen heißt nämlich für Gott sterben, das ist mehr als alles Reden. Wenn Sie sich Ihrer eigenen Predigt auf dem Kirchentag 1961 erinnern wollten, sollte Ihnen das vertraut sein. Dort haben Sie gesagt: »Wer sich zur Gottesgemeinde findet, kommt zu einer Schar, die zum Geschlachtetwerden bestimmt ist« [Der ungekündigte

Bund, S. 48]. Wie man dann aber dauernd und für den täglichen Gebrauch noch von Zeugnis, Bekenntnis sprechen kann, bleibt mir schleierhaft.

Einmal hatte die Kirche die Chance des Christusbekenntnisses gegenüber uns Juden: im Dritten Reich. Diese Chance ist nicht wahrgenommen worden, sonst hätten Tausende und Abertausende von Christen für uns und mit uns in den Tod gehen müssen. Davon ist selbst im Kirchenkampf der Bekennenden Kirche nicht die Rede gewesen, was in Frau Heydenreichs sehr lehrreichen Ausführungen (Der ungekündigte Bund, S. 183–283) nachzulesen ist. Menschliche Scham sollte eine Benutzung des Ausdruckes vom Zeugnischarakter des Christentums gegenüber dem Judentum in dem von Ihnen gebrauchten Sinn verbieten.

Nicht ich habe mit meinem Purim-Artikel, von dem ich kein Wort zurücknehme, Porzellan zerschlagen. Zerschlagen wurde ein hoffnungsvolles Beginnen spätestens Januar 1964 in Arnoldshain, und durch nachfolgende Äußerungen von Ihnen und Harder. Wahrscheinlich aber war es überhaupt schon verkehrt, einen Verein aufzumachen, statt schlicht und einfach gelegentlich miteinander und aneinander zu lernen. Der vermeintliche Berliner Sieg hat zu einer unnötigen Organisationswut geführt und uns eine Flut von Erklärungen, Protokollen usw. beschert, so recht geeignet für ein Ur-Eichel-Fraßtum. Man wollte Erfolge. Erfolg unter dem Namen Gottes aber kann es nicht geben!!

Und nun zum Schluß doch noch ein sehr persönliches Wort. Trotz aller Enttäuschungen werde ich nicht aufhören, Sie zu verehren als einen der tapfersten Kämpfer gegen die vielen Dunkelmänner in unserer fragwürdigen Bundesrepublik. Da ich im gleichen Kampf stehe, als Jude und Nichtbeamteter aber eine Vorzugsstellung genieße, versteht sich dieser tiefe Respekt eigentlich von selbst. Ihr Wort von der Freundschaft und der Liebe aber? Ach, Herr Gollwitzer, lassen Sie mich lieber von der Liebe eines deutschen Juden zu Deutschland und einem Teil seiner Menschen schweigen, es ist zu schmerzlich und zu peinvoll. Vielleicht fällt mir nicht zufälligerweise gerade dazu ein Wort aus Richard Wagners Oper »Der fliegende Holländer« [2. Aufzug, 3. Auftritt] ein:

»Die düstre Glut, die hier ich fühle brennen,
sollt' ich Unseliger sie Liebe nennen?
Ach nein! Die Sehnsucht ist es nach dem Heil:«

VI.17 Helmut Gollwitzer an Geis

Berlin, 21. 3. 1964

Sie werden müde sein, das alles zu lesen, was Ihnen in diesen Tagen geschrieben wird, noch dazu von Leuten, mit denen Sie nichts mehr zu tun haben wollen. Sie sollen mit der Zusendung dieses zweiten Briefes von mir auch nicht bedrängt werden, ihn zu lesen. Werfen Sie ihn ungelesen in den Papierkorb, ohne daß ich Ihnen einen Vorwurf machen werde. Aber ich schicke ihn Ihnen, weil es sein könnte, daß Sie sich sagen, wer Anklagen erhebt, habe sich damit auch die Mühe aufgeladen, die Erklärungen der von ihm Beschuldigten bis zu Ende anzuhören.

Sollten Sie den beiliegenden Brief [VI.18] doch lesen, dann verstehen Sie bitte alles in ihm zur Sache Gesagte unter folgender Klammer: Wenn Sie mir sagen: »Nachdem die Sache, von der ihr redet, euch nicht dazu geführt hat, Seite an Seite mit uns in den Tod zu gehen, habt ihr auch kein Recht mehr, euch auf irgendeinen Auftrag dieser Sache zu berufen« –, dann haben Sie, wie ich nie verschwiegen habe, recht. Das Zusammenkommen in unserem Kreise und das, was ich aus Versehen für Freundschaft zwischen Ihnen und mir gehalten habe, gehörte zu den Zeichen nach 1945, die mir sagten, wir dürften wieder leben –, es dürfte für uns Deutsche und für uns Christen wieder eine Zukunft anfangen und, da dies nur eine Zukunft mit Euch Juden sein kann, wieder ein Zusammensein von Christen und Juden, in dem den Christen wieder erlaubt ist, von dem zu sprechen, wovon zu sprechen sie längst verwirkt haben. Nur in der Hoffnung, daß Gott in unendlicher Vergebung das erlaubt, mache ich überhaupt den Mund auf in christlichen Dingen. Es ist nicht überflüssig, daß ich von dieser Voraussetzung dieses Briefes rede, bevor Sie ihn lesen.

VI.18 Helmut Gollwitzer an Geis

Berlin, 20. 3. 1964

Ihr Wunsch, es möchte nach Ihrem Briefe vom 18. 3., für den ich Ihnen danke, Schweigen eintreten, würde ich gern respektieren. Ich kann es aber erst dann, wenn ich zur Klärung dessen, was zwischen uns steht, noch etwas beigetragen habe, und muß Sie deshalb bitten, Ihnen noch einmal mit einem Briefe lästig fallen zu dürfen.

Unsere Arbeitsgemeinschaft hat also, wie sich jetzt herausstellt, ihr vielleicht nur kurzes Leben einem Mißverständnis zu verdanken gehabt, und es ist jetzt die Frage, ob sie auch nach dessen Beseitigung noch eine Zukunft hat. Ihr Dasein selbst habe ich nie als Symptom moderner Überorganisierung angesehen, sondern war der Meinung gewesen, daß die unvermeidliche Organisation nur einem Zusammensein und Zusammenarbeiten gedient hat, das wir alle als beglückend empfunden haben. Sie war eine Arbeitsgemeinschaft von Juden und Christen, d. h. eine Demonstration dafür, daß Gemeinschaft möglich ist zwischen Menschen, die auf der gemeinsamen Grundlage des Alten Testamentes miteinander verbunden und doch nicht miteinander einig sind (wie es auf der Basis der Bibel beider Testamente auch zwischen den christlichen Konfessionen der Fall ist, so daß die heutigen Arbeitskreise von Protestanten und Katholiken unter den gleichen Aufgaben und Belastungen stehen wie unser Kreis, uns aber auch zeigen, wie fruchtbar es ist, den Anforderungen standzuhalten). Dabei dürfte wenigstens für die christlichen Mitglieder unserer Gruppe selbstverständlich gewesen sein, daß diese Uneinigkeit nicht nur in der Differenz bestimmter Ansichten besteht, daß die Christen in bezug auf die jüdischen Freunde einen Wunsch haben, der diesen selbst weder angenehm noch einsichtig ist, und den sie nicht einmal mit einem entsprechenden Wunsch im Blick auf die christliche Seite beantworten können. Dies schien uns aber das Unternehmen unserer Gemeinschaft keineswegs von vornherein unmöglich zu machen. Gott sei Dank erfahren wir es ja auch sonst, daß Gemeinschaft möglich ist zwischen Menschen, die gegenseitig oder einseitig an den Partner Botschaften adressieren, die dem Partner nicht akzeptabel erscheinen; ich habe deshalb in meinem vorigen Briefe auf meine Freundschaften mit Katholiken und Marxisten verwiesen. Wie sollte so etwas nicht erst recht zwischen Juden und Christen möglich sein? Eine »heterogene Gemeinschaft« wie Buber sagt, in der zwischen den Partnern auch Streit und Bestreitung vorhanden ist, ohne daß dies die Gemeinschaft verhindert oder zerbricht.

Wir dachten dabei – ich glaube, auch für die anderen christlichen Mitglieder unserer Gruppe mitsprechen zu können – wir seien von Ihnen, den Juden, als Christen in dem Sinn, wie das Neue Testament sie definiert, als Partner akzeptiert, ebenso wie wir Sie als Juden, d. h. als Menschen, die die neutestamentliche Botschaft nicht akzeptieren und deren Gotteszeugnis von dem des Neuen Testamentes in bestimmten Punkten verschieden ist, als Partner akzeptierten. Ein Christ im neutestamentlichen Sinne bin ich aber dann, wenn ich Jünger und Diener eines Herrn bin, der Jesus von Nazareth heißt, ein Sohn Davids, und der mir den Auftrag gibt, bei allen Menschen, mit denen ich zusammenkomme, ihm behilflich zu sein, daß er ihnen erkennbar werde als der, der für sie alle da ist, in dem ihnen allen geholfen ist, daß sie sich von ihm helfen und regieren lassen, – bei allen Menschen, also auch bei den Juden, ja sogar bei »den Juden vornehmlich«, wie Paulus zu Beginn des Römerbriefes sagt, da er ja ein Sohn Davids ist. So ist also das Mißverständnis gegenseitig gewesen: Sie haben gemeint, es mit Christen zu tun zu haben, die ihre Botschaft an alle Menschen, nicht aber an die Juden glauben adressieren zu müssen; wir dagegen meinten, es sei doch bekannt und selbstverständlich, daß ein ernstzunehmender Christ niemanden, auch die Judenschaft nicht, aus dem Adressierungsbereich dieser seiner Botschaft ausklammern kann. Wie konnten Sie nur denken, ich sei der Meinung, daß ein Jude meinen Herrn und Heiland Jesus Christus weniger nötig habe, als ich ihn nötig habe, und daß die Hoffnung des Neuen Testamentes, Israel möchte diesen Jesus von Nazareth als die Erfüllung seines Gottesweges erkennen, nicht auch meine Hoffnung sei? In welchem Sinne habe ich dann nach Ihrer Ansicht bei meinen Bibelarbeiten auf dem Berliner Kirchentag, besonders bei den beiden neutestamentlichen, an Sie als jüdische Zuhörende denken müssen? Haben Sie wirklich angenommen, ich verkündigte dort eine Botschaft, die sich nur an die Nichtjuden in jenem Raume und nicht auch an die Juden richte? Können Sie dann nicht verstehen, daß ich es für angezeigt hielt, jenen Superintendenten, der ein ernstzunehmender Mann ist und der uns fragt, ob wir uns dem Auftrage Jesu entziehen wollten, zu sagen, daß dies keineswegs unsere Absicht sei, und ihn in diesem Zusammenhang auf meine Bibelarbeit und auf Harders Referat zu verweisen?

Hier gerade zeigte sich, so dachte ich bisher, die schöne, spannende und verheißungsvolle Aufgabe unseres Unternehmens. Sie schreiben, Sie hätten von uns Christen nicht als Bedingung für unsere Gemeinschaft den »Verzicht auf Jesus als den Messias« erwartet, – also nicht den Verzicht auf Jesus als den Messias Israels! Also nicht den Verzicht auf den neutestamentlichen Auftrag und die neutestamentliche Hoffnung. Genau so wenig wie wir von den Juden als Bedingung unserer Gemeinschaft den Verzicht auf ihr Nein zur Messianität Jesu verlangt haben, wie einige Mitchristen es uns zugemutet haben. Die meisten christlichen Mitglieder unseres Kreises dürften der Ansicht sein, daß die von Rosenzweig bis Schoeps vertretene Theorie, daß Jesus Christus den Heiden nötig sei, nicht aber den Juden, ein Gegenstand der Erörterung unseres Kreises, nicht aber die Basis seiner Ermöglichung sein müsse. Wenn Sie schreiben: »Wenn aber das Christuszeugnis, in welcher Form auch immer, auf die endliche Bekehrung des Juden glaubt hinweisen zu müssen, ist die Zeugnisfunktion des Judentums damit angetastet und bezweifelt«, so machen Sie damit jene Theorie zur Bedingung unseres Kreises. Wir dagegen meinten, dies eben sei die Aufgabe unseres Kreises: das spannungsreiche Austragen der gegenseitigen Anerkennung der Zeugnisfunktion des anderen *und* der gegenseitigen Antastung der Zeugnisfunktion des anderen, und die daraus sich ergebenden Probleme in intensiver theologischer Aussprache zu erörtern. Dies kann nach meiner tiefen Überzeugung nur miteinander, nur im Miteinander von Juden und Christen geschehen; dafür gibt es sonst auf Erden nur ganz wenig Gelegenheiten, in Deutschland überhaupt keine, deshalb war und ist unser Unternehmen so unentbehrlich, und deshalb ist es ein großes Unheil, wenn es nun zerbrechen soll.

Sie sind von niemandem getäuscht worden, sondern Sie haben sich getäuscht. Daraus ist niemandem, weder anderen noch Ihnen, ein Vorwurf zu machen, aber das ist nun am Tage. Ich war und bin der Meinung, daß das, was ich in dem Briefwechsel mit Thiel geschrieben habe, und was Harder in seinem Beitrag zum »Ungekündigten Bund« geschrieben hat, innerhalb unseres spannungsvollen Miteinander selbstverständlich tragbar ist, ebenso wie entsprechende literarische Äußerungen von Ehrlich und Buber über Paulus. Wenn diese Spannung nicht tragbar sein sollte, dann freilich ist unsere Arbeitsgemeinschaft überflüssig und wird durch die Gesellschaften für Christlich-Jüdische Zusammenarbeit, die den theologischen Streit ausklammern, vollkommen ersetzt.

Ihre Enttäuschung entsteht also dadurch, daß klar geworden ist im Laufe der Zeit, daß Sie sich getäuscht haben. Wenn Sie nun schreiben, daß Sie von Ihrem Purim-Artikel, in dem Sie öffentlich behaupten, getäuscht worden zu sein, »kein Wort zurücknehmen«, so sollte ich das vielleicht nicht tragisch nehmen, sondern mehr als ein Wort des Trotzes, über das Sie noch hinwegkommen werden. Aber wenn es wahr ist, daß für jüdisches Denken in der Skala der Tugenden die Gerechtigkeit einen obersten Platz hat, dann darf ich Ihnen doch wohl sagen, daß Sie mit diesem öffentlichen Vorwurf anderen Menschen bitteres Unrecht angetan haben. Wie noch so große Enttäuschung Sie veranlassen kann, ohne gründlichste Aussprachen, ohne Suche nach anderen Erklärungsmöglichkeiten den Vorwurf des Betrugs und des Mißbrauchs als Aushängeschild gegenüber Ehrenmännern zu erheben und auf ihm zu bestehen, das ist mir weiterhin unerfindlich. Wenn jemand aus irgendwelchen Indizien ohne weiteres schließt, ich hätte ihn betrügen wollen, dann kann ich weder ihm zumuten, sich mit mir zusammenzusetzen, noch mir, mich mit ihm zusammenzusetzen. Mögen Sie für Ihren Vorwurf noch so viel Indizienmaterial haben, so ist Ihnen doch die Frag-Würdigkeit von Indizienbeweisen bekannt, und Sie müßten, meine ich, froh sein, wenn Ihnen eine Möglichkeit angeboten wird, sich das Verhalten von Menschen, von denen Sie bisher Besseres gehalten haben, anders zu erklären. Was die Aufnahme von Harders Referat in den »Ungekündigten Bund« anlangt, so wird Ihr Vorwurf nicht begründeter, wenn Sie Ihre Erklärung wiederholen, daß Sie bei Kenntnis seines Inhalts seiner Aufnahme in den Band nicht zugestimmt hätten. Der vorherigen Kritik der Arbeitsgruppe unterstanden nur die Hauptreferate des Kirchentages, nicht meine Bibelarbeiten und nicht die Diskussionsvoten, zu denen Harders Referat der Absicht nach gehörte, ebensowenig andere, später erst abgefaßte Beiträge des Ungekündigten Bundes, die wir alle nicht vor der Drucklegung zu Gesicht bekommen haben; für diese alle gilt im besonderen Maße der Hinweis im Vorwort, daß diese Beiträge unter der speziellen Verantwortung ihrer Autoren laufen. Ich will Sie zu nichts auffordern, aber ich möchte doch, um Ihrer eigenen Gedanken, soweit sie uns betreffen, willen, daß Sie wissen, daß Sie mit Ihren Vorwürfen unrecht haben.

Sehr recht haben Sie in etwas anderem: wir Christen können den Auftrag unseres Herrn kaum mehr aussprechen, nach dem, was Jahrhunderte lang von Christen den Juden angetan worden ist, und nachdem dieser Auftrag uns nicht dazu bewegt hat, Seite an Seite mit den Juden und für sie in den Tod zu gehen. Sie können sicher sein, daß es vielen von uns jeden Tag eine neue Frage ist, ob wir das Neue Testament überhaupt noch auf uns beziehen können, ob wir Verstockten nicht schon die Ausgestoßenen sind. Hoffentlich glauben wir nicht zu rasch an die Vergebung, aber freilich, nur so weit wir an Vergebung glauben, können wir das Evangelium noch auf uns selbst beziehen. Aber auch unsere schreckliche Schuld und unser vollkommenes Versagen heben den Satz doch nicht auf, daß einer nur so weit Christ ist, als er meint, nicht er, sondern alle Menschen hätten das Evangelium nötig. Sie sollen dem nicht zustimmen, aber ist es falsch, wenn ich Sie bitte, es zu verstehen?

VI.19 Geis an Helmut Gollwitzer

Düsseldorf, 23. 3. 1964

Dank für Ihre beiden Briefe vom 20. und 21. März, besonderen Dank, weil ich Ihr Bemühen und Ringen deutlich verspüre.

Theologisch wäre erst einmal zu sagen, daß Herr Michel, wahrlich kein schlechter Neutestamentler, den Missionsauftrag an die Juden negativ beurteilt, was er in Arnoldshain eigentlich deutlich genug zum Ausdruck brachte. Ob Herr Michel mit seiner Anschauung so allein dasteht, wie Ihre Schreiben vorgeben, kann ich natürlich nicht entscheiden, und es ist auch nicht meine Aufgabe, darüber Nachforschungen anzustellen.

Und nun lassen Sie mich das, was für Sie offensichtlich so schwer zu verstehen ist, mit einer hübschen Cohen-Geschichte demonstrieren, die Franz Rosenzweig in seiner Einleitung zu Hermann Cohens Jüdische Schriften [1924] erzählt. Auf seiner Rußlandreise kurz vor Beginn des ersten Weltkriegs besuchte Hermann Cohen einen Wilnaer Cheder und fragte ein Jüngelchen:»Und nun, was wird sein am Ende der Tage?« Und er bekam die prompte Antwort:»Nu, alle Menschen werden sein Jüden.« Was will man mehr, soll Hermann Cohen geantwortet haben. Auf unseren Fall angewandt, hieße das, daß ich auf dem Berliner Kirchentag ähnliches hätte sagen können, und ich möchte bezweifeln, daß die Arbeitsgruppe das hingenommen hätte, und wenn sie es wider alles Erwarten hingenommen hätte, wäre es zu einem Entrüstungssturm in der ganzen Christenheit Deutschlands gekommen und meiner Meinung nach nicht zu unrecht. Was dem einen recht ist, sollte aber dem anderen billig sein. Der Vorwurf, einen Rabbiner zum Aushängeschild gebraucht zu haben, um eine neuartige Form der Judenmission, nunmehr»Gespräch« genannt, zu legalisieren, bleibt bestehen. Ich möchte mich nicht noch einmal darüber auslassen, daß ich von dem Zeugnis im Wort weder von Juden noch von Christen viel halte und immer noch der Meinung bin, Zeugnis hätten wir beide allein durch unser Tun abzulegen. Sie scheinen diese Meinung nicht teilen zu können, und es wird die Sache der»Arbeitsgruppe Juden und Christen« sein, zu entscheiden, wo sie stehen will. Unter der Voraussetzung, die Sie als gegeben ansehen, kann ich an keine Mitarbeit in diesem Kreise in Zukunft denken, ohne damit einem Toleranzgeschwätz oder den Bemühungen der christlich-jüdischen Gesellschaften das Wort reden zu wollen.

Da ich zu gleicher Zeit auch einen langen Brief von Herrn Professor Harder bekommen habe, den ich aber erst nach den Feiertagen werde beantworten können, wäre ich Ihnen dankbar, wenn Sie Herrn Harder die Möglichkeit geben würden, meine Briefe an Sie zur Kenntnis zu nehmen.

VI.20 Helmut Gollwitzer an Ernst Ludwig Ehrlich

Berlin, 15. 3. 1964

Während ich in diesen Tagen, nach der Lektüre von Geis' Purim-Betrachtung, damit umgehe, Ihnen zu schreiben, um Sie zu fragen, ob Sie in dieser ernsten Bedrohung unserer Arbeitsgemeinschaft nicht helfen können, höre ich soeben, Sie seien an diesem Geis'schen Artikel beteiligt, hätten vorher von ihm gewußt oder ihn gar mit inspiriert. Bitte erlauben Sie mir die Frage, ob es sich tatsächlich so verhält. Je nach dem, sieht sich die Sache für mich, und nicht nur für mich, sehr verschieden an.

Wenn jener Artikel eine spontane Handlung von Geis war, dann wird er von mir aus an meinem Verhältnis zu ihm nichts ändern. Ich liebe ihn und bin bereit, mir von ihm fast unbegrenzt viel gefallen zu lassen, weil ich zu ahnen glaube, was alles in ihm vorgeht, und welch starke Gefühle und oft auch Verzweiflungen ihn umtreiben. Ist jener Artikel aber eine von Ihnen beiden geplante Handlung, dann sehe ich nicht, wie wir, sofern das nicht bereinigt wird, miteinander weiterkommen sollen. Ich bin nicht bereit, mir gefallen zu lassen, daß mir öffentlich gesagt wird, es werde einem bei meinen Worten speiübel, und ich denke, es können sich die christlichen Mitglieder unserer Arbeitsgemeinschaft nicht gefallen lassen, daß man ihnen öffentlich nachsagt, sie würden betrügen und ihre jüdischen Freunde als Aushängeschild mißbrauchen. Was ist in Sie gefahren? Was denken Sie sich eigentlich? Mit welchen Worten und mit welchen Handlungen haben wir Ihnen das Recht gegeben, uns so zu beleidigen?

Erlauben Sie, daß ich Sie so direkt anrede? Sollten Sie in keiner Weise an dieser Purim-Betrachtung beteiligt sein, dann ist das alles hinfällig – dann bitte ich Sie aber um so mehr, mitzuhelfen, daß wir diesen Mißton hinter uns bringen, und zwar dadurch, daß wir den Anlässen, die dieses erschreckende Mißtrauen hervorgerufen haben, auf den Grund gehen.

Sollte aber zu diesen Anlässen das in einigen Tagen stattfindende Gespräch mit den Lutheranern gehören, dann kann ich nur eisern sagen: Ich habe mir in meinem ganzen Leben noch von niemandem vorschreiben lassen, mit wem ich mich an einen Tisch setze und Gespräche führe, und denke das auch fürderhin nicht zu tun. Wie ich denn auch der mißtrauischen Ketzerrichterei in unserer Arbeitsgemeinschaft, solange sie Gott noch bestehen läßt, widerstehen werde. Man lasse Harder sprechen, wie er es vor seinem Gewissen verantworten kann, und Gollwitzer ebenso, da beide erwachsene Männer und ausgewiesene Theologen sind, genauso wie noch keiner von uns auf den Gedanken gekommen ist, die Veröffentlichungen von Geis und Ehrlich an der Elle der eigenen theologischen Ansichten zu messen! Wir kennen uns nun, glaube ich, lange genug, daß wir so offen miteinander sprechen können, wie ich es in diesem Briefe tue. Können wir es nicht, dann machen wir den Laden lieber zu.

VI.21 Ernst Ludwig Ehrlich an Helmut Gollwitzer

Basel, 17. 3. 1964

Nicht nur, daß man schon genug mit unerfreulichen Angelegenheiten aller Art zu tun hat, wird man auch noch mit Klatsch belastet. Ich hatte nie behauptet, Anteil am Geis-Artikel zu haben, sondern nur gesagt, Herr Geis hätte mir netterweise seinen Artikel kurz vorher im Manuskript gesandt, d.h. etwa 3–4 Tage vor Erscheinen. Das ist alles, was ich weiß ...

Zu Ihrer Sache wäre zu bemerken, daß ich Ihren Briefwechsel mit Thiel natürlich auch nicht für glücklich halte, und wir tatsächlich gemeint hatten, Ihr Wort von der »Mission« (das einem im Halse stecken bleibe), anders interpretieren zu dürfen, als es nunmehr nachgerade scheint. Was aus dem Geis-Artikel spricht, ist nichts anderes als Enttäuschung ...

Da schreiben Sie an Thiel, Judenmission »jein«, nicht direkt Judenmission, aber doch auch wieder, da faseln die Protestanten dauernd von »Christuszeugnis«, was sie uns zu bieten hätten, wo niemand ihnen dieses je bestritten hat, und dann wundern Sie sich, wenn uns langsam die Geduld reißt ...

Sie schreiben von Mißtrauen. Sicher ist dieses Mißtrauen vorhanden, weil kein Bekenntnis zu uns erfolgte, was wir erwarteten, weil versucht wurde, lieb mit den Antisemiten zu reden, sie auf den rechten Weg zu bringen. Wir hatten geglaubt, Sie alle seien nicht so naiv, und wüßten, daß das nicht möglich ist, besonders nach dem schändlichen Artikel von Reinhardt [vgl. hier S. 229] ...

Wie lange sollen wir es uns noch gefallen lassen, daß theologische Judenfeindschaft verbreitet wird und man uns dann darauf antwortet: Gemach, wir wollen brüderlich mit den theologischen Endlösern reden, ihr müßt Geduld haben etc.?

Sie raten, man möge den Anlässen des Mißtrauens auf den Grund gehen. Genau das wäre auch mein Rat. Natürlich verstehe ich es voll und ganz, daß Sie sich mit den Lutheranern unterhalten wollen, und niemand hat dagegen Einwände, gewiß auch Geis nicht ...

Mir liegt daran, daß Sie dabei auch wissen, wie unsere Haltung zu diesen Leuten ist. Ich hatte die Kirchentags-AG als eine Art Stoßtrupp empfunden, der wirklich in dem Gestrüpp einen Weg bahnt ...

Wir wollten, wie mir scheint, doch theologisch miteinander weiterkommen, und miteinander einen neuen Weg suchen, nicht miteinander so unendlich viel Verstehen für die Judenmissionare aufbringen. So sah es aber leider nur für uns aus. Ich bedaure es außerordentlich, und das war sicher auch der alleinige Grund für den Artikel von Geis ...

So möchte ich Sie doch bitten, das Persönliche im Geis-Artikel zu vergessen, und das Sachliche ernstzunehmen. Ich hoffe, daß Sie meinen Brief recht verstehen, er soll wahrlich nicht verletzen, sondern Ihnen zeigen, was wir wirklich denken, und uns helfen, weiterzukommen. Wir wollen doch das Mißtrauen endlich überwinden.

VI.22 Geis an Ernst Ludwig Ehrlich

Düsseldorf, 25. 3. 1964

Der Brief des Herrn Gollwitzer vom 20. 3.[1] ist die größte Ungeheuerlichkeit, aber Ihre Antwort, so gut sie in vielem ist, erscheint mir auch unmöglich. Ganz simpel steht da geschrieben: »wie konntet Ihr Juden in den Kirchentag einsteigen und nicht wissen, daß wir Eure endliche Bekehrung erwarten?« Und darauf antworten Sie noch?!! Ich bedaure, da kann ich nicht mit. Auch verstehe ich nun nicht mehr Ihre Unversöhnlichkeit gegenüber ... und Ihre so wesentliche andere Reaktion auf Gollwitzer. Bitte, tun Sie, was Sie für richtig halten, erwarten Sie aber unter den Gegebenheiten keinen Kampfgefährten im alten Geis mehr.

Klüger wäre es wohl, Sie schwiegen mal gegenüber der Papierflut aus Berlin.

1 Am 20. 3. hatte Gollwitzer einen ausführlichen Brief an Ehrlich geschrieben, in dem er seine Sicht der Situation und seine Einstellung darstellte. Der Brief ist fast inhaltsgleich mit dem Brief VI.18 vom gleichen Tag an Geis.

VI.23 Ernst Ludwig Ehrlich an Geis

Basel, 14. 5. 1964

Vielen Dank für Ihren Brief v. 12.[1] Ich habe eigentlich in der letzten Woche Post von Ihnen vermißt, und freue mich nun über das Evangelium. Im übrigen bestätigt mir das Verhalten Gollwitzers im Grunde das, was ich eigentlich immer an ihn geschrieben hatte: Er hatte das ganze Problem sachlich einfach nie kapiert, feuchtfröhlich drauflos schwadroniert, ohne ernstlich nachzudenken. Das hängt u. a. auch damit zusammen, und dieser Gedanke kam mir in letzter Zeit ganz unabhängig von Gollw., daß Karl Barth eine Wendung zu den Juden erst vor wenigen Jahren vollzogen hatte, d. h. in seinem letzten oder vorletzten Dogmatik-Band, und dies in einem Augenblick, als die Theologen bereits längst über Barth hinausgewachsen waren, als seine Wirkung sich bereits überlebt hatte. Bis etwa zum Jahre 1959 war er eben nicht nur mehr oder weniger judenmissionarisch, sondern überhaupt desinteressiert. Und das Nachdenken über ein neues Verhältnis zu den Juden hielt er für eine krankhafte Marotte von van Oyen. Das hatte sich dann geändert, ohne aber eine Wirkung zu hinterlassen, da er heute theologisch kaum noch eine wesentliche Rolle spielt, es sei denn in der Theologie-Geschichte. Gollw. hatte völlig den Barthschen Ansatz übernommen, samt der verkrampften Judentheologie. Dem eigenen Nachdenken fühlte er sich aus Ost-West-Problematik-Zeitmangel enthoben. Er schrieb mir ja in seiner offenen Art, er wollte eigentlich erst später darüber richtig nachdenken. Hier liegt der Hund begraben, nicht etwa in seinem Charakter. Er ist ein guter Kerl, aber er verwendete seine Zeit mit anderem.

Von Harder hatte ich sachlich-theologische Briefe: Typisch in seiner Art, sehr gutwillig, aber im Zirkel befangen, immerhin aber schon etwas besser als sonst. Ich schrieb ihm sehr scharf zurück: Seine Behauptung: »Die Juden dienen dem lebendigen Gott« müsse Konsequenzen für seine Theologie haben, ansonsten alles eine Phrase bleibt. Aber er rückt nun auch offen von der Mission ab und hat sich in Dänemark recht tapfer geschlagen, wie mir der einzige anwesende Jude, ein amerikanischer Rabbi namens Gilbert, in Firenze versicherte. Gilbert ist ein gescheiter Kerl, der die Dinge versteht. Auch den Harder haben wir jetzt zum Nachdenken gezwungen.

Wir betätigen uns also eminent seelsorgerisch, wenn dies bedeuten kann, daß wir Christenmenschen zum Nachdenken bringen; denn auch der Christengott hat ja die Gehirne erschaffen, nicht nur der »jüdische Rachegott JHWH«.

1 Der Brief vom 12. 5. liegt nicht vor.

VI.24 Geis an Ernst Ludwig Ehrlich
Düsseldorf, 19. 5. 1964

Während Sie in der Weltgeschichte herumfliegen, habe ich eine Stinkwut auf Sie. Was haben Sie mir da für einen unmöglichen Brief geschrieben. Ich kann es mir nur erklären, daß Sie sehr verhetzt oder schlechter Laune waren. Ich bin weiß Gott kein Barthianer, aber so über Barth zu schreiben wie Sie, na, dazu gehört etwas ...

VI.25 Günther Harder an Geis

Berlin, 20. 3. 1964

Nachdem ich schon allerhand davon hatte raunen hören, habe ich erst vor ein paar Tagen Gelegenheit gehabt, Ihren Artikel »Judenmission« in der »Allgemeinen Wochenzeitung« zu lesen.

Lassen Sie mich Ihnen offen sagen, daß ich über diesen Artikel schlechthin entsetzt und tief bekümmert bin. Ich kann es nicht verstehen, weshalb Sie es für nötig gehalten haben, sich mit Ihrem Anliegen sofort an eine breitere Öffentlichkeit zu wenden, während wir – so hatte ich jedenfalls in Arnoldshain den Eindruck – auf gutem Wege waren, miteinander im Gespräch zu bleiben.

Ich will nicht auf alle Einzelheiten eingehen, nur auf den Grundtenor Ihres Artikels, der in den Worten hervortritt: »Man kann uns Juden doch nicht einfach betrügen und als Aushängeschild mißbrauchen.« Ich kann Ihnen in dieser Hinsicht nur heilig versichern, daß es mir nie in den Sinn gekommen ist, Sie als »Aushängeschild« zu gebrauchen und obendrein Sie zu betrügen. Sie wissen doch so gut wie wir, daß es uns Angriffe genug eingebracht hat, daß wir auf dem Kirchentag einen Juden haben einen Hauptvortrag halten lassen. Wir haben davon und dadurch also mehr Nachteile als Vorteile gehabt. Sie schreiben kurz davor: »Kein jüdischer Redner hätte wohl in Berlin bei diesen Ausführungen zur Judenmission das Wort ergriffen.« Welche Ausführungen meinen Sie eigentlich? Doch offenbar meine Ausführungen, da Sie mich, wenn auch nicht mit Namen, so doch unter der Berufsbezeichnung deutlich kennzeichnen. Sie schreiben von meinem Artikel, der in dem Buch »Der ungekündigte Bund« erschienen ist.[1] Sie haben mir niemals gesagt, daß die Einfügung dieses Artikels in jenes Buch wissenschaftlich »unzulässig, menschlich peinlich und enttäuschend« sei. Wie sollte es auch? Es verhält sich nicht so, wie Sie schreiben. Die Aufnahme meines Artikels über das Verhältnis von Gespräch und Zeugnis ist auf der vorjährigen Tagung in Arnoldshain, nachdem ich diesen Vortrag gehalten hatte, ausdrücklich beschlossen worden. Nur aufgrund dieses Beschlusses haben die Herausgeber des Buches, die Sie obendrein gleichzeitig mit diesen Worten angreifen, den Artikel in den Band aufgenommen. Sie tun in Ihren Zeilen so, als wäre er in das Buch geradezu hineingemogelt worden. Davon kann wirklich gar keine Rede sein. Dazu kommt noch, daß in diesem Artikel von »Judenmission« gar nicht die Rede ist, sondern daß er sich gerade mit dem »Gespräch« befaßt und nur darlegen will, wie in einem solchen Gespräch das christliche Zeugnis zu seiner Zeit zum Zuge kommt, ja, kommen muß. Unmittelbar über die »Judenmission« habe ich nur auf dem Kirchentag selbst gesprochen, dort nun aber gerade in dem Sinn, daß ich die »Judenmission« ablehne. Dies können Sie einwandfrei auf Seite 140 unter Punkt 4) nachlesen. Genau denselben Standpunkt habe ich, obendrein noch deutlicher, in dem Gespräch mit den Lutheranern jetzt am 17. und 18. März vertreten. Gerade angesichts der auch dort wieder vorgetragenen Erwägungen, ob man den Namen »Judenmission« fallenlassen und durch einen anderen ersetzen solle, habe ich deutlich gesagt, daß es nicht darum gehen könne, nur den Namen zu ändern, sondern darum, die Sache selbst fallen zu lassen, da sie dem rechten Verhältnis von Kirche und Judentum zueinander nicht entspreche. Ich fühle mich also durch Ihre Ausführungen gar nicht getroffen. Ich bedaure es nur, daß Sie den Leser, sofern er unter der Bezeichnung des »Neutestamentlers« mich wiedererkennt, auf den Gedanken bringen, daß ich einer der hervorragenden Vertreter der »Judenmission« sei. Sie bringen mich in Ihrem Artikel in Verbindung mit Mehl und Wittenberg, die Sie dann in den folgenden Zeilen angreifen. Zu diesen Ihren Zeilen kann ich nur sagen, daß ich erst jüngst, vor ein paar Tagen, in Wuppertal einen Vortrag gehalten habe, in dem ich dezidiert gegen Mehl und Wittenberg Stellung genommen habe, indem ich ihre Position dargelegt und Punkt für Punkt widerlegt habe.

Was ich nun aber in dem von Ihnen angegriffenen Artikel in »Der ungekündigte Bund« über das christliche Zeugnis geschrieben habe, werden Sie hoffentlich nicht als »Judenmission« inkriminieren. Ein derartiges Zeugnis ist nichts anderes als die Entfaltung des christlichen Glaubens. Sollten oder müßten wir diese fallenlassen, würden wir aufhören, Christen zu sein. Wir werden beiderseits einander auch etwas zu sagen haben, das die Grenze zwischen uns aufrichtet, bzw. bestehen läßt. Wäre dies nicht der Fall, hätte es gar keinen Sinn, daß es Juden und Christen nebeneinander gibt. Dasselbe gilt auch für den von Ihnen neulich in Arnoldshain angegriffenen Satz in meinen Thesen über den Staat Israel[2], wo ich schreibe: »Wir sehen noch immer die ›Decke über Mose‹ (2. Kor 3), sehen noch immer, daß Israel die eigene Gerechtigkeit aufrichten will (Röm 10).« Wir sprachen neulich in Arnoldshain darüber, und ich versuchte Ihnen zu zeigen, was dieser Satz im Rahmen der von Paulus vorgetragenen Botschaft bedeutet, daß er vor allem nicht sagen will, daß die Juden, wie Sie sich ausdrükken, ein Brett vor dem Kopf hätten. Gerade Röm 9–11 zeigt deutlich, daß Paulus die Juden nicht der Borniertheit beschuldigt, sondern die Dinge in einem viel tieferen und größeren Zusammenhang sieht, in einem Zusammenhang, in dem auch wir heute noch stehen, aufgerufen, einander mit Geduld zu tragen. Gerade in jenem Duisburger Vortrag, auf den Sie in Arnoldshain noch einmal zu sprechen kamen, habe ich mich bemüht, Christen aufzurufen, aus jenem tieferen Verständnis heraus eine neue Haltung dem Judentum gegenüber einzunehmen.

Dies führt mich gerade auf eine weitere Frage, die mir besonders wichtig ist: Was treibt Sie dazu, gerade Menschen aufs bitterlichste anzugreifen, die bemüht sind, in der Christenheit um ein neues Verständnis des Judentums zu werben? Sie wissen, wie schwer dies ist. Sie wissen, wie klein noch immer die Schar derer ist, die in dies Neuland vorstößt. Sie wissen, daß in unseren Gemeinden noch eine Menge ganz einfach antisemitistischer Ressentiments steckt, daß außerdem der Wille, sich mit diesen Dingen zu beschäftigen, um so geringer ist, je mehr man seine eigene Schuldverflochtenheit spürt. Weshalb wollen Sie nun gerade die wenigen, die sich bemühen, selbst wenn Sie meinen, daß sie sich nicht genug oder nicht in der rechten Weise bemühen, vollkommen isolieren? Durch Ihren Artikel muß der Eindruck erweckt werden, daß Sie, bzw. die Redaktion der »Allgemeinen Wochenzeitung«, die Ihren Artikel aufgenommen hat, und das heißt doch dahinter weite jüdische Kreise, uns mit unserem Bemühen ablehnen. Sie wissen, wie sehr wir von kirchlichen Kreisen um unserer Haltung willen beschossen werden. Wir müssen also jetzt dastehen als solche, die mit ihrem Versuch allseitig allein gelassen werden, einzig getröstet und gehalten durch das Wort und Vorbild des Apostels Paulus, der im 2. Korintherbrief im 6. Kap. schreibt: »... in allen Dingen beweisen wir uns als die Diener Gottes, ... durch Ehre und Schande, durch böse Gerüchte und gute Gerüchte.«

Für das böse Gerücht über uns haben Sie – wenigstens in jüdischen Kreisen – nunmehr genügend gesorgt, und ich frage Sie: War das wirklich nötig, die sachliche Auseinandersetzung durch persönliche Kränkungen zu verbittern? Durch die Art, wie Sie mich in die Verbindung der »Judenmission« bringen und über meinen Artikel in »Der ungekündigte Bund« schreiben, haben Sie mich leider, wie ich finde, höchst unnötigerweise in meiner wissenschaftlichen Ehre gekränkt, indem Sie den Anschein erwecken, als wenn ich in einer wissenschaftlich nicht zulässigen Weise meinen Artikel in den Band »Der ungekündigte Bund« hineingemogelt hätte, wie ich schon schrieb. Dabei ist doch nirgends behauptet worden, daß dieser Band nur Verhandlungen des Kirchentages enthielte. Sie wissen ebenso gut wie ich, daß die Verhandlungen, also der Abdruck aus dem Kirchentagsdokumentarband, nur einen Teil des Buches ausmachen und daß es im übrigen die sich anschließende Auseinandersetzung über jene Vorträge und Diskussionen auf dem Kirchentag bringen will. Gerade zu der eigenen Auseinandersetzung unseres Kreises mit den Problemen, die sich in Berlin erst gezeigt haben, gehört auch mein Artikel. Sie haben mich leider auch in meiner persönlichen Ehre gekränkt, indem Sie

mein vermeintliches Verfahren als »menschlich peinlich und enttäuschend« bezeichnen. Sie werden verstehen, daß ich einen derartigen
Vorwurf nicht auf mich beziehen kann. Sie haben mir neulich in Arnoldshain gesagt, ich sagte Ihnen immer, was Sie gesagt hätten, z.B.
auf der Tagung »Kirche und Judentum« in Wuppertal oder auf der
Tagung in Lübeck usw. Muß ich Ihnen auch jetzt in Erinnerung bringen, daß Sie gerade auf jener Tagung in Arnoldshain, auf der ich den
jetzt von Ihnen gemeinten und angegriffenen Vortrag gehalten habe,
nach einer Sitzung, die ich leitete, mir Ihre Anerkennung ausgesprochen haben, und dies obendrein mit der Begründung, daß ich (wörtlich), »eine so integere Persönlichkeit« sei. Ich kann mich um so genauer auf diese Wendung besinnen, als ich selbst sie nicht zu gebrauchen pflege. Ich war von Ihren Worten beschämt und überrascht,
aber, wie Sie verstehen werden, auch erfreut, weil ich darin einen
Ausdruck des Vertrauens sah. Ich kann bis heute nicht einsehen, was
ich seit jenem Vortrag angerichtet haben soll, was mir Ihr Vertrauen
völlig geraubt hat.

Schließlich noch eine Frage: War es denn wirklich nötig, ausgerechnet zur »Woche der Brüderlichkeit« diese alles andere als brüder-
lichen Zeilen zu schreiben? Wenn es denn wirklich nötig sein sollte,
einen Artikel zu schreiben, der in diese Richtung geht, so brauchte er
wahrlich nicht gerade zu dieser Woche und ihrer Parole zu erscheinen. Gerade als einer, der die »Judenmission« ablehnt, kann ich nicht
umhin, Sie daran zu erinnern, daß hervorragende Vertreter der »Judenmission«, z.B. Franz Delitzsch, der Judenschaft mit Liebe und
Güte begegnet sind. Ich denke an zahlreiche Verteidigungsschriften,
z.B. gegen Dr. Rohling, die jene Männer verfaßt haben, z.B. Hermann Leberecht Strack. Darum macht es Ihre Absicht nicht deutlicher und klärt die Situation nicht, wenn Sie in der vierten Spalte Ihres
Aufsatzes »Judenmission« und »christlichen Antisemitismus« in einem Atemzug nennen.

Aber ich will schließen und Ihnen nur noch einmal sagen, daß ich
über Ihren Artikel tief betrübt bin und nur wünschen möchte, daß er
nicht großen Schaden anrichtet. Dies gerade, meine ich, wäre doch
gewiß nicht in Ihrem Sinn. Es wäre jammerschade, wenn alles an guten Ansätzen, an denen Sie selbst in vorzüglicher Weise mitbeteiligt
sind, durch den Staub, den Ihr Artikel aufwirbelt, vernichtet würde.

1 G. Harder, Das christlich-jüdische Gespräch im Verhältnis zum christlichen Zeugnis
   an Israel. In: Der Ungekündigte Bund, a.a.O., S. 145–159.
2 Ders., Thesen zum Thema: Was bedeutet der Staat Israel für die Christenheit (Der
   Staat Israel und das Israel Gottes), in: P. v. d. Osten-Sacken (Hg.), Katechismus und
   Siddur. Aufbrüche mit Martin Luther und den Lehrern Israels, Veröffentlichungen
   aus dem Institut Kirche und Judentum, Bd. 15, Berlin 1984, S. 314f.

VI.26 Geis an Günther Harder

Eine Antwort auf Ihr Schreiben vom 20. März hatte ich Ihnen für die Zeit nach Ostern versprochen. Ich kann mich kurz fassen, weil der letzte Brief des Herrn Prof. Gollwitzer an Herrn Prof. Ehrlich vom 20. 3. die letzte Unklarheit genommen hat.

Ich wußte nichts davon, daß Herr Gollwitzer sein Wort gegen die Judenmission zurückgenommen hat. Auch von Verhandlungen mit Kreisen der Judenmission über ihre Beteiligung an der AG VI war ich nicht informiert. Nach Ihrem Vortrag in Arnoldsh., der Aufnahme in den Band unserer AG gefunden hat, ging die von Herrn Prof. Michel angeführte Diskussion wortlos über Ihre Thesen hinweg. Die Ersetzung des Wortes »Judenmission« durch den Ausdruck »Gespräch« halte ich für unglücklich, weil dadurch Absichten verschleiert wurden und damit Unheil angerichtet werden mußte. Welche Absurdität, einen Rabbiner zu einem solchen Unterfangen zu laden ... und zu mißbrauchen! Wie anständig war demgegenüber doch das Mittelalter.

Da alles Bemühen des Herrn Prof. Michel im Januar 64 weder Sie noch Herrn Gollwitzer traf, brauchen wir Juden uns wahrlich nicht weiter Illusionen zu machen. Mein Erstaunen über manche merkwürdige Manipulation der Aussagen, der Verhandlungen usw. usw. spielt nun keine Rolle mehr. Ist der sogenannte Gesprächspartner letztlich doch nur Objekt, versteht sich diese Haltung von selbst.

Es wird unsere jüdische Aufgabe sein, in Zukunft die Zusammenarbeit mit Kreisen, die in irgendeiner Form an der Judenmission festhalten, zu unterbinden. Das hindert mich nicht, Ihnen persönlich alles Gute zu wünschen.

HELMUT GOLLWITZER

4. Versöhnung: keine Verbindung der AG mit Judenmission, doch keine Einwände gegen Gespräche Einzelner

In welcher Weise Mitglieder unseres Kreises, die von dem Gewitter nicht unmittelbar betroffen waren, dazu Stellung nahmen und zu vermitteln versuchten, haben einige der Briefe gezeigt. Reinold von Thadden-Trieglaff, der Gründer und Präsident des DEKT, nahm an dem die Gemeinschaft unserer Gruppe gefährdenden Zerwürfnis in besonderem Maße Anteil. Er rief Kraus und mich zu einem Gespräch nach Hannover und schrieb dazu an mich am 16. April 1964: »*Ich habe mich 1960/61 in Berlin mit der Sache, die uns in der Arbeitsgemeinschaft verbindet, identisch erklärt, weil sie mir so ungemein wichtig erschien im Blick auf die dunklen Hintergründe der Vergangenheit wie im Blick auf die Zukunft unserer Kirche und unseres Volkes. Von dieser Wichtigkeit bin ich auch heute nach wie vor überzeugt.*« *Nach der Aussprache in Hannover am 26. April 1964 schrieb ich ihm:* »*Haben Sie noch einmal herzlichen Dank für das gestrige Zusammensein in Hannover! Die Situation, in die ich hier geraten bin, wühlt mich so tief auf, daß es mir nahezu ein lebensnotwendiger Trost gewesen ist, mich mit Ihnen beiden aussprechen zu können. Ich hoffe sehr, daß alles, was wir gestern beschlossen haben, dazu beiträgt, daß eines Tages der Kreis unserer Arbeitsgemeinschaft wieder ohne Risse miteinander zusammensitzen kann.*«

Geis' Vertrauen zu Kraus und Thadden war ungebrochen. Ihre Berichte scheinen ihm aus seiner zornigen Depression herausgeholfen zu haben. Am 11. Mai kam ein kurzer Brief an mich, in dem er mich seiner Freundschaft versicherte und sich erkundigte nach der Krankheit meiner Frau, zu der er immer eine herzliche Beziehung gehabt hatte – abrupt, als wäre nichts gewesen, ohne einen Bezug auf die Sachfragen, die so bittere Wochen heraufbeschworen hatten. Ich muß den Brief, der mir so überraschend wie teuer gewesen ist, zu gut aufbewahrt haben; ich kann ihn nicht mehr finden. Die erhaltenen Briefe sowohl von Geis wie von mir lassen das tiefe Aufatmen von uns beiden spüren. Geis war nach Berlin zu einem von D. Goldschmidt veranstalteten Vortrag gekommen; dabei haben wir uns zum ersten Mal nach dem Purim-Artikel wiedergesehen: wie in Schillers »Bürgschaft«: »*In den Armen lagen sich beide und weinten vor Schmerz und Freude.*« »*Schmerz und Freude*« machten eine sachliche Aussprache zunächst unmöglich und unnötig. Ein großer Rosenstrauß an das Krankenbett meiner Frau, begleitet von Margarete Susmanns Lebenserinnerungen, waren die sichtbaren Zeichen der wiedergeborenen Freundschaft.

Ein erster Versuch der sachlichen Aufarbeitung wurde bei einer Zusammenkunft der Berliner Mitglieder der Arbeitsgruppe, zusammen mit Lili Simon, am 21. Mai 1964 gemacht. Das Protokoll zeigt, daß es nur ein sehr anfänglicher Versuch sein konnte. Die Arbeitsgruppe hatte im Durchstehen der Krise die unentbehrliche menschliche Basis für ihre Weiterarbeit gewonnen; seither ist – mit erweiterter Mitgliederzahl – sowohl ihre Tätigkeit auf den Kirchentagen wie ihr internes Gespräch eine intensive Arbeit an den Fragen, die uns im Sturm jener Wochen bewußt geworden sind als Fragen, die unser aller Existenz berühren.

So sehr Fragen solcher Art einer sachlichen Durchleuchtung bedürfen, also der Anstrengung des Denkens und der historischen und exegetischen Arbeit, können sie doch nicht allein beantwortet werden mit den Formeln, die aus solcher Arbeit resultieren. Indem sie selbst auf der theoretischen Ebene als theologische Fragen formuliert werden, sind sie zugleich Ausdruck von Lebenshaltungen und Lebenserfahrungen und stehen in einem Kontext von individuellen Lebensgeschichten und kollektiven Lebenstra-

ditionen. Daraus dürfen sie nicht zu Problemen herauspräpariert werden, die auf der intellektuellen Ebene entschieden werden. Judesein ist Jahrhunderte lang, erst recht in unserem Jahrhundert, bis zum letzten Preis bezahlt worden, psychisch und physisch. Hinter jedem jüdischen Satz im Glaubensgespräch zwischen Juden und Christen steht das Leiden der Juden, nicht aber hinter jedem christlichen Satz. Dieser objektive Unterschied ist erst in der Krise dieser Wochen von uns wahrgenommen worden. Die Vermittlung, den Brückenbau zwischen den Teilnehmern an diesem Glaubensgespräch kann nur das wirkliche Zusammenleben schaffen, die brüderliche Teilnahme an der Situation des anderen, das gemeinsame Bedenken unserer verschiedenen Traditionen und unserer Bedingtheit durch sie. Es wird erlebbar im gemeinsamen Hören der gemeinsamen Bibel in ihrer Erforschung wie in Gebet und Gottesdienst; schließlich gehört dazu, was besonders Geis immer wieder unter uns betonte, das gemeinsame Bestehen der Herausforderungen der Gegenwart, die mit den Herausforderungen identisch sind, auf die die Bergpredigt zielt und die Christen wie Juden gleichermaßen gilt (vgl. Geis, Christen und Juden vor der Bergpredigt, in: Gottes Minorität, S. 220–240).

Die starke Beteiligung von Emotionen in diesen Krisenwochen ist für die nötige sachliche Arbeit nicht ein irritierendes Element, sondern ein wesenhaftes und bedingendes: ohne den in Bewußtsein und Empfindung gegenwärtigen Kontext unserer Geschichte, unserer geschichtlichen Existenz kann hier weder wirklich erkannt noch über das bisherige Schisma von Juden und Christen hinaus gedacht werden. Dieses Darüber-hinaus-Denken kann nicht ohne ein Darüber-hinaus-Leben geschehen. Fehlt dies, gibt es nur unfruchtbare Wiederholung überkommener Differenz-Formeln, in denen neutestamentliche Aussagen in zeitlose Abstraktion erhoben werden. Die gefährlichen Auswirkungen für diejenigen, die Jahrhunderte lang als Minderheit der Mehrheit ausgeliefert waren, sollten davon abschrecken. Auch ein scheinbar rein religiöser Disput geschieht im Zusammenhang mit realen politischen Machtkonstellationen. Beim christlich-jüdischen Gespräch darf gerade dies nie vergessen werden.

Die Krise in unserem Kreise, deren Kernstück wir hier dokumentieren, hat für all' dies – wie wir meinen – exemplarische Bedeutung. So wendet sich dieser Bericht an alle, die sich zum Verhältnis von Juden und Christen nach Auschwitz äußern.

VI.27 Helmut Gollwitzer an Geis

Berlin, 11. 5. 1964

Verehrter, lieber Herr Geis!

Heute wollte ich Ihnen schreiben – nur um Sie zu bitten, Sie möchten meine Anwesenheit bei Ihrem hiesigen Vortrag am 28. 5. nicht als Aufdringlichkeit auffassen. Da kommt Ihr Brief und macht diese meine Bitte überflüssig. Ich danke Ihnen von Herzen.

Daß zwischen uns Freundschaft offenbar das einzig Angemessene ist, und daß wir uns dem schwer entziehen können, erfuhren wir daran, daß uns die vergangenen Wochen krank gemacht haben. Mir ist es sehr so ergangen, und Sie schreiben nun das Gleiche. Was ich – sicher nicht aus bösem Willen, aber offenbar in schuldhafter Ahnungslosigkeit und Rücksichtslosigkeit – gegen unsere Verbundenheit gesündigt habe, das bitte ich Sie, mir zu verzeihen. *Gemeint* war alles, was ich gesagt und geschrieben habe, ganz anders, das versichere ich. Aber das sage ich nicht zu meiner Verteidigung, sondern nur, um es Ihnen zu erleichtern, wieder in alter Weise an mich zu denken. Darum bittet Sie – und nun, nach diesem Ihrem Brief: Dafür dankt Ihnen

Ihr Helmut Gollwitzer

VI.28 Geis an Helmut Gollwitzer

[Düsseldorf], 29. 5. 1964

Lieber Herr Gollwitzer,

ich hätte Ihnen gern von Düsseldorf aus gesagt, wie sehr ich mich über unser gestriges Zusammensein gefreut habe, aber leider meldete sich nur der völlig neutrale Auftragsdienst. Wenn Ihre Frau in der nächsten Woche endlich wieder nach Hause kommt, sollte Sie ein Grußeszeichen von mir erwarten. Bitte helfen Sie mir, was würde ihr wirklich Freude machen?

Sehr müde – aber ausnahmsweise mal nicht deprimiert grüßt Sie, lieber Freund, aufs herzlichste

Ihr Robert Geis

VI.29 Geis an Helmut Gollwitzer

Düsseldorf, 2. 6. 1964

Lieber Freund,

Es tut mir aufrichtig leid, Sie zu einem Telephonanruf verführt zu haben. Aber es war wunderschön, Ihre Stimme zu hören.

Lassen Sie mich Ihnen noch einmal sagen, wie glücklich ich über unsere »ganz neue« Begegnung bin. Wahrlich, es war fast ... wie das Wiedersehen eines lang getrennten Paares.

Ihr Buch[1] lese ich mit ganz großem Interesse, es ist einfach herrlich formuliert! Freilich machen Sie damit mich wieder einmal zu einem schlechten Schüler, denn eigentlich müßte ich egalweg mich mit Paulus beschäftigen, weil ich ja vor meinem Ende den Heidenapostel unbedingt noch verstehen lernen muß. Hoffentlich ist Ihnen der Donnerstag-Abend besser als mir bekommen, ich produzierte in Düsseldorf zwei Herzanfälle, so nimmt mich das mit. Aber nun ist es überstanden und beinahe schon vergessen. Es ist nicht ganz einfach, sich an das etwas verfrühte Altwerden zu gewöhnen, aber auch das wird eines Tages noch geschafft werden ...

Hoffentlich kommt Ihre Frau jetzt endlich wieder zu Ihnen. Seien Sie aufs freundschaftlichste gegrüßt

stets Ihr Robert Geis

1 Die Existenz Gottes im Bekenntnis des Glaubens (Beiträge zur evangelischen Theologie 34), München 1963.

VI.30 Helmut Gollwitzer an Geis

Berlin, 3. 6. 1964

Mein lieber Freund Geis!

Nächste Woche, hoffentlich, kommt meine Frau nach Hause, muß dann aber noch lange den größten Teil des Tages liegend zubringen. Dabei kann sie Blumen brauchen. Das ist das beste Geschenk für sie. Also: Ende nächster Woche einen Auftrag an Fleurop! Und ich danke schon im voraus! ...

Vorgestern hielt Hans-J. Schoeps in der Uni einen überraschend bedeutenden Vortrag über »Antisemitismus, Philosemitismus und die Frage der jüdisch-christlichen Verständigung« ...

Ich sagte danach im Scherz zu Schoeps: »Was schimpft Ihr über Judenmission? Bei uns ist mit Euren Vorträgen eine kräftige jüdische Christenmission auf den Plan getreten!« Das ist so gemeint: Es kann dies alles, dieses jüdische »Zeugnis« (sit venia verbo!) gar nicht geschehen, ohne daß in der heutigen theologischen Lage, bei der seit 100 Jahren laufenden Kritik am altkirchlichen Dogma und in der Aera der »Entmythologisierung« – für unsere Studenten (und nicht nur für sie) – damit eine Gestalt des biblischen Glaubens erscheint, die sehr anziehend ist. Von ihr her wird das neutestamentliche Credo den Nichtjuden ebenso verwunderlich und frag-würdig wie von jeher den Juden. Die Christen haben doch bisher die jüdischen Fragen nie eines ernsten Nachdenkens gewürdigt; nun auf einmal ist ihnen Jesus, jüdisch gesehen, zugänglicher als Jesus, paulinisch und dogmatisch gesehen. So geht es zu, wenn die Christen »vom hohen Roß« heruntermüssen! Das ist natürlich gut und notwendig. Alles fängt noch einmal neu an, alles wird unselbstverständlich und vieles Gewohnte zunächst unverständlich.

Mir geht es so, daß fast jeden Tag ein bisher ungedachter Gedanke auftaucht. Darum müssen Sie Geduld mit unsereinem haben. Es muß ins Unreine geredet und auch geschrieben werden können – so, daß man vielleicht nach kurzer Zeit schon sagen muß: »Was geht mich mein dummes Geschwätz von gestern an!« Wohin das führt, ist noch ganz offen. Vielleicht sind wir in dem, was wir sagen können, am Ende dieses Prozesses nicht näher beieinander als bisher, aber wir sind andere, nicht mehr die Bisherigen – und vor allem: wir sind über die Distanz dessen, was wir *sagen* können, im *Leben* beieinander, Brüder geworden; das ist das Ökumenische, was ich jetzt in Ansätzen geschehen sehe, genau so, wie in der christlichen Ökumene auch, ein sehr wichtiger Vorgang, von Gott her kommend, und das gehört zum Tröstlichsten in dieser untröstlichen Zeit.

Bei meinem letzten Buch haben Freunde kritisiert, daß ich von der Existenz Gottes spreche, ohne den Begriff sofort von der Trinitätslehre her zu bestimmen; sie dient dazu, einen solchen Begriff ganz aus der Analogie zu sonstiger Existenz herauszunehmen. Das ist tatsächlich ein Mangel. Wenn ich nun aber Sie als Leser denke, ist es vielleicht gut, daß ich es nicht getan habe. Denn nun wird um so deutlicher, daß es dabei um Fragen geht, die nicht erst und nicht nur durch das Neue Testament, sondern schon durch den Tenach [Altes Testament] entstehen, an deren Klärung also Juden und Christen gemeinsam interessiert sein müssen, – also wieder, sozusagen, etwas Ökumenisches über das »Schisma« hinweg ...

Wie mag es Ihrem Herzen gehen? Seit meine Frau daran leidet, weiß ich erst, was wir da für ein unheimliches Organ in unserer Brust sitzen haben.

Seien Sie mit Ihrer Frau in herzlicher Liebe gegrüßt von

Ihrem Helmut Gollwitzer

VI.31 Geis an Helmut Gollwitzer

Düsseldorf, 7. 6. 1964

Lieber Freund,

Dank, vielen Dank für Ihren lieben Brief. Darf ich Ihnen das Geld für *sehr* schöne Rosen beilegen? Sie werden stellvertretend für mich schönere aussuchen als Fleurop. Vielleicht erfreut Ihre liebe Frau das Buch von Margarete Susman, das eine wahrlich seltene Naivität zeigt, aus der wahrscheinlich oft ein großes Leben sich aufbaut.

Tun Sie in Berlin des »Jüdischen« nicht zu viel? Mir schaudert bei dem Gedanken, daß Sie Schoeps und Geis hintereinanderweg schlucken mußten. Mein Referat können Sie leider in absehbarer Zeit nicht bekommen. Ich rede ja immer nur mit dem Auszug meines umfangreichen Zettelkastens ... und der hat immer noch eine sehr empfindliche Lücke: Paulus! Für den einen Vortrag mochte es auch so gehen, nicht aber für Gedrucktes. Für Paulus passen mir alle jüdischen Melodien nicht, ob Klausner oder Baeck, ob Schoeps und Buber. Das alles wird ja Paulus nicht gerecht, aber der eigene Zugang hat sich eben noch nicht aufgetan. Auf der anderen Seite hilft mir die christliche Theologie auch nicht weiter, weil die ja nie in den Blick bekommt, was ich suche: den Juden Paulus. Und ach, wann komme ich schon zum ruhigen Arbeiten? Ich könnte zwei Sekretärinnen beschäftigen – und muß alles allein tun: Die telefonischen und schriftlichen Anfragen, die Gutachten, die Doktorarbeiten usw. Es mag gut sein, daß niemand so recht von meinem merkwürdigen Leben dieser letzten zwölf Jahre weiß.

Ihr Buch lese ich mit ganz großer Freude. Natürlich bin ich sehr schnell hinter das christliche Ärgernis mit der Trinitätslehre gekommen und dachte, was mich das freut – ja, das wird dem armen Gollwitzer schwer angekreidet werden. So wird's wohl aber noch über Generationen weitergehen, wenn man uns und den nach uns Kommenden die Zeit – und das Leben läßt.

Nun wünsche ich Ihnen beiden viel Freude an der Heimkehr Ihrer Frau. Seien Sie aufs freundschaftlichste gegrüßt

stets Ihr Robert Geis

VI.32 Helmut Gollwitzer an Geis

Berlin, 18. 6. 1964

Verehrter Freund Geis!

Beiliegend eine Auslegung des berühmten, vielerörterten Textes von Röm. 11, die ich – verzeihen Sie bitte, wenn ich daran rühre! – in den gleichen Tagen (und ganz ahnungslos) schrieb, als Sie Ihren Purim-Artikel zu Papier brachten.[1] Inzwischen habe ich einiges zugelernt, würde also wahrscheinlich manches anders schreiben, mindestens anders akzentuieren. Ich wage es trotzdem, Ihnen die Sache zu schicken – mit der Bitte, es nachsichtig zu lesen und immer daran zu denken, daß es sich um einen *exegetischen* Versuch handelt.

Meiner Frau geht es von Tag zu Tag etwas besser. Ihre Rosen strahlen immer noch und die Susmann-Erinnerungen liest sie gerade. Sehr herzliche Grüße von uns beiden an Sie beide

Ihr Gollwitzer

1 Meditation zu Röm 11,25–32, in: Göttinger Predigtmeditationen 1963/64, S. 274 ff.

VI.33 Geis an Helmut Gollwitzer

[Düsseldorf], 21. 6. 1964

Lieber Freund,

wie schön, wie wunder-wunderschön, daß es Ihrer lieben Frau nun endlich besser geht. Meine innigsten Wünsche kommen täglich zu Ihnen beiden. Dank für das Heft »Predigt-Meditationen«, das ist doch wirklich ein erstaunliches Unternehmen. Dank schließlich für Ihre Ausführungen zu Röm 11, 25–32. Das ist sehr, sehr gut. Was – so frage ich mich immer wieder – hätte uns Paulus gesagt und geschrieben, wenn die Voraussetzung »baldige Wiederkunft Christi« auch für ihn entfallen wäre. Und wo bleiben bei Paulus eigentlich die Vorwehen des Messias mit all ihrem Schrecken, die ja einzige Begründung, jüdisch mögliche Begründung für seine Haltung zum »Gesetz« wären? Fragen über Fragen; ach, wenn doch nur mal einer käme, um mir den Paulus zu erklären!!

Übrigens möchte ich kein Mißverständnis aus vergangenen Tagen stehen lassen. Ich kann jede christliche Überzeugung vertragen. *Nur* geht es nicht an, wenn man vergißt, daß bei bestimmten Anlässen der Jude leibhaft anwesend ist. Darum wehrte ich mich gegen Harder's Reden in Bochum und Duisburg, gegen die Aufnahme seines nicht gehaltenen Referates im »Ungekündigten Bund«. Wäre Harder's Vortrag bei der Vorarbeit zum Berliner Kirchentag durchgearbeitet worden, dann wäre er entweder von uns geändert worden oder ich hätte ein anderes Referat gehalten oder ich hätte geschwiegen. Einem Juden jedenfalls konnte in einer Gemeinschaftsarbeit das Referat in dieser Form nicht zugemutet werden. Außerdem entbehrte die ganze Sache nicht der Lächerlichkeit. Als Harder das Referat in Arnoldshain hielt, hat es keiner der Teilnehmer eines Wortes wert gehalten, die Diskussion mit Michel ging schweigend darüber hinweg ...

Viele, sehr freundschaftliche Grüße

Ihr Robert Geis

VII. Deutsches Judentum
Eva Reichmann und Robert Raphael Geis:
Zeugen der Zeit

Zum Thema

Im Frühjahr 1961 hatte ein Vorbereitungstreffen derer stattgefunden, die erstmals das Gespräch zwischen Juden und Christen zu einem der Hauptthemen eines Kirchentages – Berlin, 20. bis 22. 7. 1961 – machen wollten. Dr. Eva Reichmann – bis 1939 in Berlin, seitdem in London lebende Soziologin – und Robert Raphael Geis hatten sich bei dieser Gelegenheit kennengelernt. Unmittelbar danach traten sie in einen intensiven Briefwechsel ein, dessen Thema bereits im ersten Brief von Geis intoniert wird: »Wenn der Untergang deutschen Judentums im Geistigen und Persönlichen unsereins nicht losläßt, so ist die Dankbarkeit groß, wann immer aus Vergangenheit wieder geliebte Gegenwart wird«; denn – so heißt es im nächsten Brief von Geis – »es gibt ja kaum mehr Juden, die der deutsch-jüdischen Vergangenheit so verbunden sind.«

Es entwickelt sich ein Gedankenaustausch von ungewöhnlichem Reiz; Persönliches und Sachliches werden darin auf das innigste verbunden. Er beginnt anläßlich der Berliner Begegnungen 1961, in den Jahren 1963/64 spiegelt er den sog. Purim-Streit (s. Kap. VI) und erstreckt sich dann bis in die Tage unmittelbar vor der Wiederbegegnung auf dem Kirchentag in Hannover 1967. Dort sprachen beide, die Vorträge waren miteinander abgestimmt. Nach diesem Kirchentag nahm Geis den Briefwechsel nicht wieder auf. Über das Warum des plötzlichen Abbruchs rätselt nicht nur Eva Reichmann, sondern rätseln alle Freunde bis heute. In der Rückschau läßt sich nur mit Gewißheit sagen, daß sich Intensität der Nähe wie des Bruchs in Geis' persönlichen Beziehungen immer wieder finden; sie zeigen einen ungewöhnlich engen Bezug von Emotion und Ratio. Idiosynkrasien brechen durch, deren Herr zu werden eins der Lebensprobleme von Geis war.

Eva Reichmann und Robert Raphael Geis begegneten sich ein weiteres und letztes Mal, als anläßlich der Eröffnung der Woche der Brüderlichkeit am 8. 3. 1970 in Köln jedem von ihnen die Buber-Rosenzweig-Medaille verliehen wurde. Eine Aussprache zwischen ihnen fand nicht statt; doch zeigen ein paar kurze, hier nicht wiedergegebene Mitteilungen, daß danach ein Kontakt wieder möglich war.

Dem Briefwechsel sind, weil thematisch und persönlich eng damit verbunden, angefügt

– Geis' Einleitung »Zur Geschichte der Juden in Deutschland« zu Eva Reichmanns Vortrag »Juden und Deutsche – ihr Weg zum Frieden« auf dem Kirchentag Hannover 1967,

– Geis' Ansprache »Zeit bleibt nicht stehen« als Dank für die Buber-Rosenzweig-Medaille,

– Eva Reichmanns Brief an Susanne Geis nach dem Tod von Robert Raphael Geis.

Durch die Anreden sind die Briefempfänger und -absender eindeutig identifizierbar. Auf diesbezügliche Angaben wird deshalb verzichtet.

278

VII.1

Verehrte, liebe Frau Dr. Reichmann,
Sie kennenlernen zu dürfen, war eine so große Freude für mich, ich muß Ihnen das doch noch schriftlich ›bestätigen‹.

Wenn der Untergang des deutschen Judentums im Geistigen und Persönlichen unsereins nicht losläßt, so ist die Dankbarkeit groß, wann immer aus Vergangenheit wieder geliebte Gegenwart wird ...

Ihr sehr ergebener Robert Geis

VII.2

[London], 17. 5. 1961

Lieber, verehrter Herr Dr. Geis,
Gerade in den Tagen, in denen ich in Gedanken noch ganz bei »unserer« Tagung und ihren mannigfachen Eindrücken war, war es mir eine besondere Freude, Ihren Brief zu erhalten. Die darin ausgesprochenen Gefühle sind gegenseitig. Daß Sie die Initiative ergriffen, ihnen Ausdruck zu geben, danke ich Ihnen von ganzem Herzen. Es geschieht heute leider viel zu selten, daß man eine jüdische Begegnung in Deutschland uneingeschränkt bejahen und genießen kann.

Ich freue mich auf das Wiedersehen im Juli und begrüße Sie und Ihre Gattin auf das herzlichste,

Ihre Eva Reichmann

VII.3

[Düsseldorf], 27. 7. 1961

Verehrte und sehr geliebte Frau Dr. Reichmann,
... Wahrscheinlich war es das Beste, was getan werden konnte, uns beide für den Kirchentag zusammenzuspannen, es gibt ja kaum mehr Juden, die der deutsch-jüdischen Vergangenheit so verbunden sind. Freilich, da ich mich einmal losließ – es ist sonst nicht mehr meine Art –, kamen nachträglich Dinge an die Oberfläche, die ich für gebannt hielt. Möchte es Ihnen besser ergehen. Doch gehört es wohl zu unserem Erbe, daß wir nicht ausweichen und die Problematik nie verleugnen, mehr denn je in einer Zeit, die den Juden nur noch normal sehen möchte. Darüber wollen wir uns nicht grämen, ... all das vergeht und der kommende Tag wird nichts davon wissen ...

Seien Sie aufs herzlichste gegrüßt, grüßen Sie Ihren Mann von

Ihrem Robert Geis

VII.4

[Düsseldorf], 4. 10. 1961

Liebe, verehrte Freundin,

... Ein Glück, daß Sie nur in England über den Kirchentag[1] sprechen, das erreicht mich nicht. Erstaunlicherweise wollen die Briefe, Anfragen, Bitten um Vorträge kein Ende nehmen. Es geht weit über meine körperliche Kraft. Prof. Kraus schrieb gestern »Wissen Sie eigentlich, was Sie auf dem Kirchentag angerichtet haben? Herrlich.« Nun, ich habe wohl gar nicht so viel angerichtet, der Bericht in »Christ und Welt« hat es getan. Der Mann tobte, wollte seinen Antijudaismus nicht zugeben, also lobte er mich recht unverschämt und ungerecht. Aber die Wirkung müßte dieser Herr mal erfahren: immer noch kommen Briefe von Menschen, die nicht auf dem Kirchentag waren und die sich auf »Christ und Welt« berufen. Ja, drei Christinnen meldeten sich, für die der Bericht der letzte Anstoß war, um ihre Bitte, zum Judentum überzutreten, zu äußern. Ich habe meine schwere Not, ihnen das nun wieder auszureden. Merkwürdiges Land, das aus den Emotionen nicht herauskommen kann, und dem es ja auch wirklich versagt bleibt, »normal« zu leben. (Die Ähnlichkeit mit uns Juden will selbst nach dem Untergang des deutschen Judentums nicht enden.)

Mich erregt das alles sehr ... und wieder einmal komme ich nicht zu der ruhigen Arbeit, die ich mir so sehr wünsche. Voraussichtlich wird das bleiben bis 120 Jahr' ...

Ihr Robert Geis

1 Der Brief nimmt Bezug auf das außerordentliche, überwiegend positive, zum Teil jedoch auch scharf kritische Echo, das das erstmalige Auftreten der »Arbeitsgemeinschaft Juden und Christen« auf dem Kirchentag 1961 fand. Vgl. Gollwitzers Einleitung zu Kap. VI.

VII.5

[Düsseldorf], 30. 8. 1962

Liebe und verehrte Frau Reichmann,

... Die Zustände in der Bundesrepublik verändern sich noch schneller zum schlechten, als selbst ich Pessimist es für möglich gehalten hätte. Die Aussichtslosigkeit im Außenpolitischen führt zu einem Nationalismus im Innerpolitischen, der uns ja schon aus den Zwanziger Jahren zur Genüge bekannt ist. Außerdem habe ich stark den Eindruck, der Deutsche könne sich gar nicht definieren, wenn er nicht einen Feind habe. Und so sucht und findet er der Feinde viele. Warum

280

eigentlich ein Volk sich immer definieren muß, wird mir bis zum Ende meines Lebens unklar bleiben. Genug der dunklen Töne, ich wollte nur wieder einmal von mir hören lassen und Sie in beinahe alter Freundschaft aufs herzlichste grüßen.

Ihr Robert Geis

VII.6
[Düsseldorf], 18. 7. 1963

Liebe Frau Reichmann,
... Anfang Juli war ich als einer von vielen Diskussionsrednern bei den Darmstädter Gesprächen. Thema »Angst und Hoffnung in unserer Zeit«[1]. Das war großartig. Unter den Referenten vor allem [Gerhard] Szczesny, Ernst Bloch, der Jurist Mayhofer, der Literarhistoriker [Walter] Jens. Sehr gut die Mehrzahl der Gesprächsteilnehmer ... Erstaunlich das »Publikum« von ca. 1000 Menschen (über fast drei Tage), bei dem nur ankam, was sonst in Deutschland niedergebrüllt wird. Da bin ich mit Zögern hingegangen, weil mein Herz gerade mal gar nicht wollte und spürte keinen Druck, keinen Schmerz. Nachträglich stimmt freilich hier alles schnell traurig, weil einem wieder und immer wieder vordemonstriert wird, daß es großartige Menschen in Deutschland gibt und sie nie die Politik bestimmen dürfen ...
Ihnen und Ihrem Mann die herzlichsten Grüße,

Ihr Robert Geis

1 Vgl: Darmstädter Gespräch. Angebot und Hoffnung in unserer Zeit, Darmstadt 1965.

VII.7
[Düsseldorf], 30. 9. 1963

Liebe und verehrte Freundin,
... Für mich ist die Herbstzeit seit Jahren die kritischste des ganzen Jahres: die Jahrzeit meiner Schwester und ihres kleinen Jungen, die am Erew [Vorabend] Jom Kippur in Auschwitz starben, die Jahrzeit meiner Mutter, der Ostjudenverschickung im Oktober 38, der November 38 und Buchenwald – und die absolute Einsamkeit in der Gemeinde an den Feiertagen, es ist ein bißel viel ... der Jom-Kippur ist zur Farce geworden, in diesem Jahr lief ich vor Neila [Schlußgottesdienst am Jom Kippur] weg ... Sie sehen, der Gleichmut und die humane Distanz unseres großen Lehrers will mir nicht glücken.
Ihnen beiden die allerherzlichsten Grüße

Ihr Robert Geis

281

VII.8

Sehr lieber Herr Dr. Geis,

... Daß ich mir die Möglichkeit, Ihnen zu schreiben, diesmal besonders herbeigewünscht habe, erklärt sich vor allem aus Ihrem vielfältigen Leiden an dieser Herbstzeit. Denken Sie, auch für mich ist Erew Jom Kippur ein trauriger Gedenktag: meine Mutter starb am Kol Nidre [Einleitung des Gottesdienstes am Abend des Versöhnungstages] in Theresienstadt. Daß ich das Datum erfuhr, liegt daran, daß eine jüngere Tante auf dem Transport von Theresienstadt nach Auschwitz es fertig brachte, eine Karte mit der Nachricht aus dem Zug zu werfen. Daß wir an den unsere Gemeinschaft allgemein angehenden Erinnerungen gemeinsam tragen, ist ja selbstverständlich. Da ich nun einmal gerade aus der Arendt-Atmosphäre auftauche, kann ich nicht unterdrücken, wie mich diese Arbeit[1] wieder aufgeregt hat, mehr fast durch die zwischen den Zeilen eingeklemmten Anspielungen als durch die offenen Anklagen.»Dr. Baeck, who, in the eyes of both Jews and Gentiles was the Jewish ›Führer‹«! Vergröbert abgeschrieben von Hilberg[1a], dem ich aber nicht so böse sein kann, weil er immerhin ein jüngerer Mann aus der Tschechoslowakei ist und nicht eine echte Jeckin. In den Köpfen jüdischer Männer und Frauen »auf der Straße« hat ihre Darstellung schon mehrfach das Ergebnis gezeitigt, daß doch die Juden selbst an ihrem Schicksal schuld waren ...

Die »Handreichung«[2], die unterdessen hoffentlich wieder bei Ihnen gelandet ist, hätte ich in der Tat in dieser Form nicht mehr für möglich gehalten! Und auch hier ist mir besonders fatal, wie diese kaum abgedämpften Keulenschläge sich mit heuchlerischen Zärtlichkeiten gegenüber den lieben Juden mischen. Aber Sie haben es in Ihrer einzigartigen Diktion und Prägnanz eigentlich vernichtet, wenn ich auch fürchte, daß das giftige Unkraut weiter wuchern wird, ohne von seiner Vernichtung Kenntnis zu nehmen[3]. Hat Freudenberg geantwortet? Darauf wäre ich höchst gespannt. Hat er Ihnen denn dieses Pamphlet ohne Kommentar übersandt? Dann hatte er es vielleicht vorher gar nicht gelesen ...

Da bekam ich übrigens neulich ... einen sehr nachdenklichen Brief. (Die Schreiberin) hatte sich selbst der Ketzerei bezichtigt, und ich hatte sie um eine Erklärung gebeten. Nun schreibt sie:»Mein Ketzertum besteht in der festen Überzeugung, daß man auch ohne den Glauben an Jesus als den Christus bei Gott sein kann, daß beider Glaube, der der Juden und der der Christen gleichwertig ist und daß, darüber hinaus, ich persönlich an diesen Jesus als ›Gottes Sohn‹ und ›Auferstandener‹ nicht mehr glauben kann.« Lieber Herr Dr. Geis, mir wird manchmal vor unserer verheerenden Wirkung bange, und dann bin ich wieder ungebührlich stolz darauf ...

Von Herzen Dank, wie immer, für Ihre guten Worte. Wie sehr wünschte ich, Ihre Wirkung erwidern zu können.

Ihre Eva Reichmann

1 H. Arendt: Eichmann in Jerusalem, a Report on the Banality of Evil. Viking Press, New York 1963.
1a R. Hilberg, The Destruction of the European Jews, Chicago 1961.
2 »Handreichung« vgl. VI: Gollwitzer zu 1. Kritik ...
3 Verweis auf Brief an Freudenberg vom 24. 9. 63 (VI/4).

VII.9

[Düsseldorf], 31. 10. 1963

Sehr geliebte Frau Reichmann,

... glauben Sie nun bitte nicht, ich wollte von neuem Briefschulden auf Sie häufen. Aber Ihr so sehr lieber Brief hat mich in einem Punkt doch sehr erregt. Es muß mit allen nur möglichen Mitteln versucht werden, die deutsche Ausgabe des Buches von Hannah Arendt[1] zu verhindern. Es müßte eine Katastrophe sein, wenn von einer berühmten Jüdin die Munition für all die Nazis in der Bundesrepublik geliefert wird. ...

Da Sie von Ihrem Mann gar nichts schreiben, darf ich wohl eine erträgliche Gesundheit bei ihm annehmen. Grüßen Sie ihn schön und seien Sie selbst aufs allerherzlichste gegrüßt von

Ihrem Robert Geis

1 Die deutsche Ausgabe erschien Herbst 1964: H. Arendt, Eichmann in Jerusalem – ein Bericht von der Banalität des Bösen. R. Piper München 1964.

VII.10

London, 17. Januar 1964

Sehr lieber Herr Dr. Geis,

... Ob Sie wohl das Ihnen vom Council of Jews from Germany auf meine Veranlassung zugegangene Arendt-Buch erhalten haben? Und gelesen? Und wie wohl Ihr Eindruck gewesen sein mag?

Wir haben hier neulich wiedermal eine Aussprache über die mutmaßliche Wirkung des Buches in Deutschland gehabt, bei der ich mich auf Sie berief. Der ehrenamtliche Sekretär des Council, Herr

Bruno Woyda, fährt demnächst nach Deutschland. Ich habe mich bemüht, seinen Kampfgeist anzufeuern. Meine Ansicht, daß man heute noch versuchen müsse, das Buch ... zu unterdrücken, wurde von keinem der Anwesenden geteilt. Dagegen denkt man an systematische Pressearbeit nach Erscheinen, für die man alle Vorbereitungen zu treffen entschlossen ist. Vor allem aber will man den Zentralrat dafür herankriegen, ohne den man in Deutschland nichts tun könne. Aber man will sich nicht auf den Zentralrat verlassen, sondern das Material selbst sammeln und bereitstellen ...

Und nun habe ich das gute Gefühl, wieder einmal bei Ihnen eingekehrt zu sein. Schabbath Schalom. Alle guten Wünsche und Grüße

Ihre Eva Reichmann

VII.11

[Düsseldorf], 3. 2. 1964

Innig verehrte Frau Reichmann, liebe Freundin,

... bei der Lektüre von »Answering Hannah Arendt«[1] habe ich ständig Ihre Stimme gehört, sie zitterte vor Empörung. Aber ich fürchte, nichts, nichts erreicht das Ohr und das Herz dieser merkwürdig pervertierten Frau. Dennoch, es muß immer wieder dagegen Stellung genommen werden, möchte es doch stets so würdig geschehen wie bei Ihnen! In der letzten Nummer der Wochenzeitung »Die Zeit« steht ein glänzender Aufsatz von Prof. Golo Mann über das Buch, erstaunlich Ihren Ausführungen ähnlich.[2] Sollten Sie den Aufsatz nicht zu lesen bekommen, will ich ihn gerne schicken.

Mittlerweile habe ich auch den größten Teil des Buches selbst gelesen, was gar nicht so leicht ging, weil es mich immer wieder ekelte und ich einen neuen Anlauf nehmen mußte. Vielleicht mag es gut sein, daß H. A. auch den deutschen Widerstand mit Dreck bewirft, so kann es wenigstens zu einer Scheidung und Sichtbarmachung der wirklichen Grenzlinien kommen. Für die vielen, vielen Nazis, die eh' schon Morgenluft wittern, bleibt's natürlich ein Fressen. Leider steht Frau A. ja nicht allein da. Herr Leuner schickte mir gerade von L. G. Burg »Schuld und Schicksal«[3], abscheulich widerlich. Mit solchen Leuten muß H. A. in Zukunft zusammen auftreten. Ob der Dame nicht eines Tages selbst Angst wird? ...

Hoffentlich lebt Ihr lieber Mann vernünftiger. Seien Sie beide aufs herzlichste gegrüßt

Ihr Robert Geis

1 E. G. Reichmann, Antwort an Hannah Arendt, in: Die Kontroverse Hannah Arendt – Eichmann und die Juden, München 1964, S. 213–217.

2 G. Mann, Der verdrehte Eichmann, a.a.O., S. 190–198 (Erstveröffentlichung in: Die Zeit, 24. 1. 1964).
3 J. G. Burg, Schuld und Schicksal. Europas Juden zwischen Henkern und Heuchlern. München 1962. Burg – Pseudonym für Ginsburg – ist ein aus Lemberg stammender Jude. Ausgehend von den eigenen Erlebnissen bringt er eine Reportage – oberflächlich und selektiv – über die Geschichte der Juden Europas und sucht Mitschuld ausländischer Mächte und einzelner Juden wie internationaler jüdischer Organisationen am Schicksal der Juden herauszuarbeiten.

VII.12

London, 23.3.1964

Mein liebster Herr Dr. Geis,

Es ist mir ein dringendes Bedürfnis, den Geist des Überschreitungsfestes zu beschwören, indem ich Ihnen, an dessen Wohl mir so viel gelegen ist, wünsche, es mögen alle Plagen – nicht nur die schwerste – Sie im kommenden Jahre »überschreiten« und Ihnen ein gleichmäßig harmonisches, nicht allzu arbeitsbelastetes Leben ermöglichen. Was Sie mir in letzter Zeit von Ihren Verpflichtungen schrieben, hat mir gehörig Angst eingejagt, und ich war nicht ausreichend getröstet, Sie nachher für einige Zeit auf Ferien zu wissen. Schon um Sie mir als »Autorität« für die Fernlenkung von Rekonvaleszenten weiter zu erhalten, als die Sie mir – u. a. – so wertvoll sind, müssen Sie unbedingt selbst vernünftiger leben. Aber nun will ich nicht weiter predigen. Ich bin zu tief davon überzeugt, daß Sie das so viel besser verstehen – in jeglicher Beziehung.

Ihre zwei letzten Briefe [nicht mehr vorhanden] haben mir wie immer nicht nur je einen frohen Tag gebracht (trotz besagter Ängste), sondern – auch wie immer – ihre Strahlkraft bedeutend länger bewährt. Sehr erschrocken war ich nur dann, als Goldschmidt, der mich von Berlin anrief, mir erzählte, Sie haben unsere Arbeitsgemeinschaft verlassen, u. z. nach bzw. trotz Gesprächen mit ihm. Er war offenbar sehr betroffen. Ich dagegen bin, obwohl ich nach manchen Bemerkungen von Ihnen vorbereitet war, ganz entsetzt und sehr traurig. Heute erhielt ich nun auch den Durchschlag von Lili Simons Brief an den Vorstand der AG und habe daraufhin die Hoffnung, daß ich vielleicht aus dieser Quelle, die Lili Simon ja herausfordert, Näheres über das Zerwürfnis erfahre. Denn Sie, lieber Dr. Geis, will ich *keinesfalls* mit einer Bitte um Aufklärung bemühen. Ich stelle mir zu lebhaft vor, wie gerade nach einem solchen tragischen Schritt Ihnen die Materie zuwider ist. Sie sollen sich nicht verpflichtet fühlen, sich ihr nochmals zu konfrontieren. Sollten Sie einen Durchschlag Ihrer Schlußerklärung erübrigen können, wäre das etwas anderes.

285

Soviel steht natürlich fest: ohne Sie geht die Arbeit nicht weiter. Und weiter steht fest: Wenn einem so ruhigen, so wohlwollenden und von Ihnen persönlich so geschätzten Manne wie Goldschmidt die Vermittlung nicht gelungen ist, so muß der aufgerissene Graben sehr tief sein. Auch von meinen Hoffnungen stürzen klumpenweise viele hinein, ohne daß ich noch weiß, welche Mächte der Zerstörung hier am Werke waren.

Noch zu einigen der anderen Punkte, die mir alle z. Zt. unwichtig erscheinen. Das abscheuliche Arendt-Buch ist Ihnen selbstverständlich (Danaer-)geschenkt worden vom Council. Es soll nie ein Unwürdigerer Geschenke empfangen. Den Golo Mann-Aufsatz habe ich mit Entzücken gelesen, obwohl unsere Spezialanstände darin etwas kurz wegkamen. (Übrigens habe ich so das Gefühl, daß Golo Mann das Emigrationsschicksal seines Vaters wiederholen wird. Es ist doch offenbar eine regelrechte Hetze gegen ihn im Gange.) Das Buch von Burg kenne ich erfreulicherweise nicht, habe aber davon gehört. Der Verfasser spielt sich doch wohl als Jude auf, was jedoch keineswegs zu stimmen braucht. Unterdessen ist übrigens Hannah Arendts neues Buch über »Revolution«[1] hier sehr verrissen worden. Geschieht ihr recht. Die Nymphenburger Verlagsanstalt bereitet ein Gegenbuch gegen ihren »Eichmann« vor, wohl im Stile der Rowohlt-Schrift »Durfte der Papst schweigen?«[2], also eine Zusammenstellung von Presse- etc. Stimmen.

Mein Mann ist entschieden auf dem Wege aufwärts. Der weiteren Erholung wollen wir zu meinem Leidwesen – wenngleich ich die Notwendigkeit nur zu gern anerkenne – sogar die Sederabende opfern, da sie unglücklicherweise mit den Osterfeiertagen ja zusammenfallen und uns nur diese für ein paar Ausspanntage an der See zur Verfügung stehen. Wir gehen nach Bournemouth, wollen aber dieses Mal ganz bestimmt vernünftig sein und keine ermüdenden Spaziergänge machen, sondern uns nur die Seeluft um die Nase wehen lassen. Aber die Sederabende sind mir ein bitterer Verzicht; sie gehören zu meinen schönsten Kindheitserinnerungen. Mein Vater war ein berühmter »Sedergebender«, zu dem sogar unser weiland Rabbiner Felix Goldmann jährlich zu kommen pflegte, weil er selbst es so herrlich, zugleich weihe- und humorvoll – denn es sei ja ein Freudenfest, pflegte er uns zu sagen – nicht fertig brachte. Bei Ihnen ist es sicher auch ein prächtiges Fest. Lassen Sie es sich durch keinerlei Ärger vergällen, bitte!

In herzlicher Verbundenheit   Ihre Eva Reichmann

1 On the Revolution. Deutsche Ausgabe: Über die Revolution, München 1965.
2 F. J. Raddatz (Hg), Summa iniuria oder Durfte der Papst schweigen? Hochhuths »Stellvertreter« in der öffentlichen Kritik. rororo 591, Reinbek 1963.

VII.13

Meine liebe, sehr verehrte Freundin,
schön ist es doch, daß ich vor den Feiertagen noch gute Nachricht
von Ihnen erhalten durfte, daran will ich mich in den Kümmernissen
dieser Tage halten. Ach, könnten wir doch den Seder einmal gemeinsam begehen. Für mich war es allzeit der große Tag des jüdischen
Jahres, da mich nun schon lange unser Synagogenbetrieb in Deutschland abstößt und anwidert, ist eh praktikables Judentum in die Stille
der Familie zurückgezogen.

Über die Vorgänge um die AG VI [Juden und Christen] müßte Ihnen einmal Kraus oder Frau Oberschulrätin Schneider berichten. Die
tägliche Papierflut deckt mich seit Wochen zu. Ausgebrochen ist der
Gegensatz durch einen Aufsatz [VI.12] von mir, den ich beilege, aber
zurückerbitte, da es das letzte Exemplar ist. In Wirklichkeit ist einem
Teil der AG Angst vor den Angriffen der Lutheraner gekommen: es
mischt sich aber aufs peinlichste Urchristliches mit dem ewig Deutschen. Herr Gollwitzer hatte an den lutherischen Superintendenten
Thiel geschrieben: »Jeder Christ wird wissen, daß er sich im christlich-jüdischen Gespräch mit dieser positiven Wertung Jesu im heutigen Jdt. nicht zufrieden geben kann ... Aber meinen Sie nicht auch ...,
dies würde noch weitere Wirkungen haben und man werde dort bei
den Formeln, in denen man jetzt über Jesus spricht, auf die Dauer
nicht stehen bleiben können?«[1] Und dann folgt das uralte Bekeh-
rungsgerede an die Juden, nun nicht mehr unter dem Stichwort »Judenmission« sondern »Gespräch«. Ich hatte nur deutlich zu machen,
daß ich nie in Berlin gesprochen hätte, wenn man mich als Juden nur
bedingt ernstnehmen kann. Auf der einen Seite stehen Gollwitzer,
Harder, Freudenberg und wahrscheinlich ein Teil der Jungen aus
Angst vor ihren Lehrern. Auf meiner Seite der großartige von Thadden, Kraus, Michel, Frau Schneider, Heydenreich u. a. ...

Mitte April werden Kraus und ich in Hannover mit Herrn von
Thadden zusammentreffen. Was aus dem Kirchentag 1965 in Köln
wird, ist noch ungewiß, denn der tapfere von Thadden hat ja wahrlich genug Opposition im eigenen Lager.

Autobiographisch peinlich bleibt, daß ich in 12 Jahren nach dem
Wunsch von Leo Baeck zuviel in derlei Unternehmungen investiert
habe und im Augenblick nicht übersehen kann, was mir auf dieser
Welt eigentlich zu tun übrig bleibt. Es mag urjüdisches Schicksal sein,
wenn man immer wieder sein Herz an trügerische Hoffnung hängt.

Ihnen und Ihrem lieben Mann die allerherzlichsten Grüße

Ihr Robert Geis

1 In: Berliner Kirchenbriefe, Dezember 1963, S. 23 f.

Lieber Herr Dr. Geis,

Sie müssen Ihren Artikel wiederhaben, und ich nehme diese Tatsache als willkommene Entschuldigung mir gegenüber, etwa zwei Stunden nach unserer Heimkunft, da es sooo viele Dinge zu tun gäbe, wieder an Sie zu schreiben.

Innigsten Dank für das Gedruckte und Geschriebene. Von diesem wollte ich Sie zwar ausdrücklich freisprechen, aber nun, da es da ist und mir doch einen Eindruck von den traurigen Vorkommnissen gibt, bin ich Ihnen außerordentlich dankbar dafür. Allerdings eben nur einen Eindruck. Glücklicherweise bin ich aber über den Briefwechsel Gollwitzer/Thiel durch ein Rundschreiben unserer AG näher unterrichtet. Es wird Sie nicht überraschen, und ich geniere mich auch nicht es einzugestehen, was, sofern es sich um theologische Fragen handelt, sowieso immer nur »in meines Nichts durchbohrendem Gefühl« geschieht, daß ich diesen Meinungsaustausch ohne wesentliche Anstände gelesen hatte. Zwar empfand ich durchaus eine gewisse taktische Hinwendung Gollwitzers zu dem Lutheraner; aber sie schien mir das taktisch Erlaubte nicht zu überschreiten. Kann man von einem Christen wirklich erwarten, daß er unsere unbeirrbar innerweltliche, unwandelbar diesseitige Verehrung des Rabbi Joschua von Nazareth als letztes Wort hinnimmt? Ist es nicht ein Zeichen seiner Liebe, daß er uns, noch bevor sich die Parallelen in der Unendlichkeit schneiden, ein wenig von unserer Bahn zu der seinigen hinüberziehen möchte? Ich habe es bei unseren ehrlichen Freunden – natürlich nicht bei den traditionellen Missionaren – immer so sehen wollen. Aber bitte, liebster Herr Geis, betrachten Sie nun diesen meinen Vorbehalt nicht als weitere Welle der Sie bedrohenden Papierflut. Sie haben so viel Wichtigeres zu tun als auf meine rein gefühlsmäßige Reaktion zu antworten.

Sehr begeistert bin ich darüber, daß Sie die fürchterliche »Handreichung« noch öffentlich niedriger gehängt haben. Und wie solche Hinrichtungen Ihnen gelingen! Das nenne ich einen eleganten Beilschwung. A propos: Ist Ihnen bekannt, daß Gregory Baum [vgl. VI.12] als einer der einflußreichsten »backroomboys« des Vatikans bezeichnet worden ist im Zusammenhang mit den bevorstehenden Erklärungen zur jüdischen Schuld am Tode Jesu? Ich las darüber zufällig in einer »Spiegel«-Nummer vor mehreren Monaten. Ich war damals wenig begeistert, »All-Juda« in Mönchsverkleidung am Werke zu sehen. Nun beruhigt es mich beinahe, daß Herr Baum ein so verstockter Judentäufer ist. Allerdings gehört auch derartiges zu den Schlichen der »Weisen von Zion« ... und zum Schluß wird doch der Jude verbrannt.

Trotzdem ist Ihr Schlußabschnitt zu resigniert. Ich glaube an eine Überbrückung des Schismas in unserer AG. Nicht zuletzt, ja zu allererst Ihrer Unentbehrlichkeit und der – ehrlichen – Hochachtung Ihrer Person wegen. ... Nein, ich hoffe auf Hannover. Sehr beruhigend ist es, von Thadden auf Ihrer Seite zu sehen. Sicherlich ist dafür mit die Tatsache, der ich von Anfang an große Bedeutung beimaß, daß er Ihr Referat in Berlin mitangehört hat, maßgebend.

Sie sehen, wie viel Sie auf dieser Welt nicht nur zu tun haben, sondern wie viel Ihnen gelingt. Sogar in Ihrem brillanten, wenn auch schwer deprimierenden Artikel enden Sie mit einer Note der Hoffnung. Und die ist berechtigt. Punkt. Ich habe gerade in letzter Zeit wieder Wolfskehl [Ges. Werke I, S. 137] gelesen, auch die Strophe:
»Immer wieder wenn wir uns vergassen,
Selig singend mit den Andern sassen,
Fiel in unsern Wein ein Tropfen Lauge,
Traf uns böser Blick aus kaltem Auge.«

Aber so ist es doch hier nicht, wenn auch bei Ihrer Schlußbetrachtung (des Briefes) es mir fast so kalt wie beim Lesen dieser Zeilen den Rücken hinunter rieselte. Hier ist etwas im Werden, was auch durch das, was man im Englischen »growing pains« nennt, nicht in Frage gestellt wird. ...

Von ganzem Herzen   Ihre Eva Reichmann

VII.15

Düsseldorf, 6.4.1964

Liebe verehrte Freundin,

so sehr ich mich mit Ihrem Brief gefreut habe, mein Gewissen ist schlecht, dann ich hab' Sie wider Willen direkt nach Ihrer Rückkehr an den Schreibtisch gezwungen, und das war wirklich nicht nötig.

Aber ich habe mich natürlich sehr gefreut wie mit jedem Wort von Ihnen, besonders gefreut, weil offensichtlich die wenigen Ferientage Ihnen beiden gut getan haben.

Mit unseren theologischen Merkwürdigkeiten möchte ich Sie weiter gar nicht behelligen. Was Christen glauben, ist nur in diesem Fall gar nicht interessant, es kommt allein darauf an, daß Herr Gollwitzer nun nach Jahren nicht so tun kann, als ob auf dem Berliner Kirchentag der Gedanke der endlichen Bekehrung der Juden deutlich geworden sei und dennoch habe der Rabbiner Geis sein Referat gehalten. Das geht eben nicht. Ich lege Ihnen zur Erbauung noch einen Brief an

Gollwitzer bei, alle kann ich Ihnen unmöglich schicken. Das peinlichste für mich ist, wie sehr hier Theologisches mit allen Negativa des deutschen Gemüts vermengt ist. Aber Schwamm drüber! – Am nächsten Sonntag werde ich mit Herrn Kraus Herrn von Tadden sprechen, und danach werden wir sehen, ob der Wagen noch aus dem Dreck zu ziehen ist oder nicht...

Nun habe ich noch eine rabbinerliche Bitte. Könnten Sie ohne allzu große Schwierigkeiten in Erfahrung bringen, ob liberale Gemeinden in London eine Mikwe [rituelles Taufbad] besitzen, und wenn ja, welche. Das heißt, es würde mir schon eine einzige Mikwe genügen, um mit ihrem Wasser ein paar orthodoxe Rabbiner zum Ersaufen zu bringen.

Ihnen und Ihrem Mann die herzlichsten Grüße,   Ihr Robert Geis

VII.16

London, 16.4.1964

Sehr lieber Herr Dr. Geis,

Heut wird es wohl ein etwas abrupter Brief werden, aber ich wollte Sie in der »rabbinerlichen« Anfrage nicht länger ohne Bescheid lassen, obwohl es mich eigentlich mehr drängt, mein Herz in der AG-Angelegenheit zu erleichtern ... Und nun alle guten Wünsche für die Ertränkungsaktion, die bestimmt keinen »Unwürdigen« trifft.

Die andere Sache ist tieftraurig. Ich hatte so sehr auf die Aussprache in Hannover gehofft. Die jüdische Seite in unserer Gruppe als durch Reichmann, Sterling und Ehrlich vertreten zu bezeichnen, ist leider absurd. Ehrlich vielleicht – aber Sterling und ich als »theologische« Sachverständige?! Ganz abgesehen von der sachlichen Un-Eignung paßt es mir überhaupt nicht, als Feigenblatt für Geis zu dienen. Ich warte noch ein wenig, ob irgend eine Benachrichtigung seitens der AG-Leitung erfolgt und habe überhaupt die größten Bedenken, den armen Kraus mit Briefen einzuschneien; aber dann will ich mich doch äußern ...

Immer von Herzen   Ihre Eva Reichmann

VII.17

[Düsseldorf], 20.4.1964

Liebe verehrte Freundin,

... haben Sie Dank für Ihren Brief und seien Sie bitte nicht zu traurig. Wir Juden kommen aus sehr begreiflichen Gründen immer gar zu schnell in die Situation, an eine radikale Änderung zu glauben. Was 2000 Jahre schlecht lief, kann unmöglich in wenigen Jahren zum Guten sich wenden. Peinlich bleibt die Mischung von christlichem Vorurteil und germanischer Brutalität plus Sentimentalität, aber auch darüber dürften gerade wir uns nicht wundern ...

Hoffentlich geht es Ihrem lieben Mann und Ihnen gesundheitlich gut. Seien Sie beide aufs herzlichste gegrüßt.   Ihr Robert Geis

VII.18

London, 13.5.1964

Liebster Herr Dr. Geis,

... Haben Sie herzlichsten Dank für Ihren Zwischenbericht[1] vom – ach, wie schrecklich! – A.G.-Kriegsschauplatz. Ich habe seither nichts, u. z. von keiner Seite gehört und bin aus erwähnten Gründen auch nicht zum Nachfragen gekommen, das mir sowieso peinlich ist. Ob der Wonnemond vielleicht Verkrustungen auf der anderen Seite aufgetaut hat? Sie sehen, ich bin eine unbezähmbare jüdische Optimistin. Denn, wenn Sie auch mit den 2000 Jahren der Irrlenkung recht haben, und ich auch trotz Optimismus nicht an eine radikale und sofortige Bereinigung glaubte, so hoffe ich doch auf einen Anfang (»... und Ihr könnt sagen, Ihr seid dabei gewesen ...«), und möchte es weiter hoffen.

Ahnen Sie eigentlich, wer an Herrn v. Thaddens Stelle treten wird? Weil Sie so fest mit einer Suspendierung des Arbeitskreises rechnen?

Vom Kriegsschauplatz Arendt ist zu melden, daß, was Sie wahrscheinlich längst wissen, der Westdeutsche Rundfunk eine dreistündige (!) Sendung über das Buch angesetzt hat. Robert Weltsch hat mit der Verfasserin korrespondiert. Ich habe den Briefwechsel gelesen und werde das Transkript lesen. Sie weiß wohl um die erbitterte Kontroverse, schien mir aber von unsern Argumenten, also den Anti-Arendt-Argumenten, nicht übermäßig beeindruckt gewesen zu sein.

Ich habe Sonntagabend hier noch einmal an einem Diskussionsabend über das Buch mitgewirkt. Es war schlecht vorbereitet und unerfreulich. Aber einige der Äußerungen poscheter [einfacher] englischer, sprich: von östlichen Eltern abstammender Juden haben mich sehr aufhorchen lassen. Der eine sagte, man könne doch wohl den Russen weder Feigheit, noch Lauheit, noch mangelnden Widerstandswillen vorhalten; aber Millionen von russischen Gefangenen seien ermordet worden. Und ein anderer sprach von den hiesigen mittelalterlichen Verfolgungen und vom Schwarzen Tod, den Kreuzzugsblutbädern am Rhein und anderswo – und warum denn damals kein Mensch auf den Gedanken gekommen sei, der Toten anders als in tiefer Trauer, nämlich mit Vorwürfen zu gedenken?

Es wird mir immer klarer, daß das Weib die ganze falsche Fragestellung in die Debatte des Grauens geworfen hat, die nun niemals mehr davon frei sein wird. Semper haeret aliquid, und in diesem Falle nicht nur ein kleines Etwas, sondern eine große Portion zweckgerechter Apologie der Mörder ...

In großer Herzlichkeit

Ihre Eva Reichmann

1 Briefe vom 27.3. und 6.4. R.R.G. an E.R.

VII.19

[Düsseldorf], 7.6.1964

Liebe verehrte Freundin,

... Wenn ich nur wenige Minuten bei Ihnen sein dürfte[1], aber ich selbst muß recht langsam treten, weil mein Herz mir in letzter Zeit manchen Streich gespielt hat. Gewiß, es gibt der Herzkrankheiten viele in unserer Generation, aber doch will ich meinen, daß das Herz deutscher Juden in einer besonderen Weise mitgenommen ist und dauernd strapaziert wird und auf dieser Erde – auch bei wirklicher Altersweisheit – nicht mehr zur Ruhe findet. Nur von hier aus kann dem Sterben ein Tröstliches erwachsen ...

In herzlicher Liebe

Ihr Robert Geis

1 Anläßlich des Todes ihres Mannes Hans Reichmann.

VII.20

London, Juni 1964

Liebster Herr Dr. Geis,

Das Kuvert ist adressiert, und so nehme ich denn die gedruckte Danksagung. Aber daß es bei ihr nicht bleiben darf, ist selbstverständlich, wenn ich auch nur schlecht schreiben kann.

Wie gut mir Ihre warmen guten Worte getan haben, kann ich nicht sagen. Und auch nicht, wie tief dankbar ich Ihnen bin. Nur dürften Sie nicht so weit weg sein. Auch müssen Sie mir versprechen, gesund zu sein. Ich habe sonst noch Angst, Ihnen mit meinem Unglück geschadet zu haben.

Ich bin gelähmt und wie nach einer Gehirnerschütterung. Ich weiß noch nicht, wie alles weiter gehen soll. Es war zu schön, selbst oder gerade mit der Krankheit zu schön, als daß das Ende nicht nur Trümmer hinterließe.

Sehr unglücklich, aber Ihnen sehr verbunden

Ihre Eva Reichmann

VII.21

Düsseldorf, 8.7.1964

Wie gut, liebste Freundin, ein Lebenszeichen von Ihnen zu haben … Es gehört zu den nicht zu enträtselnden Fragen, warum selbst die Melancholiker so sehr am Leben hängen und den Tod fürchten. Ich kann mir beispielsweise Woche für Woche sagen, daß das Dritte Reich meine Lebenserwartungen, meine Hoffnungen zerstört hat, daß ich seitdem eigentlich nur auf »Abruf« existiere, aber dennoch habe ich eine fürchterliche Angst vor dem Sterben. Ob die innerlich Gesünderen und geistig Schöpferischen – wie Sie – eher mit den Schickungen fertig werden, ich weiß es garnicht und wünsche es doch sehr.

Bei unserem gemeinsamen Lehrer, Leo Baeck, habe ich immer wieder die schöne Kraft der Überwindung, das stete Abschiednehmen ohne Bitterkeit bewundert. Möchten Sie sich doch gerade jetzt als seine würdigere Schülerin erweisen – als der Schüler Geis …

Seien Sie aufs liebevollste, ja fast mütterlich umarmt

von Ihrem Robert Geis

VII.22

[Düsseldorf], 23.8.1964

Sehr geliebte Frau Reichmann,

… Es gibt – glaube ich – keinen Menschen auf der Welt, den ich so wortlos verstehe – wie Sie, verehrte Freundin. Mit dem Unetane Tokef[1] geht's mir genau so, mein Leben lang. Ich weiß noch, daß ich als Schulbub vor all dem Judenleid, das darin liegt, bitterlich weinte. Später erst bekam dieses Gebet seine ganz persönlichen Züge …

Sie haben doch Iwand auch geliebt? Mir war Iwand der liebste unter all' den vielen christlichen Theologen, die ich in den 12 bundesdeutschen Jahren kennengelernt habe. Mich erschütterte die Tiefe seiner Verzweiflung, sein Leid an Deutschland und der Kirche, das

293

unserem Judenleid so ähnlich war. Oft sind wir in seinen letzten Jahren zusammen aufgetreten.

Einhüllen möchte ich Sie in Liebe und über sicher schwere Tage und Nächte bringen.

Ihr Robert Geis

1 Gebet zu Neujahr und Versöhnungsfest.

VII.23

[Düsseldorf], 16.6.1965

Geliebte und verehrte Freundin,

... Was Sie über Nürnberg[1] schrieben, hat mich bewegt – und amüsiert. Natürlich ist es so, und eben darum wird der Jude – er sei denn Israeli – von Deutschland nicht loskommen. Warum ich innerlich von diesem Volk – trotz allem – nicht frei geworden bin, es schmerzhaft liebe, ist mir in den Nachkriegsjahren erst ganz deutlich geworden. Es gibt Deutsche, die an ihrem Deutschsein ebenso leiden – wie wir Juden an unserem Judesein. Die Intensität, und nicht nur die Kritik, bestimmt die Seinsart bestimmter Deutscher und Juden. Mommsen hat ja weit weniger von Juden gesprochen, gemeint hat er das deutsche Unvermögen, dem er Hilfe ersehnte.[2] Aber der Stachel, der in die Intellektuellen hineingetrieben wird, sitzt schließlich immer zu tief, daher die Übertreibung, und die Kluft wird sich nicht schließen lassen. Gebe ein gütiges Geschick, daß Deutschland außenpolitisch klein gehalten wird, sonst wehe uns allen. Wo da Schuld, wo Verhängnis, wer vermag das schon zu klären? ...

Sehr, sehr liebe Grüße

Ihr Robert Geis

1 In einem nicht auffindbaren Brief hatte Eva Reichmann über das kulturpolitische »Nürnberger Gespräch 1965« berichtet, an dem sie mit einem Kurzreferat »Das Antisymbol als Integrationsform der Krise« teilgenommen hatte. Vgl. H. Glaser (Hg.), Haltungen und Fehlhaltungen in Deutschland. Ein Tagungsbericht, Freiburg 1966.
2 Zur Orientierung: Heinrich von Treitschke hatte in den Preußischen Jahrbüchern, Nov. 1879 seinen berüchtigten antisemitischen Aufsatz »Unsere Aussichten« mit dem Satz »die Juden sind unser Unglück« veröffentlicht. An der darauf ausbrechenden heftigen Kontroverse beteiligte sich Theodor Mommsen: »Auch ein Wort zur Judenfrage« (Berlin 1880). Darin heißt es:
»Ohne Zweifel sind die Juden, wie einst im römischen Staat ein Element der nationalen Decomposition, so in Deutschland ein Element der Decomposition der Stämme, und darauf beruht es auch, daß in der deutschen Hauptstadt, wo diese Stämme factisch sich stärker mischen als irgendwo sonst, die Juden eine Stellung einnehmen, die man anderswo ihnen beneidet.
Decompositionsprozesse sind oftmals notwendig, aber nie erfreulich und haben unvermeidlich eine lange Reihe von Uebelständen im Gefolge; ... so sehr bin ich meiner Heimath nicht entfremdet, daß ich nicht auch ich oft schmerzlich empfände, was ich gehabt habe und was meinen Kindern fehlen wird. Aber Kinderglück und Männerstolz sind nun einmal unvereinbar. Ein gewisses Abschleifen der Stämme an einan-

der, die Herstellung einer deutschen Nationalität, welche keiner bestimmten Landsmannschaft entspricht, ist durch die Verhältnisse unbedingt geboten und die großen Städte, Berlin voran, deren natürliche Träger. Daß die Juden in dieser Richtung seit Generationen wirksam eingreifen, halte ich keineswegs für ein Unglück, und bin überhaupt der Ansicht, daß die Vorsehung weit besser als Herr [Hofprediger] Stöcker begriffen hat, warum dem germanischen Metall für seine Ausgestaltung einige Procent Israel beizusetzen waren.« Aus: W. Boehlich, Hg., Der Berliner Antisemitismusstreit, Frankfurt/M. 1965; Zitate: T. S. 11, M. S. 217 f.

VII.24

Mein sehr lieber, sehr verehrter Herr Dr. Geis,

Bei meiner Rückkehr von einer sehr langen, sehr bewegenden, sehr erlebnisreichen Reise zu Verwandten und Freunden in Südamerika (Brasilien und Chile) finde ich hier »Versuche des Verstehens« sowie die Nachricht Ihres 60. Geburtstages vor.

So wahr mich beides mit großer Dankbarkeit erfüllt, so wahr empfinde ich die Tatsache Ihres nunmehr sechzigjährigen Erdenwallens als etwas so Beglückendes und um und um Erfreuliches, daß meine Dankesgefühle dafür natürlich mit denen über die Buchgabe gänzlich unkommensurabel sind. Wahrscheinlich sind Sie der Meinung, daß Sie ja nicht notwendigerweise 60 werden mußten, damit sich Ihre Mitmenschen Ihres Daseins erfreuen könnten. Ich stimme zu und nehme für mich in Anspruch, es getan zu haben, seit ich Sie – viel zu spät – kennenlernen durfte. Ich glaube sogar, dieser Freude schon oft Ausdruck gegeben zu haben.

Nun aber – angesichts der runden Zahl und Ihrer meisterlichen Einleitung zu den »Versuchen des Verstehens« habe ich sie wieder besonders stark empfunden. Es ist mein inniger Wunsch, daß in allen Wirren des Lebens auch Sie, lieber Herr Geis, sie empfinden. Ihre Person und Ihr Leben haben alles Recht dazu, auch von Ihnen, selbst von Ihnen, mit bejahender Liebe umfaßt zu werden und in dieser Liebe immer neue Kraftquellen zum Fließen zu bringen. Ich glaube um etliche Anfechtungen, die dieser aufbauenden Liebe zu Ihrem eigenen Können im Wege stehen, zu wissen. Selbst während der Abfassung dieser Einleitung haben sie sich Ihnen in den Weg gestellt. Und nun liegt sie vor und gibt Kunde von der Weite Ihres Wissens- und Gefühlshorizonts – eine Kunde, die mich mit großer Bewunderung erfüllt. Der Jude als der »treueste Christ«; der Jude gesegnet in seiner Verdammtheit zum Nonkonformismus; der Jude und der Christ nach namenlosem Leiden »gläubige Minoritäten – oder ein Nichts«.

Ich bin mit dem Lesen der Texte noch nicht weit gekommen. Etwas erstaunt war ich, Gerhard Kittel[1] unter den Autoren zu finden ...

Zu meiner viel zu langen und extravaganten Reise habe ich mich eigentlich aus Verzweiflung entschlossen. Ich hoffte, durch ein so einschneidendes Erlebnis ein wenig besser mit meinem so traurig reduzierten Leben ins Reine zu kommen ...

Auch auf jüdischem Gebiet habe ich viele Beobachtungen machen können. Unsere deutsch-jüdischen Gemeinden sind an manchen Plätzen ein Stolz. Aber ob sie auch Zukunft haben? Man wandelt dort überall auf aus Namen, Erinnerungen, historischen Ausgrabungen gewonnenen marranischen Reminiszenzen.[2] Werden wir auch einmal nur noch in solchen Spuren fortleben? Diese Länder sind weitgehend ohne Antisemitismus. Säkulare Judenexistenz aber ist – horribile dictu – ein Geschenk der Judennot. Wird Judentum ohne Judennot sich erhalten können?

O, lieber Dr. Geis, wie unentbehrlich sind uns armen Suchenden Männer wie Sie! Sie müßten einmal eine Vortragsreise nach Südamerika machen. Dort (nicht nur dort!) braucht man Sie.

Und da sollte ich mich Ihres Daseins und So-Seins nicht freuen? Ich tue es von ganzem Herzen und wünsche Ihnen und Ihren Lieben viele gesegnete weitere Geburtstagsrundungen.   Ihre Eva Reichmann

1 Gerhard Kittel, 1888–1948, Professor für Neues Testament, Tübingen; Wegbereiter christlicher Abwertung des Alten Testaments und des Judentums.
2 Marranen: Zwangsgetaufte Juden, unter dem Druck der Inquisition Ende des 15. Jahrhunderts in großer Zahl aus Spanien nach Südamerika ausgewandert.

VII.25

[Düsseldorf], 12.10.1966

Sehr geliebte Freundin,

schon lange wollte ich mich nach Ihrem Ergehen erkundigen. Nach meiner endlichen Rückkehr aus den reichlich langen Ferien überfielen mich die Wartenden aus nah und fern, aber ich halte jetzt wieder viel aus, denn es geht mir wirklich gut. Gestern bin ich gemeinsam mit Kraus »aufgetreten«, mein Thema »Geschichtsbild des rabbinischen Judentums« war schlecht von mir vorbereitet, dennoch ging es ganz anständig. Wäre es möglich, daß Sie Ende Juni 67 an dem Kirchentag in Hannover teilnehmen und das jüdische Referat »Der Friede zwischen Juden und Deutschen« übernehmen? Wir alle wünschen uns das sehr!! Es wäre dann das Berliner Völkchen wieder ungefähr zusammen, denn Kraus und ich behandeln »Der Friede der Christen, der Friede der Juden«.

Schütteln Sie bitte, bitte nicht abwehrend den Kopf! Ich möchte

keinen Scholem, keinen N. Goldmann auf dem Kirchentag haben –
und Sie sicherlich auch nicht …
Seien Sie aufs herzlichste und freundlichste gegrüßt
von Ihrem Robert Geis

VII.26

Mein liebster Dr. Geis,
Das schönste an Ihrem Brief vom 12. Oktober war der Satz: »Ich
halte jetzt wieder viel aus, denn es geht mir wirklich gut.« Wie beglückend wundervoll! Das tief Beunruhigende war die Anfrage wegen
Hannover. Seither spiele ich Moses vor dem Dornbusch oder Jona
auf der Reise nach Tarsis – Sie dürfen es sich aussuchen. Und das ist
nicht einmal eine solche Blasphemie, wie es auf den ersten Blick erscheint; denn ich nehme den Anruf, der da durch Sie an mich ergangen ist, sehr ernst. Aber weil ich ihn so ernst nehme – was soll ich
tun? Glauben Sie mir: die Entscheidung ist objektiv nicht leicht. Ich
bin guten Rates bedürftig …
Doch noch habe ich nicht Nein gesagt. Weil mir eben diese Sache
so am Herzen liegt, Rahmen, Gegenstand, Atmosphäre, Weggenossen – alles. Ich möchte Sie vielmehr fragen: Wie ist ein solcher Vortrag von Ihnen vorgestellt? Wie lang? Würde er Ihrer Ansicht nach
(und ohne Schonung für mich, denn die Sache darf nicht leiden; lieber, wenn ich es nicht vermag, muß es ein anderer – nur bitte!! nicht:
Scholem oder N. G.! – tun) ein Vortrag sein müssen, der eine auf Material basierende Darstellung der Vorgeschichte einschließt; oder
käme es mehr auf Gesinnung und ihre gültige Formulierung an?
Zwar habe ich die Vorgänge zwischen Deutschen und Juden seit
Kriegsende mit tiefer Anteilnahme beobachtet und die größeren
Etappen der Wege sind mir bekannt. Aber alle Einzelheiten müßte ich
mir erst mühsam wieder heranholen, wenn das notwendig wäre. Und
das, fürchte ich, könnte ich nicht. Die Statuierung und Begründung
eines Standpunktes dagegen wäre weniger mühevoll.
Auf der anderen Seite: was würde ein solches Bekenntnis – ganz
gleich, wie es ausfallen würde, und meines würde zwar kein sacha-
rin-gesüßter Syrup, aber auch bestimmt kein Haßgesang sein – wieder für Anfeindungen im jüdischen Lager nach sich ziehen! Und ich
bin noch viel verletzlicher geworden, als ich es im Schutz meines
Mannes früher war. Überhaupt die Frage, wie weit man auch unseren
Juden die Meinung sagen dürfte, was doch um der Wahrheit willen
unumgänglich wäre. Aber gerade dabei wäre doch das christliche Fo-

rum stark zu berücksichtigen – nein, ich könnte, glaube ich, die Probleme nicht bewältigen. Könnte nicht vielleich R. R. Geis in seinem »Frieden der Juden« sich ihrer mit annehmen??? ...

Doch nun endlich Schluß mit dem viel zu langen Brief. Aber trotz des schwierigen Stoffes war es mir eine große Freude, Ihnen zu schreiben. In Herzlichkeit und Dankbarkeit, daß ich es durfte,

Ihre Eva Reichmann

VII.27

[Düsseldorf], 22.10.1966

Geliebte, sehr, sehr verehrte Freundin,

... Sie wissen auch ganz bestimmt, es ist mir sehr schwer gefallen mit der Kirchentagsbitte überhaupt zu kommen, denn ich möchte Sie ja nicht auch noch belasten und Ihnen wehtun. Vielleicht ist's sogar ein »weiblicher Zug« meines Charakters, der das Persönliche über das Sachliche zu stellen immer geneigt ist.

Aber bitte, was soll ich tun? ... Wenn wir den Kirchentag nicht streichen wollen – und damit sollten wir doch wohl warten, bis man uns von Seiten des Kirchentages streicht, bleibt leider, leider nur E. R. + R. R. G. Ich bedaure das tief und zwar für beide.

Einen historischen Vortrag hielte ich für eine Katastrophe, das ist oft genug durchexerziert, nur die »Statuierung und Begründung« eines Standpunktes wäre überhaupt interessant. Ich habe auch für mich abgelehnt über »der Friede der Juden« zu sprechen, das ginge mir viel zu glatt über die Bühne; darum mache ich daraus (und Kraus folgt mir darin in seinem Korreferat) Friede zwischen Juden und Christen, wobei beide in aller Liebe den Spiegel vorgehalten bekommen, auch wir Juden, denn es ist an der Zeit, gerade bei der Neuschöpfung des israelischen Ghettos ...

Überlegen Sie in Ruhe. Eine Absage würde ich Ihnen bestimmt nicht übel nehmen, aber Sie werden verstehen und nicht erschrecken, wenn ich ohne E. R. meinen Laden für Hannover dicht mache. Ich weigere mich, mit den falschen Juden aufzutreten, die unsere Vergangenheit in den Schmutz ziehen und aus einer spät gewonnenen Weite, um Hitlers Wunsch zu erfüllen, in die Enge ziehen; ich weigere mich, vor einem Nationalismus zu kapitulieren, nur weil er blau-weiß angestrichen ist; ich kann und will das Erbe meiner großen Lehrer nicht für billigen Erfolg verkaufen ...

Sie haben doch wenigstens noch einen jüdischen Freundeskreis in England. Ich habe niemand, noch nicht einmal das Leo Baeck Institut. Das sollen keine Klagen sein. Ich trag's wieder in heiterer Gelassenheit, ja mit einem Humor, in den sich meine Glaubenskraft zurückgezogen hat. Dennoch, solange wir noch auf dieser fragwürdig-geliebten Erde sind, sollten wir uns im Rahmen des uns Möglichen stellen. Damit werden Sie übereinstimmen, das weiß ich. Bleibt die Frage, was ist tragbar? Entscheiden Sie bitte, bitte ganz frei.

Seien Sie liebevoll gegrüßt   Ihr Robert Geis

VII.28
[Düsseldorf], 4.11.1966

Geliebte Freundin,

... Es *kann* Stunden der Wiedergeburt geben, die wir nicht erwarten und *keiner* weiß, wann seine Stunde kommt.

Mit Ihrer bedingten Zusage, aber doch Zusage habe ich mich unendlich gefreut. Lächeln mußte ich nur darüber, daß Sie mir meine »Bedeutung« in schönen Farben malen, ich jetzt aber Ihre Bedeutung, die weit gewichtiger ist, Ihnen vorhalten müßte. Lassen wir das, am Ende bestehen wir beide nur noch aus ungläubigem Kopfschütteln. Überzeugt bleibe ich davon, daß alles Leid, das uns nicht faktisch umbringt, uns bereiter für unsere Aufgaben macht. Über Juden und Deutsche kann kaum einer mehr sprechen. Ein Israeli überhaupt nicht. Ich könnte es, gut, aber dafür stellt mich der Kirchentag nicht frei. Unsere AG hat als die 1. überhaupt ein Programm, das aber an die kirchentägliche Aufteilung in zwei Vortragstage und nachmittägliche Diskussion (wie in Berlin) gebunden bleibt. Das Thema des ganzen Kirchentages heißt »Die Zukunft des Friedens«. Von Kraus und mir erwartete man eigentlich nur Theologie, aber dieses »nur« habe ich überrannt, dazu ist mir jeder Friede zu problematisch, ich will auch nicht für Augenblicke in Predigtnähe geraten. Nach Aufzeichnung dessen, was über Krieg und Frieden in der Bibel steht, will ich die engumgrenzte Frage angehen, was Christen *und* Juden an Friedensbemühungen füreinander versäumt haben, natürlich sehr behutsam. Das ist in unserem Lager 'ne ganze Menge, wird in dieser Gegenwart immer mehr ...   Ihr Robert Geis

VII.29
[Düsseldorf], 13.11.1966

Geliebte, verehrte Freundin,

... Vielen, vielen Dank für die Übersendung Ihres Aufsatzes »Zum 10. Todestag von Leo Baeck«.[1] Wie sehr Ihnen dieser Aufsatz gelungen ist, müssen Sie ja selbst gespürt haben. Merkwürdig, daß jede echte Schilderung unseres großen Lehrers seine leibhafte Stimme mit erklingen läßt. So konnte ich – und nicht nur die Zitate – mit seiner Stimme nachsprechen. Optimismus – Heroismus war übrigens unser letzter Streit bis in seine Krankheit hinein. Unter Berufung auf seine Formulierung vom Heroismus der Seele wollte ich ihn vom jüdischen Optimismus wegbringen, der ja problematisch ist – und mir zu sehr nach 19. Jhdt. schmeckte. Baeck hat sich herrlich gesträubt; auf meine pessimistischen Zitate aus Midrasch und Gebetbuch ging er erst garnicht ein ...

Sehr herzlich grüßt Sie

Ihr Robert Geis

1 In: Mitteilungsblatt der Irgun Olej Merkas Europa, Tel Aviv Jg. 34, Nr. 44, 4.11.1966. Auch in: E. G. Reichmann, Größe und Verhängnis deutsch-jüdischer Existenz. Zeugnisse einer tragischen Begegnung, Heidelberg 1974, S. 272–276.

VII.30

London, 16.3.1967

Ach, mein sehr Lieber, diesmal war es wieder ein Feiertag, an dem Ihr Brief und Ihr Manuskript kamen. Innigen Dank für beides ...

Doch nun – viel, viel wichtiger: Ihr Vortrag.[1] Ich bin einfach hingerissen, wenn Sie mir diesen Überschwang verzeihen wollen. Das ist gekonnt in jeder Schicht, der des Wissens, des Fühlens, der Aussage.

Am Großartigsten erscheint mir Ihre Forderung, Politik aus religiöser Verpflichtung zu bejahen, die Sie so meisterlich begründen. Die politische Abstinenz der Kirche ist für mich immer ein Stein gröbsten Anstoßes gewesen. Und die tapfere Hinwendung der evangelischen Kirche zu den heißen Eisen der Gegenwartsfragen war ausschlaggebend für meine innere Verbundenheit mit ihr. So bin ich Ihren Ausführungen mit einem wahren Glücksgefühl gefolgt.

Ebenso tief angerührt bin ich von der Chance der Machtlosigkeit ... und der Anspielung auf Deutschland, das sie nicht, oder doch nicht zureichend, ergriffen hat. Auch das, was Sie über Israel sagen – und wie Sie es sagen – ist herrlich. Immer wieder empfinde ich voller Dankbarkeit die Übereinstimmung in diesen Dingen.

Aber nun kommen auch wieder ein paar kritische Bemerkungen. Eigentlich sollten Sie sich die nunmehr verbitten; ich werde sie nämlich erst dann unterdrücken können. Vorläufig empfinde ich sie als Erfüllung eines Gebots der Freundschaft. Es ist übrigens manchmal mehr eine Frage als eine Kritik. Sie werden sehen.

Richtete sich nicht die jüdische Frömmigkeit außer in die Ferne der

Zeiten *auch* nach oben? Haben Sie hier vielleicht die Horizontale aus Gründen der Konfrontierung ein wenig überbetont? Ich gestatte mir, die realpolitischen Einsichten der Propheten nicht »erstaunlich« zu finden. Erstaunlich erscheinen mir höchstens die religiöse Inbrunst und die Macht der »Begeistetheit«, mit denen hier den Notwendigkeiten der Realität Ausdruck gegeben wurde. Der Zusammenhang zwischen beidem war jedoch wohl nicht loser als der von Ihnen so hervorragend dargestellte zwischen politischer Ohnmacht und Friedenssehnsucht.

»Wir Deutsche« steht dort mit voller Absicht? *Ich* habe nichts dagegen! – Wurden sie wirklich nie zu Kriegshetzern?

... Ich fürchte, nachdem nun einmal die Deutschen die »Chance der (vorübergehenden) Machtlosigkeit« nicht genutzt haben (nicht nutzen konnten, weil Amerika sie vorzeitig abschnitt?), daß das Zurückfinden zu einem gesunden Nationalgefühl im Verlaufe des kollektiven Gesundungsprozesses nicht zu entbehren ist. Ich weiß, ich setze mich damit in Gegensatz zu vielen Freunden. Aber es ist meine nicht leichtsinnig erreichte Überzeugung ...

Eine wunderbare Aussicht, meinen Vortrag von Ihnen eingeleitet zu bekommen! Nichts Besseres könnte ich mir wünschen.

Aus vollem Herzen Dank und sehr gute Wünsche in jeglicher Hinsicht,
                                                     Ihre Eva Reichmann

1 Im folgenden äußert sich Eva Reichmann zu dem Entwurf von Geis' Vortrag »Juden und Christen – ihr biblischer Friedensauftrag« für den Kirchentag Hannover 1967. Dieser Entwurf ist nicht mehr auffindbar. Der Text des Vortrages ist im Dokumentarband des Deutschen Evangelischen Kirchentages Hannover 1967, Stuttgart 1968, abgedruckt. Auch in: Gottes Minorität, S. 206–219.

VII.31

                                       London, 5.4.1967

Mein sehr, sehr Lieber,

Eigentlich habe ich heute gar keine richtige Ausrede mir gegenüber, Ihnen zu schreiben. Aber ich tu's halt so gern, und – allem gegenteilig Gesagten zum Trotz – erfreut mich dann auch immer das vage Gefühl: es könnte ein Brief von Ihnen in der Post sein ...

Amüsiert habe ich mich über Ihre Bemerkung: »Natürlich sind Sie recht konservativ«[1] im Zusammenhang mit dem Problem des nationalen Bewußtseins. Ich glaube, daß das eine mit dem andern überhaupt nichts zu tun hat. Daß es in Deutschland anders war, bzw. von der Rechten anders dargestellt zu werden pflegte, war ein Spezifikum aus der deutschen Pathologie. Schon mein – zeitweiser – Lehrer Franz Oppenheimer dozierte gern über den Unterschied des »guten Natio-

nalgefühls« und des »schlechten Nationalismus«. Das erste halte ich
für unentbehrlich und wünschte, daß die Deutschen zu ihm hinfän-
den, bevor es die Rechtsextremisten in der Entstellung des »bösen
Nationalismus« usurpieren. Ob das allerdings in Deutschland überhaupt möglich ist, weiß ich nicht – ich meine, die Entstehung eines
gesunden, in sich ruhenden, nicht aggressiven Staats- und National-
bewußtseins ohne reaktionäre Überspitzungen.
In diesem Sinne haben Sie nicht unrecht, wenn Sie sagen, ich sei
englisch beeinflußt. Hier spricht ja bekanntlich kein Mensch von »national consciousness«. Das hat man einfach, kaum bewußt, selbstverständlich und ohne Deklamation. »A national newspaper« ist nicht
etwa eine »nationale Zeitung«, sondern eine Zeitung, die im ganzen
Lande, nicht nur am Erscheinungsort, gelesen wird...
In großer Herzlichkeit

Ihre Eva Reichmann

1 Geis hatte am 18.3.67 geschrieben: »Natürlich sind Sie recht konservativ, darin von
England auch noch bestärkt, ich hingegen ganz links. Wir beide können uns, so
möchte ich meinen, dennoch gut vertragen.«

VII.32

[Düsseldorf], 23.4.1967

Geliebte Freundin,
... Natürlich hätte auch ich nichts gegen ein »gutes Nationalgefühl«. Aber gibt es denn so etwas in Deutschland? Wer das gute Nationalgefühl hierzulande ansprechen will, überschlägt sich bis jetzt
immer und daraus erwächst mit Notwendigkeit die Allergie auf der
anderen Seite. In unseren Lebenstagen wird sich daran nichts mehr
ändern. So kann man gerade als deutscher Jude zwar »besänftigen«,
muß zugleich aber auch deutlich machen, wo man keinesfalls steht.
Das ist Heine und Tucholsky schon überschwer gefallen, vielleicht
verdanken wir gerade deswegen ihnen die schönen Liebesbeweise.
Unendlich viel Liebes Ihnen. Die innigsten Grüße

Ihr Robert Geis

VII.33

[Düsseldorf], 8.6.1967

Liebste Freundin,
... Ich sitze von früh bis spät am Telephon [aus Anlaß des Sechs-
Tage-Kriegs], komme mir wie eine Außenstelle der Israel-Botschaft

302

vor: Geldspenden werden angemeldet, Freiwillige etc., etc. Die Bewegtheit der Deutschen – nun in großer Breite der Bevölkerung – ist imponierend – und dennoch weiß ich sehr genau, was alles dahinter steckt, das Gute und das Fragwürdige...
Sehr lieb grüßt Sie

Ihr Robert Geis

VII.34 Zur Geschichte der Juden in Deutschland[1]

Zu vorübergehendem Aufenthalt betreten Juden im Gefolge Cäsars im 1. vorchristlichen Jahrhundert deutschen Boden. Urkundlich nachzuweisen ist zuerst die jüdische Gemeinde Köln in einem Edikt des Kaisers Konstantin aus dem Jahre 321. Ob daneben andere Gemeinden bestehen, was während der Völkerwanderung geschieht, wir wissen es nicht. Mit dem 9. Jahrhundert mehren sich die historischen Quellen. Am Ende des 11. Jahrhunderts gibt es neben den Gemeinden Trier und Metz, Magdeburg, Merseburg und Regensburg die vier Gemeinden am Rhein: Köln, Mainz, Worms und Speyer. Bis zum 14. Jahrhundert sind allein im Rheingebiet 221 jüdische Niederlassungen für kürzere oder längere Zeit verbürgt. Die Germanen als arianische Christen verhalten sich loyal, wo immer sie Juden begegnen. Schwierig wird die Situation dann, wenn die römische Kirche siegt. Die Gleichsetzung der sakramentalen Gemeinschaft mit der staatlichen wirkt sich aus, macht sie zu Fremden. Unter Karl dem Großen ist dieses Fremdenrecht jedoch durchaus noch nicht drückend. Sie leben als Kaufleute und Ackerbürger, Bau- und Schiffsherrn, Weinberg- und Salzsiedereibesitzer, Handwerker und Ärzte. Sie besitzen ihre Synagogen und Friedhöfe, Bade-, Back- und Krankenhäuser. Wenig später geht die Kunde von ihren bedeutenden Lehrhäusern weit über ihr Siedlungsgebiet hinaus. Noch ist die römische Kirche nicht die bestimmende Macht im Staat. Acht Provinzialsynoden warnen in einer kurzen Spanne von 125 Jahren vor der Tisch- und Ehegemeinschaft mit Juden. Bischöfe des 9. Jahrhunderts klagen dauernd in Eingaben an den Kaiser über die vielfältigen, nicht zu unterbindenden Kontakte zu den Juden.

Schlagartig ändert sich das Bild mit dem 1. Kreuzzug 1096, wenn auch durchaus nicht alle Männer der Kirche mit der Judenschlächterei einverstanden sind. Die töricht-grausamen Beschuldigungen der Folgezeit: Hostienschändung, Ritualmord, Brunnenvergiftung, die Ausstoßung aus allen Berufen, die Verdammung zum Geld- und

Pfandgeschäft lassen erst das Zerrbild der detestabiles homines, der verabscheuungswürdigen Menschen nach dem Bild der konstantinischen Reichskirche erstehen. Zweierlei bleibt bei der qualvollen Geschichte der Juden im deutschen Mittelalter festzuhalten: Anders als in England, Frankreich, Spanien werden Juden aus Deutschland nie ganz vertrieben: »das« Deutschland gibt es nicht, sondern nur einzelne deutsche Territorialstaaten mit einer Judenpolitik, die zwischen Austreibung und Ansiedlung hin und her pendelt. Deutsche und Juden kommen also nie voneinander los. Weiter, die Juden bilden im Jiddischen eine eigene Sprache aus, vorwiegend bestimmt vom Mittelhochdeutschen und Frühneuhochdeutschen. In dieser Sprache fassen sie ihre religiöse Erbauungsliteratur ab, in ihr nehmen sie die deutsche Ritter- und Volksliteratur mit auf ihren Wegen, als Vertriebene noch Schrittmacher der deutschen Kolonisation des Ostens. Dafür wissen wir aus der gesamten jüdischen Geschichte nur noch eine Parallele, das Spaniolische der spanischen Juden. Die jüdisch-spanische Symbiose war aber eigentlich eine arabisch-jüdische, die Verbundenheit von in vielen Beziehungen Verwandten. Man darf annehmen, das Zusammenleben von Deutschen und Juden habe länger gedauert und sei intensiver gewesen, als wir aus den erhaltenen Urkunden entnehmen können. Das Treueverhältnis hat jedenfalls sein Erschütterndes. Erst Hitler tilgt mit dem Mord an den Ostjuden deren Sprache, die dem Deutschen über viele Jahrhunderte verwandt geblieben war.

Die Reformation bringt keine Befreiung, sie erscheint wie ein Hoffnungsschimmer über den Verhaßten und Verfemten, den der alternde Luther selbst zerstört. Gegen Ende des 17. Jahrhunderts kommt eine kleine Schicht privilegierter Juden unter der merkantilistischen Politik des fürstlichen Absolutismus vom jüdischen Schicksal frei. Es folgen seit der Mitte des 18. Jahrhunderts persönliche Kontakte zwischen Christen und Juden, die Freundschaft Lessing-Mendelssohn stehe hier als Beispiel. Die Gesetzgebung zur Emanzipation der Juden beginnt spät unter französischem Einfluß im Königreich Westfalen 1806, endet mit den Gesetzen des Norddeutschen Bundes 1869, die das deutsche Kaiserreich 1871 übernimmt. Emanzipiert wird der einzelne Jude, nie das Judentum als Gesamtheit. 1878 beginnt bereits eine neue antisemitische Bewegung unter dem Berliner Hofprediger Stoecker. Es ist kaum zu verwundern, wenn in das Entflammtsein für Deutschland immer wieder die Angst der Unsicherheit gemischt ist, eine Angst, die man beschwichtigt, indem man den Antisemitismus als Nachzugsgefecht eines endgültig Vergangenen deutet, nie als Vorspiel neu heraufziehenden Unheils.

Die Juden in Deutschland erreichen am Ende des allzu langen Mittelalters einen in ihrer Geschichte seltenen geistigen Tiefstand, um so bedeutsamer, überraschender ihr schneller Aufstieg innerhalb der deutschen Bildung. Welche Vitalkräfte! Die deutsche Vaterlandsliebe hat von Beginn ein Übersteigertes. Was die Juden blendet, was ihnen das nicht rücknehmbare »Ja« zu diesem Land eingibt, ist das Zusammentreffen ihrer Befreiung mit einer einmaligen Höhe der deutschen Kultur. Deutschland bedeutet für sie Kant, Lessing und Humboldt, Goethe und Schiller. Mit einer kleinen bürgerlichen Oberschicht überschätzen sie den Einfluß der Großen des Volkes auf die breiten Massen. Die Gleichheit der Fehler mag das kurze Zusammenklingen überhaupt begünstigt haben. Deutschen wie Juden fehlt, von einer ungünstigen Konstellation beeinflußt, politischer Sinn und politischer Instinkt. Beide sind weit eher eine Schicksals- als eine Volksgemeinschaft. Beiden verstellen ein stark ausgeprägtes Irrationales und Abstraktes die rechte Einschätzung des Konkreten und Realen. So übersieht man ein Gewichtiges: nur die Bereitschaft zu einer pluralistischen Gesellschaft auf deutscher Seite hätte den Eintritt der Juden in die deutsche Wirtschafts- und Kulturgemeinschaft langsam einer Lösung zuführen können. Was unter manchem Mißverständnis wächst, ist dennoch von eminenter Bedeutung. Die zur Verfügung stehenden Minuten erlauben nicht, mit den bedeutenden, ja genialen Juden aufzuwarten. Es wäre auf allen Gebieten des Geistes eine imponierende Zahl. Immerhin sei daran erinnert, von den Bewegern der Neuzeit kommen Marx, Freud, Einstein, von den 39 jüdischen Nobelpreisträgern bis zum Jahre 1959 kommen 26 aus dem Judentum des deutschen Sprachgebietes. Gewichtiger noch aber mag ihre Rolle als begeisterte Schrittmacher deutscher Denker und Dichter, Maler und Musiker sein. Fontane schilderte in einem weise-humorigen Gedicht anläßlich seines 75. Geburtstages, wie er eigentlich als Gratulanten den preußischen Adel erwartet habe. Er bleibt aus. Aber die erscheinen, sind »fast schon von prähistorischem Adel«, die Juden.[1a] Dieser Prozeß der Eindeutschung bringt einen erschreckenden jüdischen Substanzverlust durch Abfall und Taufe mit sich, er beschränkt sich natürlich nicht auf dieses Land. Rilke rät in liebender Sorge für das Gottesvolk der Juden nicht von ungefähr zu »einer vermutlich gebotenen Austrennung«[2].

Aber die andere Seite, heute so gern vergessen, soll nicht übersehen werden. Nachdem der erste Rausch verflogen, erinnert man sich auch wieder der Urgründe jüdischen Lebens, das man in einer Synthese mit seinem Deutschtum verbinden zu können glaubt. Die jüdische Renaissance des deutschen Judentums kann nur boshafte Ignoranz oder horrende Dummheit leugnen. Auch geht es nicht an, leichtfertig darüber hinwegzusehen, daß die Wissenschaft vom Judentum in

Deutschland ihre Geburtsstätte hat, die religiösen Bewegungen der Neuorthodoxie und Reform, wie fragwürdig sie manchmal waren, von Deutschland ausgehen, der Zionismus gerade in seiner deutschen Prägung aus der Entwicklung zum Neuen Israel hin nicht wegzudenken ist. Wohin der Weg am Ende geführt, ob zur Auflösung oder zu einem reicheren Leben der Symbiose, wir können es nicht sagen, da das Dritte Reich blutig dazwischenfährt und alles zerstört. Denen, die von der Geschichte des deutschen Juden als Deutsche nichts mehr wissen, und denen, die als Juden aus verständlichem, verletztem Stolz nichts mehr wissen wollen, sei zum Schluß die Stimme der zionistischen Zeitung Deutschlands, der Jüdischen Rundschau, in Erinnerung gerufen, eines Blattes, das gerade nicht das auflösungsbereite Judentum vertrat. In einem Artikel von Robert Weltsch, der kurz nach dem 1. April 1933 erschien, heißt es:

»Das deutsche Volk soll wissen: Geschichtliche Verbundenheit von Jahrhunderten ist nicht so einfach zu lösen. Unser Bekenntnis zum jüdischen Volkstum hat nie bedeutet, daß wir etwas wieder hergeben oder hergeben könnten, was deutscher Geist uns geschenkt hat. Wir sind in ihm erzogen und wissen, was wir ihm zu danken haben. Das nationale Judentum hat – neben seinen jüdischen Quellen und Schätzen – aus deutschen Schriften gelernt, was Charakter und Freiheit heißt ... Tausende deutscher Juden, in deutscher Bildung erzogen, müssen das Land verlassen ... Jahre und Jahrzehnte werden vergehen, und wir wissen, daß noch Generationen dem treu bleiben werden, was sie vom deutschen Geist empfangen haben.«[3]

1 Einleitung zum Vortrag von Dr. Dr. Eva G. Reichmann »Juden und Deutsche – ihr Weg zum Frieden« auf dem Deutschen Evangelischen Kirchentag Hannover, 23.6.1967. – Einleitung und Vortrag in: Dokumentarband, a.a.O., S. 314–330.
1a »An meinem Fünfundsiebzigsten«, in: Th. Fontane, Autobiographisches – Gedichte. Neuausgabe München 1978, S. 371 f.
2 Brief an Ilse Blumenthal-Weiß, 25.4.1922, in: Briefe aus Muzot, Leipzig 1935, S. 133.
3 Robert Weltsch, Tragt ihn mit Stolz, den gelben Fleck! (4.4.1933) – Zehn Tage später (13.4.1933) in: Jüdische Rundschau, XXXVIII, Nr. 27 u. 30/31; auch in: Ders., An der Wende des modernen Judentums, Tübingen 1972, S. 21–35, Zitat S. 28 f.

VII.35 Zeit bleibt nicht stehen[1]

Zeit bleibt nicht stehen. Eine lächerlich banale Feststellung, doch sie kann einem zu schaffen machen. Da ich Dank sagen möchte, sehe ich das lausbübisch prüfende Lächeln von Franz Rosenzweig, sehr nah, gegenwärtig über viele, viele Jahre hinweg. Es scheint »na nu?« zu sagen, und schon gar bei einem Menschen, der so wenig repräsentativ für seine eigene Gemeinschaft ist. Das verwirrt. Lassen Sie mich bitte meinen Dank an die Witwe von Franz Rosenzweig richten. In der Frankfurter Dachwohnung von Edith und Franz Rosenzweig habe ich sehr jung erfahren, daß Humor Ausdruck des Glaubens sein kann und wie man Geschicktes tragen soll. Frühe Einübung für die Jahre ab 1933 – und alle Zeit danach.

Zeit bleibt nicht stehen. Das kann erfreulich sein. Lange wurden in unserer Bundesrepublik von repräsentativen Vertretern des Staates Linksintellektuelle, Dichter und Schriftsteller zumal, Pinscher, Nestbeschmutzer, Zersetzer tituliert. Heute reden der Bundespräsident und ein ganz böser Linkskatholik zu uns.[2] Wir möchten das nicht pathetisch eine Sternstunde nennen, hoffen aber, daß es mehr als eine Sternschnuppen-Stunde ist.

Zeit bleibt nicht stehen. Das ist vielleicht das besondere Problem unserer Gesellschaften. Wir sind einmal angetreten, um Fürchterliches im Bereich des Menschenmöglichen zu überwinden. Viel gute Arbeit ist da bis auf den heutigen Tag geleistet worden. Sehr früh jedoch haben wir wichtige Tatbestände nicht zur Kenntnis genommen. Ein Großteil der Geistigen, seit je engagierte Gegner des Nationalsozialismus, haben nie den Weg zu uns gefunden. Nicht nur, weil ihnen damals deutsch-israelische Beziehungen vielleicht wichtiger als christlich-jüdische schienen. Bei ihnen regte sich früh wachsende Skepsis, da vom Beginn her ein zu nichts verpflichtendes Bekenntnis zu unseren Gesellschaften fragwürdige Demokraten zu guten Demokraten avancieren ließ. Manchmal war das schwer zu verhindern, oft haben wir dem fatalen Schnellreinigungsverfahren alter und neuer brauner Westen bestimmt nicht genug Widerstand entgegengesetzt. Nicht jede Freundschaftsbeteuerung gegenüber dem Häuflein überlebender Juden ist echt. Judenfreundschaft kann hierzulande eine sehr gefährliche Maske sein, hinter der sich derb-schmutzige Gedanken von Nichtdemokraten verbergen.

Der eben geschilderte Vorgang hat sich noch einmal wiederholt. Über eine Reihe von Jahren hatten wir viel Jugend auf unserer Seite. Das ist vorbei, obwohl das religiöse Engagement eher zunahm. Der Katholikentag in Essen, die Evangelischen Kirchentage in Hannover und Stuttgart, die Studentengemeinden, ökumenische Gottesdienste, das Kölner Politische Nachtgebet unterstreichen das. Verständlich, wenn den Verwaltern der Konfessionen dieser Aufbruch nicht paßt, doch möchte man daran erinnern, wie Altes und Neues Testament geprägt sind von dem Sturmlaufen gegen das Gottvertrauen der Habenden, die sicher wähnen, Gott sei mit den Siegenden. Die Erklärung des Koordinierungsrates zur diesjährigen Woche der Brüderlichkeit läßt aufhorchen. Ja, Brüderlichkeit ist eine politische Aufgabe, und

Theopolitik, von der Buber immer sprach, tut uns bitter not. Politische Neutralität ist auch Politik, die oft nur liebend gern vergißt, dubiose Positionen zu räumen. Wir sind gefordert, und wir dürfen denen keine Chance geben, die mit recht billigen Mitteln verdecken, wie reaktionär sie auf die Ungeheuerlichkeiten in vielen Ländern dieser Welt reagieren. Das gerade hat die Jugend wohl zu recht stutzig gemacht.

Was mit der Ermordung von 6 Millionen Juden begann, war ja nur ein Anfang. Auch wir Juden sollten das nicht vergessen. Wir sehen uns um: Schutthaufen betrogenen, gequälten, gestorbenen Lebens. Dagegen wendet sich eine weltweite Rebellion zum Ziele der radikalen Veränderung. Gläubige werden in der nicht abwendbaren Auseinandersetzung ihre durchaus legitime, wenn auch bescheidene Rolle neben säkularisierten Bewegungen zu übernehmen haben. Eigentlich ist gar nicht die Verweltlichung unseres Lebens ein Unglück, viel eher die Praxis der Konfessionen, die gesellschaftliche Dimensionen der biblischen Botschaft heimlich oder offen negieren.

Doch gerade hier wächst zaghaft eine Hoffnung, wenn man das Weltbewegende von Utopien richtig einschätzt. Wir Juden haben immer gemeint, der Christ könne kein Streiter für das Königtum Gottes auf dieser Erde sein. Erlösung bleibe für ihn nur und allein im Geistig-Geistlichen. Das stimmt nicht mehr. Über zwei Jahrtausende Kirchengeschichte hinweg entdeckt der Christ, wenn auch langsam, die biblische Botschaft mit ihrem Fordernden wieder. Die Stimme Jesu wird hörbar – und sie besagt unendlich viel mehr als der ehrwürdige Chor aller Kirchenväter.

Auch wir Juden werden von neuem unsere Propheten zu entdecken haben, sobald der Dunst der Müdigkeit, der so leicht aus Ruinen aufsteigt, schwindet. Bei aller Verehrung für unsere Rabbinen, die Propheten sind gewichtiger. Sie fordern in jeder Epoche jede Generation des jüdischen Glaubensvolkes. Erst wenn Jesus und die Propheten aus dem Goldstaub der Verehrung auferstehen, lohnt es überhaupt, Christ und Jude zu sein, beginnt die fruchtbare Periode christlich-jüdischer Zusammenarbeit.

Die unter uns, die im Kampf gegen Reaktion in jeder nur möglichen Form geeint sind, verstehen Oekumene als die Erlaubnis, das Leben der kommenden, erhofften, ersehnten Welt hier und heute zu leben. Politik als Prüfstein für die Ernsthaftigkeit unseres gläubigen Tuns, einen anderen Weg vermögen wir nicht zu sehen. Zeit bleibt nicht stehen.

1 Rede anläßlich der Verleihung der Buber-Rosenzweig-Medaille 1970 an Eva Reichmann und R. R. Geis, Köln 8. März 1970, Eröffnung der Woche der Brüderlichkeit,

in: Schriftenreihe der Kölnischen Gesellschaft für Christlich-Jüdische Zusammenarbeit, H. 14, Köln 1970, S. 7 f.
2 Gustav Heinemann und Heinrich Böll.

VII.36 Eva Reichmann an Susanne Geis

London, 27.5.1972

Meine liebe Frau Geis,
wie ein Donnerschlag traf mich soeben die schreckliche Nachricht.
Und wie von einem Blitz fühle ich mich zerschmettert und kaum imstande, die Feder zu halten. Und doch muß ich sofort zu Ihnen sprechen, auch trotz des Sabbath. Er würde es verstanden haben, in seiner über Äußerlichkeiten sich hoch erhebenden Frömmigkeit.
Aber darf ich denn Ihnen in Ihrem noch so frischen, unauslotbaren Schmerz überhaupt sagen, wie es mir zumute ist? Vielleicht darf ich es; vielleicht rührt Sie aus meiner Trauer und Zerschlagenheit ein kleiner Trost an, weil Sie fühlen, wie ich Ihren Mann verehrt und geliebt habe, wie ich ihn zu verstehen glaubte, wie viel er mir bedeutete.
Sie wissen, daß er mir auch einmal – und leider mit der Folge einer langen Trennung – weh getan hat, und das kann ich in Wahrhaftigkeit auch heut' nicht übergehen. Aber nicht nur hat er es gut gemacht, und ich empfand seit langem wieder die alte Verbundenheit; sondern das Maß dessen, was er mir vorher an Freundschaft, Harmonie, großartiger Anregung und stützender Treue gegeben hatte, war von einer Größenordnung, die unerschöpflich war. So habe ich es *immer* gefühlt. Und so fühle ich mich heut' beraubt, verarmt, verwaist. Leerer und leerer wird die Welt. Mit diesem noch unfaßlichen Verlust ist eines der wahren Geschenke des Lebens untergegangen.
Aber nun habe ich doch schon zu viel von mir gesprochen. Liebe Frau Geis! Verzeihen Sie meine Zerstörtheit. Ich denke in tiefem Mitgefühl an Sie. Ich möchte hoffen: Sie haben Ihre Kinder, die noch Ihrer Fürsorge bedürfen; Sie dürfen noch Erwartungen hegen, noch Freuden entgegen sehen. Daß er sie nicht erleben durfte, ist furchtbar. Aber es wird die Erfüllung, die da hoffentlich noch Ihrer wartet, nicht auslöschen. Ihre Freunde werden Ihnen beistehen. Es werden – so möchte ich das Schicksal beschwören – Ströme der Liebe und Bewunderung, die Ihr Mann und sein Werk aus dem spröden Stein der Menschenherzen geschlagen hat, zu Ihnen fließen und Ihnen Trost bringen.
Vielleicht werden Sie in Baden-Baden noch kaum Fuß gefaßt haben. Wer weiß, ob Sie jetzt dort werden bleiben wollen. Was immer Sie planen: es möge zum Guten sein, zum leise und zunächst kaum

wahrnehmbaren, aber dann doch sich durchsetzenden Besseren nach diesen Tagen des Unheils.

Meine Gedanken gehen zurück – erschüttert und dankbar – zu der Zeit vor jetzt genau acht Jahren, als mich das gleiche Unglück traf wie jetzt Sie. Dankbar, weil Ihr Mann mir damals mehr geholfen hat, als ich es sagen kann. Er schrieb damals schon, daß sein Herz geschwächt sei, und fuhr fort: »Gewiß, es gibt der Herzkrankheiten viele in unserer Generation, aber doch will ich meinen, daß das Herz der deutschen Juden in einer besonderen Weise mitgenommen ist und dauernd strapaziert wird und auf dieser Erde – auch bei wirklicher Altersweisheit – nicht mehr zur Ruhe findet. Nur von hier aus kann dem Sterben ein Tröstliches erwachsen ...« Vielleicht sprechen diese *seine* Worte nun auch zu Ihnen, wie sie zu mir gesprochen haben. Und auch seine Schlußworte möchte ich nun Ihnen zurückgeben: »Meine stille Hoffnung ist, Sie möchten in diesen überschweren Wochen die Hilfe echter Freundschaft finden – und zugleich die Einsamkeit, ohne die schweres Leid nicht in Würde, nicht sinnvoll getragen werden kann.«

Wer könnte es wahrer und wärmer sagen?

In inniger Verbundenheit   Ihre Eva Reichmann

VIII. Weggenosse: Briefwechsel (1952–1972)

Zum Thema

1952 war Geis in den deutschen Kulturkreis zurückgekehrt. Wie die vorangehenden Kapitel gezeigt haben, nahm er rasch und intensiv am geistigen und politischen Leben in der Bundesrepublik teil; er engagierte sich emphatisch gegen alle restaurativen Tendenzen und wurde Weggenosse vieler Nonkonformisten. Zugleich war er zu Begegnungen mit einstigen Parteigängern Hitlers – so mit dem ehemaligen Rüstungsminister Albert Speer – fähig, wenn er von der aufrichtigen Einsicht seines Gegenübers überzeugt war. Wie immer wieder bezeugt wird, war seine große Gabe, zugleich so manchen seiner Partner in den Bann geradezu verzehrender Freundschaft zu schlagen.

In den Briefen kommt auch deutlich zum Ausdruck, was auf Geis' ganzes Leben zutrifft: Er war von Kindheit an von Krankheiten geplagt, die fast alle psychosomatische Zusammenhänge zeigten. 1957 waren nervöse in organische Herzbeschwerden umgeschlagen. Im November 1968 hatte er einen ersten, ziemlich genau zwei Jahre einen zweiten Herzinfarkt. Seine Lehrtätigkeit zunächst in Duisburg, später in Göttingen war, wie die Briefe deutlich belegen, hierdurch wesentlich beeinträchtigt.

Eine angemessene Auswahl aus der Korrespondenz der Jahre 1952 bis 1972 zu treffen, war besonders schwierig. Die geringe Zahl von Briefen aus den frühen Jahren, das völlige Fehlen während einiger weiterer Jahre (außer den in den Kapiteln VI und VII enthaltenen Briefen) und die dichte Folge ab 1969 sind im wesentlichen auf die im Vorwort gekennzeichneten Umstände der Aufbewahrung beziehungsweise der Wiederbeschaffung zurückzuführen. Da die Zahl der hier wiedergegebenen Briefe von Geis und seinen jeweiligen Partnern insgesamt nicht groß ist, sind alle Briefe chronologisch geordnet; die Verknüpfung der Korrespondenz mit bestimmten Personen dürfte trotzdem leicht möglich sein. Die Korrespondenz mit einzelnen christlichen Partnern, mit denen Geis den Purim-Streit (s. Kap. VI) führte – so vor allem H.-J. Kraus, H. Gollwitzer, A. Freudenberg – hatte bereits lange vor dem ersten gemeinsamen Auftreten auf dem Berliner Kirchentag 1961 eingesetzt. Die Auswahl der Korrespondenz mit ihnen findet sich hier, so weit sie nicht in Kap. VI. aufgenommen ist.

VIII.1 An Nahum Glatzer

Karlsruhe/Baden, 12.9.1952

Lieber Nahum Glatzer,

... Ich bin seit drei Monaten in Deutschland; ich muß nicht erst betonen, wie schwer uns der Entschluß wurde, umso mehr als wir noch zwei kleine Kinder haben. Aber die Überfülle der Arbeit rechtfertigt eigentlich schon diese Entscheidung, und wenn es mir gelingen sollte, wirklich etwas saubere Zustände in dem engen jüdischen Lager zu schaffen, was der Wunsch von Leo Baeck war, dann will ich's zufrieden sein. Es ist nebenbei rein theologisch gesehen überaus interessant hier ... und menschlich oft auch recht erfreulich ...

Sei aufs herzlichste gegrüßt   Dein Robert Geis

VIII.2 An Nahum Glatzer

Karlsruhe/Baden, 24.11.1952

Lieber Nahum Glatzer,

Die Arbeit hier ist z. T. sehr schwer und überaus deprimierend, freilich erscheinen manche Judenprobleme hier in einer Belichtung, die recht wesentlich ist. Viel Freude habe ich im Zusammensein mit Studenten. In Heidelberg ist eine kleine jüdische Studentengruppe, Amerikaner und Palästinenser, mit denen ich viel zusammen bin. Dann halte ich mit Karl Thieme im Rahmen des studium generale eine Vorlesung über jüdische Religionsgeschichte in Freiburg, des öfteren bin ich auch in Bonn bei einem Kreis katholischer Jungakademiker, deren Bemühen um Verständnis nur großartig zu nennen ist und die mit viel Nachdruck gegenüber dem Kölner Kardinal Frings jedes Recht der Kirche auf Mission uns gegenüber bestreiten. In diesem Zusammenhang habe ich übrigens schon wieder eine Bitte. Evangelische Theologieprofessoren haben mich um einen Vortrag »Der gerechte Gott« gebeten. Ich habe es nie gern, wenn Christen jüdische Themen bestimmen, konnte aber in diesem Fall nichts dagegen unternehmen. Kannst Du mir da vielleicht helfen? Cohen in der Ethik[1] und Religion der Vernunft[2] ist nur mit Vorsicht heranzuziehen, weitere jüdische Arbeiten sind mir unbekannt. Kannst Du mir Material angeben, vor allem für die talmudische Epoche? Ich möchte doch nicht von der Verzeichnung in Hans Schmidt's Gott und das Leid im AT[3] ausgehen u. selbst Barth in seinem Römerbriefkommentar[4] zu [Röm] 2,3 ff und 9,30 ff hilft mir nicht weit ...

Hab nochmals vielen, vielen Dank und sei aufs herzlichste gegrüßt

Dein Robert Geis

313

1 H. Cohen, Ethik des reinen Willens, Berlin 1907².
2 H. Cohen, Religion der Vernunft aus den Quellen des Judentums, Berlin 1928²
  (Darmstadt 1966).
3 H. Schmidt, Gott und das Leid im Alten Testament, 1926.
4 K. Barth, Der Römerbrief, München 1922².

VIII.3 An Kurt Wilhelm

Karlsruhe/Baden, 10.8.1953

Lieber Wilhelm,

... Wir beide sind uns doch völlig klar darüber, wie zentral christlich das Problem [der Judenmission] ist. Wir Juden können nicht gut
eine Änderung der christlichen Dogmatik erreichen, zu der wir nun
einmal gehören. Ich persönlich argumentiere in meinen vielen Auseinandersetzungen etwa so: »Ich weiß, wir gehören in euren Heilsplan. Macht aber erst mal die Gojim der Welt zu Christen und dann
sprechen wir uns wieder. Eine Abstinenz in der Judenmission können
wir nach eurem Versagen z. Zt. Hitlers wohl verlangen.« Auf dieser
Linie scheint mir eine Einigung in der Zeit möglich, eine Dauerlösung
gibt es nicht vor den jemej hamaschiach [Tage des Messias] ...
Was die Verhältnisse in Israel angeht, so meine ich, wir bezahlen
durch Menschenverluste an die Mission nur das, was uns die Orthodoxie eingebrockt hat. Leider – oder auch nicht leider?? – werden wir
immer gestraft für unsere Sünden. D. h., es hat nur einen Sinn sich gegen Judenmission in Israel zu wenden, wenn man zugleich einem
wirklich religiösen Judentum in Israel auf die Beine hilft ...
Herzlichst   Dein Robert Geis

VIII.4 An Nahum Glatzer

Karlsruhe/Baden, 7.12.1953

Lieber Nahum Glatzer,

... Arbeiten und leben ist hier z.Zt. nicht leicht. Man müßte schon
sehr robust sein, um die deutschen Herbstwahlen [zum Bundestag][1]
und ihre Folgen ertragen zu können. Viel Zukunftsweisendes wird
wieder zertreten und die ewig Gestrigen kommen wieder zur Macht.
Es ist kein jüdisches Problem mehr, dafür hat Hilter ja gesorgt, aber
ein Weltproblem. Als Historiker wird man sich freilich damit abzu-
finden haben, daß eine zu junge Nation [USA] die führende Rolle der
Weltpolitik hat übernehmen *müssen*. Dennoch ist es eben tief depri-

mierend festzustellen, wie viel leichter es doch alles Negative und Destruktive hat.

Sei aufs herzlichste gegrüßt   Dein alter Robert Geis

1 Bei der Wahl zum 2. Bundestag hatten die rechten Parteien – »Deutsche Partei« (1949: 4%) und »Bund der Heimatlosen und Entrechteten« (1949: –) – knapp 10% der Stimmen gewonnen.

VIII.5. An Helmut Gollwitzer

Karlsruhe/Baden, 28.3.1955

Sehr verehrter Herr Professor Gollwitzer,

... Wegen des Besuches meines Vortrages in der Woche der Brüderlichkeit möchte ich kein Mißverständnis aufkommen lassen. In den drei Jahren, die ich nun wieder in Deutschland bin, hat sich so manches geändert. Die Menschen, die damals noch glaubten, sie müßten sich bei solchen Veranstaltungen sehen lassen, bleiben nun weg. Ist das schade? ich bezweifle es. Zu bedauern ist doch nur, daß das Schuldgefühl viel schneller abnahm – als die Wiedergutmachung arbeitete. So wird eben ein bitterer Rest bleiben. Aber man kann nun einmal den sogenannten Normalmenschen, der ja kein religiöser Mensch mehr ist, nicht dauernd in der fruchtbaren Situation der Schuld halten. Bei den jungen Menschen liegt es auch heute noch nicht an der Trägheit des Herzens. Ich habe gerade noch mit der Generation Kontakt aufnehmen können, die nach den Kriegsjahren verspätet zur Universität kam: das waren wirklich Erschütterte. Die Studenten von heute sind unbelastet in der Judenfrage, harmlos und, so weit ein Interesse an jüdischen Fragen vorhanden, ist es normal. Hier wäre vielleicht weit mehr zu erreichen, wenn wir jüdischerseits nicht so arm an Menschen geworden wären, die wenigen nicht so sehr mit Großveranstaltungen und Repräsentation überbelastet würden. Etwas überrascht bin ich allein von der Abstinenz kirchlicher Kreise beider Konfessionen, wenn man den Rengstorf-Kreis[1] und den Freiburger Rundbrief ausnimmt. Aber auch da kann ich mir schließlich aus dem eigensten Bezirk die Antwort geben, denn nicht alle Theologen sind religiöse Menschen.

Mit den besten Wünschen   Ihr sehr ergebener R. Geis

1 Deutscher Evangelischer Ausschuß für Dienst an Israel.

VIII.6 An Nahum Glatzer

Lieber Nahum,

Wäre es nicht interessant, wenn man den Anteil von Rosenzweig bei der Bibelarbeit einmal herausarbeiten würde, oder reicht dafür das gerettete Material nicht?[1] Ich habe bei vielen und entscheidenden Stellen immer wieder den Eindruck, daß es nicht von Buber sein kann. Meine Lehrhaus-Erinnerungen sind sehr dürftig. Die beste Zeit habe ich ja wohl gar nicht mitgemacht. Bildmäßig nicht verwischt wurde in all den Jahren eine Stunde bei Rosenzweig, da der Raum, so hoch er war, zu eng wurde und Rosenzweig's innere Bewegtheit in einem Herumrennen, auf dem Tisch sitzen, herabspringen usw. sich zeigte. Und dann noch die letzte Vorlesung Nobel's[2] über Goethe, die mit dem Zitat schloß:»Ich sah die Welt mit liebevollen Blicken, die Welt und ich ... wir schwelgten in Entzücken.« Für mich ist das nie ein Goethewort geworden, sondern ein Nobelwort geblieben, ich höre jetzt noch seine leise, etwas müde und doch glückliche Stimme.

Was ich machen werde, ich weiß es nicht. Aber die letzten Reste bürgerlicher Vor- und Voraussicht haben mir die Jahre in Israel ausgebrannt. Und dann will mir immer scheinen, als ob die Fähigkeit, Fragen an das Leben nicht zu stellen, eine der wenigen legitimen Formen des Frommseins geblieben sei.

Mit allen guten Wünschen und sehr herzlichen Grüßen

Dein Robert

1 »Bibelarbeit«: mutmaßlich Arbeit an der Bibelübersetzung von Buber und Rosenzweig sowie Hinweis auf den Nachlaß Rosenzweig. Rosenzweigs Materialien zur gemeinsamen Bibelübersetzung mit M. Buber erscheinen demnächst in der Ausgabe der Gesammelten Schriften im Verlag Martinus Nijhoff, Haag.
2 Nehemia Anton Nobel (1871–1922), Rabbiner und Führer der Misrachi-Bewegung, einer religiösen Fraktion der zionistischen Weltbewegung. – Vgl. J. W. Goethe, Zu meinen Handzeichnungen. Einsamste Wildnis, Jubiläumsausgabe, Zweiter Band. Gedichte, 2. Teil, Stuttgart-Berlin o. J., S. 120.

VIII.7 An Manfred und Elisabeth Seidler

Sehr liebe Freunde,

... Ich habe mittlerweile von einem Tag zum anderen mein Amt als Landesrabbiner niedergelegt und hoffe, den Rest meiner Tage ohne Amt leben zu dürfen. Im Augenblick ist es noch etwas aufregend, weil die pekuniäre Zukunft noch nicht geklärt ist. Wird dieser Zustand überwunden sein, werde ich endlich wieder frei atmen können. Wohl kann ich als Individualist das untergegangene deutsche Judentum darstellen, nicht aber die üble Nachfolge, die nur kraft ihrer Brutalität überlebt hat.

Seid von uns allen aufs herzlichste gegrüßt   Euer Aba

VIII.8 An Ruth Berlak

Karlsruhe, Samstagabend, 3.11.1956

Liebe, liebe Frau Berlak[1],

Dank, daß Sie mich benachrichtigen ließen. Aber eigentlich wußte ich es – merkwürdigerweise – schon Donnerstag am Nachmittag zwischen 2^{30} und 3h. Ich schlief und hörte die Stimme Ihres Vaters meinen Namen rufen und danach sah ich ihn geschlossenen Auges in einem Bett, nicht schlafend, aber langsam verdämmernd. Ich schrieb noch an Sie und Ihren Vater, brachte die Briefe zur Bahnzeit, hoffte, es sei »nur« ein Traum gewesen und war doch so vom Gegenteil überzeugt, und daß meine Briefe zu spät kämen. So habe ich ihn nicht mehr sehen dürfen und sitze vor seinen vielen, vielen Briefen an mich, die im Juli 1929 begannen und mit dem 18. Sept. 1956 enden ...

Ihr Vater hat einmal nur halb scherzend gesagt, meine größte Begabung sei die, Schüler zu sein. Aber nicht nur aus dieser Art bin ich so grenzenlos traurig. Ich stehe nun geistig völlig vereinsamt und weiß überhaupt nicht, wie ich weiterleben soll. Natürlich mußte ich mir sagen, ich würde aller Voraussicht nach Ihren Vater überleben, aber ich wollte es nie, nie wahrhaben.

Verzeihen Sie, liebe Frau Berlak, wenn ich ohne Trost zu Ihnen komme, aber anders könnte ich garnicht kommen. Ich werde Ihnen morgen nicht die Hand geben können, ich wollte den vielen Menschen kein Schauspiel geben. Aber lassen Sie mich wissen, ob ich in absehbarer Zeit zu Ihnen kommen darf. Wahrscheinlich werden Sie ja mit Ihren Kindern erst einmal nach Amerika gehen; gerne möchte ich Sie vor Ihrer Abreise sehen.

Ihnen und Ihren Kindern sehr innige Grüße von meiner Frau und

Ihrem Robert Geis

---

1 Ruth Berlak war die Tochter von Leo Baeck. Ihr Vater war am 2.11.1956 in London gestorben.

VIII.9 An Manfred Seidler

Karlsruhe, 8.6.1957

Lieber Manfred,

ich habe das Juni-Heft der WH erhalten und Dein Aufsatz hat mir sehr viel Freude gemacht.[1] Auf die Reaktionen bin ich gespannt. Aufgefallen ist mir dabei wieder, daß es zwischen meinem großen Lehrer Baeck und mir einen ganz wesentlichen Unterschied gibt: er hätte da mitschreiben können, weil er die Mission von Christen, aber auch von Juden bejahte. Da ich Mission fürs Judentum ablehne, christliche Mission im 20. Jhdt. für mich fast nur noch ihre Schattenseiten zeigen kann, muß ich da wohl stumm bleiben. Glänzend ist übrigens in dem Heft auch »... daß der Zweck die Mittel nicht heiligt«. Wer hat das denn geschrieben? ...

Ansonsten geht es beschissen. Manchmal mein' ich, nun wäre ich mit meinen Kräften zu Ende. Wirtschaftlich hängen wir absolut in der Luft, und ich kann das Sorgen für übermorgen nun mal leider nicht lassen. Da fehlt es mir ganz offensichtlich am »echten Glauben«. Ansonsten – ich meine geistig – fühle ich mich ausgespuckt, schöner ausgedrückt: als mein eigenes Friedhof-Denkmal. Körperlich geht es dementsprechend. Susannchen wollte die Stimmung wohl heben und hat ein bezauberndes Hundebaby gekauft. Aber bei mir hilft das auch nicht, wahrscheinlich kommen da bei mir urjüdische Instinkte heraus, die gegen das tierlich Kreatürliche voreingenommen sind ...

Sehr, sehr herzlich

Dein Aba

1 M. Seidler, Die Juden und die Christen – ein neuralgischer Punkt unseres kirchlichen Selbstverständnisses, in: Werkhefte katholischer Laien, Juni 1957, S. 148–152.

VIII.10 An Kurt Wilhelm

Karlsruhe, 12.9.1957

Mein lieber Wilhelm,

Mir geht es nicht besser und nicht schlechter als wohl allen Menschen, die zu viel Kraft brauchen, um Haltung zu bewahren. Freilich wird es noch etwas verschlechtert, weil ich einfach über den Tod von Leo Baeck nicht hinwegkomme. Arbeit habe ich genug. Juden sehe ich fast nur, wenn sie als Ausländer durch Deutschland reisen (und die jeweiligen Männer der Israel-Mission[1] in Köln). Aber nach den Juden in Deutschland steht mir auch gar nicht der Sinn. Sie vermehren sich übrigens erschreckend, hauptsächlich durch Zuzug von Israel. Zu den Feiertagen predige ich in Düsseldorf und Aachen, nicht weil ich's ohne Predigten nicht aushielt, oh nein! Zu Sukkoth gehen wir dann nach Amsterdam und freuen uns auf den orthodoxen Gottesdienst. Nach der Reformsynagoge meines Nachfolgers Soetendorp wird uns der Weg nicht führen. Ich bin doch, weiß Gott, nicht orthodox, aber die Gesellschaft der Gestrigen, wie Du so schön schreibst, macht mich verlegen, ähnlich dem alten Jid, der in Berlin einmal in die Reformsynagoge geriet.[2]

Und nun Dir und den Deinen sehr herzliche Wünsche und Grüße von Susanne und   Deinem Robert Geis

1 Die offizielle Handelsvertretung des Staates Israel.
2 Gedacht ist wohl an den armen, orthodoxen Juden, der aus dem Osten zugewandert war und womöglich in eine der großen und repräsentativen, reichen und liberalen Synagogen im Westen Berlins geriet.

VIII.11 An Max Kreutzberger, Leo Baeck Institute, New York

Karlsruhe, 27.11.1957

Lieber Dr. Kreutzberger[1],

auf meinem Grabstein wird einmal stehen: »er schrieb Briefe« ... Ja, und dann möchte ich gern eine Biographie von Leo Baeck versuchen, so schier unmöglich das wirklich erscheint. Denn alles Private hat ja Baeck in seiner aristokratischen Scheu verhängt und an seine Person kommt man nur indirekt heran. Ein Beispiel: der immer wieder hervorbrechende Abscheu vor dem Bourgeois, aus dem viele Lebensdaten – wider seinen Willen – noch sprechen. Der Baeck nach dem Krieg war ja gelöster und während meines Aufenthaltes in London gingen wir Woche für Woche spazieren, da kam vieles zum Vorschein und daß er eigentlich noch jede Wunde trug, die ihm geschlagen worden war. Wie wenig hatte er die Niederlagen vergessen, die ihm das Judentum Deutschlands bereitet hatte, das ihn dann verehrte, wie sehr war er sich humorvoll bewußt, daß man eine bürgerliche Legende anhimmelte, nicht aber den lebenden Baeck. Freilich eine Biographie Baeck's müßte unter einem Thema eingefangen werden, etwa »Baeck und das Christentum«. Aber all das hat überhaupt nur Sinn, wenn man sich nicht scheut, mit größter Genauigkeit der Frage nachzugehen, wie konnte dieser unbürgerliche Mensch zum Ideal von Kleinbürgern werden ...

Mit allen guten Wünschen und sehr herzlichen Grüßen

Ihr sehr ergebener Robert Geis

1 Seit dem Frühsommer 1957 führte Geis eine Korrespondenz mit Dr. Kreutzberger, dem Leiter des Leo Baeck Institute in New York, über Mitarbeit an den Publikationen des LBI. Hieraus resultierte zunächst der Aufsatz: Hermann Cohen und die

deutsche Reformation (Year Book IV of the Leo Baeck Institute, London 1959, S. 81–91; auch in: Gottes Minorität, S. 137–151).

Geis hatte von Leo Baeck etwa 200 Briefe – seit Juli 1929, doch überwiegend aus der Zeit nach dem Kriege – erhalten, die er alsbald zum großen Teil dem Leo Baeck Institute zur Verfügung stellte. Wenngleich die Mehrzahl der Briefe nur bedingt von historischem Interesse sein dürfte, so zeigt doch ihre Zahl die Intensität der Beziehung. Wie auch die hier abgedruckten Briefe belegen, hat Baeck sich offenbar nur sehr wenigen Menschen gegenüber wirklich geöffnet, darunter eben gegenüber Geis selbst sowie gegenüber der Musikerin Maria von Hollitscher-Bogićević, einer Christin, die seit 1953 mit Geis bekannt war und 1958 schrieb, daß sie mehr als dreißig Jahre mit Baeck »als Lehrer, Freund und Vater« in Verbindung gestanden hatte.

Geis hatte Baeck bereits in einem Brief vom 24.6.1953 gedrängt, einen Sammelband seiner Schriften, die in Deutschland zu den verborgenen zählten, zu veröffentlichen und sich zur Hilfe dabei angeboten. Er meinte, »daß man den Deutschen eine verpflichtendere Lektüre [als den verbreiteten Buber] geben sollte, wenn sie schon Bücher jüdischer Autoren wieder lesen. Buber scheint mir einer recht bedenklichen ›deutschen Geistigkeit‹ viel zu sehr entgegenzukommen. Erforschung des Christentums von jüdischer Seite läßt die Menschen hier stark aufhorchen.«

Nach dem Brief vom 27.11.1957 begann Geis, Material zu sammeln; doch zwei Jahre später gab er – mehr Essayist und Prophet als Philologe – aus Krankheitsgründen den selbst gesuchten Auftrag zurück.

VIII.11a An Max Kreutzberger, Leo Baeck Institute, New York

Karlsruhe, den 18.2.58

Lieber Dr. Kreutzberger,

… Da man die Bemühung um eine Biographie nicht voreilig aufgeben sollte, wäre zu überlegen, ob man nicht noch einmal an christliche Kreise herankommen könnte. Z.B. muß bei Ihnen noch ein Brief an mich aus dem Jahr 1947 sein, in dem er mich bittet, Briefe einer deutschen Adligen ihm nach Israel nachzusenden. Den Namen habe ich leider vergessen. Im Jahre 1952 traf ich Baeck mit dieser Dame in Freiburg. Die wußte weit mehr von Baeck als alle Juden zusammen! Das mag verwundern und scheint mir doch recht verständlich. Baeck meinte einmal, eine bestimmte Funktion bei Juden zu haben, die er am besten wahrnehmen könne, wenn keiner über seine Person etwas wisse. Zum anderen war Baeck sehr empfindlich, und seine Empfindlichkeit scheute die Juden. Man soll sich da durch das Baeck-Gehimmele nicht täuschen lassen, jeder war mit ihm befreundet, für fast jeden war er eine Legende. Aber ich weiß z.B., daß er unter den Dozenten der Hochschule nicht einen einzigen Freund hatte. Mit Albeck und Torczyner hatte er nichts zu tun, aber da kann ich mich doch auch mancher Chuzzpa gegen ihn erinnern. Zu Guttmann und Elbogen war das Verhältnis immer gespannt. Da ich zu Zeiten mit den beiden besser als mit Baeck stand, habe ich darüber recht intime

Kenntnisse. Baeck spürte das und hat gerade in den letzten Jahren rückblickend manch hartes Wort hauptsächlich über Julius Guttman gesagt. Das sind Beispiele, die nur wichtig werden, wenn man der Frage nachgeht, warum Baeck gegenüber Juden so verschlossen war. Er war zu oft verletzt worden – und er vergaß im Guten und Bösen nichts. Ich weiß auch sehr genau, warum er mir gegenüber offen war: einmal blieb ich der Schüler, bei dem er sich ein bissel gehen lassen konnte, zum anderen erlebte er es immer wieder bei mir, daß die Christen aufgeschlossen und freundschaftlich, viele Juden aber ablehnend und feindlich waren.[1] Das öffnete ihm den Mund, allein darum weiß ich manch Biographisches. – Man müßte also eigentlich nachforschen, zu welchen Nichtjuden Baeck Beziehungen gehabt hat, dann hätte man wahrscheinlich das Material zu einer Biographie.

Seien Sie aufs herzlichste gegrüßt
Ihr sehr ergebener Robert Raphael Geis

1 Zweifellos hat auch Geis bei Christen ein wesentlich breiteres Echo gefunden als bei Juden. Wie Eva Reichmann mitteilt, hat Baeck in Gesprächen mit ihr wiederholt geäußert:»Geis ist ein Rabbiner für die Christen.«

VIII.12 Max Kreutzberger, Leo Baeck Institute, an Geis
New York, 28.2.1958

Lieber Dr. Geis,

... Ihre Annahme, daß Sie nun Ihre Bemühungen um eine Baeck-Biographie aufgeben sollen, muß auf einem Mißverständnis beruhen. Ganz im Gegenteil – ich bin sicher, daß Sie es schon schaffen werden, auch wenn nicht jedes Lebensstadium von Leo Baeck bis in alle Einzelheiten herausgearbeitet werden kann. Wichtig scheint mir zu sein, Baeck in seine Zeit hineinzustellen und das für jedes Stadium seines Lebens. Es ist doch eine interessante Entwicklungslinie, Düsseldorf – Oppeln – Berlin.

Ich stimme mit Ihnen überein, daß es auch einen »kantigen« Baeck gegeben hat, der durch übergroße Höflichkeit und Freundlichkeit verdeckt wurde. Ich selbst habe ja mit Baeck viele Jahre aufs Engste zusammengearbeitet, habe ihn jahrelang täglich gesehen; ich würde aber nicht behaupten, daß ich ihm irgendwie persönlich nahegekommen bin und daß ich ihn persönlich »entdeckt« hätte. Aber ich habe während dieser Zeit gesehen, daß er manchmal eine sehr scharfe Meinung über Menschen und Dinge hatte ...

Mit herzlichen Grüßen   Ihr sehr ergebener Max Kreutzberger

VIII.13 Adolf Freudenberg an Geis

Bad Vilbel-Heilsberg, 27.11.1958

Lieber verehrter Dr. Geis!

Ich muß wohl erst in meinen Ruhestand kommen, bevor ich endlich einmal Ihnen wirklich begegnen kann. Wie gut hätte es mir getan, vorigen Sonntag Ihren Vortrag über das Selbstverständnis des heutigen Judentums[1] zu hören und Sie zu treffen, zumal ich mich ja im Zusammenhang mit meinem Vortrag über den Antisemitismus viel mit dem – sagen wir ruhig – geliebten (»geliebt« um der heilenden Wahrheit und der Juden willen) Gegenstand zu beschäftigen hatte. Allerdings hat es mich gequält, daß ein solcher schwerer Vortrag wie über die Wurzeln des Antisemitismus dem Tagesgetriebe und der ganzen Unruhe, die Menschen hereinbringen, abgezwungen werden muß. Darum eben die Hoffnung auf den Ruhestand!...

Als Ersatz des mir entgangenen Vortrags habe ich eben Ihren Aufsatz »Bund und Erwählung im Judentum«[2] aus der Zeitschrift Saeculum zur Hand genommen und möchte Ihnen gleich sagen, wie verwandt und lieb mir diese Ihre Auffassung ist. Es ist da eine Nähe zwischen einem evang. Juden, der nicht Gerechtigkeit sagen kann ohne an Gnade zu denken und einem in der ganzen Offenbarung gegründeten Evangelischen, der nicht glauben kann, ohne die »Gegenseitigkeit der Emuna« zu sehen. Verzeihen Sie das überspitzte Reden, aber Sie werden vielleicht sehen, wohin ich ziele. Hier, gerade an diesem Punkt, scheint mir die Möglichkeit des fruchtbaren Gesprächs zu liegen; sehr zum Nutzen von uns Christen, denen das Herumreiten auf so vielen, wirklich veralteten und abgegriffenen Scheingegensätzen gar nicht mehr weiterhilft. In dieser selben Richtung liegen ja eigentlich auch die Anregungen unserer Israelreise, und ich bin begeistert aus Ihrem Munde das Wort zu hören, daß Israel niemals ein Normalvolk werden kann und Gott es einfach nicht zuläßt, daß »wir den Sippen des Erdbodens gleichen«. Dankbar bin ich Ihnen auch für das Wort: »Wir sündigen alle, wie Adam gesündigt hat, aber nicht, weil Adam sündigte.«

Viele gute Wünsche für die Gesundheit und die Ihren, in herzlicher Verbundenheit   Ihr Adolf Freudenberg

---

1 R. R. Geis, Das religiöse und geistige Selbstverständnis des heutigen Judentums. Veröffentlicht in der Schrift: A. Freudenberg u. a., Antisemitismus – Judentum – Staat Israel, 1963. Darin ist auch der Vortrag aufgenommen, auf den sich Freudenberg im Folgenden bezieht.
2 Nachdruck in: Gottes Minorität, S. 15–33.

VIII.14 Hans Joachim Iwand an Geis

Bonn, 22.1.1960

Lieber Herr Dr. Geis,

haben Sie herzlichen Dank für den so interessanten und lesenswerten Artikel über Hermann Cohen[1]. Ich habe den Artikel mit der größten Freude gelesen und vor allem das Problem des »Monotheismus« gerade vom jüdischen Gottesglauben her mir noch einmal vorrücken, ich meine, in meinem Geiste vorrücken lassen. Es ist schon ein enormes Problem, und wir stehen nach mancherlei Richtung hier vor einer, wenn nicht der tiefsten Frage der christlichen Dogmatik bzw. des Glaubens. Daß Cohen soviel Verständnis für den kulturellen Wert der Reformation hatte, wußte ich nicht. Vielleicht ist es die Zeitgenossenschaft Herrmanns[2] und die Verbundenheit mit Kant, die ihn dabei beeinflußte. Sie weisen ja auch ein wenig darauf hin. Nimmt man noch hinzu, daß in jener Zeit auch Pasternack bei Cohen hörte, so kann man sich nur noch staunend wundern – auch der junge Barth muß damals dort gewesen sein![3] – was für ein geistiger Knotenpunkt Marburg war und wieviel Cohen zur Nüchternheit Paul Natorps[4] beigetragen hat. Nach seinem Tode wurde es anders.

Ich bin ja immer noch sehr traurig, daß Sie nicht bei uns lesen und habe den Wunsch noch nicht aufgegeben. Aber diese Unbewegtheit unseres akademischen Apparates – unwandelbar wie die Kolleghefte! – ist erstaunlich, zumal angesichts der letzten Ereignisse.[5] Sie wissen wirklich nicht, was dem deutschen Volke zu seiner inneren Gesundung nötig wäre und führen wie meist lediglich die von den Regierungen gewünschten »Kundgebungen« aus. Was ist aus dem deutschen Geist geworden – unter den Unteroffizierstiefeln und nach den Verbrechen der Nazis! Was? Grauenvolles. Ein erschlagener, nicht wieder zu erweckender Geist!

Ich grüße Sie in Dankbarkeit und mit den besten Wünschen als Ihr Ihnen sehr ergebener

Hans Iwand

---

1 R. R. Geis, Hermann Cohen und die deutsche Reformation. Nachdruck in: Gottes Minorität, S. 137–151.
2 Wilhelm Herrmann, 1846–1922, Prof. der Systematischen Theologie in Marburg; Neukantianer.
3 Vgl. B. Pasternack, Begleitbrief. Entwurf zu einem Selbstbildnis, Ullstein-Buch Nr. 216, Berlin 1958, S. 35 ff. Pasternack studierte in Marburg im Sommersemester 1912, Karl Barth bereits vom Sommersemester 1908 bis zum Sommersemester 1909.
4 Paul Natorp, 1854–1924, Prof. der Philosophie in Marburg, Neukantianer.
5 Hakenkreuzschmierereien an der Kölner Synagoge in der Weihnachtsnacht 1959 waren der Auftakt zu ähnlichen Ausschreitungen in der ganzen Bundesrepublik.

VIII.15 An Hans-Joachim Kraus

[Düsseldorf], 12.1.1962

Lieber Herr Kraus,

... Bei mir ist so ein Betrieb, daß ich mir nicht zu helfen weiß. Auf meinem Grabstein wird sicherlich mal stehen: er schrieb Briefe, hielt Vorträge, tröstete die Mühseligen und Beladenen. Neutestamentlich mag das sogar ein schöner Grabspruch sein, alttestamentlich?, na, ich weiß nicht! Wie auch immer, auf die Dauer ist das nicht auszuhalten und, da ich in Deutschland doch nur immer so unverbindliche Aufträge erhalten werde, es keine Aufgabe gibt, der sich all das unterzuordnen hat, überlege ich mir gerade mal wieder die Dauerflucht in ruhige Gefilde jenseits der Grenzen.

Sehr herzliche Grüße   Ihr Robert Geis

VIII.16 An Hans-Joachim Kraus

[Düsseldorf], 11.2.1962

Lieber Herr Kraus,

... Dann stieg aus dem wunderbaren Gespräch in Ihrem Zimmer eine nichttheologische Frage auf, die mich nicht losläßt. Würden Sie Deutschland verlassen, wenn man Ihnen einen Lehrstuhl im Ausland anbieten würde? Davon hängt für mich recht viel ab. Einmal halte ich es für Verrat an meinen wenigen christlichen Freunden, dieses Land, von dem ich mich innerlich eh' nicht trennen kann, zu verlassen. Zum anderen müßte ich mir überhaupt nichts mehr überlegen, wenn Sie bleiben, denn ich ließe Sie nun nicht allein hier. Das ginge einfach nicht. Es gibt ja zum Glück Beziehungen, die wörtlich, buchstäblich »entscheidend« sind, da hört glücklicherweise alles kluge Grübeln auf ...

VIII.17 An Hans-Joachim Kraus

[Düsseldorf], 12.2.1962

Lieber Herr Kraus,

... Mich treibt der Einwand von Herrn von Rad[1] noch etwas um. Was er offensichtlich beklemmend empfindet, würde ich nur begrüßen. Vielleicht wäre es überhaupt die einzige Möglichkeit, Christentum und Judentum wieder aus dem Konfessionalismus herauszubringen, wenn man die beiden zwänge, sich so zu stellen, wie sie es im ersten und zweiten Jahrhundert getan haben. Über Christentum steht mir natürlich kein Urteil zu, aber dank der Gespräche mit Ihnen ist mir erst ganz deutlich geworden, was bei uns Juden alles draufgegangen ist im Laufe der Jahrhunderte. Wenn ich recht sehe, hat das Judentum nach Abschluß des Talmuds sich nur wenige Male dem Erbe seiner Propheten gestellt. Einmal bei Maimonides, der zweifelsohne erhoffte, Prophet zu werden, dann im Chassidismus, weiter im Liberalismus des emanzipierten Judentums, wobei freilich der verzeihlich-peinliche Irrtum geschah, Prophetismus mit bürgerlicher Moral zu verwechseln und dementsprechend die Begriffe von Gerechtigkeit, Friede usw. nicht auszuschöpfen, kurzum so lange ein weißes Westchen zu zeigen, bis das braune Hemd einen zur Besinnung brachte, und schließlich bei Buber. Ich sehe auch gar nicht, wie das Judentum zum Prophetischen zurückkehren könnte, es sei denn, in einer Konfrontation mit dem Christentum ...

1 Prof. Gerhard von Rad (1901–1971), bedeutender Alttestamentler, zuletzt an der Universität Heidelberg, kannte Palästina und schätzte die Araber hoch. Er wurde keines jüdischen Partners gewahr, der einen christlich-jüdischen Dialog unter Absehung positiver Wertung von Zionismus und Staat Israel zu führen bereit gewesen wäre. So hielt er sich Gesprächen fern. Nach Mitteilung von Kraus hatte er »geradezu eine Scheu, nach so vielen Jahrhunderten der Trennung einen Dialog aufzunehmen«. Nur mit Mühe sei es ihm, Kraus, gelungen, ihn einmal mit Geis zusammenzubringen.

VIII.18 An Hans-Joachim Kraus

[Düsseldorf], 13.2.1962

Lieber Herr Kraus, verehrter Freund,

... Das Wort »Gespräch« haben unsere Germanen in Grund und Boden gewirtschaftet, ich kann's nicht hören, noch weniger gebrauchen. Aber zwischen uns gilt es doch wohl, jedenfalls befinde ich mich seit Hamburg in der intensivsten Unterhaltung mit Ihnen, die gar nicht abbricht. Es ist doch herrlich aufregend, einen Menschen zu haben, mit dem man so mühelos die Jahrhunderte überspringen kann. Hätten wir mehr Zeit, ich bin überzeugt, wir beide wüßten schließlich weit mehr über Jesus, Paulus und ... die Pharisäer. Und das ist wahrscheinlich nur möglich, wenn man die eigene Glaubensexistenz und ebenso die des Gegenüber ganz ernst nimmt und dadurch ein Recht erhält, auf Kirchen- und Synagogengeschichte der »Jahrhunderte« zu scheißen, pardon.

Schade, daß eine Hohe Theologische Fakultät noch nicht einmal einen kleinen Rebbe als Lektor verkraften kann[1], aber so, wie sie ist, kann sie's ja wirklich nicht! Vielleicht kann ich noch eines Tages nach

Hamburg kommen, ganz privat und mich als knurrender Hund zu den Füßen meines Meisters niederlassen ...

1 Kraus hatte sich vergeblich bemüht, die Theologische Fakultät der Universität Hamburg für einen Lehrauftrag an Geis zu gewinnen.

VIII.19 An Hans-Joachim Kraus

[Düsseldorf], 15.5.1962

Lieber Herr Kraus,

... zutiefst bin ich davon überzeugt, alles Überdurchschnittliche des Denkens und Erlebens ist und bleibt leidgeboren. Erfüllung gibt es nur für ganz seltene Stunden. Nach Erfüllung sich sehnen, ja das unterscheidet den Menschen vom Philister.

Kennen Sie die tiefe rabbinische Weisheit: den Schülern der Weisen wird keine Ruhe in dieser Welt und der kommenden Welt – und daneben: die Schüler der Weisen mehren den Frieden in der Welt? Genau so ist es und ganz so kraß nebeneinander.[1]

Ich sage es mir oft, da mein Lehrer Baeck es mir nun nicht mehr sagen kann ...

1 R. Hija b. Aši sagte im Namen Rabhs: Die Schriftgelehrten haben keine Ruhe, weder in dieser Welt, noch in der zukünftigen Welt ... R. Eleazar sagte im Namen R. Haninas: Die Schriftgelehrten mehren Frieden in der Welt. b. Berachot 64a.

VIII.20 An Kurt Wilhelm

Düsseldorf, 21.9.1962

Mein sehr Lieber,

hab Dank für Deinen Brief und den außerordentlich guten Aufsatz über Baeck[1]. Wenn ich so überdenke, wieviele vortreffliche Arbeiten wir von Dir haben, kann ich Dir nur das eine wünschen: Du möchtest recht bald die Fron des Rabbinats abschütteln können und nur noch wissenschaftlich arbeiten. Wir sind in einer Zeit, die vergangen ist und für die es keine Wiederkehr gibt, Rabbiner geworden. Ändern können und sollen wir uns nicht, also müssen wir das Feld einem neuen Typ Rabbiner überlassen, den wir nur mit Kopfschütteln »begrüßen« können. Baeck wollte das nie wahrhaben, aber er war auch groß genug, um diese Veränderung nicht mehr zur Kenntnis zu nehmen. All unsere Krankheiten, unser »Altwerden« ist letztlich Leiden an den Juden – nicht am Judentum. Wäre ich nicht – tragischerweise durch den Tod meiner Eltern – unabhängig geworden, ich wäre gewiß heute nicht mehr am Leben.

Und darum noch dies. Du weißt, wie schlecht es mir gegangen ist. Heute habe ich keine Geldsorgen mehr, wenn ich auch natürlich lange nicht so reich bin – wie die Juden denken. (Sollen sie nur, denn dafür rutschen sie vor mir auf den Knien!) ...

Herzlichst   Dein Robert

1 K. Wilhelm, Leo Baeck and Jewish Mysticism, in: Judaism, 1962, S. 123–131.

VIII.21 An Hans-Joachim Kraus

[Düsseldorf], 21.9.1962

Lieber Herr Kraus,
 ... Und nun Schluß. Es gibt doch zu viele liebe Christen, und die bringen mich langsam um. Dafür weiß ich aber auch schon den Text für meinen Grabstein:

> Hier ruht der Rabbiner
> RRG
> er starb am Christentum

Seien Sie aufs freundschaftlichste gegrüßt
                                          Ihr entfant terrible Robert Geis

VIII.22 An Hans-Joachim Kraus

[Düsseldorf], 11.10.1962

Lieber Herr Kraus,
 ja, auch ich fand es herrlich und da lohnt es sogar, am Ende der Erschöpfung nahe zu sein.[1] Möglich ist so etwas nur, wenn man sich selbst in Frage stellt und sich also auch in Frage stellen läßt, nur dabei kommen die letzten Gewißheiten zum Aufleuchten. Freilich steht meine von Ihnen gerühmte Geduld in gar keinem Verhältnis zu meinem Wissen auf dem Gebiet evang. Theologie, nett daß Sie das nie bemerken wollen. Hoffentlich können wir uns bald wieder die Löckchen kraulen, ganz privat, zum Turnier soll sparsam eingeladen werden.

Aufplustern liegt mir nicht, falsche Bescheidenheit aber auch nicht: so ein Gespräch ist – in Deutschland wenigstens – nur zwischen uns beiden möglich. Das hat sein Tröstliches, auch wenn die anderen erst in ein paar hundert Jahren nachkommen sollten. Darum möchte ich

327

auch recht schön lange in dieser Welt aushalten, obwohl einem in ihr permanent speiübel werden kann. Herr H. bestätigt mir dankenswerterweise immer wieder eine »einzigartige Vitalität« bei aller Bedrohtheit. Mir ist's recht so. Aber wie steht es da mit Ihnen, lieber Freund? Selbst weniger verliebte Augen als die meinen stellen Ihr schlechtes Aussehen fest. Eine Woche der Ruhe kann doch über Monate des Raubbaus nicht hinwegtäuschen. Manchmal schaut's geradezu wie Zerstörungsbegeisterung aus. Warum halten Sie's nur so schlecht mit sich selbst aus? Ich könnte mit eben diesem Herrn Kraus bis zum Ende der Tage auf einer einsamen Insel glänzend auskommen. Wenn Sie eines Tages aus Überstärke schlapp machen, werde ich Sie Siegfried nennen, das wird Sie dann zu spät ärgern. Sie müssen es doch fertigbringen, stundenlang mit Andacht und in absoluter Ruhe in der Nase zu bohren! Das gehört nun mal in unseren Tagen zum Weiterleben hinzu. Aber eine Epistel will ich nicht loslassen, ich bin ja nur der Raphael und nicht der Paulus!!

Wehe Ihnen, wenn Sie kneifen, und in den nächsten 40 Jahren abhängen. Ich finde Sie auch in der Olam [Ewigkeit] und werde Sie bestimmt in einem Nachtlokal der Hölle schnell aufstöbern ...

1 Bezug auf eine persönliche Arbeitswoche mit Kraus.

VIII.23 Helmut Gollwitzer an Geis

[Dachsberg], 5.4.1966

Lieber Freund!

das ist sehr liebevoll, an uns zu denken, da wir mit Wehmut uns rüsten, nach Ostern, nach 7monatiger Bergeinsamkeit in die Niederungen der Welt hinabzusteigen. Ich habe viel gearbeitet hier oben, auch über Judentum und Christentum, eine Riesenaufräumarbeit, zu der ich eines Tages einiges hoffe öffentlich beitragen zu können. Im Sommer werde ich in einer Vorlesung über dieses Thema zu ordnen versuchen.[1] Sobald ich Sie einmal sehe, werde ich Sie mit Fragen überfallen. Die christlichen Theologen haben das 2. Gebot [2. Mose 20,4], das Bilderverbot, aufs gröblichste mißachtet; noch heute schlagen sie auf ein Bild vom Juden und von jüdischer Frömmigkeit ein, das sie aus Paulus, nicht aus der Wirklichkeit extrapoliert haben. Wie haltet Ihr das nur aus, von diesem Unsinn täglich überspült zu werden? Die *wirklichen* Fragen des NT gehen darin unter.

Ich weiß nicht, wann Pessach ist in diesem Jahr. Eben drum herzliche Segenswünsche zu Pessach und zu Ostern miteinander von uns beiden für Sie beide.

Ihr Helmut Gollwitzer

1 Da Gollwitzer die Ergebnisse dieser Vorlesung vom Sommersemester 1966 bisher noch nicht veröffentlicht hat, vgl. vorerst: F.-W. Marquardt, Hermeneutik des christlich-jüdischen Verhältnisses. Über Helmut Gollwitzers Arbeit an der »Judenfrage«, in: Richte unsere Füße auf den Weg des Friedens. Helmut Gollwitzer zum 70. Geburtstag, München 1979, S. 138–154.

VIII.24 Friedrich-Wilhelm Marquardt an Geis

Berlin, 14.9.1967

Lieber, verehrter Herr Geis,

Hier nun lege ich Ihnen das Buch auf den Tisch, den Anfang meines »Lernens« …[1] Sie haben mir nach der Lektüre des Aufsatzes »Wendungen im Verständnis Israels«[2] eine mich menschlich so erfreuende und sachlich so ermunternde Karte geschrieben, die ich noch nicht vergessen habe, daß ich es nun auch mir selbst zumute, Ihnen das größere Ganze ebenfalls zu schicken. Verstehen und nehmen Sie es bitte im Ganzen und in allen Teilen als den Versuch, nicht nur Karl Barth, sondern auch Ihnen zu antworten, und das heißt für mich vor allem: zu danken, schlicht und ergriffen, aber unpathetisch, für Hoffnung, die Sie ebensowohl geben wie sind. In der »Stimme der Gemeinde«[3] haben Sie im vorigen Jahr erzählt, wie Karl Barth mit Ihnen – episodisch zwar; aber doch wesentlich – zusammenhängt und haben eben in diesem Aufsatz durch ein Zitat aus der Kirchlichen Dogmatik[4] durchblicken lassen, wie allenfalls auch Sie mit ihm zusammenhängen mögen – oder jedenfalls zusammenzuhängen hoffen. So stehen Sie beide jedenfalls nicht ganz grundlos zusammen in diesem Buch! Und ich möchte nur sehr hoffen, daß mein Buch Ihnen nicht erscheinen wird als ein weiteres Beispiel für jenes »zu nichts verpflichtende Zerreden«, von dem Sie in Ihrem Aufsatz gesprochen haben[5] – mit Recht! Ich selbst habe die ganze Arbeit verstanden als den Versuch, die Dinge gerade nicht zu zerreden, sondern zusammenzubringen, soweits nur geht. Vielleicht interessierts Sie, daß Karl Barth, der das Buch sofort und – wie er sagt: »atemlos« – gelesen hat, sich tatsächlich in meiner Darstellung wiedererkennt, daß er ihr also Authentizität bescheinigt und daß man also jetzt annehmen darf, daß er es tatsächlich meint, wie ich ihm unterstellt habe.[6] Damit habe ich garnicht gerechnet. Denn er hat auch meine kritischen Monita vorbehaltlos und in einem mich sehr rührenden persönlichen Schuldbekenntnis wegen seines persönlichen und sachlich ungenügenden Verhältnisses zu den Juden und dem Judentum akzeptiert. Um so mehr bewundere ich seine Lehre und ihn!

Es ist *seine* Lehre, die da im Buch steht. Ich muß es Ihnen wohl nicht sagen, daß ich selbst manches anders sehe als der Baseler Lehrer. Darüber hat er auch seine Sorge schon geäußert. Das nächste Buch, in dem ich meine Kritik an Barth *begründe* in dem Entwurf eines eigenen Gedankens, ist schon fast fertig im Manuskript[7]; ich sage dies nur im Blick auf das, was Sie vermissen könnten. Werde denn nun ich dem Judentum und vor allem: den Juden gerecht werden? Die Frage bewegt mich sehr. Denn der »Wissenschaft vom Judentum« habe ich mich nun noch gar nicht gewidmet; mein Hebräisch ist auch so sauschlecht. Ich hab' einfach *Juden* »mitreden« lassen. Aber habe ich sie verstanden?

Nun, ich erwarte keine Antwort darauf von *Ihnen*. Herr Kraus hat versprochen, das Buch zu rezensieren für die »Evangelische Theologie«. Vielleicht kann *ers* mir sagen und weiterhelfen. Ich wollte ja auch wirklich nur erst einmal anfangen.

Nehmen Sie es also: als – Gruß!

Von Herzen,   Ihr Friedrich-Wilhelm Marquardt

1 F.-W. Marquardt, Die Entdeckung des Judentums für die christliche Theologie. Israel im Denken Karl Barths, München 1967.
2 F.-W. Marquardt, in: Parrhesia. Karl Barth zum 80. Geburtstag, Zürich 1966, S. 617–638.
3 Siehe Dokumente III.1.
4 K. Barth, Kirchliche Dogmatik III/3, S. 247.
5 Siehe Anm. 3.
6 Vgl. K. Barth, Briefe 1961–1968. Gesamtausgabe V, Zürich 1975, S. 419–423.
7 Inzwischen erschienen: Die Gegenwart des Auferstandenen bei seinem Volk Israel, München 1983.

VIII.25 An Friedrich-Wilhelm Marquardt

Düsseldorf, 19.9.1967

Lieber Freund,

Dank, vielen, vielen Dank für Buch und Brief. Ich bin sehr froh, daß diese Arbeit nun endlich im Druck vorliegt und ich sie aus Ihren Händen empfangen darf.

Mit der Lektüre kann ich – leider – nicht sofort beginnen. Sobald ich das Buch gelesen habe, werde ich mich wieder bei Ihnen melden.

Aber ich möchte Ihnen doch jetzt sagen, wie gut mir Ihr Brief tut: einfach die freundschaftlich-sachliche Verbundenheit. Meine Grenzen, also auch die Grenzen wissenschaftlicher Hilfe, die ich geben kann, kenne ich sehr genau. Wenn man aber aus den verschiedensten Gründen zu einem Leben im Turm gezwungen ist, wenn man – ganz legal – aus der Einsamkeit bei aller Weltfreundlichkeit nicht herauskommt, dann tut das Zuwinken eines Menschen, der sicherlich die christlich-jüdische Frage wissenschaftlich sehr bereichern wird, verdammt gut. Darum nochmals Dank.

Mit sehr herzlichen Wünschen und Grüßen   Ihr Raphael Geis

VIII.26 An Markus Barth

Düsseldorf, 24.2.1968

Sehr verehrter Herr Professor Barth,

... Sie werden von mir bestimmt nicht erwarten, daß ich Ihnen in allem zustimme.[1] Aber m. E. vermitteln Sie sehr wesentliche Erkenntnisse, die wenigstens in deutscher Sprache kaum bis jetzt ausgesprochen wurden.

Fraglich bleibt, ob man eigentlich von jüdischer Theologie überhaupt sprechen kann. Ich jedenfalls habe es immer nur fertig gebracht, jüdische Frömmigkeit, jüdisches Denken in die christlichtheologische Sprache zu übersetzen. Wenn man aber von jüdischer Theologie spricht, dann ist der Ausdruck »Leidenstheologie« durchaus am Platz. Dicke Bände von Belegstellen ließen sich zusammentragen, weit mehr als über den sogenannten jüdischen Optimismus. Natürlich sind wir Juden nach dem Dritten Reich allergisch gegen den Begriff des Leidens, wir vermuten gar zu schnell und verständlich eine Rechtfertigung des Gewesenen. Aber davon kann bei Ihnen ja wahrlich nicht die Rede sein.

Ich wünschte sehr, Sie fänden eine Professur in Deutschland und wir könnten uns eines Tages begegnen.

Seien Sie sehr herzlich gegrüßt   Ihr Raphael Geis

1 Vgl. M. Barth, Was kann ein Jude von Jesus glauben – und dennoch Jude bleiben? In: Freiburger Rundbrief, XIX/1967, 69/72, Dezember 1967, S. 87–96.

VIII.27 An Dietrich Goldschmidt

(Kuraufenthalt) Friedenweiler, 7.3.1968

Lieber Freund

... Ich komme heute auch mit persönlichen Nöten, ein mir recht ungewohnter und peinlicher Zustand. Ich bin heute hier gelandet und soll fünf Wochen bleiben. Der Arzt im Krankenhaus sah die Vernarbung der Herzwunde in 3 Tagen und die unwahrscheinliche Normalisierung des EKG als medizinisches Wunder an. Da Prof. R. aber auch ein sehr prachtvoller Mensch ist, sprach er über meine mär-

chenhafte Vitalität, um fortzufahren »wenn's mit der mal aus ist,
werden Sie in wenigen Tagen am Ende sein, anderes sollte man Ihnen
auch nicht wünschen«. Recht hat er, nur weiß ich besser, wie nahe ich
am Ende eben dieser Vitalität bin. Ich habe den berufslosen Zustand
als Wanderprediger 12 Jahre ganz gut überstanden. Nun kann ich
aber so nicht mehr weiter und zwar nicht nur, weil das Herumreisen
schwerer wird. Man muß wahrscheinlich vor dem Ende irgendwo sehen, was man erreichen kann, richtiger: ich müßte es sehen. An wieviel Universitäten ich erfolglos herumgereicht wurde, wissen Sie vielleicht. Letzte Station war Bochum, das schien Kraus ganz sicher. Es
ging natürlich schief, denn ... sitzt im Kulturausschuß der SPD. Natürlich hatte er nicht vergessen, daß ich ihn vor einigen Jahren als Judenmissionar und SA-Mann entlarvt hatte. Also wurde auch aus dieser Honorar-Professur nichts.

Frage: Könnte mich die Kirchliche Hochschule oder die Pädag.
Hochschule in Berlin ohne Honorar gebrauchen? Wenn nein, antworten Sie bitte nicht, weil ich uns beiden jede Peinlichkeit ersparen
möchte.

Und nun seien Sie bitte nicht böse. Wie tief muß man herabgestie-
gen sein, wenn man sich selbst anbietet ...

Ihnen und Ihrer lieben Frau die herzlichsten Grüße

Ihr alter Aba

VIII.28 An Markus Barth

(Kuraufenthalt) Friedenweiler, 13.3.1968

Lieber Herr Professor, verehrter Freund,

Ihre Studie[1] mit der mich anrührenden Widmung erreichte mich
noch in Düsseldorf, Ihr Brief hier oben, wo ich die Folgen eines Herz-
infarktes überwinden soll. Beide Stimmen haben mir gut getan, haben
Sie innigen Dank ...

Die deutsche Situation ist nun einmal anomal ...

Mein Freund Kraus (Hamburg + Göttingen) und ich haben versucht, aus dem ekelhaften Brei christlich-jüdischer Verständigung
herauszukommen. Die Anfänge waren nicht enttäuschend, Kraus
aber hat zu viel zu tragen, ich bin nach 16 Jahren Deutschland ein
kranker Mann, der heute noch nicht wissen kann, ob er wieder recht
aktionsfähig wird. Darum gerade hätte mir so viel daran gelegen, Sie
in Deutschland zu halten, aber ich bin beinahe sicher, eine deutsche
Universität wird Sie nicht berufen, denn Sie passen ja nicht in den ver-
staubten Rahmen. Es ist also durchaus möglich, daß in der Bundesrepublik diese Chance mit vielen anderen verspielt wird.

Nun zu Ihrem »Paulus«. Nur eine Korrektur hätte ich anzubringen: das Judentum hat missioniert, es ist ihm sogar sehr schlecht bekommen, als es damit aufhören mußte. Harnack hat für das 1. christliche Jahrhundert die jüdische Bevölkerung mit – wenn ich nicht irre – 4 ½ Millionen angegeben, von denen wenigstens 3 Millionen auf dem Weg der Mission zum Judentum kamen.[2]

Und dann das Gewäsch von beiden Seiten über das »Gesetz«. I) gab es unzweifelhaft eine Halacha des Matthäus-Evangeliums, II) kein liberaler Jude und schon gar nicht die Gesetzabstinenten können sich ehrlich heute noch auf das Gesetz berufen und III) wie hoch muß eben der geschmähte Paulus das Gesetz eingeschätzt haben, wenn er es für Christus hingab. Was wäre das für eine Liebe, die geringen Preis zahlte und Verachtetes drangäbe. Hier scheint mir der Punkt, bei dem wir ansetzen müßten. Beide aber, Christen *und* Juden, verspielen das verkündete Gottesreich auf Erden, weil wir uns nicht aus den Bastionen der Religionen herauswagen.

Religionen haben nur noch sehr wenig mit der Glaubenskraft Jesu und der Propheten zu tun.

Seien Sie kameradschaftlich gegrüßt   Ihr Raphael Geis

---

1 M. Barth, Gottes und des Nächsten Recht – eine Studie über den sozialen Charakter der Rechtfertigung bei Paulus, in: Parrhesia, Zürich 1966, S. 447–469.

2 A. v. Harnack, Die Mission und Ausbreitung des Christentums in den ersten drei Jahrhunderten, 2 Bde., Leipzig 1924[4], Bd. 1, S. 13.

VIII.29 An Markus Barth[1]

Düsseldorf, 11.12.1968

Lieber und verehrter Freund,

nun habe ich ihn doch nicht mehr gesehen. Nach Golli's [Gollwitzer] Schilderung war sein Sterben noch begnadeter als sein Leben.

Natürlich denke ich jetzt viel und intensiv an sein Wort »wenn ich je in den Himmel kommen sollte, ich würde mich erst nach Mozart und dann erst nach Augustin und Thomas, nach Luther, Calvin und Schleiermacher erkundigen«.[2] Das war nie ein Scherzwort, dafür tiefer Ernst.

Für mich ist nicht wenig von dem, was in der Dogmatik über den Tod steht, fremd und unverständlich geblieben. Das jüdische Gebetbuch spricht sehr intensiv von der Hoffnung auf ein Jenseits. Je älter ich aber werde und je stärker die Anzeichen des Verfalls, um so weniger bedeutet mir die jenseitige Welt, die mir oft erscheinen will wie ein Pochen auf Gewißheiten, während *mein* Gott mir nichts verspricht, ja geradezu das Vertrauen ohne Garantie, bar jeder Gewißheit über das Sterben hinaus, fordert. Es ist fast gegen meinen Willen ein Selbstgespräch geworden.

Und nun will ich mit den Worten Ihres Vaters schließen, die so sehr für den letzten Vater der Kirche sprechen[3]: daß unser immer obskurer werdendes Jahrhundert gerade seine Hilfe nötig hat. Dies wird bleiben, auch für den alten Juden Geis, mit seinem Wenn und Aber.

Ihnen und Ihrer lieben Frau sehr freundschaftliche Grüße

Ihr Raphael Geis

1 Aus Anlaß des Todes von dessen Vater, Karl Barth, am 10.12.1968.
2 K. Barth, Bekenntnis zu Mozart, in: ders., Wolfgang Amadeus Mozart 1756/1956, Zürich 1956, S. 8.
3 Vgl. E. Busch, Karl Barths Lebenslauf. Nach seinen Briefen und autobiographischen Texten, München 1975, S. 515.

VIII.30 An Gustav Heinemann

[Düsseldorf], 6.3.1969

Sehr verehrter Herr Heinemann,

jetzt werden Körbe mit Glückwunschbriefen kommen[1], früher waren es Papierkörbe voll mit Schmähbriefen. Der Wandel ist doch weit über das Persönliche hinaus – erfreulich. In den letzten Monaten habe ich Ihre Stimme, Ihr Gesicht im Fernsehen sehr intensiv wahrgenommen und überprüft. Ihren brillianten, kämpferischen Witz kannte ich, er hat sich zu der Heiterkeit eines Humors erhöht, dem die »bösen Menschen« wenig mehr anhaben können. Predigten, erbauliche Reden mag ich nicht hören, aber Ihr Humor ist fromm.

Nun komme ich nicht mit »möge«-Wünschen. Hoffentlich repräsentieren Sie dieses Deutschland in nicht allzu peinlicher Distance zu der Garnitur, die hinter Ihnen steht und Politik macht. Freund Heuss ist das leider ja oft passiert, er hat darunter gelitten.

Wie auch immer, eine Zuversicht habe ich. Ihnen könnte es gelingen – und nur Ihnen – eine revolutionäre und doch sehr positiv zu bewertende Jugend von den Radaubrüdern zu trennen. Das wäre ein ganz Großes.

Ihnen und Ihrer verehrten Gattin sehr herzliche Wünsche und Grüße

Ihr Robert Geis

1 Anläßlich der Wahl Gustav Heinemanns zum Bundespräsidenten.

VIII.31 An Moshe Tavor, Jerusalem

[Düsseldorf], 30.7.1969

Lieber, verehrter Freund Tavor,

Dank, vielen Dank für Ihren Brief. Hoffentlich war die Anstrengung nicht zu groß.[1] Manchmal habe ich mir in Stuttgart im stillen darüber Vorwürfe gemacht. An Ihnen ist erst so recht klar geworden, wie sehr sich in wenigen Jahren hier alles geändert hat. Selbst die »feine« FDP trägt bei Sitzungen nur noch kurze, offene Hemden (ich sah es gestern im Fernsehen). Um mich machen Sie sich bitte keine Sorgen. Natürlich bin in ein recht kranker Mann: Herzinfarkt, Star, Bandscheibe, Leber, Blase. Da kommt es nicht mehr so sehr darauf an. Ich will auch garnicht meine Verkalkung überleben und bis jetzt habe ich die böse Jugend noch immer auf meiner Seite. Das scheint wichtiger als ein paar Jährchen mehr mit Kalkgerassel ...

Darf ich mir noch einen Rat erlauben, den Sie natürlich nicht befolgen müssen. Was Sie dem Kreuz-Verlag einreichen[2], muß mit dem Vorgetragenen nicht in allem übereinstimmen. Eine Anreicherung mit Fakten könnte bei unserer ahnungslosen Jugend nicht schaden. Z.B. wußten die anwesenden Araber nichts von den Araber-Unruhen der frühen Jahre. Wir kamen vor der Halle ganz zufällig auf dieses Thema. Auch die sozialistische Struktur der frühen Kibbuzim ist weitgehend unbekannt und könnte das Schlagwort vom israelischen Imperialismus wenigstens mit einigen Fragezeichen versehen. Auf der anderen Seite müßten wohl die Sätze zum Thema »Blut« heraus. Buber hat in späteren Jahren das Wort gottlob nicht mehr gebraucht – und die Vokabel wirkt schon aufreizend auf eine Jugend, die den Wortschatz der Väter verachtet. Wir dürfen nicht vergessen, daß eben diese geschmähte Jugend sehr nachdrücklich antinationalistisch ist und gegen Judenverfolgungen in Polen als Zeichen eines Nationalkommunismus heftig protestierte. Meine tiefe Sorge gilt aber den Juden. Es wächst allüberall eine jüdische Jugend heran, die unsere Rabbiner zurecht verachtet, die aber auch für den Zionismus aus schlechtem Gewissen, den Zionismus der Eltern, der sich in Geldspenden erschöpft, kein Verständnis aufbringt. Ich schätze den jüdischen Abfall unserer Tage für folgenschwerer als den der Mendelssohn'schen Zeit. Israel kann vielleicht wirklich nicht viel dagegen tun. Wir in der Golah können uns nicht drücken. Und das Nicht-drücken ist oft verdammt schwer. Verstehen Sie bitte so meine kritischen Bemerkungen.

Ihnen beiden die freundschaftlichsten Grüße von Susanne und

Ihrem Raphael Geis

---

1 Tavor hatte am 18.7.1969 auf dem Kirchentag in Stuttgart einen Vortrag gehalten »Israel – ein Volk kehrt zu sich selbst zurück« sowie am 19.7. ein Kurzreferat »Die

israelischen Angebote und die Verweigerungen an die Araber« unter dem Gesamtthema »Hunger nach Gerechtigkeit in Nahost«.
2 Manuskript für den Band: Deutscher Evangelischer Kirchentag Stuttgart 1969 – Dokumente, Stuttgart/Berlin 1970.

VIII.32 An Markus Barth

Düsseldorf, 7.8.1969

Mein lieber Markus,

eben kam Dein lieber Brief. Wahrlich auch für mich an der Zeit, um sich zu melden. Aber nach der Rückkehr von Stuttgart gab es Berge von Post, daneben die christliche Zustimmung und die wütende Ablehnung der Juden gegen den Springer-Satz meines Referates[1], der überall in der Presse erschien, während wir sonst in der Presse radikal totgeschwiegen wurden ...

Die Angst vor der APO und Arabern hätten wir uns sparen können, die waren gar nicht böse. Mich hörte man 1½ Stunden an, Beifall kam immer schon vor den provozierenden Sätzen ... Ein Satz brachte mir die Freundschaft der Araber ein. So einfach ist das, wenn man nur ein bissel gerecht ist. Ich hatte das Schlußwort der Diskussion und schloß mit dem simplen Satz »Was die Judenfrage für die Christen ist und bleibt, das ist die Araberfrage für den Juden«. Der Ägypter[2] am 3. Abend sprach demagogisch, immerhin war er mutig. Er wünschte den Tag herbei, da Palästinenser und Israeli gemeinsam Front gegen Nasser machten. Ähnliches war von dem Juden nicht herauszubekommen. Ich konnte ihm gerade nur die fürchterlichen Sätze über das »jüdische Blut« streichen. Auch in anderen Arbeitsgruppen ging es absolut demokratisch zu, was ich bei manchem fabrizierten Unsinn sehr erstaunlich fand ...

Dir und Deiner Frau die herzlichsten Grüße von Susanne und

Deinem alten Aba

1 Geis hatte auf dem Kirchentag in Stuttgart einen Vortrag gehalten: Juden und Christen vor der Bergpredigt, in: DEKT Dokumente, a.a.O., S. 872 ff. Wiederabdruck in: Gottes Minorität, S. 220–240. »Was den Staat Israel angeht, ... Wie kann das jüdische Jerusalem sich durch erhebliche Spenden von einem Axel Springer bestechen lassen, ihn als freiheitlichen Demokraten feiern, weil er vordergründig philosemitisch auftritt und mit seinem sehr unwürdigen Wohltätertum verdeckt, daß er in seiner Presse gegen die Neue Linke hetzt, wie einst die Nazipresse gegen die Juden?!« (S. 230).

2 Ali Hassan, Die Position der Araber, ihr Selbstgefühl und ihre Forderungen an Israel, in: DEKT Dokumente, a.a.O., S. 906 ff.

VIII.33 An Ernst Ludwig Ehrlich

Lieber Freund,

Dank dafür, daß Sie sich so schön zurückgemeldet haben. Daran habe ich freilich nicht gedacht, Sie auch unter den Springer-Freunden oder Pseudofreunden zu finden ... Ich finde, Springer ist sehr schlimm. Und zwar nicht erst seit den Studentenunruhen. Er hat gegen Iwand gehetzt, weil er vor der Gefahr der Vertriebenenverbände warnte, er hat die Vertriebenenverbände hochgepäppelt, er ist einer der beachtlichsten Bremsblöcke, die eine Aussöhnung mit dem Osten verhindern, und er hat schließlich, und nicht nur im Falle Dutschke, buchstäblich zum Mord aufgerufen. Da Herr Springer nicht anders als Herr Strauß aber guter Demokrat sein will, gibt man sich den Anschein der Judenfreundschaft. Ich bleibe dabei: es ist eine üble Bestechung, von Herrn Springer Geld anzunehmen; die Brandeis-Universität[1], zumindestens in ihren Studenten und Professoren, hat mehr Charakter bewiesen, als sie eine Springer-Spende ablehnte. Sie waren in den Vornazi-Jahren noch sehr jung. Für mich ist das Fatale, wie sich alles wiederholt und wie wir Juden immer wieder mit nach rechts schielen, wenn es uns im Augenblick opportun erscheint, und offensichtlich gar nicht sehen, daß sich das eines Tages rächen muß. Ich spiele mich weiß Gott nicht zum Richter über Israel auf, kann noch nicht einmal beurteilen, was für Israel möglich oder notwendig ist, dennoch scheint mir die dauernde Rechtsorientierung, ob mit Springer oder totalitären Staaten, bedenklich. Jedenfalls soll man sich nicht wundern und auch nicht schreien, wenn die Linke sich das nicht gefallen läßt. Der Studentenführer der APO, Wolff, den Herr Ben Natan[2] einen Neonazi genannt hat, studierte ursprünglich Musikwissenschaften, sah den Auschwitz-Film und entschloß sich zu einem Studium, das ihm die Möglichkeit der politischen Einflußnahme zu geben schien.

Seien Sie für heute sehr herzlich gegrüßt,   Ihr R. Geis

---

1 Brandeis Universität in Waltham/Mass. bei Boston, gegr. 1948 von amerikanischen Juden in der Tradition der Gründung privater Colleges und Universitäten durch religiöse Denominationen. Im Rahmen eines breiten Fächerangebots ist auch Judaistik vertreten. Die Universität trägt ihren Namen zu Ehren von Louis Dembitz Brandeis (1856–1941), einem hoch geachteten amerikanischen Juristen und entschiedenen Vertreter des Zionismus.

2 Damals Botschafter des Staates Israel.

VIII.34 An Moshe Tavor

Lieber, verehrter Freund Tavor,

Dank, vielen Dank für Ihren guten Brief. Wie schwer einem so ein Rosch-Haschana werden kann, wenn man lebenslang auf eine sinnvollere Welt hofft, auf irgendein Neubeginnen, das nicht im Ansatz stecken bleibt ... und es kommt nie. Da wir beide wahrscheinlich aus sehr ähnlichem Holz geschnitten sind, kann ich Ihnen nur wünschen, was ich mir selbst wünsche: die Kraft zum Durchhalten, die Aktivität des »als ob«, denn sonst müßten wir schnell peinliche Mummelgreise werden, es wäre doch schade um uns. Oder nicht?!! Schlimm ist meine fürchterliche Angst um Israel, doppelt schlimm, weil es in meinem Leben so viele »Ängste« gab, für die ich ausgelacht wurde und die leider immer Wirklichkeit wurden. Dabei habe ich nie etwas sehnsüchtiger gewünscht – als eben unrecht zu haben, Hohn und Verachtung als gerechte Strafe einzustecken. Da Sie mich davon überzeugt haben, daß Israel mit der Linken nicht ins Gespräch kommen kann, versuche ich es. Z.Zt. ist es Mode, El-Fatach-Leute allüberall reden zu lassen. Dauernd werde ich zu Aussprachen eingeladen, nur einen Bruchteil der Aufforderungen kann ich annehmen. Wenn man nicht von oben bis unten blau-weiß angestrichen ist, was wahrlich nicht der Sinn des Zionismus war, kann man doch manches richtigstellen, und es wird einem geglaubt. Etwa der Unsinn des Schlagwortes vom israelischen Imperialismus oder der krasse Nationalismus derer, die zu Helden der 3. Welt gemacht werden, das kann man schon aufzeigen. Oft ist's nur Ignoranz und eben kein böser Wille. Aber in mancher Hinsicht ist es eben reichlich spät, und ein Ein-Mann-Betrieb hat halt seine engen Grenzen. –

Natürlich sollen Sie Ihre Meinung nach Fulda [DEKT] weitergeben. Was heißt hier schon Außenseiter, aus einer gewissen Distance sieht man oft weit klarer. Freilich bin ich der Meinung, daß es auf Kirchentagen eine AG »Juden und Christen« nicht mehr geben muß. Es gibt ja mittlerweile innerhalb der Kirchen eine kämpferische Minorität, und wir waren nur wichtig und interessant, solange der Jude und er allein das Minoritätendenken verkörperte ...

Seien Sie beide aufs freundschaftlichste gegrüßt und sehr innig bewünscht

Ihr alter Raphael Geis

VIII.35 Markus Barth an Geis

Pittsburgh, 19.10.1969

Lieber Aba,

... Am Freitag, den 3. Okt. hatte ich eine Privataudienz beim Papst [Paul VI.]. Viel wäre zu sagen, über den Eindruck, den dieser Mann auf mich machte: die Furchtsamkeit ist doch gemischt mit einer großen Ehrlichkeit und Demut. Ich hatte in den ca. 30 Minuten unseres Gesprächs Gelegenheit, zwei Dinge aufs Tapet und zu des Papstes Gehör zu bringen, die mit Israel zu tun haben: (1) Die Bubervision[1] von einem Zusammenleben von Juden und Arabern in *einem* (Föderativ-) Staat, die mir Deine Freunde Ernst Simon und Talmon entfaltet hatten, und die unter Politikern heute wohl einzig von Avnery[2] aufgenommen und hochgehalten wird. Der Papst war sehr interessiert. Er bat mich, ihm entsprechende Dokumentation zu verschaffen (das ist die höchste Form von Interesse, wenn nicht Zustimmung, die er während einer Audienz zeigen kann). Da ich hier einen Job habe, und nicht sofort, wie es nötig gewesen wäre, nach Israel reisen und das Nötige zusammentragen konnte, habe ich einen Holländer, Dr. Rijk, im Einheitssekretariat [des Heiligen Stuhls], mit dem ich vor der Audienz alles dies besprochen hatte, gebeten, die Dokumentensammlung zu machen. Falls Du etwas dazu beitragen kannst oder willst – ich hoffe sehr, das sei der Fall – bitte tue es. Jetzt oder nie. – Das zweite Judenthema betraf die Teilnahme jüdischer Theologen an allen oekumenischen Besprechungen, damit eine künft. kathol.-prot. Einheit nicht zu einem heidnischen Symposion auf den neuplatonischen Grundlagen Augustins (dieser Mann und seine Theol. vereinigen ja alles, was Kath. und Prot. heißt, in sich) werde. Hier war Pauls Antwort weniger offen: es sei ihm neu, daß man Augustin so ansehen könne. Immerhin soll ich sicher sein, daß die kath. Kirche nicht hinter das Juden-Statement des II. Vatic.[3] zurückgehen werde. Diese Auskunft half mir natürlich wenig, immerhin war das päpstl. Interesse für den anderen Punkt ein interessantes Phänomen ...

Herzlichst immer   Dein Markus

1 Vgl. M. Buber, Rede auf dem XII. Zionistenkongreß in Karlsbad (2. September 1921), in: Der Jude und sein Judentum. Gesammelte Aufsätze und Reden, Köln 1963, S. 467–475.
2 Uri Avnery, israelischer Publizist der Shalom achschaw-Friedensbewegung.
3 II. Vatikanisches Konzil 1962 bis 1965.

VIII.36 An Albert Speer

Sehr geehrter Herr Speer,

... Im Jahre 1963 las ich das Nürnberger Tagebuch von G. M. Gilbert[1] und in all den Jahren danach habe ich immer wieder einmal an Sie gedacht. Sie waren anders und traten anders auf als die Mitangeklagten im Nürnberger Prozeß, ich empfand das Urteil gegen Sie zu streng, wie ich auf der anderen Seite nicht verstehen konnte, warum ein von Papen[2] straffrei ausging. Ich habe von Papen auch noch zu Gesicht bekommen, er war wirklich reuelos.

Vor kurzem sah ich Teil zwei Ihres Fernsehinterviews und war wieder von Ihnen beeindruckt. Sie werden Ihr Teil weiter tragen müssen – wie ich und die Überlebenden alle ihr Teil. Aber ich möchte Ihnen doch wenigstens sagen, daß ich Sie auch da noch achte, wo ich Sie nicht verstehe. Darüber hinaus, so meine ich als gläubiger Jude, müßte es ein Verzeihen geben, und ich bin zutiefst davon überzeugt, daß Sie unter diesem Verzeihen stehen, denn Sie sind heute ein sehr aufrechter Mensch [vgl. VIII.56]. Ihr Buch[3] habe ich noch nicht gelesen, das werde ich eines Tages nachholen. Aber so lange wollte ich eben gar nicht mit einem Wort über den Graben warten ...

Mit freundlichen Grüßen   Ihr Raphael Geis

1 G. M. Gilbert, Nürnberger Tagebuch, Frankfurt 1962.
2 Franz von Papen, als ehemaliger Vizekanzler in Hitlers Regierung Mitangeklagter in Nürnberg.
3 A. Speer, Erinnerungen, Berlin 1969.

VIII.37 Albert Speer an Geis

Sehr geehrter Herr Geis,

nun habe ich schon mehrere Male meinen Kindern am Telefon die letzten Sätze Ihres Briefes vorgelesen, und jedesmal kommen mir Tränen. Ich weiß, daß Sie dies – und daß ich es Ihnen schreibe – mir nicht als überflüssige Sentimentalität auslegen. Ich bekam, verursacht durch das Buch oder das Fernsehinterview viele Briefe, von ehemaligen Freunden und Gegnern, darunter auch einige vergebende von Juden. Aber mit Ihrem Schreiben hat es für mich doch eine besondere Bewandtnis: Es berührt das Zentrum aller meiner Zweifel und Bedrückungen in einer wohltuenden, auf die Dauer vielleicht sogar erlösenden Weise.

Ich möchte mich Ihnen nicht aufdrängen, aber Sie würden mir eine große Freude machen, wenn Sie mir gestatten würden, Ihnen mein Buch zu schicken. Darf ich das? ...

Seien Sie sicher, daß Ihre, eines frommen Juden, Wünsche auf Frieden in meinem Innern nicht nur das schönste Geschenk sind, das ich erhalten habe. Ich glaube, daß Sie am meisten dazu helfen können, daß es so sein wird.

Mit freundlichen Grüßen   Ihr dankbarer Albert Speer

VIII.38 An Albert Speer

[Düsseldorf], 30.11.1969

Sehr geehrter Herr Speer,

... Dank für Ihren guten Brief, den ich vor Beginn der Woche beantworten möchte. Nein, Sie erscheinen mir zu männlich, um sentimental zu werden. Wenn ich auch bei den kleinen Nazis oft Sentimentalität und Brutalität nahe beieinander gefunden habe. Aber ich ordne Sie überhaupt nicht ein, schon gar nicht dort, wo man Sie gerne untergebracht hätte.

Wenn Ihnen Tränen kommen können, seien Sie dankbar dafür. Ich war ein junger jüdischer Theologe, ein Rabbiner in München beim Beginn des Dritten Reiches. Ich habe mir nie mehr Tränen erlauben dürfen, weil ich für die verwirrten und verängstigten Juden stark sein mußte. So habe ich schließlich das KZ Buchenwald überstanden, so blieb ich still, da die Nachricht vom Ende meiner Schwester und ihrer Familie in Auschwitz kam. Warum ich Ihnen das schreibe? Bestimmt nicht, um nun plötzlich den Vorhang wegzuziehen. Ich wußte damals im Dritten Reich, das ich bis 1939 miterlitt, es gibt keine Fächer, in die man Menschen unterbringen kann. Ich kannte z.T. hohe Nazis, deren Hilfsbereitschaft großartig war. Ich wußte von Juden, die mich bei der Gestapo denunzierten. Mir war immer klar, wie schlecht es um das sogenannte Weltgewissen bestellt war. Ohne das feige Schweigen der Weltmächte hätte Hitler niemals als der fürchterliche Sensenmann fungieren können. Und in den Jahren danach? Vietnam, Griechenland, Spanien, Südamerika, Südafrika, die Neger Amerikas? Das fürchterliche Sterben, das Foltern, das Verhungern ist nicht zu Ende. Wer da nicht verzweifeln will, wer kämpfend an vielen Fronten steht, der muß das »Ja« zu dem einzelnen Menschen wieder und immer wieder sich erkämpfen. Sie kann ich als Kameraden ansehen, weil Sie ehrlich sind. Herrn Globke[1], Herrn K. würde ich die Hand nicht reichen. Können Sie das verstehen?

Ihr Buchgeschenk würde mich erfreuen. Vielleicht können wir uns auch irgendwann begegnen, schön wäre das ...

Herzlichst   Ihr Raphael Geis

1 Dr. Hans Globke, in seinen Eigenschaften als Ministerialbeamter bekannt geworden durch: Stuckart-Globke, Kommentar zur deutschen Rassengesetzgebung, I, München/Berlin 1936, und Staatssekretär im Bundeskanzleramt zur Zeit Adenauers.

VIII.39 An Markus Barth

Düsseldorf, 3.12.1969

Mein lieber guter Freund,
da habe ich Dir also einen Brief geschrieben, und meine sonst so auf Ordnung bedachte Frau verliert ihn. Also noch einmal: Was Du über die Privataudienz beim Papst geschrieben hast, interessiert mich natürlich sehr. Gerade auch in der verräterischen Offenheit für Deinen Israel-Plan und der Abneigung, auf Dich zu hören, wenn Du die Juden in die Oekumene einbringen willst. Ob es viel Sinn hat, nach Israel zu gehen, kann ich von hier aus nicht beurteilen. Aber schreibe doch einmal ganz offen an Ernst Simon oder Talmon, die müssen ja wissen, wie isoliert sie sind. Ich könnte mir denken, daß dieser Kreis ebenso wenig politisch ins Gewicht fällt, wie zu meiner Zeit die noch viel größere Mannschaft, zu der Magnes, Buber, Miss Szold und viele andere gehörten ... Ich muß mich langsam auf meine Lehrtätigkeit an der Pädagogischen Hochschule in Duisburg vorbereiten, allwo sie mich zum Honorarprofessor gemacht haben. Ich habe überhaupt das Gefühl, man möchte mich noch kurz vor dem Abkratzen zum Pfingstochsen ausstaffieren; ich denke nur nicht im mindesten daran, deswegen abzukratzen.
Laß es Dir und Deinem Kommentar gut gehen. Sei aufs herzlichste mit Deiner lieben Frau gegrüßt

von Deinem Aba

VIII.40 Albert Speer an Geis

Heidelberg, 13.12.1969

Sehr geehrter Herr Professor,
... Sie haben mir in so herzlicher Weise einen Einblick in Ihr Leben gegeben, in die Tragödien, mit denen Sie fertigwerden mußten. Mein Buch ist keine Antwort darauf; oder, wie ich geschrieben habe: es gibt eben keine Apologie. Ich hoffe, Sie werden das »Grübeln«, von dem Sie mich gern freisehen möchten, in diesem Buch nicht beanstanden. Ich schrieb diese Gedanken zum größten Teil aus dem Ge-

fängnis, mit der Aussicht, noch weitere zwölf Jahre dort verbringen zu müssen. Für mich bedeutete es eine Erleichterung, mich in dieser Weise mit der Vergangenheit auseinanderzusetzen.

Und ich glaube, sie sollten auch so stehenbleiben; so ungenügend sie auch sind, verlangt die heutige Jugend doch nach Einsicht über etwas, was eigentlich unerklärlich bleibt.

Aber denken Sie daran, daß dieses Buch verfaßt wurde, bevor Sie mir schrieben. Sie haben mir in der Tat viel geholfen.

Ein etwas prosaischer Schluß: Wenn ich über Sie vergrämten und verschämten Menschen helfen könnte, würde es mich besonders freuen. Darf ich Ihnen einen Betrag schicken (auf welches Konto)?

Herzlich   Ihr dankbarer Albert Speer

VIII.41 Albert Speer an Geis

Heidelberg, 29.12.1969

Lieber Herr Geis,

heute, nachdem es in unserem Haus ruhiger geworden ist, die Kinder mit Enkeln wieder abgefahren sind, finde ich erst die Ruhe, Ihnen für die doppelte Weihnachtsfreude zu danken. Brief und Telefonanruf kamen so unerwartet, wie eben das Kostbare wohl immer unerwartet zu uns kommt.

Ich habe viel, viel Zeit für Sie und hoffe nur, daß auch Sie mir einige Stunden geben können. Es gibt Dinge, die im Gespräch eher kommen als beim Schreiben. Vielleicht unterhalten wir uns aber auch ganz gelockert und geradezu heiter – so wie es nach Ihrem ersten Brief eigentlich richtig ist.

Einiges vorab: Schon in Nürnberg wurde ich von der verständnisvollen Unterhaltung mit einigen Ihrer Glaubensgenossen überrascht – eigentlich beschämt. In Spandau war der erste Amerikaner, der uns zu nahrhaften Stoffen verhalf, einer der Ihren, und nun erhalte ich von dieser Seite Briefe, die ich Ihnen beilege, weil sie mehr sagen als alle meine Worte ...

Meine Frau freute sich *sehr* über Ihr Wünsche, noch mehr darüber, daß Sie in Ihrer schweren Zeit an sie dachten. Sie hatte, mit den sechs Kindern, die sie alle durch das Abitur brachte, die schwere Last zu tragen. Wie Sie jetzt lasen, lieben wir uns seit unserer Jugend, wuchsen in den wichtigsten Jahren fast zu einer Einheit zusammen – und so ist es geblieben, trotz der zwanzig Jahre (wie bei Odysseus!).

Mr. Bernfeld möchte meine Antwort teilweise im »Aufbau« [Emigrantenzeitschrift in USA] veröffentlichen. Ich hoffe, Sie verstehen, daß ich ihm auf seinen schönen Brief, ohne Namensnennung, etwas aus Ihrem Brief zitierte. Aber das in die Öffentlichkeit?? Jedenfalls nicht ohne Ihre *ausdrückliche* Zustimmung.

Meine Frau und ich wünschen Ihnen und den Ihren von Herzen ein gutes Neues Jahr, das uns alle dem gegenseitigen Verstehen unter den Völkern näher bringen möge.

Ihr Albert Speer

P.S. Auf das Konto überweise ich 5.000 DM.

VIII.42 An Helmut Gollwitzer

Düsseldorf, 1.1.1970

Geliebter Golli,

nach guter alter Judenart wollte ich Dir am Vorabend Deines Geburtstages gratulieren und irgend einen netten Unsinn reden. Aber Du warst ausgeflogen resp. geflohen. Ich finde es beim 2. Mal noch besser, daß Du Hauskaplan des Bundespräsidenten bist. Immerhin Heinemann und Golli sind möglich, das sollte vor finsterem Pessimismus bewahren. Der Begriff »Nonkonformismus« mag schon wieder verblüht sein, das geht ja verdammt schnell. Aber vor kurzem Geschmähte stehen im Rampenlicht, und es scheint selbst auf unser Bürgerdutzend zu wirken. Ist das nichts?

Mach's gut mein Lieber und nutze die Zeit.

Sei mit Deiner geliebten Frau aufs freundschaftlichste gegrüßt

Dein Aba

VIII.43 An Albert Speer

[Düsseldorf], 2.1.1970

Lieber Herr Speer,

... Aufbau-Veröffentlichung, ist das gut? Ich weiß nicht, ob Sie das Tagebuch der Anne Frank[1] kennen? Von der Familie überlebten allein der Vater und das Tagebuch, das nach der Deportation im Amsterdamer Versteck gefunden und gerettet wurde. Dies Tagebuch erschien in allen Weltsprachen, es wurde verfilmt, und es gab ein Theaterstück. Aber der sehr, sehr sensible Vater Frank, den ich gut kenne, wurde am Unglück seiner Familie reicher und reicher an Geld, bitterarm in seiner menschlichen Existenz. Er hat nach dem Krieg nur noch Briefe beantwortet, Interviews gegeben usw. Mir erschien das immer besonders grausam.

Unsere Welt ist sehr merkwürdig, sie zerrt bewahrte Menschen in die Öffentlichkeit – und zerstört sie. Wer fragt schon um Gegenwart

und Zukunft, wenn man mit einer Vergangenheit so viel »anfangen«
kann??

Davor möchte ich Sie bewahren, lieber Freund, bleiben Sie männ-
lich-spröde! Unter den Händen auch noch amerikanischer Zeitungs-
leute, und man bringt Sie menschlich zur Strecke. Was Spandau nicht
gelang, Journalisten könnte es gelingen ...
Herzliche Grüße Ihnen und Ihrer Frau   Ihr Raphael Geis

1 Das Tagebuch der Anne Frank, 12. Juni 1942–1. August 1944, Fischer Bücherei
Nr. 77, Frankfurt/Hamburg 1955.

VIII.44 Albert Speer an Geis

Heidelberg, 8.1.1970

Lieber Herr Geis,
es ist wieder mal spät abends geworden, wie fast jeden Tag. Ich
weiß nicht, wie ich es anstelle, daß ich immer so beschäftigt bin. Nun
kommt noch die Antwort auf Ihren schönen Brief – und morgen fahren wir für drei Wochen in Ferien.

Meine Frau und ich fanden es eine gute Idee, daß wir uns im März
in Friedenweiler treffen. Dort haben wir Ruhe, wir werden einmal
versuchen, uns kennen zu lernen; ich freue mich darauf. Etwa Mitte
März paßt gut. In dieser Zeit ist lediglich ein Fernsehinterview für
USA auf dem Programm und der Geburtstag, der ziemlich ohne Beachtung bleiben wird.

An Bernfeld hatte ich schon geschrieben, da mir die Sache nicht
recht gefiel ...

Das Tagebuch von Anne Frank las ich mit Erschütterung in Spandau. Eine ganz erstaunliche Reife, trotz aller Kindlichkeit von einer
seltenen Harmonie. Den »Rummel«, der folgte, verfolgte ich ebenfalls. Schade darum. Vor derselben Gefahr hoffe ich bewahrt zu sein;
obwohl überhaupt das »Verdienen« mit solch einem Buch schon ein
richtiges Problem ist. Darüber möchte ich Sie gerne befragen.

Pekuniär ging es mir nach der Freilassung gut. Ich hatte und habe
einige einträgliche Beratungsverträge mit der Industrie. Sodaß mir die
Spende nicht schwer fiel. Wenn Sie sie entbehren können, senden Sie
einen Teil zurück; ich gebe ihn an die Pfarrei der Heidelberger Alt-
stadt weiter, wo viel Hilfe notwendig ist.

Mit der auslaugenden Presse, mit den zerreibenden Briefen haben
Sie recht. Ich habe wirklich in den letzten Monaten eine unruhige Zeit
– aber in einem schönen Sinne, da mir tatsächlich niemand übel will,
mir Unbekannte voller Sympathie schreiben. Es wird abebben; aber

mir das gebrochene Selbstbewußtsein (Letzter Satz Vorwort) ein bißchen bandagieren!

Ich rufe, wenn ich nichts inzwischen höre, Anfang März an, um
wegen Friedenweiler zu vereinbaren.

Herzliche Grüße auch von meiner Frau   Ihr Albert Speer

VIII.45   Friedrich-Wilhelm Marquardt an Geis

[Berlin], 18.1.1970

Geliebter Aba,

Dorothee hat die Grippe nun auch noch erwischt, und wir mußten
durch einen engen Schlund in das neue Jahr hineinkriechen. Aber nun
ist es geschafft, die Zeit hat uns wieder, und das wichtigste ist nun:
wie es inzwischen Euch, Dir gehen mag. Ich habe nicht Deine Absage,
aber den Grund Deiner Absage nicht gerne gehört[1] und schließe aus
den Ferienplänen im März auf große Schwäche, wie Du ja auch mit
dem alten Jeschajahu [Jesaja] angedeutet hast.

Gerade habe ich in Rosenzweigs Stern II die Meditation über die
fides obstinata, das Wesen des Trotzes in der Treue gelesen[2] – jenes
Trotzes, den Du bei mir so vermißt und der ja dennoch auch bei mir
in wer weiß welchen Verborgenheiten nur allzu kräftig, »urböse«
trotzt –: wird der Dir körperlich helfen können? Er ist ja auch ein
Physikum, »Galle« hieß er im 18. Jahrhundert. Jedenfalls wünsche
ich Dir von Herzen – und Dorothee mit mir – daß Du, sei's mit Trotz,
sei's mit Treue hindurchkommst und betreut bleibst, nicht nur von
der tollen Deinen!

Ich habe Stöhr geschrieben, der Koordinierungsrat solle mich zum
8. März nach Köln einladen und es möglich machen, daß wenigstens
ein Schon-Medaillen-Haber[3] den anderen, wenn nicht öffentlich, so
doch selbst grüßen könne. Irgendwie habe ich die Plakette, die mir
vor zwei Jahren sicher als initiativem Versuchstier zugesprochen
wurde, erst gerne, wenn Du sie als die Deine in der Hand haben wirst.
Und jedenfalls bin ich dann fest entschlossen, mich meinerseits ihrer
nicht mehr zu schämen, sondern sie auch ganz vor mir selbst zu wür-
digen. Warum sollten wir uns von Bubers und Rosenzweigs Namen
und wuchtigen geistigen Gestalten nur erdrücken, sie uns nicht auch
als zu-gedacht, gewidmet, freudig *gefallen* lassen? (Siehe diesen
Trotz!) Alles Wichtige ist auch gefällig, im Sinne der Wohltat, selbst
wenn es so herausfordernd und fordernd Wichtiges ist, wie diese beiden deutschen Juden. Auf irgendein *Programm* lassen wir uns doch
dadurch nicht verpflichten, jedenfalls ich nicht – höchstens auf das

Ausleben des Überbrückenden, Hoffnungsvollen, Künftigen, das in diesen beiden widersprüchlichen Geistern von Höherem her investiert worden ist, das: worin auch Du lebst. Immerzu kommt es mir, als müßte ich einen Artikel für Dich schreiben – und widerspreche mir dann stets, weil ich gerne unsere Freundschaft *zart* halten möchte. Und zart kann man in den Gazetten nicht reden, wenn man nicht Künstler ist. Übrigens nehme ichs gar nicht so wichtig, wie es auf der anderen Seite dieses Blattes scheint. Ich sags nur Dir, und Dir eigentlich auch nur, damit Du Dich wirklich *nicht* schämst, weil das, was mit den beiden Namen gemeint ist, sowieso in Dir, mehr noch – das Deine ist. Und überdies: käme ich wirklich gerne nach Köln, um Euch zu sehen.

Von Herzen Dein von Frau und Freunden   so genannter Friedel

---

1 Die für den 2.–3.1.1970 geplante Jahrestagung der Arbeitsgemeinschaft Juden und Christen mußte wegen einer großen Zahl von Krankmeldungen der Mitglieder abgesagt werden – so auch von R. R. Geis wegen einer schweren Grippe.

2 Fr. Rosenzweig, Der Stern der Erlösung. Zweiter Teil. Zweites Buch, Frankfurt am Main 1930², S. 102 f.

3 Marquardt erhielt die Buber-Rosenzweig-Medaille 1968. Hier Bezug auf die Verleihung an Eva Reichmann und Robert Raphael Geis (s. VII.35).

VIII.46   An Friedrich-Wilhelm Marquardt

[Düsseldorf], 23.3.1970

Lieber Freund,

für 2 Tage war Speer, Hitler's Rüstungsminister, mit seiner Frau bei uns. Kurz vor dem Treffen bekam ich's etwas mit der Angst, aber meine impulsive Einladung war goldrichtig. Der Mann hat in seiner langen Haftzeit Barth's Dogmatik ganz gelesen, »obwohl ich vieles überhaupt nicht verstanden habe« …

Auf meine Frage: »Wie kann ein Mensch über 600 Buchseiten, ohne peinlicher Schuldbekenner, Masochist oder Jammerlappen zu werden, seine Schuld fast wortlos durchschimmern lassen, Kapitel für Kapitel, manchmal Seite für Seite?« bekam ich die Antwort: »Ohne Barth hätte ich das nicht gekonnt. Schuld – Gericht – Vergebung in einer sehr nackten Wirklichkeit habe ich da gelernt. Aber bitte, hängen Sie das nicht an die große Glocke. Gerade nach dem Buch muß ich im Stillen leben.« … Nun schreib mal 2–3 Zeilen!

Seid beide sehr, sehr herzlich gegrüßt   Dein Aba

VIII.47 Friedrich-Wilhelm Marquardt an Geis

Berlin, Nach dem 24.3.1970

Geliebter Aba,

links neben mir traktiert meine Schwiegermutter das Spinett, und Bettina versucht sich auf der Geige dazu. Rechts neben mir fesselt meine eloquente, stets mit ungeheurer Vehemenz diskutierende Mutter meine arme Frau und hindert sie am Mittagkochen. Gegenüber in der Küche dreht Ulrike, die am Sonntag konfirmiert wurde und so den Riesenschwanz der westdeutschen Familie hierherzog, die ganze Skala des neuen Transistor-Geräts durch, um nur ja keinen Schlager zu versäumen. Was soll man machen? Ich kapituliere, sehr mißmutig, und mein Barth[1], dem es jetzt nach Gollis Kündigung arg pressiert[2], muß darunter leiden. Dabei falle ich weiter von einer Entdeckung zur anderen! Er hat, das kann ich jetzt an Begriffsparallelen nachweisen, einfach seine revolutionären Zielvorstellungen aus seiner anarchistischen Zeit auf den Gottesbegriff der Kirchlichen Dogmatik [KD] wörtlich (!) übertragen. 1922 forderte er, daß jedes ethische Handeln eine umfassende, innerweltliche Zielvorstellung haben sollte und nannte sie: Liebe in Freiheit und Freiheit in Liebe.[3] Schlägst Du nun die KD II,1 von 1948, die Gotteslehre auf, dann liest Du als seinen Begriff von Gott: »Gottes Sein als der Liebende in der Freiheit« (§ 28). Was sagst Du dazu? Mich haut es um. Denn m.E. ist damit *bewiesen*, daß er *als Theologe* Linkshegelianer bis Marxist nicht nur gewesen, sondern geblieben ist. »Gott« hat er *nur* gesellschaftlich, sprich: biblisch, sprich: alttestamentlich-prophetisch gedacht. Und die ganze Christologie steht in der KD an der Stelle, wo *bis* zur KD die Gesellschaft stand. Jesu Geschichte war ihm Inbegriff nicht einer abstrakten *Heils*-, sondern der *Welt*geschichte der Gesellschaft.

Ich glaube, daß das wirklich eine Entdeckung ist, die bisher keiner gesehen, viele vielleicht geahnt, die meisten – gefürchtet haben. Ich bin trunken von dem, was sich hier zusammenfügt und will mit diesem Barth über die Mauern springen – wenn die Mütter weg sind!

Von Speers KD-Lektüre weiß ich schon seit vielen Jahren. Georges Casalis hat, als er noch Spandauer Gefängnispfarrer war, dafür gesorgt und die entsprechende Katechese angeschlossen und uns immer von den Fortschritten berichtet. Daß Du ihn eingeladen hast, sieht Dir sehr ähnlich, Du Lieber.

Noch lebe ich, verpuppt, in der spes *futurae* vitae, d.h. bisher tut sich nichts, aber ich hoffe und bin einigermaßen gespannt.

Laßt es Euch doch gut gehen, noch im Schnee, und werde, lieber Aba, gesund. Stöhr rufe ich heute abend an. Aber ich bin sicher, daß Du die Medaille *nicht* loswerden wirst. Sie steht Dir zu gut!

Von Herzen Euch beiden,   Dein Marquardt

1 F.-W. Marquardt, Theologie und Sozialismus. Das Beispiel Karl Barths, erschien München 1972.
2 Marquardts gesetzlich geregelte Assistentenzeit lief kurz danach aus.
3 K. Barth, Das Problem der Ethik in der Gegenwart, in: Das Wort Gottes und die Theologie. Gesammelte Vorträge, München 1925, S. 141.

VIII.48 Albert Speer an Geis

Heidelberg, 30.3.1970

Lieber Herr Geis,

eigentlich wollte ich Ihnen jede Stunde, in der wir zusammen waren, sagen, wie sehr mich Ihre gütige Art berührte. Fast noch mehr wollte ich Ihrer Frau wegen etwas Gutes tun, weil ich von Sprengers[1] wußte, daß sie dieser Begegnung (mit Recht) mit einigen Vorbehalten entgegensah und uns um so herzlicher behandelte.

Ersparen Sie es mir, in der Vergangenheit zu kramen; Sie wissen das alles aus meinem Buch und müssen daher auch wissen, daß unsere Begegnung – begonnen mit Ihrem ersten Brief – Schlußstrich und Anfang für mich bedeutet. Schlußstrich unter Selbstvorwürfe aller Art, Anfang zu einem neuen Gefühl des Vergebenseins und der Anerkennung auf gleicher Ebene.

Ich fühlte mich sehr wohl und behütet bei Ihnen und Ihrer Frau. Es ist doch eine wunderbare Sache, daß diese Begegnung nicht nur möglich war, sondern auch in Düsseldorf fortgesetzt werden soll. Oft dachte ich an die beiden gewiß unglücklichen Stoph und Brandt, bei denen Verkrampfungen verhindern, sich zu finden, obwohl sie sich begegneten. Meine Frau und ich waren glücklich (und dankbar, aber davon wollten Sie nichts wissen). Wir hatten sogar ein schlechtes Gewissen, weil wir Sie verließen, um Alltagsbesuche abzustatten, anstatt noch einen Tag bei Ihnen zu bleiben.

Am Tag darauf (wir kamen erst ein Uhr morgens an) ging es übrigens heiß her: Das amerikanische Fernsehen war überraschend und verfrüht erschienen; sie setzten mich drei Stunden der Hitze ihrer Scheinwerfer und ihrer Fragen aus. Beides habe ich gut überstanden, wenn ich auch jedesmal nach solchem Ereignis das Gefühl habe, ein Stück von mir abgegeben zu haben. Sie waren übrigens sehr nett und wohlwollend.

Durch ihr Erscheinen war ich auch nicht in der Verfassung, mit Ihnen lange zu telefonieren. Am Dienstagabend versuche ich, bei Ihnen anzurufen ... Ihrer Frau und Ihnen nochmals von Herzen Dank.

Alles Gute trotz des Wetters   Ihr Albert Speer

1 Dr. Otto Ludwig und Frau Dr. Gisela Sprenger, befreundetes Arztehepaar, in Karlsruhe.

VIII.49 Albert Speer an Geis

Heidelberg, 4.6.1970

Verehrter und verehrungswürdiger Freund,
geliebter und lieber Herr Geis,

Ihre schöne Anrede will von mir mit aller Freude, zu der ich noch fähig bin, erwidert werden! Sie in »Aktion« zu erleben, zu sehen, mit welcher Wärme Sie – immer am Rande der Erschöpfung wandelnd –, uns alle davon überzeugten, daß Glaube und Realität notwendig zusammengehören, das war für mich ein neues Erlebnis in der Reihe tröstender und erlösend wirkender Begegnungen mit Ihnen.[1] Sie sind nur ein vielfaches feinfühlender als ich; jetzt verstehe ich, wie mancher weise Mann des Alten Testaments gewirkt haben muß.

Ich habe nur immer eine Sorge: Daß Sie sich zu sehr ausgeben, wenn auch dieser Zustand Sie erleichtert und befähigt, sich über uns alle zu erheben.

Entschuldigen Sie diese Worte. Ich hatte sie schon bereut, als Ihr Brief kam; denn ich wollte sie irgendwie los werden, ohne noch zu wissen wie – schicklicherweise. Nun haben Sie die dazwischenstehende *kleine* Barriere auch noch beseitigt.

Mir gefiel's auf der Tagung ausgezeichnet. Es passierte mir eigentlich das erste Mal, daß ich in einem solchen Kreis, der sich eher befremdet benehmen mußte (so erwartete ich es), mit Freundlichkeit aufgenommen wurde. Die Schärfe von Frau Simon und die krasse Formulierung Markus Barths fielen mir eigentlich nicht unangenehm auf. Das Thema war explosiv, die Thesen der beiden Referate mit Konfliktstoff in unserer Bundesrepublik Konformismus geladen. Ich erwartete hitzige Proteste!

Mit M. Barth hatte ich auf 3 1/2 stündiger Fahrt zwischen 130 und 160 km Geschwindigkeit ein gutes Gespräch. Ich sah es als Beweis dafür an, daß er ein wahrer Gottesmann ist, weil er trotz Geschwindigkeit und Gedränge auf der Autobahn in aller Ruhe die Unterhaltung führte. Vielleicht kann ich zu meinem Ruhm noch hinzufügen, daß ich meine durch Spandau nicht geschmälerte Nervenkraft unter Beweis stellte, indem ich, einholend oder bremsend, tüchtig darauf los redete! Er ist mir, trotz des Ausfalls gegen Casalis, sympathisch geworden. Und halbwegs entschuldigte es ihn, er hätte mit seiner Schärfe eher Casalis aus seiner Reserviertheit bringen wollen.

Meine Begegnung mit Casalis brachte mir den Gewinn, den ich davon erhoffte. Er wirkte, wie schon vor über zwanzig Jahren, als *das* Gewissen, das wir so gerne verdrängen. (Jedenfalls ich!) ...

Noch zu Frau Simon: Ich fühle mich immer noch in Schuld bei ihresgleichen; über ihre Aufforderung, gelegentlich die »Thesen« meines Buches zur Diskussion zu stellen, sprechen wir noch, wenn sie mir, wie sie in Aussicht stellte, über ihre Vorstellung ausführlich geschrieben hat ...

Meine Frau und ich werden uns alle Mühe geben, möglichst bald Sie wieder zu besuchen. Zur Zeit steht allerhand an: Amerikanische Redaktionswünsche; dazwischen, um Atem zu schöpfen, Fortsetzung unseres Wanderwegs. Aber Anfang Juli bestimmt.

Ihre Frau ist mir immer gegenwärtig, mit ihrer liebevollen, besorgten Aufmerksamkeit, mit der sie ihrem Vortrag folgte.

Ihr und Ihnen alles, alles Gute! Selbstverständlich läßt meine Frau herzlich grüßen.

Ihr Albert Speer

1 Nach einer Tagung 30./31. Mai 1970 »Juden und Christen fragen nach dem Frieden« in Radevormwald/Siegerland unter der Leitung von Pfarrerin Dr. Lili Simon, Mitglied der AG Juden und Christen beim DEKT. An der Tagung nahmen u. a. teil: M. Barth, G. Casalis, R. R. Geis und A. Speer.

VIII.50 An Markus Barth

Düsseldorf, 11.6.1970

Lieber Freund!

... Mit Dir zusammen in Radevormwald zu sein, das machte Spaß. Ich habe nur bis heute nicht recht verstanden, warum Du so gereizt und heftig Dich gegen Casalis gewandt hast. Jedem von uns kann es doch passieren, die Literatur eines anderen Landes nicht ganz zu übersehen, und sein gläubiges Engagement in politischen Fragen ist schwerlich zu übersehen. Mich machte die ganze Sache etwas traurig, weil Casalis mir gerade kurz vor der Nachmittagssitzung erzählte, wie beglückt er darüber wäre, mit Dir wieder gut zu stehen. Ich persönlich werde immer Christen in der Opposition zugeneigt sein, weil ich mir vielleicht nicht zu unrecht denke, daß sie es in ihrer Einsamkeit und Isoliertheit noch schwerer haben als ein alter Jude, der daran schon bald 2000 Jahre gewöhnt ist.

Laß es Dir gut gehen und sei aufs allerherzlichste gegrüßt

von Deinem Aba

VIII.51 An Reinhold von Thadden-Trieglaff

Düsseldorf, 23.6.1970

Geliebter und verehrter Freund,

wie innig haben wir uns beide mit Ihrem Besuch gefreut. Lassen Sie sich nochmals innig Dank sagen. Es war so schön zu sehen und zu hören, wie gut es Ihnen geht. Sie gehören ja nun schon geraume Zeit zu den wenigen Menschen, die mir das Christsein rein repräsentieren. Ohne Sie wäre ich in fortgeschrittenem Alter bestimmt nicht mehr in die Evangelische Theologie eingestiegen. Wie reich haben Sie mich doch beschenkt!

Aus Gnade *und* eigenem Bemühen gelingt es manchmal Menschen, das Alter zu besiegen aus der Kraft des nie endenden Neubeginns. Grenzgänger zwischen den Generationen, Grenzgänger zwischen Leben und Sterben und Auferstehen.

Lassen Sie es sich recht, recht gut gehen und seien Sie aufs freundschaftlichste gegrüßt.

Ihr Raphael Geis

VIII.52 Reinold von Thadden-Trieglaff an Geis

Fulda, 29.6.1970

Mein sehr lieber, verehrter Freund und Bruder!

Vorgestern abend aus Zürich heimgekehrt, wo ich mit Fräulein Kanzler[1] an einer oekumenischen Kirchentags-Konferenz teilgenommen habe, fand ich hier Ihren so besonders lieben und mich sehr bewegenden Brief vom 23. Juni vor, für den ich Ihnen von Herzen danke.

Meine Empfindungen im Blick auf unser Zusammenwirken auf dem so überaus bedeutsamen Gebiet biblischer Nachbarschaft im lebendigen Glauben wurden von einem Jahr zum anderen immer persönlicher und auch menschlich intimer. Für mich ein Geschenk der Freundlichkeit Gottes, für das ich nicht dankbar genug sein kann. Darum denke ich noch gern an die Stunden zurück, da ich samt Fräulein Kanzler mit Ihnen und Ihrer Gattin an Ihrem gastlichen Tisch in Düsseldorf zusammensein durfte, und freue mich auf ein Wiedersehen zu gegebener Stunde – hoffentlich auch einmal hier bei uns in Fulda!

Mit den herzlichsten Segenswünschen zu Ihrem bevorstehenden Geburtstag und mit der Bitte, mich Ihrer Gattin angelegentlich zu empfehlen, bin ich

stets Ihr getreuer R. von Thadden-Trieglaff

1 Gisela Kanzler, langjährige Mitarbeiterin im Büro der Leitung des Deutschen Evangelischen Kirchentags in Fulda.

VIII.53 An Markus Barth

Lieber, guter Markus,

... Die Sache Casalis möchte ich nun gar nicht weiter zwischen uns herumwälzen. Ich verstehe viel zu wenig davon, und ich bekomme ja auch immer nur einen Bruchteil seiner Aktivitäten vermittelt. Mir tat es nur leid, weil er eine Stunde vor Deinem Diskussionsbeitrag mir so erleichtert und fröhlich über Eure Aussöhnung erzählte und er Dich ja um den Diskussionsbeitrag gebeten hatte. Ich sehe in ihm einen Menschen, der an der Welt leidet und dem sein Christentum doch wohl oft eine schwere Bürde ist. Und wenn die Kirche über Jahrhunderte, um Dein Wort zu gebrauchen, Hurendienste allen Mächtigen leistete, dann würde ich das, was Casalis tat, auch wenn es falsch sein sollte, nicht einen Hurendienst nennen. Aber wir brauchen darüber nicht weiter zu sprechen, Du wirst noch wissen, wie wir beide zueinander gefunden haben, und mir bleibt gar nichts anderes übrig, als immer wieder auf der Seite der Angegriffenen zu sein ...

Sei sehr freundschaftlich gegrüßt   von Deinem Aba

VIII.54 Georges Casalis an Geis

Lieber, sehr geehrter Freund,

... Ich kann nur, meinerseits, bestätigen[1], daß die Begegnung mit Ihnen für mich jedes Mal eine große Beglückung und Bereicherung ist. Es ist auch das einzig wirkliche Geschenk, dieser beiden mehr als zweideutigen Tagungen[2] bei Lili, zu der ich nie mehr gehen werde: »denn, es ist ihnen gesagt worden, und sie bleiben taub, weil sie im voraus wissen, was sie denken sollen«.

Ihr Dabeisein und Ihre Solidarität sind mir besonders wertvoll und unersetzlich erschienen, als der Angriff von Markus erfolgte, auf den ich gar nicht vorbereitet war und den ich, bis heute, mir nicht erklären kann. Es scheint, daß es ihm nachträglich leid tut, und daß er sich mit mir »versöhnen« möchte. Ich kann mit solchen nachträglichen und kaum abgeklärten Gefühlen wenig anfangen und laß ihn zunächst warten, wenigstens bis er sich an mich direkt gewandt hat. Aber bis jetzt lebe ich stark unter dem Eindruck, daß es ihm auf einmal gefiel, eine 30 Jahre alte Freundschaft aus etwas selbstzerstörerischer Lust zu zerschlagen. Oder wie sehen Sie es?

Ich bin besonders über den Schluß Ihres Briefes dankbar, es ist in der Tat so, daß man sehr ungeschützt und wehrlos allen gegenüber ist, wenn man nur ein wenig versucht aus der *Kenose*[3] zu leben: dieses meine ich auch bei Bonhoeffer sehr stark zu spüren. Man hat mit Menschen zu tun, die einen mit Panzern und Geschützen umgeben, gewaffnet gegen alles, was sie nur anrühren könnte, und befindet sich, notwendigerweise, aus der Konsequenz der Imitatio[4], ausgeliefert – und total exponiert. Sie profitieren selbstverständlich davon, und man befindet sich oft sehr einsam. Dann aber kommt Einer wie Sie und sagt: ich verstehe; das genügt, um alles im Nu wegzufegen von den sonstigen Anfechtungen. – Deswegen, danke ich Ihnen aus tiefem Herzen und meine Frau mit mir.

Ich brauche nicht mehr zu sagen: ich freue mich sehr auf die nächste Begegnung mit Ihnen und grüße Sie und Ihre liebe Frau auf's herzlichste

Ihr Georges Casalis

1 Bezug auf einen nicht vorhandenen Brief von Geis vom 2.6.1970.
2 Der Tagung vom Mai 1970 war eine zum gleichen Thema im Juni 1969 vorausgegangen.
3 Kenosis (griech. = Entleerung), theologischer Ausdruck für die Selbstentäußerung Christi in der Menschwerdung.
4 Imitatio (lat. = Nachahmung), theologischer Ausdruck für eine Christus nachahmende Lebenshaltung.

VIII.55 An Friedrich-Wilhelm Marquardt

[Düsseldorf], 21.9.1970

Lieber Freund,

... Übrigens hätte ich im Januar 71[1] so gern ein Referatchen gehalten; das Thema konnte mir nur in der Augenklinik einfallen und zwar über den Satz: »Aug' um Auge« im Alten Testament und dem donnernden: »ich aber sage Euch« von Jesus. Da ist nämlich genau der Punkt, an dem die Frage nach der Theologie der Revolution immer wieder von neuem klar wird. Aber das kannst Du natürlich nicht verstehen und darum wollte ich darüber reden.

Ich warte sehnsüchtig auf eine halbe Sehbrille und auf eine halbe Lesebrille, wie ich mich als Kind auf ein halbes Eis gefreut habe. Später war ich eigentlich immer für ganze Portionen oder Doppelportionen. Eigentlich bin ich das immer noch; und wenn der alte Judengott geglaubt haben sollte, mich mit zwei Staroperationen zur Geduld erziehen zu können, dann hat er sich halt wieder geirrt.

Dir und Dorothee die allerherzlichsten Grüße von uns beiden

Dein Aba

1 Geplant war dieses Referat für die nächste Jahrestagung der Arbeitsgemeinschaft Juden und Christen in Arnoldshain. Geis hat aus Gesundheitsgründen seine Teilnahme absagen müssen (vgl. VIII.57).

VIII.56 Georges und Dorothee Casalis an Geis

Antony, 27.12.1970

Lieber, verehrter Freund,

Hoffentlich haben Sie verstanden, daß mein Schweigen *nie* Gleichgültigkeit bzw. Vergeßlichkeit bedeutet, sondern stetes warmes Begleiten und sich nach den fernen Freunden sehnen! Ich bin z.Z. etwas
in der – *schönen!* – Arbeit an der Fakultät und sonstwo erdrückt und
umso froher, einige Entspannungstage im Wallis verbringen zu dürfen.

Ich möchte vor allem wissen, wie es Ihnen gesundheitlich geht und
was Ihre Augen tun. Lassen Sie mich, hoffentlich bald, an diesem
Punkte beruhigt sein –.

Daß wir gemeinsam im NDR in der »Speersendung«[1] – ich furchtbar gekürzt, leider, und Sie? – gesprochen haben, ist nur ein klägli-
cher Ersatz für das im 1971 geplante »gemeinsame Auftreten« (wo
und wie?). Das wollen wir nicht vergessen und vergehen lassen!

Ich habe sehr viel und intensiv an Sie gedacht, als sich diese uner-
hörte Sache ereignete, nämlich, als Brandt vor dem Denkmal des
Warschauer Ghettos plötzlich kniete. Wann und wo hat es in der Geschichte eine solche, freie, bedeutungsvolle Geste der politischen
Buße gegeben? Es läßt in keiner Weise Leningrad, Raj, Gdansk, Bur-
gos und Irbid vergessen, aber es ist wie ein Lichtstrahl in dieser dunklen und grausamen Zeit. Und daß ausgerechnet ein deutscher Staatsmann es tat, hat ein besonderes Gewicht.

Das Gute in unserer Freundschaft ist, wie mir scheint, daß wir uns
von Anfang an so gut »erkannt« haben; ich fühle mich wie umgeben
und getragen von Ihrem barmherzigen Verständnis.

Ihnen und Ihrer verehrten und lieben Frau unser treues und dank-
bares Gedenken!   Georges und Dorothee Casalis

---

1 Eike Christian Hirsch, Gott vergibt – die Öffentlichekit nicht. Eine Dokumentation
zur Frage: Haben Nazis Lebenslänglich? Eine Sendung im NDR, 13. 12. 1970.
Die Sendung konzentrierte sich auf die Frage der Vergebung für den ehemaligen Rüstungsminister Albert Speer nach zwanzigjähriger Haft in Spandau. Neben anderen
waren Casalis und Geis um Stellungnahmen gebeten. Geis führte u. a. aus:
»Über den Begriff der Vergebung möchte ich mich gar nicht auslassen. Einmal ist
das Judentum dogmenlos und mit Antworten nicht so schnell zur Stelle wie andere
Konfessionen. Darum scheint mir, daß das Christentum mit der Frage von Schuld
und Absolution über Jahrhunderte soviel Unheil angerichtet hat, daß man davon absehen sollte. Und schließlich sollte man einigen Respekt haben vor der Säkularisation, in der wir uns befinden. Für mich ist die Frage nicht eine Frage von Schuld und
Vergebung, wenigstens nicht, soweit ich darüber reden kann, sondern es ist die
Frage des Überlebens. Als Jude überleben, das heißt wirklich leben und noch an einer Zukunft bauen, kann man nur, wenn man über die Ereignisse des Dritten Reiches auch hinauszuwachsen versteht. Das ist eine Frage, die nichts mit Vergebung zu
tun hat, sondern mit Überwindung, und das Überwinden scheint mir wesentlicher

als die Frage nach der Vergebung. Und junge Israelis sind eigentlich ein Beispiel dafür, daß an einer Zukunft bauen wichtiger ist, als Fragen von Schuld und Vergebung nachzugehen.

Was Herrn Speer betrifft: Er hat zwanzig Jahre gebüßt ... Mit dem Ende dieser Buße ist meiner Meinung nach das Recht von Menschen, weiter über ihn herzufallen, nicht mehr vorhanden. Das einzige, was mir immer fraglich geblieben ist, ist die Rolle das unpolitischen Menschen in der deutschen Politik, also auch in der Politik des Dritten Reiches. Als unpolitischer Mensch ist dieser Mann Speer zu Hitler gekommen und es wäre durchaus denkbar, daß wieder unpolitische Menschen eines Tages ein Regime unterstützen, das sie eigentlich, ihrem geistigen Habitus nach, nicht unterstützen dürften.«

VIII.57 Mitglieder der AG Juden und Christen an Geis

Arnoldshain, 4.1.1971

Lieber Aba Geis,

die Runde der Arbeitsgemeinschaft ist versammelt, doch sie ist nicht vollständig. Reden wir nicht von all denen, die aus Gründen ihrer zeitlichen Ökonomie meinen, nicht kommen zu können: Du fehlst vor allem – ohne Dich sind wir hier ohne jüdischen Partner, also drohen unser Reden und Tun Halbheit zu bleiben. Zudem sind wir glücklicherweise in unserer Arbeitsgemeinschaft viel zu eng zusammengewachsen, um Dein Fehlen nur formal und rational sehen zu können. Hier fehlen uns schlicht unser Aba Robert Raphael Geis und Susanne!

Wir kamen her in der Erwartung, die Arbeitsgemeinschaft zu Grabe zu tragen. Doch indem wir sie tot sagten, führten wir sie totsicher zu zumindest einstweiligem, moderiertem weiteren Leben. Unsere Lust an Einfällen und an Polemik war zu groß, um nicht doch Wege zu finden, einem hohen »gemischten Ausschuß« von Kirchentagspräsidium und Zentralkomitee in seinen Plänen für Augsburg [Ökumenisches Pfingsttreffen] Unbequemlichkeiten zu bereiten. Von der Stellungnahme dieses Gremiums, das sich bisher die Ökumene nur als eine allein christliche vorzustellen vermag, wird es abhängen, ob wir den Kontrapunkt in Augsburg intonieren werden.

All unsere guten Wünsche begleiten Dich und die Deinen ins neue Jahr: zu neuer Gesundheit – Le Chaim!

Rudolf Weckerling – Rudolf Pfisterer – Dieter [Goldschmidt] – Günter Harder – Elsa Freudenberg – Adolf Freudenberg – Heinz D. Leuner – Alice Leuner – Erika Treutler – Helmut Just – Friedrich-Wilhelm Marquardt – Willehad Paul Eckert – Martin Stöhr – Herbert Hess – Wilhelm Dantine – Wolfgang Wirth – Friedebert Lorenz – Rudolf Heine – F. v. Hammerstein – Ursula Bon

VIII.58 An Helmut Gollwitzer

[Düsseldorf], 11.2.1971

Liebe Gollis!

... Wenn die »Thesen zu einigen Fragen heutiger politischer Theologie«[1] von Golli seinen Kollegen präsentiert wurden, wundert mich gar nichts. Da ist wirklich alles drin, was Männer der Kirchen und Synagogen nicht hören wollen und nicht ertragen können. Und da es noch so schlicht und einfach gläubig gesagt wird, na danke, die Reaktion ist klar.

Die Zusammenfassung aus der Sommersemestervorlesung[2] ist mit dem, was ich über das Thema zu sagen hätte, so identisch; früher hätte ich mich darüber gewundert, heute ist's schon eine schöne Selbstverständlichkeit. Wenn ich in meinem Leben noch ein Buch schreiben sollte, dann über das Thema: Wie Juden und Christen zusammenfinden in der dringenden Notwendigkeit einer Vorwegnahme der Eschatologie. Wir Juden, soweit ich sehe, haben den christlichen Aufbruch, mag es auch nur eine Minorität sein, überhaupt noch nicht zur Kenntnis genommen, und Scholem[3] bezweifelt, daß ein Christentum der biblischen Forderung Christentum bleiben könne, er zählt alles christliche Versagen durch die Jahrhunderte auf, und kann dann schnell mit dem Begriff christlicher Sektenbildung alles Peinliche für ihn und das Judentum unter den Tisch wischen. Wobei jüdischerseits übersehen wird, wie die Entmachtung der Kirche über kurz oder lang zu anderen Resultaten führen muß als revolutionäre Bewegungen der Kirche im Mittelalter, und wie sehr in einer säkularisierten Welt auf eine gläubige, nicht kirchliche Hilfestellung gewartet wird. Mich hat ganz besonders beeindruckt, was Shaull[4] schreibt, was Dir, Golli, nicht immer gefallen mag ...

Seid auf's herzlichste umarmt und gegrüßt

Euer Wackelkontakt Aba

---

1 Gemeint ist: »Theologie und Sozialismus – einseitige polemische Thesen zur Provozierung einer Diskussion.« Vervielfältigung, Dez. 1970.

2 H. Gollwitzer, Die gesellschaftlichen Implikationen des Evangeliums – Thesen im Blick auf das Urchristentum, aus einer Vorlesung 1970. In: K. Herberg (Hg.): Christliche Freiheit im Dienst am Menschen, Frankfurt 1972, S. 141–152.

3 G. Scholem, Zum Verständnis der messianischen Idee im Judentum. Mit einer Nachbemerkung: Brief an einen protestantischen Theologen [Gollwitzer], in: Über einige Grundbegriffe des Judentums, edition Suhrkamp Nr. 414, Frankfurt 1970, S. 121–170, bes. 168–170.

4 Richard Shaull, Befreiung durch Veränderung. Herausforderung an die Kirche, Theologie und Gesellschaft (Gesellschaft und Theologie, System. Beiträge 3), Mainz/München 1970.

VIII.59 An Markus Barth

Lieber Markus!

Dein lieber, fürsorglicher Brief vom 17. Januar hätte schon längst beantwortet werden sollen. Aber zur Zeit ist bei mir noch alles etwas kompliziert, die Angina-Pectoris-Anfälle kommen seltener und sind fast immer schnell überwunden, dafür fällt der Schreibarm zumeist aus, weil das Rheuma sich gerade dort festgesetzt hat. Man könnte natürlich fragen, sehr respektvoll fragen, mit einem leis-bösen Blick nach oben: warum, wenn schon, ausgerechnet der rechte Arm?! Was würde das helfen? So soll und will ich zufrieden sein, daß ich ganz offensichtlich keinen Dachschaden zurückbehalten habe. Wie es so im Einzelnen weiter gehen wird, weiß ich noch nicht. Aber ich möchte noch ein Buch schreiben und in ihm aufzuzeigen versuchen, wie das Christentum einer Minorität unserer Tage zur biblischen Botschaft zurückkehrt und wie wir Juden meines Wissens davon keine Kenntnis nehmen und Christentum nur ertragen können, wenn es in der apologetischen Schußlinie liegen bleibt, in der es so lange sich befand. Das Buch könnte sehr schön werden, es wäre jedenfalls das erste, das ich aus freien Stücken schreiben würde. Bei allen anderen standen die Freunde als fragwürdige Geburtshelfer dabei.

Auf ein Wiedersehen mit Dir freue ich mich ganz besonders, ich nehme an, wir sind ab 1. Mai wieder in Düsseldorf, ich möchte mich dann auch vor den Studenten wieder ausprobieren.

Mach's gut, mein Lieber. Gräme Dich nicht, auch nicht über Freund Casalis. Es ist halt verdammt schwer, ein Christ zu sein, und wahrscheinlich muß man manchmal in ein Loch fallen, wenn man ein so außerordentlich christliches Leben tagtäglich führt.

Sei Du und Deine Frau auf's freundschaftlichste gegrüßt von uns beiden

Dein Aba

VIII.60 An Moshe Tavor

Geliebter Freund Tavor,

Dank für Ihren entzückenden Brief. Hoffentlich haben Sie am Tag meiner 1. Vorlesung wirklich so was Feines gegessen. Für Fakultät und Studenten lief es gut, die kennen mich ja nicht von früher. Kraus hat mir lang und breit auseinandergesetzt, daß ich eine neue Intensität erreicht habe. Mittlerweile weiß ich nur sehr genau, was man so Kranken erzählt. Ich jedenfalls bin mir als Vortragender völlig fremd geworden: ruhig und leise in der Rede. Nun bitte ich um einen Rat, resp. Hilfe. Ich persönlich bin der Welt so weit abhanden gekommen, meine Aufregungsmöglichkeit und -dauer ist in Stunden erschöpft. Meine Frau hingegen meint, ich könne nicht einfach alles einstecken. Es gibt durch ... so etwas ... wie eine Affäre Speer/Geis. Ich habe Anfang der 60er Jahre im »Nürnberger Tagebuch« den Bericht des amerikanischen Chefpsychologen G. M. Gilbert über den Prozeß gelesen. In diesem Bericht kommt nur einer gut weg: Speer, der sich nicht retten wollte, sich bei allem für mitverantwortlich hielt. Gilbert ist Jude, und erst später erfuhr ich von der Achtung, die er für Sp. empfand, nicht anders als R. M. W. Kempner[1]. Ich habe dann Sp. 1966 im Fernsehen gesehen und war von der Art seines Schuldbekenntnisses beeindruckt. Natürlich wird damit nichts weggewischt, nichts vergessen. Aber ich fand es für die Bundesrepublik bezeichnend, daß Sp. nach der Verbüßung einer 20jährigen Zuchthausstrafe abgestempelt blieb, keine berufliche Tätigkeit fand, wir die Globke, K., Schacht und ... aber schluckten. Noch nicht einmal Juden standen auf, als Herr Adenauer Deutsche und Juden gleichermaßen als Opfer der Nazis hinstellte. Das habe ich Sp. gesagt, seine Dankbarkeit war und ist groß. Ihn einen Baal-Teschuwa zu nennen, käme mir nicht in den Sinn, obwohl die Erhöhung des Pharao des Auszuges zum reuigen König von Ninive im Midrasch zum Jona-Buch die Möglichkeit dazu gäbe.[2] Für mich ist Baal-Teschuwa ein innerjüdisch-intimer Begriff. Einen Nichtjuden könnte ich nur bei den »Frommen der Völker der Welt« ansiedeln, was im Falle Sp. nun wahrlich absurd wäre. So weit ist alles klar ...

Ich bin allerdings wirklich der Meinung, daß Versöhnung etwas ist, was nicht immer gelingen kann. Mir gelingt's manchmal, dann über weite Zeitstrecken überhaupt nicht ...

Viele sehr freundschaftliche Grüße für Sie beide

Ihr R. Geis

1 Robert M. W. Kempner, geb. 1899 in Freiburg i.B., s. Zt. Justitiar der Polizeiabteilung im preußischen Innenministerium, 1935 nach USA emigriert. 1946–49 Mitglied der amerikanischen Anklagevertretung beim Internationalen Militärtribunal in Nürnberg, stellvertretender amerikanischer Hauptankläger im sog. Wilhelmstraßen-Prozeß gegen Diplomaten. Seit 1951 Rechtsanwalt beim Landgericht Frankfurt besonders für Straf- und Entschädigungssachen als Folge der NS-Herrschaft.
2 Vgl. IV.10.

VIII.61 An Friedrich-Wilhelm Marquardt

Baden-Baden, 17.12.1971

Lieber Freund,

vielen Dank für den lieben Brief und das weihnachtliche Bücherpaket. Erst wollte ich nach der Lektüre antworten, aber bei mir geht alles etwas langsam, außerdem bin ich verdammt, das mir fast nur peinliche Buch von Golli für's Göttinger Seminar zu lesen.[1] Keine Angst, die Studenten sind mit Golli sehr zufrieden, nur ich stehe als Ketzer da, weil ich bei den mir zu schnellen Antworten und der oberflächlichen Marxismus-»Bearbeitung« nicht mitkann ...

Euch beiden wünsche ich ein sehr schönes Weihnachten, obwohl ich das nach dem letzten Buch von D. Sölle nicht dürfte.[2]

Seid aufs herzlichste gegrüßt

Dein Aba

1 H. Gollwitzer, Krummes Holz – aufrechter Gang. Zur Frage nach dem Sinn des Lebens, München 1970.
2 D. Sölle, Macht von unten, in: dies., Das Recht, ein anderer zu werden. Theologische Texte (SL 43), Neuwied 1971, S. 7–15.

VIII.62 Entwurf eines Briefes an Martin Stöhr und Franz von Hammerstein

[Anfang 1972][1]

Liebe Freunde,

Dank für Ihre Briefe. Ich wollte Sie beide nicht irritieren. Nur passe ich nicht zu dem Kirchentagskreis, wie er sich jetzt versteht. Wir sind vor 11 Jahren angetreten in dem Bewußtsein, als Christen und Juden eine Minorität zu sein, davon habe ich im Januar in Arnoldshain nichts mehr verspürt.

Oekumenische Gottesdienste sind eine Show, dazu bekommen Sie jederzeit die reaktionärsten Kirchenfürsten. Was steckt schon drin? vielleicht poliert es die eigene Schäbigkeit etwas auf. Teilnahme an jüdischen Gottesdiensten? Dabei vergessen Sie die jüdische Situation, die gerade Sie sonst unverfälscht in Erinnerung haben. 20–30 Juden gegen einige hundert Christen, wenn das kein Zoo-Spaziergang ist! Natürlich haben Sie die Berufsjuden – wie z.B. merkantiler und theologischer Provenienz – auf Ihrer Seite. Aber wenn ein paar Juden wirklich beten wollen? wie sollten sie das bei dem Zahlenverhältnis, dieser christlichen Übermacht.[2]

Sie planen einen Vortrag über den Talmud, er wird vortrefflich nichtssagend ausfallen. Wenn schon Talmud, dann etwa die talmudischen Lehrer in ihrem pro und contra zum Proselyten. Da würde man auch mit nicht »schönen« Stellen konfrontiert und müßte die christliche Schuld einmal zur Kenntnis nehmen ...

Vor allem aber bewegen Sie sich in engster theologischer Hürde, obwohl Sie beide dieser theologischen Enge längst entlaufen sind. Es muß eine AG ohne Jugend werden; Sie vermeiden als heiße Eisen peinlich, was junge Menschen überhaupt noch interessieren könnte.

Eigentlich muß ich Ihnen wirklich nicht sagen, daß Christen(tum?) und Juden(tum?) nur noch in einer neuen Weltbezogenheit von Wert sein können. Der Kirchentag aber soll offensichtlich längst Gestorbenes für alte Leute erbaulich zur Darstellung bringen.

So sehe ich es. Sie sehen es anders. Zum Kämpfen fehlt's mir an Kraft. Darum der Abschied ohne jede Sentimentalität.

1 Nicht abgesandter Entwurf.
2 Bei der Zusammenkunft der AG Juden und Christen in Arnoldshain Anfang Januar 1972 war erstmals über die Möglichkeiten dialogischer Bibelarbeiten und – nach den Erfahrungen beim Ökumenischen Pfingsttreffen in Augsburg 1971 – gemeinsamer Gottesdienste diskutiert worden. Vgl. auch die Stellungnahme von 1969 dazu (V.20).

VIII.63 An Helmut Gollwitzer

Baden-Baden, 27.1.1972

Lieber Golli,

so geht das mit dem »alten Geis«, er fällt egalweg um. Dabei hätte ich Dir so gern mit Fragen zugesetzt:[1] ob Du nicht ein griechischer Christ bist, der von Platon nicht loskommt und dem die Philosophen neben der Bibel so wichtig sind; wie das politische Engagement zu dem sehr konservativen Zug Deiner Theologie paßt; ob Deine Behandlung des Marxismus nicht zu oberflächlich-gefällig ist, Marxisten wie Gardavský[2] das Christentum viel ernster nehmen – als Du den Marxismus. Wenn Du im Frühjahr nach Karlsruhe kommst, wirst Du bestimmt keine Zeit haben. Auch nicht schlimm, die wirklich wesentlichen Dinge entwickeln sich auch dann, wenn ein Fragender ausfällt.

Heinemann für eine Woche in Berlin, fein für Euch. Ha, und keiner weiß die rechte Deutung für den imponierenden Patriotismus [des Bundespräsidenten]. Der wirkliche Grund ist ein Ärgernis und heißt: Golli ...

1 Zu: Krummes Holz – aufrechter Gang; s. Geis an Marquardt, 17.12.1971.
2 Vítězslav Gardavský, Gott ist nicht ganz tot. Betrachtungen eines Marxisten über Bibel, Religion und Atheismus, München 1968.

VIII.64 An Markus Barth

Baden-Baden, 6.2.1972

Lieber Markus,

endlich, endlich ein Lebenszeichen von Dir, Du Schuft. Seit August wohnen wir auf ärztlichen Befehl in Baden-Baden. Gut geht es mir nicht. Wenn Du nach Basel kommst, vergiß mich nicht wieder, bitte: Natürlich sollst Du über das »Gesetz und Paulus« und über Israel schreiben. *Du* hast ein Recht dazu, Du wirst auch von der Christenmanier abweichen und deutlich machen, daß unsere stinkenden Ställe gar nicht so sehr sich unterscheiden. Freilich müßte von Christlein und Jüdlein mal darauf geachtet werden, daß wir Juden in unserer Mehrheit nicht mehr unter dem Gesetz leben, Paulus darüber recht entsetzt wäre ...

Casalis war vor einer Woche hier. Ich verstehe mich großartig mit ihm. Sein Verständnis des Judentums übertrifft das »Einfühlungsgefühl« fast aller deutscher Lutheraner und Reformierten. Er kritisiert Israel aus Sorge um das Judentum. Diese Sorge, ob der Staat Israel nicht das Ende des Judentums mit sich bringt, hat heute manch' aufrechter Jude und früherer Zionist ...

Dir und Rosemarie die herzlichsten Grüße von uns beiden

Dein Aba

VIII.65 Hans-Joachim Kraus an Geis

Bovenden, 11.4.1972

Geliebter Aba!

Glücklich und dankbar bin ich, daß Du nach dieser Zeit der Atemnot und Erschöpfung wieder Luft bekommen und hoffen kannst. Die Meldung über den Spaziergang hat mich sehr erfreut. Möge es weiter bergauf gehen – mit dem zunehmenden Frühling. Denn voller Hoffnung sehe ich dem Ferienseminar entgegen, in dem jede Menge Apokalyptik begrüßt werden wird. – Wir werden am 25.4. die Vorbesprechung halten und Referate verteilen. Wenn Du noch einen Gesichtspunkt beachtet wissen willst, schreib' es mir bitte!

Vor dem Semester häuft sich die Arbeit. Ich lese gegenwärtig F.-W. Marquardts Buch[1], das aufs Ganze hervorragend ist, aber doch auch zu ernster Kritik Anlaß gibt. Die Provokation verfehlt ja immer dann ihr Ziel, wenn sie *zu* einseitig angelegt ist. Es ist bewundernswert, wie scharf der gute, alte Thurneysen[2] die Stärken und Schwächen der Arbeit von M. durchschaut hat. Ich las vor einigen Tagen seine Abhandlung »War Karl Barth ein Marxist?« in der Basler Nationalzeitung.

---

1 Theologie und Sozialismus. Das Beispiel Karl Barths, München 1972.
2 E. Thurneysen, War Karl Barth ein Marxist?, in: Nationalzeitung Basel, 16.3.1973.

VIII.66 An Hans-Joachim Kraus

[Baden-Baden], 15.4.1972

Mein Lieber!

... Dank für Deinen Brief, bei dem mich der Passus über Marquardt interessiert, aber auch sehr unbefriedigt gelassen hat. Bitte, wo findest Du die »Einseitigkeit«? Ich sehe sie nicht und finde sie nicht. Im Gegenteil, ich bewundere die Vorsicht und Behutsamkeit der Beweisführung, die hohe wissenschaftliche Verantwortung, die das geschmähte Buch auszeichnet. Wenn man freilich den »guten, alten« Thurneysen als Zeugen anruft, ja dann! Solltest Du Dich nicht verschrieben haben, die Abhandlung in der Basler Nationalzeitung wirklich den Titel »War K. B. ein Marxist?« haben, so wäre schon hier ein Einwand anzubringen. Bei Marquardt heißt es S. 39 »K. B. war Sozialist«. Darf man, wenn auch Theologen meist wenig von der Materie verstehen, so leichtsinnig mit Begriffen umgehen und sie auswechseln? ...

Was stört die Herren Theologen eigentlich so an den Aufhellungen Marquardt's über Barth? Daß Gott als Radikalität alles Politischen verstanden wird, radikaler noch als Lenin's Atheismus Politik begreifen konnte? Ja, das muß es sein, denn es ist biblische Wirklichkeit, und dieser Konfrontation sind Theologen nicht gewachsen. Das gegen Marquardt Angeführte ist doch nur Spiegelfechterei! Ich habe wenigstens als recht aufmerksamer Leser keine einzige Stelle bei Marquardt gefunden, die Barth auf irgendeine parteipolitische Position festlegt. Aber wahrscheinlich sind Kirchen-Christen auch zu borniert, um zwischen Parteipolitik und politischer Leidenschaft um des Glaubens willen unterscheiden zu können.

Zwei Barth-Bücher Marquardts liegen vor. In »Israel im Denken Karls Barth's«[1] wird der Versuch unternommen, die tiefe Kluft zum Judentum abzubauen. Imponierend ist das, schon gar wenn man bedenkt, daß das Judentum für die christliche Theologie bis heute nicht existiert. Ich kenne kaum einen, der als Lernender ohne christliche Arroganz so tief in Wesentliches des Judentums vorgedrungen ist wie Marquardt. Mehr noch, Marquardt wird bei Betrachtung des Judentums von seinem Christentum nicht gestört, sondern angetrieben. Von wem kann man das schon sagen, wenn man einmal unhöflich ehrlich ist? Das zweite, strittige Barth-Buch aber wäre ohne das erste nicht zu denken.[2] Die sogenannten »Einseitigkeiten« sind in Wirklichkeit biblische Radikalitäten, von denen neben dem Alten Testament auch das Neue Testament voll ist, soweit es nicht zum Theologumenon entartet.

Wem sage ich das? Dir? Vor einigen Jahren habe ich auf diesem Gebiet eine Menge bei Dir lernen dürfen.

Ich rede nur als Partner des Gesprächs zwischen Christen und Juden. Kirchen und Synagoge als konservative Mächte, natürlich geht das noch eine Zeitlang. Nichtssagendes christlich-jüdisches Geplätscher kann eine der vielen, uninteressanten Begleitmusiken sein. Echtes Gespräch von Juden und Christen gibt es nur in biblischer Radikalität. Das gilt aber auch für den Christen, nicht nur für den Juden, den man oft peinlich gönnerhaft an seine Propheten erinnert. Man sollte es bedenken, bevor man Marquardt und sein Buch kritisiert. Mir gibt es Hoffnung, daß Marquardt neben dem bekannten Buch jetzt den unbekannten, vielleicht noch nie gekannten oder verdrängten Barth zeigt und mit ihm den lebendigen Jesus, der alle Theologenweisheit überdauern wird.

1 Die Entdeckung des Judentums für die christliche Theologie: Israel im Denken Karl Barths, München 1967.
2 Theologie und Sozialismus.

VIII.67 An Georges Casalis

[Baden-Baden], 8.5.1972

Geliebter Freund,

Wie schön, daß es Dich gibt! Deine beiden Aufsätze[1] habe ich noch in der Nacht gelesen. Großartig die immer gegenwärtige Bezogenheit auf unser menschliches Leben, daher auch der wohltuende Realitätssinn in der Abhandlung über den Ökumenismus ...

Wir stehen, lieber Freund, sehr vereinsamt im Leben. Wir müssen dauernd kämpfen, gerade weil wir die Botschaft der Liebe ernst nehmen, von der »man« spricht, die man aber gar nicht will. Wir sind, weil wir verletzlich sind; das aber schmerzt oft verdammt. Unser Glück sind unsere Frauen, nicht? ...

Susanne und ich, wir grüßen Euch beide aufs herzlichste

Dein Aba

1 G. Casalis, Die Zukunft des Oekumenismus. Der zerrissene Oekumenismus, in: Die Zukunft des Oekumenismus, Frankfurt 1972. Ders., Politique, foi et discernement, in: Université des Sciences Humaines de Strasbourg, CERDIC-Publications, Strasbourg 1972.

Abschied von Aba Geis

»O Gott«, sagte sich plötzlich der Gerechte Erni Levy, während das Blut des Mitleids erneut aus seinen Augen floß, »o Herr, so sind wir vor Tausenden von Jahren ausgezogen. Wir sind durch trockene Wüsten gegangen und durch das von Blut Rote Meer, in einer Sintflut bitterer, salziger Tränen. Wir sind sehr alt. Wir gehen. O! wir würden gerne endlich ankommen!«

A. Schwarz-Bart, Der Letzte der Gerechten
Frankfurt 1962, S. 399

GEORGES CASALIS

Das Risiko der Proexistenz*

»Bei X, Y und sehr wenigen anderen steht zwischen Christentum und mir keine Mauer. Wenn ich die biblische Botschaft nicht hören kann, schalte ich einfach ab. Es lohnt dann für mich nicht.

Wir stehen, lieber Freund, sehr vereinsamt im Leben. Wir müssen dauernd kämpfen, gerade weil wir die Botschaft der Liebe ernst nehmen, von der man spricht, die man aber gar nicht will. Wir sind, weil wir verletzlich sind; das aber schmerzt oft verdammt.

Das Sterben im Leben kann und soll man lernen, aber es ist schwer, dieses Ausgeboxtsein in einer Welt, die der Aktion bedarf ...«

So schrieb er am 8. Mai nach einem langen Gespräch, in dem er in aller Frische gesprochen hatte über – Vergangenheit (wie er z.B. in den Gestapoleuten immer wieder den Menschen gesehen und gefunden hätte, wie er, selbst aus der Vergebung lebend, zu diesem oder jenem Großen aus dieser Zeit heute ein positiv-hellsichtiges Verhältnis hätte) – Gegenwart (das Bestehen eines ungebrochenen »christlichen« Antisemitismus bis hin in die Reihen der Theologen; die Verkalkung aller Apparate und die gemeinsame Front aller Establishments gegen die Forderungen und Utopien der Hoffnung) und – Zukunft (eine gemeinsame Pensionierung mit viel Zeit zum Bücherlesen und Schreiben, Pfeifenrauchen und Weintrinken und – last but not least – sich des Lebens samt unserer Frauen zu freuen).

Dies war alles so erfrischend, wohltuend und im tiefsten Sinne des Wortes erbauend, daß wir beschlossen, bald, sehr bald und oft das Treffen zu wiederholen. Doch plötzlich erreichte uns die Nachricht, daß er am Tage vor dem Pfingstfest für immer gegangen war. Ich wollte es nicht fassen, obwohl ich von seiner Gebrechlichkeit wußte, und konnte zunächst nichts anderes tun, als bitter zu weinen, wie ein Kind, dem der Aba genommen worden ist, und den Tod zu verfluchen als einer, der das Leben liebt.

Was helfen hier die Worte? Die Freunde Hiobs haben wohlgetan, als sie zu ihm kamen in seiner Not und zunächst sieben Tage und Nächte neben ihm stillschweigend weinten. Als sie anfingen zu reden, sprachen sie nur Unsinn (ohne den wir dieses entscheidende Buch nicht hätten) ... Ich kannte Geis seit kaum drei Jahren, hatte damals von ihm nichts gelesen noch gehört. Die Begegnung wurde sofort und unmittelbar entscheidend, bis ins Letzte gehend, unwiderruflich. Er war auf einmal *der* Freund meines reifenden Alters geworden, hatte eine einzigartige Gabe, den anderen völlig zu durchschauen, ihn zu erkennen in seiner Problematik von Schwächen und Zweifeln, von Enttäuschungen und versteckten Leiden, von Echtheit und Leidenschaft für das wahre Leben. Man wurde in ihm aufgenommen, getragen, geborgen; man erfuhr, wie es befreit, illusions- und kompromißlos *geliebt* zu sein. Gott sei Dank, daß es im oft so armen Leben solches Geschenk gegeben hat!

Daß dieses alles durch eine wirkliche Nähe in der Sache, durch ein gemeinsames Verständnis der frohen Botschaft des Gesetzes und der Propheten, durch überraschend zusammentreffende Einsichten und Entscheidungen hinsichtlich des Mittleren Ostens gegen alle Oberflächlichkeiten der bloßen Sentimentalität gesichert wurde, ist besonders wertvoll. Referat und Korreferat, Dialog und Diskussionsvoten waren wie aufs Maß geschnitten, aufeinander angepaßt; man erfuhr in den Sätzen des anderen den wirklichen Sinn dessen, was man eben gesagt hatte. Selten hat »der ältere Bruder«, ohne aufzuhören, ein Jude zu sein, dem Jüngeren den Weg Christi so klar gezeigt!

Am jüdischen Pfingstfest [Schawuot] 1960 hielt er eine Predigt, in der u. a. zu lesen ist:

»Wer das Tun als Ausdruck der Lebensfrömmigkeit so ernst nimmt, dem wird das ›Nein‹ gegen vieles abverlangt, um das große ›Ja‹ für den einen Gott sprechen zu können. Er wird sich wieder und wieder gegen die Macht und die Mächtigen wenden müssen, die den Heilsplan stören, und er wird damit Haß und Verfolgung, Schmach und Marter herausfordern. Diesem Volk ist nicht nur das Leben als das Gute, der Tod als das Böse vorgelegt, es ist mit dieser Wertung auf Gedeih und Verderb verbunden, so daß seine Existenz bedroht ist, wenn die Welt die Ordnung von Gut und Böse umkehrt. Das mag vielen Juden gar nicht mehr recht bewußt sein, sie erleiden nur noch ihre Heilsgeschichte. Um so stärker bewegt es den gläubigen Juden, wenn er nicht allein gelassen wird, wenn Kameraden aus anderen Glaubensbereichen zu ihm stoßen. Darum ist unser Schmerz so groß, wenn wir eines Christen gedenken, der vor wenigen Wochen unter der Last seiner oft mißverstandenen, unendlich großen Liebe viel zu früh starb. Professor Hans Joachim Iwand war nicht nur – wie man das heute gern zu nennen pflegt – ein Freund der Juden, der für seine Treue in den Jahren der Verfolgung Schweres willig trug, er war wirklich und wahrhaftig mit uns in dem Kampf um das Königtum Gottes geeint, für ihn gab es nie eine Scheidung zwischen Glaube und Tat; Politik bedeutete ihm immer Theopolitik. Es stimmt uns traurig, weil das noch immer genügte, um ihm ein Judenschicksal zu bereiten. Geschieden von uns in seinem Glauben, war er uns zutiefst verbunden in dem Ringen um die Planverwirklichung Gottes in dieser geschändeten und geliebten Welt, Zeichen einer Einheit, die weit über das hinausgeht, was christlich-jüdische Verständigung bis heute meint und vermag« (Gottes Minorität, S. 197).

Zwölf Jahre später feierte Aba Geis das Fest der Offenbarung am Sinai als Lebendiger unter den Lebendigen, so sehr die nicht sterben, die für diese Welt in der mutigen Solidarität mit den Brüdern gelebt haben, bis ihr Herz daran zerbrach.

* Aus: Junge Kirche, Juni 1972, S. 290 f.

ERNST LUDWIG EHRLICH

Rabbiner ohne Gemeinde*

Robert Raphael Geis war ein Rabbiner, aber er hatte keine Gemeinde. Überblickt man dieses Leben, so erscheint einem rückblickend diese Tatsache höchst verständlich. Es war für ihn letztlich ein unzumutbares Unternehmen, sich in den Rahmen einer Gemeinde einzuordnen. Geis sprengte diesen Rahmen, und er hat darunter gelitten, wie alle, die es tun, die dazugehören wollen und es doch nicht können, die nicht freiwillig sich absondern, sondern innerlich dazu gezwungen werden. Aber diese Gemeindelosigkeit, das Unzumutbare eines Amtes, hat dann gerade dazu geführt, daß Geis Freunde gehabt hat, verehrt wurde, geschätzt, ja geliebt. Und es waren vor allem protestantische Freunde, die ihm nicht nur die Treue hielten, sondern ihm auch durch alle Nöte der Krankheiten und der Widrigkeiten mit Menschen halfen: Allen voran H.-J. Kraus in Göttingen, einer jener großen Freunde Israels aus dem Glauben ihrer wirklich gelebten christlichen Existenz, Helmut Gollwitzer und Dietrich Goldschmidt, um nur einige zu nennen. Diese Freunde hatte Geis bei der Arbeit in der Arbeitsgemeinschaft Juden und Christen beim Deutschen Evangelischen Kirchentag gewonnen, ein Unternehmen, das von 1961 bis 1969 die Begegnung von Juden und Christen erheblich gefördert hatte und bei dem Geis auf jüdischer Seite die führende Stellung einnahm.

Und hier zeigte sich das für manche Paradoxe: Geis war ein Sprecher des Judentums, gerade weil er sich von allen äußeren Bindungen des Amtes, der Einreihungen und der Gruppierungen befreit hatte. Seine Stimme wurde in der Welt mehr gehört als die anderer, weil er kein homiletischer Schönredner war, keinen Tiefsinn bot, der sich bei näherem Zusehen als Luftblase entpuppte, sondern sich selbst preisgab in der geistigen und politischen und sozialen Not unserer Zeit. Natürlich mußte er gegen eine Gesellschaft Stellung nehmen, die kaum den Versuch unternimmt, die Jugend in ihrem Aufbegehren zu verstehen, und in der panischen Angst, das allzu schnell Zusammengeraffte wieder zu verlieren, nach starken Männern ruft. In dieser Haltung wußte Geis sehr genau, an welche Institutionen der israelitisch-jüdischen Geschichte er anknüpfen konnte, und er hat auch die in gewissen jüdischen Kreisen unpopulären Angriffe gegen ein deutsches Presseimperium nicht gescheut, das nicht deshalb tabu sein darf, weil der Konzernherr auch israelische Einrichtungen beschenkt. Geis hatte sich schließlich damit abgefunden, daß für ihn nur noch wenige Freunde zählten.

* Aus: Israelitisches Wochenblatt für die Schweiz, 2. Juni 1972.

SIMON LAUER

Rabbiner ohne Gemeinde?*

Der Nachruf von Ernst Ludwig Ehrlich auf Dr. Robert Raphael Geis hätte beim unbefangenen Leser den Eindruck erwecken können, der Verstorbene sei – grob gesagt – ein erfolgloser Rabbiner gewesen. Dem war nicht so, und mancher spricht noch heute mit Bewunderung vom damaligen Rabbiner in Mannheim. Liberal aus echter Überzeugung, konnte er dort im Hause des orthodoxen Stadtrabbiners [Lauer] freundschaftlich verkehren; wie fest diese Freundschaft war, hat der Schreibende noch viele Jahre später erfahren dürfen.

Dr. Geis besaß etwas, das nie von vielen geschätzt worden ist und heute offen diffamiert wird: Er hatte echte Bildung, die mit sogenannter Anpassungsfähigkeit wenig, sehr viel mit wahrer Treue zu tun hat. Leicht sind die Wege der Bildung noch nie gewesen; sie führen eben zu den Sternen. Früh hat Rabbiner Dr. Geis um die Hinfälligkeit des Leibes gewußt; das wird ihm die praktische Ausübung seines Berufes erschwert, schließlich verhindert haben. Rabbiner Dr. Geis hat sein irdisches Leben geführt und vollendet in Geradheit und Treue, gesegnet mit den Gütern der Humanitas. Das ist es wohl, was letztlich zählt.

* Aus: Israelitisches Wochenblatt für die Schweiz, 9. Juni 1972.

HEINZ DAVID LEUNER

Nachruf auf Aba Geis*

Warum reden wir eigentlich von einem »Nachruf«, wenn es nicht »nachrufen« bedeuten darf? Ist nicht »Nachruf« die passende Bezeichnung dafür, daß wir an einen lieben Menschen denken, »als ob« er noch unter uns wäre? Was ist der Sinn des hebräischen Sichrono le' Wracha, »Möge sein Andenken zum Segen gereichen« (abgekürzt durch die beiden Buchstaben Sajin Lamed), wenn dieser Segen nicht ständig weiterwirken und das Gedenken unser Handeln immer erneut inspirieren soll? Ist deshalb nicht die Du-Form der direkten Anrede durchaus am Platze, wenn ich dem Freunde Robert Raphael Geis, Rabbiner, Professor, Lehrer und Gelehrter nachrufe, was in den zahlreichen Gedenkartikeln ungesagt blieb?

Dein Werk, Deine Bücher, Deine Vorträge sind von anderen gewürdigt und in ihrer zeitlosen Bedeutung festgehalten worden. Das vertrauliche »Aba« war vielen von uns zu Deiner Signatur geworden, nicht bloß Unterschrift oder Namenszug, sondern Bild- und Kennzeichen, in dem sich Geistesverwandtschaft ausdrückte, gemeinsames, auf *ein* Ziel gerichtetes Trachten.

Seit 1953 ist Dein Name auf den Seiten dieser Zeitschrift immer wieder genannt worden, Deine Bücher wurden besprochen, Deine Worte zitiert. Aber den meisten warst Du durch Radio und Fernsehen bekannt; man konnte Deinen kompromißlosen Einsatz für Menschlichkeit, Gerechtigkeit, den Frieden und die Jugend nicht totschweigen, so gern man es nur allzu oft getan hätte. Dieser Einsatz brachte uns zusammen, verband uns in einem Ringen, das Dir auf einer viel höheren Ebene als mir vergönnt war. Man könnte Dir, ohne zu übertreiben, mit Goethe nachrufen: Dieser ist ein Mensch gewesen. Und das heißt ein Kämpfer sein. Als Kämpfer für eine gemeinsame Sache trafen wir uns, aber nicht *davon* soll hier die Rede sein, sondern von unserer Wahlverwandtschaft.

Du wärest wahrlich der letzte, dem ich sagen müßte, daß der *jüdische* Mensch, mehr als viele andere, Familienmensch ist und sich am innigsten in der Sprache des Herzens offenbart, und genau so habe ich Dich in zwanzig Jahren des Kennens und elf Jahren der Freundschaft erlebt und genossen.

Zum ersten Mal begegnete ich Dir in Wuppertal, als Du über jüdische Gerechtigkeit sprachst. Wir trafen uns gelegentlich bei Tagungen, und später, als wir Freunde geworden waren, verrietst Du mir lachend, daß Du mich jahrelang »beschnuppern« mußtest, aufmerksam beobachten, denn Judenchristen sind eine besondere Spezies. Dein Vortrag über Jüdische Toleranz (Lübeck 1956) ließ mich besonders aufhorchen, denn hier kam Neuland zum Vorschein. Fünf Jahre später, noch *vor* dem Berliner Kirchentag, hattest Du die Beobachtungen abgeschlossen und schriebst mir, was mich gleichzeitig demütigte und mit Dankbarkeit erfüllte:

»Ich komme so im Laufe der Jahre mit manchem Christen zusammen, der einmal zum Judentum gehört hat. So wenig voreingenommen ich bin, immer stört mich etwas an der Haltung der Menschen. Der einzige, dem ich sein Christentum glaube und den ich als Jude dennoch brüderlich nahe empfinde ... sind Sie, sonst hapert's auf der einen oder der anderen Seite. Und das ist für mich sehr beglückend, was Sie mir da geben und was wiederum der ›nur‹ Christ mir schwerer geben kann.«

Seitdem waren wir Brüder und Freunde, und das bedeutete, daß Du mich und die Meinen in den Familienkreis aufnahmst, denn echte Mischpachah kann sich nicht mit nur *einem* Stückchen Familie zufrieden geben. Und so schriebst Du schon bald, Du wollest meine »Frau und Kinder kennenlernen; sie alle gehören zu dem bei uns sehr eng gezogenen Kreis der Mischpachah.«

In der langen und intensiven Korrespondenz zwischen uns ging es selten um christlich-jüdische Verständigung, um den Kampf gegen den Konformismus, um das Suchen nach neuen Wegen für die prophetische Gerechtigkeit, – denn darin waren wir zu sehr eins, standen zu dicht beieinander, – das *Persönliche* stand im Mittelpunkt.

»Sorgen mache ich mir eigentlich nur über unsere Kinder. Und zu meinen beiden sind nun auch die Deinen getreten. Denn ob wir wollen oder nicht, wir führen sie in eine Situation, die schwer ist und können sie eigentlich gar nicht fragen, ob es ihnen recht ist, und würden wir sie fragen, dann wäre es ja wohl so, daß aus unserer Intensität auch ein Ja der Kinder käme. Vielleicht ist es kein Zufall, wenn man mich überall den Aba nennt, vielleicht ist mein Familiengefühl zu stark entwickelt.«

Alice und unsere Kinder, Deine Susanne, Jael und Gabi wurden und blieben immer wiederkehrende Noten in unserer Musik. Wenn durch Reisen oder Vortragsverpflichtungen eine Pause eintrat, gab es von beiden Seiten sofort Mahnbriefe, in denen Du schriebst: »Ich weiß im Augenblick gar nicht, wo Du steckst«, oder »endlich ein Lebenszeichen, ich war wirklich schon ängstlich«, und dann die unzähligen Mahnrufe »sei vernünftig, kümmere Dich mehr um Deine Gesundheit, denk' an Deine Familie« und »lade Dir nicht soviel auf«. Dabei wußtest Du nur zu gut, wie oft Du selber über die Stränge schlugst, und ich konnte geradezu Dein Lachen hören, als ich las: »Ich autorisiere Dich heute schon dazu, mir genau diesen Brief zu schreiben...« Zur Teilnahme an Freude und Leid des engeren Kreises trat dann das warmherzige Interesse an gemeinsamen Freunden. Wie oft nanntest Du Dich einen »alten pessimistischen Kümmerer«, und wenn jemand unser Gedenken brauchte, kam ein Kärtchen mit den hastig hingeworfenen Worten: »Ich schreib's Dir sofort, denn wir beide sind ja als uralte Juden Kümmerer.« Aber durch allen Pessimismus brach immer wieder Dein *Humor*, der bisher überhaupt nicht gewürdigt wurde. In einer Diskussion über mehr oder oft genug weniger berechtigte Auszeichnungen hieß es: »eine Spanierin als Putzfrau ist mehr wert als das große Verdienstkreuz«. Ich denke an eine so sorgfältig geplante Begegnung in Berlin, die trotz aller Telefongespräche nicht zustande kam, obwohl unsere Hotels in der gleichen Straße einander gegenüber lagen. In den Briefen, die unserem Ärger über das mißglückte Treffen Ausdruck verliehen und (wie so oft) einander kreuzten, stand Deinerseits, Du wärst »in den Zoo gegangen, als Antimittel gegen gar zuviel Theologie«, während ich zugeben mußte, eine dumme Debatte habe mich zum Besuch eines Lustspiels getrieben.

Du hast mich Dein *Herz* sehen lassen, Deine tiefe, zwiefache Sorge um Israel: die Bedrohung von außen und die Vernachlässigung des prophetischen Erbes. Gott weiß, wie oft Du mir durch Deinen Rat und die liebevolle konstruktive Kritik ebenso wie durch Deine Zustimmung und Ermutigung geholfen hast. Der Test unserer Freundschaft bestand darin, daß wir uns mühten, einander so zu sehen, wie wir waren, ungeschminkt. Als Susanne ins Krankenhaus mußte, gabst Du offen zu: »Ich bin leider kein Held, sondern nur Furcht und Zittern.« Als ob es bei mir anders wäre!

In den letzten Jahren herrschte in Deinen Briefen das Moll vor, Deine Handschrift wurde müde und spiegelte Deine Leiden wider: Herz, Bandscheibe, Rheuma, Augen quälten Dich. Du sprachst von einem »corpus, der nur noch Last ist«, aber dann und wann schlug doch Dein Humor wieder durch: »Die Glückwünsche meiner Feinde haben mich recht strapaziert.« Es gab bittere Wahrheiten über Kollegen, Feinde und sogenante Freunde, aber hinterher hieß es: »Ich kann mich so intensiv ärgern, daß nach 24 Stunden alles überwunden ist.« Langsam wurde es immer dunkler, nur noch gelegentlich war es für eine Weile heller. Wie ein Vermächtnis riefst Du mir in einem Deiner letzten Briefe zu: »Bei aller Verzweiflung über viele Lebensumstände bist Du im tiefsten doch ein Lebensbejahender; das soll – bitte – immer so bleiben!«

Als dann von Susanne die Hiobsbotschaft kam, konnte ich nur aufschluchzen und mit Hiob sprechen: »Adonai natan. Adonai lakach, jehe schem Adonai meborach« – Der Herr hat's gegeben, der Herr hat's genommen, der Name des Herrn sei gepriesen. Was bleibt? Eine unwiederfüllbare Lücke und eine nie endende Aufgabe, die Du uns hinterlassen hast. Wehe uns, wehe der Christenheit, wehe Israel und der Welt, sollten wir Dich und die Auf-Gabe vergessen. Und so, genau so, sprechen wir mit dem Kaddisch unseres Volkes: »Jitgadal wejitkadasch scheme raba« – verherrlicht und geheiligt werde sein großer Name.

* Aus: Der Zeuge, November 1972, S. 10–13. Der im Nachruf erwähnte Briefwechsel Leuner – Geis war nicht auffindbar.

Anhang

Lebensdaten

1906   4.7. Robert Raphael Geis als Sohn von Moritz und Sittah Geis in Frankfurt/M. geboren

1909   5.3. Geburt der Schwester Ilse

1911/12 wegen Spondylitis der Mutter 1 Jahr in Vevey/Schweiz

1916–25 Besuch des Gymnasiums; Oberstufe gegen den Willen des Vaters, der eine Banklehre vorgesehen hatte. Mitglied in einem sozialistischen jüdischen Jugendbund. Verkehr im Hause von Rabbiner Seligman, Freundschaft mit dessen Kindern

1925   Studienbeginn an der Universität (Neuere Geschichte) und der Hochschule für die Wissenschaft des Judentums in Berlin

1926/27 Studienjahr an der Universität und am Jüdisch-Theologischen Seminar in Breslau

1930   27.1. Promotion zum Dr. phil. an der Universität Köln

1932   6.3. Wissenschaftliche Rabbinatsprüfung in Berlin: »Befähigung als Rabbiner, Prediger und Religionslehrer zu wirken«; Prüfer waren Elbogen, Baeck, Guttmann, Torczyner, Albeck

1932   1.4. bis 31.5.1934 Jugendrabbiner in München

1933   *30.1. »Machtergreifung« Hitlers*
        23.3. Ermächtigungsgesetz

1934   15.6. bis 31.5. 1937 Stadtrabbiner in Mannheim

1935   Mai Informationsreise nach Palästina
        15.9. Erlaß der sog. Nürnberger Gesetze

1937   15.6. bis 15.1.1939 Land- und Gemeinderabbiner in Kurhessen und Kassel

1938   *8.11. »Reichspogromnacht«*
        9.11. Verhaftung, Transport in das KZ Buchenwald zusammen mit den männlichen Mitgliedern der Gemeinde
        7.12. Entlassung aus dem KZ, Ausweisung aus Deutschland

1939	5.2. Ausreise nach Paris, Besuch der Schwester Ilse Feldmeier und ihrer Familie
	20.2. Ankunft in Haifa
1942	Aufsatz »Der Begriff des Patriotismus bei Hermann Cohen«
	28.8. Mord an Albert Feldmeier in Auschwitz
	19.9. Mord an Ilse und André Feldmeier in Auschwitz
1943	27.9. Heirat mit Margarete Kitzinger (* 11.9.1908)
	23.10. Tod von Margarete Geis
1944	1.2. bis 28.2.1945 Redakteur und Nachrichtensprecher bei Psychological Warfare Branch, Jerusalem
1945	2.2. Heirat mit Susanne Herzberg, geb. Landshut (* 29.4.1922)
1946	Juni zum Zwischenaufenthalt nach London
1947	April Anstellung als Lehrer und Vorbeter in Zürich
1948	14.1. Geburt der Tochter Jael
1949	August Antritt des Rabbinates in einer Emigrantengemeinde in Amsterdam
1950	9.1. Geburt des Sohnes Gabriel
1952	April Landesrabbiner von Baden mit Sitz in Karlsruhe
1956	29.3. Tod von Moritz Geis
	Ende Juni Niederlegung des Amtes in Karlsruhe
1958	7.11. Tod von Sittah Geis
1959	April Übersiedlung nach Düsseldorf
1961	20.–22.7. Berlin, erstmalige Teilnahme am Deutschen Evangelischen Kirchentag
1969	24.10. Honorarprofessor für Judaistik an der Pädagogischen Hochschule Duisburg
1971	August Übersiedlung nach Baden-Baden
1971	9.11. Honorarprofessor an der Theologischen Fakultät der Universität Göttingen; nur im WS 1971/72 dort noch zwei Veranstaltungen
1972	18.5. Tod

Bilderverzeichnis

1. Hochzeit Moritz Geis und Sittah, geb. Stern, 2. 2. 1904 (Privatbesitz)
2. Robert Raphael und Ilse Geis, ca. 1912 (Privatbesitz)
3. Robert Raphael Geis, ca. 1943 (Privatbesitz)
4. Ilse Geis, verh. Feldmeier, ca. 1932 (Privatbesitz)
5. Moritz und Sittah Geis in Oxford, 1944 (Foto: Saywell, Oxford)
6. Ehepaar Robert Raphael und Susanne Geis, Amsterdam 1951 (Foto: J. Goldstein, Amsterdam)
7. Moritz und Sittah Geis mit Robert Raphael und Ilse, ca. 1926 (Privatbesitz)
8. Seder-Feier im Waisenhaus, Kassel, ca. 1937 (Privatbesitz)
9. Synagoge Mannheim, November 1938 zerstört, nicht wieder aufgebaut (Foto: Jüdische Gemeinde, Mannheim)
10. Robert Raphael Geis, vermutlich während Aufenthalts in Palästina, 1935 (Privatbesitz)
11. Kennkarte Robert Raphael Geis, ausgestellt Kassel 24. 12. 1938
12. Einweihung des Mahnmals in Mannheim, geschaffen von Gerhard Marcks, 16. 11. 1952 (Foto: W. Schmitt, Mannheim)
13. Teilnehmer der Einweihungsfeier Mahnmal Mannheim, 16. 11. 53. v.l.n.r.: der dritte. Bürgermeister Boettger, der fünfte: Bundeskanzler Adenauer, dahinter: der Geschäftsführer der I. H. K., Reschke, davor Rabbiner Geis, dahinter: Bürgermeister Fehsenbecker, anschließend: Oberbürgermeister Heimerich, Domkapitular Reinhard aus Freiburg (Foto: R. Häusser, Mannheim)
14. Familie Geis: v.l.n.r.: Sohn Gabriel, Tochter Jael, Robert Raphael, Susanne, Karlsruhe, ca. 1955 (Privatbesitz)
15. Robert Raphael Geis bei Gedenkrede für die jüdischen Opfer des Terrorregimes aus Baden und der Pfalz, Karlsruhe, 6. 11. 1955 (Foto: Schlesiger, Karlsruhe)
16. Westeuropäische Rabbinerkonferenz, Knokke/Holland, 1. 6. 1954. v.l.n.r., sitzend: Dr. Georg Salzberger, Messinger, Dr. Leo Baeck, Dr. Bruno Italiener, Dr. Siegfried Galliner, Begleiterin von Dr. Galliner; stehend: Jacob Soetendorp, Ernst Horn, Curtis Cassell, Dr. Ernst Ludwig Ehrlich, Charlotte Salzberger, André Zaoui, Zvi Asariah (früher: Helfgott), Rabbiner Meyer, Dr. Marcus Melchior, Cuno Lehrmann, Dr. Hermann Levin Goldschmidt, Dr. Robert Raphael Geis, weitere nicht bekannt (Foto: Warlop, Knokke)
17. Podiumsdiskussion Kirchentag Hannover 1967: Robert Raphael Geis, Dietrich Goldschmidt (Foto: R. Hecke, Hamburg)
18. Treffen in Friedenweiler/Schwarzw., März 1970, im Anschluß an die Verleihung der Buber-Rosenzweig-Medaille. V.l.n.r.: Brigitte Gollwit-

zer, verdeckt: Susanne Geis, Aba Geis, Helmut Gollwitzer, Gustav Heinemann. (Foto: S. Grenzemann, Friedenweiler)

19. Tagung in der Evangelischen Jugendakademie Radevormwald, 30./31. 5. 1970: Georges Casalis, Robert Raphael Geis. (Foto: H. Leonhardt, Wuppertal)

20. Ebda: Albert Speer, Markus Barth. (Foto: H. Leonhardt)

21. Tagung der Arbeitsgemeinschaft Juden und Christen beim DEKT, Arnoldsheim/Ts., Januar 1964: David Leuner, Reinold von Tadden-Trieglaff, Robert Raphael Geis (Foto: G. Kanzler, Fulda)

22. 65. Geburtstag Robert Raphael Geis, Bad Harzburg, 4. 7. 1971: Robert Raphael Geis, Hans-Joachim Kraus, Helmut Gollwitzer (Foto: D. Goldschmidt)

23. Dr. Adolf Freudenberg, Bad Vilbel, ca. 1963 (Privatbesitz)

24. Dr. Friedrich-Wilhelm Marquardt, Berlin, Ende 60er Jahre (Privatbesitz)

25. Dr. Leo Baeck, London, 1953 (Foto: L. Goehr, aus: Worte des Gedenkens für Leo Baeck, Heidelberg 1959. Mit freundlicher Genehmigung der Herausgeberin, Dr. E. G. Reichmann)

26. Dr. Ismar Elbogen, undatiert (Privatbesitz)

27. Dr. Kurt Wilhelm, Stockholm, nicht datierbar (Aus: Year Book X, Leo Baeck Institute London, mit freundlicher Genehmigung von dessen Leiter Dr. Paucker)

28. Kirchentag, Köln 1965: im Vordergrund Ernst Simon und Robert Raphael Geis (Foto: G. Kanzler, Fulda)

29. Dr. Eva Reichmann, undatiert (Privatbesitz)

30. Robert Raphael Geis, Baden-Baden, 1971 (Foto: W. Venohr, Berlin)

Bibliographie Robert Raphael Geis

(ausgenommen die im vorliegenden Band enthaltenen Arbeiten)

1. Bücher

Der Sturz des Reichskanzlers Caprivi, Historische Studien 192, Berlin 1930 [Dissertation Köln 1930].

Pessach-Haggadah, bearbeitet von Rob. R. Geis, Düsseldorf 1954.

Vom unbekannten Judentum. Freiburg i. B. 1961, 1975[2].

Versuche des Verstehens – Dokumente jüdisch-christlicher Begegnung aus den Jahren 1918–1933. Herausgegeben und eingeleitet zus. mit H.-J. Kraus, Theologische Bücherei 33, München 1966.

Gottes Minorität. Beiträge zur jüdischen Theologie und zur Geschichte der Juden in Deutschland, München 1971. [14 Arbeiten aus den Jahren 1950–1969].

2. Aufsätze, Reden, Diskussionsbeiträge

Es mahnen die Toten 1933–1945. Ansprache zur Weihe des Ehrenmals in Mannheim, in: Mannheimer Hefte 1952, H. 3, S. 16.

Der Weg des Juden in Deutschland. Vortrag anläßlich der Sitzung des Zentralrats der Juden in Deutschland. Bremen, 11. 10. 1953, in: Freiburger Rundbrief Nr. 21–24, Febr. 1954, S. 9–10.

Beiträge über Judentum und jüdische Begriff in:
- Lexikon für Theologie und Kirche. Freiburg i. B., 10 Bde. 1957–67.
- Der Große Herder. Freiburg i. B. 1962.

Diskussionsbeiträge in den Veröffentlichungen der AG Juden und Christen beim DEKT:
- D. Goldschmidt, H.-J. Kraus (Hg.), Der ungekündigte Bund. Neue Begegnung von Juden und christlicher Gemeinde, Stuttgart 1962, S. 70, 77 f.
- H. Gollwitzer, E. Sterling (Hg.), Das gespaltene Gottesvolk, Stuttgart 1966, S. 48, 51, 54.

Jüdischer Widerstand. Vortrag zum Abschluß der Woche der Brüderlichkeit, Heidelberg 11. 3. 1963. Kurzfassung in: Allgemeine Wochenzeitung der Juden, 5. 4. 1963.

Das religiöse und geistige Selbstverständnis des heutigen Judentums, in: Freudenberg u. a., Antisemitismus – Judentum – Staat Israel, Frankfurt a. Main 1963, S. 87–101. Auch in: Allgemeine Wochenzeitung der Juden, 13. 3. 1964.

The Synagogue. In: German Church Architecture of the 20th Century. München/Zürich 1964, pp. 6–7.

Diskussionsbeiträge in: Darmstädter Gespräch. Angebot und Hoffnung in unserer Zeit, Darmstadt 1965, S. 57–59, 108–110, 170–171.

Max Dienemann. Ein deutscher Rabbiner und das Christentum, in: G. Schulz, Kritische Solidarität. Betrachtungen zum Deutsch-Jüdischen Selbstverständnis, Bremen 1971, S. 115–118.

Beiträge und Rezensionen, in: Allgemeine Wochenzeitung der Juden, 1952–1970. Ausführliche Rezensionen u. a. von:
– Americo Castro, Spanien. Vision und Wirklichkeit, Köln 1957, unter dem Titel: Americo Castro und die spanischen Juden, 28. 12. 1958.
– R. Henkys u. a., Die nationalsozialistischen Gewaltverbrechen. Geschichte und Gericht, Stuttgart 1964, unter dem Titel: Eine einmalige Dokumentation, 26. 6. 1964.
– K. H. Miskotte, Wenn die Götter schweigen. Vom Sinn des Alten Testaments, München 1963, unter dem Titel: »Der Führer der Verirrten« eines großen Christen, 31. 7. 1964.

3. Unveröffentlichte Manuskripte

Der Begriff des Patriotismus bei Hermann Cohen. Zu H. Cohens 100. Geburtstag, Jerusalem 1942, 64 SM-Seiten.

Martin Buber. Vortrag im Schulfunk, 1953. Die jüdische Frau. Vortrag vor einem jüdischen Frauenkreis in Düsseldorf, etwa 1960.

Das Geschichtsbild der Tannaiten (Tannaiten – Überlieferer, Amoräer – Erklärer), o. J. [wahrscheinlich in Verbindung mit dem Aufsatz »Das Geschichtsbild des Talmud« vor 1955 entstanden, s. Kap. V. 2].

Glossar jüdischer Begriffe

Aufgenommen sind jüdische Begriffe, Institutionen und Orte, soweit diese nicht aus dem jeweiligen Zusammenhang klar werden. Für die Bezeichnung jüdischer Feste wird auf die Erklärungen durch die Predigten (Kap. IV) verwiesen. Zum Verständnis grundlegender jüdischer Begriffe wie etwa Haggada, Halacha, Midrasch, Mischna, Talmud verhelfen der Aufsatz »Das Geschichtsbild des Talmud«, zur Zitierweise des Talmud die dortige Anmerkung 1 (Kap. V. 2) und Geis, »Vom unbekannten Judentum«. Rabbiner Dr. Nathan Peter Levinson ist für seine Zustimmung zur Übernahme einiger Erklärungen aus seinem Buch »Ein Rabbiner erklärt die Bibel« (München 1982) zu danken. Ferner ist zu verweisen auf:

– Philo-Lexikon. Handbuch des jüdischen Wissens, Berlin 1936[3], unveränderter Nachdruck Königstein/Ts. 1982,
– Lexikon des Judentums, Gütersloh 1967,
– J. Maier, P. Schäfer, Kleines Lexikon des Judentums, Konstanz 1981.

Agudistisch
auf »Agudas Jisrael« bezogen, eine Weltorganisation orthodoxer Juden, bis 1948 antizionistisch.

Ahasver
der ewige Jude; ein auf das 17. Jahrhundert zurückgehender Volksglaube von dem ausgestoßenen, zu ewiger Unruhe und Heimatlosigkeit verdammten Juden, einer unheimlichen Figur des Grauens.

Ahawah
Kinderheim der ↗ Jugend-Alijah in Berlin, später Haifa-Kirjath Bialik.

Alenugebet – vgl. Kap. IV: »Zum Thema«, Wortlaut: IV. 19.

Aw – 11. Monat des jüdischen Jahres.

Baal Teschuwa – Umkehrer; Mensch tätiger Umkehr zum Gott Israels.

Bar Mizwa
»Gebotspflichtiger«: Nach dem 13. Lebensjahr werden die Jungen volljährig im Sinne der ↗ Tora; in moderner Zeit, besonders in Reformgemeinden, Fest ähnlich der Konfirmation.

Ben Shemen
Kinderdorf bei Lydda, gegr. 1927 durch Siegfried ↗ Lehmann.

Biro-Bidschan
Siedlung auf kollektiver Grundlage im östlichen Rußland; zu diesem Zweck wurde 1928 russischen Juden Land von der sowjetischen Regierung zur Verfügung gestellt.

B'nai B'rith
»Söhne des Bundes«: jüdische Organisation mit humanistischer und philanthropischer Zielsetzung, gegr. 1843 in New York; heute ca. 500 000 Mitglieder in zahlreichen Ländern. Deutscher Distrikt gegr. 1882, 1937 von der Gestapo aufgelöst. Seit 1955 europäischer Distrikt, Direktor E. L. ↗Ehrlich.

Central-Verein deutscher Staatsbürger jüdischen Glaubens
gegr. 1893 in Berlin, laut Satzung zur Wahrung der Gleichstellung jüdischer Staatsbürger und Stärkung unbeirrbarer Pflege deutscher Gesinnung; 1938 von der Gestapo aufgelöst.

Chaluz – Pionier.

Chassidismus
von Chassid, »Frommer«. Im 18. Jahrhundert von Israel ben Elieser mit dem Beinamen Baal Schem Tov (Herr des [göttlichen] Namens) in der Ukraine gegründete Erweckungsbewegung. Der Chassidismus popularisierte die Lehren der ↗Kabbala und betont den Gottesdienst der Freude; die Frömmigkeit des einfachen Juden aus dem Osten Europas.

Chowewe Zion
»Zionsfreunde«; Anhänger der Chibbat Zion, einer ostjüdischen zionistischen Bewegung in der zweiten Hälfte des 19. Jahrhunderts.

Council of Jews from Germany
gegr. 1944, Dachorganisation der Juden aus Deutschland, vor allem in Großbritannien, Israel, USA. Erster Präsident Leo Baeck. Vertretung der Gesamtinteressen ehemals deutscher Juden, so vor allem bei den Regelungen zur Wiedergutmachung. Allgemein hoch geachteter Sekretär in England war Dr. jur. Hans Reichmann (1900–1964), verh. mit Eva ↗Reichmann.

Degania Alef
↗Kibbuz am Ausfluß des Jordan aus dem See Genezareth, gegr. 1909.

Deutscher evangelischer Ausschuß für Dienst an Israel
gegr. 1948, 1. Vors. Prof. Karl Heinrich ↗Rengstorf, Münster. Aufgrund zahlreicher christlich-jüdischer Studientagungen war der Ausschuß lange Zeit geistiger und geistlicher Impulsgeber landeskirchlicher Arbeitsgemeinschaf-

380

ten einst für Judenmission, inzwischen meist umbenannt im Sinne hinhören-
den Gesprächs in »Dienst an Israel« o. ä., ohne daß in der Regel hiermit die
Idee der Mission grundsätzlich aufgegeben wurde. Geis hatte sich arglos in
den fünfziger Jahren an Studientagungen beteiligt, lehnte aber später entschieden ab mitzuarbeiten.

Ein-Charod – ↗Kibbuz im Emek Jesreel östlich von Haifa, gegr. 1921.

Emuna – Glaube, Vertrauen.

Erez Israel – Land Israel.

Freiburger Rundbrief, Beiträge zur christlich-jüdischen Begegnung
gegr. 1948 als »Rundbrief zur Förderung der Freundschaft zwischen dem alten und dem neuen Gottesvolk – im Geist der beiden Testamente«. Haupt-
schriftleitung seit Gründung Dr. Gertrud ↗Luckner, Freiburg. Jahrweise umfassende Dokumentation christlich-jüdischer Begegnung.

Galut (auch: Gola)
»Verbannung«, Exil, Diaspora; Land des Aufenthalts von Juden außerhalb
des Landes Israel.

Giwath Brenner – ↗Kibbuz in der Nähe von Rechowot, gegr. 1928.

Goi (Plural: Gojim)
Bezeichnung für Nichtjuden, für fremde, nichtjüdische Völker.

Hachscharah
Ausbildung in Deutschland für landwirtschaftliche Arbeit in Palästina als
Vorbedingung für Auswanderung aufgrund eines ↗Chaluz-Zertifikats.

Haganah
militärische Untergrundorganisation der Juden in Palästina zur Zeit des briti-
schen Mandats (1920–1948).

Hawdala
»Unterscheidung« (des Schabbats vom Alltag): Segensspruch zum Ausklang
von Schabbat und Festtagen in Haus und Synagoge.

Iwrit – modernes Hebräisch.

Jewish Agency
1929 unter Einbeziehung von Nicht-Zionisten gegründete Dachorganisation

zur Entwicklung Palästinas als nationaler Heimstätte der Juden. Sie genießt aufgrund der Resolution des Völkerbundes über das Palästina-Mandat von 1922 den Status einer international anerkannten öffentlichen Körperschaft.

Jüdischer Kulturbund

gegr. 1933 nach dem Ausschluß jüdischer Künstler aus dem deutschen Kulturleben; entwickelte umfassende Tätigkeit, bot vorübergehend Beschäftigung für zahlreiche Künstler. Von NS-Propaganda zeitweilig zur Widerlegung angeblicher Greuelnachrichten benutzt; 1941 auf staatliche Anordnung aufgelöst.

Jugend-Alijah

in Deutschland seinerzeit »Jüdische Jugendhilfe«: 31. 1. 1933 gegründet von Recha Freier (1892–1984), um Kinder und Jugendliche vor der Verfolgung zu retten und ihnen in Palästina (später Israel) eine neue Heimat und angemessene Ausbildung zu geben. Im Februar 1934 kamen die ersten 60 in den ↗Kibbuz ↗Ein-Charod im Emek Jesreel, ihnen folgte bald die erste religiöse Gruppe in die Siedlung ↗Kwuzah ↗Rodges. Mitte 1935 waren 600 in 11 Kibbuzim, 4 Landwirtschaftsschulen und 2 Berufsbildungszentren aufgenommen. Bei Kriegsausbruch war die Zahl auf über 5000 gestiegen. Mangels Visa für Palästina wurden bis Kriegsende insgesamt 15 000 nach anderen Ländern gebracht. Nach dem Ende des Krieges und der Gründung des Staates Israel nahm der Umfang der Tätigkeit erheblich zu. Bis 1983 hatte die Jugend-Alijah insgesamt 212 000 Kinder und Jugendliche in ihre Projekte aufgenommen.

Kabbala

»Empfang«, Überlieferung: Bezeichnung für die jüdische Mystik. Die Kabbala will in jedem Satz und Zeichen der Bibel u. a. mit Hilfe von Buchstabendeutung und Zahlenmystik einen verborgenen Sinn aufspüren.

Kaddisch

»Heiliger«: Gebet vornehmlich am Schluß des täglichen Gottesdienstes. Gebet der Söhne bei der Beerdigung der Eltern und zum Jahrestag von deren Tod. Der Anfang des Kaddisch ist identisch mit den ersten drei Bitten des Vaterunser.

Kehillah – Synagogengemeinde.

Kfar Giladi – ↗Kibbuz am Nordosthang des Galil/Nord-Israel, gegr. 1916.

Kibbuz

sozialistische Gemeinschaftssiedlung. Erster Kibbuz 1909 in ↗Degania gegr.,

382

1934 etwa 75, gegenwärtig knapp 300 Kibbuzim, darunter eine kleine Zahl streng religiöser Siedlungen.

Kiddusch
Einweihung des Schabbats mit Gebet und Segen über einem Becher Wein.

Kinnereth
einer der ältesten Kibbuzim Israels bei ↗Degania, als Lehrgut gegr. 1908.

Kol Nidre
»alle Gelübde«: das Gebet, eigentlich eine Rechtsformel, die der Vorbeter zur Einleitung des Gottesdienstes am Abend des Versöhnungstages nach einer alten Melodie intoniert; es beinhaltet die Nichtigkeitserklärung aller im Laufe des Jahres übernommenen »Gelübde, Verzichtungen, Schwüre«, die man in Not oder Übereilung Gott gelobt hatte (Text: Geis, »Vom unbekannten Judentum, S. 47 ff.). Gegen die Ausbeutung des Kol Nidre für antisemitische Agitation, als befreie das Gebet von rechtlichen Verpflichtungen, Eiden u. ä. gegenüber anderen Personen, richterlicher oder staatlicher Autorität, hat sich u. a. wiederholt der Wiener Rabbiner Dr. Joseph Samuel Bloch (1850–1923) gewandt, dessen erste Schrift »Gegen die Antisemiten« bereits 1882 erschienen war. In einer Broschüre »Kol Nidre und seine Entstehungsgeschichte«, Berlin/Wien 1917, und ausführlicher unter dem gleichen Titel als Heft 6 in der Schriftenreihe zur Bekämpfung des Antisemitismus »Das Licht«, Berlin 1922, S. 4 ff., verweist er auf den Lobpreis des Liedes durch Hellmuth von Moltke, Leo Tolstoi und Nikolaus Lenau (1802–1850). Letzterer hat die in IV.3 genannte Äußerung gegenüber seinem Freund Karl Beck gemacht, der sie seinerseits in seinen Tagebuchblättern 1843/44 festgehalten hat.

Kulturbund – ↗Jüdischer Kulturbund

Kwuzah – Kleiner ↗Kibbuz

Leo Baeck Institute
gegr. 1955 durch ↗Council of Jews from Germany, Jerusalem/London/New York. Wissenschaftliche Forschung zur Geschichte der Juden im deutschen Sprachraum seit der Aufklärung. Zu Geis' Zeiten Direktor in London Robert ↗Weltsch, in New York Max ↗Kreutzberger.

Mazzen – ungesäuertes Brot zu Pessach.

Machsor
das Fest-Gebetbuch im Unterschied zum Siddur, dem Gebetbuch für jeden Tag.

Menora
siebenarmiger Leuchter. Der Chanukka-Leuchter ist achtarmig mit einem neunten Arm als Bedienungslicht (s. Predigten IV. 8 und 9).

Mikwe – rituelles Tauchbad.

Misrachi-Organisation
religiöse zionistische Partei, gegr. 1902 in Wilna, seit 1922 Hauptsitz in Jerusalem.

Moschaw – Genossenschaftssiedlung.

Oneg Schabbat
»Schabbatfreude«: Feierstunde zur Gestaltung des Schabbattages.

Parsismus
Lichtreligion Zoroasters im alten Persien, beeinflußte die Vorstellungen von Endzeit, Engel- und Dämonenwelt der babylonischen Judenheit, besonders zu talmud. Zeit 3.–6. Jhdt.n.

Peel Commission
britische Regierungskommission in Palästina von 1936 (Vors. Earl Peel). Ihr umfassender Bericht (»Palästina-Weißbuch« 1937) empfahl Dreiteilung Palästinas in je einen jüdischen und einen arabischen Staat und ein britisches Mandatsgebiet (Jerusalem und Tel Aviv); die Vorschläge wurden viel erörtert, aber nicht verwirklicht.

Raw – Rabbiner.

Reichsvertretung der deutschen Juden
gegr. 17. 9. 1933, Präsident Leo Baeck. Freiwilliger Zusammenschluß der großen jüdischen Organisationen, um gemeinsam jüdische Interessen nach außen wahrzunehmen und der organisatorischen und geistigen Leitung innerjüdischen Lebens zu dienen. Als Folge der Nürnberger Gesetze 1935 umgewandelt in »Reichsvertretung der Juden in Deutschland«, 1939 umgewandelt in »Reichsvereinigung der Juden in Deutschland« als Zwangszusammenschluß aller nach NS-Definition als »Juden« geltenden Personen (d.h. auch Getaufter). Am 10. 6. 1943 von der Gestapo aufgelöst.

Rodges
landwirtschaftliches Lehrgut bei Fulda, gegr. 1927 für streng religiöse ⁄Chaluzim. Von dort aus gründete eine Auswanderergruppe den Kibbuz Rodges bei Petach Tikwa, 1940 umbenannt in Jawneh und nach Gedera umgesiedelt.

384

Schechina
»Einwohnung«: die göttliche Gegenwart unter den Menschen; zunächst im Tempel, doch auch unabhängig vom Ort Anwesenheit bei jeder betenden Gemeinde.

Schefeja
Jugenddorf in der Nähe von Sichron-Ja'akow südlich Haifa.

Schabbat
»Ruhe«, siebter Tag der Woche, Tag der Ruhe und Heiligung in Erinnerung an die göttliche Weltschöpfung und Israels Befreiung aus der ägyptischen Sklaverei. Die Schabbate des Jahres werden nach den jeweils zu lesenden Wochenabschnitten der ↗Tora bezeichnet, so: Schabbat Bahar nach 3. Mose 25; vgl. des weiteren Kap. IV.

Sch'ma Jissrael
»Höre Israel« (5. Mose 6,4), das Glaubensbekenntnis der Juden, morgens und abends zu sprechen; Wortlaut: IV. 18.

Sch'mone Esre
»Achtzehngebet«: Hauptgebet des werktäglichen Gottesdienstes.

Schulchan Aruch
»gedeckter Tisch«: Kompendium der jüdischen Ritualgesetze und des Rechts, geschrieben von Josef ben Ephraim Karo. Erstdruck 1565, maßgeblicher Halacha-Kodex für das orthodoxe Judentum.

Sederabend
die beiden ersten Abende der Pessachwoche, genannt nach dem Seder, der Ordnung, nach der die einzelnen Riten des Abends vollzogen werden.

Siddur – tägliches Gebetbuch (vgl. Machsor).

Tanach (auch: Tenach)
Abkürzung der 3 Worte: Tora (5 Bücher Mose), Newiim (Propheten), Ketuwim (übrige Schriften), zusammen: Die Hebräische Bibel [AT].

Tel Chai
Siedlung in der Nähe von ↗Kfar Giladi, gegr. 1918, 1926 mit Kfar Giladi vereint. Heute Zentrum für Erwachsenenbildung und Jugendherberge.

Tel Yosef – ↗Kibbuz im Charod-Tal/Nord-Israel.

Tora (auch: Thora)
»Lehre«, »Weisung«: die 5 Bücher Mose, auch die ganze Hebräische Bibel,
im weiteren Sinn die gesamte rabbinische Literatur (»mündl. Tora«).

Überschreitungsfest
Pessach kann gedeutet werden als Gedenken an den Tag, an dem der Würge-
engel Gottes die Erstgeburt Ägyptens tötete, aber an den Häusern der Juden
vorüberschritt (2. Mose 12,29).

World Union for Progressive Judaism
gegr. 1926 in London (Vors. C. G. Montefiore), inzwischen in Jerusalem.
Vereinigung jüdischer Verbände zur Förderung des religiösen Liberalismus,
lange unter Leitung von Leo Baeck und Lily H. Montagu (1873–1963, Pre-
digerin in England).

Zentralrat der Juden in Deutschland
gegr. 1950, Dachorganisation aller jüdischen Gemeinden in der Bundesrepublik Deutschland, mit Sitz in Düsseldorf.

Personenregister in Auswahl

Die Angaben zu den einzelnen Personen sind unterschiedlich lang gehalten je nach ihrer Bedeutung für R. R. Geis, ihrer allgemeinen Bekanntheit und der zeitgeschichtlichen Eigenart ihres Lebenslaufs. Prinzipiell sind aufgenommen:
- in diesem Buch vertretene Autoren,
- Korrespondenzpartner von R. R. Geis,
- die Personen, die im Zusammenhang der Erwägungen einer Auswanderung von Geis nach Palästina (Kap. II) genannt werden; deren Lebensläufe veranschaulichen zugleich die Probleme der Auswanderung und der Ansiedlung in Palästina-Israel,
- weitere Personen, die nicht nur beiläufig genannt werden.

Auf Personen in Vorwort und Anhang wird nicht verwiesen, ebenso in der Regel nicht auf solche, die nur in Anmerkungen genannt werden. Für Nennungen in Dokumenten werden Kapitel und Dokumentennummer, in sonstigen Texten die Seitenzahl angegeben. Bei persönlichen Daten wird ggf. auf Angabe des Übergangs in den Ruhestand verzichtet. Mitgliedschaft in der »Arbeitsgemeinschaft Juden und Christen beim Deutschen Evangelischen Kirchentag« wird abgekürzt: AG DEKT.

Albeck, Chanoch (1890–1972)
Talmudwissenschaftler, 1926 Dozent an der Lehranstalt für die Wissenschaft des Judentums Berlin, 1936 Prof. Univ. Jerusalem. – VIII. 11 a.

Arendt, Hannah (1906–1975)
Geboren in Hannover; kultur- und politphilosophische Schriftstellerin, 1933–41 in Frankreich, zeitweilig interniert im Lager Gurs, Mai 41 in die USA emigriert. – VII. 8, 9, 11, 12, 18.

Azania, Baruch (Boris Eisenstädt, *1905)
Jura-Studium Königsberg, 1933 Auswanderung nach Palästina, führend in ∕ Kibbuz-Bewegung und der sozialistischen Partei Mapai, langjähriges Mitglied der Knesset einschl. wichtiger Kommissionen. – II. 12.

Baeck, Leo (1873–1956)
Rabbiner, Religionsphilosoph; langjähriger Dozent an der Hochschule für die Wissenschaft des Judentums, Berlin; Sprecher der deutschen Juden bis zu seiner Deportation 1943; 1945 aus dem KZ Theresienstadt befreit, zog er zu seiner Tochter nach London (s. V. 6). – S. 11, 26; II. 22; III. 4–7, 11, 15, 16, 19; S. 180; V. 6, 7; VI. 12, 31; VII. 8, 13, 21, 29; VIII. 1, 8–12, 19, 20.

Baerwald, Leo (1883–1970)
1914–1917 Feld-, ab 1918 Gemeinderabbiner in München, März 1940 Auswanderung nach New York, dort bis 1955 Rabbiner der durch Münchner Emigranten konstituierten Gemeinde »Beth Hillel«. – I. 2, 5, 8, 11.

Barth, Karl (1886–1968)
Prof. f. Systemat. Theologie in Göttingen, Münster, Bonn, ab 1935 in Basel. – S. 16, 21, 22; III. 1; S. 240; VI. 12, 23, 24; VIII. 2, 24, 46, 47, 66.

Barth, Markus (*1915, Sohn von Karl Barth)
Pfarrer in der Schweiz, 1953–1972 Lehrtätigkeit in den USA, seit 1973 Prof. f. bibl. Theologie in Basel. – VIII. 26, 28, 29, 32, 35, 39, 49, 50, 53, 59, 64.

Ben-Chorin, Schalom (*Fritz Rosenthal*, *1913)
Seit 1935 in Jerusalem. Autor jüdischer religiöser Bücher; Gründer einer Reformgemeinde in Jerusalem; AG DEKT. – S. 226.

Berlak, Ruth, geb. *Baeck*
Tochter von Leo ↗ Baeck. – VIII. 8.

Bergmann, Hugo Samuel (1883–1975)
Studium in Prag; 1907–1919 Bibliothekar der Prager Universitätsbibliothek; 1920–1935 Direktor der National and University Library, Palästina; ab 1935 Prof. f. Philosophie, 1935–38 Rektor der Hebräischen Universität in Jerusalem. Geis und Bergmann hatten sich zwischen 1939 und 1946 in Palästina kennengelernt. – III. 2, 3.

Böhm, Franz (1895–1977)
Prof. f. Wirtschaftsrecht, Universität Frankfurt; leitend in den Wiedergutmachungsverhandlungen mit Israel. – III. 13.

Bonhoeffer, Dietrich (1906–1945)
Leiter des Predigerseminars der Bekennenden Kirche mit internationaler, vor allem ökumenischer Erfahrung. Als Christ ging er den Weg in die Theopolitik, in den politischen Widerstand; 1943 verhaftet wurde er 1945 auf Anordnung eines SS-Standgerichts gehenkt. – III. 21; V. 6, 7; VI. 12; VIII. 54.

Buber, Martin (1878–1965)
Religions- und Sozialphilosoph, Pädagoge, Begründer (m.F. ↗ Rosenzweig) des Freien Jüd. Lehrhauses Frankfurt, dort tätig bis 1938; bis 1933 zugleich Prof. Univ. Frankfurt, 1938 Prof. f. Soziologie Univ. Jerusalem. – S. 11, 12, 25, 28; I. 2; V. 5; VI. 13, 18, 31; VII. 35; VIII. 6, 17, 31, 35, 39, 45.

Casalis, Georges (*1917)
Theologiestudium in Paris und Basel (bei K. Barth), 1945–1950 ökumenische Versöhnungsmission in Berlin (Seelsorger von Albert ↗ Speer im Gefängnis von Spandau), ab 1961 Prof. f. Praktische Theologie und Hermeneutik an der evang. theol. Fakultät in Paris. – VIII. 47, 49, 50, 53, 54, 56, 59, 64, 67; S. 365 f.

Cohen, Hermann (1842–1918)
Prof. f. Philosophie Marburg, Neukantianer, Begründer der »Marburger Schule«; ab 1912 Hochschule f. d. Wissenschaft des Judentums, Berlin. – S. 24, 27; I. 2; II. 5, 25; IV. 17; VI. 12, 19; VIII. 2, 14.

Ehrlich, Ernst Ludwig (*1921, Berlin)
1943 illegal emigriert; Publizist, Religionswissenschaftler, Zentralsekretär der christlich-jüdischen Arbeitsgemeinschaft in der Schweiz, Direktor des kontinental-europäischen Distrikts von ↗ B'nai B'rith. Gründungsmitglied AG DEKT. – S. 226; VI. 4, 5, 10, 14, 18, 20–24; VII. 16; VIII. 33; S. 367 f.

Eisenstädt, Boris: ↗ *Azania, Baruch*

Elbogen, Ismar (1874–1943)
Historiker des Judentums, Rabbinatsprüfung Breslau 1899; 1902–1938 Dozent a. d. Lehranstalt (später Hochschule) f. d. Wissenschaft des Judentums, Berlin; Auswanderung nach New York. – S. 12, 30; I. 5, 7, 8, 10, 11; S. 57; II. 7–9, 16, 17, 21, 22; VIII. 11 a.

Elk, Mosche (*Max Meir Elk*, 1898–1984)
Liberaler Rabbiner, 1926–34 in Stettin, 1934 Haifa, Gründer der dortigen Einwanderergemeinde Beth–Israel (↗ Lazarus), 1938 einer Schule (später nach Leo Baeck benannt). – II. 16, 25.

Feilchenfeld, Malca (*Anni Veilchenfeld*, *1904)
M. Feilchenfeld und ihr Bruder Arjeh Luz Feilchenfeld (1908–1936) waren leitend i. d. ↗ Jugend-Alijah. A. L. F. ging Anfang 1934 in den Kibbuz ↗ Rodges, M. F. Ende 1934 nach ↗ Degania; später Volksschullehrerin bis zur Pensionierung 1970. – II. 12.

Feldmeier, Albert und *Ilse* (* 1909), geb. *Geis* (beide umgebracht 1942)
Schwager und Schwester von R. R. Geis. Weiteres siehe: S. 57; II. 23–25; III. 1; VI. 14; VII. 7; VIII. 38.

Feuchtwanger, Sigbert (1886–1956)
Rechtsanwalt in München, in Kanzleigemeinschaft mit E. ↗ Straus, dessen

Nachfolger als 2. Vorsitzender der Israelitischen Kultusgemeinde, nach Palästina ausgewandert. – S. 13; I. 12.

Freudenberg, Adolf (1894–1977)
Jura-Studium, 1922 Eintritt in den Auswärtigen Dienst der neuen deutschen Republik, 1935 Ausscheiden, da seine Frau Elsa, geb. Liefmann jüdischer Herkunft; Studium der evang. Theologie, Ordination durch BK in Berlin-Dahlem; 1939 Emigration i. d. Schweiz, Flüchtlingsreferent im Weltkirchenrat, 1947 Pfarrer in der Flüchtlingssiedlung Heilsberg b. Frankfurt; Schwiegervater von H. Gollwitzer. Gründungsmitglied der AG DEKT. – S. 228; VI. 1–11; S. 239; VI. 14–16; VII. 8, 13; VIII. 57.

Geis, Margarete, geb. Kitzinger (1908–1943)
Sozialarbeiterin, Mitarbeiterin von G. ↗ Josephsthal, Mitte der 30er Jahre nach Palästina ausgewandert; 27. 9. 43 Heirat mit R. R. Geis, gest. 23. 10. 1943. – II. 25.

Geis, Susanne (*1922, Tochter von Siegfried ↗ Landshut)
2. 2. 45 Heirat mit R. R. Geis. Mitglied der AG DEKT. – II. 25; S. 102; VII. 36; VIII. 9; S. 371 f.

Glatzer, Nahum Norbert (*1903, Lemberg)
Studium in Frankfurt, Mitarbeiter von Franz ↗ Rosenzweig im Freien Jüdischen Lehrhaus, 1932 Dozent f. jüd. Philosophie u. Ethik Univ. Frankfurt. 1933 Auswanderung nach Haifa, 1938 in die USA, seit 1950 Prof. f. jüd. Geistesgeschichte a. d. Univ. Brandeis u. Boston. – VIII. 1, 2, 4, 6.

Goethe, Johann Wolfgang von (1749–1832)
II. 5; V. 6; VII. 34; VIII. 6; S. 370.

Goldschmidt, Dietrich (*1914)
(Em.) wiss. Mitglied des Max Planck Instituts für Bildungsforschung, Berlin, Honorarprof. für Soziologie Freie Univ. u. Kirchl. Hochschule Berlin. Gründungsmitglied der AG DEKT. – S. 228; VI. 2, 3, 6–11, 14–16; S. 269; VII. 12; VIII. 27, 57; S. 368.

Gollwitzer, Helmut (*1908)
Systematischer Theologe, Prof. Freie Univ. Berlin; Gründungsmitglied der AG DEKT. – S. 16, 21, 22; VI: S. 226–275; VII. 13–15; S. 312; VIII. 47, 61; S. 368.

Goldmann, Nahum (1894–1982)
Geboren in Rußland, 1900–1933 in Deutschland; führender Zionist; seit

1940 überwiegend in den USA, Präsident der Jewish Agency, des World Jewish Congress und der Claims Conference (Wiedergutmachung); sein Streben nach Ausgleich mit den Arabern ließ ihn zu einem Kritiker der Politik Israels werden. – VII. 25, 26.

Grünewald, Max (*1899 in Schlesien)
Rabbiner in Mannheim 1925–37, ab 1934 auch Gemeindevorsteher, 1939 in die USA emigriert, Rabbiner in Millburn, N. J., seit 1956 Präsident des Leo Baeck Institute, New York. – I. 11; S. 56; II. 8, 8 a, 16.

Guttmann, Julius (1880–1950)
Philosoph und Historiker der jüdischen Philosophie, Dozent an der Lehranstalt für die Wissenschaft des Judentums, Berlin; ab 1934 Prof. an der Univ. Jerusalem. – S. 12; II. 22; V. 9; VIII. 11.

Hammerstein, Franz von (*1921)
August 1944 bis Mai 1945 wegen Zugehörigkeit zum Widerstand in Gefängnis und KZ, Pfarrer, seiner Zeit Mitglied des Vorstandes der AG DEKT und Generalsekretär der »Aktion Sühnezeichen«; 1975–78 Mitarbeiter in der Dialoggruppe des Weltkirchenrats. – VIII. 57, 62.

Harder, Günther (1902–1978)
Pfarrer der Bekennenden Kirche, seit Gründung der Kirchl. Hochschule Berlin dort Prof. f. Neues Testament, Gründer und langjähriger Leiter des Instituts »Kirche u. Judentum« a. d. Kirchl. Hochschule; Gründungsmitglied der AG DEKT. – S. 228; VI. 1, 6, 7, 9–11, 13, 14, 16, 18–20, 23, 25, 26, 33; VIII. 57.

Heine, Heinrich (1797–1856)
S. 16, 26, 28; I. 2; VII. 32.

Heinemann, Gustav (1899–1976)
Jurist und Politiker, langjähriges Mitglied und zeitweilig Präses der Synode der Ev. Kirche in Deutschland; 1969–1974 Präsident der Bundesrepublik Deutschland. – VIII. 30, 42, 63.

Herzl, Theodor (1860–1904)
Journalist, Begründer des politischen Zionismus. – S. 25; IV. 8.

Heuss, Theodor (1884–1963)
Demokratischer Politiker, 1949–1959 Präsident der Bundesrepublik Deutschland. – III. 9–11; V. 1; VIII. 30.

Iwand, Hans-Joachim (1899–1960)
Theologe der Bek. Kirche, ab 1945 Prof. f. System. Theologie in Göttingen, ab 1952 in Bonn. – S. 16, 21, 27; VII. 22; VIII. 14; S. 367.

Jehuda (Juda) Halevi (etwa 1080–1145)
Religionsphilosoph, Hauptwerk das Buch »Kusari«; Dichter, am bekanntesten die »Zionslieder«, übers. v. F. ↗ Rosenzweig, 1924. – I. 9; II. 5; IV. 17; V. 3.

Josephthal, Giora (Georg Josephsthal, 1912–1962)
In Nürnberg geboren, trat der zionistischen Jugendbewegung bei. Als Sozialarbeiter in München begann er eine Schulgärtnerei als Ausbildungsprojekt jüdischer Jugend für Siedlung in Palästina; 1934 Leiter der Jüdischen ↗ Jugendhilfe in Berlin, 1936 Sekretär des deutschen Zweigs des Hechaluz, einer zionistischen, sozialistischen Jugendorganisation; 1938 Emigration nach Palästina, 1945 Mitbegründer des Kibbuz Galed (ca. 40 km südöstlich Haifa); 1952 Mitglied der israelischen Delegation in den Wiedergutmachungsverhandlungen mit der Bundesrepublik Deutschland. Weitere politische Laufbahn: Generalsekretär der sozialistischen Partei Mapai, Parlamentsabgeordneter, Minister verschiedener Ressorts, so: Arbeit, Berufsausbildung, Hausbau. – I. 2, 8; II. 10–12 a.

Kappes, Heinz (*1893)
Pfarrer, von 1934 bis Kriegsende lange Aufenthalte in Palästina, später in Karlsruhe tätig. Begegnungen mit R. R. Geis in Jerusalem, Amsterdam, Karlsruhe. – III. 14, 18.

Kraus, Hans-Joachim (*1918)
1954–68 Prof. für Altes Testament, Hamburg; seit 1968 Prof. f. Reformierte Theologie, Göttingen; Gründungsmitglied AG DEKT. – S. 16, 21, 22, 228; VI. 1, 4, 6, 10; S. 240, 268; VII. 4, 13, 15, 16, 27, 28; S. 312; VIII. 15–19, 21, 22, 24, 27, 28, 65, 66; S. 367.

Kreutzberger, Max (1900–1978)
Pionier jüdischer Sozialarbeit in Deutschland, ab 1935 in Palästina; 1955 Mitgründer, bis 1967 Direktor, danach Berater des Leo Baeck Institute, New York. – VIII. 11, 11 a, 12.

Landshut, Siegfried (1896–1968)
Nationalökonom u. Soziologe; 1933 nach Ägypten, 1936 nach Palästina emigriert; während des Krieges f. d. Psychological Warfare Branch tätig; seit 1951 Prof. f. Polit. Wissenschaft Univ. Hamburg. Vater von Susanne Geis. – II. 25.

392

Lauer, Simon (*1929, Mannheim)
Sohn des Mannheimer orthodoxen Rabbiners und Schulleiters Chaim L.,
Kollege und Freund von Geis zu dessen dortiger Zeit; Fortführung der
Freundschaft mit Simon L. als Geis 1947 nach Zürich kam. Inzwischen am
Institut für jüdisch-christliche Forschung an der (katholisch-)Theologischen
Fakultät Luzern tätig. – S. 368.

Lazarus, Paul-Pinchas (1888–1951)
Geb. in Duisburg, 1918–38 Rabbiner in Wiesbaden, 1939–51 Rabbiner der
liberalen Gemeinde Beth-Israel in Haifa (↗ Elk). – II. 25.

Lehmann, Siegfried (1892–1958)
Kinderarzt, Mitglied der sozialistischen Jugendbewegung; 1916 Mitgründer
des Jüdischen Volksheims in Berlin; 1927 endgültige Übersiedlung nach Palästina, Gründer des Kinderdorfs ↗ Ben Shemen; in geistiger Verwandtschaft
mit dem russischen Pädagogen A. S. Makarenko einer der führenden Pädagogen seiner Zeit in Palästina. – II. 6, 7.

Leuner, Heinz David (*Loewy*, 1906–1977)
Journalist aus konservativ-jüdischer Familie Breslaus, 1933 steckbrieflich gesucht, in die CSSR geflohen; über die Böhmischen Brüder in Prag Zugang zur
dortigen Gemeinde der Schottischen Kirche, in deren Tradition die Hebräische Bibel großes Gewicht hat; im Verlauf mehrjähriger Tätigkeit für deren
Flüchtlingshilfe tritt L. mit seiner Frau Alice z. Christentum über; 1939
Flucht nach Schottland, Studium der Theologie u. Ordination in der Church
of Scotland; Weiterarbeit in der Flüchtlingshilfe; von 1949 an wird L. von
seiner Kirche zur Arbeit f. d. Internat. Judenchristl. Allianz freigestellt u. gibt
deren von ihm gegründete Zeitschrift »Der Zeuge« heraus. Gründungsmitglied der AG DEKT. – VI. 14; VII. 11; VIII. 57; S. 369 ff.

Luckner, Gertrud (*1900)
Dr. L. hatte s. Zt. im Auftrag des Freiburger Episkopats Juden Hilfe geleistet,
deshalb 1943–45 im KZ Ravensbrück inhaftiert; danach in der Verfolgten-
fürsorge der Caritas tätig. Gründerin u. Schriftleiterin des ↗ Freiburger
Rundbriefs; Mitglied der AG DEKT. Geis stand mit ihr in guter sachlicher
wie persönlicher Beziehung. – III. 21; V. 1.

Lüth, Erich (*1902)
Pazifist, 1928–1933 Mitglied der Hamburger Bürgerschaft, Journalist,
1946–64 Direktor der Staatl. Pressestelle Hamburg, gründete 1951 (mit R.
Küstermeier) Aktion »Friede mit Israel«. – III. 17, 18.

Luther, Martin (1483–1546)
S. 21; VI. 12; VII. 34; VIII. 29.

Maas, Hermann (1877–1970)
Pfarrer in Heidelberg; seit Studium enger Kontakt mit Juden und Judentum, Gründer mit H. Grüber der »Hilfsstelle der Bek. Kirche f. rassisch und religiös Verfolgte« (1936, Berlin); 1940 Kanzelverbot, 1944 Zwangsarbeit; später Prälat des Kirchenkreises Nordbaden. – III. 1, 9, 14, 18, 21.

Magnes, Juda Leon (1877–1948)
Amerikanischer Rabbiner, 1925–1935 Vicechancellor, 1935–1948 erster Präsident der Hebr. Univ. Jerusalem; engagierter Zionist, für binationalen Staat, gegen Teilung Palästinas. – VIII. 39.

Maimonides: ↗ *Mose ben Maimon*

Maor, Harry (Harry Obermayer, 1914–1982)
Ausbildung als Lehrer, 1933 von München nach Palästina emigriert, 1953 Rückkehr nach Deutschland, vielseitige pädagogische, besonders Lehrtätigkeit. Im Ruhestand wieder in Israel. – I. 2.

Marquardt, Friedrich-Wilhelm (*1928)
Mitarbeiter von H. ↗ Gollwitzer, seit 1976 als dessen Nachfolger Prof. f. Ev. Theologie an der Freien Univ. Berlin. Gründungsmitglied der AG DEKT. – S. 17 ff; VIII. 24, 25, 45, 46, 47, 55, 57, 61, 65, 66.

Maoz, Benjamin (Benjamin Mosbacher, *1929, Kassel)
1937 nach Palästina ausgewandert, heute Psychiater am Soroka Medical Center u. Prof. a. d. Ben-Gurion-Univ. Beer-Sheba. Enge Beziehungen zwischen R. R. Geis u. Familie Mosbacher. – S. 13, 57; II. 25.

Mehl, Johannes G. (*1907)
Kirchenrat der Evangelisch-lutherischen Kirche Bayern, Beauftragter f. liturgische u. hymnologische Fragen. – S. 229; VI. 2, 4, 6, 14, 25.

Michael, Reuven (Rudi Michel, *1909)
Studium an Hochsch. f. d. Wissensch. d. Judentums und an Univ. Berlin; Ende 1934 mit einer Jugendgruppe nach Palästina; Lehrer u. Erzieher im Kibbuz Afikim (Jordan-Tal). Langjährige Tätigkeit f. d. Erziehungswesen der ↗ Kibbuz-Bewegung; Abschluß historischen Studiums u. Dozent f. jüd. Geschichte d. Neuzeit a. d. Bar-Ilan-Univ. – II. 12.

Michel, Otto (*1903)
Prof. für Neues Testament und Spätjudentum, Gründer des Institutum Judaicum Univ. Tübingen. – VI. 14, 19, 26; VII. 13.

Miskotte, Kornelis Heiko (1894–1976)
Reformierter holländ. Theologe; seit 1945 Prof. f. Dogmatik, Kirchenrecht u. Missionswesen in Leiden. – S. 21; V. 7; VI. 12.

Mose ben Maimon (Maimonides) (1135–1204)
Bedeutendster jüdischer Gesetzeslehrer u. Philosoph des Mittelalters; sein »Mischne Tora« (»Wiederholung der Tora«, systematischer Kodex der Halacha in 14 Bänden) stellt eine Neuordnung des gesamten jüdischen Gesetzes dar; seine Philosophie wurde von orthodoxer Seite heftig bekämpft. – II. 5; IV. 11, 15; VIII. 17.

Neumeyer, Alfred (1867–1944)
Laufbahn im bayer. Justizdienst, zuletzt Oberstlandesgerichtsrat in München, 1920–1940 Vorsitzender der Israelitischen Kultusgemeinde München; 1941 Auswanderung nach Argentinien. – I. 2, 9.

Raba b. Josef (Amoräer, 3./4. Jhdt.)
Begr. d. Gelehrtenschule zu Machosa (Babylonien). – VI. 12.

Raschi (Rabbi Schelomo Jizchaki, 1040–1105)
Begründer der Talmud-Hochschule in Troyes, Autor wichtiger Kommentare zu Hebr. Bibel u. Talmud. – I. 9; II. 5; IV. 3.

Reichmann, Eva Gabriele (geb. *Jungmann,* *1897)
Soziologische und zeitgeschichtliche Autorin, 1924 bis April 1939 beim ↗ »Central-Verein deutscher Staatsbürger jüdischen Glaubens« in Berlin tätig, seitdem London; langjährige Mitarbeiterin der Wiener Library und des ↗ Leo Baeck Institute; Vorträge in der Bundesrepublik, Gründungsmitglied der AG DEKT, Buber-Rosenzweig-Medaille 1970. Bücher: »Hostages of Civilisation«, 1950, deutsch: »Die Flucht in den Haß – Die Ursachen der deutschen Judenkatastrophe«, 1968³; »Größe und Verhängnis deutsch-jüdischer Existenz« 1974 (Aufsatzsammlung, darunter R.s' Vorträge auf den Kirchentagen 1961 u. 1967 sowie ein Bericht »Eine Jüdin erlebt den Deutschen Evang. Kirchentag 1961«); verh. mit Hans R., ↗ Council of Jews from Germany. – S. 226; VI. 4, 5; VII. 1–33; VIII. 11.

Reinhardt, Paul
Z. Zt. der Kirchentage 1961 u. 1963 evang. Oberkirchenrat in Hamburg. – S. 229; VI. 10; S. 240; VI. 21.

Rengstorf, Karl Heinrich (*1903)
Prof. f. Neues Testament und Direktor des Institutum Judaicum Delitzschianum Univ. Münster; Leiter der Tagungen »Kirche und Judentum« des ↗ Deutschen evangelischen Ausschusses für Dienst an Israel. – S. 229; VI. 10; S. 240; VIII. 5.

Rilke, Rainer Maria (1875–1926)
I. 2; V. 3; VII. 34.

Rinott, Chanoch (*Reinhold Rinott*, *1911)
Studium Geschichte u. Pädagogik in Wien u. Berlin, aktiv in zionist. Jugendbewegung; 1933–36 Erzieher u. Lehrer der ersten ↗ Jugend-Alijah-Gruppe in ↗ Ein Charod; Abschluß d. Studiums Univ. Jerusalem; bis 1960 pädagog. Leiter der Jugend-Alijah; 1960–67 Generaldirektor des Erziehungsministeriums; 1968–78 Leiter d. Instituts f. jüd. Erziehung in der Diaspora, Univ. Jerusalem. – II. 12.

Rosenblüth, Erich Pinchas (*1906)
Kulturwissensch. Studium Berlin, ab 1925 führend in relig.-zionist. Jugend-Bewegung. 1934 zur ↗ Jugend-Alijah, erzieher. Ltg. der ersten relig. Jugendgruppe in ↗ Rodges/Palästina. Leiter der relig. Abt. an der landwirtsch. Schule Mikwe Israel in Cholon, später an Bar-Ilan-Univ. tätig. – II. 12.

Rosenzweig, Franz (1886–1929)
Philosoph u. Pädagoge, 1919 Gründer des Freien Jüdischen Lehrhauses in Frankfurt (zus. m. Martin ↗ Buber); Übersetzer von ↗ Jehuda Halevi und der Bibel (zus. m. M. Buber). – S. 12; I. 2; II. 5; IV. 7, 16; VI. 13, 18, 19; VII. 35; VIII. 6, 45.

Schiller, Friedrich von (1759–1805)
VI. 12; S. 269; VII. 34.

Schneider, Reinhold (1903–1958)
Der in IV. 1 zitierte Text aus den autobiographischen Aufzeichnungen Schneiders lautet weiter: »Aber was tat ich selbst? Als ich von Bränden, Plünderungen, Greueln hörte, verschloß ich mich in meinem Arbeitszimmer, zu feige, mich dem Geschehenden zu stellen und etwas zu sagen ... Das Leben in Deutschland wurde unerträglich. Dankbar folgte ich im Dezember einer Einladung nach Paris. Das war schmähliche Flucht.« – IV. 1.

Schoeps, Hans-Joachim (1909–1980)
Seit 1950 Prof. f. Religions- u. Geistesgeschichte Univ. Erlangen, bes. jüdische Geistesgeschichte. – VI. 13, 18, 30, 31.

396

Scholem, Gershom (Gerhard Scholem, 1897–1982)
1923 von Berlin nach Palästina ausgewandert; israelischer Gelehrter, Erforscher der ↗ Kabbala, seit 1925 Dozent, später Prof. a. d. Univ. Jerusalem. – S. 20; V. 9; VII. 25, 26; VIII. 58.

Seidler, Manfred (*1922) und Elisabeth (*1923)
Beide Gymnasiallehrer in Bonn, Freunde des Ehepaars Geis seit beide als Studenten 1952 Geis nach einem Vortrag kennengelernt hatten. – VIII. 7, 9.

Sereni, Enzo Chaim (1905–1944)
Aus Italien stammender sozialistischer Vorkämpfer des Zionismus, seit 1927 in Palästina, Mitgründer des Kibbuz ↗ Giwath Brenner, gewerkschaftlich und politisch tätig; während des Weltkriegs trat er in die britische Armee ein; bei der Besetzung Italiens durch die Deutschen sprang er dort mit einem Fallschirm zur Unterstützung von Partisanen und zur Rettung von Juden ab; er wurde sofort gefangen genommen, durch verschiedene Lager geschleppt und am 18. 11. 1944 in Dachau erschossen. – II. 10.

Simon, Akiba Ernst (*1899, Berlin)
Als Kriegsfreiwilliger 1916 verwundet; philos.-histor. Studium in Berlin, Frankfurt, Heidelberg; Redakteur d. Monatsschrift »Der Jude« (Hrg. M. ↗ Buber), 1928 als Pädagoge nach Palästina, 1934/35 Arbeit in der jüd. Erwachsenen- und Lehrerbildung in Deutschland, seit 1935 Prof. f. Pädagogik Univ. Jerusalem; Mitglied der AG DEKT. – II. 12, 25; VIII. 35.

Simon, Lili (*1908, Königsberg)
1933 emigriert, 1941–1952 in Palästina-Israel lehrtätig; Theologin, Dozentin z. Förderung der pädagogischen und staatsbürgerlichen Bildungsarbeit b. d. Ev. Kirche im Rheinland, Studienleiterin an der Evang. Jugendakademie Radevormwald/Rheinland; Gründungsmitglied AG DEKT. – VI. 14; S. 269; VII. 12; VIII. 49, 54.

Speer, Albert (1905–1981)
Architekt, Rüstungsminister im 2. Weltkrieg, nach dem Zusammenbruch des Dritten Reiches Verurteilung zu 20 Jahren Zuchthaus in Spandau (bis 1966). – S. 312; VIII. 36–38, 40, 41, 43, 44, 46, 48, 49, 56, 60.

Sterling, Eleonore (geb. Oppenheimer, 1925–1968)
Von Heidelberg 1938 nach den USA ausgewandert, nach sozial- u. politikwissenschaftlichem Studium 1953 nach Deutschland zurückgekehrt, zuletzt Prof. f. politische Bildung a. d. Päd. Hochschule Osnabrück. Gründungsmitglied AG DEKT. – VI. 5; VII. 16.

Stöhr, Martin (*1932)
Studentenpfarrer Darmstadt, seit 1969 Leiter Ev. Akademie Arnoldshain (Tagungsort der AG); Gründungsmitglied, später Sprecher des Vorstands der AG DEKT, langjähriges Mitglied des Vorstandes des Deutschen Koordinierungsrates der Gesellschaften für christlich-jüdische Zusammenarbeit. – VIII. 45, 47, 57, 62.

Straus, Elias (1878–1933) und *Rahel Straus* (1880–1963)
Justizrat Straus, Anwalt in Kanzleigemeinschaft mit S. ↗ Feuchtwanger, München, 2. Vorsitzender der Israelitischen Kultusgemeinde; seine Witwe – Ärztin und Sozialarbeiterin – emigrierte nach Palästina. – I. 12; II. 7.

Szold, Henriette (1860–1945)
Vorkämpferin des Zionismus, zunächst in USA, seit 1921 vielfältig in Palästina tätig, seit 1936 Leiterin in der ↗ Jugend-Alijah, Hauptinteressen: Rettung jüdischer Kinder u. israel.-arabische Verständigung. – II. 9; VIII. 39.

Talmon, Shemaryahu (*1920, Breslau)
1939 Auswanderung nach Palästina; vielfältige Lehrtätigkeit, Prof. f. Bibelwissenschaft Hebr. Univ. Jerusalem. – VIII. 35, 39.

Tavor, Moshe (*Fritz Tauber*, 1903–1978)
Geb. in Olmütz, dort und in Prag Rechtsanwalt; seit 1939 in Palästina; Journalist, zeitweilig Leiter der Informationsabteilung der Israel-Mission bzw. der Botschaft Israels in Köln; ab 1960 Korrespondent der »Frankfurter Allgemeinen Zeitung« in Israel. – VIII. 31, 34, 60.

Thadden-Trieglaff, Reinold von (1891–1976)
Gutsbesitzer in Pommern, Jurist, führend in der Bek. Kirche; nach Vertreibung aus dem Osten wurde er 1949 Gründer und erster Präsident (bis 1964) des DEKT. – VI. 14; S. 269; VII. 13–15, 18; VIII. 51, 52.

Thiel, Wulf (*1908)
Superintendent in Berlin, Hg. der »Berliner Kirchenbriefe«. – S. 241, 242; VI. 14, 18, 21; VII. 13, 14.

Thieme, Karl (1902–1963)
Prof. f. Geschichte und Bibl. Theologie, Pädag. Akademie Elbing; 1935 i. d. Schweiz emigriert; 1947 Prof. Univ. Mainz, seit 1954 Direktor des Auslands- und Dolmetscherinstituts der Univ. in Germersheim; Mitgründer und -herausgeber des ↗ Freiburger Rundbriefs. – VI. 12; VIII. 2.

398

Tur-Sinai, Naphtali Herz (*Harry Torczyner*, 1886–1973)
Bibelwissenschaftler und -übersetzer, Dozent der Lehranstalt für die Wissenschaft d. Judentums Berlin, ab 1933 Prof. a. d. Hebr. Univ. Jerusalem. – S. 12; VIII. 11.

Ucko, Sinai (*Siegfried Ucko*, 1905–1976)
Ausbildung in Breslau und Berlin, Rabbiner in Mannheim und Offenburg, 1935 Emigration nach Palästina; Lehrer im Kinderheim ↗ Ahawah der ↗ Jugend-Alijah, ab 1946 im Lehrerseminar Tel Aviv; später Prof. f Pädagogik Univ. Tel Aviv und Inspektor für Lehrerbildung im Erziehungsministerium. – II. 9–12, 22.

Veilchenfeld, Anna: ↗ *Feilchenfeld, Malca*

Weckerling, Rudolf (*1911)
Pfarrer in Berlin, Gründungsmitglied AG DEKT. – S. 8; VIII. 57.

Weltsch, Robert (1891–1982)
1919–1938 Chefredakteur der »Jüdischen Rundschau«, Berlin; 1938–45 Palästina, seit 1946 London, ab 1955 chairman des dortigen neuen Leo ↗ Baeck Institute und Hg. von dessen Year Book. – VII. 18, 34.

Wilhelm, Kurt (1900–1965)
Studium in Deutschland (u. a. am Jüdisch-theologischen Seminar Breslau); Gemeinderabbiner in Braunschweig und Dortmund, 1933 Emigration nach Palästina, Gründer und Rabbiner der liberalen Emeth-ve-Emunah-Gemeinde, Jerusalem; 1948–65 Oberrabbiner für Schweden in Stockholm; 1957 Honorarprof. Univ. Frankfurt. – II. 25; III. 8, 12; VIII. 3, 10, 20.

Wilmersdörffer, Ernst
Rechtsanwalt; prominentes Mitglied der Israelitischen Kultusgemeinde München. – I. 12.

Wittenberg, Martin (*1911)
Prof. für Altes Testament, Augustana-Hochschule Neuendettelsau. – S. 229; VI. 4, 6, 25.

Wolfskehl, Karl (1869–1948)
Dichter, dem Kreis um Stefan George zugehörig. 1933 nach Italien geflohen, 1938 nach Neuseeland ausgewandert. – IV. 6, 14; V. 1, 4; VII. 14.

Eine Auswahl aus unserer Reihe

ABHANDLUNGEN ZUM CHRISTLICH-JÜDISCHEN DIALOG

Auschwitz – Krise der christlichen Theologie. Eine Vortragsreihe.
Herausgegeben von Rolf Rendtorff und Ekkehard Stegemann.
189 Seiten. Kt. ISBN 3-459-01293-5

David Flusser. Bemerkungen eines Juden zur christlichen Theologie.
104 Seiten. Kt. ISBN 3-459-01538-1

Nathan P. Levinson. Ein Rabbiner erklärt die Bibel.
192 Seiten. Kt. ISBN 3-459-01449-0

*Friedrich-Wilhelm Marquardt. Die Gegenwart des Auferstandenen
bei seinem Volk Israel.* Ein dogmatisches Experiment. 224 Seiten.
Kt. ISBN 3-459-01484-9

*Peter von der Osten-Sacken. Grundzüge einer Theologie im
christlich-jüdischen Gespräch.* 240 Seiten. Kt. ISBN 3-459-01377-X

Wolkensäule und Feuerschein. Jüdische Theologie des Holocaust.
Herausgegeben von Michael Brocke und Herbert Jochum. 284 Seiten.
Kt. ISBN 3-459-01378

Zionismus. Beiträge zur Diskussion. Herausgegeben von Martin Stöhr.
160 Seiten. Kt. ISBN 3-459-01282-X

CHR. KAISER VERLAG